吴承明全集

第四卷

经济史研究

（2）

社会科学文献出版社
SOCIAL SCIENCES ACADEMIC PRESS (CHINA)

目　　录

帝国主义在旧中国的投资

一　初期的外国资本

1715 年英国东印度公司在广东设“行”，[①] 这可能是外国资本在中国的第一个重要企业。其次当是 1818 年在广州设立的美商旗昌洋行，它是 19 世纪美国在中国最大的商业机构。1834 年东印度公司贸易独占权被废止的前后，英商来中国的日渐增多；怡和洋行（1832）、仁记洋行（1835）等大公司都在这时设立。这时清朝政府对外采取的是闭关锁国的政策；它拒绝了英国几次派使通商的要求，1751 年又关闭了宁波、厦门等港口，只准广州一口和外国通商，并颁布“防范外夷条规”，给外商以种种限制。所以在 1840 年鸦片战争以前，资本主义列强在中国的投资是很有限的。1836 年左右在广州的外商大约只有 55 家，其中英商约 41 家，美商 9 家。当时它们还不能据有房地产，它们的财产主要是以鸦片为主的商品和准备购买中国货物的现金。据一个美国人说，1830 年左右美国人在广州的财产约值 300 万美元，其中 5/6 是白银。[②]

资本主义列强与中国贸易并不是普通的国际贸易。当它们要求打开中国门户的时候，正是欧洲资本主义列强大规模地向海外扩张的时期；这时欧洲

① “行”（Factory）是外商代理人的住处，经过“行”进行交易。

② 见雷麦《外人在华投资论》，商务印书馆，1937，第 58 页。

资本主义国家已经发展成熟，商品生产的扩大推动它们不只以国外通商为满足，而是要开拓可以长期进行奴役和掠夺的海外殖民地。不过，清朝政府之所以对它们采取闭关政策，倒不是因为预见了资本主义的这种对外侵略性，而正如马克思所指出，主要是因为它害怕外国人会助长了中国人民反对它专制统治的情绪。[①]

鸦片战争的结果，列强在中国开辟了上海、广州、福州、厦门、宁波等“条约口岸”，它们掌握了中国的关税，获得了领事裁判权和内河航行权，不久又获得了土地永租权。以后，它们在历次对中国的侵略战争和一系列的不平等条约中，又将这些权力巩固、扩大并继续获得了新的权利。[②] 在特权的保护下，列强在中国的侵略活动迅速地增长起来，它们在中国的企业和财产也开始具有了殖民地投资的意义，执行着把中国变为它们的殖民地的任务。同时外国资本的活动中心，也自广州移到上海。

1865～1894 年的中日甲午战争以前，资本主义列强对中国的贸易额增加不到一倍，而它们在中国进出口的商船吨位却增加了三倍以上。这时期外国商船运输吨位中有 70%～80% 是航行于中国沿海各口岸和内河的。这说明了外国资本所经营的已不只是对华的贸易，而是日益增长的在华贸易了；它们的投资已不只是对殖民地贸易的投资，而是在殖民地的商业资本了。大的轮船公司如美国旗昌洋行的上海轮船公司（1862），英国太古洋行的中国轮船公司（1872），怡和洋行的中印轮船公司（1877）和公和祥码头公司（1871），都陆续设立；它们独霸了中国的沿海和内河航运。在 1872 年美国旗昌洋行将它的过时的船只卖给中国的招商局以前，中国自己还没有近代的航运业。

1853 年英、美、法等国趁太平天国革命战争的机会攫取了上海外国人居住地区的行政权，形成了租界制度，并趁中国地主富绅大批逃往租界避难时开始了房地产的投机生意。1869 年上海英租界的土地约值 670 万两，美租界约值 135 万两，到了 1899 年英租界的土地已增值到 2330 万两，美租界

---

① 马克思：《中国革命和欧洲革命》，《马克思恩格斯选集》第 2 卷，人民出版社，1972，第 6～7 页。

② 这些新特权中最重要的应该是 1844 年《中美望厦条约》中的“最惠国待遇”权利。即某一国在中国所获取的特权，必须同样地给予其他资本主义列强。

增值到1430万两了。[①] 于是土地和航运（轮船、码头、仓库等）变成了这一时期列强在中国最重要的投资。

1845年，广州出现了第一家外国银行，即英商丽如银行，并于1847年在上海设分理处。从那时起到1894年中日甲午战争，英国的有利银行（1854）、麦加利银行（1858）、汇丰银行（1865），法国的法兰西银行（1860），德国的德意志银行（1872）、德华银行（1890），日本的横滨正金银行（1893），都陆续在中国设立了机构。

最明显表现列强在中国资本性质转变的是外国工业企业的设立。中日甲午战争前，列强还未在中国取得设厂权，但是外国资本所设立的非法工厂至少已有100多家，其中英商约63家，美商约7家，俄、德、法商约33家。[②] 其中如英商耶松船厂（1865）、怡和丝厂（1882）、太古糖房（1882）、平和洋行（1870）和隆茂洋行（1870）的打包厂、屈臣氏药房（1850）、正广和酒厂（1864）、江苏药水厂（1860）、泌药水厂（1892）、祥泰木行（1884）等，直到中国解放时还都存在；美商的旗昌丝厂（1878），法商的信昌丝厂（1893），德商的科发药房（1866）和蛋厂，俄商的砖茶厂等，都具有相当的规模。同时英国已在上海设立了煤气厂（1864）、电灯厂（1882）和自来水厂（1883）。1870年英国人甚至在厦门开设了一家鸦片厂"把鸦片制成烟膏"。[③]

但是，这时期西方列强还是处于以商品输出为主要特征的资本主义时期。它们在中国的企业和财产虽然已具有了殖民地投资的性质，但还不同于后来的帝国主义时代的国外投资。甲午战争以前，它们在中国的企业资本中，除了航运和贸易以外，其余都不占重要的地位。1897年以前，中国还没有本国的银行，外国银行独霸了中国的银行业。但当时这些银行的主要业务还是在进出口贸易和国际汇兑方面，它还没有与工业资本融合在一起，还不具备独占资本输出的中枢的地位。这时期外国资本的工业企业也主要是为

① 见罗志如《统计表中之上海》，商务印书馆，1932，第19页。

② 见孙毓棠《中日甲午战争前外国资本在中国经营的近代工业》，载《历史研究》1954年第5期。

③ 见孙毓棠《中日甲午战争前外国资本在中国经营的近代工业》，载《历史研究》1954年第5期。引语据《海关册》，1894，第430页。

国际贸易服务的造船厂和出品加工厂，如缫丝、制蛋、制茶、打包等，这类工厂前后不下 70 家；而从事于商品生产和贩卖的工厂约只有 30 家，规模都很小，它们在生产上和市场上还不具备垄断的作用。作为后来帝国主义在华工业投资的主体的纺织工业和烟草工业，这时还都不曾出现。这时它们在中国也还没有开办矿场。①

这一时期列强在中国的资本还没有材料可以估算。据一个美国人估计，1875 年左右美国人在中国的财产约值 800 万美元，这时美国资本约占在华外国资本的 1/10。②

二 帝国主义资本的扩张

中日甲午战争前后（1895 年左右）是外国资本侵略中国的一个转变时期。这时资本主义列强已渐发展到了帝国主义阶段，它们对中国的经济侵略已不只是商品输出，而日益注重于资本输出；它们在中国的活动也就不能满足于经济权益的一般竞争，而是要求瓜分中国，树立自己独立的殖民地。日本对中国的战争就是在这个基础上发生的（美、英帝国主义实际是这一战争的帮凶和共谋者）。由于这一战争的结果，帝国主义在中国获取了开设工厂、开采矿山和建筑铁路的权利，获取了“租借地”，划定了“势力范围”。正如列宁所说：“欧洲各国政府（最先恐怕是俄国政府）已经开始瓜分中国

① 1891 年左右辽宁的烟台煤矿曾被英国人“私行挖掘”。但一般说，中国第一家正式的外资矿是 1896 年美国人施穆与华商合办的北京附近的门头沟煤矿。

② 见雷麦《外人在华投资论》，第 58、239 页。又据陈正炎同志最近估计，甲午战争前外国在华的投资如下表（载《中国资本主义发展史》第 2 卷第 2 章，人民出版社，1990，第 133 页）。

业　别	投资额(美元)	占合计(%)
银行业	28094940	23.52
保险业	5992800	5.02
航运业	13342545	11.17
工　业	14245128	11.93
贸易业	41949911	35.12
其他商业	5428016	4.55
政府借款	10380349	8.69
合　计	119433689	100.00

了。不过它们在开始时不是公开瓜分，而是象贼那样偷偷摸摸进行的。”①

甲午战争以后巨额的对日赔款，使清政府的财政陷于破产，随着就出现了帝国主义一项新的投资，即对中国政府的政治和军事借款。远在 1853 年，清朝政府即曾向外国银行借款以为镇压太平天国革命之用，此后直到甲午战争，这类政治借款不下 30 笔，地方性的临时借款尚不在内，但数额都不大，借后不久即清还，它还不具有控制中国财政的作用。1895 年以后的外国借款性质就完全不同了，它成为长期束缚在中国人民身上的铁链，也成为帝国主义左右中国政局的有力工具。这些借款都是以中国的关税、盐税乃至内地税为抵押的，因而帝国主义就控制了中国全部的财政收入。1895 年至 1910 年间，帝国主义供给清朝政府的财政借款约合 2.7 亿美元，1911 年至 1926 年间，它们供给北洋军阀政府的这种借款达 5.2 亿美元，而 1927 年以后至 1948 年，它们供给国民党反动政府的财政借款约合 16.8 亿美元，还不包括未划作借款的美帝国主义给予蒋介石的“援助”。借款无疑是帝国主义资本输出最简便的方式，但它却产生极复杂的结果。帝国主义国际借款的复杂性，就在于它必然是和政治上的支配结合在一起的。帝国主义对中国借款的发展历史，也就是它们在中国争夺霸权和它们与中国的封建地主及官僚资产阶级相勾结的历史。

甲午战争以后，帝国主义在华资本的另一新的项目是铁路和矿山投资。外资铁路和外资矿山的出现，表明外国在华资本之趋向固定性的投资，同时也表明中国的进一步殖民地化。因为这些铁路和矿山的出现并非中国工业发展的结果，而是以帝国主义瓜分中国，取得地区的独占权为前提的，铁路权利和矿山权利是帝国主义在中国划分“势力范围”的标志。②

帝国主义对中国铁路权利（建筑权、经营权、借款权等）的掠夺曾形

---

① 《中国的战争》，《列宁选集》第 1 卷，人民出版社，1960，第 214 页。

② 例如，1896 年中俄“密约”，帝俄取得建筑中东铁路的权利，并规定沿铁路 30 里内的矿山“不准中国人或其他外国人开采”，东北就成为帝俄的“热力范围”；1897 年德国出兵占领青岛，取得胶州湾“租借故地”，获取了胶济铁路建筑权和沿铁路 30 里内的矿山权，山东就成为德国的“势力范围”。又如 1898 年英、德划分“势力范围”的协定，规定津浦铁路北段属德国，南段属英国；1899 年英、俄划分“势力范围”的协定，互相承认帝俄在长城以北和英国在长江流域的铁路权。当然，“势力范围”也有以其他方式出现的，例如要中国政府宣布某地“不得割让”等。

成三个高潮。第一次是在 1897～1898 年前后清朝统治时期，它们所攫取的路权不下 1.4 万公里。第二次是在 1911～1914 年北洋军阀政府时期，所攫取的路权达 1.8 万公里。第三次是在 1935 年以后国民党统治时期，这次瓜分因抗日战争的爆发而中止，但在两三年内国民党所出卖的新路权已不下 7000 公里。帝国主义对中国的铁路投资初期着重于直接经营的方式。如帝俄的中东铁路（满洲里—绥芬河）、南满铁路（长春—大连，1905 年转让与日本），德国的胶济铁路（胶州—济南），法国的滇越铁路（昆明—河口）等，都是在 1900 年以前开始建筑的；资本雄厚的铁路公司成了它们在这一区域经济统治的中心。但在后来，它们就主要是通过借款的形式来控制中国的铁路了。1902 年以前帝国主义借给中国的铁路借款不过合 4800 多万美元，1903 年到 1914 年间就达 2.05 亿美元，1915 年以后共约 2.66 亿美元。旧中国所有的铁路，除少数矿区和省市专用小铁路外，没有一条不受外国资本控制。1903 年我国有铁路 4360 公里，1913 年为 9744 公里，1936 年增至 19028 公里；抗日战争期间，日本在关内外新筑的铁路又有 6000 多公里。除财政借款外，铁路投资一直是帝国主义在旧中国投资中最大的项目。

帝国主义对中国矿山权利的攫取与争夺铁路权同时开始，也和攫取铁路权同时形成三个高潮。如不计“九一八”以后的东北，帝国主义在中国所获得的矿权前后不下 90 多处（英国约 18 起，美国 3 起，德国 9 起，帝俄 8 起，日本不下 42 起）。但是重要的外资矿山却大都是它们自中国人手中兼并或强占过来的。如开平煤矿在 1901 年被英国人骗占，在门头沟煤矿在 1911 年被英国人兼并，焦作煤矿在 1915 年被英国福公司兼并，抚顺煤矿和本溪湖煤铁矿在 1905 年被日本人强占，井陉煤矿在 1902 年被德国资本侵入，临城煤矿在 1905 年被比利时资本侵入，汉冶萍煤铁厂矿公司在 1913 年日本靠借款掌握全部生产等。1916 年外资关系煤矿的产量约 700 万吨，1930 年增至 1480 万吨，1936 年则近 2000 万吨。

帝国主义时代银行的作用已根本改变了。它的主要任务已不是替工商企业担任支付的中介，而是与工业垄断资本融合在一起，成为财政资本统治的中枢。这也就使得它们在中国的银行变成了帝国主义垄断资本输出的指挥机构和执行机构。它们的任务是：掌握中国政府的借款、控制中国的财政；投资于铁路和矿山；在中国吸收存款、发行纸币来壮大自己的资本，削弱中国的资本；操纵金银、独占外汇，控制中国的贸易和金融。麦加利、有利等原以殖民地贸易和汇兑为主要任务的旧式的“特许”银行这时已渐居于不甚重要的地位，而由怡和、太古、亚细亚等十大公司的代表们所组成的新式的股份公司式的汇丰银行变成了英国在华资本的总代理人。同样，由法国三大银行合并、吞并其他小银行而组成的东方汇理银行在1899年代替了上海的法兰西银行，成为法国侵华资本的中心。美国大垄断资本花旗银行也于1902年来华。有些银行，如由五家法国银行和一家俄国银行合组的华俄银行（这银行在1910年又吸收北方银行改成华俄道胜银行）和法国银行团在1913年合组的中法实业银行（这银行1925年改组为中法工商银行）等，几乎都是以掌握中国政府的借款为专业的。在铁路投资方面，汇丰银行并与怡和洋行合组了中英银公司（1898），英、法、比资本集团又合组了中华铁路公司（1904）。1910年，以汇丰、东方汇理、德华、花旗等为主组成英法德美四国银行团；1912年俄日加入成为六国银行团。

第一次世界大战以后，外国银行在中国更迅速地增多起来。其中重要的如英国的大英银行（1922）、通济隆公司（1925年左右）、沙逊银行（1930），美国的大通银行（1921）、运通银行（1919）、友华银行（1919）、友邦银行（1930），日本的住友银行（1916）、三井银行（1917）、三菱银行（1917），荷兰的安达银行（1920），意大利的华义银行（1920）等，大部分都在1925年以前来中国。这时期外国银行不但执行着财政资本统治的任务，并且进行了狂热的金融投机和地产投机。大批专以投机为业的外国银行设立起来了，如以赌博式的“摇奖”为业的法商万国储蓄会（1912），以政治投机为业的美资中华懋业银行（1920），以及美资美丰银行（1917）、信济银行（1927）、天津放款银行（1932），日资中华汇业银行（1918）、上海银行（1918）等。这些银行都是以吸收中国资本为主，并都采取了中外“合资”的形式，前后不下十余家，其中大部分都在金融危机或政治危机中倒闭。

从甲午战争到1913年第一次世界大战，中国的进出口贸易增加了2.5倍，外国轮船航行的吨位增加了2倍；从1913年到1930年“九一八”事变前，进出口贸易增加了1.3倍，外国轮船吨位增加了1倍；同时在外轮航行吨位中远洋航运的比重增大了，自20世纪前的25%左右增加到30年代的40%左右。这都表明，随着帝国主义资本收入的剧增，商品输入也迅速地增加了。根据海关统计，1895 年各商埠有外侨 10091 人，外商 603 家，1913 年时已有外侨 16.3 万多人，外商 3805 家，1930 年有外侨 36.2 万左右，外商 8297 家。

20 世纪以来，外国贸易商方面最显著的变化，是世界性的托拉斯组织的侵入中国。如英国的英美烟公司（1902）、利华兄弟托拉斯的中国肥皂公司（1903）、通用电器公司（1908）、亚细亚火油公司（1913），美国的美孚油公司（1894）、大来洋行（1905）、美国钢铁公司（1909）乃至美国钞票公司（1908）等，都在第一次世界大战前即在中国设立了机构。第一次世界大战以后，托拉斯的企业更形增加了，如英国的卜内门洋碱公司（1920）、邓禄普橡皮公司（1921），美国的杜邦公司（1920）、通用电气公司（1920）、福特汽车公司（1926）、西屋电气公司（1929）、德士古油公司（1929）等。丹麦人设立的慎昌洋行在 1925 年被美国通用电气托拉斯收买，而成为十数家美国大公司在华的总经理人。法国的永兴洋行（1920），德国的德孚洋行（1924），瑞士的汽巴公司（1919）等，也在这时侵入中国。1936 年外国在华贸易商不算日本有 1600 多家，它们的设立情况见表 1。

表 1　外国在华贸易商的设立情况

国　别	英国	美国	法国	德国	其他国家[1]	合计[1]
1936 年贸易商数：	501	400	123	293	286	1603
其中进出口商数：	262	193	56	108	152	771
已查明设立年代的进出口商：	182	105	41	77	117	522
其中设立在：						
1900 年以前	39	2	3	14	9	67
1901 ~ 1910 年	14	9	7	5	13	48
1911 ~ 1920 年	28	23	5	1	21	78
1921 ~ 1930 年	63	43	12	22	49	189
1931 ~ 1936 年	38	28	14	35	25	140

注：[1] 不包括日本，1936 年日本在上海的贸易商品 677 家。

资料来源：贸易商数据日本东亚研究所《列国对支投资概要》，1943，第 113 ~ 115 页；进出口商及年代据该所《诸外国之对支投资》上卷，第二部之材料综合，1943。

甲午战争后，帝国主义在中国获得了在中国开设工厂的权利，工业投资迅速地增长起来。首先是它们以前在中国非法设立的重要工厂开始改组扩大，逐渐变成了垄断性的大企业。如英商耶松船厂于1900年与祥生船厂合并，资本增加到570万两，1936年它又与1903年设立的英商瑞熔船厂合并成立英联船厂，资本扩充到1400万元，成为上海最大的船厂。又如上海电灯厂1882年设立时资本5万两，1893年由英租界工部局收买，作价6.6万余两，1929年又被美国垄断资本收买成立上海电力公司，作价8100万两，到1936年它的财产超过5000万美元，成为中国最大的火力发电厂。但甲午战争以前的外商工厂保留下来的不过十几家，大部分外商工厂是在1895年以后开办的。1913年在中国较有规模的外国工厂有166家，到1936年，不计日本占领下的东北，各种类型的外国工厂就不下八百二十几家了。

20世纪初，租界的公用事业迅速发展起来。如上海法商电车电灯公司（1906），英资北京电灯公司（1903），比商天津电车电灯公司（1904），英商汉口电灯公司（1906），以及日商在大连、长春、沈阳等地的电厂，都在这时设立。但所有这些公司都没有1929年和1930年美国的上海电力公司和上海电话公司的规模那样巨大。上海电力公司属于摩根财阀奇异电气系的“美国电气债券公司”，上海电话公司和它的姊妹公司中国电气公司（1918）属于美国电报电话系（即所谓A. T. T.）的“国际电报电话公司”。大托拉斯系统工厂的设立表明帝国主义在中国的工业投资已不同于过去。这些工厂已不只是进出口洋行的附属品，而日益着重于商品的制造和贩卖。重要的工业企业，如中国肥皂公司（1909）是属于英国利华兄弟托拉斯的；东方修焊厂（1918，实为氧气制造厂）属于被称为世界工业“权威”之一的法国“液化气体公司”;① 慎昌机器厂（1925）属于美国通用电气托拉斯；美光火柴厂（1928）属于瑞典火柴大王的泛美火柴公司；华铝钢精厂（1931）属于瑞士标准铝业公司；永光油漆厂（1934）属于太古系统；怡和啤酒厂（1935）属于怡和系统。其他较小的如马勒船厂（1928，英资）、培林蛋厂（1911，英资）、和记蛋厂（1913，英资）等也都各自由几个厂或公司连成体系。其中最值得注意的当是英美烟公司。这个托拉斯在1902年由英国和美国的烟草公司合并组成，1903年吞并了在上海的英、美卷烟厂，又陆续

① “L’Air Liguide”，在欧洲和东方有很多机构。

在汉口（1908）、沈阳（1909）、天津（1922）、青岛（1925）等地设立卷烟厂，并收买了哈尔滨的俄商老巴夺烟厂（1914）。1934 年英美烟公司在中国的机构改组成为颐中烟公司，资本 2.5 亿元，1936 年它和它的 14 个主要子公司的账面资产共达 7.77 亿元。①

更明显代表帝国主义在华工业的新性质的，是外国棉纺织工业的建立和扩张。棉纺织工业是中国资本最早经营的工业，1894 年以前中国已有 4 家纱厂。自 1865 年起，外商即不断要求在中国设立纺织厂，当时纺织业是由清朝的官僚独占，外商的要求未能成功。但 1894 年怡和洋行已不顾中国的禁令，坚欲运纺纱机进口。就在这年，帝国主义获得了设厂权，次年上海即有 4 家外国纱厂出现，即英商怡和、老公茂，美商鸿源和德商瑞记，共约有纺机 15.8 万锭。1902 年日本收买了华商兴泰纱厂，1905 年又收买了华商大纯纱厂，组成上海纺绩会社。1907 年日资又兼并华商九成纱厂。1911 年日本的内外棉纺织托拉斯开始来华，到 1914 年我国有日本纱厂 6 家（厂）。英国纱厂 4 家；1930 年有日本纱厂 45 家，英国纱厂 3 家；1936 年关内有日本纱厂 48 家，英国纱厂 4 家。日本纱厂的纱锭和织布机数目，如果以 1919 年为 100，则 1930 年纱锭为 547，织布机为 709；1936 年纱锭为 746，织布机为 1456。② 棉纺织之外，毛纺织也是外国资本的一个重要目标，其中也以日、英资本为主。

1936 年关内有外国工厂 800 多家，其中大部分是在 20 世纪 20 年代和 30 年代设立的，情况如表 2。

如果我们以第一次世界大战、“九一八”事变、抗日战争、太平洋战争等几个历史阶段作为基期来分析帝国主义在中国的资本的增长情况，它的变化趋势就如表 3 所示。这里应当说明，有关帝国主义资本的估计，大部分是根据资本主义国家或者外国人个人的调查材料编制的，虽经我们尽可能地修正和补充，也只有相对的意义。③

① 日本东亚研究所：《英美烟草托拉斯》，1943 年油印本，第 93 页。

② 见上海棉纺织业工业同业公会筹备会《中国棉纺统计史料》，1950，第 1、3 页。

③ 本文所引有关帝国主义在华资本的估计，除另有注明的以外，都见《帝国主义在旧中国的投资》附录“关于帝国主义在旧中国资本的估计”（人民出版社，1955，第 133 ~ 188 页），收入全集第 1 卷第 492 ~ 542 页。——编者

表 2　外国在华工业企业的设立情况

国　别	英国	美国	法国	德国	其他国家[2]	合计[2]
1936 年工业企业数[1]	142	67	18	29	39	295
已查明设立年代的工业企业其中设立在：	60	38	11	14	16	139
1895 年以前	7	—	—	3	—	10
1895 ~ 1910 年	14	2	3	4	5	28
1911 ~ 1920 年	14	11	1	—	2	28
1921 ~ 1930 年	16	21	3	6	8	54
1931 ~ 1936 年	9	4	4	1	1	19

注：

[1] 包括公用事业，不包括采矿工业，不包括进出口商附设的小工厂。

[2] 不包括日本，1936 年日本在关内的工厂约为 543 家。

资料来源：据日本东亚研究所《诸外国之对支投资》中卷“第三部”之材料综合，1943；上海日本工厂数据日本东亚研究所《列国对支投资与支那国际收支》，1941，第 35 页。

表 3　帝国主义在旧中国的资本

单位：百万美元

国　别	20 世纪初期(1902)	第一次世界大战前(1914)	九一八事变前(1930)	抗日战争前(1936)	太平洋战争前(1941)	解放以前(1948)
英　国	344.1	664.6	1047.0	1045.9	1095.3	1033.7
美　国	79.4	99.1	285.7	340.5	482.4	1393.3[1]
法　国	211.6	282.5	340.8	311.9	285.1	297.3
德　国	300.7	385.7	174.6	136.4	137.0	—
日　本	53.6	290.9	1411.6	2096.4	6829.0[2]	—
帝　俄	450.3	440.2	—	—	—	—
其他国家	69.6	92.7	263.9	354.3	333.0	374.6
合　计	1509.3	2255.7	3487.6	4285.4	9161.8	3098.9[1]
不计庚子赔款	812.8	1711.2	3314.6	4178.9	9095.5	3068.8

注：

[1] 不包括未转作借款部分的美“援”，估计有 4709.2 百万美元。

[2] 是 1944 年日本投资最高峰时的估计。

这份材料显示，从 1901 年到第一次世界大战的 12 年中间，帝国主义在中国的资本增加了近一半，从第一次世界大战到“九一八”事变的 17 年中间增加了一半以上，而从“九一八”事变到“七七”抗战的 6 年中间增加了 23%。它们投资增长的速度，第一期是平均每年 6000 多万美元，第二期 7000 多万美元，而第三期达 1.3 亿多美元。1936 年以后，增加的速度更快了，在抗日战争期间增加了一倍以上；从1941年到1948年的7年中间，如果不计战后被收回的日、德资本，增加在40%以上，如果连同未转入借款的美“援”合计，增加超过2.5倍。

上面的材料包括庚子赔款的未偿本息，它是20世纪初期中国人民所负担的最大的一笔外债。如果不计这笔完全没有资本输入的债务，那么1902年帝国主义在中国的资本合8亿余美元，1914年合17亿余美元，1930年合33亿余美元；就是说，每期增加的速度将不是一半，而是一倍了。

就第二次世界大战前的情况说，帝国主义在中国的资本约合43亿美元；这个数目比十月革命前各国在帝俄的资本还大，也高于帝国主义国家所估计的它们在印度的资本，比各国在日本投资最高额时大两倍多，它超过各帝国主义在缅甸、越南、泰国、印度尼西亚、马来亚、菲律宾六个东南亚国家的投资的总和，也超过它们在中美、南美各国和在南非的投资。①

这时中国民族工业的发展远不如革命前的俄国和当时的日本，也比不上印度。因此，外国资本在旧中国的垄断作用也较它在别的国家为大。

① 革命前外国在帝俄的投资估计为3822百万美元，见帕斯沃尔斯基等《俄国的债务和经济建设》（L. Pasvolsky and H. G. Moulton, *Russian Debts and Russian Reconstruction*），1924，第177、179、182页。这估计中直接投资部分与苏联奥尔的估计是一致的，借款部分则是根据英、法官方材料。

英国皇家学会估计1930年各国在中国的投资是5.8亿镑，在印度的投资是5.65亿镑。见该会1937年出版的《国际投资问题》（*The Problem of International investments*），第223页。美国人估计同年在中国的外国资本是33亿美元，在印度是28亿美元，见斯坦莱《战争与私人投资者》（Eugene Staley, *War and the Private Investors*），1935，第15页。但据印度人综合估计，1933年在印度的外国资本达13.31亿镑，见印度《共产党人》杂志《外国资本在印度》，马兖生译，世界知识社，1950，第5页。

外国在日本的投资，1913年估计有10亿美元，1929年估计有12.75亿美元，以后渐减少。见莫尔顿《日本》（H. G. Moueton, *Japan*），第500、510、524页。

各国在东南亚的投资，估计如下：缅甸，1939年，2.33亿美元；越南，1938年，3.84亿美元；泰国，1938年，1.24亿美元；马来亚，1937年，4.55亿美元；印度尼西亚，1937年，22.64亿美元；菲律宾，1935年，3.76亿美元；合计38.36亿美元。见加黎《东南亚和菲律宾的投资》（H. G. Callis, "Capital Investments in South-East Asia and Phillippines," *Annals*, 1943, No. 3），引见吴纪先《东南亚经济概观》，中华书局，1951，第39页。

南非的外国资本估计为15亿美元，南美各国，阿根廷31亿美元，巴西26亿美元，墨西哥23亿美元，古巴13亿美元，智利13亿美元，均为第二次世界大战前的估计。见斯坦莱《战争与私人投资者》，第13页。

三　帝国主义资本发展的不平衡性

列宁说："经济政治发展的不平衡是资本主义的绝对规律。"[①] 帝国主义在旧中国的投资的发展和变化，充分地证明了这一规律；它的发展和变化是帝国主义瓜分中国的历史的标志。

在19世纪末期，支配中国的主要是英、德、俄、法四个欧洲资本主义强国，这时是四强瓜分中国的局面。20世纪开始时，这四强在中国的资本占外国在华资本总额的86.6%，约合13亿美元，而其中英德同俄法又各占约半数。在这以前，在许多争夺中国政治和经济权利的斗争上，英德同俄法结成了两个对立的同盟。帝国主义之间的同盟是不稳固的，到了第一次世界大战快要爆发的时候，这两个同盟的均衡局面就已经遭到了严重的破坏，英国的势力大大增进，它的投资增加了近一倍；德法的投资增长较慢；帝俄在1905年日俄战争中被削弱了；而同时与英国结成新同盟的日本帝国主义在中国的投资已经同德、法相抗衡了；英日同盟掌握了2/5的中国投资市场。

日本帝国主义是在英、美等直接援助之下战败帝俄，进入中国市场的；它自欧洲和美国输入资本，又将它投于中国。正如列宁所指出："日本过去虽然能够掠夺东方各国，亚洲各国，但是，现在没有别国的帮助，它无论在财政上或军事上都没有独立行动的能力。"[②] 和日本同时活跃于中国投资市场的是美帝国主义，它在1905～1911年间曾经数次猛烈地夺取东北的投资权，但都遭失败，这就使得它不得不挤入英、法、德的集团。美、日的侵入中国市场，形成了一个新的局面，这就是1911年以后帝国主义"银行团"统治中国的时期，"六个强国（英、法、俄、德、日、美）的'银行团'力图使中国破产，以便削弱和破坏共和国"。[③]

随着1914～1918年帝国主义再分割殖民地的战争，列强在中国的势力又起了新的变化。帝俄已经被伟大的十月革命所推翻，德国在战争中被削弱

① 《论欧洲联邦口号》，《列宁选集》第2卷，第709页。

② 《关于国际形势和共产国际基本任务的报告》，《列宁全集》第31卷，第198页。

③ 《中华民国的巨大胜利》，《列宁全集》第19卷，第9页。

了，法国在战后也失掉了资本输出的能力；支配中国的主要帝国主义国家已不是四强或者六强，而只有英、美、日三强了。1920 年以后，资本主义各国进入了暂时稳定的局面，而中国则正处在大革命的前夜。斯大林分析这时候资本主义的稳定的表现之一即在于："英、美、日三国的资产阶级暂时在确定他们在中国这个能大量容纳国际资本的市场上的势力范围方面，在对中国进行掠夺的方法方面，达成了协议。"① 这种稳定当然是不巩固的、不平衡的。它反映在中国投资市场上的结果是：1914 ~ 1930 年中间，英国在中国的资本增加了近 60%，美国的资本增加了近 2 倍，而日本的资本增加了 4.5 倍。这就意味着，新的风暴就要爆发了。

"九一八"事变后，东北变成了日本的殖民地，日本在东北的投资，包括它的控制的伪满国资本，从 1930 年的 5.5 亿多美元增加到 1936 年的 14.55 亿多美元，② 但是它在关内的投资，由于借款余额减少，基本上没有增长。如果不计东北，那么 1930 ~ 1936 年中间在关内投资大量增加的只有美国一国，它的资本增加了 40%；这时期国民党反动政府从国外所取得的财政借款中，有 76% 是美国供给的。同时期，英国、德国和法国的投资都陷于停滞状态。所以，自"九一八"事变起，争夺中国市场的主要力量已不是三国，而只有美、日两个帝国主义了。日本依靠几次的战争，夺取了别的帝国主义国家在中国的产业作为它自己的投资；美国则在第一次世界大战和"九一八"战争前后，大量"收买"德国和英国在中国的企业成为己有。

抗日战争时期，日本帝国主义占领了很大部分的中国领土，它在中国的资本增加了 3 倍以上，1944 年达到 68 亿多美元；当然，其中大部分是掠夺自中国人民的财产。战时日本的投资主要仍在东北，1937 ~ 1944 年间日本在东北的资本增加了 3 倍，达 57.4 亿余美元，而关内部分只增加 1 倍多。同时，美国的投资，主要是对国民党政府的借款，也大量地增长，1937 ~ 1941 年间增加了 40% 以上。其他的国家都很少增加，或者减少。

第二次世界大战以后，欧洲各资本主义国家都失掉了国外投资的能力，

---

① 《俄共（布）第十四次代表会议的工作总结》，《斯大林全集》第 7 卷，第 82 页。

② 1930 年的估计据雷麦《外人在华投资论》，商务印书馆，1937，第 494 页。

美帝国主义独霸了中国。1937～1948 年间美帝国主义供给了蒋介石反动政府 14.4 亿多美元的借款，如果连同其他未转作借款的美“援”合计，超过 60 亿美元。到 1948 年，这些美“援”和其他美国投资合计，将近各帝国主义在中国资本总数的 80%。同时，其他帝国主义在中国的投资权利也逐渐转入美帝国主义之手。例如原英国所控制的粤汉铁路和计划中的滇缅铁路，原法国所经营的滇越铁路和计划中的成渝铁路，都转由美国管理或借款。几十年来由英国控制的中国海关，在抗日战争时期改由美国人担任总税务司。几十年来由英国银行垄断的中国外汇市场，在抗日战争期间也转入美国银行之手；战后的美“援”协定中并规定这些款项必须由美国银行经手。战前中国有六家英国银行，四家美国银行；战后英国银行有三家复业，美国银行不但全部复业，并且在 1949 年上海快要解放之前，还有一家新的美国垄断资本的美国商业银行开业。1936 年美国占中国对外贸易总额的 22.6%，战后 1946 年跃升到 53.19%；1936 年美国占中国进口货总额的 19.7%，1946 年跃升到 57.2%；1948 年占 48.4%，各种方式的走私进口还不计算在内；同时英国所占中国对外贸易总额的比重由 1936 年的 10.6% 降为 1946 年的 4.6%。1936 年美国只占在华外国轮船航行吨位的 3.9%，战后 1948 年增加为 27.5%，同时期英国所占的比重由 58.6% 降为 33.7%。1936 年英国与美国在华企业数目的对比是 100∶58，战后 1948 年则为 100∶75。抗日战争胜利后英国在上海新设的企业有 27 家，而美国新设的企业有 32 家。

但以上这些情况，还都不能确切说明战后美国资本的独占势力。第一，战后美国国外投资的机构已由个别的资本家集团改为美国政府；它对中国的资本侵略已不只是设立企业和借款，并且大量地通过“美军总部”“联合国救济总署”之类的机构进行。例如 1946 年“联合国救济总署”免税输进中国的棉花即占海关记录正式进口棉花数量的 58%，而 1947 年更超过海关记录进口的 1.2 倍。又如这些机构的“航运大队”“空运大队”等的运输，也超过正式美国商船在华的运输。第二，美国政府资本与中国官僚资本的结合，成为这时美帝国主义对华投资的特点。中美“经济合作”“技术合作”“农业合作”等协定，成为美国资本侵略的主要形式。国民党的全部经济机构，事实上都是由美国顾问、美国银行和美国借款所掌握的。美国资本同时也渗入了四大家族的企业和部分民族资本的企业。因此这一时期美帝国主义对中国的资本侵略已不是数字可以表明的了。

四　帝国主义在旧中国资本的特点

由于旧中国是几个帝国主义国家共同支配下的半殖民地，又由于它们在中国获取了一整套的特权，就使得帝国主义在中国的资本不同于其他国家的外国资本，甚至不同于第二次世界大战前印度等殖民地国家的外国资本。

帝国主义在旧中国的资本有如下的特点。

第一是直接投资所占的成分特别高。直接投资一般是以在国外开设分公司和设立企业的形式出现，它是帝国主义剥削殖民地剩余劳动的直接的和最初的形态。帝国主义在中国的企业全部是直接投资，少数所谓“中外合资”企业也是由外国人掌握经营管理。它们在中国所占的房地产也是直接投资的性质，其中并有很大部分是外国房地产公司和以经营房地产为业的外国教会所有。如果不计算战争赔款的未付额，则1914年帝国主义投在中国的资本中，间接投资的借款只占33.7%，而直接投资占66.3%；到1930年直接投资的比重升为72.9%；1936年又升为80.5%；1941年更升为90.4%。只是在抗日战争胜利后，美帝国主义独霸了中国并供给了蒋介石反动政府以大批屠杀中国人民的资本，借款的比重才转居于重要地位。如果和印度比，1929年英国在印度的投资中约有一半是借款和购买印度证券的间接投资；[①] 和外资数量最多的加拿大比，1939年美国在加拿大的投资中约有38%是美元借款，7.6%是购买加拿大证券；[②] 和革命前的俄国比，外国在俄国的投资中有70%以上是借款，企业投资中也有很多是收买帝俄证券。[③] 帝国主义在中

① 见印度《共产党人》杂志《外国资本在印度》，马兖生译，第5、11页。

② 见美国商务部《1939年美国国际收支》（*The Balance of Intennational Payments of the Unites in 1939*），1940，第28页。

③ 帕斯沃尔斯基等：《俄国的债务和经济建设》（L. Pasvolsky and H. G. Moulton, *Russian Debts and Russian Reconstuction*），1924，第177、179、182页。

国的投资主要是直接投资，这是因为在半殖民地的中国，由于列强剧烈的竞争，每个帝国主义都不容易找到它稳固可靠的中国代理人，而直接设立企业则可以根据一系列的特权无限制地利用中国廉价的劳动力和原料，并受它们自己法律的保护。如果我们把帝国主义的投资分为企业、房地产、借款三大类，则其各时期发展情况如表4。

表4　帝国主义在旧中国的资本

单位：百万美元

年　份	1902	1914	1930	1936	1941	1948
企　业	478.3	1000.3	1977.1	2693.5	7080.4	698.6
房地产[1]	50.1	134.9	440.4	671.3	1142.2	788.6
借　款	284.4	576.0	897.1	814.1	872.9	1581.6[2]
赔　款	696.5	544.5	173.0	106.5	66.3	30.1
合　计	1509.3	2255.7	3487.6	4285.4	9161.8	3098.9

注：

[1] 不包括外商企业所占有的房地产，但包括外商房地产公司占有的房地产。

[2] 不包括未转作借款部分的美“援”，这项美“援”估计有47.092亿美元。

第二是商业掠夺性的资本占最主要的地位。前章曾提及，中日甲午战争以后帝国主义在中国投于铁路、矿山等固定性的资本增加了。但这只是说它们已日益成为真正的殖民地投资，而不同于甲午战争以前的以商品输入为主的性质。帝国主义在旧中国的资本，可以说始终没有脱离它以商业掠夺性投资为主的基本形态。进出口业和与商品倾销相关的运输、银行、保险等事业的投资，1914年约占帝国主义在华资本总额（不计赔款）的41%，1930年约占50%，1936年也占一半左右。① 另一方面，工矿等生产事业的投资为数很少，1930年以前只占在华资本总额的百分之十几，1936年连日本在东北的以掠夺中国资源出口为目的的工业投资合计，也只占20%左右。在这些工业企业中，又有很多是为进出口服务的土产品加工工厂和进口器材的修配工厂。几十年来帝国主义在中国的资本可以说只有数量上和国籍间的变化，而没有性质上的改变。试与帝国主义在印度的投资相比，印度的外国资

① 我们没有1914年的分业估计，此数系根据雷麦《外人在华投资论》，第61～62页。又1936年东北无分业估计，这里所用系大略分布的情况，详见《帝国主义在旧中国的投资》附录。

本以投于矿业的最多，1929年占外国资本总数的23.3%，又工程投资占11.7%，而运输业投资只占10.6%。[①] 与十月革命前的俄国相比，在帝俄的外国资本中投于矿企业的有15亿卢布，而投于商业和金融业的只有3亿多卢布。[②] 帝国主义在南非、中东和南美等地的投资，也是以矿业为主的。这说明了帝国主义在旧中国的资本是典型的半殖民地形态的投资，它对中国工业化的破坏作用要远大于它的积极影响。

第三是在华外国资本的超经济的掠夺部分。这可以巨大数额的战争赔款、特权条件的借款和土地占有等投资为代表。庚子赔款本息共982238150关平两，合7.56亿余美元；甲午战争对日赔款2.3亿两，以俄法和英德等借款支付，合1.85亿余美元。1914年帝国主义在中国的资本中，这两项赔款债务占60%以上。至于借款，多数附有政治性的特权条件，因而其性质并不只是经济剥削；例如1910年和1920年的"国际银团"的活动，列强间主要的争执即在于如何分配它们对中国的财政管理权，从而获取财政上的利益。这种借款也正是帝国主义维持中国封建统治和分裂局面的工具。房地产投资，包括"宗教""文化""慈善"团体的财产，1902~1936年间增加了12倍，比企业投资的增加快得多。如果不计东北，1936年房地产投资占外国资本总额的18.2%，而其中地产又占74%。它们掠取中国的主要方法是地租剥削和土地的投机与垄断。

第四是外国资本的地域集中性。这是和帝国主义在中国划分"势力范围"的竞争，以及口岸通商条约和租界等特权分不开的。外国企业主要集中在上海、天津等口岸城市和沿外国铁路的特权区域，后者尤以东北为典型。根据外国人估计，除不能划分的一般借款外，1930年帝国主义在中国的资本中有42.8%集中在上海，33.9%集中在东北。[③] 抗日战争前，在关内帝国主义的银行业投资有79.2%，进出口和商业有81.2%，工业有67.1%，房地产有76.8%都集中在上海，[④] 同时期东北

① 印度《共产党人》杂志：《外国资本在印度》，马宪生译，第49~50页。
② 见彼得罗相《苏维埃工业化方法》，彭菊人译，作家书屋，1953，第188页。
③ 见雷麦《外人在华投资论》，第63~64页。
④ 银行、工业据日本东亚研究所《列国对支投资概要》，1943，第11页；其余见《帝国主义在旧中国的投资》附录。

的日本资本占各国在华直投资总额的43.2%。因而上海和东北，在历史上成为各帝国主义矛盾的中心。此外，各帝国主义还各有它自己的投资中心，如法国资本集中在云南，第一次世界大战前德国资本集中在山东，而英国资本集中在长江沿岸。这种情况，就造成了过去中国沿海大城市的畸形膨胀，中国工业分布的极端不合理，城乡关系的严重对立和中国经济的分裂状态。

第五是外国资本集中于少数垄断集团。这种情况，在企业投资中最为明显。如英国资本集中于怡和、太古、沙逊三大集团和亚细亚火油公司、颐中烟公司、卜内门洋碱公司、中国肥皂公司四大托拉斯。1948 年这三大集团和四大托拉斯在上海的企业约占上海英商全部资产的 60%，职工人数的 53% 和占有土地的 58%。根据美国人的调查，1930 年 17 家大公司的投资占美商全部在华资产的 82%，而其余 336 家只占 18%。[①] 1929 年美孚公司在中国的投资占美国在华资产总额的 38%。[②] 日本南满铁道会社和由它划分出来的满洲重工业会社共设有 95 个公司，它们的资本占日本在东北投资总额的 52%；而日本在关内的投资则全部为华北开发会社和华中振兴会社所网罗。

五　帝国主义在旧中国的企业资本

企业投资是帝国主义在华投资中最重要的部分。1920 ~ 1941 年 40 年间，帝国主义在中国的企业资本增加了 14 倍，1914 年它占全部外国资本（包括赔款）的 44.3%，1930 年占 56.7%，1936 年占 62.9，1941 年上升为 77.2%。只是在抗日战争胜利后，庞大的日本企业被收回，同时美帝国主义以大量借款支持蒋介石进攻革命，相形之下企业投资才不居重要地位了，1948 年它只占全部外国资本的 22.5%。企业资本的内容见表 5。

① 见雷麦《外人在华投资论》，第 252、266 页。

② 见美国商务部《商业情况》（*Trade Informational Bulletin*），1930，第 767 页。

表5　帝国主义在旧中国的企业资本

业　　别	1914年		1930年		1936年(关内)[1]		1948年	
	百万美元	(%)	百万美元	(%)	百万美元	(%)	百万美元	(%)
金融业	6.3	0.6	317.1	16.0	310.2	22.6	143.3	20.5
贸易业	142.1	14.2	555.0	28.1	397.7	29.0	96.0	13.8
运输业	338.8	33.9	407.2	20.6	169.3	12.4	68.6	9.8
矿　业	59.1	5.9	151.1	7.6	69.8	5.1	55.3	7.9
制造业	110.6	11.0	312.2	15.8	281.6	20.6	163.0	23.3
公用事业	26.6	2.7	119.0	6.0	132.3	9.7	172.4	24.7
其　他	316.8	31.7	115.5	5.9	8.4	0.6	—	—
合　计	1000.3	100.0	1977.1	100.0	1369.3	100.0	698.6	100.0

注：[1] 1936年日本在东北的企业资本为13.242亿元。

资料来源：1914年的分业估计据雷麦《外人在华投资论》，第61页；原书总数与我们的估计略有出入，已在“其他”一项内调整；其他各年，均见《帝国主义在旧中国的投资》附录，其中1930年除英、美、日原有分业数字外，其他各国系参照1936年的比例分列。

首先值得注意的是金融资本的猛烈发展。表5金融业数字是减除重复计算的，例如外资银行对其他外商的投资、放款和它们对中国外债的投资都未计入。如计入这些，1936年关内外国金融业的资产将达7亿多美元，要较表列数字大一倍多。每个帝国主义国家都有它的中心银行，作为它们资本侵略的枢纽。

贸易业投资的比重也是不断增长的。一些大资本集团和托拉斯都是贸易起家，积累资本再投资其他行业，表5的数字并不包括它们的全部财产。1936年，不计日本，在六大城市有外国贸易商1600多家，按资产计，其中90%以上是用于进出口。

运输企业的投变动较大。在1914年的运输业投资中，有80%是帝国主义直接经营的铁路公司；1930年，由于价值2亿多美元的中东铁路改变了性质，运输业投资就以船运企业为主了。从这年起，美、德、日资的航空公司相继在中国设立；中国的海、陆、空运输就都控制在帝国主义手里了。这时铁路运输主要由外国借款控制。连同铁路借款，运输业投资情况的变化见表6。

表6　帝国主义在旧中国的运输业资本

单位：百万美元

年　份	1914	1930	1936(关内)[1]	1948
铁路借款	192.5	356.6	346.1	185.0
企业投资：				
直接经营的铁路	292.0	196.4	52.4	13.5
航运投资[2]	46.8	208.8	111.7	51.6
航空投资	—	2.0	5.2	3.5
合　计	531.3	763.8	515.4	253.6

注：

[1] 1936年日本在东北的运输业资本约为5.5亿美元，内直接经营的铁路4.117亿美元。

[2] 不包括远洋轮船，只包括航行中国沿海和内河的外商轮船。

帝国主义曾经激烈地争夺中国的采矿权，但除东北外，它们所掌握的矿区大部分都未进行开采，矿业投资所占比重很小。这一方面是由于矿区的中国人民激烈反抗；另一方面，帝国主义既然阻滞了中国工业的发展，也就影响了矿产的开发。虽然如此，仅有的几家外国矿，却已掌握了绝大部分中国的矿产，有的矿产，如铁，几乎全部被帝国主义掌握。

帝国主义在中国的制造工业几乎全部是轻工业。1936年它们在关内制造业投资中，纺织工业占48%，烟草和食品工业占26%，两者合计已近3/4。属于重工业的机器和制造工业只占11%，而其中基本上只是修理轮船和装配外国进口器材的工厂，是为外国进出口贸易商服务的工业。1936年帝国主义在关内约有800家工厂，雇佣工人约16万人。其分业情况见表7。各国在整个企业投资中的份额见表8。

表7　帝国主义在关内的制造业资本（1936）

单位：千美元

国　别	机器及造船	化学	窑业	纺织业	食品烟草	皮革木纸	其他	合计
英　国	15704	6840	2330	17531	58563	4382	1986	107336
美　国	5523	3744	1399	1857	4180	2150	2146	20999
法　国	870	1029	—	—	1620	—	—	3519
日　本	5416	4448	4067	113174	6113	4104	2753	140075
德　国	660	360	60	—	1145	15	624	2864
其他国家	3400	1100	500	—	700	1000	129	6829
合　计	31573	17521	8356	132562	72321	11651	7638	281622

表 8 帝国主义在关内的企业资本（1936）

单位：百万美元

国别	金融业	贸易业	运输业	矿业	制造业	公用事业	合计
英国	169.2	230.2	79.2	34.2	107.3	31.1	651.2
美国	36.8	70.3	12.2	—	21.0	70.5	210.8
法国	36.3	10.0	44.7	—	3.5	13.2	107.7
日本	40.3	45.6	27.6	34.8	140.1	8.5	305.3[1]
德国	8.6	22.8	3.1	0.8	2.9	1.9	40.1
其他国家	19.0	18.9	2.5	—	6.8	7.1	54.3
合计	310.2	397.8	169.3	69.8	281.6	132.3	1369.4[1]

注：[1] 包括其他杂项 840 万美元。

日本在东北的企业投资稍有不同。日本对东北的“开发”目的在于掠夺资源，它的所谓“五年计划（1937～1941）”，是根据包括 460 万吨钢铁和 2800 万吨煤的“输出计划”所制定的。但是，根据日本人所遗留的一些材料看，抗日战争前日本在东北的企业投资，仍然不脱离其他帝国主义在华企业的基本形态，即是金融、贸易、铁路运输等商业性资本仍占最大数量，1936 年可能占 70% 左右。只是在“七七”事变以后，为掠取战略资源，铁、煤和石油等有了较快发展，但到 1941 年太平洋战争爆发时，铁路等运输投资仍占最大的比重。日本在东北的企业可以说完全是服务于战争的性质。它虽然在东北建立了一些重工业，然而这些工业完全是殖民地性的，当地所生产的铁必须运到日本去炼钢，当地仅能冶炼的少量的钢又必须运到日本去轧制钢材。

日本占领了华北和华中后，也曾设立了“开发”会社，制定过“五年计划”，但事实上除了修筑一些军用轻便铁路和若干准备飞机原料的铝矾土工厂外，工业的发展是很有限的。根据日本人的统计，日本在占领华北一年半以后，它的投资增加了约 6 亿美元，而其中 4 亿多美元是金融业和商业。

六　帝国主义对中国的土地掠夺和房地产投资

帝国主义在中国占有土地是不平等条约的产物，而租界制度和教会权利又是它们进行土地掠夺的重要支柱。

租界是帝国主义在中国领土上所分割出来的殖民地，完全由它们直接统治。但从另一方面看，租界本身也无异一个大企业。租界的“董事”都是外商大公司的负责人，特别是大房地产商。大租界，如上海的公共租界、法租界等发行公司债以聚集资金。有的租界，如广州的沙面租界并且完全是以合股公司的方式开设的，英股占 4/5，法股占 1/5。各国在中国所攫取的租界权利不下 38 处。其中也有因受别国竞争而经营失败的，如天津比租界；也有因资力薄弱而中途停业的，如汉口意租界；也有因地址选择不当而不得不放弃的，如沙市日租界是江水泛滥的地区。但多数租界都从土地投机和其他垄断性事业的经营中获取了超额的利润，并不断地扩占地域；如上海公共租界的土地 1910 年扩至 3. 35 万多亩，1925 年侵入西区后达到 4. 75 万多亩。每次扩充租界都是由外国大房地产商选购好地皮，然后越界筑路，使地价骤涨数倍，以此达到吞并的目的。

租界的扩占土地限于通商口岸，而外国教会则深入内地。几乎每个较大的乡镇都有天主堂和基督教堂，并在教堂附近占据着大量的农田山林。以英国人所创办而逐渐被美国势力所代替的基督教内地会为例，这个差会 1885 年有正式教堂 50 处，1895 年有 154 处，1905 年有 475 处，1917 年有 914 处，1935 年达到 1223 处，另有支会 2261 处。1935 年外国基督教各差会在中国拥有教堂不下 5800 处，其中约 57% 为美国差会所有，天主教则以法国势力为大，1935 年它在中国有 117 个教区。试以人口较少的云南省为例，除少数民族地区及边区外，1948 年天主教在该省 35 个市县内占有房地产 153 处，美国内地会在 7 个市县内占有房地产 12 处，英国循道会在 5 个市县内占有房地产 33 处，其他教会占有房地产 7 处。在大城市中外国教会所占房地产数量也极为可观。1948 年北京、上海、天津、汉口、广州、青岛、哈尔滨等 7 个城市外人所占的土地中有 44. 4% 为教会所有，外人所占的房产中有 43. 2% 为教会所有。这些房产中有 80% 以上是出租牟利的。有的教会并专设有房地产公司，如上海的英法产业公司，即法国修会江南天主堂所创办。

此外，外国银行也是进行土地掠夺的重要机构。没有一家外国银行不从事于土地投机，没有一家房地产公司不以银行为后台。1936 年估计外国银行在中国占有的房地产合 13265 万元；8 家英商房地产公司在银行的透支达它资本额的 54. 5%，3 家美国房地产公司在银行的透支达它资本额的89.7%。[①] 有的银行，如英商沙逊银行，完全是从土地投机的利润中创办的，它所占有的地产占银行总资产的75%。外国银行吞并土地最主要的方式是“抵押”。1936年左右，抵押在14家外国银行中的土地值12128万元，相当于这些银行货物抵押价值的1.47倍。[②] 外国银行不但直接承做土地抵押，还自中国银行和钱庄手中转作抵押。土地抵押不只行之于银行，也行之于外商大企业和投机商人。美国人估计，1931年上海法国人以抵押方式取得的非法国人产业值900万两；[③] 英国人估计1929年英商的地产押款有350万镑，而同时其他商业放款只有245万多镑。[④]

此外，帝国主义在侵略战争中占领土地，假借中国人名义购置土地，以及用骗取、强索等方式占有土地也都是屡见不鲜的。特别是在外国人没有“永租权”的内地市镇，它们就通过买办或勾结当地官僚来套购土地。例如英商亚细亚公司、卜内门洋碱公司等，用这种方式所占的土地几遍布全国。又如英美烟公司在山东潍县假借中国人名义掠取的土地有600亩，在河南许昌西关也有数百亩；该公司并专设了两个以华商名义经营的昌业地产公司和宏安地产公司。日本烟草株式会社也以同样方法掠取许昌烟区的土地；甚至连日本官方论述此事的报告中也说：“帝国主义与中国封建因素相互依存关系，封建因素之从属于帝国主义，都明白地呈露出来。”[⑤]

依照不平等条约，除教会外，外国人在通商口岸以外的地方是没有土地永租权的。但事实上，它们在内地和市郊区所占的土地要超过市内几倍。例如，外国公司在重庆郊区所占的土地超过它们市内土地一倍；外国人在河北塘大区所占的土地比它们在上海、天津等七大城市所占的土地总数还大1/3。历来中国的土地法，甚至国民党的土地法，都规定农、林、牧、渔、盐、矿等土地不得移转或租赁给外国人。但事实上，外国人在天津所占的农地空地

① 日本东亚研究所：《列国对支投资概要》，1943，第28、37、65页。

② 日本东亚研究所：《列国对支投资概要》，1943，第333页，据称系据银行“极密”业务表，未注明日期。

③ 雷麦：《外人在华投资论》，第3页。

④ 见刘大钧《外人在华投资统计》，中国太平洋学会，1932，第7~9页。

⑤ 日本东亚研究所：《列国对支投资概要》，1943，第313页。

即不下6000亩，在北京不但占有农地，还有果园、山地，在秦皇岛占有林地，在西北占有牧地，老河口的一个天主堂即占有农田数千亩，广州一个外国学校竟占有农场两万数千亩。

日本占领东北后，1937年即由三井、三菱、住友等财阀组织了“满洲拓殖会社”，计划每5年向东北移民500万人，共拟占地1.6亿亩。1940年日本又组织“满洲开拓会社”，这两社垄断了伪满嫩江省耕地面积45%。“七七”事变后，日本在华北华中也进行了土地掠夺。例如“中日实业公司”在河北的农场占地5.6万多亩，并计划侵占冀东、山东土地3.4万亩；“冀东垦殖公司”的“东洋民生农场”也占地数万亩；1940年日伪所办的垦殖公司圈定河北沿海一带农地100万亩，冀东沿海一带农地700万亩。

抗日战争胜利后，国民党反动政府“废除”了通商口岸和租界制度，外人占领土地已不受地区限制；同时国民党又将历来外国人的“土地永租权”改为土地所有权，甚至对原来规定有年限的外人租契也换发给“土地所有权状”。①

国民党这种惊人慷慨，主要是对美国主子献媚，因战后很多租界地产转入了美国人之手。1933年帝国主义在上海所占的土地中，美国只占8.4%，战后1948年美国所占比重上升到20.6%，而同时期英国所占比重由69.4%下降为52.5%（见表9）。1946年美国和蒋介石订立的“剩余物资售卖协定”中并规定以3500万美元作为美国政府在中国圈占房地产之用，凡属美国中意的产业，即由蒋介石政府出钱代为强购。这样强占的房地产在上海有13处，天津6处，青岛4处，并远及昆明、成都等地。

① 国民党的这种卖国热情甚至连国民党政府的官僚们都难以体会。例如1947年5月广州租界清理委员会就电询外交部：“查广州前英租界租期为九十九年……按年征收地租。原日皇家租契之租赁权人何以能获得土地所有权，而准其换发所有权状？此中意义颇难明了。盖沙面租界自1861年划定，迄今已阅八十五年，所余租赁期限只有十四年。以持有皇家租契只有十余年赁权利之租赁权人，而享受土地永久所有权利，衡量轻重，未免相去太远。”而外交部的批复是：此事“英大使馆要求沿照汉口九江两地之成例办理……广州市租界清理委员会所述理由虽甚妥当，惟碍于上引前例”，因此仍以“一律换发所有权状为宜”。其实，1927年北伐革命军收回汉口、九江英租界时并无此“前例”，在当时的“换文”和“特区章程”中都是规定换发永租证书，绝非换发“所有权状”。

表 9　帝国主义在上海的土地占有

单位：市亩

国　别	英　国	美　国	法　国	日　本	德　国	其他国家[1]	合　计
公共租界	16904.9	1598.7	587.7	2855.4	147.9	240.6	22335.2
法租界	3641.2	2048.3	4440.5	216.8	0.4	1381.0	11728.2
越界区	17892.9	1000.0	—	2403.7	—	—	21296.6
抗战前合计	38439.0	4647.0	5028.2	5475.9	148.3	1621.6	55360.0
抗战前(%)	69.4	8.4	9.1	9.9	0.3	2.9	100.0
1948 年(%)	52.5	20.6	17.9	—	—	9.0	100.0

注：[1] 其他国家指资本主义国家。

资料来源：抗战前，据日本东亚研究所《列国对支投资概要》，1943，第 323～324、327～330 页。其中公共租界是 1933 年调查，法租界是 1934 年调查，越界区是 1937 年调查。1948 年调查同表 11。

根据国民党“收回”租界后的材料，解放前帝国主义在上海、天津等七个大城市中房地产占有的情况如表 10。这些城市的外人房地产在数量上虽远不如它们在内地所占的多，但在价值上则居于绝对重要地位。

表 10　帝国主义在七大城市的房地产占有（1948）

单位：%

国　别	英　国	美　国	法　国	其他国家[1]	总　数
各国占总数的百分比					
土地[2]	42.4	18.8	14.9	23.9	100.0
房屋[2]	37.3	11.8	30.9	20.0	100.0
各国土地总数中占有类型的百分比					
政府所占	2.0	2.1	5.2	0.8	2.2
团体所占	8.9	2.2	0.5	0.1	4.3
私人所占	11.9	10.6	9.0	21.9	13.6
教会所占	16.9	53.0	67.4	72.2	44.4
房地产商所占	10.6	5.3	6.2	2.8	7.1
企业所占	49.7	26.8	11.7	2.2	28.4
合　计	100.0	100.0	100.0	100.0	100.0
各国房屋总数中占有类型百分比					
政府所占	1.2	3.6	1.2	0.5	1.4
团体所占	0.3	5.6	0.1	1.0	0.8
私人所占	23.0	8.2	4.8	23.0	15.7
教会所占[3]	1.0	33.3	82.7	66.0	43.2
房地产商所占	48.3	26.5	8.2	9.0	25.4
企业所占	26.0	22.8	3.0	0.5	13.5
合　计	100.0	100.0	100.0	100.0	100.0

注：

[1] 其他国家指资本主义国家。不包括郊区土地和帝国主义兵营。

[2] 土地比重按亩数计算，房屋比重按建筑面积计算。

[3] 教会包括学校、医院及其他文化机关。

从表10可以看出，土地的占有以英国最多，美国次之；房屋的占有英、法都不少。美国所占房屋比重较小，是因为美国侵占时间晚，尚不及大量建筑，同时美国的房地产投资很多是渗入英、法产业的，例如在上海英商恒业地产公司中就有40%以上的美股，并且由美国人做经理。

在英国所占的地产中，几乎一半是企业所有；其中又主要集中于大资本集团，怡和、太古、沙逊三大集团占上海英商企业所有土地的57.8%。托拉斯企业不断地兼并土地，成为它们一项经常的投资业务。以亚细亚火油公司为例，这家公司在上海“购置”地产1882～1920年40年间有13起，1921～1930年10年间有16起，而1931～1937年7年间即达22起，战后1947～1948年两年间竟达12起，所兼并的土地面积也是递增的。

美国所占的土地中一半以上属于教会所有，在所占房屋中教会占1/3。在法国所占的土地中，教会占有67%，所占房屋中，教会占有高达83%。这些教会实际无异于一个大房地产公司。美国人估计，1930年左右法国教会在上海的财产中有91.1%是“生财资产”，只有0.9%是教会自用的。①

在英国的房产中，几乎有一半属房地产商所有，在美国的房产中，房地产商占26.5%。依照不平等条约，外国人在中国只有土地永租权，没有土地所有权，对永租的土地是不得进行买卖盈利的，甚至在上海的英国“最高法庭”在它正式的判决书中也不得不承认这个观点。② 但事实上，远在太平天国战争时期，外国人就开始把中国的土地当作它们自己的商品来买卖。外国房地产公司的出现，乃是土地商品化的结果。至抗日战争前，上海的外国房地产公司不下75家，在天津和汉口也有10余家。这些公司无一不是靠土地投机的利润肥育起来的，至于建筑和经租房屋，只能算是第二等业务。表10中房地产公司所占有的土地比重虽不很大，但经它们买卖的土地却是很多。马克思告诉我们：“在迅速发展城市内，特别是在象伦敦那样按工厂方式从事建筑的地方，建筑投机的真正主要对象是地租，而不是房屋。”③

---

① 雷麦：《外国人在华投资论》，第632页。

② 1932年7月“英国在华驻沪最高法庭”对哈同遗产案的判决文曾引用科得纳克斯所著《上海会审公堂和工部局》一书第38页的论点，驳斥原告关于在上海土地所有权的主张。又1937年该“法庭”在爱士拉哈同对俪穗哈同案的判决文中，引用1904年英国法官汉奈在天津地产讼案的判决，认为英国人在中国的地产并无不动产的性质，只是租赁的权利。

③ 马克思：《资本论》第3卷，第872页。

马克思所指的伦敦投机家的一些方法，例如租地造屋之类，也正是上海的外国房地产商所经常采用的。

土地的价格是地租的资本化，土地价格的上涨，亦即地租剥削的增长，是帝国主义在中国投资中最肥美的利润。依照 1845 年租赁章程的规定，外国人在上海永租土地每亩应付原业主押租 1.5 万文，约合银 10 两。这每亩 10 两的土地到 1930 年时一般已值到 3 万两以上。外国人在天津取得永租权时，代价较高的每亩也不过五六十两，到了 1930 年左右，最低的也值到每亩 5000 两以上。上海南京路、西藏路、贵州路一带的土地，1860 年每亩约值 60 两，1822 年涨到 2750 两，到 1927 年竟涨到 20 万两。

外国人估计他们在上海公共租界的地产，1869 年值 527 万两，1900 年值 4420 万两，1933 年值 7.565 亿两；估计上海租界的地产 1934 年值 3.67 亿两，越界区外国人所占土地，1936 年值 1.74 亿多元。[①] 以上三区在抗日战争前共约合 16 亿元，或 5.5 亿美元。

如果连同外国企业所占用的房地产计算在内，房地产投资将是帝国主义在中国直接投资中最大的项目。1929 年英国人估计英国在中国的地产值 7000 万镑，连同各种建筑物值 8890 万镑，占它直接投资的 46%。[②] 1933 年美国官方估计它在中国的教会财产和侨民财产（其中主要是房地产）值 6500 万至 7500 万美元，占它所估计的美国直接投资的 35%。[③] 1938 年法国人估计法国教会和私人在中国的土地值 14 亿法郎，占法国在华直接投资的 38%。[④]

根据各种不完全的材料综合估计，帝国主义在旧中国所占有的房地产价值（包括外国企业所占房地产），1914 年约合 2.25 亿美元，1930 年增至 7.26 亿美元，1936 年不计日本约值 7.747 亿美元，至 1948 年，除掉了被收回的日、德、意财产，约值 11.4 亿美元（战后币值）。其中地产约占 4/5，房产只占 1/5。情况如表 11。

---

① 日本东亚研究所：《列国对支投资概要》，1943，第 321、328、330 页。

② 见刘大钧《外国人在华投资统计》，中国太平洋学会，1932，第 7～9 页。

③ 美国商务官估计，见日本外务省通商局《米国对支经济势力之全貌》，1940，第 194 页。

④ 拉加姆估计，见日本外务省通商局《法国对支经济势力之全貌》，1940，第 176 页。

表 11 帝国主义在旧中国的房地产投资

单位：千美元

年份	1902	1914	1930	1936	1948
英国	51500	141300	411052	405724	587689
美国	10000	24000	68383	71233	216257
法国	10100	22500	65500	86023	202793
日本	—	22469	175118	—	—
德国	8000	15000	6000	7676	—
其他国家	—	—	—	204032	134783
合计	79600	225269	726053	774688	1141522

注：包括企业所占房地产。

七 帝国主义借款和美“援”

帝国主义对旧中国反动统治者的借款，是把它当作一种特殊的政治权利和经济权利来进行的。它们为了争夺在中国的借款权，形成了帝国主义之间紧张的局面，形成了帝国主义之间两个同盟对立的局面，形成了帝国主义之间组织“四国银团”“六国银团”的妥协局面和出卖“银团”暗中单独活动的局面。

帝国主义既然以借款作为它们统治中国的锁链，也就决定了这种借款必然是政治军事性的借款。如果我们把旧中国的外国借款大体上分为军事财政借款和铁路借款两类，那么从表 12 就可以明显地看出：军事财政借款式的数字逐期增长，而铁路借款的趋势是下降的，铁路借款的总数不过合军事财政借款的 1/5。同时，这里面还没有包括两项最大的军事负债，即 1902 年八国联军向中国所勒索的庚子赔款和抗日战争胜利后美帝国主义对蒋介石的“援助”。庚子赔款的总数合 7.56 亿美元；而美帝国主义对蒋介石的“援助”，除掉已转作借款的部分以外，不下 47 亿美元。

表 12　帝国主义对旧中国的借款

单位：百万美元

年　份	军事财政借款		铁路借款	
	借款总额	平均每年借款	借款总额	平均每年借款
1865～1902	286.4	7.5	48.3	1.3
1903～1914	238.3	19.9	205.2	17.1
1915～1930	304.1	19.0	161.5	10.1
1931～1936	35.8	6.0	51.2	8.5
1937～1941	635.9	127.2	18.8	3.8
1942～1948	999.8	142.8	34.2	4.9
合　计	2500.3	29.8	519.2	6.2

注：不包括庚子赔款、“九一八”以后日本对伪满的借款和未转作借款的美国对蒋介石的“援助”。

以上是指实际借贷的款，还有很多借款虽然订立了合同而实际未发行，或一部分未发行。未发行的原因，主要是由于帝国主义之间彼此的干涉，反动政权的垮台或政治危机，以及为更有利于帝国主义的借款所代替等。这种未发行的借款以铁路借款为多，这就说明了帝国主义在中国建筑铁路的要求远没有它们对中国政治和财政支配权的要求来得迫切。特别是在抗日战争时期，当中国在日本的封锁下迫切要求修筑后方的铁路时，帝国主义对铁路借款的贷放也最悭吝，这时期实际贷出的铁路借款不到合同数目的1/10。但是我们知道，借款虽未发行，帝国主义的借款已经取得，如果是铁路借款，就表示帝国主义已经取得某一条路线的投资权，如果它不高兴修筑的话，别的帝国主义不能再要求修建，中国也不能自己兴建。

“铁路借款”只是一个名义上的分类，实际上铁路借款并不完全用于铁路，有的并且完全不用于铁路，而是变相的财政借款。又电信借款中也至少有半数是被移作政费的。我们约略计算，铁路借款中被挪用于军费政费的有6900万美元，电信借款中被挪用的有750万美元。经过这样调整，总计1865～1936年间，军事财政借款和被挪用于军事财政借款的约占外国借款总额的70%；而在1937～1948年国民党统治后期，这一比重上升为97%。

在1936年帝国主义对中国的借款投资中，有36.5%投于铁路等事业，到了1948年就不到11.7%了。

关于旧中国的外债，已有不少论著作过研究。但过去的统计大都是外债的借款额或发行额。就帝国主义投资而论，我们所要求的不是这个数字，而是截至某些基期年的结欠额，包括未偿本金、已到期而未付的利息和经理费。这些都是它们在那一年的生息资本，也就是我们所说的借款投资。这方面并无现成统计，我们基本上是一笔一笔予以估算的，估算的结果如表13。

表13　帝国主义对旧中国的借款投资各年度结欠额

单位：百万美元

年　份	1902	1914	1930	1936	1941	1948
英　国	109.4	195.7	162.9	150.1	314.4	318.2
美　国	4.5	7.3	50.8	64.4	223.9	1008.3
法　国	61.0	119.9	102.7	90.9	81.1	71.1
德　国	78.3	127.1	93.6	89.4	93.0	—
日　本	—	37.4	373.3	258.2	—	—
意大利	—	—	51.5	69.7	—	—
帝　俄	26.1	45.1	—	—	—	—
比利时	4.4	18.1	42.3	54.6	113.6	113.6
荷　兰	—	—	19.1	35.1	17.8	17.8
丹　表	0.6	1.6	0.9	1.7	—	—
其他国家	—	23.8	—	—	29.1	82.8
合　计	284.3	576.0	897.1	814.1	872.9	1611.8

注：不包括庚子赔款、“九一八”以后日本对伪满的借款和未转作借款的美国对蒋介石的“援助”。

借款既然是帝国主义争夺中国统治权的工具，从借款数字上也就可以看出它们在中国势力的消长。从1914年到1936年，英国在中国债权人的地位不是增加，而是减少了；同时期日本在中国的债权增加了5.9倍，而美国增加了7.8倍。1914年英国借款占中国对外借款负债总额的34%，美国只占1.3%；到1936年英国的比重降为18.4%，美国的比重升为8.9%；1948年英国占 19.7%，而美国占 62.6%。战后美国在中国外债上的比重超过中国外债历史上任何一国所占的比重，也超过任何两个最大的债权国加起来所占的比重。任何一个国家，即使是 1936 年的日本，它所持中国的债权也从来没有超过中国国外借款总额的一半；任何两个国家，如在中国外债史上的俄法同盟、英德同盟、英日同盟，它们所持的债权也没有超过总数的 60%。这就是说，战后美国帝国主义已经建立了它在中国外债上、因而也就是确立了它在中国政治上的独占地位。这种绝对的优势几乎是没有任何其他资本主义国家可以代替的。但在伟大的中国人民革命力量面前，它又是如此脆弱，迅速地被连根拔除了。

美帝国主义给予蒋介石进行反人民内战的“援助”并不限于借款；借款之外还有更大数量的“售让”和“赠予”，计价的和不计价的飞机、大炮、军舰、“剩余物资”和“救济物资”。这些“援助”的价值是难以估计的，约略地说，自抗日战争起至 1948 年止，它的总数不下 67 亿美元。简况如表 14。

表 14　美帝国主义给予蒋介石的“援助”

单位：美元

项　目	债额或物资总值	动用债额或物资净值[1]
抗日战争时期借款 8 笔	705000000	661174131
抗战胜利后借款 14 笔	918194000	394973545
“救济”物资 4 笔	799029000	4709248616[2]
租借法物资 2 笔	1626789143	
军事“援华”2 笔	142666930	
剩余物资“售让”和“赠予”7 笔	2532807543	
合　计	6724486616	5765396292

注：

[1] 截至 1948 年 6 月动用额。

[2] 除去重复计算项目。

资料来源：物资部分据美国国务院《中美关系》（*United States Relation with China*），1949，第 1044～1050 页。

总表　帝国主义在旧中国的资本（1902～1948）

单位：千美元

年　　份	1902	1914	1930	1936	1941	1948
各国总计	1509309	2255657	3487559	4285372	9161758	3098906
企业财产	478277	1000319	1977063	2693474	7080379	698553
房 地 产	50100	134869	440392	671258	1142168	788556
借　　款	284400	575979	897150	814105[1]	872925	1611767[2]
庚子赔款	696532	544490	172954	106535	66286	30
英　　国	344058	664589	1047004	1045921	1095337	1033674
企业财产	129000	336300	641268	651211	545859	393752
房 地 产	26000	70700	204725	219504	219504	321763
借　　款	109403	195733	162874	150117	314438	318159
庚子赔款	79655	61856	38137	25089	15536	—
美　　国	79353	99121	285715	340515	482377	1393301
企业财产	15500	36000	163234	210804	197025	225402
房 地 产	7000	16000	50383	52983	52983	159627
借　　款	4528	7300	50791	64430	223911	1008272[2]
庚子赔款	52325	39821	21307	12298	8458	—
法　　国	211640	282482	304844	311913	285097	297247
企业财产	27700	56000	85300	107670	98654	41795
房 地 产	9100	20000	58300	77709	77709	184338
借　　款	61032	119874	102662	90886	81144	71114
庚子赔款	113808	86608	58582	35648	27590	—
德　　国	300715	385683	174592	136420	136956	—
企业财产	85000	136000	75000	40086	37040	—
房 地 产	8000	15000	6000	6909	6909	—
借　　款	78330	127086	93592	89425	93007	—
庚子赔款	129385	107597	—	—	—	—
日　　本	53601	290893	1411611	2096437	6828967	—
企业财产	1000	199526	892161	1629533	6163967	—
房 地 产	—	13169	120984	194090	665000	—
借　　款	—	37350	373282	258204	—	—
庚子赔款	52601	40848	25184	14610	—	—
意 大 利	42738	32525	79080	92070	18870	6211
企业财产	—	—	4400	4558	4045	—
房 地 产	—	—	—	1816	1816	6211
借　　款	—	—	51545	69661	—	—
庚子赔款	42738	32525	23135	16036	13009	—

续表

年　　份	1902	1914	1930	1936	1941	1948
帝　　俄	450320	440155	—	—	—	—
企业财产	220077	236493	—	—	—	—
地　　产	—	—	—	—	—	—
借　　款	26107	45140	—	—	—	—
庚子赔款	204136	158522	—	—	—	—
比 利 时	18003	28491	89381	77165	126834	139948
企业财产	—	—	41000	15451	7018	10000
房 地 产	—	—	—	4652	4652	16329
借　　款	4380	18123	42319	54553	113619	113619
庚子赔款	13623	10368	6062	2509	1545	—
荷　　兰	1203	915	29569	49570	28135	25757
企业财产	—	—	10000	14149	10261	8000
房 地 产	—	—	—	—	—	—
借　　款	—	—	19141	35139	17757	17757
庚子赔款	1203	915	428	282	117	—
瑞　　士	—	—	—	9256	7997	14537
企业财产	—	—	—	7766	6507	10555
房 地 产	—	—	—	1490	1490	3982
借　　款	—	—	—	—	—	—
丹　　麦	620	1625	942	4257	2098	2242
企业财产	—	—	—	2569	2098	2242
房 地 产	—	—	—	—	—	—
借　　款	620	1625	942	1688	—	—
其他国家	7058	29178	64821	121848	149090	185989
企业财产	—	—	64700	9677	7905	6807
房 地 产	—	—	—	112105	112105	96306
借　　款	—	23748	2	2	29049	82846
庚子赔款	7058	5430	119	64	31	30

注：

[1] 不包括“九一八”事变后日本对伪满的借款，这种借款属于伪满“特别会计”，大都已计入企业投资中。

[2] 不包括未转作借款部分的“美援”，这项“美援”估计有47.092亿美元。

附 记

本文是摘录拙作《帝国主义在旧中国的投资》（人民出版社，1955）一书的第一、二章，所摘内容主要是对帝国主义在旧中国投资发展变化的估计。估计方法和资料来源都写入该书的附录，附录篇幅较长，本文只能录一总表。该书出版后，在国内外报刊曾有一些评论。该书的一个简篇《帝国主义在华投资》并经译成俄文（苏联科学院，1956）。读者评论中比较多的是关于帝国主义企业投资的含义和庚子赔款应否计入投资的问题，对此，我在这里作一简要说明。

我在原书附录中说："资本是历史上一定的社会生产关系，它是剥削剩余价值的价值。因此，它应当包括在某一基期的帝国主义在中国实际控制着的一切可以进行剥削的价值，而不问它的来源如何。这就是说，不问它是自有资本或者借入资本，不论是自国外输入的资本或者是掠夺自中国的资本。在具体处理上可以说，凡是某一帝国主义企业所实际支配着的财产，都应当列为它的资本，而不计它的负债。"

这些原则，和我在《旧中国工业资本的估计和分析》[①] 一文中所用的资本要领是完全一致的。关于自有资本、借入资本以及负债等理论问题，已在那篇文章中申论了。与中国企业不同的是，它有一个自国外输入的资本和掠夺自中国的资本问题，并且是个十分重要的问题。原来帝国主义在中国的巨额投资，大部分并不是自国外输入的，而是在中国本土获取的。据美国学者雷麦调查，1930 年在中国有投资 3715 万美元的美商，自报他们自美国汇来的资金共 1336 万美元，只占投资额的 36%。这是指有资本输入的企业，另有许多企业自称是"白手起家"，根本没有资金输入。据我们估计，截至 1930 年各国在中国的企业财产和房地产约值 24 亿美元，而截至这年为止帝

① 原载《新华月报》1949 年创刊号，经修订。

国主义输进中国的企业资本只有 9.4 亿美元，占 39%，其余都是在中国本土获取的。在估计外国投资时，对于这种来自中国的资金如何处理呢？

这种来自中国的资金有不同的情况。一部分是早期洋商从事鸦片走私、贩卖苦力等收益，以及强取豪夺、地产投机等所得，都是属于原始积累性质。一部分是他们历年经营的利润，即剩余价值的资本化。这两部分在实际上和在会计处理上都已是外资企业的自有资本了，自应计入外资。有一部分是借入资本，主要借自外商银行，自也应计入外资。还有一部分则确是中国人的投资，这是需要讨论的。

例如，英商怡和纱厂，怡和洋行只占有不到 5% 的股份，而华股占 73%；但依章程规定，怡和洋行享有全部经理权，华股是无权过问的。这种华股，一如早期买办在洋行的附股，或垫支给洋行周转的押金，它虽也能分润一些剥削的余沥，但并不具备经营资本的机能，而是依附于外资的。又如美商上海电力公司，1929 年的设备收购代价是 8100 万两，美国托拉斯只付了初期的 3000 万两，以后就在上海募集了 1.1 亿两的公司债，除付清代价外，还收回了它初期的垫款。公司债持有人是无权过问公司事务的，实际也是借入资本，依照我们的原则，自应估入美资。有的外商，在中国发行没有投票权的“优先股”，其情况也是一样。再有所谓“中外合办”企业，尽管有的合同规定共同经营，实际并非如此。如开平煤矿原则中国开采，1900 年英国人参加合办，当时该矿约值 85 万英镑，英方所出资金最多不过 15 万英镑，但全部矿场都由“英国公司”经营管理。抚顺煤矿原则由华商开采，1902 年俄国道胜银行参加合办，俄方没有出多少资本，却派来 40 余名俄国兵驻守矿区，从此产煤就全部由俄方运走了。日伪合办尤为明显，1944 年，满洲重工业株式会社系统中有 70% 是伪满资本，但谁也不能不承认它完全是日本的垄断东北重工业的组织。因此，我们对中外合办企业采取“支配财产”原则，凡是实际上由帝国主义支配的企业，其全部财产都计入外资。

有人以为，我们这种方法会使对外资的估计偏高。实际上并不尽然。我们在估计外资总额时，是尽可能减除重复计算的。如金融业对工商业的投放或债券持有，或甲公司对乙公司的投资，计入一方，即从另一方减除。过去的估计，如雷麦的 1930 年以前的估计，一般是以企业全部财产为准，实际和我们所说资本的范围是一致的，我们也是以他的估计为基础，加以修正。

东亚研究所1936年的估计，大体是以企业净值或固定资产为准，但它未减除重复部分，除日资外，所估数额并不低。樋口弘关于1936年日资的估计，也与我们所估的差不多，我们所高出的，主要是在中日合办企业上。1941年和1948年，前人无系统的估计，我们所作是参考了战后以及解放后的材料，除东北部分没有把握外，一般并未高估。

现在谈一下庚子赔款问题。我们把庚子赔款计入外国资本，不适合一般“投资”的概念，在作某些投资额比较时也不方便。好在我们在估计时就是把它单独计算的，这次我又在一些统计表中把它分列，读者可随时将它剔除。

然而，庚子赔款计入中国的外债，并非我们独创，一些外国学者以至官方文献，也曾这样处理。庚子赔款确是中国人的一笔负债，并且是抗日战争前最大的一笔负债，它本金4.5亿两，据说就是按当时中国人口设计的，以使“人人有份”，连同预计利息共达9.8亿余两，直到解放前还未全部偿清。帝国主义者是不会忘怀这笔巨大债权的，他们是以债权人的立场，如实地把它看成一笔生息资本，尽管他们原来并无分文投资。

没有原始投资，怎么会变成债权、变成资本呢？实际情况就是这样。前面已提过，截至1930年，外国在中国的企业财产和房地产中，有61%是没有输进资金的。同样，我们估计，截至1930年，中国所借的外债债额累计合15.9亿美元，但其中从外国实际输入的债款最多不超过6.3亿美元，这就是说，有60%的债权是没有输进资金的。在资产阶级经济学和法律实践上，从不把实际投资作为股权或债权的必要条件，所以，他们把中国的赔款看作他们的债权是毫无困难的。我们却不是这样。在我们看来，所有中国的对列强的赔款，包括战争赔款和商赔、恤金、教案赔款等，都是帝国主义对中国人民的掠夺，都是一种以暴力为背景的原始积累。所谓原始积累，是指最初用于榨取剩余价值的资本，它本身即是资本的性质（而不同于古代社会或封建主之间的战争掠夺）。当然，这种积累不一定再用于中国，但只要它是以债权或其他形式继续对中国人民起剥削作用的部分，那就是对中国的投资。

举个最明显的例子。第一家外商工厂，即1845年英人柯拜在广州设立的柯拜船坞，最初不过是个用人工排水的泥坞。可是，在第二次鸦片战争中它获得12万元的中国赔款后，立即扩充，到1863年已有石坞、木坞、泥坞4座，能修500英尺的汽船了。

一个不很明显，但很能说明问题的例子是对日赔款。甲午战败后，根据《马关条约》对日赔款和还辽东费共2.2亿两，是庚子前最大一笔赔款。这笔赔款是付给日本的，但是，它确实又转化为外国在中国的投资。为支付这笔赔款，清政府举借了俄法借款、英德借款、英德续借款，共合4800万英镑，成为清廷三笔最大的外债。这些借款9/10并未进入中国国境，而在伦敦就转付给日本了。俄法借款，中国共付本息2.5亿两，超过清廷实收银1.26倍；英德借款中国共付本息2.3亿余两，超过实收银1.54倍（包括镑亏）。就是说，对日赔款，变成了残酷剥削中国人民的帝国主义投资。就日本来说，那时它还是个资本输入国，它是靠中国的赔款（除此笔外还有台湾抚恤金等）来改变它的国际收支的，到第一次世界大战前，它在中国的投资已有约4亿两，这个数目，恰好相当于中国给它的赔款加利息。

从鸦片战争到庚子以前，单国际条约规定的中国赔款就有11笔，共合2.76亿两。最早一笔，即鸦片战争后《南京条约》的对英赔款，条约中就规定，如未能按期交足，“酌定每年每百元加息五元”。当时英国人就已把它看作是投资了，并且希望延期不付，因为这既可生息，又可借此占据定海和鼓浪屿。不过，清廷是按期交足了，我们也就不把它当作外债处理（其中有个商欠尾数3800元逾期4日，交了209元利息）。这以后，第二次鸦片战争中对英、法的赔款和恤金，1881年帝俄强占伊犁的赔款和恤金，数目都达800万两，连同其余教案赔款、云南马嘉理案赔款等，也都由关税、厘金中按时拨付，未成为负债。1884年广东沙面事件恤金是向汇丰银行借款交付的，开创了赔款变借款即变外国投资的先例。类似的情况，只要有数可查考的，我们都把它计入外债。接着，就是上述这笔数目巨大的甲午战争的对日赔款，我们在估计中，已把它计入英、德、法、俄的借款投资，也就不再记日本的账了。这样，我们把赔款作单独处理的，就只剩下庚子赔款，它当时就被分配给13个参加侵略中国的国家（瑞典、挪威算一国），成为中国对各国的债务。庚子以后，较大的赔款是辛亥革命期间帝国主义者提出的“革命损失”，不过，它已由1913年的善后大借款中扣除，不再成为债务。其余数目较小的教案、侨案等勒索案还很多。例如1925年美国开送给中国的“外债”清单中，就包括11笔赔款，共合100余万元。我们处理的原则是，凡转作借款有案可查的，计入外债；未转作借款的（其中有些是中国并未承认的），往往难于稽考，就略而不计了。

还应说明的是，对于外债，我们是按基期年估计其未偿本金、已到期而未付的利息和经理费，作为该笔外债的结欠额，即截至基期年的投资额。对于庚子赔款，却不适用这个办法。因为庚子赔款的本和利的界线是虚拟的，实际每年交付额也是不分本利的，所以估计时是按基期年计算其本利未偿部分，即以中国的负债额（而非结欠额），作为截至基期年的投资额。

庚子赔款的大部分都经过“退还”协议，它是每年“退还”到期部分，未到期部分仍是中国的负债，所以不影响我们的计算。所谓“退还”，不是退还给中国，而是使用于中国。例如美国庚款，是每年由中国海关交付给美国大使，由美国大使交给美国主持的“事业”使用。英国庚款也是这样，甚至由英国另订合同，把它借给中国作为铁路借款，这就真正变成了再投资了。

（原载吴承明著《中国资本主义与国内市场》，中国社会科学出版社，1985，第13~61页）

关于帝国主义在华工业资本

一百多年来，帝国主义利用我们低廉的工资、便宜的原料、广大的市场和高额的利润，曾在中国投下了巨额的工业资本，使中国的经济社会发生了很大的变化。

帝国主义的工业投资究竟有多少呢？却始终是个谜。过去我们只有雷麦氏的估计，一般的印象是外国资本比中国资本大三倍，作者早就怀疑雷麦氏的估计过高，[①] 但始终没有比较可靠的结论。作者在《中国工业资本的初步估计》一文中说："我们本预备做一个帝国主义在华工业资本的估计，而所得到的材料，最高和最低估计相差达二十倍。这个工作，始终还未完成。"[②] 但为了和我们估计的中国工业资本比较，在该文的末尾还做了一个"帝国主义资本的暂时估计"，那估计极其粗略，自不待言。同时文中提起汪馥荪先生对这方面曾有过深刻详密的研究，不过他所发表的只是总产值和工人数的估计。[③] 同时他所用的《日本之对支投资》和《诸外国之对支投资》二书我们未曾找到。该文发表后承汪先生自南京来信指教，提出很多宝贵的意见，并愿将这两本书借给作者参考。作者感激之余，乃先就日本东亚研究院的这两本千余页的调查报告，整理了一部分材料。这材料只是作为作者前文

① 拙作《我国资本构成之初步估计》，《中央银行月报》新1卷第11期，1944年11月。

② 载《中国工业》新1卷第5、6期，1949年9、10月。

③ 汪馥荪：《战前中国工业生产中外厂生产的比重问题》，《中央银行月报》新2卷第3期，1947年3月。

的补充。我们不愿就此对帝国主义在华的工业投资下结论。因这两本巨著虽然篇幅浩繁，但在方法上可能发生的问题还很多。在本文中我们也不把它和其他的材料比较。最近中央人民政府成立了外资企业管理局，对这方面的材料可能渐渐丰富起来。在本文之首，自然我们先要对汪馥荪先生的帮助致深忱感谢。

这两本材料的调查也是以 1936 年为基干的，也是不包括东北与台湾，这都和我们前文的范围相符合。我们在整理材料时，所用的工业资本概念，仍是作者在《中国工业资本的估计和分析》① 一文中所述的，即用于生产工具和原料燃料等不变资本，与用于工资的可变资本的总和。

在《诸外国之对支投资》中，工业方面只是其中册中的一小部分，也是调查得比较不甚精密的部分。但比起雷麦氏的估计来，已是完备得多了。其中所列“实缴资本”，一部分是根据调查表或资产负债表的，计有英国 57 厂、美国 30 厂、德国 7 厂、法国 11 厂，已超过全数一半（水电除外）。其余则是根据情况“推定”的，推定方法则未说明。我们就原材料剔出香港、九龙、澳门部分，加入公用事业部门内的水电煤气部分，整理如表 1。估计中最困难的是总公司不在中国，或在中国而有分公司不在中国的事业，这种据说是据情况“推定”其在中国的投资的，怎样推法也未说明。

表 1　英美德法在华工业资本（1936，东北及台湾除外）

单位：美元千元

项　目	英　国[1]		美　国		德　国		法　国	
	家数	实缴资本	家数	实缴资本	家数	实缴资本	家数	缴资本
木材及木制品	6	3085	2	360	—	—	—	—
机器车船	16	10025	10	2772	5	100	2	412
金属品及电器	4	200	—	—	—	—	—	—
土石水泥	1	875	—	—	—	—	—	—
水电煤气[2]	7	12221	2	14798	—	—	2	6075
化学	20	161700	16	1277	1	1500	3	732
纺织	13	49680	13	915	3	3011	—	—

① 载《经济周报》第 9 卷第 8、9 期，1949 年 8 月。

续表

项目		英国[1]		美国		德国		法国	
		家数	实缴资本	家数	实缴资本	家数	实缴资本	家数	缴资本
饮食烟草		29	16256	9	839	9	693	6	390
印刷及制本		5	265	2	240	1	60	—	—
其他		5	2235	7	845	2	105	—	—
总计资本额	美元	106	256542	61	22046	21	5469	13	7609
	伪法币		855140		73487		18230		25363
推定投资额(3)	美元		342480		63522		9324		9473
	伪法币		1141599		211741		31079		31575

注：

[1] 英国原列253670千美元（水电煤气除外），剔除香港、九龙、澳门，如上数。

[2] 英国包括参加上海电力公司部分，内有二家资本不明。美国不包括上海电力公司之非美国部分，不包括沪西电力公司之华股。法国包括上海法商电灯、电车、自来水公司的全部资本。

[3] 推定投资额依原材料办法以资本额之1.3倍计算，唯水电煤气则据表2。

折合率：100元=30美元　100两=42美元　1镑=5美元　100法郎=6美元　100港币=31.5美元。

材料来源：日本东亚研究所《诸外国之对支投资》中册。

使我们感兴趣的是日本人在这书中所用的投资估计，也是用资产值来代替的，而且也是用资产对资本的比例，自资本额求得的。这方法的缺点我们在前文中已详述，在无法利用其他方法时（如前文所用的综合价值法，利润还原法等），也只有用此法。但关键也就在这比率上。我们前文所用的比率，自2.18倍至5.87倍各业不等，平均为2.76倍。依我们综合的估计结果算，平均是2.32倍（前文表2）。我们对帝国主义工业用的是2倍。而日本人在这书中所用的则是1.3倍。据原注说：依资产负债表，大企业是2.5倍，但调查小厂居多，推定为1.3倍。另一处说“依各种经营内容及邦人（日人）在上海同业推定”为1.3倍。此1.3倍之来源大约就是根据日本在上海的企业计算的。这比率关系很大，如果用高一点的比率，则此书的估计和我们前文的估计就相差不多了。当然我们不能杜造一个比率来使两个估计相适应。不过这1.3倍的比率据我们看是偏低的。我们根据在原材料中可找到的13家资产总额算是2.7倍，其中只有两家是大企业，颐中烟草公司一家就是4.98倍。除掉两家大的计算是1.5倍。如原注中所说的2.5倍是根据已有表报的105厂（已占半数以上）算的，则1.3倍更显得低了。此外，

1.3 倍既是日本企业的比率，日厂多半是小的，平均每家资产额只合伪法币 140 余万元，其他各国平均则达 700 万元。这还是说按 1.3 倍算，否则相差更远。原注说“小厂居多”，但比起日本企业已算是大厂了。再有，日本投资较晚，多为新厂。英德法等投资早得多，多是老厂，资产比率自应较大。但我们这里，并不想提出一个修正的比率来，我们仍用原比率。

水电煤气部分，原材料比较详细，且列有“设备资本”一项估计，不是根据倍数算的。但这部分材料，原书并未充分整理。我们代它整理一下，例如表 2。整理的方法，都在表中注明。所用的数字，都先依照表 1 的折合率换算成法币。从原书公用事业部分看，也许原书所用的资产比率是指设备资本，不是指全部资产，但看他们在《日本之对支投资》一书中对棉纺业的处理，系连同其他流动资产推算的，则似又非如此。总之这些地方原书都说明不详。

表 2　英美法德比在华水电煤气事业资本（1936，东北及台湾除外）

单位：伪法币千元

项　目	实缴资本	设备资本	资产总值
英　国			
北平电灯公司	450	4329(1931)	5325[1]
天津英租界电灯房	—	2232(1937)	2505
汉口电灯电力公司	1202[2]	350	430[1]
上海自来火公司	5600	5889(1938)	12212
上海自来水公司	23160[2]	47467(1938)	58384[1]
天津自来水公司	7500	3226(1931)	3968[1]
天津英租界水道处	—	—	51[3]
美　国			
上海电力公司	56502	150645	175918[4]
沪西电力公司	1301[6]	2497[5]	4415[5]
法　国			
上海法商电灯电车自来水公司	13333[6]	18052[6]	22569[6]
天津法租界电灯房	250	1995(1934)	2362(1934)

续表

项　目	实缴资本	设备资本	资产总值
	德　国		
美最时洋行发电厂	—	6000[7]	7380[1]
	比　国		
天津电车电灯公司	625[8]	9609[8]	14287[8]
总　计	109923	252291	309806

注：

［1］七家已知之资产总值合设备资本 1.23 倍，此系依比例计算者。

［2］系法定资本额。

［3］该处 1936 年收益 5113 元，按利润 10% 估计投资额，此外别无材料。

［4］英国参加部分并入计算，投资于沪西电力公司之 1911769 元则剔除。

［5］此系美资部分，按总数 51% 计算。总数为资本 3000000 元，设备资本 4897000 元，投资总额为 8657514 元，以投资总额代资产总值。

［6］此系电灯自来水部分，按总数 2/3 计算，总数为资本 100000000 法郎（合 20000000 元），设备资本 1934 年 27077310 元，资产 1934 年 169270167 法郎（合 33854034 元）。

［7］原估计为约数。

［8］依原资本分配，电灯占半数计算，总数为资本 6250000 法郎（合 1250000 元），设备资本 1935 年 19218854 元，资产 1937 年 142871187 法郎（合 28574237 元）。

材料来源：日本东亚研究院《诸外国之对支投资》。

日本的投资，在《日本之对支投资》一书中所用的方法，又是不同。除棉纺织业外，并未列出资本额，只告诉了我们“推定投资额”，怎样推法也未说明。从举出的一些重要厂家的调查来看，大约不是按资本额以一定倍数推算的，而是个别厂按情况推算的，采用如何标准也不知道。在没有更详细的材料以前，我们只有承认其“推定”而不加批评。棉纺织业是日本的主要投资，叙述颇为详尽。他采用了锭数推算法和调查表统计法两种估计，结果相差不大。大体是以日本在华纺织业公会的调查为主的，并列举了土地、建筑物、机械、原料及制品各项资本，原料及制品以外的流动资产则依七家有资负表的比例算出。估计结果比樋口弘氏 1936 年的估计稍高，比雷麦氏的 1931 年估计也大。

日本投资有直接经营、中日合办及民营企业借款三种方式，原书中都有估计。水电煤气放在公用事业部门内，制盐业在水产部门内，冶炼业在矿冶部门内，我们都把他移转过来。工业部门中，也重新加以分类。综合的结果，便如表 3。综合的方法，也都在表内叙明。

表3 日本在华工业资本（1936，东北及台湾除外）

单位：千日元

项目	日资经营		合办事业日资部分	日本借款	投资估计[1]
	家数	推定投资额	实缴资本	本息合计	
木材及木制品	19	3102	—	—	3102
机器金属品电器	98	12365	1769	2530	18595
土石水泥	26	3381	1100	8382	13963
水电	2	2167[2]	6328	12435[3]	22927[4]
冶炼	1	117	—	48107[5]	50471[6]
化学	72	12196	1538	—	15271
棉纺织	16	381643	—	—	381643
丝毛麻纺织	3	6170	—	—	6920[7]
橡胶皮革	40	10892	—	—	10892
饮食烟草	79	20458[8]	260	—	20988
造纸印刷	56	5953	—	—	5953
其他	28	1778	882	—	3498
总计	440	460222	11877	71454	554223
折合为法币[9]		446817	11531	69276	538081

注：

[1] 日资经营者按推定投资额计，日本借款按原数计，合办事业依原材料按全部投资额计，全部投资额机器金属品等3700，土石水泥2200，化学3075，饮食烟草530，其他1720（均千日元）。

[2] 天津居留民团电设备1200000日元，水设备244797日元，汉口居留民团不详，设为天津之半（自原材料政府财产中移入）。

[3] 包括参加上海电力公司7000000日元。

[4] 合办胶澳、天津二家电力公司，日资及贷付6328294日元，占全部投资66.7%，二家资产总值12480605日元，计日方资产8324503日元。

[5] 仅计汉冶萍借款，其余概做采矿部分。

[6] 日资经营上海中公司一家资产总值2363845日元。

[7] 内日华蚕丝会社2500000日元系实缴资本，依纺织业比例1.3倍合成推定投资额再并入计算。

[8] 精盐600000日元自水产部分移入，家数未列入。

[9] 折合率100元=103日元。

材料来源：日本东亚研究所《日本之对支投资》。

英美法德日以外，除比国的电业列入表2外，余都无材料。但知该年有意大利5家，希腊5家，瑞士3家，苏联3家，波兰2家，捷克、丹麦、比利时各1家，共24家，大都是小工厂。各国投资中日厂平均最小，每家只合为法币140万元。法国次小，平均合300万元。我们估计这24家的资本共值2500万元，平均每家100万余元，大约不致高估。将表1、表3和上面的估计相加，便有如表4，即1936年帝国主义在华的工业资本。

表4　帝国主义在华工业资本（1936）

单位：伪法币千元

国　　别	工　业	水电煤气	合　计
英　　国	1058724	82875	1141599
日　　本	515822	22259	538081
美　　国	31408	180333	211741
德　　国	23699	7380	31079
法　　国	6644	24931	31575
其他各国	25000	14287	39287
总　　计	1661297	332065	1993362

依上面估计，帝国主义在华投资，工业方面是1661297千元，合美元498389千元。雷麦氏的估计是376300千元，除去东北和香港部分，合323010千元。但雷麦的是1931年数字，我们的是1936年。这几年间，英国的投资照纺织业看约增37%。美国投资按1937年美国务部发表总数计，约增1/2。日本投资按各种零星材料看约增2/3，但大都在东北。同时雷麦氏所用的是否资本估值，抑系资本额，未曾明确说出。水电方面，依上面估计是332065千元，合美元99620千元。雷麦氏估计是99000千元，除掉东北和香港是83310千元。就增长趋势看相差太大。又这个估计里，英国的比雷麦的估计大，日本的则比雷麦的估计小，美国的也比雷麦的估计小。

上面的估计中，英美德法四国的工业实缴资本是972220千元，五国的水电煤气业的实缴资本是109923千元，日本的投资按1.3倍的比率还原成实缴资本（合办及借款按原值）是424512千元，其他各国工业也按1.3倍还原实缴资本是18470千元。以上合计1936年帝国主义在华工业的实缴资本额是1426125千元。我们在《中国工业资本的初步估计》中粗略的暂时估计是1728700千元。所以主要的差异是在资产比率上面。因此依此估计，各国的资产总值是1993362千元，我们在前文中用2倍计，就估计有3457400千元了。

抗战以后的情形，在《诸外国之对支投资》中没有材料，在《日本之对支投资》中有1938年的估计。我们将1938年日本的投资，仍按表3的方式加以整理，便如表5。依表5，投资总额是693410千元，较1936年增加155329千元，或28.9%。但未计入币值的变动。这时期上海物价约上升40%，所以实际增加不过111000千元，或20.8%。不过这是恢复了战事损毁而增加的。据原材料调查，棉纺业的损毁有147130千日元。所以单棉纺业的新投资（连恢复损毁）即有173554千元。不过这里棉纺织业是1939年5月调查的数字。

表5　日本在华工业资本（1938，东北及台湾除外）

单位：千日元

项　目	日资经营		合办事业日资部分	日本借款	投资估计[1]
	家数	推定投资额	实缴资本	本息合计	
木材及木制品	25	5920	—	—	5920
机器金属品电器	130	36610	1769	2694	43004
土石水泥	30	4037	1100	8930	15167
水电煤气	2	2167	20126	12809[2]	37631[3]
冶炼	1	150	2551	48254[4]	69271[5]
化学	80	20580	1863	—	24255
棉纺织	19	408067[6]	—	—	408067
丝毛麻纺织	3	9693	—	—	9693
橡胶皮革	47	12630	—	—	12630
饮食烟草	117	47345[7]	1920	—	51118
造纸印刷	59	9116	—	—	9116
其他	34	5825	882	—	7538
	—	—	—	—	—
总　计	547	562140	30211	72687	693410
折合伪法币[8]		562140	30211	72687	693410

注：

[1] 合办部分全部投资额，机器等3700，土石水泥2200，化学3675，饮食3773，其他1713（均千日元），余同表3注（1）。

[2] 参加上海电力公司7000000日元并入。

[3] 合办电业五公司资产总额48829744日元，日资及贷付19226443日元，占全部投资44%，比例计日方资产值21485千日元，合办煤气厂一家投资900000日元，以1.3倍计合资产值1170千日元。

[4] 仅计汉冶萍及蒙疆借款，余作采矿部分。

[5] 日资经营上海中公司一家，资产不详，依投资增加27.5%倍照1936资产值计〔见表3注（6）合〕6225千日元。此外加入军管关系投资石景山、太原、阳泉三铁厂及太原铸造厂之日方支配资产值12097551日元。

[6] 系1939年5月调查数。

[7] 精盐6965000日元自水产部分移入，家数未列入。

[8] 折合率100元=100日元。

材料来源：日本东亚研究院《日本之对支投资》。

要估计战后的情形，这些材料还是不够。其间变动最大的当然是日本投资。但除掉华北外，我们还没有材料。华北方面，日本在1904年和1943年做过两次普查，汪馥荪先生曾将其结果研究发表。作者在前文中曾根据汪氏的研究估计1946年日本在华北的工业投资。那估计中1942年只有200928千元（1936年币值），而依《日本之对支投资》，1938年华北部分就有约300000千元。作者在前文中的错误是把每年的普查都假定曾行资本重估价，所以都按“资本价格指数”换算了1936年币值，就常理论，调查者大约不会重估资本价值，而仅就原定资本数填报（究竟如何我们不知）。因此我们的估计太低了（同样的错误也发生在对华北中国资本的估计上）。如将那估计修正一下，改以历年增加额按资本价值指数折算，则在1942年华北的日本投资（包括合办事业之日资）共为836266千元（1939年币值），而1936年依本书材料只有179394千元。我们的修正也到此为止，不再继续估计1946年的投资。因为这普查材料的范围和本书不同，1942年年以后也无材料，推算下去也非本文的目的。作者最近找到了一点1942年日本人在华中的材料和敌伪时代一些零星材料，都是草拟前文时所未有的。整理起来，还需要其他的参考。所以修正的工作，我们还留待来日。

（原载《中国工业》新1卷第7期，1949年11月）

帝国主义在华企业及其利润

一　发展的趋势

1715 年英国东印度公司在广州设立洋行，这是帝国主义在华最早的企业。1834 年该公司贸易独占权废止的前后，英商来华者日多，如怡和（1832）、仁记（1835）皆设于此时，但仍以广州为限。1836 年广州已 55 个洋行，英商占 3/4，大多以鸦片贸易为主。

鸦片战争中五口通商后，帝国主义的活动中心移到上海。一连串的不平等条约，奠定了他们经济侵略的基础。如贸易居住权、关税协定（1842）、领事裁判权（1843）、内河航行权（1858）、铁路建筑权（1863）、设厂制造权（1895）、土地永租权（1903），以及租界和租借地的夺取，都是洋商经济侵华的重要凭借。大规模的洋行如德商礼和（1846），英商正广和（1864）、太古（1867），美商茂生（1879）、美孚火油（1886），法商永兴（1872）等，均于此时期来华。这时业务以贸易和航运为主。金融活动也已活跃，英商汇丰银行（1865）、麦加利银行（1857），法商东方汇理银行（1899）均在上海开业。至 20 世纪初，估计洋商的财产已达 5 亿美元。同时大托拉斯企业，渐占统治地位，如英美烟公司（1902）、亚细亚火油公司（1913）、通用电气公司（1908）等均于此时来华。花旗（1902）、荷兰（1903）、华比（1902）等银行都于 20 世纪初在上海设立。英法的公用事业，如上海英电（1905）、法电（1906），天津比电（1904）也相继成立。

矿业方面则焦作（1898）、开滦（1901）、门头沟（1908）等皆于此时沦入帝国主义者之手。

自20世纪初至第一次世界大战。帝国主义者在华的企业投资，约增加了1倍，自第一次世界大战至“九一八”事变，又增加了1.5倍，为其发展最迅速的时期。大规模的如英商卜内门（1923）、颐中（1934）、美商海宁（1918）、德士古（1929）、上海电力（1929）、上海电话（1930）、大通银行（1921）等，均在此时设立。自“九一八”事变到“七七”抗战，帝国主义者在华企业的投资额约增加50%，主要为日本的投资。总计20世纪以来四五十年间共增加了15倍余。兹将其发展情形列表（表1、表2）说明于下。

表1　各国在华企业投资估计（1902～1945）

单位：百万美元

年　份	1902	1914	1931	1936	1945
（代表时期）	（20世纪初）	（第一次世界大战）	（“九一八”事变）	（“七七”抗战）	（胜利前夕）
英　国	150.0	400.0	963.4	1124.8	767.5
美　国	17.5	42.0	155.1	294.2	220.2
法　国	29.6	60.0	95.0	248.5	200.0
日　本	1.0	210.0	912.8	1766.2	6493.0
德　国	85.0	136.0	75.0	47.7	47.7
帝俄白俄	220.1	236.5	273.2	66.0	16.0
其他各国	—	—	57.4	124.0	54.0
总　计	503.2	1084.5	2.531.9[1]	3671.4[1]	7798.4[1]

在东北部分

年　份	日　本	俄　国	其　他
1931	613.3	261.8	4.9
1936	1404.1	50.0	4.9
1945	5595.1	—	—

注：[1] 不包括东北。

资料来源：1902～1931年据C. F. Remer, *Foreign Investments in china*, 1933；1936年见表3，1945年系就1936年估计，就所知项目酌减战时损失及撤退，并加新投资；东北部分1931年据Remer，1936年据樋口弘著《日本对支投资之研究》，1945年据东北经济小丛书《资源及产业》下册，为6881家公司银行之资产总计。投资估价采所控制资产价值原则，伪满部分列入日资。

表 2　各国在华侨民及企业单位（1836～1936）

年份＼国别	英　国	美　国	法　国	日　本	德　国
侨　　民					
1836	155	44	—	—	—
1899	5562	2335	1183	2440	1134
1913	8966	5340	2292	80219	2949
1930	13015	6875	8575	255686	3006
1936	16690	6822	3971	51872[1]	3753
企业单位					
1836	41	9	—	—	—
1899	401	70	76	195	115
1913	590	131	106	1269	296
1930	1027	566	186	4633	297
1936	1031	588	198	—	396

注：[1] 不包括东北。

资料来源：企业单位，包括分支机构。1836 年据 Chinese Repository，1837；1899～1930 年据海关 Decennial Reports；1936 年侨民据 China Year Book，1937，企业据日本东亚研究所资料估算，见该所《列国对支投资概要》《诸外国之对支投资》及《日本之对支投资》等书。

各国在华企业发展的不平衡性，充分的表现了帝国主义者之间的争夺战。英国资本来得最早也最多，甲午战争后，俄、德开始活跃，至 20 世纪初，三国共占去了 90%。至第一次世界大战时，日本一跃而与帝俄抗衡；英国仍居首位，占 37%。至“九一八”事变时，日本已与英国相埒，两国共占去 74%；而美国渐抬头，超过法国；德国则减少。至“七七”抗战时，日本（连东北投资）所占达总数的 48%，超过了英国；美法势力相当。抗战期间除日本投资不断增加外，美国的比重也渐见提高。自 20 世纪始至抗战胜利前夕，帝国主义者在华的投资，英国增加了 5 倍余，美国增加了 13 倍，法国增加了 7 倍，德国则减少，而日本自极少跃占总数 80% 以上。

就 1931 年的情况来说，连同对政府借款，英国在华投资占其海外投资总数的6.5%，美国占1.3%，法国占5.5%，德国占7.9%；但是日本的海外投资几乎全部在中国，占82%左右。[①]

二 投资的特点

帝国主义在华的企业是建筑在特权之上的，带有浓厚的殖民地性，而其榨取的方式则较在印度的外资更具有原始形态。兹将帝国主义者在华投资的各种特性分别说明于下。

（一）几乎全部投资是直接投资

所谓直接投资，即以外人在华开设分公司或独立企业的方式出现，这是帝国主义剥削殖民地国家的剩余劳动之直接的和原始的形态。“七七”抗战前仅日本有很少数参与中国企业的贷款和股份，总数不过3500万美元，[②] 其余仅在矿业中为了应付“矿业法”而假借名义的中外合资。中国若与印度相比，英国在印度的投资约有半数是采取贷款和购买证券方式的，最近则以英印资本家“合作合同”为主。[③] 又若与运用外资最多的加拿大相比，美国对加的投资有38%为贷款，7.6%为收购加拿大的证券；[④] 而外国对中国的借款，几乎全部为政治性的政府借款，即使将此类借款计入，也不过占其投资总数的20%余，而直接投资仍约达80%。

（二）多用于商业掠夺性的企业

帝国主义者在华投资额中，约有74%以上的投资系用于商业掠夺性

① 1931年连同政府借款各国在华投资为（百万美元）：英1189.2，美196.8，法192.4，德87.0，日1136.9（C. F. Remer, *Foreign Investments in China*, New York, 1933, p.76）。1930年各国之海外长期投资为（百万美元）：英18200，美14700，法3500，德1100（Eugen Staley, *War and the private Investor*, New York, 1935, p.13）。日本除在中国外，仅在南洋有投资约250万美元（C. F. Remer, *Foreign Investments in China*, p.78）。

② 日本东亚研究所：《列国对支投资与支那国际收支》，昭和十六年（1941），第2页。

③ 印度《共产党人》杂志：《外国资本在印度》，马兖生译，世界知识社，1950，第5、11页。

④ U. S. Department of Commerce, *The Balance of International Payments of the United States in 1939*, 1940, p.28.

的企业，即贸易和其相关的金融运输业，而金融资本的庞大尤为突出。这表示帝国主义者投资的性质，在于以金融资本来控制中国的经济枢纽，以轮船和铁路为其商品倾销与物资掠夺的工具，而以进出口贸易为其业务的中心。至于工矿投资，始终占不到20%，而且工业中多半是进出口公司附设的加工工厂和修船厂等。1936年各种投资的分配情形详见表3。[①]试与印度相比，印度的外资用于矿业的达23.3%，用于工程的为11.7%，用于运输的只占10.6%。[②] 印度的外资较富于开发性，中国的外资（除东北外）则纯属商业掠夺性的。

表3　各国在华企业投资估计（1936）

单位：美元千元

项　　目	英　国	美　国	法　国	日　本	德　国	其　他	合　计
金融业							
银　　行	316689	71059	81423	46864	12498	45591	574124
保　　险	58182	2671	800	1640	—	135	63428
投资公司	99106	1519	4608	10558	15	168	115974
合　　计	473977	75249	86831	59062	12513	45894	753526
贸易业							
进出口	202132	65337	7355	35793	19858	46510	376985
贩　　卖	14501	2810	1236	10045	936	2013	31541
合　　计	216633	68147	8591	45838	20794	48523	408526
交通运输							
水　　道	39573	7998	555	26053	796	1846	76821
铁　　路	—	—	84000	383	—	—	84383
航　　空	—	1790	—	655	2919	—	5364
合　　计	39573	9788	84588	27091	3715	1846	166568

① 1931年雷麦的估计，金融业只占9.5%，最多的是运输和进出口，占24.8%和21.4%（C. F. Remer, *Foreign Investments in China*, P. 86）。雷麦的金融业投资不包括对外商的放款，我们的估计包括其全部在华资产，又包括了投资公司及房地产公司。工业投资我以前估计为498百万美元（见拙作《关于帝国主义在华工业资本》，《中国工业》新1卷第7期），系根据日本东亚研究所《诸外国之对支投资》一书。后来发现这部二千多页的大书中错误极多，尤其是英国工业中误将许多在伦敦总公司的全部资产计入。目前的估计，则系根据同所最后版的《列国对支投资概要》做的。又文中比例，均不包括东北，并不计非企业所有的不动产。

② 《外国资本在印度》，第49～50页。

续表

项　　目	英　国	美　国	法　国	日　本	德　国	其　他	合　计
矿　　业	26704	—	—	31157	405	1620	59886
工　　业							
机器金属	19941	5523	870	5416	660	3105	35515
化　　学	7340	4744	1029	4448	360	147	18068
窑　　业	3330	1399	—	4067	90	540	9406
纺　　织	12531	1857	—	113173	—	—	127561
食品烟草	66063	4180	1620	6113	1145	846	79967
皮革木纸	4382	2150	—	4104	15	1035	11686
其　　他	2646	2146	—	2752	624	213	8381
合　　计	116233	21999	3519	140073	2894	5886	290604
公用事业							
电　　车	3560	—	1074	—	—	2883	7517
市内汽车	2296	1200	300	104	150	150	4200
电　　话	—	13856	—	—	—	—	13856
电　　力	2073	46663	3926	6565	1800	2882	63909
自 来 水	15223	—	3327	107	—	—	18657
煤　　气	1767	—	—	—	—	—	1767
合　　计	24919	61719	8627	6776	1950	5915	109906
企业投资	898039	236902	192123	309997	42271	109684	1789016
不 动 产	226810	57323	56413	52025	5459	80414	478444
总　　计	1124849	294225	248536	362022[1]	47730	190098	2267460

注：[1] 加上东北投资 1404138，共为 1766160。

资料来源：日本部分系根据日本东亚研究所的《列国对支投资与支那国际收支》；东北部分系根据樋口弘的《日本之对支投资研究》；其他各国系根据东亚研究所的《列国对支投资概要》，剔除香港部分贸易业原限于上海，系比例补充；公用事业系根据拙作《关于帝国主义在华工业资本》（载《中国工业》新 1 卷第 7 期）；不动产系减除企业所有后的数字；上海依据《列国对支投资概要》，天津依据市政府报告亩数推算，其他各地按人口等推计。本表不包括台湾。

（三）资本的集中和大托拉斯的活跃

在外资企业中，这种现象极为明显。抗战前在中国约有 2800 家外商（不计分支机构，见表 4），但居统治地位的只是十几家大公司和银行。英国的投资集中在怡和、太古、沙逊三大系统。怡和公司在中国有 7 大企业，连在香港的有 22 个企业，其投资的“中英银公司”并掌握了中国铁路借款和矿业。太古公司在中国有 5 大企业，连在香港的有 12 个企业。怡和与太古又为汇丰银行的主要股东。沙逊是在中国土生的英国财阀，控制着 25 家公司，在地产上尤具优势。此外，以麦加利银行为首的米德兰系财阀，也占有相当地位。美国投资以洛克菲勒系的“花旗”和“大通”银行为主，摩根系则偏重对于伪政府的贷款。慎昌、海宁两洋行控制了贸易，公用事业由“美国电气债券”和“国际电报电话”两托拉斯掌握。杜邦、福特、西屋等10大托拉斯在中国都有机构。英美烟草公司在中国有15个企业，其后大部分并入颐中烟草公司，其投资约占英商工业投资的半数。以美商论，1914年8大公司的投资占总数的73%。1930年17家大公司占总数的82%，196家中型企业占16.6%，而140家小企业只占1.4%。①

表4　各国在华企业家数（1936，不包括东北，台湾）

项　　目	英　国	美　国	法　国	德　国	日　本	其　他	合　计
金融业							
银　　行	7	4	5	1	11	6	34
保　　险	94	36	7	8	?	14	159
投　　资	6	6	—	7	9	4	32
其　　他	46	12	4	4	?	6	72
合　　计	153	58	16	20	20	30	297
贸易业							
进出口	266	234	54	116	364	205	1239
贩　　买	65	40	24	17	313	55	514
合　　计	331	274	78	133	677	260	1753
运输业	15	2	4	2	11	5	39
矿　　业	3	—	—	1	8	1	13
工　　业							
机器金属	20	10	2	5	99	7	143
化　　学	20	16	3	1	72	4	116
窑　　业	1	—	—	—	26	3	30
纺　　织	13	13	—	3	19	—	48
食品烟草	29	9	6	9	79	13	145
皮革木纸	6	2	—	—	59	7	74
其　　他	10	9	—	3	84	3	109
合　　计	99	59	11	21	438	37	665
公用事业	9	3	2	1	3	1	19
总　　计	610	396	111	178	1157	334	2768

资料来源：日本部分依据日本东亚研究所的《日本之对支投资》；投资及其他金融两项依据同所《列国之对支投资与支那国际收支》；工业依据吴承明《关于帝国主义在华工业资本》（载《中国工业》新1卷第7期）；其他依据日本东亚研究所的《列国对支投资概要》。

① 见拙作《美帝在华企业及其利润》，《经济周报》第12卷第2期。

（四）地域上的集中性

这是帝国主义者在华投资的另一个特点，也是和其通商口岸条约及租界租借地等特权相结合的。“九一八”事变前，其投资有 42.8% 集中于上海，33.9% 集中于东北。① 在“七七”事变以前，外商（不包括日本在内）的银行投资有 79.2% 集中于上海，进出口业的 80% 与工业的 67.1%、不动产的 70% 都集中于上海。② 过去国人所办的工业，为寻求外人庇护和外人所控制的运输动力等的便利起见，也大量地集中于沿海口岸。因此，造成了中国工业的殖民地性，大城市的畸形发展，城乡的严重对立和农村的破产。

（五）属于超经济掠夺性的房地产占有投资

帝国主义者在京、津、沪、汉、穗、青等六大城市约占有土地 5 万亩，上海占一半以上。我们估计在“七七”抗战前其地产约值 442093 百万美元，房产值 160852 百万美元，除企业所有者计入各业投资外，共值 478444 百万美元。③ 不过这种估计是粗略的，误差可能很大。比较详知的如外人在上海的地产，1882 年约值 24 百万两，1900 年增至 55 百万两，1914 增达 250 百万两，1936 年更达 879 百万两。④ 这种投资都有无实际资本，而是由特权强占及地价上涨积累而来的。

三 在我国经济上的比重

帝国主义在华投资的数量，就“七七”抗战前说，比各国在印度的投资额还大，比各国在日本的投资最多时大两倍半，比各国在帝俄的投

---

① C. F. Remer, *Foreign Investments in China*, p. 73.

② 日本东亚研究所：《列国对支投资概要》，第 11 页。

③ 来源见表 3。

④ 1882～1914 年见 C. F. Remer, *Foreign Investments in China*, pp. 248, 255, 263；1936 年见《列国对支投资概要》第 7 页。

资也多,[①] 也超过南美、南非和南洋等国的外资。[②] 而中国民族工业的发展，远不及当年的日本和革命前的俄国，也比不上印度，所以外资对中国经济的作用要比别国大得多。

抗战以前，帝国主义者在华企业，垄断了中国煤铁和公用事业，控制了我国银行保险和航运，操纵了我国的对外贸易，在工业上如纺织、卷烟、机器、制蛋、木材等，外资均占优势。据苏联学者的估计，1937 年外国利益控制了中国一切资本投资的 74% 。[③]

我们就可能详细的资料，将外资企业在我国经济上所占的比重列表（表 5）说明。但外商的实力，有很多是不能从数字上推算的。例如铁砂的生产，外资虽占 60% ，但所有中外矿的生产，几乎全部由日本控制，中国所用的不过 0. 6% 。银行方面，外商虽只占总资产的 21% ，但许多华商银行依赖外商资金，外汇价格受汇丰银行的操纵，外商银行还有发行纸币、承募公债、保存关税监税的特权。1930 年汇丰的公积金已较 26 家资本在百万元以上的中国银行公积金大两倍半。航运方面，外商除船只占优势外，还有码头 123 座，长 97000 余尺，仓库 13850 千尺，都占据着最好的地段。又如航空方面，“中航”和“欧亚”两公司的外股虽不过半数，但实际控制着全部资产和业务。电力方面，若加入东北和台湾均列为日资，则外资共占投资额的 85. 8% ，占发电容量的 89. 1% 。纺织方面，外资不但在数量上，而且在成本、质量和市场上都占着优势。还有进口贸易，我们没有数字可以比较，但外商的垄断势力是可由常识判断的，过去华商贸易行实无疑是洋行的附庸。

---

① 英皇家学会估计 1930 年各国在华投资为 580 百万镑，在印度投资为 565 百万镑。Royal Institute of International Affairs, *The problem of International Investments*, 1937, p. 223. 日本的外资 1913 年估计为 10 亿美元，1929 年估计 12. 75 亿美元。以后渐减少。H. G. Moulton, Japan, pp. 500, 510, 524. 在帝俄的外资估计革命前有 3882 百万美元，其中 2760 百万美元为政府借款，企业投资只有 1122 百万美元。L. Pasvolsky and H. G. Moulton, *Russian Debts and Reconstruction*, 1924, pp. 177, 179, 182. 连借款中国的外资 1930 年为 3243 百万美元，1936 年为 4429 百万美元。

② 1930 年在各国的外国长期投资，以百万美元计：加拿大 6100，美国 4700，澳洲 3800，中国 3300，德国 3200，阿根廷 3100，印度 2800，巴西 2600，墨西哥 2300，英国 1900，马来亚 1600，南非 1500，古巴 1300，智利 1300。载 Eugen Staley, *War and Private Investor*, p. 13。

③ G. 阿斯塔夫也夫：《中国经济问题》，黎平译，大众书店，1950，第 5 页，原载 *New Times*, 1950 年第 13 ~ 16 期。

总之，抗战以前的帝国主义者在华的企业，控制了中国的基本产业部门，煤的76%，铁的全部，电力的86%。我民族资本唯一有发展的纺织工业，外资也占了60%左右。金融、贸易和航运，均为外资所垄断。主要的公用事业，也为外资所独占。

表5 外资企业在中国所占的比重（1931～1936）

项　目	年　份	单　位	外资[1]	百分比	华　资	百分比
煤:新法煤矿	1931	家	12	15.8	64	84.2
新法产量	1931	千公吨	15475	56.8	11770	43.2
新法产量	1936	千公吨	26098	76.2	8152	23.8
铁:新法铁矿	1934	家	2	40.0	3	60.0
新法铁砂产量	1934	千公吨	1200	60.0	800	40.0
生铁产量	1934	千公吨	477	75.4	156	24.6
电力:电厂[2]	1936	家	14	3.0	446	97.0
投资额[2]	1936	法币千元	198760	64.6	108971	35.4
容量[2]	1936	千瓦	321795	51.0	309370	49.0
发电[2]	1936	千度	1018991	59.1	705314	40.9
工人	1933	人	19233	53.8	16502	46.2
生产值	1933	法币千元	115379	53.8	99001	46.2
银行:行数	1936	家	33	18.5	145	81.5
在华资产	1936	法币千元	1907535	20.8	7275891	79.2
有价证券	1936	法币千元	544889	52.1	501007	47.9
动产、不动产	1936	法币千元	132652	46.8	150704	53.2
放款	1936	法币千元	892766	20.5	3466120	79.5
保险:公司数	1936	家	141	80.1	35	19.9
资本总额	1936	法币千元	1244241	97.9	26804	2.1
总公司在华者资本	1936	法币千元	27931	63.5	16074	36.5
在华收益	1936	法币千元	12441	67.1	6104	32.9
航运:沿海航线	1936	千吨	62949	63.1	36836	36.9
外洋航线	1936	千吨	37898	83.8	7334	16.2
公用:自来水厂	1933	家	7	29.2	17	70.8
自来水供水量	1933	百万加仑	26672	50.7	25919	49.3
自来水工人	1933	人	1974	39.1	3079	60.9
电车公司	1933	家	5	71.4	2	28.6
电车路辆	1933	公里	198	73.1	73	26.9
电车车辆	1933	辆	785	82.8	163	17.2
电车总收入	1933	法币千元	10668	81.7	2392	18.3

续表

项　目	年　份	单　位	外资[1]	百分比	华　资	百分比
煤气厂	1933	家	3	100.0	—	—
煤气供应	1933	百万立方尺	16145	100.0	—	—
煤气生产值	1933	法币千元	27697	100.0	—	—
工业:厂数	1933	家	673	17.8	3100	82.2
投资额[2]	1936	法币千元	1335025	37.8	2200000	62.2
工人	1933	人	235320	30.0	548492	70.0
生产值	1933	法币千元	770717	35.3	1415459	64.7
纺织:纱厂	1936	家	52	35.1	96	64.9
纱锭设备	1936	锭	2356404	46.2	2746392	53.8
线锭设备	1936	锭	358954	69.4	173316	32.6
织布机设备	1936	台	32936	56.4	25503	43.6
卷烟:卷烟厂	1933	家	21	15.2	117	84.8
生产量	1933	箱	885195	63.1	518391	36.9
工人数	1933	人	22776	62.0	13934	38.0
生产值	1933	法币千元	144494	63.4	83447	36.6
机器:翻砂厂	1933	家	9	23.7	29	76.3
翻砂工人	1933	人	1616	61.4	1014	38.6
生铁产值	1933	法币千元	1454	59.7	981	40.3
造船:机器船厂	1933	家	9	34.6	17	65.4
工人	1933	人	2217	59.0	1541	41.0
制蛋:制蛋厂	1933	家	10	41.7	14	58.3
工人	1933	人	2587	54.4	2165	45.6
生产值	1933	法币千元	15522	56.8	11806	43.2
锯木:锯木厂	1933	家	37	84.1	7	15.9
工人	1933	人	3460	83.1	703	16.9
生产值	1933	法币千元	12802	84.9	2285	15.1

注：

[1] 外资中包括中外合资企业。

[2] 不包括东北。

材料来源：徐梗生《中外合办煤铁矿业史话》（商务印书馆，1947）自序，第1页；曹立瀛《工业化与中国矿业建设》（商务印书馆，1946）第33、37页；东北经济小丛书《资源及产业》下册，第131页；陈真《中国工业的若干特点》（《新华月报》创刊号）；谭熙鸿主编《十年来之中国经济》（中华书局，1947）第14~20、136页；日本东亚研究所《列国对支投资概要》，第186、78、96、169~170页；吴承明《中国工业资本的初步估计》（《新华月报》创刊号）；汪馥荪《战前中国工业生产中中外厂生产比重问题》（《中央银行月报》新2卷第2期）；巫宝三等《中国国民所得》（中华书局，1945）上册第60~71页、下册有关各章；《中华年鉴》（中华书局，1948）下册，第1188~1189页。

四 资本输入与利润的榨取

抗战以前，帝国主义者虽在华保有约值37亿美元的企业和不动产投资，但其资本大部分并非自国外输进，而系从中国掠夺而来。价值4.4亿多美元的地产，是由特权强占和地价上涨而来，前已述及。其房产的建筑，也大都来自地产投机的利润。有5.7亿多美元在华资产的外商银行，大都无划定资本，其基金全靠在中国所吸收的存款，总数达10亿美元至13亿美元者，至少在上海有5亿美元至7亿美元。[①] 保险业的经营也是如此。

大规模的企业，如开滦煤矿，系英人趁庚子事变时骗占而来，原系中国资本，英国无代价的“收买”了。如上海电力公司，美国托拉斯以8100万两的价格收买，只付了初期的3000万两，以后在上海募集了1.1亿两公司债，不但清偿了代价，还收回美国初期垫款的全部6厘债券和大部优先股。上海电话公司收买时估价1000万两，美方只付了184.2万两，其营运资金全靠在上海募集的500万两和1400万银元的公司债。这些事业，可说都是毫无代价而取得的。各大企业庞大的资产和历年的增资，也大多来自在华掠取得的利润，很少有资本输入。

据1930年的调查报告，在华有37151万美元投资的美商，自美汇来的资金只有13395万美元，只占投资额的36%，这是限于有汇款的大企业。另有许多报告即自称“白手起家”“自一根鞋带做起”,[②] 根本无分文的资本，而是在华投机冒险起家的。还有许多企业，是由中国人出资本，外国只担名义，由此而分取利润的。

我们估计自20世纪开始至“七七”抗战时止，帝国主义者所输进中国的企业投资不过10亿美元，而自中国所汇回去的利润却达20亿美元。其情况如表6。

---

① 日本东亚研究所：《列国对支投资概要》，第20页。

② C. F. Remer, *Foreign Investments in China*, p. 293.

表 6　帝国主义在华企业的资本输入与利润汇出

单位：百万美元

年　份	企业资本输入	企业利润汇出
1902～1913	290.7	381.5
1914～1930	651.3	1229.0
1931～1937[1]	93.2	398.4
合　计	1035.2	2008.9

注：[1] 1931 年后不包括东北。

资料来源：1902～1930 年据 C. F. Remer, *Foreign Investments in China*, pp. 220－222, 160, 167; 1931～1933 年据 Y. L. Liu, *The Monetary System of china*, 1936, Shanghai, p. 26; 1934～1937 年据《列国对支投资与支那国际收支》第 226 页之表。换算率 1902～1913 年每美元合 2.18 银元，1914～1930 年每美元合 1.92 银元，1934～1937 年每美元合 3.23 法币，每两合 1.4 法币。

表 6 主要根据的材料，对资本输入的估计是偏高的，实际会低于此数。根据上面的分析，我们可以断言，除日本外，英美等国输华的资本，最高不会到达其投资额的 1/3。

据 1930 年的估计，美商每年汇回去的利润至少有 1500 万美元，而其历年输华的资本总共不过 5000 万美元。① 英商每年汇回去的利润，通常有 5000 万美元。② 航运保险等利润还不在内。积累在企业中的利润和外国职员在华的高额支出，至少也与汇回的利润相等。这样的估计，自 20 世纪起至“七七”抗战为止，帝国主义者所攫取的中国人民的利润，至少有 40 亿美元之多，而其输华的资本总额不过 10 亿美元。

据 1930 年的调查，美商填报的利润有高达 300% 者。若除进出口业不计外，其余 10%～50% 不等。③ 我们根据 93 家外商的资产负债表，在比较正常的年份（1934～1938），计算其账面纯收益对资本额的比率，和股利对股本的比率，结果如表 7。该表不包括日本，日本 1937 年在华纺织业的平均利润率是 17.3%，其纯利中有 1/3 汇回本国。④

① 拙作《美帝在华企业及其利润》。

② C. F. Remer, *Foreign Investments in China*, p. 403.

③ C. F. Remer, *Foreign Investments in China*, p. 290.

④ 据樋口弘《日本之对支投资研究》，第 586 页。

表 7　外资企业平均利润（1934～1938）

单位：%

业　别	1934 年	1935 年	1936 年	1937 年	1938 年	平　均
利润率						
银行业	23.2	21.6	24.8	24.1	22.9	23.3
制造业	5.9	7.0	9.3	30.4	15.2	13.6
公用事业	15.2	10.0	8.4	11.9	16.1	12.3
航运业	7.1	7.2	5.6	10.8	32.9	12.7
电信业	14.8	15.2	14.1	15.0	15.0	14.8
平　均	13.2	12.2	12.4	18.4	20.0	15.3
股利率						
银行业	19.3	18.2	21.2	25.6	24.3	21.7
制造业	5.5	7.5	9.7	16.5	14.5	10.7
公用事业	17.2	13.2	13.4	14.8	11.5	14.0
航运业	7.3	7.6	6.7	8.7	13.3	8.7
电信业	14.8	13.8	13.5	12.0	12.0	13.2
平　均	12.8	12.1	12.9	15.5	15.1	13.7
保险业	36.7	34.0	33.9	35.5	52.5	38.5

资料来源：根据 93 家外商资产负债表或其他财务报告编制。

表 7 所示外商的平均利润是 15.3%，当然没有包括其隐蔽的利润。在同时期，根据 80 家华商工业的资产负债表所计算的平均利润率只有 13.7%。① 外商凭借特权，其利润高过华商，由此可见。又华商企业一般的资本很小，而借入资金甚大。故以资本额计算的利润率无形中提高了。我们曾估计华商工业资本对资产的比率是 2.7 倍，②而外商工业是 1.3 倍。③ 若照这个比例算，则华商的利润只合资产额的 5%，而外商要合到 12% 了。

在华外商的利润不但高于华商，也远高过帝国主义本国的企业。和英美本国公司在比较正常时期（即没有战争和经济恐慌时期）相比，有如下列情形（见表 8）。

① 汪馥荪：《中国工业资本估计的几个基本问题》，《中国工业》新 1 卷第 8 期。

② 见拙作《中国工业资本的初步估计》，《中国工业》新 1 卷第 6、7 期。

③ 日本东亚研究所：《诸外国之对支投资》中卷，第 8 页。

表 8　在华外商与本国企业平均利润率与平均股利率

单位：%

平均利润率		平均股利率	
在华外商(1934～1938)	15.3	在华外商(1934～1938)	13.7
美国内公司(1909～1914)	5.3	美国内公司(1908～1931)	7.8
美国内公司(1923～1919)	6.2	英国内公司(1909～1937)	8.9
英国内公司(1909～1914)	9.5		
英国内公司(1923～1929)	10.6		

资料来源：美国公司利润为纯益比资本净值，据美国劳工研究协会《美国资本主义的趋势》，中译本，五十年代社，1950，第 28～30 页；股利率系 20 家大公司平均数，见拙作《财务报告分析之理论与方法》，《资本市场》第 3、4 期；英国公司利润为纯利比资本额，据 The Economist, London, Fed. 13, 1937, Supplement。

其中美国国内公司的利润率因系按资本净值算，可能稍低。但国外投资利润的优厚是显然的。照 15.3% 推算，不计隐藏的利润，抗战前帝国主义者每年即在中国榨取了 2.7 亿多美元的利润，非企业所有的房地产投资还不在内。如前所述，其实际输华资本不过占其投资总额的 1/3，因此帝国主义者每年所获利润将高达其实出资本的 46%！

我们再举一个实例。开滦煤矿是 1901 年由英人以号称 100 万镑资本的开平公司骗占中国所投资的煤矿而成立的，英人实际出资只有 5 万镑。自 1911 年开平与中国的滦州公司合营起，至 1937 年抗战止，英国股东已坐享 371 万镑的红利、96 万镑的红股，同时其资本净值增加了 50%。即其 5 万镑的投资在短短的 26 年中间不但赚取了 371 万镑的现款，还在华保有 300 万镑的财产。①

五　解放后的变化

抗战胜利后，占外资总数 80% 以上的日本和德国企业被国民党接收，变成了官僚资本的产业，而在经营上和技术上甚至资金上，都由美帝参加管理。这时期其他帝国主义者在第二次世界大战后已失去其原有的海外投资能

① 满铁调查部：《开滦煤矿调查资料》，第 259～260 页；日本华北综合调查所：《开滦煤矿调查报告》；及其他有关材料。

力，美帝却独占了中国。美货倾销，泛滥成灾，投资计划接连出现，而美帝资本与中国官僚资本的结合，更形成了这一时期的特征。不过美帝的许多大规模侵略计划，如西北油矿、西南铁路、扬子水库、“农业复兴”、联合电力厂、机器厂、水泥厂、肥料厂等等，均因我人民解放军的迅速胜利而告破产。只有台湾，被其趁机侵入。

解放以后，帝国主义者在华的投资，根本上起了变化。特权已被取消，和官僚买办资本的结合已不存在。同时由于我国经济逐渐摆脱了对资本主义国家的依赖，国营企业比重的增加，私营企业在“公私兼顾”政策下得到了真正的发展，外资企业在我国经济上的比重已经不足道了。如钢铁过去为外人独占，现则全部为中国所有。煤产只剩开滦一个有外资的矿，产量不过占全国的12%。电力公司外商的有大小6家，容量不过占全国的15%。纺织只余怡和一家，产量不足全国的1%。颐中的卷烟，也不过占全国的5%。在金融贸易方面，外商只限于少数的出口业务；但是在航运和水运、保险方面，外商仍占重要地位。若干公用事业，因具有地方独占性，仍为外商所控制。就所存余的外商说，其业务也已在我统一管理之下，有的并与我政府订立了合同，接受计划的生产任务。

经过了抗战和解放，外商的数目大减。如上海，在战前外商最盛时有2500家，现只有680多家。天津在战前有750多家，现只有280余家。汉口在战前有130家，现只有28家。现在全国外商企业有600家左右！其中英国约200家，美国135家，法国65家，均不计其分支机构。但撤退和歇业者多属小企业，而大规模和有固定设备的公司仍然存在，故其投资额并不作比例的减低。目前关于外商投资还无调查发表，我们根据一般情况推测，大约英国占有8亿美元，美国不足2亿美元，法国只有6000万美元左右；以三十几个国籍合计，恐怕也不过十二三亿美元。这与战前来比，资金额减少得最多的是金融业和贸易业，两者的投资都以流动资产为主。此外，解放后上海房地产的跌价，以及法国滇越铁路的破坏等，都有着重要的影响。

解放以后，帝国主义者在华的企业，一般的在经营上是消极的，但各国的情况不同。英国企业在一度观望之后，曾希望打开营业，有的并已与我政府订立加工合同或接受生产任务，贸易上也相当的活跃，但多数仍很消极。美商最为怠惰，阴谋逃避管制和破坏的，也以美商为最。上海电力公司在

“二六”轰炸后，美方拟听任其毁灭，以断绝我动力供应，便是著例。此外，英美的企业，有很多将财产移交给其他国籍的人代管，企图蒙蔽，移交给中国人和苏侨者尤多。劳资关系上也存在着很多问题，其阴谋破坏工会、分化职员之事更层出不穷。

1950 年 12 月 16 日，美帝无理的宣布管制我国在美国管辖区内的财产。我中央人民政府政务院为了防止其在我国境内从事经济破坏和危害我国家人民利益，于 12 月 28 日发布命令，管制并清查美国在华企业的财产。这项决定，立刻得到全国人民的拥护。一百年来吸取中国人民血肉而长大的美帝企业，如今已重归我国人民管制之下了。

〔原载《中国工业》（上海）新 2 卷第 10 期，1951 年 10 月〕

美帝在华企业及其利润

美商来华始于 1784 年美商船“中国女皇号”之航行广州，此行赚了 3.7 万美元，19 世纪初便在广州建立了许多贩卖鸦片和白银的洋行。鸦片战争后其重心移到上海，1848 年竟以一个传教士开辟了虹口美租界。此时期美帝投资以航运为主，1871 年时占我国沿海和内河航行吨位的 43%。六年后其轮船卖给了招商局，美船吨位比重减至 5%。所卖都是老式火轮，这也是招商局不能和外商竞争原因之一。

1898～1899 年美国接连的占领了夏威夷、波多黎各、菲律宾等地，后起的美国已变成拥有若干殖民地的帝国主义。伴随着其国内垄断资本的发展，自 20 世纪开始，美帝在华的投资也换了一副新面孔。广州时代发家的旗昌洋行、阿利发洋行等相继倒闭，而新兴的托拉斯事业如美孚油行（1886）、花旗烟草（1885）、花旗银行（1902）等相继来华。摩根和洛克菲洛财阀掌握了此后的对华投资。

第一次世界大战后美帝在华的企业空前的活跃。发展最快的是金融业，1917～1921 年有 6 家美国银行开业，1927～1930 年又有 3 家。但美国银行的投机性也特别大，至“七七”抗战时只剩了花旗、大通、运通、友邦四巨头，其余都在金融风潮中倒闭。其次是进出口业，大规模的公司除慎昌（1906）较早外，余如海宁、中国汽车、中国电气、古宝财、科发等都在大战后三年内设立。杜邦托拉斯于 1920 年侵入中国，德士古于 1929 年改组后来华。其他大托拉斯如美国钢铁、西屋电气、福特汽车、古德立和固特异橡皮，甚至美国钞票公司，都在华成立机构。1925 年后，根据给美国在华公司以免税特权的“对华贸易法”设立的公司又有 100 家，包括赫金、马迪、中国自动电话等大企业。第三是公用事业。1929 年美国电气托拉斯 EBASO（电气债券公司）收买了上海工部局电力厂而组成上海电力公司，次年其电信托拉斯 I. T. T.（国际）又收买了华洋德律风而组成上海电话公司，都成为中国各该业中最大的企业。

此外美帝在工业上也有点投资，主要为华北的地毯工业，如美古绅毛厂等。别方面投资很有限，唯 1930 年成立的中国航空公司，则据有垄断势力。又美帝在华没有租界和租借地（虹口租界 1863 年并入公共租界），但其房地产投资却仅次于英国。

抗战初期美帝供给日本军需物资，在沦陷区美商贸易特别活跃，汽油、五金、香烟获利尤厚。上海电力公司也于此时达其黄金时代，极力扩充。太平洋战后有些损失，但胜利以后均已恢复。胜利后美帝独占中国，美货泛滥成灾，投资计划扩展至所有的经济部门，事实上控制了整个中国企业。但由于人民解放军迅速的胜利，美帝许多侵略计划都中途破产。综合美帝在华的企业发展趋势简列如表 1：

表 1　美帝在华企业的数量与投资额

时　期	家　数	投资额(美元)
1830(广州时期)	9	3000000
1875(鸦片战后)	50	7000000
1900(20 世纪初)	81	17500000
1914(第一次世界大战)	131	42000000
1930(“九一八”事变)	401	155112778
1936(“七七”抗战)	600(?)	236901900
1946(胜利之初)	400(?)	245000000

资料来源：1830 年至 1930 年据雷麦估计，1936 年至 1946 年是我们的综合估计，见拙作《帝国主义在华投资》，人民出版社，1955。

同时我们估计其投资在“七七”抗战前的分配情形如表 2。

表 2 “七七”抗战前美帝在华的投资

业　别	投资额(美元)	投资比率(%)
金融业	75249300	31.8
贸易业	68147100	28.8
公用事业	61718700	26.0
制造业	21999000	9.3
交通运输	9787800	4.1
合　计	236901900	100.0
房地产投资	75717900	
非企业所有房地产	57323100	

资料来源：别人的估计列下以供参考，均折美元计算：

1924 年美国务院李氏估计：土地建筑物及固定设备 30000000。

1928 年美商务院估计：企业投资 95352836。

1929 年美商务部估计：制造业 10221000，贩卖业 6973000，石油业 42839000，杂项 53721000，共计 113754000，不包括依“对华贸易法”设立之公司，其投资为 20000000～30000000。

1930 年美商务部估计：直接投资 129800000，范围同前。

1930 年雷麦估计：交通运输业 10799918，公用事业 35200000，矿业 104500，制造业 20509095，金融业 25320280，不动产业 8478500，进出口业 47748240，杂项 2067395，未详 4884800，共计 155112728。

1936 年日本东亚研究所估计：金融业 42030000，工业 9400000，公用事业 13810000，进出口业 94470000，水运业 5072000，航空业 560000，共计 165342000。又该所另一估计，仅上海一地即高出此总数。

分析美帝对华的企业投资，有如下特点：

第一，其投资集中于商业掠夺性的企业，而金融资本的庞大尤为突出。银行保险贸易运输等占去了投资总额的 64.7%。带有生产性的大企业如上海电力公司等，都是在 1927 年大革命后美帝收买了蒋介石并稳定其政权时才设立的。在此以前商业掠夺性的投资要占到 90%，而工业投资始终不超过 10%。抗战胜利后，则为美帝与中国官僚资本相结合统制全国经济的时期，美帝投资和政治关系的密切也最为出色。

第二，资本的集中和大托拉斯的活跃，在美帝企业中最为明显。1914 年其 8 大公司的资产即占总数 73%。1903 年 17 家大公司占投资总额的 82%，196 家中型企业占 16.6%，而 140 家小企业只占 1.4%。目前美商约 135 家，有 104 家为公司组织，而上海电力、电话、美孚、德士古四家占去总资产的 80%左右。所有大企业都属托拉斯系统，美国十大托拉斯在中国都曾设立机构。

第三，美帝企业在经营上是巧妙的，善以少数实权股操纵别人的投资。上海电力公司中，中国和英国的投资远超过美国，但所有有管理权的股票都在美托拉斯之手。上海电话公司美托拉斯控制了占总资本额不到26%的普通股，但包办了董事会。中国航空公司美国资本只占45%，后减至20%，而其实权在蒋介石政府交通部长之上。余如沪西电力、中美石油等也是同样情形。

第四，美帝在华虽曾有约3亿美元的企业和房地产投资，但其资金并非来自美国，而是掠夺自中国。这是最值得我们注意的。

5000多万美元的地产，可说全部未曾花本钱，特权强占和地价上涨是其投资的来源。

6000多万美元的公用事业，也是不花一文而得。上海电力公司收买的代价是8100万两，美帝只付了初期的3000万两，以后在上海募集了1.1亿两公司债，不但偿清代价，还收回了美帝初期垫款的全部6厘债券和大部优先股。上海电话公司收买时估价1000万两，美帝只付了184.2万两，余则付给了未曾出资的虚股票，其营运资金全靠在上海募集的500万两和1400万银元的公司债。

有7000多万美元在华资产的美国银行，并无划定在华资本，其基金的来源是在中国所吸收的6000多万美元的存款及其历年利润。

1903年调查，报告在华有投资37151000美元的美商，报告其自美汇来的资金只有13395000美元，只占投资的36%。这是限于大公司，另有许多则报称“白手起家”“自一根鞋带做起”，根本是靠敲诈冒险发财的。还有许多是中国人出资，美国人只出名义，分取利润。

同年调查美商的利润有高达300%者，除特高者不计，余自10%、25%以至50%不等。美国人雷麦估计除进出口业外，美商每年汇回的利润平时至少有1000万美元，繁荣时有1500万美元。此外电影租费每年收入2000万银元，美国医生、律师等1929年汇回利润69000美元。姑以共汇回1500万计，即合该年投资总额10%。如前所述，美帝实际出资最高不会超过其资产的1/3，则汇回的利润达出资额的1/3，即3年间可收回全部资本。同时积累在企业中的利润和美籍人员的高额浪费，至少也与汇回之数相等。因此我们可以看出这一奇迹，即美帝共拿出5000多万美元到中国来，每年取回去3000万美元，30年后，在中国还剩下3亿美元的财产。但这不是奇迹，这是帝国主义资本输出的规律。

（原载《经济周报》1951年1月11日）

美帝资本输出及其利润榨取的特点

美国是个后起的帝国主义，第一次世界大战后才由债务国变成债权国，开始在资本输出市场上占重要地位。但这不是说美帝对海外的利润榨取是较轻的，事实刚好相反。试与英法这两个老牌帝国主义作一比较，用帝国主义国家各“权威”学者的统计，有如表 1。

表 1　英法美海外利润榨取比较

国　别	资本净输出	海外投资收益	收益比资本净输出（%）
英　国	（百万英镑）		
1870～1879 年	323	478	147.8
1880～1889 年	423	648	153.0
1890～1899 年	362	924	255.3
1900～1909 年	654	1214	185.7
1910～1912 年	569	513	90.2
合　计	2331	3777	162.0
法　国	（百万法郎）		
1880～1889 年	4865	6005	123.4
1890～1899 年	6480	7180	110.8
1900～1909 年	13675	10445	76.4
1910～1912 年	5315	6520	122.7
合　计	30335	30150	99.4

续表

国　别	资本净输出	海外投资收益	收益比资本净输出（%）
美　国	（百万美元）		
1919～1921年	4833	180	3.7
1922～1931年	3326	6421	193.0
1932～1941年	-1783	5293	纯利
合　计	6376	11894	186.5

资料来源：英国据 C. K. Hobson, *The Export of Capital*, London, 1914。法国据 Harry D. White, *The French International Accounts*, 1880-1913, Cambridge, Mass, 1933。美国据 Carl Iverson, *Aspects of the Theory of International Capital Movements*, London, 1935。原材料至1931年止，此后系长期投资与长期收益，据 *Encyclopedia Britannica*, 1947 Edition。

英国自1870年起，其海外投资的收益（利息和股利）便超过其资本的净输出，90年代达到黄金时期，20世纪后开始衰退。至第一次世界大战止43年间海外投资收益合资本净输出的162%。法国的海外投资曾达其国民储蓄的1/3至1/2，但至第一次世界大战止34年间海外收益只合资本净输出的99%，所以法国不是个很"成熟"的资本输出国。而美国，自其资本大量输出的第4年即1922年起，便已"成熟"了，此后10年间其海外投资收益竟合资本净输出的193%。经济大恐慌后的10年间，美国海外长期投资收回了约18亿美元，而同期间长期投资的利润达53亿美元。总计23年间其利润已合资本输出的186.5%，超过了英国50年的成绩。第二次世界大战后，美官方统计其海外投资收益已由战前的平均每年5.5亿美元增为1946年的8.2亿美元和1947年10.7亿美元。[①] 1948年后资本输出采取了巨额的军事"援助"形式，其利润已不能用货币计量了。

英国海外投资的收益，1926年最高时达投资额的9.3%，1930年以后降至5%以下，从1936年起渐恢复，但从未超过6.5%。[②] 而美国的收益率，据官方统计，有如下情形（表2）：

① 美商务部统计，International Monetary Fund, *Balance of Payments Year Book*, 1948, p. 362。

② 据 *Encyclopedia Britannica*, 1947 Edition 统计编算。

表 2　美帝海外投资收益率

单位：%

投资地区	收益对投资额比率		
	1938 年	1939 年	1940 年
英国	8.1	8.5	9.2
法国	6.0	5.1	6.8
加拿大及纽芬兰	6.3	7.6	7.2
菲律宾	11.0	14.3	14.3
秘鲁	18.3	15.9	17.1
委内瑞拉	15.6	8.4	7.6

资料来源：U. S. Commercial Department, *Direct Investments in Foreign Countries*, 1940, Washington, p. 33。

表 2 不但说明美帝海外投资的利润高过英国，而且明白地看出其利润最高的是在美国的殖民地区（在中国的投资利润下面再述）。所以美国虽是个后起的帝国主义，却是个“成熟”得最快而榨取利润最凶的资本输出国。

美国海外投资的收益，平均总在其投资额 10% 左右。官方的统计，当然没有包括积累在企业中未分配的利润和隐藏起来的利润。而利润隐藏是美国企业家的惯技，其数额至少在 1/3 以上。[①] 单从官方数字看，足以证明海外投资利润的优厚。和美国国内投资比，除掉战争和恐慌时期，就正常时期说，美国公司的平均利润在第一次世界大战前为 5.3%（1909 ~ 1914），在大恐慌前为 6.2%（1923 ~ 1929），第二次世界大战前只有 4.3%（1935 ~ 1940）。[②] 比起海外投资来，还不到一半。

1916 年列宁曾说法国可以叫作“高利贷的帝国主义”，因其海外投资多半是借贷资本，而不是投在生产企业中的资本。[③] 如今这个称号要让给美国了。1947 年美帝 288 亿美元海外投资中 134 亿美元是借贷资本。若连此后巨额的“美援”合计，美国在海外生产企业投资所占的比率已微不足道了。这是美帝资本输出的另一特点。

① 美国劳工研究会：《美国帝国主义的趋势》，中译本，五十年代出版社，1950，第 45 页。

② 美国劳工研究会：《美国帝国主义的趋势》，第 28 ~ 30 页。

③ 列宁：《帝国主义是资本主义底最高阶段》，莫斯科中文版，第 83 页。

资本输出的利润，并不限于上述的利息和股利。如列宁所指出，资本输出是鼓励商品输出的手段，[①] 因此伴随着资本输出的，还有商品出口利润及连带的运输保险等利润，和制造这些商品的利润以及生产这些商品原料的利润。尽管资本主义经济学者有巧妙的“理论”否认资本输出和商品输出的关联，[②] 但他们从来不肯把美国的例子拿出来。据说：1901～1911 年英国供给阿根廷 8800 万镑的铁路借款，同时期输进阿根廷的铁路器材合借款额的 35%。1906～1911 年据英国供给南非 1500 万镑的金矿借款，同时期输进南非的矿业器材也约合借款额的 35%。[③] 1900～1913 年外国输进加拿大的资本有 25 亿美元，同时期输进加拿大的生产器材合借款额的 65%。[④] 但美国呢？依官方的统计，其资本输出和商品出超的密切关系可由表 3 看出。[⑤]

表 3　美国资本输出与商品出超（1919～1923）

单位：百万美元

年　份	资本净输出	商品出超	年　份	资本净输出	商品出超
1919	2825	4259	1922	251	432
1920	1174	3079	1923	0	96
1921	834	1865			

美帝资本输出主要是两次世界大战后的借款和军援，都是百分之百的军火和物资输出。德国人估计 1931 年时全世界“政治借款”的 53.6% 是美国的债主，而商业借款美国只占 28.9%。[⑥] 第二次世界大战后的“美援”，不但是百分之百的商品输出，而且目的在破坏受援国的生产，使其长期依赖美国的出口。战前美帝对中国的大借款，如美麦借款和棉麦大借款，也都是百

① 列宁：《帝国主义是资本主义底最高阶段》，第 85 页。

② 如国际贸易理论的“权威”卫纳教授（J. Viner）。其“理论”简单地说是国外投资大部用于建筑和工资支出，只有少数购买可自国外运来的器材。另一巧妙说法如任克斯（L. h. Jenks），说和资本输出关系最密切的是技术输出，使落后国家“知道了些什么”。

③ C. K. Hobson, *The Export of Capital*, Ch. Ⅰ.

④ J. Viner, *Canada's Balance of International indebtedness, 1900－1913*, Cambridge, Mass., 1924, p. 108 and Ch. Ⅵ.

⑤ Carl Iverson, *Aspects of the Theory of Inernational Capital Movements*, p. 370.

⑥ Julius Hirsch, “Der Wirtschaftliche Weltwille, die Krisis und die Weltwirtschaftskonferenz,” Weltw. Arch., 1933, Ⅰ.

分之百的商品输出，而且是在太平洋岸积存了两年卖不出的商品。

美国很多的“进步”学者，包括罗斯福幕中的许多红人，都早曾寄厚望于资本输出以解救美帝二战后生产过剩的恐慌。[①] 甚至一个写了一本大书来反对资本输出与商品输出有密切关系的教授，最后也小心地说：“无论如何，国外投资会使美国的出口比其进口相对的增加。”这位先生并天真地估计，二战后美国如大量从事海外投资，可使制造品出口的增加达投资数的45%。每10亿美元的海外投资可使美国就业人数增加133700人，以制造出口的商品，连同此项商品原料的生产可使就业人数再加倍。但战后要有每年80亿美元到100亿美元的海外投资，才能使美国“稳定国民所得接近于充分就业的水准”。[②]

这位先生的算盘，可说是“左右皆错”了。一方面美帝战后的资本输出并不是商品出口的占45%的企业投资，而是推销商品百分之百的“美援”。同时资本输出的数字早已超过了这位先生认为是不可能的假设。据官方发表，1945年达173亿美元，1946年为78亿美元，1947年增至121亿美元，而1948年估计达348亿美元。[③] 但另一方面，美国不但没有“充分就业”，反而生产萎缩，失业者达1800万人，占人口总数1/8。工人的实际工资自1945~1948年降低了23%[④]。

很明显的，无论是“马歇尔计划”“第四点计划”，或任何资本输出的“伟大”计划，都不能挽救美帝的经济危机。这些计划虽输出了一些美国商品，但也破坏了受援国人民的购买力。美帝的出口始终不过占其生产总额的10%。同时这些计划的目的在提高垄断资本家的利润，不但不能提高美国人民的消费能力，反而使其更贫困。巨额的“援外”，都是美国纳税人民的负担。因输出而膨胀了物价，又剥削了美国工人的实际收入。但这种资本输出

① 如哈佛大学的韩森教授（Alvin H. Hansen），见所著 *Fiscal Policy and Business Cycles*, New York, 1941. 又如在国联的史坦莱（Eugen Staley）主张资本输出可使美国平安的转入和平经济，*World Economic Development*, International Labour Office, 1914。

② 指加利福尼亚州立大学的布吉门，Norman Buchaman, *International Investments and Domestic Welfare*, New York, 1945, pp. 141－142, 134。

③ 1945年据美财政部，1949~1947年据美商务，见陶大镛《世界经济与独占资本主义》，中华书局，1950，第59~60页。1948年据王惠德《学习〈帝国主义论〉从根本上认识美帝国主义》，《学习》第3卷第4期。

④ 沈志远：《从美国经济的腐朽性来认识美国》，《学习》第3卷第6期。

规律，对垄断资本家却是完全必要的。列宁早就明确地指出：“发展上的不平衡性和大众生产的贫困，是这种生产方式根本必要的条件和前提。当资本主义还是资本主义时，过剩资本不会用来提高本国民众生活底水准，因为这样便会降低资本家的利润。而是要使资本输到落后国去，藉以提高利润的。”[①] 美国公司在第二次世界大战中获利520亿美元，1947年获利170亿美元，1948年增至208亿美元，而去年达224亿美元，比战前增加5倍多。[②] 无疑的其中有很大部分是直接、间接从资本输出中得来的。

最后看一下美帝在中国所榨取的利润。我们计算1934～1938年在华93家外商账面上的纯利合其资本额的15.5%，[③] 而80家在华工业平均为13.7%。[④] 1930年调查，美商填报的利润有高达300%者，除进出口业外，余自10%至50%不等。除进出口、航运、保险等外，每年美商汇回去的利润达1000万美元至1500万美元，此外电影租费约汇回300万美元，个人所得约汇回7万美元。姑以共汇回1500万美元计，即达当时美商投资的10%。同时积累在企业中的利润和美籍人员在华的高额消费，至少也还有10%。

我们估计“七七”抗战前美帝在华的企业房地产约值3亿美元，但美帝实际输进的资本却极有限。值5000多万美元的地产大都是不花本钱得来的，7000万美元的金融业投资是以在华所吸收的6000万美元存款为基金的，6000多万美元的公用事业全靠在华所募集的债券来经营的。1930年调查有汇华资本的美商，汇华款只合其投资额的36%，其余则多报称“白手起家”“从一根鞋带做起”。还有很多是中国人出资，美国人只出名义分取利润的。我们估计美帝实际输进中国的资本还不到5000万美元，但每年却在中国攫取了3000万美元的利润，几十年后，在中国保有了3亿美元的财产！但这不是奇迹，这是美帝资本输出的规律。[⑤]

（原载《新中华》第14卷第8期，1951）

① 列宁：《帝国主义是资本主义底最高阶段》，第81页。

② 王惠德：《学习〈帝国主义论〉从根本上认识美帝国主义》，《学习》第3卷第4期，及《人民日报》1951年1月1日。

③ 见拙作《帝国主义在华投资》第2章，新华出版社（印刷中）。

④ 汪馥荪：《中国工业资本估计的几个基本问题》，《中国工业》新1卷第8期。

⑤ 此段详见拙作《美帝在华企业及其利润》，《经济周报》第12卷第2期。

八十年来中国经济发展和变化

八十年来的中国经济，分为解放前五十年（1900～1949）和解放后三十年（1949～1980）两大阶段。前一阶段是中国经济进一步殖民地化的时期，后一阶段是社会主义改造和社会主义建设时期。

从1900年到1913年，是中国资本主义的初步发展时期。这个发展，是在资产阶级的变法维新运动、收回利权运动和孙中山先生领导的民主革命运动推动下进行的。这期间民间投资于近代工矿企业的资本大约有1.2亿银元，连同过去清政府和民间的投资，共约值2亿银元。

从1914年到1920年，是中国资本主义的进一步发展时期。这主要是由于第一次世界大战期间，西方国家暂时放松了对中国的侵略，以及战时市场、价格和金银比价上一些有利的条件造成的。这时期工矿业的发展颇快，增长年率约为12%，到1920年，工矿业投资约值5.5亿银元。铁路、航运也有一定发展，其投资约值1.1亿银元。

从1921年到1936年，中国资本主义经历了两次市场危机，其中由于资本主义世界经济危机所造成的尤为严重。这期间，资本主义发展迟缓，但在行业上和地区上有扩大。到1936年，工矿业投资共约值12.7亿银元，其中约15%属于官僚资本，75%为民族资本。交通运输业方面，则以官僚资本为主，价值不下5亿银元。

但是，如果把在中国的外国资本考虑进去，情况就不同了。原来这时期发展最快的不是中国资本，而是外国资本。从1900年开始到1913年，外国在中国的工矿业投资约值1.5亿银元，而铁路和航运业投资达

10.6 亿银元。中国的金融、贸易、铁路和轮船运输，都已为外国资本所垄断。1914～1920 年，欧战方酣，西方国家无暇东顾，但日本投资迅速增长，到 1920 年，外国的工矿业投资约值 5.5 亿银元，交通运输业 11.1 亿银元，1921 年至 1936 年，外国交通运输业投资增至 35.1 亿银元；而工矿业投资增至 29.2 亿银元，并完成了对中国工业的垄断，它们占有中国生铁产量的 95%，钢产量的 83%，机械采煤量的 66%，发电量的 55%，以及棉纺锭的 46%，织布机的 56%。

如果再结合农业生产一并考察，情况又大为改观了。直到解放前，中国一直是一个农业国，农村人口占全国人口的 85%，农业生产占工农业总产值的 70% 左右。广大的农村仍然是在封建制度下，处于落后的自然经济、半自然经济状态。地主和封建性富农占有全部耕地的 70% 到 80%，他们普遍实行以实物地租为主的租佃制。农民一家一户就是一个生产单位，用传统的手工劳动，在小块土地上进行简单再生产。长期以来，生产方法没有什么改进，从 1900 年到 1920 年，粮食产量增长不到 10%；1921 年到 1936 年，增长不到 9%。这主要是由于东北耕地面积在这期间扩大了两倍，以及玉米、薯类的推广所致，劳动生产率并无改进。这种缓慢的发展，不是以适应人口增加的需要，以至农业的中国，尚需依赖粮棉进口。

估计 1920 年中国工农业总产值约在 219 亿银元，其中近代化工业的产值不过 9.7 亿银元，还占不到 5%。1936 年，工农业总产值约在 306 亿银元，其中近代化工业的产值只 33 亿银元，约占 11%。就是说国民生产的 90% 左右，是封建制下的小农经济和分散的个体手工业经济。这正是近代中国贫穷落后的根源。

1931 年，日本帝国主义占领中国的东北；1937 年，进而企图占领整个中国。在日本占领期间以及战后大规模内战期间，中国经济遭到巨大破坏。到 1949 年，农业生产比 1936 年约下降 25%，工业损失更大，下降一半以上。民族资本在这场浩劫中，大约损失了 30%，其工矿业投资折成战前币值，大约不过 8 亿银元。至于外国资本，由于日、德、意投资被没收，其他国投资也在战时撤退，到解放前已所剩不多了。

旧中国是个经济上十分落后的国家。1949 年全国解放的时候，全国近代工业的固定资产只合人民币 128 亿元。就是说，中国自从 1860 年代创办近代工业以来，将近一百年的积累，只有这么一点点（现在中国每年新交付使用的固定资产就超过 300 亿元）。确实，新中国的建设是在“一穷二白”的基础上起步的。

不过，旧中国的积累虽然小得可怜，它却是十分集中的。解放前夕，工矿交通运输业的固定资产，有 80% 是集中在官僚资本手里，形成国家垄断资本。人民政府没收了全部官僚资本，建立起社会主义的国营经济。同时，实行土地改革，全国大约有 3 亿农民无偿地获得了 7 亿亩土地。这样，在 1949～1952 年三年多一点的时间里，就恢复了国民经济。这期间，工业总产值增长了 145%，农业总产值增长了 48%，产量都超过历史上最高水平。国民收入增长了 69.7%。

1953 年，中国实施第一个五年建设计划，同时，开始了有计划的社会主义改造。按照当时的设想，是要用三个五年建设计划，即十五年的时间，完成这个事业。然而，1956 年，从农村到城市出现了一个社会主义改造高潮。1957 年，当第一个五年计划胜利完成的时候，农业和手工业已基本上实现了合作化，资本主义工商业也实现了公私合营。这样，生产资料所有制的改造就基本完成了。但是，这时的集体化农业还基本上是以手工劳动为基础的，它的机械化还是一个长期过程。公私合营企业也还需要进一步改造，才能成为全民所有制经济。

第一个五年计划的实施和所有制改造，使中国经济获得空前发展。1953～1957 年，工业总产值增长 128%，增长率达 18%；农业总产值增长 82.8%，年率为 4.5%；国民收入增长 53%，年率 8.9%。

1958～1962 年的第二个五年计划期间，遭受到一些波折。主要是在发起“大跃进”和农村实行人民公社化的时候，刮起一阵“共产风”，挫伤了群众积极性。加以连年严重自然灾害，农业受到损失，工业发展速度也放慢了。

1963～1965 年，政府实行调整经济的措施。三年调整，成效大著。工业发展恢复了第一个五年计划期间的速度，农业方面还有超过。经过调整，经济体制和生产力布局也大有改进。1964 年周恩来总理提出实现农业、工业、国防和科学技术现代化的宏伟设想，成为中国人民的一项历史任务。

1966～1970年的第三个五年计划和1971～1975年的第四个五年计划期间，又不断受到“文化大革命”运动及极“左”思潮灾难性的破坏和干扰。十年间，工农业生产起伏不定；同时，计划被破坏了，生产秩序和流通被搞乱了，部门间出现极大的不平衡，整个国民经济呈一片混乱现象。

1976年秋，“四人帮”倒台，局面大为改观。1977年，重新提出实现四个现代化的纲领；1978年，确定把全国工作的重点转移到经济建设方面来；1979年，针对国民经济中发展不平衡和经济体制、经济管理中不符合经济规律的现象，开始实行调整、改革、整顿、提高的方针。中国经济出现了新气象。1978年和1979年，工业总产值分别比上年增长13.5%和8.5%，农业总产值增长8.9%和8.6%，国民收入增长12%和7%。

三十年来，中国的经济虽然几经波折，仍是有相当的进展的。从完成恢复国民经济的1952年算起，到1978年，工业的年增长率仍达11.2%。旧中国的所谓工业，主要只是轻工业和纺织工业，没有重工业基础，技术、设备和许多原材料都依靠进口。解放后，许多工业部门都是从无到有发展起来的，已构成一个独立的比较完整的工业体系。原来中国被称为“贫油国”，现在已年产原油1亿多吨。在辽阔的内地和少数民族地区，原来几乎没有什么工厂，现在已建立起一大批新的工业基地。旧中国的农业，基本上是手工劳动的小农业，靠天吃饭。现在，机耕面积已占耕地的42%，平均每公顷耕地施用化肥109公斤，修筑了容量达4000亿立方米的大小水库。粮食产量1979年比1949年增加了两倍。三十年来，交通运输业也有显著发展，改变了许多地方原来闭塞落后的局面。随着生产的增长，国内商业和对外贸易不断扩大。物价基本稳定，人民生活逐步改善。我们用下面一张简表，作为本文的结束。

项　目	1949年	1957年	1979年
工业总产值(亿元)	140.2	704.0	4591.0
农业总产值(亿元)	325.9	537.0	1584.0
原煤(万吨)	3243.0	13000.0	63500.0
原油(万吨)	12.1	145.8	10615.0

续表

项　目	1949 年	1957 年	1979 年
发电量(亿度)	43.1	193.4	2819.5
钢(万吨)	15.8	535.0	3448.0
棉布(亿米)	18.9	50.5	121.5
粮食(万吨)	10810.0	18500.0	33211.5
棉花(万吨)	44.4	164.0	220.7
猪(万头)	5775.0	14590.0	31970.5

（原载香港中华总商会《八十周年纪念特刊》，1980 年 11 月）

市场理论和市场史

我国于20世纪80年代初在农村推广联产承包责任制。1984年元旦又由中共中央发出一号文件，大力发展农村商品生产，变自然经济、半自然经济为商品经济。几年来成绩斐然。1985年，农村专业户已发展到2500多万户，粮食商品率由70年代的20%上下增长到30%以上，经济作物和林、牧、副、渔业大幅度增长，商品率达90%，农村一片生机勃勃的兴旺景象。

此事发人深思。我国商业素称发达，或谓春秋末已进入商品经济。何以两千三百年后还要大力疏导流通、提倡商品生产？我想从市场理论和历史实践上作些摸索，或有助于时贤的研究。这有两个问题：一、市场是怎样形成和发展的？二、商品是怎样在市场上实现其价值的？所论以农产品的流通为主。

市场理论：分工论

马克思曾赞赏重农学派，因为他们是从生产而不是从流通出发来研究市场问题的。他们的市场理论可简示如图1。农业劳动施于土地，生产产品P，适足供劳动者全部消费。而当他们生产一个增加量P′时，自己已无需要，于是交给非农业劳动者。后者拿它（粮食和原料）制成工业品Q，却非自己所需（因为他们实际是工人），便把Q交给农业劳动者。这样，工业品和农产品一交换，就出现市场M。

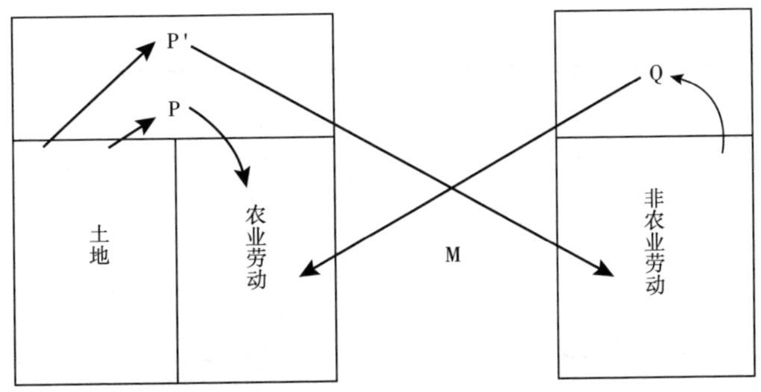

图1　重农学派的市场理论（James Steuart，1767）

马克思说："产品之所以成为商品……仅仅因为有其他商品成为它们的等价物，仅仅因为有作为商品和作为价值的其他产品同它们相对立……由于社会分工，这些商品的市场日益扩大；生产劳动的分工，使它们各自的产品互相变为商品，互相成为等价物，使它们互相成为市场。"①

列宁根据上述论点，提出"社会分工是商品经济的基础"这一命题。②他说："市场这一概念和社会分工……这一概念是完全分不开的。哪里有社会分工和商品生产，哪里就有'市场'。市场量和社会劳动专业化的程度有不可分割的联系。"③ 列宁有一个市场的图式，我把它简化改编如图2。④ 图2之（1）表示每个生产者都生产Ⅰ、Ⅱ、Ⅲ类（例如吃、穿、用）的产品，这完全是自然经济，没有市场。图2之（2）表示生产者A放弃了Ⅲ的生产，加倍生产Ⅱ，其他生产者也必须调整各自的产量，以满足全社会12个单位的消费需求。这样，有余和不足必须通过市场交换了。图2之（3）表示每个生产者都变成Ⅱ或Ⅲ的专业户，市场扩大，商品量占到总产量2/3。再进一步就是有人放弃Ⅰ（粮食）的生产，另有人成为Ⅰ的专业户，那就是完全的商品经济了。

---

① 马克思：《资本论》第3卷，人民出版社，1975，第718页。

② 《列宁全集》第3卷，人民出版社，1959，第17页。

③ 《列宁全集》第1卷，人民出版社，1955，第83页。

④ 原图式见《列宁全集》第1卷，第78~79页。原图不仅表现市场的产生和发展，还表现资本主义雇佣劳动的产生和发展。这里仅取其市场部分，故简化，又为适应中国读者，改变其标号。

(1)

生产者	产业部门			市　场
	Ⅰ	Ⅱ	Ⅲ	
A	3	3	3	
B	3	3	3	
C	3	3	3	
D	3	3	3	
	12	12	12	

(2)

生产者	产业部门			市　场	
	Ⅰ	Ⅱ	Ⅲ	卖	买
A	3	6	—	3	3
B	3	2	4	1	1
C	3	2	4	1	1
D	3	2	4	1	1
	12	12	12	6	6

(3)

生产者	产业部门			市　场	
	Ⅰ	Ⅱ	Ⅲ	卖	买
A	3	6	—	3	3
B	3	6	—	3	3
C	3	—	6	3	3
D	3	—	6	3	3
	12	12	12	12	12

图 2　列宁的市场图式

其所以出现分工和专业化，是由于技术进步，生产力发展，专业户可以有较大经济效益。不仅各产业部门，一项生产的各工序的专业化，也产生同样效果。“技术进步必然引起生产各部分的专业化、社会化，因而使市场扩大。”①

这种理论似乎尽善尽美，也完全符合近年来我国农村的实践经验。但考之历史，却未必然。历史上各种市场的形成，并不一定靠分工。

① 《列宁全集》第 1 卷，第 85 页。

市场史：不依靠分工的市场

马克思说，最初的交换是出现在原始公社的“尽头”，即“和其他公社接触”的“边界”；交换的东西主要是“奴隶、牲畜、金属”等。[①] 既然是两个相邻的公社，自然条件差不多，就不会有什么分工。不过是一个打了胜仗奴隶多了；另一闹瘟疫，牲畜少了；互相调剂而已。当然原始社会后期有所谓第一次社会大分工。不过，近年来学者对世界范围的各落后民族的考察，对于这次大分工颇有怀疑。即使是所谓渔猎部落，其食物也主要是靠采集和种植。恩格斯也说过：“专靠打猎为生的民族，是从未有过的。”[②]

地方小市场，即农村集市，原来也是这样一种余缺调剂的市场。交换双方都是当地农民，交换的东西也大都是每家都能生产的，并不必须有社会分工。在中国市场史上这种市场发展较快，到宋代，商税一半出在地方小市场。明以后，粮与布的交换日趋重要，到清前期，交易额年达 9000 万两，居全国市场交易额之首。[③] 可是，尽管它是工业品与农产品的交换，也不需要分工——每年约 3 亿匹的商品布，都是农家副业生产的。直到 20 世纪初，农村还很少有或基本上没有专业户。

第二种市场，城市市场，其形成也不是由于社会分工，而是由于剥削。自从有了剥削阶级，地主、贵族、官僚（和他们豢养的食客、仆从、军队），都要在城市购买生活资料，于是商贾云集，城市市场大兴；无论希腊、罗马还是春秋、战国，都是这样。中国不同于西欧者是，较早废除了领地自给经济。随着剥削量扩大，城市市场继续发展，达于高度繁华——《西京赋》《洛阳伽蓝记》《东京梦华录》《梦粱录》等的描绘，令人眩目。城市中自然也有小生产者之间的交换，工农业产品的交换，但就剥削造成的繁荣说，那是与社会分工无关的。

第三种市场，地区之间的、长距离的贩运贸易（在欧洲就是国际贸易）。这种贸易也起源甚早，但在宋以前，主要是土特产品和奢侈品贸易。

---

① 《马克思恩格斯全集》第 13 卷，人民出版社，1962，第 39 页。

② 《马克思恩格斯选集》第 4 卷，人民出版社，1972，第 18 页。

③ 见拙作《论清代前期我国国内市场》，《历史研究》1983 年第 1 期。

以盐铁为首的土特产品贸易，也可以说是地区分工。但它是纯由自然条件形成的，所谓“只缘海角不生物，无可奈何来收卤”。[①] 而不是由于技术进步和大量生产引起的。奢侈品贸易是古代贸易的重要内容，中外皆然。但它是根据物以稀为贵的原则，所谓“奇怪时来，珍异物聚”，[②] 并不是根据社会分工的原则而来的。

这样看来，无论是大市场或小市场，城市市场或农村市场，其形成都与社会分工无甚关系。当然，这是指其早期阶段，它们后来都发生变化。例如一些农村集市逐渐成为大宗商品的集散地，转化为初级市场；一些城市市场逐渐变成进出口或工农业品贸易的中心；长距离的贩运贸易，在明代以后也是以民生用品为主的。

对历史现象的认识

怎样看待上述理论与历史的矛盾呢？显然问题在于我们对历史的认识，因为历史本身是不能改变的。对历史现象（例如市场现象）可以有不同看法，下述是我根据马克思理论的看法，未必是。

历史上最早出现的交换，即物物交换，是否具有商品性质，是个争论的问题。马克思本人前后也有不尽相同的看法。[③] 我是采用他在《资本论》中的说法，即它们“在交换之前不是商品，它们通过交换才成为商品”，并且，不再称为物物交换，而称为“直接的产品交换”。这个词含义较广，完全可用于早期地方小市场（集市贸易）的交换。这种交换，“一方面具有简单价值表现形式，另一方面还不具有这种形式”，[④] 因而，它还不是完全意义的商品（价值）交换。至少，它是作为使用价值、并不是作为价值（商品）而生产的，只是在交换时才表现为价值。这也就是它的交换不必以社会分工为基础的理由。因为分工是指生产的专业化，目的在增加经济效益。

---

① 林正清：《小海盐场新志》。

② 《管子·小匡》。

③ 见《马克思恩格斯全集》第46卷上册，第86~87页（1857）；第13卷，第39页（1859）；第23卷，第106页（1867）。

④ 马克思：《资本论》第1卷，人民出版社，1975，第105页。

这种小市场的交换则主要是调剂余缺，每个生产者都是为买而卖，主要不是为了增加经济效益，所以不必需有分工。“永恒理性的一系列经济进化是从分工开始的”。① 因而，地方小市场的扩大，虽然是商品经济的一个发展，对于整个经济的进步，却为效不大。

由剥削而产生的城市市场，是另一种性质。政治经济学所说的商品交换，是指产品与其等价物相交换（即生产者之间的交换），或者是产品与资本相交换（例如工业资本家以货币购买原材料）。由剥削而产生的市场，则是产品与收入相交换，即贵族、地主以其纯收入购买消费品。这两者是根本不同的。② 在封建社会，这种收入不论采取什么形式（赋税、利息等），都不外是地租的转化形态。由此所引起的商品流通有个特点，即它是单向的：每年由农村输往城市一定量的农副业产品，城市却没有回头货来支付农村。因而没有实际的交换，所流通的也还不是真正的、完全意义的商品。③ 所以，由此所造成的城市市场的繁华，主要是反映封建经济的成熟（地租量扩大），而不是反映商品经济的发展。这与马克思的以分工为基础的市场理论，并无矛盾。

早期的贩运贸易，马克思说它是“建立在生产民族的野蛮状态的基础上的”，是“对不发达的共同体的产品交换起中介作用”。④ 这是因为，进入贩运贸易的，无论是土特产品或奢侈品，都是已生产出来的东西，自用有余或当地无用，因商人资本的活动“使产品发展成为商品”。⑤ 它不是生产的发达造成商业，因而不需要以生产力的特别发展和分工为前提。

由此可见，在历史上，可以有不同性质的交换，及至可以说有不同意义的商品。马克思在讲分工时说：“我们这里所指的分工……是表现为交换价值的分工”；⑥ 又说，这种分工，“仅仅把它看作同交换价值是一回事”。⑦

---

① 《马克思恩格斯选集》第 4 卷，第 322 页。

② 例如，以资本购买产品，买得愈多，愈可致富，以收入购买产品，买得愈多，你就愈穷。详见《马克思恩格斯全集》第 46 卷上，第 464 ~ 469 页。

③ 例如糟粮，显然不是商品。如改为折色，表面上是农民卖出官府买进，但农民卖粮所得如数转交给官府，本身仍未得到补偿，即其所卖之粮实际上没有等价物与之交换。

④ 马克思：《资本论》第 3 卷，第 369 页。

⑤ 马克思：《资本论》第 3 卷，第 376 页。

⑥ 《马克思恩格斯全集》第 46 卷下册，第 471 页。

⑦ 《马克思恩格斯全集》第 46 卷下册，第 470 页。

从这个意义上说，无论有多大的市场，只要没有专业户，即没有生产交换价值的分工，就不算（本来意义的）商品经济。从这个角度来说，两千年来中国农村经济的发展还抵不上最近五年，这恐怕也是事实。

但是，我们也可以从另外的角度来看，“在商品世界中，发达的分工是作为前提存在的”；“但是，从商品的角度以及交换过程内部来看，分工本身只是在它的结果、在商品本身的特殊性上存在。”[①] 总的说，是生产决定流通，但在经济史上，决不能低估交换的作用。在历史上，分工似乎晚出，而交换则差不多和生产同样古老。原始公社之间的交换促成了公社内部的商品化；商业“使产品发展为商品”，最后还是发展为商品生产。正是日积月累的交换，由量变转化为质变，实现分工和专业化。亚当·斯密说分工起源于交换，这在经济史上是存在的，16 世纪英国羊毛生产专业户的出现就是这样。目前我国农村专业户的大量出现，固然有生产力发展的因素，但主要还是放宽政策、调整价格、开放市场的结果。过去，多少受斯大林的影响，我们确实是单纯强调了生产，忽视交换，蔑视流通，形成“自然经济论”，给国民经济带来危害。因而，树立一个全面的市场观十分必要。

恩格斯说：“生产和交换是两种不同的职能”，“这两种职能在每一瞬间都互相制约，并且互相影响，以致它们可以叫做经济曲线的横座标和纵座标”。[②] 迄今，还没有学者认真考虑恩格斯这最后一句话。我想，市场的理论恐怕不必是建立在生产一极上，也可以建立在生产和交换这两极上。我试以生产为“横座标”，以交换为“纵座标”，得到一个简单的市场发展曲线，如图 3。

图中 AB 代表“直接的产品交换”，它在历史上早就有了，并形成小市场 m。当生产发展到 P_1 时，出现了商品交换 DC，图中 CDB 这块市场园地 M，随着生产和交换发展不断扩大，并部分地代替了 m。当生产发展到 P_2 时，交换量增长到 Q_2，但以分工为基础的商品量 EF 还只有总产量的 1/5，还只能算是自然经济和半自然经济。旧中国的农村大体就是这种情况。当生产发展到 P_3 时，交换量和商品量都已超过总产量的 1/2，那是比较发达的商品经济了。

① 《马克思恩格斯全集》第 13 卷，人民出版社，1962，第 40、41 页。

② 《马克思恩格斯选集》第 3 卷，第 186 页。

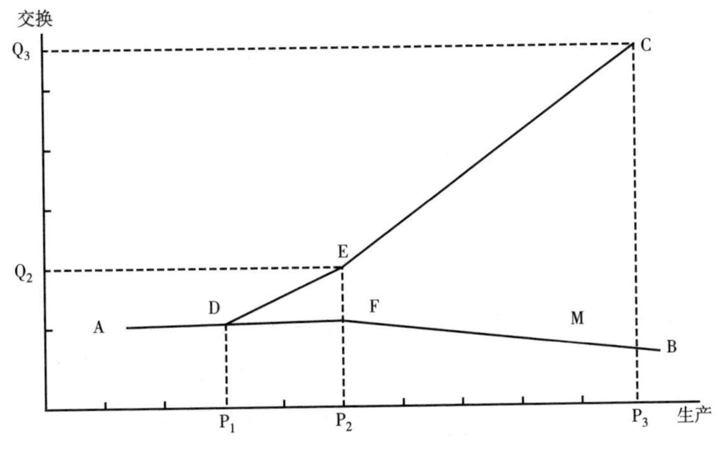

图 3　市场发展曲线

实现论

实现的理论是在资本主义商品生产中提出来的，因为在这时才明显地看出商品价值不能实现的危机，即周期性生产过剩的危机。

马克思的实现理论包括两个方面：一是在资本主义建立过程中，剥夺小生产者，"同时也为资本建立了自己的国内市场"。[①] 这是包括在他的资本原始积累的理论中。另一方面，是从社会分工上说的。社会分工造成市场，"如果这种分工是按比例进行的，那末，不同类产品就按照它们的价值（后来发展为按照它们的生产价格）出售"，就能够在市场上实现。而这也正是价值规律的要求。"因此，只有当全部产品是按必要的比例进行生产时，它们才能卖出去。"[②] 这是个极其重要的原理，不仅适用于资本主义，也适用于其他生产方式。比例失调，就会造成结构危机，也会造成社会主义计划经济的危机。在生产中，最重要的比例是生产资料和消费资料两大部类的生产比例，因而可归纳为这样一个公式：

$$\text{I}(V+m)=\text{II}c$$

① 马克思：《资本论》第 1 卷，第 816 页。

② 马克思：《资本论》第 3 卷，第 716～717 页。

列宁全面发展了马克思的实现论。一方面，为了同民粹派做斗争，列宁十分强调资本主义能为自己创造国内市场的论点；另一方面，他在《论所谓市场问题》中用复杂的算式，论证了资本主义如何为自己创造国内市场，也就是在扩大再生产中商品实现的条件，即第Ⅰ部类的V＋m必须大于第Ⅱ部类的C：

$$\mathrm{I}(V+m)>\mathrm{II}c$$

这就是说，生产资料的增产应当快于消费资料的增产。这个论点，在斯大林的政治经济学中，就成为生产资料优先增长的“规律”。不过，那已不是市场实现的理论，而是避开市场机制的编制经济计划的理论了。

现在回看历史。历史上，在资本主义以前，社会分工的发展大体是按比例的。这是因为有一只看不见的手——价值规律在操纵着。在中国，长时期内“男耕女织”，家庭手工业不能从农业中分离出来，也可说是按比例要求的市场不够大，不能容纳专业生产。在西方，这种分离也主要是海外市场的扩大，尤其是地理大发现以后造成的。另一方面，影响市场供求，影响商品实现的因素十分复杂；年成丰歉、社会变动，以及自然和人为的偶然因素都起作用。早在简单再生产中，甚至在“直接的产品交换”中，即有实现问题，例如“履贱踊贵”“谷贱伤农”之类。封建政府采用均输、平准等办法，从供求上加以调剂，也不失为补救之道。维护市场平稳，对统治者十分重要，这就形成一种传统，一种政府的职责。资本主义生产方式（最初是工场手工业）建立后，破坏了比例关系，问题加剧了。诸如“谷物法”之类的争论，提上日程。

这里，仍可回顾一下重农学派。具有代表性的实现理论，就是魁奈的著名的《经济表》，其简式如图4。

图4中：全年农业产值是50亿（利弗尔，相当于当时法国农产量）。地主以地租向租地农场主（生产阶级）购买了10亿，从而实现了1/5。工业家（不生产阶级）以自己的积累购买了10亿，又实现1/5。地主以10亿向工业家购买工业品，后者用此款购买农产原料，又实现了1/5。租地农场主也用自己的积累向工业家购买10亿的工具等。结果，20亿工业品全部实现了，而50亿农产品只实现3/5，即30亿，还有20亿没有实现。这20亿哪里

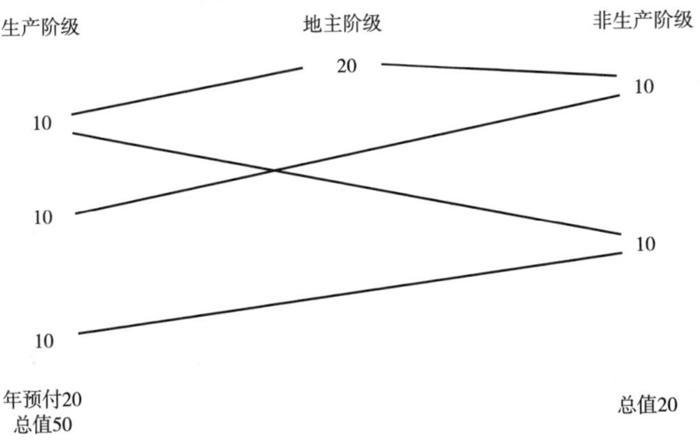

图 4　魁奈的《经济表》

去了？魁奈自己没说清楚，马克思曾有几次解释。[①] 看来，至少有一半，也许全部，是交给地主作地租了。否则，地主下年度的 20 亿的购买力何来呢？

魁奈的这种思想，显然有其历史背景。也就是我前面所说，剥削造成市场，而当时法国的实现问题，正是在农业上。到了马尔萨斯，市场危机已屡见，于是出现一个“第三者”即“非生产消费者”的理论。就是说，市场上必须有这么一种人，他们只买不卖，商品才能全部实现。这是什么人呢？首先是地主，以及地主的食客和仆人；其次是政府，以及它的官吏、牧师、军队。而在这以后，几乎所有的西方经济学，尤其是凯恩斯以后，直到当代宏观经济学，就无不把政府作为市场上最大的购买者，也是调节者。无论是货币学派，或是供应学派，无不是想通过政府措施，以解决滞销或滞胀。当代宏观经济学的模式简如图 5。在政府、企业和居民之间是相互的购买（包括服务）关系和货币支付关系（包括税、工资、利润、利息、地租等等），而在这三大块之间则是市场和信息反馈。

当代西方发达国家基本上都已是国家垄断资本主义经济，政府在宏观经济中占重要地位，理所当然。然而，图 5 对我们似乎不无启发。社会主义经济，过去一度设想是没有或很少市场，看来是行不通的。它应当有一个相当大的、在计划指导下的市场。在这个市场上，即使是计划商品的流通，也有

① 见《马克思恩格斯全集》第 26 卷上册，第 352、406 页；第 20 卷，第 270 ~ 271 页。

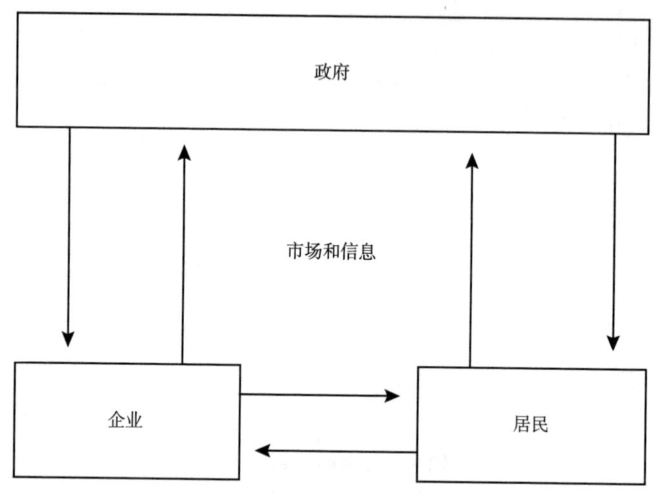

图 5　当代西方宏观经济

一个实现问题。人们已在讨论社会主义经济的模式，社会主义市场又应当是怎样一种模式呢？我这里只能提问，不能置答。但愿提供两点拙见：第一，按比例，或价值规律，仍应是考虑的中心。第二，任何市场模式（或理论），不要割断历史，不要开无水之渠，种无根之树。在这一点上，中国市场史还是个应当研究的课题。

（原载商业部经济研究所编《调研资料》第 46 期，1985 年 4 月）

试论交换经济史

缘 起

恩格斯在《反杜林论》中说："政治经济学，从最广的意义上说，是研究人类社会中支配物质生活资料的生产和交换的规律的科学。生产和交换是两种不同的职能……这两种社会职能的每一种都处于多半是特殊的外界作用的影响之下，所以都有多半是它自己的特殊的规律。但是另一方面，这两种职能在每一瞬间都互相制约，并且互相影响，以致它们可以叫做经济曲线的横座标和纵座标。"①

对于恩格斯的这个见解，似乎还很少进行认真的研究。在政治经济学界，常是重生产而轻交换，或把交换从属于生产。斯大林关于政治经济学对象的定义，干脆删掉了交换，并解释说"因为'交换'一词通常被许多人了解为商品交换"，而商品交换不是一切社会形态所共有的。② 事实上，十月革命后，在苏联一直存在一种否定商品生产和交换的思潮。③ 在我国，这种思潮也在20

① 《马克思恩格斯选集》（以下简称《选集》）第3卷，人民出版社，1972，第186页。

② 《苏联社会主义经济问题》，《斯大林文选》下册，人民出版社，1962，第630页。

③ 这种思潮以布哈林的《过渡时期的经济》（1920）为代表，直到20世纪50年代，斯大林虽然肯定了社会主义有商品生产，但仍"只限于个人消费品"，见《苏联社会主义经济问题》，第583页。

世纪70年代达于高峰，形成“自然经济论”，对国民经济造成巨大危害。

1979年底党的十一届三中全会以后开始转变，1983年提出“变自给经济、半自给经济为商品经济”的口号，1984年党的十二届三中全会更明确地指出社会主义经济是有计划的商品经济。但在大力提倡商品生产中，又出现流通渠道不畅，运输、仓储、通讯、服务等严重不足，以致发生“卖货难”“买货难”等现象。这就使人感到，单考虑商品的生产和交换是不够的，还应当从广义上来研究交换这个“座标”对发展国民经济的作用。

政治经济学是研究经济史的思想指导。经济史又是总结生产和交换的历史、研究政治经济学的基础。近年来，我国对商业史的研究颇盛，已有不少成果，十分可喜。但我觉得探讨的范围狭窄了一些，不能反映恩格斯所说交换的社会职能的作用。原来，马克思在《资本论》中就提过，商业除从事商品交易以外，至少还有运输、保管、通讯、递送、分类、包装、散装、分配等八种职能，这些职能又都创造价值，因而形成商业成本或费用。[①] 国外有的经济史学者把市场机能、运储、信息以及信贷、保险、政府等功能统一计算到一个交换成本（cost of exchange），这些功能在历史上的演进（反映为交换成本的降低），机制着一国国民经济的发展。[②] 这种看法有点像恩格斯的交换“座标”论。这种看法是以资本主义经济的发展为模式的，在资本主义制度下，商业资本从属于产业资本，它的职能受生产的支配。在历史上，“在资本主义社会以前的阶段中”，商业资本是独立运动的，那时“商业支配着产业”；[③] 因而，交换还会起着更重要的作用。

因此，我感到有必要扩大我们商业史的研究范围，姑称之为交换经济史。这里，我只是提出一些设想，供同行讨论和批评，远非交换史本身。但我觉得，经过时贤的研究，如果我们能从中国经济史中找到一两个交换的“自己的特殊的规律”，那必然会对我国社会主义商品经济发展的战略决策，十分有益。

---

① 见马克思《资本论》第3卷，人民出版社，1975，第298、321、322、329、314、335页。

② 参见 Douglass North, “Government and Cost of Exchange in History,” *Journal of Economic History*, 44: 2, 1984。

③ 马克思：《资本论》第3卷，第369页。

广义的交换

马克思的确说过："交换就其一切要素来说，或者是直接包括在生产之中，或者是由生产决定。"[①] 这是指产品或商品交换，可说是狭义的交换。但他还讲过，人们在生产中必须"互相交换其活动"，发生"各种活动和各种能力的交换"。[②] 这里已不限于产品或商品的交换，但还是在生产之中。这些交换还都是使用 Austausch 一词。

马克思、恩格斯在其他一些地方，表达交换这一概念时，不是用 Austausch，而是用 Verkehr 一词，中文本译为交往。这个词含义较广，他们还提出物质交往、精神交往等各种"交往关系"（Verkehrsverhältnisse）。在谈到交往与生产的关系时，他们说："生产本身又是以个人之间的交往为前提的"；人们"受着自己的生产力的一定发展以及与这种发展相适应的交往（直到它的最遥远的形式）的制约"。[③] 这里的交往就不是在生产之中，而是与它并行，甚至是生产的前提了。

马克思在致巴·瓦·安年柯夫的一封信中，在论社会是"人们交互作用"的产物时说："人们在他们的交往方式不再适合于既得的生产力时，就不得不改变他们继承下来的一切社会形式。"这里的交往又是借用英文 commerce（交易）一词。他解释说："我在这里使用 commerce 一词是就它最广泛的意义而言"，它包括一切"社会关系"。[④]

可见，马克思、恩格斯用交换这一概念时是有不同含义的，从狭义以至最广义，乃至不得不选用不同的词。

在自然界，存在着三种交换，即物质交换、能量交换和信息交换。在系统论中，各系统之间、一个系统的各元素之间都有交换关系，即输入和输出。这种交换也就是物质、能量、信息的转换，所以输入和输出是不同

① 马克思：《〈政治经济学批判〉导言》，《选集》第 2 卷，第 102 页。

② 马克思、恩格斯：《雇佣劳动与资本》，《选集》第 1 卷，第 362 页；马克思：《〈政治经济学批判〉导言》，《选集》第 2 卷，第 101 页。

③ 马克思、恩格斯：《德意志意识形态》，《选集》第 1 卷，第 25、30 页。

④ 《选集》第 4 卷，第 320、321 页。

质的。[①] 这个原理也可用于社会研究。人类社会也存在着不同质的交换，如政治关系、经济往来、文化交流等。不过这样来看待交换，又未免太广泛了。近代社会学家，尽管常把交换归之于社会行为（行为主义），但多半还是区分社会交换与经济交换（功能主义）。为便于研究，我想把政治经济学的交换区分为下列三个含义，三者加起来就是广义的交换。由于是作为交换经济史研究的对象，自不免有若干人为的规定（正如我们要研究江南经济史，就要对“江南”作些规定一样）。

第一个含义：指商品交换，包括它的前驱产品交换。这是通常意义的交换，也是我们要研究的主体。这种交换，从自然性质上说属于物质交换，从历史上说它出现较晚，最早不超过原始社会末期。至于它的历史下限，即在共产主义社会是否消灭，可暂置勿论。

第二个含义：指劳动交换。从自然性质上说，它属于能量交换。但因所有产品和商品的交换都是物化劳动的交换，我把它们和也是商品的劳动力的买卖除外，仅包括其他形式的劳动，其中又主要是与流通有关的各种劳务，尤其是运储、通讯、市场机制和金融。在历史上，劳动交换是与人类共始终的。

第三个含义：指智能的交换。从自然性质上说，它属于信息交换。但我用“智能”一词，意在把它限制在经济的范围之内，排除权能信息（政治信息），也排除非功能的信息（感情、艺术、宗教等）。作为交换的实体（非载体，如语文、通讯），我又把它限定在信息生产即精神产品的含义上；其主要内容即科学技术和组织管理的知识。因而，它出现最晚，它的历史上限不出奴隶社会，下限则与人类共命运。

交换与分工

上列三种含义的交换的基础都是分工，并随分工的扩大而发展。这正是交换可以独立于生产、有它特殊的发展规律的原因。

---

① 按曼内斯库的研究，经济系统的输入有五种：劳动力、物资、能量、信息（技术、指令等）、资金；其输出有四种：产品、劳务、能量、信息。因不同质、不同向，也就不等价。否则，像甲给乙 5 元钱，乙又给甲 5 元钱，那就没有意义。

政治经济学所称生产，首先是指人类对自然的变革，即从原始农业和原始畜牧业的出现开始。在这以前约有150万年，人类是处于“攫取经济”时代，而非生产经济。但是，那时就有了分工，也有了劳动交换。

“分工起初只是在性行为方面的分工”;[①] 也许是这样，但这决非人类社会的特征。人类在采集、渔猎等劳动中，就有按年龄和性别的自然分工了。最近研究并证明，原始社会的平均分配并不是根源于共同劳动，共同劳动也不是全体成员都要同时去做一种劳动，而是分别去做各种劳动。有人把这种分工叫“暂时分业”。不管是自然分工或暂时分业，成员之间都必然有劳动交换，虽然这种劳动交换没有等价形式（劳动成果是平均分配的）。

人类进入生产经济并未立即开始产品交换，至少有100万年仍然只有劳动交换。产品交换不是源于生产，而是源于第一次社会大分工。近年来学者对第一次大分工的内容不无怀疑，但历次的社会分工造成商品交换则可以肯定。

智能交换，可以说从“智人”出现就开始了，语言便是它的载体。原始人在劳动中互相指点路途、通报情况，自然会增进效率。但是，真正成为信息的是概念，是人脑抽象思维的产物。原始人能说出许多动植物名称，但没有“兽”“树”这种概念，也就没有信息产品。信息产品是在脑力劳动和体力劳动分工后出现的。马克思说：“分工只是从物质劳动和精神劳动分离的时候起才成为真实的分工”；从这时起人类才能“不用想象某种真实的东西而能够真实地想象某种东西”，才有了理论、哲学和科学。[②] 所以，信息交换也是由分工引起的。

科学技术，今天已成为最重要的生产力；但在古代却不是这样。据苏联学者斯特鲁米林测算，石器时代，技术的发展平均每万年只提高1%～2%；从铁器出现直到使用蒸汽机以前，技术进步所造成的劳动生产率的增长平均每个世纪还不到4%。[③] 在前资本主义社会，生产力的发展主要不是靠科学技术，而是靠分工。

---

① 马克思、恩格斯：《德意志意识形态》，《选集》第1卷，第36页。

② 马克思、恩格斯：《德意志意识形态》，《选集》第1卷，第36页。

③ 见苏联《新时代》1959年第47期。

几乎所有的经济学家和社会学家，不论他们的世界观如何，都肯定分工对于社会经济发展的效果。亚当·斯密说："劳动生产力上最大的增进，以及运用劳动时所表现的更大的熟练、技巧和判断力，似乎都是分工的结果。"[①] 斯宾塞从整个社会出发，认为分工是社会有机体演化的普遍机制；分工愈完善，社会各部门的发展就愈协调有效。

马克思说："一个民族的生产力发展的水平，最明显地表现在该民族分工的发展程度上。"恩格斯说，当人的劳动生产力还非常低的时候，"生产力的提高、交换的扩大、国家和法律的发展、艺术和科学的创立，都只有通过更大的分工才有可能"。列宁说："在手工业生产的基础上，除了分工的形式以外，不可能有其他的技术进步。"[②]

然而。分工和交换几乎是同义语。分工作为一种生产形式，[③] 不仅它的效果要通过交换实现，它本身也包括交换。

分工也有狭义、广义之分。狭义的分工指劳动分工。马克思也常在广义上用这个词，如说中世纪的等级制度和行会制度，近代的殖民制度和国际关系，都是"某种分工的表现"。[④] 而其中最有意义的是城市和乡村的分离，它是"一切发达的、以商品交换为媒介的分工的基础"。[⑤] 广义的分工是和广义的交换相适应的。交换除了它促进产品的商品化、劳动的专业化从而有利于扩大再生产外，它的一般效果是：使原来孤立的、往往是自给的生产领域或地区互相联系起来，形成国民经济整体；又使那些专业的、不能自给的部门或地区，可以独立进行生产。因而，交换使"原来独立的东西丧失了独立"，又使"原来非独立的东西获得了独立"。[⑥] 而这两个过程，都会促进生产力的发展和社会的进步。

---

① 亚当·斯密：《国民财富的性质和原因的研究》，商务印书馆，1972，上册，第5页。

② 分别见《选集》第1卷第25页，第3卷第221页；《列宁全集》第3卷第386页。请注意：马克思也是首先谴责分工的人，他和恩格斯、列宁谴责的都是资本主义的分工，首先是造成劳动者畸形、心神残废的厂内分工。

③ 分工，有人列入生产力，有人列入生产关系，比较多的是把它看作生产力的形式或生产形式，形式是对内容（生产要素）而言，因而包括生产关系，实即交换关系。

④ 马克思：《致巴·瓦·安年柯夫》，《选集》第4卷，第322、323页。

⑤ 马克思：《资本论》第2卷，第390页。

⑥ 马克思：《资本论》第2卷，第390页。

西欧交换经济史

马克思、恩格斯在《德意志意识形态》中主要是讲广义的交换。该书“交换和生产力”一节[①]提出许多精辟的见解，可视为西欧交换经济小史；我因摘要如下，作为示例：

> 人们所达到的生产力的总和决定着社会状况，因而，始终必须把“人类的历史”同生产和交换的历史联系起来研究和探讨。
>
> 分工发展的不同阶段，也就是所有制的不同形式。
>
> 物质劳动和精神劳动的最大一次分工，就是城市和乡村的分离。它标志着野蛮向文明的过渡，部落向国家的过渡（奴隶制建立）。
>
> 城乡分离也可看作是资本和地产的分离，即资本不依赖于地产而存在和发展的开始，也就是仅仅以劳动和交换为基础的所有制的开始（首先是商人资本的出现）。
>
> 到中世纪，在由逃亡农奴新建立的城市中，出现自然形成的、以特殊劳动为基础的手工业资本（这时的手工业者也是商人）。这种资本和现代资本不同，它不是以货币来计算，由于交换和流通还不发达，它不能实现（不能货币化）。
>
> 商人资本是在历史上被保留下来的城市中活动，但它很快就在新兴城市中出现（代替手工业者的卖）。于是地区间的贸易发展起来。它的发展，取决于交通工具、沿途治安情况，和交换所及地区的文明程度所决定的需求水平。
>
> 随着地区间贸易的发展，在生产和交换之间产生相互作用。某地创造的生产力，往后是否失传，取决于交换发展的情况。腓尼基人的许多发明和中世纪玻璃绘画技术即由于没有交换（传播）而失传。在历史最初阶段，每天都在重新发明，因每地都是单独生产的。地区间贸易打

① 这节见《选集》第1卷第56～68页，唯有二段摘自第26、34页。原译“交换”“交往”，均作交换（广义）。括号内是我所加。

破这种孤立，生产和商业的分工引起各城市在生产上新的分工，每个城市都有自己的特殊的工业占优势。

不同城市之间分工的直接后果是工场手工业的产生。它的初次繁荣，先在意大利，然后在弗兰德，其历史前提是同外国的交换。在英国和法国，工场手工业最初只限于国内市场。此外，它还以人口集中城市和资本积累为前提。织布业是由于交换扩大而进一步发展的第一种劳动，也是工场手工业的第一个行业，并一直是其中最重要的行业。

随着工场手工业的出现，开始了一个人们流浪的时期，开始了各国间的商业战争、保护关税和禁令，使商业具有了政治意义。美洲和东印度航路的发现，远征和殖民地的开拓，商业和航运业空前发展。18 世纪成为商业世纪。

世界性的交换的需求，超过了工场手工业的生产力，引起了新的动力：产生了大工业。

然而，大工业产生的前提是国内自由竞争和理论力学的创立。大工业的出现又使竞争普遍化，这种竞争就是实际的贸易自由。大工业使自然科学从属于资本，城市最后战胜乡村，其前提是（机械）自动化体系。

大工业创造了现代化的交通工具和世界市场，从而加速了流通。

…………

从上述简单摘要中可以看出交换和生产以及运输、科学等的关系，它们又怎样促进生产力的发展和社会的进步。从中可以看出，西欧的情况和中国是多么不相同；但从这种关系的原理看，又是多么一致。遗憾的是马克思、恩格斯这里只讲了城市生产和交换，没讲农村和农业。

商品交换

商品交换是上述三种交换中主要的交换形式，也是交换经济史研究的主体。这里引人注意的问题是：我国商业素称发达，有人甚至认为春秋末已进入商品经济。近年来商业史的研究，也大都盛赞历代市场的繁荣，商品生产日盛。但是，何以资本主义生产因素迟迟不能发展？何以到20世纪80年代还要大力提倡商品生产，提出“变自给经济为商品经济”的口号？我以为：我国较早废除封建割据，较早出现全国性市场，生产力的发展长期居于世界先进水平，商品交换确是比较发达的。但是，在历史的研究中，应当注意有不同内容的商业活动，有不同性质的商品交换，它们对于生产力的发展和社会进步的作用也是不同的。我已有几篇文章讨论这个问题，[①] 这里只做个综合概述。由于是强调其不同，对于共同性的发展的一面就无暇谈及了，读来未免偏颇。

第一，商品交换的原始形式是产品交换。在这种交换中，“交换物还没有取得同它本身的使用价值或交换者个人需要相独立的价值形式”。[②] 换句话说，它是使用价值的交换，而非价值即交换价值的交换。“作为使用价值，它们只有同特殊需要发生关系时才能被交换”，[③] 因而交换带有偶然性。以后交换的发展，由于有了中间媒介，交换物有了简单价值形式；最后，它为商品交换即交换价值的交换所代替。但是，使用价值的或近似使用价值的交换仍以各种形式长期存在，并在前资本主义社会中占相当比重。如地方小市场上农民之间的品种调剂、余缺调剂、家庭手工业产品的调剂，都属这种性质。其交换的东西，原是每家农户都能生产的，只因某种原因今年未生产或生产不足而已。到宋代，商税有一半来自地方小市场，其中必有很大部分是来自这种调剂的交换。

在交换史的研究中，区分使用价值的交换和交换价值的交换十分重要，因其对生产和社会进步的作用是不同的。使用价值的生产是为满足自我需要，是反分工的，其出卖也是为了再获得使用价值，不是由于分工。因此，无论交易总量多大，每个交换都有条件性，它们在生产上，得不到分工的好处。马克思说：“我们这里所指的分工……是表现为交换价值生产的分工”，“仅仅把它看作同交换价值是一回事”。[④] 分工的作用只有在交换价值的交换中才能充分发挥。有些学者在“使用价值的交换”一词上弄得茫无所措，

---

① 见拙作《中国资本主义和国内市场》（中国社会科学出版社，1985）有关市场几篇。另见《市场理论和市场史》，本卷第82～92页。——编者

② 马克思：《资本论》第1卷，第106页。

③ 马克思：《政治经济学批判》，《马克思恩格斯全集》（以下简称《全集》）第13卷，第32页。

④ 马克思：《政治经济学批判手稿》，《全集》第46卷下册，第470～471页。

即因不懂得分工的道理。[①]

第二，商品交换代替产品交换，大体是在奴隶制下完成的。但这时的商品交换，主要是剩余产品的交换，即生产者自用有余的产品，因商业活动“使产品成为商品”。[②] 就是说，它原来不是作为商品生产的，而是作为使用价值生产的，因而不是以分工为前提。这种商品，还不是完全意义的商品（作为交换价值而生产的商品），这种商品交换，也不是完全意义的商品交换。

这种剩余产品的交换，不仅在奴隶社会，而是延续了很长时期。马克思曾把它称为交换的第一个阶段，包括整个中世纪，“当时交换的只是剩余品”。[③] 这是指农产品的交换。在中国，它还延续到现在，直到农业专业户，即以分工为基础的商品生产出现以前。应注意的是，农业生产的剩余产品的量是很大的。我国早就有“见税什五”之说，西方也差不多，即产品的一半以上有可能投入交换，故不能因其量而忽视交换的性质。

手工业方面，城市手工业出现，已是商品生产了，故马克思称之为生产的“第二个历史阶段”。[④] 这问题下面再谈。

第三，自进入阶级社会后，就有了因剥削而引起的交换。贵族、官僚、地主和他们的食客、仆从、军队等都要购买生活资料，因而商贾云集，形成繁荣的城市市场。《西京赋》《洛阳伽蓝记》《东京梦华录》《梦粱录》等所描绘的繁荣景象，大部分属于这种交换。明清以后，它才渐居不重要地位。

原来政治经济学所称商品交换，是指生产者之间的交换，“生产劳动的分工，使它们各自的产品互相变为商品，互相成为等价物”。[⑤] 而由剥削所引起的交换，则不是生产者之间的交换，而是剥削阶级的收入与商品的交换。在封建社会，这种收入无非是地租及其转化形式（赋税、商业利润、利息）。这种收入所交换的商品如果是生产资料（包括劳动力），它就会变成资本，导致资本主义扩大再生产。但是迄鸦片战争，它基本上是购买生活资料，即农民的剩余产品。[⑥] 这种交换对于生产无大好处，且有坏处，因为

---

① 一些奇谈见 *Journal of Economic History*, Vol. XLI, No. 2, June 1981, pp. 286 – 287。

② 马克思：《资本论》第 3 卷，第 376 页。

③ 马克思：《哲学的贫困》，《全集》第 4 卷，第 79 页。

④ 马克思：《政治经济学批判手稿》，《全集》第 46 卷上册，第 501 页。

⑤ 马克思：《资本论》第 3 卷，第 718 页。

⑥ 关于收入与劳动交换的理论，见《全集》第 46 卷上册，第 464 ~ 469 页。

从物质交换上说，它是一种单向流通。例如田赋，每年约合3000万两，无论是征实物或征货币，农村每年都要输出相当于此数的农产品，城市却没有回头货来补偿。因而，它所造成的市场繁荣，不必代表商品经济的发展，而是反映封建经济的成熟（地租量扩大）。

第四，地区间的商品交换，或长距离贩运贸易，对生产有重大作用，已如前节所述。我国早就有发达的贩运贸易，但在宋以前，主要是三种，即奢侈品贸易、土特产贸易、盐铁贸易。明以后，日用品贸易才渐居主要地位。

奢侈品贸易是古代贸易的主要内容，中西皆然。但它是根据物以稀为贵的原则而来，不是根据价值交换而来。土特产贸易在我国是由“任土作贡”演化而来，具有非实用的特点。这两种贸易的商品，都是已生产出来或已存在的东西，基本上不是商品生产，不以生产分工为前提，其交换的对象，又属特殊的需要，并限于特殊阶级。因而，它们对生产的促进作用是很有限的。盐铁贸易，可说是商品生产了，也可说是基于地区分工。但这种分工是先天的、纯由自然条件造成的，所谓“只缘海角不生物，无可奈何来收卤”；[①] 而不是由于技术进步和大批量生产造成的，故这种交换的作用须打个折扣。

第五，在剩余产品的交换过渡到商品生产的交换后，商品交换才获得完全的意义。因为这时所交换的，已是以分工为基础、为市场、为交换价值而生产的东西了。这个过程首先出现在手工业中。在西欧，如前所说，首先是出现在由逃亡农奴建立的城市里，即行会手工业。在中国，要晚一些；因为官手工业盛行，它们基本上不是商品生产，而民间手艺人之向商品生产者转化，到明代才见显著。

但是，这时的商品生产，还是小商品生产。[②] 它和后来的资本主义商品生产（工场手工业）有质的差别。除了生产规模较小以外，从交换的角度看，这种小商品生产是以谋生为目的，生产者只要求交换价格能补偿他们的活劳动消耗，加上彼此相等的利益（v+m），而其利益（m）不计生产资料的价值（c）。所以在这种交换中，按c+v+m计算的“利润率的差别是一件无所谓的事情……正象在国际贸易上，不同国家利润率的差别，对各国的

① 林正清：《小海盐场新志》。

② 我不用简单商品生产一词，因为“在各种不同的社会经济形态中……都有规模扩大的再生产”。马克思：《资本论》第1卷，第656页。

商品交换来说是一件无所谓的事情一样”。① 就是说，它还没有达到完全意义的价格形成。并由于没有平均利润规律的作用，妨碍着投资在不同生产部门间的自由流通（在行会制度下还以规章限制这种流通）。此外，在小商品生产中没有生产单位内部的分工，这也限制着交换的作用，例如促进劳动专业化的作用。在中国还有一种特殊情况，即农民家庭手工业比较发达。最重要的手工业即纺织业，尤其是棉纺织业，迄鸦片战争还没有从农业中分离出来，其中商品生产的部分（如在松江），在价格形成和分工上就具有更落后的性质。

商品交换的下一个阶段，就是资本主义的商品交换了。在我国商品交换史中，还应研究社会主义的商品交换。这两种交换又各有特殊的学问，我都略而不谈了。

总的说来，我觉得，交换史应该区分不同阶段、不同性质的商品交换，才能看出它的“社会职能”，和它与生产在“每一瞬间”的相互作用，如果研究得好，也就得出它“多半是它自己的特殊规律”。这里我做一个粗略的概括，如图 1。图中 OP 是以生产的高度代表国民经济的发展，OT 是时间也是交换进展的坐标。各种性质的交换 a，b，c，e，f 在历史上陆续出现，而它们的斜率，也就是各个交换曲线的导数是不同的。这个导数，可以代表它们对于 OP 的作用的量的概念（在设计上是以资本主义的商品交换作为参照系，即设 f 的 $dp/dt=1$）。

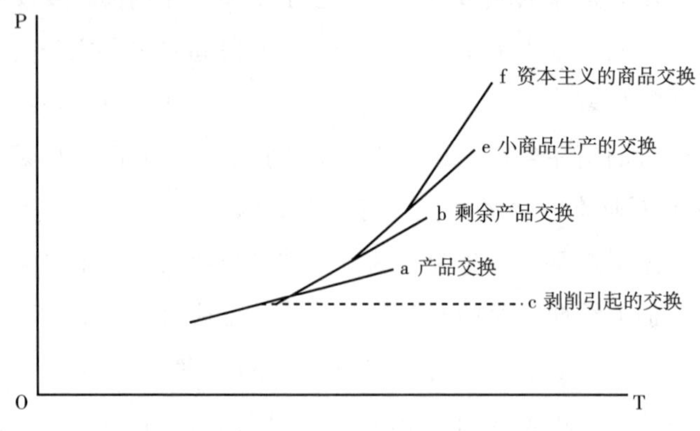

图 1　不同阶段中各种性质的交换

① 马克思：《资本论》第 3 卷，第 197 页。

劳动交换、智能交换

劳动交换史还是个新的研究题目，有待讨论，我这里只能提出一些探索性的设想。

第一，如前所说，劳动交换与人类共始终，不过我们的研究还是可以从人类进入生产经济后开始。在有了产品和商品交换以后，物化劳动是通过物来交换了，但那只占生产的很小部分（我估计清代粮食生产的商品率不过10%）。生产过程中的劳动交换仍属重要。加罗林王朝时代的科尔比（Corbie）庄园，有从事锻冶、旋盘、木工、制鞋、磨坊、酿酒、烤面包等的专业户24户；19世纪初印度一个百多英亩的小公社，各种工匠和理发师、洗衣坊，教员、诗人也有十几户。他们同农户之间都要交换劳动。在中国小农经济中，这些工匠和手工艺人以及医卜星相（也是农业生产所必需）是分散在村乡，若以村乡为生产单位，这也是生产内部的分工。这种内部分工，也就是劳动交换的量，制约着生产的劳动效率和经济效益，这正是我们要研究的重点。到了资本主义时代，从工场手工业开始，生产内部的劳动交换发生一个突变，因为所有的劳动者都变成局部劳动者，非互相交换劳动不能进行生产了；同时，“一种特殊的劳动方式——管理劳动”重要起来，“作为劳动者”的“资本家在劳动过程中起着积极作用”。[①] 这就使得劳动生产率大大提高。

第二，市场结构和商业组织，是交换和流通发展的一个重要因素。它们是由城乡分离和社会分工发展而来，广义说也是交换的一种形式。诸如由坊市制到多级市场的形成，全国性市场和海外市场的开拓，商业中心和镇市经济的兴起，零售与批发、贩运的分离，中间环节和牙行货栈的建立，商品经营专业化和行、团行、铺行、商人会馆、公所、商会的递嬗等，过去我们是放在商业史研究，实际它们不是生产商品，而是产生功能属于劳动交换。

第三，上节提到，自进入阶级社会，就有了由剥削引起的交换，“从物质交换上说”，它是一种单向流通，生产者输出商品，却得不到回头货来补

① 马克思：《剩余价值理论附录》，《全集》第26卷第3册，第548、551页。

偿。但是从劳动交换来说则不完全是这样。这就是由脑力劳动和体力劳动分离而来的所谓政府功能，它是统治者给予社会的管理和服务，从宏观控制来看，也是一种劳动交换。诸如统一度量衡、维持币制、商旅治安、均输平准、仓储制度、青苗市易、关卡商税，以至榷禁、专卖、闭关、禁海、协定关税等（我把开运河、修驰道、设驿传等归入下项）。这些政策设施似乎有利有弊，但不能以“目的在加强剥削”一语把它们抹杀，而是需要认真研究的。对于政府在交换中的功能，我们注意不够，国外则已有学者进行具体研究，[①] 一般认为，比之欧洲中世纪，中国封建政府效率较高，治安亦较好，故商务发达。

第四，运输和通讯，是关系交换经济发展的最重要因素之一。它们是提供劳务，进行劳动交换，但和前述三项不同。前三项的劳动交换，虽也常有等价形式，但所交换的基本上是具体劳动。运输和通讯因较早形成产业，它们已属抽象劳动的交换了。马克思把运输业称为第四个物质生产领域，却认为通讯不生产价值，把它列入“纯粹流通费用”，这是没有道理的。[②] 谁都知道，促进英国对华商品侵略的有两件事，其一是 1869 年苏伊士运河的开航，其二就是 1871 年伦敦至香港海底电线的接通。运输是商品的载体，通讯是信息的载体。若说运输因使商品“位移”就生产出物质来，甚为费解。其实，它们都是提供劳务，进行劳动交换。我们主要是研究它们在各时期的功能，及其所产生的效益——费用、时间、安全或准确性。用趋势或导数表示，它们在 19 世纪初发生一个突变，这就是轮船、铁路和电讯的出现，功效大大提高。

第五，货币流通和信用流通，即金融，它们也是提供劳务，与商业关系密切，一如运输和通讯。只是我国现在还未承认它生产价值，[③] 但这无碍于经济史的研究。事实上，我国货币史和金融史的研究是颇有成绩的，这里也是要从它们对生产和流通的功能上来考察，纳入交换史体系。它们是在资本主义的后期，达到至高无上的地位。

---

① 如 James Lee、Bin Wong、Pierre-Etienne Will、Richard Kraus 等，主要研究明清政府。

② 马克思：《剩余价值理论》，《全集》第 26 卷第 1 册，第 444 页。

③ 从 1985 年起，我国计算社会总产值和国民收入已包括农业、工业、建筑业、运输业、邮电业、商业、饮食业，比过去扩大多了，但还未包括全部第三产业。

智能交换，如前所说，主要是科学技术和管理知识的流通。其重要者如黄河流域的农艺学向江南推广，中原工农业技艺向边区和少数民族地区传播，丝绸、制瓷等技术的输出，外国作物、工艺的引进等，史料丰富，都可写成专著。问题也在如何考察其功效，纳入交换史体系。西欧实证科学和理论力学的发展，导致18世纪的产业革命，同时我国则由先进国变为落后国，其间信息的闭塞和不能像日本那样“九千里外存知己，五大洲中若比邻”提倡“洋学”,[①] 不失为原因之一。殆19世纪后期，我国建立新式工业，而管理知识跟不上，又常沦为功败垂成的一个因素。经过第二次、第三次技术革命，据说人类将进入“信息时代”，姑不论说者如何，智能交换已逐渐成为交换的主要内容了。治史者以当今为钥匙，研究历史上交换经济的发展、研究交换作为“社会职能”的作用，是不能忽视智能交换这个内容的。

劳动交换、智能交换和商品交换有所不同，它们常是多种形式并存，每种形式在历史发展中又具有阶段性，或发生我所说的突变。我把它们的发展过程权且示意如图2。该图示是以生产和时间为坐标，利用各种交换曲线的相对斜率即导数值代表其对Op的功效，即对生产力和国民经济发展的作用。由于还都未经研究，图示不免具有随意性，但可供读者批评（在设计上，是以资本主义时代的智能交换g作为参照系，即设g的dp/dt=1）。

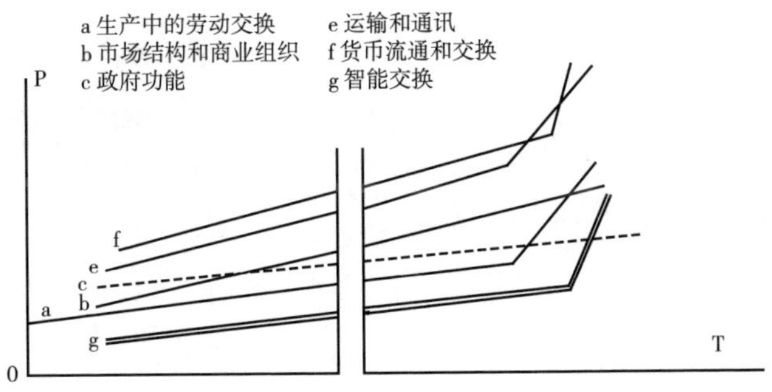

图2　劳动交换与智能交换

① 1795年日本提倡“洋学”（当时称“兰学”）的新元会揭示的标语。

小　结

以上所说，只是个大胆的设想。实际上我的意见不过是：（1）在经济史的研究中要注意交换，不宜只重生产；（3）在商业史的研究中要扩大视野，不宜只着眼于商品。而这样研究的目的，无非是总结历史经验，以为今用。可喜的是，从 1985 年起，我国农村已进入商品性消费阶段，农民人均生活消费中商品性消费已占 60.2%。但是，在劳务、服务和智能信息的交换上，还是很落后的。1986 年 9 月 12 日《人民日报》有则题为“家庭能量释放之后”的报道，对我启发很大。

说的是安徽一个“没有商品生产传统”的落后县，不用国家或集体投资，通过交换和“能人效应”，发展出专业村、专业片，25 万多人加入第二、第三产业，从一个“典型旧农区，推向商品生产的汪洋大海”。可以看出，要释放这 11 多万个家庭的能量，单靠开放商品市场是不行的，各种交换都起了作用。

（原载《中国经济史研究》1987 年第 1 期）

中国民族资本的特点

封建社会内商品经济的发展孕育着资本主义的萌芽，但在我国，资本主义因素的发展是缓慢的。外国资本主义侵入中国，中断了中国独立地向资本主义发展的道路，逐步把中国变成了半殖民地半封建的社会。在这种情况下，中国的资本主义是作为帝国主义的侵略资本和封建地主经济的对立物而发展起来的。在这个过程中，由于大资产阶级投降帝国主义，形成了封建的、买办的官僚垄断资本，把民族资本分化出来。民族资本同帝国主义的侵略资本和官僚资本存在着矛盾。它的发展有着资本主义一般的和对中国社会经济来说是特殊的、历史的进步意义。但是，在帝国主义、封建主义和官僚资本主义统治中国的条件下，民族资本不可能建立自己的资本主义的生产基础，它同帝国主义资本、封建经济和官僚资本有着千丝万缕的联系，并且在不同程度上依赖于他们。中国的民族资本有着资本主义一般的特点，也有它特殊的、半殖民地半封建的特点。这里要研究的是它后一种的特点。

本文将首先考察民族资本的数量和它的结构，再分别分析民族工业资本和民族商业资本的特点。民族资本在解放后的变化情况不是本文的范围；但是，由于在反动政府统治下没有科学的调查材料，在许多地方我们不能不用解放后的材料来说明。

一　民族资本的数量和它的组成情况

过去对工商业资本的统计，大都是企业的设立资本或登记资本，它和企业实际运用的资本相差很大。资本是靠剥削雇佣工人而带来剩余价值的价值，因此，凡是在企业生产经营中所实际运用的财产，不论它是企业自有的或是借入的，不论它是资本家投入的或是自剥削中积累的，不论它是实物形态或是货币债权形态，都应计算在内。但是实际上要精确地估计这数值是非常困难的，和这个数值比较接近的，是企业的资产总值。但在估计全部资本时，又应除去重复的部分（如企业之间的借贷和相互投资，有商业信用和货币信用）。和这个数值比较接近的，是企业的资产净值。作者曾有文论及我们所称资本的估算方法，并利用几种材料，估计 1936 年我国私营制造工业用于生产剩余价值的资本约为 18.23 亿元。[①] 这个数字加上私营采煤工业的资本，[②] 共约 19.5 亿元。抗日战争前，中国工业企业使用的资金中约有 40% 是银行贷款和商业信用。[③] 减除这部分，到 1936 年，中国民族工业资本家所积累的资本就只有 11.7 亿元左右了。这数只比那一年国民党政府的军事费预算数（10 亿元）略多一些，还不到当年国民党的中央、中国、交通、农民四大银行所吸收的存款（26.7 亿元）的半数。

民族资本主义工业在抗日战争时期遭到敌伪的摧残和四大家族官僚资本的侵蚀，有很大消耗。作者前文估计，到 1946 年，私营工业的资本约为 15.21 亿元（折成 1936 年币值，包括一些以私营面目出现的官僚资本工业）。这以后，在国民党政府恶性通货膨胀政策下又有不少消耗；解放前夕，又有少量民族资本从生产中撤退出来。据解放后估计，1949 年全国私营工业的资产净值，大约只有人民币 21 亿余元（1952 年

---

① 见吴承明《旧中国工业资本的估计和分析》，《新华月报》1949 年创刊号。

② 据中华矿业联合会《二十三年度国内矿业概况》，采煤工业资本额为 7817 万元，按 2 倍计资产总值为 15634 万元，酌除官僚资本 3000 万元，民族资本为 1.27 亿元。其他矿业甚少民族资本。

③ 1936 年左右，89 家较大工厂的资产净值合他们资产总值的 60.59%。

币值）。

如果在抗日战争前民族工业资本是11.7亿元左右，那么和它极不相称的是商业资本和金融业资本了。商业资本虽然没有过系统的调查，但是从以下两方面看，它大约比民族工业资本大2倍，即从资产净值的总意义上说在30亿元左右；从资产总值的意义上说可能有40亿元至50亿元左右。（1）根据抗日战争前16个省的580个市县的材料，有资本记载的228435家商店（包括饮食业、服务业）的资本（其中主要是登记资本）是50314.8万元。[①]这材料不包括上海，有些省是包括小县。以全国两千个市县计，再加上没有资本记载的小商店和行商、摊贩，总数当近20亿元，合成资产净值，当在30亿左右。（2）参照解放初期商品交易、商业资金和生产量的关系情况，推算在抗日战争前全国国内市场的商品交易总额有150亿元左右，所需的周转金在25亿元以上，加上饮食业、服务业和国际贸易业（当时国际贸易业主要是外国资本），当在30亿左右。这当然是极其粗略的估算，但此外没有可根据的材料。

估计1936年私营金融业的资本有28.7亿元。对金融业资本的估计是采取资产总值的要领概念的。因为资本主义金融业的主要任务就是“把所有一切货币收入集合起来交给资本家阶级支配”，[②]如果把它的负债（其中主要是存款，即集合的货币）减除而计算资产净值，就没有意义了。当然，银行存款中有一部分是工商企业的存款，计算上有些重复，但他们主要的存款是官僚地主阶级的存款，是生息资本。对1936年私营金融业资本的估计如表1。由于没有材料，这里面还缺少房地产业。

抗战时期和战后国民党统治时期的恶性通货膨胀政策刺激了投机商业的发展。上海的五金、钢铁、西药、呢绒、百货五个投机性大的商业的户数，在解放前夕比抗战前增加了3倍；纱号、布号、糖行在解放前夕比抗战前增加了8.5倍，但是正常的商业则陷于停顿，特别是城乡物资交流严重地阻塞了，内地商业网被破坏了。如果以解放后1949～1950年的商店数

---

① 巫宝三等编《中国国民所得》下册，中华书局，1933，第247～260页该书估计全国商业资本为39.2亿元，见上册第104、107页。

② 列宁：《帝国主义是资本主义的最高阶段》，《列宁选集》第2卷，人民出版社，1972，第753页。

目与 1933～1935 年相比，则在北京、天津、南京、武汉、广州、重庆、西安七个较大城市中，共减少了 3.2%。[①]

表 1 金融业资本的估计（1936）

单位：千元

业　　别	家　数	资本额	资产总值
银　　行	98	115002	1938279
信托公司	10	7347	22306
储 蓄 会	2	1500	144984
保险公司	40	32571	62861
钱庄银号	1500	100000	500000
典　　当	5000	60000	200000
合　　计	6650	316420	2868430

资料来源：《全国银行年鉴》1936、1937 年；《中国保险年鉴》1936 年；《中国金融年鉴》1937 年。信托、保险公司缺资本额者按平均数补充。钱庄、银号、典当系粗略估计。

即使在上海，商店的数目虽增加，但他们的资产则被恶性通货膨胀所侵蚀。例如抗战前上海有棉布店 360 家，共有存布 200 万匹，到解放时棉布店增为 1700 家，但存布只有 80 万匹了。这时上海几家大百货公司都已变得内部虚空，批发商的存货也大部分消失，有的只剩几张栈单，有的只剩只个招牌。在解放前夕，私营商业资本大约不过合 1936 年的 1/3。

金融业在这一个时期发展最快，但他们所受通货膨胀的侵蚀也最大。从 1936 年到 1946 年商业银行由 74 家增为 190 家，他们的资本额由 1.28 亿元增为 4833.65 亿元；但同时期物价上升为 5000 倍到 8000 倍，所以他们 1946 年的资本额实值比战前减少了 1/4～1/2。银行最主要的资金来源是存款，这一时期商业银行的存款由 15.59 亿元增为 3036.95 亿元；但如果按物价上升 5000 倍计算，战后的存款还不到战前的 4%。钱庄、银号在战后不但资产减少，而且数目也减少了。并且，到解放前夕，至少有 50 多家私营银行，

① 1933～1935 年商店数目，见巫宝三等编《中国国民所得》下册，中华书局，1933，第 247～268 页。1949～1950 年是解放后各地登记的数字。

20多家私营保险公司已被渗入不同程度的官僚资本。

交通运输业的资本没有材料可据。粗略的估计，在抗日战争前夕，私营轮船业的资本可能在1.5亿元左右，私营汽车业的资本可能在1000万元左右。① 抗日战争胜利后私营轮船的吨位与战前相比变化不大，但到解放前夕则比1936年减少了近2/3，因而他们的资本也大大减少，同时，大轮船公司中都渗入了官僚资本。私营汽车业在战后也有了增加。

综合起来，估计抗日战争前民族资本的数量大体如表2。

表2　民族资本的估计（1936）

单位：亿元

业　别	资本额	资产总值	资产净值
工　业	7.5	19.5	11.7
运输业	0.7	1.8	1.6
商　业	20.0	45.0	30.0
金融业	3.2	28.7	28.7[1]
合　计	31.4	95.0	72.0

注：[1] 按资产总值计。

这就是说，中国民族资本在它积累的最高峰的时候，不过是70多亿元（1936年币值），合20多亿美元，而当时帝国主义在中国的资本估计达40亿美元，② 比民族资本大一倍左右。

民族资本之中有80%以上是商业资本和金融业资本，它和工业资本的比例极不相称。这种情况明白地显露中国民族资本半殖民地半封建的特性。商业资本不只是执行着实现工业生产的剩余价值的任务，而更主要的是为地主经济和外国资本服务。在金融业资本中，只有一小部分是用于商品生产和商品流通过程，而大部分是用于公债、黄金、外汇、地产等投机交易和用于

① 抗日战争前私营轮船业共有轮船604056吨（见《中国近代经济史统计资料选辑》，科学出版社，1955，第三产业，第33页）。其中拥有轮船231720吨的26家较大轮船公司的资本额是2668.4万元（见英文《中国年鉴》，1936～1937年），以此估计全部资本额约为6900万元，资产总值按2.5倍估计为1.7亿元。抗战前私营长途汽车有5000多辆，市内汽车7000多辆（见巫宝三等编《中国国民所得》下册，中华书局，1933，第三产业，第1页），按每辆1000元左右估计。

② 吴承明：《帝国主义在旧中国的投资》，人民出版社，1955，第107页。

对劳动人民消费性的高利贷款。民族资本的这种组成的不平衡状态构成它最大的弱点，使它无法摆脱对帝国主义资本、封建经济和官僚资本的依赖。民族资本没有自己独立的资本主义的生产基础。

这种对民族资本组成情况的估计还只是表面的。民族资本的商业性和高利贷性还表现在如下一些方面，即：商业大量地占用工业的资金，工业生产依赖于高利贷借款，工业资本本身的借贷性质以及工业资本之用于商业投机，等等。

旧中国的工商品中经销商大部分是以期票向工厂赊进商品。这本是资本主义商品销售的方式，但在中国，这种期票很少能向银行贴现或者在票据市场出售，工厂不能取得现款，因而是商业占用工业资金。经销民族工业品的商人，如纱号、布号、纸号等又很多是代客买卖性质或单纯经纪人，本身没有什么资本。由于民族工业不能够控制市场，为了与外国商品竞争，他们不但需要分给商业资本以较高的利润，还必须把自己一部分资金让给商人使用。根据1936年左右89家较大私营工厂的材料，他们的自有资本（资产净值）是21961.7万元，而他们对外放出的资金达6643.8万元；这就是说，工业资本之中有30%以上是工厂自己不能使用的，其中主要是被商人占用，是作为商业资本使用的。如果除去资本较为雄厚的纱厂，则在其他71家中，这个比重增加到44%。这种现象在解放后的初期还没有完全扭转。例如在1953年，上海私营呢绒商的进货总额中，还有58%是赊进的；国产颜料商的进货中，还有50%是赊进的；钢铁商的期票交易还占交易额的70%以上。只是当国营商业向私营工厂进行加工、订货、包销、收购的时候，只是当私营工厂中断了与私营商业的联系的时候，这种情况才根本改变。

由于工业资本贫乏，由于工业资金大量地被商业占用，为维持一定的生产，他们就不得不乞求于高利贷款。大量的负债，是旧中国民族资本的一个显著特征。这种情况，也就成为民族资本工厂不断地被帝国主义资本和官僚资本，特别是被帝国主义和官僚金融业资本吞并的原因之一。从1917年到1931年曾经举借外国借款的22家华商纱厂，除去结果不详的五家外，能够清偿债务的只有一家，其他都被帝国主义资本吞并了。从1931到1937年曾被银行（主要是官僚资本的银行）以债务或其他方式渗入的华商纱厂有30家，其中因为无力还债而被债权人接管的有12家，因为无力还债而被债权人拍卖或者收买的有6家。[①] 根据1936年89家较大私营工厂的统计，他们的负债平均占到资产总值的39.4%，其中金属加工工业为41.5%，棉纺织工业为43.5%。工厂向银行借款所负担的利息常在一分以上。抗日战争时期和国民党统治时期，民族资本工厂的负债更急剧增长。1946年上海10家纱厂的负债平均占他们资本总值的80%，5家其他大工厂平均占82%。由于当时货币不断贬值，这些厂的固定资产没有及时调整价值（虽然这是战后调整了资本的统计），这个比率是偏高的。但是从受币值变动影响不大的流动项目看，这些工厂的流动负债要超过他们的流动资产20%左右。[②] 这说明他们的负债已经达到危险的程度。同时，战后利息的负担也达到疯狂的程度，往往几天内可达100%。这种情况，到解放以后才基本上扭转过来。上海的两万家私营工厂，在依照人民政府的规定进行重估财产以后，他们1950年底的负债平均占资产总值的16.5%，已进入了正常的情况。

工业企业不但大量地依靠借入高利贷款，而且他们的自有资本也包含有借贷的性质。这首先是在中国资本主义企业，特别是在工业股份公司企业中所流行的“官利”制度。按照这种制度，不论企业盈亏，每年都要给予定额股息，他们的息率一般在八厘以上；付“官利”之后，如有盈余，再分红利。这就使企业的资本无异于全部变成借贷资本。这种制度，在解放以后才逐步地被取消了。[③] 其次，民族资本的企业中普遍地流行着“股东垫款”或“存款”，它的利息又高于银行存款的利息，有些较大的企业并专设储蓄部。在这里，资本家是采取借贷资本的形式投资于企业。这种“股东垫款”和“存款”成为企业资本的重要来源之一。

此外，工业资本并通过原料和产品的囤积及买卖来从事商业活动，以获取较高的商业投机利润。这在抗日战争时期和战后国民党统治时期发展达到了顶点。1946年上海10家纱厂的存货、存料等价值占到他们资产总值的一半以上，和他们的借入款相等。许多工厂基本上停止了生产，专从事商品的

---

① 严中平：《中国棉纺织史稿》，科学出版社，1955，第199、247页。

② 吴承明：《财务报告分析之理论与方法》，《资本市场》第1卷第3、4期。流动资产系根据原报告财产目录重算的。

③ 1950年公布的《私营企业暂行条例》中还保留着分红前股息的形式，但必须在企业年终结算有盈余时才能发付，而且最高不得超过年息8%。1953年实行“四马分肥”的办法，先付股息的制度才完全取消。

囤积和买卖，有的并专设商号，从事原材料的运销。

资本只有在它处于生产资本的形式时才生产商品、价值和剩余价值。由上面的分析可知，旧中国的民族资本经常的是绝大部分处于货币资本和商品资本的形式，绝大部分是不生产价值和剩余价值的商人资本。但是，这并不意味着在旧中国已经有了高度发展的商业资本，已经积累起资本主义大企业所需的货币财富。这种资本的组成情况，是生产落后的必然结果。“生产越不发达，商人资本的总额，同投入流通的商品的总额相比，就越大；但是绝对地说，或者同比较发达的状态相比，就越小。反过来，情况也就相反。因此，在这种不发达的状态下，真正的货币资本大部分掌握在商人手中”。①

二　民族工业资本的特点

在工业方面，民族资本的一些特点可能综合为如下几个方面。

第一，从工业部门的结构上看，民族资本主义工业基本上是轻工业，其中又主要是纺织工业和食品工业。根据 1933 年的调查和部分估计材料，在雇用职工 30 人以上的工业企业（包括少数的官僚资本企业）中：纺织工业占全部职工人数的 51%，占全部生产总值的 41.4%；食品工业占全部职工人数的 6.7%，占全部生产总值的 24.6%。机器制造业，包括车船和机器修理，还占不到全部生产总值的 1.8%，钢铁冶炼只占 0.2%。②

从资本的使用来说，在抗日战争前的制造工业的资本中（包括少量官僚资本），用于生产资料生产的约占 20%，用于生活资料生产的占 80%，其中纺织、食品二项占 53%。在抗日战争中，重工业有所发展，但工业结构并无根本变化。战后 1948 年，制造工业资本之用于生产资料生产的约占 22%，但是以官僚资本为主；用于生活资料生产的约占 78%，其中纺织、食品二项占 50%。③ 若加入矿业，则重工业比重稍增。

解放后的国民经济恢复时期，在人民政府的指导和调整政策下，民族资

① 马克思：《资本论》第 3 卷，人民出版社，1975，第 309 页。

② 严中平等编《中国近代经济史统计资料选辑》，科学出版社，1955，第 105 页。

③ 见吴承明《旧中国工业资本的估计和分析》“总表”，载《中国资本主义与国内市场》，中国社会科学出版社，1985，第 8 页（全集第 3 卷第 565 页）。——编者

本工业的生产结构才有所改变。根据1953年雇佣职工10人以上的私营工业企业的调查材料，私人资本中用于生产资料生产的约占30%，用于消费资料生产的约占70%，用于机器制造和加工工业的约占15%，用于纺织和食品工业的约占45%，它的情况如表3。

表3　民族工业资本的部门分布（1953）
（雇工在10人以上的企业）

项　目	调查企业数（家）	占全部资本额（%）	占全部资产总值（%）	占全部资产净值（%）
生产资料的生产	17551	31.61	32.92	29.75
消费资料的生产	27872	68.39	67.08	70.25
主要工业部门：				
煤炭开采	1297	0.25	0.26	0.21
钢铁冶炼	492	1.33	1.43	1.19
机器制造	3885	9.35	10.43	8.45
金属制品	4709	7.69	7.78	7.15
化学加工	1294	7.76	7.38	7.54
橡胶及制革	555	2.48	3.25	2.74
日用棉纺织品	6015	32.60	31.38	34.89
针织品	1461	2.12	2.19	2.11
食用油脂	788	0.98	0.89	0.91
烟草制造	680	1.47	1.47	1.56
火柴	197	0.70	0.66	0.72
造纸	574	2.11	2.20	2.06

这种工业结构是旧中国殖民地经济的一个特征。帝国主义是不愿意不允许中国发展独立的工业的。有人计算过，在抗日战争以前中国每年所需用的机器中平均有76%依靠进口，车辆船舶平均有83%依靠进口，钢铁有95%依靠进口。[①]

中国的民族资本家并不是愿意永远受帝国主义的控制的，不断地有些工业资本试行转到重工业方面去。例如不少大纱厂投资设立了纺织机器制造厂。从1935年到1937年，上海开设了87家机器厂，超过过去10年的总

① 陈真：《旧中国工业的若干特点》，《人民日报》1949年9月24日。

数。在基本化学和建筑材料等方面，也都有一些发展。但是，在帝国主义的侵略和国民党的统治下，这种愿望是不能实现的。每次政治上和经济上的大变动，首先受到打击的是重工业。在与外国货的竞争上，重工业也处于最劣势的地位。江南水泥厂和南京硫酸氩厂都是抗战前建立的，但在解放以前，始终不能正式生产。恒丰纱厂虽然自己设有纺织机器厂，但不利用，仍然要购买外国的机器。

附带可以说明，现代产业资本在我国农业生产部门中完全没有地位。有极少数农村公司和垦殖公司，但是他们大部分只是买卖土地的机构，或者是把土地分租给佃农，自己并不经营。富农是帝国主义在农业中的重要形式。但我国富农具有很大的封建性，并且没有多大发展。在抗日战争以前，富农占农村户口的5% ~10%。在国民党统治下，中农大量破产，甚至富农也下降；在全国解放时，富农一般只占农户的2% ~6%。[①] 农业的资本主义化是伴随着资产阶级摧毁或者改革了封建的土地所有制而发展起来的。在旧中国的农村中，封建的地主制经济始终占统治地位。民族资本在农业生产部门中完全没有地位和富农经济的不发达，进一步说明了中国民族资本的十分软弱。

第二，从工业的地区分布来看，民族资本的发展极不平衡，它主要集中在沿海大城市，与原料供应和人民的需要极不适应。过去帝国主义把沿海大城市作为推销商品和攫取原料的据点，这些城市就畸形地繁荣起来；同时由于民族工业大量地依赖外国的技术设备和原材料，沿海城市与国外交通便利，民族资本的工业就在这里发展起来。

从表4可以看出，在抗日战争以前，上海、天津、广州三个沿海大城市占有全部制造工业（不包括采矿工业）工人总数40%左右，工业资本额的一半以上，全年生产总值的62%；其中上海一地占全部工业生产总值的一半。由于这个调查不够全面，上述比重可能偏高一些。值得注意的是，工业在沿海大城市集中的情况在抗日战争后国民党统治时期又有了发展，1947年上海工业所占比重比1933年增大了许多，说明在这个时期内我国工业的殖民地依赖性进一步加深了。全国解放以后，民族资本出现了向内地转移的

① 严中平等编《中国近代经济史统计资料选辑》，第259、260、278页。

趋势，但在1953年，在雇佣工人和职员10人以上的私营工业中，上海、天津、广州还占全部生产总值的59%左右。

表4　中国资本主义工业的地区集中（1933、1947、1953）

单位：%

项　目	上　海	天　津	广　州	三地合计
1933年全国性调查：				
占工人总数	31.30	4.42	4.09	39.81
占资本额	39.62	5.02	6.67	51.31
占生产总值	50.01	5.12	6.97	62.10
1933年12个城市调查：				
占工厂总数	36.01	12.65	11.41	60.07
占工人总数	53.27	7.53	6.96	67.76
1947年12个城市调查：				
占工厂总数	59.99	9.39	3.67	73.05
占工人总数	60.80	9.54	4.15	74.49
1953年全国性调查：				
占工人总数	30.16	6.20	3.35	39.71
占资产净值	56.64	6.51	3.00	66.15
占生产总值	47.42	7.88	3.55	58.85

注：（1）1933年是大小工厂18708家的调查。（2）12个城市是北京、天津、上海、广州、汉口、重庆、西安、青岛、南京、无锡、福州、汕头；1933年是9679家，1947年是12899家。（3）1953年是雇工在10人以上的私营工厂45423家的调查。（4）1933年、1947年包括部分官僚资本企业。（5）1933年、1947年不包括采矿工业。

资料来源：1933年据刘大钧《中国工业调查报告》中册，中国经济统计研究所，1937；1947年据国民党政府经济部《全国主要都市工业调查初步报告提要》。

民族工业地区分布的不合理情况，还可以从这样一些主要工业部门中看出。1936年中国资本的纱厂和纱锭有54%集中在远离棉产区的上海、天津、无锡、青岛四地，上海一地占40%。1954年这四个城市占全国私营棉纱产量的80%（上海一地占70%），占全国私营棉布产量的45%（上海一地占37%）。上海不是麦产区，上海的市民也不以面粉为主食，但上海却是面粉工业的中心。上海面粉厂的生产能力超过当地需要量的4~5倍。这些工业，在全国解放，沿海大城市的殖民地条件消失以后，他们的弱点就充分地暴露出来。例如：人民政府为了维持上海面粉厂的生产，不得不从四川、山东、河南、安徽等地把小麦调运到上海，又把面粉调运到华北、东北等地销售；从 1949 年 7 月到 1953 年年底计算，国家在流转费用和地区差价上就损失了人民币 875 万元。

民族资本家对于这种工业集中于沿海大城市的现象并不认为是满意的。他们也想把资本投往内地以获取较高利润，或避免帝国主义资本的压挤，但结果往往失败。以棉纺工业为例，它的发展可分为几个阶段。在中日甲午战争以前，棉纺织像其他的新兴工业一样，是集中在上海。甲午战争到第一次世界大战爆发这一段时期，棉纺织工业就有了向较小城市转移的趋势。从 1896 年到 1913 年共开了 16 家中国资本的纱厂，其中只有两家开在上海，其余都在中等城市。上海在全国华商纱厂纱锭总数中所占的比重由 1895 年的 76.7% 降为 1913 年的 29.3%。在较小城市的纱厂可以节省原料的运费，并可获得较廉的劳动力；但是在反动政府不断进行内战和各地军阀的割据下，他们遭受到严重的损失。因此，在第一次世界大战后我国纺织工业繁荣时期所开设的纱厂，就又重新集中到沿海大城市，托庇于外国租界。1914 年到 1931 年在民族资本所开设的 71 家纱厂中，有 28 家在上海，7 家在天津；到 1931 年上海在全国华商纱厂纱锭总数中所占的比重又增为 40%，天津为 8.3%。但同时帝国主义纱厂，特别是日本纱厂，在沿海城市占据了绝对优势。为了逃避外国纱厂的压力，1931 年以后民族资本又有向中等城市转移的趋势。1931 年到 1937 年在民族资本所开设的 11 家纱厂中，只有 1 家在上海，1 家在天津。但是为时不久，在抗日战争爆发后，情况又为之一变。除了部分纱厂迁移到后方国民党统治区和后方设立了一些小厂外，中等城市的纱厂遭到破坏，江苏、浙江一带的纱厂纷纷向上海租界集中。1938 年到 1941 年上海开设的华商纱厂有 11 家。纱厂开设在内地，按理应比在沿海城市更为有利，但实际并不完全如此。根据 1933 年的调查，除原料运输等费用内地较为便宜外，其他费用合计，纺 20 支纱其他地方要比上海高 36%，纺 16 支纱其他地方要比上海高 45%，纺 10 支纱其他地方要比上海高 74%。[①] 纱厂一般是规模较大的，其他资金较小不能自建动力设备的工业

① 参见严中平《中国棉纺织史稿》附录一；严中平等编《中国近代经济史统计资料选辑》，第 107～109 页；谭熙鸿主编《十年来之中国经济》上册，中华书局，1947，第 1310 页。

在内地就更没有生存的条件。这说明了在半殖民地半封建的条件下，要求地区合理分布是不可能的。

第三，从生产的规模来看，民族资本主义工业一般规模很小，资本不足，多数是分散落后的小生产，工场手工业还占相当的比重。

根据 1933 年的调查，上海雇佣职工 30 人以上的民族资本工厂，平均每家资本额（登记资本）只有 13.7 万元，平均每家使用动力 151 匹马力，平均每个工人只使用 0.55 匹马力，资本最大的棉纺工业，平均每人也只有 1.2 匹马力。[①]

根据 1953 年的调查和部分补充估计材料，在全国 15 万余家资本主义性质的工业企业中，雇佣职工 500 人以上的不过 176 家，连同雇工 100 人以上的共 2400 余家。[②] 如加上当时已实行公私合营的工业企业（多是原有官僚资本股份的），雇工 100 人以上的企业也不过占职工总数的 1/3 左右，占生产总值的 45% 左右。另一方面，雇工 4 人以上，15 人以下（工场手工业是 30 人以下）的小型企业有 13.1 万余家，占职工总数的 43.7%，占生产总值的 31.7%。

从资本分配上看，大厂所占比重较高，其情况如表 5。据表 5，雇工 100 人以上的占全部资本一半以上，若加上当时已实行公私合营企业的私股，可占到 60% 左右。我们没有 1953 年雇工 10 人以下企业的资本统计，若以稍晚的材料补充上去，则加入 4～9 人的小企业后，100 人以上的企业占总资产净值的 56%。

民族资本的组织形式也阻碍了生产规模的扩大。根据 1953 年 20 个主要私营行业的 6941 家雇工在 16 人以上（工场手工业是 31 人以上）的大型工业企业的材料，独资组织的占 38.1%，合伙组织的占 53.8%，公司组织的只有 560 家，占 8.1%。合伙是民族资本较大企业的主要组织形式。它不仅是建立在资本关系之上，而且是建立在人的关系之上，其中有很多是建立在家庭关系和地方帮派关系之上的。就是在股份公司的组织形式中，也或多或少地带有家族性的关系。例如：有这样一个公司，它的资本分为 25 股，由

---

① D. K. Liu（刘大钧），*An Analysis of Shanghai Industrialization*，1937，表 G，第 294 页。

② 此数系把稍后发展成大厂和经过合并而成为大厂的也加了进去，故 500 人、100 人以上的厂都是从高计算的。

母亲兄弟姊妹所分有，这些人或是经理、协理，或管业务、财务，都拿高薪，而且在原料和产品的进出上都拿佣金。

表 5　1953 年民族工业资本的投资规模

（雇工在 10 人以上的企业）

企业规模	调查企业数（家）	占全部资本额（%）	占全部资产总值（%）	占全部资产净值（%）
现代工业：	17970	86.84	87.42	88.54
工场手工业：	27453	13.16	12.58	11.46
雇用工人和职员在				
500 人以上	150	32.04	30.31	35.39
100～499 人	1872	23.79	25.77	24.30
50～99 人	3520	13.02	13.44	12.54
16～49 人[1]	12665	19.99	20.06	18.18
10～15 人[2]	27216	11.16	10.42	9.59

注：

[1] 工场手工业是 31～49 人；

[2] 工场手工业是 10～30 人。

在民族资本主义工业中，工场手工业还大量的存在。1953 年调查的 15 万余家资本主义工业企业中，大约有 11 万家是工场手工业，它们的职工占职工总数的 60% 以上。工场手工业是从手工业者的小生产转到资本主义大机器工业的过渡形式；它的大量存在，反映我国工业革命还远未完成，也暴露了民族资本的落后性和软弱性。在日用品工业中，工场手工业为主；乃至一些从国外引进的新工业，如火柴、针织、毛巾、搪瓷、日用化工等，也大量采取了工场手工业形式。与商业资本密切地结合，是工场手工业的另一特征。民族资本中工场手工业的大量存在，无疑地也加强了商业资本的独立活动，即脱离产业资本而支配生产的活动。另一方面，工场手工业的数量虽大，它的生产效率却很低。1954 年调查工场手工业的产值只占全部资本主义工业总产值的 28% 左右。工场手工业每个工人的平均产值约为现代工业的 1/3，而它的工人占全部资本主义工业工人的 60% 以上。因此，工场手工业的大量存在又成为民族资本主义工业劳动生产效率低的原因之一。

资本集中是资本主义生产自身的内在规律。中国的民族资本在它的发展过程中也有集中的现象。但是，这种集中主要是资本系统的联并，大多数并没有扩大原来的生产单位。从整个民族资本主义工业看，在国民党建立政权以后，投资的规模是日趋于分散细小的。根据国民党政府对工厂设立登记的统计，1928 年平均每厂资本合 47 万余元，以后递减，到 1932 ~ 1933 年只合 16 万 ~17 万元。抗日战争期间国民党后方设立的工厂很多，但投资规模更趋细小。如果折合成战前的币值，包括官僚资本的企业，在抗战初期平均每厂资本尚有 40 万元左右，到抗战后期就只有几千元了。情况如表 6。民族工业资本投资规模的分散趋势是中国经济殖民地化加深的结果之一。

表 6　中国工业资本投资规模的变化趋势（1928 ~ 1944）

年　份	登记设立的工厂（家）	每家平均资本额（千元）	指　数	年　份	登记设立的工厂（家）	每家平均资本额（千元）	指　数
抗日战争前				抗日战争后（国民党统治区）			
1928	250	471	100.0	1937	63	352	89.6
1929	180	356	75.6	1938	209	414	105.5
1930	119	378	80.3	1939	419	289	73.5
1931	113	245	52.0	1940	571	103	26.2
1932	87	168	35.7	1941	866	53	13.5
1933	153	159	33.8	1942	1138	9	2.1
1934（上半年）	82	217	46.1	1943	1049	14	3.6
1936 年以前	300	393	100.0	1944	549	6	1.5

注：抗日战争时期系按物价指数折合为 1936 年币值。

资料来源：抗日战争以前据《申报年鉴》，1936，第 806 ~ 807 页；抗日战分歧时期据李紫翔《从战时工业论战后工建途径》，载《中央银行月报》新 1 卷第 1 期。

这些小工厂资本十分薄弱，大都是受市场上某一刺激而盲目发展起来的，情况稍有变化即陷于困难。因而寿命短、死亡率高就成为民族资本主义工业的特征之一。根据 1953 年调查的材料，在 20 个主要行业的 12298 家雇工在 16 人（工场手工业是 30 人）以上的私营工业中，如果按照他们设立的年龄计算，4 岁以下的占 40.2%，7 岁以下的占 60%，16 岁以下的占 80.6%；满 25 岁的只占 8.2%，满 40 岁的只占 2.4%。

由于规模小，生产分散，许多工厂不能独立进行生产，生产必须依赖于相互间的协作。例如 1955 年上海有 188 家钢笔厂，但没有一家是全能厂，设备最好的，也要三家到五家合起来才能做成一支笔。这种协作又往往是把应该连续生产的过程割裂，因而他们也互相牵制，每家厂都不能保证完成的时间和质量，并造成浪费。例如上海的毛纺织设备占全国私营毛纺织设备的70%，但没有一家是全能厂。有一家毛织厂，它只能完成制造驼绒的八道工艺过程中的一道，其余要依靠另外三家去做，这些厂分散在三个区里，往返一次约有70里路，一遇阴雨就要降低质量。但是另一方面，生产协作也在若干方面促使较小的工厂专业化，以充分利用他们的生产潜力，并减轻较大厂的负担，降低生产成本；特别在机器修理和工业服务性行业里是这样。例如在机器制造业里，电焊、电镀、木型、铆钉等工序大都是独立的行业，他们一般都积累有一定的技术经验，并善于节约用料。同时，有些工厂由于规模小、产量少，他们的产销关系一般也是比较直接和密切的。他们的许多产品可以直接与消费者见面，花色品种比较多，比较注意保持特点，能适应消费者的需要。例如上海的许多针织厂都能订制特号（特肥特瘦）的衫袜，织造指定花样的床上用品。许多工厂是与特定的地区，如少数民族地区、山区等有固定的产销关系。

第四，从设备、技术和经营管理上看，民族资本主义工业是很落后的。

例如广州的现代化冶炼业已有近50年的历史，但大部分工厂只有熔炉一座、鼓风机一具，除鼓风用动力外，其他全靠人力；25家雇工在10人以上的工厂中，只有5家有吊车，且为人力带动的。上海是私营机器制造业的中心，在印刷机制造专业的179部车床中，只有1部是齿轮车床；在母机制造专业的百人以上的大厂中，车床有80%是皮带传动的。1953年雇工在10人以上的私营翻砂厂全国有1000多家，但只有1台蒸汽锅炉、1台蒸汽机。就是在民族资本最有发展的棉纺织工业中，设备也很陈旧落后。1933年调查41家华商纱厂的机器有一半以上已超过15年，粗纺、并条、梳棉、弹棉各机有25%～28%已超过20年，而精纺机有34%超过20年，甚至有1886年制造的机器还在使用（纺织机的使用年限一般为20年）。同年调查的31家纱厂中有16家没有通风设备，11家没有喷雾设备。[①]

民族资本主义工业的技术力量十分薄弱。例如1953年上海43家私营轧钢厂中，只有2名工程师。在制药工业中，技术人员大都是药剂师或者化验

① 严中平：《中国棉纺织史稿》，第221～222页。

师，缺乏制药化学工程师。上海制药业300多名技术人员中只有9人是化学工程师。在日用棉纺织工业中，技术人员只占全部职工人数的1.6%，在金属制品工业中占1.47%，在搪瓷工业中占1.14%，在烟草工业中只占0.5%。

从现代工业的技术水平来看，中国民族资本主义工业是十分落后的，但是在半殖民地半封建的旧中国，无疑的它还是生产上先进的部分。它有若干产品在国际市场上也有一定地位的。民族资本工业还有一个特点，就是仿造力很强，并且善于利用代用品和废品。有时没有设计图纸也能参照别人的成品制造复杂的产品，或者从多次的试制中取得经验，以补充技术设计之不足；这都表明了中国工人高度的勤劳和智慧。此外，民族工业的若干产品，比之同类的外国产品，有坚实耐用的优点；又由于手工操作过程多，许多产品保留着较高的工艺美术性。在一些历史性的工业和特产品中，有着优良的工艺传统。

民族资本主义企业在经营管理上是很落后的，带有不同程度的封建性、家族性的因素。许多企业机构臃肿，非生产人员多。根据1953年调查，在主要资本主义工业中，除棉纺织、火柴、造纸工业非生产人员所占比重较小外，其余行业一般要占到职工总数的25%，在面粉工业中占34%，在制药工业中占35%，在翻砂工业中占36%。资本主义企业的管理人员虽多，但职能机构却很少，因而管理不能部门化、专业化，只是增加了领导层次。他们把大部分的管理人员放在经理和财务方面，而不是放在生产和技术方面。例如在上海350家大工厂中，平均每家有2.3个经理，只有1.2个厂长。但是，他们的财务和会计制度也是很混乱的，只有极少数的厂有不完整的成本核算，一般没有费用标准，盛行报销的办法。另一方面，民族资本主义企业在经营管理上也有若干优良的特点，特别是适合于小规模生产的特点；如经营方式比较灵活，能适应市场变化，注意消费者的需要，重视生产协作，接受零星的加工订货，以及某些行业的包修包换制度等。

第五，从剥削关系上看，民族资本主义工业的工资制度和劳动制度也是十分落后的。

民族资本以分散落后的生产，要在帝国主义资本和官僚资本的压迫下挣扎图存，它唯一的办法就是加强对工人的剥削，力求以最小限度的预付资本获取较大倍数的剩余价值。民族工业由于资本薄弱，除用于生产设备和原料购置外，就只有极少数量的工资基金，甚至没有工资基金，只供工人吃饭，或采取产品分成、销货分成等办法，使工人预付自己的生活费用。因此从资本的有机构成来看，可变资本所占的比重很少，但从可变资本与剩余价值的比率来看，则剥削率异常的高。①

抗日战争前，民族工业的工资支出只占生产总值的 8% 左右，占生产总成本的 9% 左右。显然，民族资本用于工资支出的部分很小，不是由于它们已高度使用机器，而是因为中国的工资水平太低了。据调查，抗战前上海工人的全部收入，包括膳费、宿费、赏工、分红、年终加薪、米贴等在内，平均每月只合 14.81 元。② 在国民党政府的通货膨胀政策下，这种低微的工资水平又是不断下降的。上海工人的工资指数，如以 1931 年为 100，到 1937 年下降为 79.03。③ 从 1937 年到 1941 年，国民党后方重庆生活费指数上升为 2680，工资指数只增为 1377。④

民族工业不但工资低，工资制度也十分混乱。职员多是资本家亲族，他们的薪资与工人工资差异很大。工人同工不同酬，工资的级差不是太大，就是没有什么级差，升工主要是看与资本家的关系和年资。在抗日战争时期和战后国民党统治时期，工资因货币贬值而变得微不足道，劳动力的购买形式变成了花样繁多的平均主义倾向，阻碍了技术的进步。此外，实物工资和其他封建剥削性的工资制度还大量的存在。例如在煤炭开采工业中通行着按粮谷支付工资和劳资分煤两种形式，尤以后者为普遍；在劳方所分得的煤斤中，又由窑头、把手（绞辘辘的）和煤工分配。又如在机器制造业中，在解放以后，还存在着这样一些工资形式：（1）以加工的定额包给工人，超额给予奖金；（2）按营业额提成给工人；（3）按每批生产任务提成给工人；（4）小包工。这种层层包工的制度在东北极为流行，是日本人在统治东北时期有意造成的。

---

① 关于这两个数值的初步概念，见吴承明《旧中国工业资本的估计和分析》一文（载《中国资本主义与国内市场》，第 1～12 页）。

② 上海国际劳工局：《上海的工资统计》，1936，第 15 页。

③ 《国际劳工通讯》第 8 卷第 3 期，1941 年改编。

④ 《新华日报》（重庆）1943 年 2 月 7 日。

包工制的盛行，产生了工头阶层。根据1933年调查，工头约占工人人数的6%，[①] 全国不下四五万人；其中大部分是封建把头性质的。民族工业在劳动力组织上不但盛行着由工头招工的包工制，还存在着把农村来的男女儿童包养起来的养成工制，以极低代价收买农村失业男女的包身工制，以及工场手工业式的家庭工制，包买商式的发原料收成品制，等等。在这些劳动制度中，以及在出师时间极长的徒工制度中，都存在着不同程度的超经济强制，存在着不同程度的封建性剥削。这种落后的劳动力组织形式很多是由亲属的、行帮的、师徒的、地方性的关系支配着，它分裂资本主义的劳动力市场，阻碍着自由劳动力的买卖，成为民族资本发展落后的特征之一。

三　民族商业资本的特点

商业资本和高利贷资本是历史上最古老的资本形式。在资本主义生产方式下，这两种资本失去了先前的独立作用，而成为产业资本在运动中分离出来的职能形态；它们从属于产业资本，为产业资本服务。但是在旧中国，商业资本和高利贷资本并没有完成它们的历史转化过程。鸦片战争以后，中国城乡的商品经济和货币经济有了发展，但是这种发展，主要地不是生产扩大和生产方式革命的结果，而是外国货加入市场和农产品被变成商品的结果。生产方式决定流通的方式。因此，民族商业资本并没有摆脱它旧的生产基础，仍然在不同程度上保留着它前资本主义的商业资本的性格，反而由于小农经济的破产化而加强了它控制生产的作用；但同时，它又被加附了新的性格，即作为外国资本的买办的性格。随着外国商品不断地倾入市场，民族商业资本愿意地或者不愿意地被卷入国际市场，被编入以外国洋行和买办资本为主导的从通商都市到穷乡僻壤的商业剥削网。随着商业资本的这种发展，银行资本也发展起来了。这种银行资本不是由产业资本发展和集中的产物，而是商业发展的结果，也是反动政府扩大发行公债的结果。银行的主要业务不是生产投放（长期资金绝无仅有），而是金融、证券投机和商业投机。经营公债利润很高，投机利润更高。因此，这种银行资本本身即有高利贷性

① 刘大钧：《中国工业调查报告》中册，中国经济统计研究所，1937。

质，它的发展也没有代替了原来的高利贷资本，在中小市镇和广大农村，还是高利贷资本天下。民族资本的银行，也就成为以外商银行和官僚资本银行为首的城乡高利贷剥削网的一环。

旧中国的民族商业资本，从它们的性质上看，大体可以分作两种类型：一种是较多地带有买办性的，一种是较多地带有封建性的。

第一种类型，带有买办性的商业资本，主要是经营进出口物资和工业原料的，如国际贸易、华洋百货、西药、呢绒、五金、钢铁、化学原料等行业。这些商业一般资本较为集中，以批发交易为主，它们主要是集中在沿海沿江的大城市。

上海就是这样一个有代表性的城市。根据上海私营商业重估 1950 年底的财产的结果，在 90 个主要行业 8523 个重估户的资产总值（大约占这些行业全部业户资产总值的 75%）中，国际贸易业和与国际贸易相关的地毯、花边业占 18.6%；以经营进口生产资料为主的化学原料、颜料、五金、钢铁、汽车材料、电器等 9 个行业占 23.3%；以经营进口消费品为主的环球百货、呢绒、西药、毛绒线等 7 个行业占 18.4%。这 19 个行业户数占全部重估户的 35.8%，他们的资产则占全部重估资产总值的 60.3%，占全部重估资产净值的 59.3%。又根据 1953 年年底调查的材料，虽然这时候私营商业中，批发商业约占商店总数的 18%，占从业人员的 26%，而占资本总额（登记资本）的 59%。在这些批发商中，又主要是原来经营进出口物资和经营进口工业原料的。他们的资本又是集中于大企业，在化学原料、颜料、钢铁、西药四个批发行业中，仅占总家数 11% 的大户，占有全部资本额的 68%。由此可见，以经营进出口商品为主，以批发交易为主，就成为上海这一类沿海大城市民族商业资本的特征。

我们说这一类型的商业资本带有买办性，并不只是因为他们主要是经营外国商品（任何国家都有经营外国商品的商业），而是说它们多半是随着外国资本的侵入，为替外国洋行推销商品而发展起来的，它们很多原来就是外国洋行的买办。例如：在 1840 年以后出现了推销英商屈臣氏、老德记等药品的西药商；1850 年以后出现了推销德商礼和、爱礼司、咪吔等洋行颜料的颜料商；1905 年以后出现了推销英国花呢的呢绒商；1910 年以后出现了推销亚细亚、美孚、德士古等洋行煤油的油商，推销福特、道奇等汽车材料的汽车材料商。上海以外国洋行为中心而发展起来的民族资本的批发商有21个行业。在解放前，上海专为出口而组织的有9个行业公会，1400多户，他们的商品也主要是卖给外国洋行。

以上海的西药业为例，上海这个行业的创始者是英商屈臣氏药房（1841年左右），19世纪晚期，民族资本开始发展，陆续开设了中西（1888）、中法（1890）、华英（1891）、中英（1894）、华美（1898）、济华堂（1903）、五洲（1907）等规模较大的西药店。它们的名字都带有殖民地色彩，而且一般都称“大药房”；据该业同业公会考证，“大”是从大不列颠而来，“药房”则是从英文“Drug House”而来。抗日战争前夕上海共有“大药房”150余家，其中约有50家并无店铺，只有字号，它们专批发外国成药。这些成药大部分是外国洋行以折扣、回佣、虚假广告等方法推销出来的睾丸素、荷尔蒙等和各种并无实效的“主治百病”的补剂。这些药品在市场上辗转买卖，屡易其手，直到1954年还在许多药房中存着。洋化的名称、无店面的字号、投机性的交易，成为这一类型商业的突出特点。

我们说这一类型的商业资本较多地带有买办性，并不因而否定它的民族性。一方面，它与帝国主义资本存在着矛盾，受帝国主义资本的压迫和限制。民族商业资本家曾经力图摆脱洋行的限制，直接建立国外的贸易关系，并在市场和价格上，特别是在要求保持一定的出口价格水平上与外国洋行资本进行着斗争。但这种斗争并没有使它们摆脱对外国资本的依赖，与国外直接建立的贸易关系也在主要部分上落入四大家族的买办资本之手。另一方面，这一类型的商业资本并不是完全以经营外国商品为限，它也经营民族工业的产品，为民族产业资本服务。不过在它经营中国产品时，又不能与经营外国产品的任务存在着矛盾。因而在这一类型的商业中，又往往出现内部矛盾。例如在上海，钢铁业的大同行（经营进口货为主）与小同行（经营土铁为主）是矛盾的，呢绒业中的拆货帮（经营进口西装料）与大陆帮（经营中装料）是矛盾的，它们各有自己的组织，进行着业内的竞争。

我们说，这些商业资本较多地带有买办性，并不是说它们不存留任何封建性的特征。它们在资本组织形式上，劳动力雇佣制度上，行帮组织上，企业的经营管理上以及市场和交易方式上，都或多或少地带有封建的、落后的因素。但是比较起来，买办性是它们主要的一面。

买办性的商业资本的发展，是造成我国民族商业资本分布不平衡的重要因素。这种商业的发展，使民族商业资本日益集中于沿海大城市，吸引着货币资本从乡村流向城市，广大的内地则商业发展不足，许多农副产品不能及时销出，工业品价格昂贵。这种情况也加深了城乡间的对立，加重了城市对乡村的剥削。1950 年上海、天津、广州三个城市的私营商业，约占全国私营商业国内市场销货总额的 1/3，占全国私营商业批发总额的 36% 左右；在解放以前，这个比重还要大得多。我们没有较早的资本统计，根据 1954 年的调查材料（这时上海、天津、广州等地私营商业的资本额已比解放初期减少了 30% 左右），河北、山东、江苏、浙江、福建、广东 6 个沿海省和上海、天津两个沿海直辖市的私营商业，占全国私营商业总户数的 48%，从业人员总数的 49.9%，销货总额的 54.9%，批发总额的 61.5%；它们占全国私营商业总资本额（登记资本）的 56.1%，雇佣劳动总人数的 62.9%，收益总额的 63.7%。这也可以看出，集中在沿海省市的私营商业，是资本额比较大，雇佣劳动比较多，特别是利润比较高的商业。根据再稍晚一些的材料，在全国雇佣店员 2 人以上的资本家商店中，上述地区占总数的 67.4%。

第二种类型，较多地带有封建性的商业资本，主要是经营农产品和日用消费品的，如粮食、棉花、布匹、杂货、牲畜、土产、国药等商业。这些商业资本很分散、经营方式很落后。内地和较小城市的商业资本主要是属于这一类型的。它们的特点主要表现在如下几个方面。

第一，这种商业资本原是与地主经济结合在一起的，许多地主兼营商业，许多大商人又身兼地主。过去，他们很多是凭借着封建势力，用花样繁多的交易方式剥削农民。其中最普遍的是预买的方式，即所谓“买青苗”，在收成前压价预买农民的作物，取得高额的差价利润。例如 1934 年调查浙江长兴县的“买夏米”，商人所付价格只有夏熟时米价的一半；平湖县的“买寒叶”（年底预买明春的桑叶）的价格只有平时的 50% ~57%；江苏南通县的“期买”棉花，作价不过合市价的 30% ~40%。[①] 有时商人向农民收购农民产品不付现款，而给予提高了价格的工业品，进出双方获利；或者

① 严中平等编《中国近代经济史统计资料选辑》，第 331 页。

分期付款，占用农民的生产资金。对于一些易变质的商品，如蔬菜、水果、鱼鲜、蛋品等，商人则主要采取代客买卖和牙行、堆栈的方式，使一切损失由农民负担，自己专收交易利润。他们又用“赊卖”的方式对农民抬价出售工业品。有时赊卖的商品要以农产品偿还，并加利息。例如1934年调查甘肃武威的商人以布赊给少数民族农户，价格要加1/3，并按三分行息，到期还麦。[①] 此外，他们还用“大斗进小斗出”以及扣斤压两、掺杂掺假等欺骗办法剥削农民。有许多并凭借着他们独霸一方的封建势力垄断市场，迫使农民非依照他们的条件买卖不可。

第二，这种商业资本原来又是与高利贷资本结合在一起的。商人除了经营实物贷放（其中主要是向农民放粮收粮，五六个月的利息通常在50%以上）外，不直接经营货币借贷。根据1934年22个省771个市县的调查，农村借款中有13.1%是借自商店，25%是借自商人；借自商店和商人的在陕西省占农村借款总数的50.1%，在甘肃省占52.1%，在青海省占53.2%，在宁夏省占57.1%。1936年以后四大家族的银行资本转向农村高利贷，代替了一部分商人放款；但到1946年，农村借款中仍有20%是借自商店。[②] 同时，商人也大量地吸收存款，存款的利息也很高。这种情况在解放后的前一个时期还未完全改变。1953年调查山西平遥县41户私营商店有38户收有存款，存款占他们流动资金的39%；崞县私营棉布店中有39户收有存款，存款占他们流动资金的66.3%；太原市有一家棉店的存款超过它自有流动资金的三倍（但在解放后，私商所收存款一般已近于银行存息，并一般不再经营放款）。有许多地方，商店和商人并组成各种“打会”“摇会”，成为一个联合的高利贷组织，这种借贷利息是预扣的，常达30%～40%。

第三，手工业者是这种商业资本剥削的另一个主要对象，他们通过种种方式控制手工业生产。其中最普遍的方式是以低于所值的价格向手工业者订购产品。在采矿工业中，手工窑户差不多全是为煤商、锡商和实际毫无生产设备的“矿业公司”的包销而生产。土布、土纸、服装、鞋帽、山货、陶瓷、小五金等批发商和一部分零售商都或多或少地用这种方式支配着一批手

① 严中平等编《中国近代经济史统计资料选辑》，第331页。

② 严中平等编《中国近代经济史统计资料选辑》，第345、346页。

工业者。在这些行业中又逐渐发展出对手工业者出卖原料、收购产品和发原料收成品的方式，例如：上海的绣品商，一向是购进软缎等原料发往苏州等地农村刺绣；花边抽纱商，一向是发料到浙江海门、温州，江苏苏州、常熟等到地制作。手工业生产是非常分散的，因而商业资本又往往能在一种商品生产过程中控制多种不同的手工业者。例如：1953 年北京有一家专营女帽的批发商，他由丝绸公司购进人造丝，从不同的手工业者那里购进次等毛线、自由绳、珠石、扎花；他把丝发给一家手工作坊合成线，把毛线发给另一个手工作坊染黑；然后把丝线发给五十几个伊斯兰妇女织成帽面，把毛线发给另一批妇女织成帽里，最后把帽面、帽里、珠石、扎花发给三个有技术的妇女做成帽子。

在手工织布业中，商业资本这种发原料收成品的制度曾经发展到它的最高形态。河北高阳的手工织布业在 1906 年以前织户还各自独立，原料商供给原料，收布商收买布匹。1907 年以后原料商兼收布，同时出现了替原料商组织织户生产的中间人，其中主要是地主、富农。1911 年以后原料商渐变成纱布庄，直接向织户发纱换布；1922 年以后他们就直接发工资给织户了。[①] 到 1932 年高阳手工织布区的全部织机中，有 87.3% 是在工资制之下工作的，只有 12.7% 属于独立织户。[②] 商人给予织户的工资往往不够织工的伙食费，甚至不够夜间工作的灯油费；商人知道，这些女织工就是不工作也得吃饭点灯。这种发纱收布的商业资本曾在许多地流行过。

第四，这种商业资本在资本和劳动力组织上、经营管理上和他们的交易形式上都是很落后的，带有种种封建的、行会性的因素。这一类型的商业绝大多数是独资或者合伙组织的，并且多半是由家族和亲戚组成，许多企业中实行着家长式的管理。商店中盛行学徒制，店员的职位和待遇要论辈分、排行，师兄升了工，师弟才能顶上。许多行业没有工资，而采取拆账、提成、佣金、分红等办法，或者是年节行“赏”。资本家又常用种种方法引诱或者强迫职工入股，在西北和华北一些地区并流行着“人力股”“身股”等制度（享有者是资本家代理人性质的掌柜的和高级职员，称“西方”）；在处理盈

① 参看莫乔《中国手工业的》，载《中国经济论文集》，生活书店，1935，第 110～111 页。
② 严中平：《中国棉纺织史稿》，第 296 页。

余上给职工以少量的分红，或采取劳资共有的“财神股”、“厚成”和“护本金”、“护身金”等制度，其目的都使劳资界限模糊。许多企业中还存在着“铺底权”的剥削。一个行业中往往形成许多地区性的“帮口”，各自把持收购、运输、销售等商品流通的主要环节，使外地人不能插手。一个行业又往往组成一个或几个“公所”“堂”，订立行规，垄断市场，限制业外人经营。例如：上海的国产颜料商业（经营植物性染料、松香、水银、箓笋、漂料等）始于明代，到清朝咸丰年间有了发展，当时经营的都属苏嘉籍，成为“苏派”，后来又有“甬绍派”；1914 年设立“素绚堂”，垄断了市场，而“堂”中又由“福”字辈会员操纵一切，新业户须负担很重的入会费。由于市场被垄断，他们经营方式就主要是等客上门；其后又主要变成以放账交易为主，由买卖商品变为吃期货利息。

这一类型商业的市场组织也是很落后的。在较大城市，一个行业往往集中在一条街，保留着不同程度的行会习惯。批发市场多数是采取茶楼形式，由各种陋规和黑话支配着；很多交易没有合同、单据，而是凭口说手比；发生了争执也不诉诸法律，而是用“吃讲茶”的方式解决。在内地转口城市和集散市场，则主要是由从事中间剥削的牙行、栏商、经纪人所组成，凭世袭成例鉴定交易。很多市场都有自己的计价方法和度量衡制。如河北安国的药材市场有所谓“明三暗五”，称 100 斤药材，只报 97 斤，登账时又只登 92 斤。有利于商人的交易习惯一经形成就很难改变，因而陋规愈积愈多。例如上海的蔬菜地货业就有外用、接水、接待、余力、拆包费、堆装费、杠篮费、贩欠、客借、回佣等十多种陋规；在解放前，每担菜对菜农的剥削在 13% 以上，有的达 24% 。

我们说，这些行业较多地带有封建性，不是说它们完全没有买办性。它们也贩卖外国洋行推销的商品，替外国洋行收购农业品和原料；它们一般不和外国洋行直接联系，但必然要同买办资本和沿海大城市带有买办性的商业资本发生联系。它们既存在于半殖民地的中国，就不能不成为买办的城乡商业剥削网中一环。

我们知道，商人资本的独立发展（不受产业资本支配的发展），与社会一般经济的发展是成反比例的，特别是与资本主义生产的发展程度成反比例的。这种类型的商业资本的存在是中国经济落后的表征，特别是广大内地城乡经济落后的表征。“在商人资本占优势的地方，过时的状态占着统治地位。这一点甚至适用于同一个国家”。[①] 但是，前资本主义社会的商业资本是有它历史上的进步意义的。它使城乡之间、地区之间生产分工的扩大成为可能，使农民的产品成为商品，加速商品经济的发展，促进国内统一市场的形成。商业资本是原始积累的杠杆之一，它是产业资本的前驱。在商业资本完全支配生产的情况下，例如在前述高阳的纱布庄以发纱、收布和工资支配手工织户的情况下，商人已经从商品的购买人变成劳动的购买人，商业资本已经发展成为工业资本。不过中国商业资本发展到这种形式的还是很少数。并且，无论是在高阳，或者在其他类似的商业资本曾一度盛行的手工织布区，如河北宝坻、定县，江苏南通，广西郁林（今为玉林县）等地，都不曾在这个基础上发展出来真正的资本主义工场手工业，更不曾建立起现代化的纺织工业。在半殖民地半封建的中国，国内市场的扩大大部分是扩大了外国商品的倾销，扩大了官僚资本的积累；而支配手工业的“包买商”式的商业资本失掉了从这一基础上建立现代资本主义生产的条件。

因此，带有封建性的民族商业资本比之前一类型的带有买办性的民族商业资本，本身具有更大的落后性；但从它的历史地位上看，比之后者具有较多的进步意义。

这种带有封建性的商业资本的存在和发展，是造成整个民族商业资本分散、细小和小商小贩成为我国特别发达的商业形式的重要因素。估计在解放初期的经济恢复时期全国有私营商业（不包括饮食业、服务业）400 多万户，从业人员 660 多万人，其中有摊贩、行商和小贩近 240 万人；在坐商（商店）中，平均每户不到 2.3 人，资本（登记资本）只有 1000 多元，全部雇佣劳动不过 90 多万人。根据较晚的调查材料，1955 年 8 月全国私营国内商业户中，不雇佣职工的小商小贩占 96.3%，雇佣职工 1 人的占 1.95%，雇工在 2 人的占 2.2%。雇工在 2 人以上的商店占全部私营国内商业资本额（登记资本）的 43.7%（平均每家只有 7000 多元），其中雇工在 9 人以上的只占全部资本额的 15.3%（平均每家 3 万多元）。如果把雇工在 2 人以上的商店作资本主义看待；加上私营国际贸易商业和当时已经实行公私合营的商

① 马克思：《资本论》第 3 卷，人民出版社，1975，第 366 页。

店，他们也只占全部商业资本额的 47.5%（平均每家也只有 8000 多元）。在解放初期，资本家商店所占的比重要大一些，但总的说，商业资本是十分分散的，小商小贩占很大比重。

小商小贩是尚未发展成为商业资本的小商业，他们是从事商品买卖的劳动者。和商业资本不同，他们依存于小生产，他们是在商品生产不发达的情况下发生作用的；农民和家庭手工业者的产品借助于他们而出卖。他们对商品生产的扩大有积极的推动作用。同时这种小商业又是十分便利于消费者的商业形式。他们分布面广，接近消费者；他们不固定销售数量和营业时间，可以售卖一针一线的零星货物；对熟识的顾客可以赊销，有些并可以送货上门，或收购废品。

在资本主义发展过程中，小商小贩和手工业者一样遭受打击，“他们过着不安定的生活，他们是人口中最流动的部分”。①在我国，农村的小商小贩主要是受地主、富农贸易，受支配着生产的前资本主义性的商业资本的控制，被迫为他们服务。在大城市，小商小贩又主要是受带有买办性的商业资本的控制。商业资本家主要是通过在集散市场的收购和在销售市场的批发环节来控制小商小贩的。此外，针对着小商小贩资金小、需要集中营业以吸收顾客的弱点，在我国许多大城市中都发展起来“商场”的制度。资本家建立商场，把几百户、几千户的小商小贩吸引过来，向他们征收租金和其他名目繁多的费用。旧商场主很多是庙院主，新商场则多数是 1920 年以后建立的，尤以抗日战争胜利后为多，投资人包括官僚、军阀、投机商人以至外国资本。

商业资本的买办性和封建性是造成民族资本中商业利润高于工业利润的重要原因之一。一方面，商业利润只有小部分是从产业资本利润中分割的一部分，而大部分是来自帝国主义对殖民地的不等价交换的利润中分取的一部分（带有买办性的商业资本）和对小商品生产者的掠夺（带有封建性的商业资本）。对殖民地的不等价交换和对小商品生产者的掠夺，都是资本的原始积累过程，这里的利润远高于资本主义工业的利润。民族商业资本虽然只能分取帝国主义对殖民地贸易利润的一个极小的部分，但这种利润主要是交

① 恩格斯：《反杜林论》，《马克思恩格斯选集》第 3 卷，第 301 页。

换过程中的附加利润，它不决定于帝国主义国家的平均利润水平，而决定于对殖民地的商品销售水平。民族商业资本对小生产者的掠夺更是不受工业生产利润的限制，也不受平均利润的限制。加以商业资本流动性大，经营灵活，投机性强，愈是政局多变、战乱频仍，就愈是“工不如商”。商业利润高于工业利润的情况，解放后还存在，在人民政府的正确管理和价格政策下，才逐步扭转。私营工商业的利润率（利润额占资本额）和资本家所得息率（股息红利占资本额）的变化如表7。

表7　私营工商业利润率比较

单位：%

年　份	利润额占资本额		资本家所得占资本额	
	工　业	商　业	工　业	商　业
1950	25.70	46.73	6.04	8.04
1952	22.27	35.62	3.20	5.84
1954	35.46	34.74	2.54	3.52
1955	29.89	29.30	2.86	2.61

商业利润高于工业利润是和平均利润规律相矛盾的，这是由旧中国的市场情况造成的。商业资本的买办性和封建性在不同方面排斥市面上自由竞争。长期资金缺乏，除投机外，旧中国并没有真正的资本市场。带有买办性的商业是跟洋行的贸易特权联系在一起的，洋行贸易的独家经理制、地区包销制、买办制等，都在不同程度上限制资金的自由移动，使它们有保持超额利润的条件。带有封建性的商业，有些就是军阀、地主、乡绅或地方黑势力所经营，有些是受它们的保护，而地方市场的垄断、行帮组织、传统的交易制度和各种陋规，也都限制着利润的平均化。不过，商业资本毕竟是产业资本的前驱。在民族近代工业的发展中，大约在第一次世界大战以前，还是以地主、买办的投资占较大比重，这以后就是以商人的投资为主了。商人投资于工业者，早期是以钱业、盐商等封建商人为主，但以后就是以带买办性的商业资本为多了。在20世纪二三十年代，商人资本之转向丝织、针织、日用品工业的不少。大的橡胶厂几乎全部是经营日本橡胶制品的“东洋庄”开设的，而制药工业都是经营西药的“大药房”创办的。但总的说来，商业资本积累之投向生产者还是很少数，恐怕还没有投向土地，转作地租剥削

者为多。商业资本之有计划地转向生产是在解放后，在人民政府的指导下才得以实现。

四　民族金融资本的特点

最后，我们简单地说一下民族金融业资本的特点。民族金融业资本也可以大体上分为较多地带有买办性的和较多地带有封建性的两种基本类型。前者主要是银行资本以及保险、信托业资本，后者主要是钱庄银号以及典当业资本。无论哪一种，都比民族商业资本带有更多的买办性和封建性。

中国的银行是由于帝国主义在华贸易的扩大、反动政府财政的需要、财富之集中于通商口岸而产生和发展起来的，因而在一开始，它就跟帝国主义资本和反动政权结下不解之缘，在以后，又成为四大家族官僚资本第一个吞噬的对象。

银行是经营货币资本的商人，这种特殊性的商品是不受企业、行业、地区的限制的。现代银行的特点之一就在于，无论它资本的来源和性质如何，它必然要受最大的货币资本所有者——被称为“银行之银行”的大资本所控制。在前一个时期，中国的“银行之银行”是帝国主义在华的银行，他们集中了绝大部分黄金的外汇储备，享有发行银行券的特权，决定着外汇率和利息率，华商银行向他们融通资金。在后一个时期，帝国主义同国民党订立了金融协定，把这一任务让给了他们的总买办“中央银行”。“中央银行”不但集中了全部的黄金和外汇储备，独占了发行权利，规定着外汇率和利息率，还用种种行政命令来支配商业银行。例如：指定它们的业务，命令它们交纳存款保证金，分配它们的信贷，等等。因此，它们比之民族商业资本有更大的依赖性，更少的独立性。

中国银行的发展与工商业的发展很少有联系，银行繁荣的时期往往是工商业萧条乃至破产的时期。抗日战争以前，在银行的投放中，投放于工业的还不过占12%～13%，投放于商业的也不到30%，而投放于公债和政府机关的占40%以上。银行既不以产业放款为主要业务，银行的利息率也不以产业利润为界限，而以公债利息、投机利润和消费性贷款的利息为界限。公债的利息（连同折扣）在北洋政府时期平均达3分左右，在国民党政府时期平均合 1.5 分以上。因此，银行资本又具有高利贷资本的性质，它的活动不只是以资本主义工商业为对象，而且通过公债（它通过商业和消费性贷款）剥削小商品生产者和劳动人民。

钱庄、银号的资本是在前资本主义的社会基础上发展起来的。和银行资本不同，这种资本的来源主要是地主、富农、大商人的个人积蓄，较少地利用社会的积蓄；这种资本的组织和运用主要是依靠人与人的关系，还没有充分地转化为物权的形式。从各方面看，它们都具有更多的封建性。但并不是说，它们不带有买办性。上海的钱庄是最早受外商银行支配的金融机构。到后期，许多大的钱庄、银号（所谓汇划钱庄），实际上是与银行经营同样的业务，他们同样受“银行之银行”的支配。

在发展的过程中，钱庄、银号是逐渐衰落的。它们之所以衰落，并不是由于他们所依存的社会基础已经消失，而是因为这种资本本身分散，不能适合于外国资本控制中国金融的要求，不能适合反动政府日益扩大的财政要求，因而逐渐被银行资本所代替。在解放之前，钱庄、银号的数目比抗日战争前减少了一半以上。

民族金融业资本比民族工商业资本有更大的买办性和封建性，更多地倚赖于帝国主义资本和官僚资本。但也不是说，它们就完全没有民族资本的性格：一方面，它们与帝国主义资本和官僚资本也存在着斗争。它们企图用联合准备的方法和组织银行集团的方法来巩固自己的地位，它们要求建立自己的国外关系和外汇储备；它们力图向“中央银行”争取更多的自由。但其成效是非常有限的。另一方面，它们之中的一部分是与民族产业资本保持着密切的联系的；有些银行，并且就是民族产业资本集团为了摆脱对外国银行资本和官僚资本的依赖而设立的，它们力求自己成为一个生产资本和货币资本相结合的资本体系。但是这种打算，往往是失败的。这种资本体系，往往是由于四大家族的官僚资本用政治的和经济的手段侵吞它们的银行而告瓦解；中国实业银行、中国通商银行、四明银行、国货银行都是这样的例子。

从以上的分析中，我们可以对中国的民族资本试作如下的了解。

中国民族资产阶级的资本积聚，在抗日战争以前达到了它的最高峰，以后，在抗战时期和战后国民党统治时期，则是大量地被削弱的。旧中国的民族资本绝大部分是处于货币资本和商品资本的形式，这不仅在于商业和金融业的资本在数量上占绝大比重，还在于整个民族产业资本的运动带有浓厚的商业资本和借贷资本的性格。这种资本的组成形态，一方面显示了它自己不能成为一个独立的经济体系，另一方面又为这一时期的官僚资本即封建的买办的国家垄断资本的发展提供了便利的条件。在官僚资本的膨胀过程中，民族金融业和民族商业资本遭受到最大的侵蚀。

中国的民族资本是十分软弱的，同帝国主义的侵略资本、封建地主经济和官僚垄断资本相比，它居于绝对劣势的地位。民族资本较弱的特点，主要表现在它的殖民地依赖性和封建的落后性两个方面。民族产业资本缺乏在重工业方面的基础，在农业生产部门中完全没有地位，它集中于沿海大城市，在设备、技术和原料上不同程度地依赖于外国资本主义。在民族工业中，分散、落后的小生产占很大比重，工场手工业还大量地存在，资本的积聚和集中很少伴随着生产单位的扩大和固定设备的更新。民族商业资本较之民族工业资本带有更多的殖民地性和封建性，因为它只是部分地作为产业资本的职能形态，它的活动，更多的是为帝国主义对殖民地的不等价交换服务和在前帝国主义的经济基础上剥削小商品生产者和劳动人民。民族资本的殖民地性和封建性，是形成商业利润长期地高于工业利润的原因之一。

但在半殖民地半封建的旧中国，民族资本主义工业仍然是国民生产中先进的部分，它代表着当时反动统治区最进步的生产关系。民族商业资本在促进商品经济的发展和资本积聚上也有一定的作用。在这些方面，它与现代的腐朽的资本主义是有所不同的。民族资本包含有它积极的因素，在生产和流通上，它具有适应中国社会情况、适合中国人民需要的若干优良特点和优良传统。

民族资本同帝国主义侵略资本、封建地主经济和官僚垄断资本存在着矛盾，同时又在不同程度上依赖于它们。民族资本有它落后的一面，也有它进步的一面。这种双重的性格，是了解中国民族资本的关键。

中国人民民主革命的胜利，使民族资本摆脱了帝国主义、封建主义和官僚资本主义的压迫；但同时，由于肃清了帝国主义在中国的势力，没收了官僚资本，又削弱了整个资本主义经济的力量。这种情况，加上民族资本本身的软弱的特点，就使资本主义经济不能不日益依赖于迅速发展壮大着的国营经济，构成了国家在向社会主义社会过渡中对它们进行和平改造的一个有利的条件。

由于政权和社会性质的改变，由于社会主义经济的建立和迅速发展，在过渡时期，资本主义已变成阻碍社会生产力发展的生产关系。改造资本主义经济的关键就是改变它们的生产关系，把生产资料的资本家所有制逐步改变成为全民所有制。同时，为了适应新的生产关系的要求，还需要改变民族资本主义的分散、落后状态和改变它们资本主义的经营管理方式。在逐步改变资本主义的生产关系中，同时要利用它们的积极作用；在改变民族资本的封建性、落后性和它们的资本主义经营方式时，又要注意保留和发扬它们在生产经营上的若干优良特点。

（原载《经济研究》1956 年第 6 期）

中国民族资本主义的几个问题

一 关于民族资本的含义

“民族资本”一词我们常常使用，可还没有一个定义。在 1979 年编《政治经济学辞典》的时候，就发生了给民族资本下定义的问题，结果说“民族资本就是民族资产阶级所拥有的资本”。这话等于没说。那时我们是本本主义，“民族资产阶级”一词《毛泽东选集》上早就有了，而“民族资本”却出现很晚。最近搞《大百科全书·经济学卷》，旧解释就不行了。不能再说“民族资本就是民族资产阶级所拥有的资本”——当然，反过来说倒可以，因为资产阶级是资本的人格化。“官僚资本”这个词出现较早，1923 年，瞿秋白同志在《中国之资产阶级的发展》一文中就提出了官僚资本，还讲“第一种官僚资本”“第二种官僚资本”。第一种指官办企业，第二种指官商合办。1936 年吕振羽同志的《中国政治思想史》也提到官僚资本，指清政府洋务派企业。这是 20 世纪二三十年代的文献，里面都没提到民族资本。民族资本这个词直到抗战以后才出现，是相对于国民党的官僚资本来说的，可是民族资产阶级这个词倒出现得早，毛泽东同志 1926 年在《中国社会各阶级的分析》中说：“中产阶级主要指民族资产阶级。”

民族资本的含义，是否可以这样说：民族资本是在半殖民地半封建的中国，民间投资经营的资本主义经济。早期通称商办企业，1920 年以后的爱国主义运动中，又常称作“民族工业”。这里有三点需要加以解释：第一，民族资本是相对于官办、官督商办、官商合办、国家资本而言的。对这一点，外国人不懂，他们说民族是相对于外国来说的，只要是中国人投资的都算民族资本。其实我们不是这个涵义，我们是对官而言。第二，在相当长时期内，我们使用民族资本这个词时是指民族工业，而不包括商业。因为近代商业一上来最有势力的就是买办，无民族性。20世纪20年代提出了一个“大商阶级”，土地革命时，“大商”是在打倒之列的。抗日战争时期，商人也多因发国难财而被称为奸商。到解放战争时，三大经济纲领提出“保护民族工商业”，才添了一个“商”字。不过，在我们搞经济史的人看来不是这样。因为在早期，代表资产阶级的还是商人，或者叫“绅商”。比如在戊戌维新运动、1905年的抵货运动，以后的收回利权运动中，除立宪派、绅士之外，都是商人，那时还没有什么工业家。这些运动都应说是资产阶级的爱国运动。五四运动时罢市，上海总商会和马路商会都是很积极的。工业资本家只是到20世纪以后才逐渐具有代表性。不过，商人是很复杂的，确有买办很强的以及大银行家等，需区别看待。第三，我们所讲的民族资本，既然不是对外资而言，而是对官资而言的，那么凡非官方企业都算民族资本，例如工场手工业。不过，民族资本的概念，是半封建半殖民地社会特有的概念。1840年以前的封建社会中，虽亦有官手工业和民间企业之分，但却不包括在民族资本之内。在半殖民地半封建时期，工场手工业在民族资本中占很大比重。

二　关于民族资本的产生

从民间资本这个涵义说，它在明后期就有了。但从半殖民地半封建这个涵义说，它的产生还是在19世纪70年代，即洋务派企业出现以后。因为只有洋务派官企业出现，才有跟它相对称的民族资本，没有前者就没有后者。笔者在《中国资本主义的发展述略》（以下简称《述略》）[①] 一文中提到，官僚资本是承继封建社会的官手工业而来的，民族资本是承继封建社会的资本主义萌芽而来的。这只是一种概括性的说法，其理论依据是一切经济现象

① 载《中华学术论集》，中华书局，1981。收入本卷第40～72页。——编者

都是一个过程，有它的继承性和发展阶段性。这是恩格斯的理论。我们研究经济史和研究政治史还不完全一样。在政治上，有突发事件，如外族入侵或者宫廷政变，一夜之间，天下易主。经济现象尤其是生产关系却不可能是这样。任何一种经济形式，都是从旧的经济形式继承而来，不过要经过质变。我们说民族资本是继承封建社会的资本主义萌芽而来的，资本主义萌芽主要是工场手工业，但不是说民族资本都是从工场手工业转变而来的。这里是说这个生产关系的继承性，从而反对“外铄论”“移植论”。至于民族资本的产生，大体上可以说，从19世纪70年代到甲午战争是民族资本的产生阶段。因为甲午战争后，情况发生了较大的变化。

这个产生时期几乎长达30年，成绩却十分可怜：称得上民族资本的工厂不过是160家，基本都是小厂，矿场不过20处，大都是工场手工业的；交通运输在这个时期等于零；还没有什么轮船公司——虽有人筹备，但没搞成；铁路根本谈不到。总投资，算来算去不过550万两，还不到750万元，只有洋务派企业（包括军工）投资的1/15。如果不算军工业，是洋务派企业的27%。这就不能不使人提出下面的问题：为什么在民族资本产生阶段只有这么一点投资？是否中国社会这时尚无货币积累，没有发展近代工业的投资能力？国外有这个理论，即所谓“传统平衡论”，就是说，当时中国社会是一种传统的平衡，人口很多，生产的东西都给吃光了，没有积累，就没有投资；要想建立现代工业，就只有利用外国资本。这个理论一度盛行。但实际情况并非如此。中国并非是一个完全落后的国家，并不像当时西方征服的非洲部落那样。中国这个时候已有了世界上第一流的传统农业，耕作方法可以说是传统农业的最高峰；也有了世界上第一流的手工业；也有了大商人资本。清代大商人资本已经可以用千万两计，并且已经有了资本主义萌芽。据张仲礼同志考察，1890年前后，不算清政府的收入，民间大地主、大商人收入每年约7.19亿两，相当于当时国民收入——他的国民收入概念就是净产值——的22.3%。据此，V. D. Lippit估计，当时中国的积累大体可以达到国民收入的30%。还有一位美国人C. Riskin估计，占国民收入的27.2%。陈振汉同志也有类似看法，认为当时社会积累并不算少。依照发展经济学的观点，国民积累超过10%，工业可以起飞。不过我个人认为，上述估计可能偏大，因为它把封建地租亦算作积累，而地租绝大部分是消费基金。但有一条可以证明，如果当时中国社会非常落后，没有投资能力来搞大工业，那么洋务派企业是怎么搞起来的呢？洋务派投资比民族资本早十年，到1894年，连军工业算起来，有8000万两，就是1.1亿多元。洋务派企业基本没用外国钱，都是中国资本，有点借款也很快就还了。所以在这个时期，即民族资本的产生时期（1870～1894），洋务派企业和民族资本加起来看，每年有三四百万元投资能力。下面还将看到，到20世纪初，每年有1000万到1500万元的投资能力。

按照马克思的理论，资本主义在它产生时期，货币积累主要不是来源于国民收入积累，主要来源于原始积累，即剥夺小生产者的积累。鸦片战争后，尤其是第二次鸦片战争后，赔款加大，清政府拼命加税，这个原始积累的过程就开始了。但是，中国的原始积累大部分是被帝国主义拿去了，其次是被清政府拿去了。洋务派的民用企业还是吸收了一部分社会积累，但军工业投资大约6000万两，里面有85%来自海关洋税。我们认为，海关洋税并非封建税收（地租转化形态），而是原始积累性质的东西，因为它是在不等价交换的条件下产生的。对于民族资本的资本来源，已有不少人研究，笔者在《述略》一文里根据200多个资本家的出身列了一个表，从中可以看出，1913年以前，民族资本的投资者中地主占一半。但其中几乎没有土地主，多半有个官衔，而且多是洋务官衔，很多就是二流三流的洋务派，或者洋务派的幕僚。因此，这些资金来源主要亦不是地租，而是来自从事商务和税务活动的利润和贪污，亦带有原始积累性质。有的同志认为中国原始积累不充分，所以中国资本主义不发达。这个看法有道理，不过我们认为主要还是因为原始积累大部分叫外国人拿走了，其次叫清政府拿走了，所以民族资本非常可怜。被外国人拿走的部分是没有办法的，但中国人取得的部分，怎样投资，怎样运用，则是个大问题。那时有8000多万两可用资本，兴办洋务派企业或民族资本企业，区别很大。这时的洋务派企业，即早期官僚资本，买办性还不大，主要目的还是富国强兵。但它所代表的是一条官办企业的道路，或国家资本主义道路，而这时的国家还是封建国家。民族资本代表的则是一条自由资本主义的道路，是自由竞争的道路。在这两条道路之间进行抉择，关系重大。

为了说明这个问题，可以从资本主义产生的条件讲起。但不是谈具体条件，而是从经济上最大的形势来讲。这个时候，西方资本主义已是高度发展，它要按照自己的面貌来改造世界，即要求世界资本主义化。这是一个不可抗拒的力量。列强所到之处，都要发展资本主义，如美洲、澳洲。印度虽是殖民地，但抗战以前印度大城市的资本主义化程度比上海还高得多，只有非洲一些部落国家，因为过于落后，才没有搞成资本主义。19 世纪后期，在中国出现资本主义是不可避免的，因为列强要按自己的面貌改造世界，对中国来说，这也是必由之路。现在看是只有社会主义才能救中国，但当时还没有无产阶级，没有共产党，没有苏联，因而是只有资本主义才能救中国，只有发展资本主义，反对封建主义，提高生产力，中国才有出路。姜铎同志说：在这个时候，中国的资本主义是“呼之欲出”。当时情况的确如此。

但是，是搞官僚资本主义还是搞民族资本，这个问题必须解决。今天，独立的第三世界国家也面临一个怎样现代化的问题，但今天形势与 19 世纪不同。在 19 世纪后期，无论哪个国家要发展资本主义，最好的道路就是放手民营，走自由资本主义道路。英国就是这样成为世界霸主的，美国也搞自由资本主义，结果很快赶了上去。法国的柯培尔主义就是搞国家资本主义，但并未成功，后来还是搞自由资本主义才获得成功。最典型的是日本。日本也受资本主义侵略，情况和中国差不多。明治维新时，从 1871 年起创办了许多国营企业，但从 1881 年起将这些国营企业廉价卖给商人，包括钢铁、造船以至军工业。让给民营以后，马上就出现了一场产业革命。中国从 1861 年起开始搞现代工业，比日本早十年，但一直到民国都坚持官办道路。甲午战争失败后还没有觉悟，到八国联军入侵以后，由于大量赔款，国库空虚，这才设立商部，提倡商办，但已经晚了。就在这个时候，也还没有放弃官办。19 世纪，官办同商办这两条道路的斗争，实际就是封建主义同资本主义的斗争。在当时的条件下，要想发展资本主义，就要靠民营，靠民间力量；要反封建，要讲民主，也得靠民营，靠发展民族资本主义。所以，民族资本主义的发展同民主的要求是一致的。官办企业采取独裁的经营方式，使企业官僚主义化、衙门化，因而不可能不赔钱。当时的有识之士，早就看到了这一点。例如容闳在给曾国藩办第一家工厂安庆军械所时，一开始就主张：官厂只备工作母机，造出各种机械，由民间办厂生产。顺天府尹胡燏芬也曾指出官办之大弊病，说有此之弊，办一百年也办不好，因而主张开放民营，甚至主张军工业也要民营，认为那样才能造出最好的枪炮。郑观应、经元善最初都是提倡并亲自经营官督商办的，可是到了19世纪90年代，他们都觉悟了。例如郑观应批评官督商办说：“名为保商实剥商，官督商办势如虎。”张謇原来也是洋务派的幕僚，但他很早就看出“商之视官，势如猛虎”，认为官督商办办不好。康有为眼光比较深刻，说官办经济“根本不净”，从根本上错了。然而，整个19世纪后期，直到20世纪初，这个问题都没得到解决。这是中国资本主义发展中的一个不幸路线、错误路线。

三　关于民族资本的初步发展和进一步发展

1894～1913年是我国民族资本的初步发展时期，1914～1920年第一次世界大战期间是进一步发展时期。现在看来，初步发展时期的投资和发展速度都不亚于所谓黄金时代的进一步发展时期，更重要的是，两者所处条件不同，发展的动力不同。

初步发展时期，以1900年为限，分前后两段。前段的条件是，甲午战败，举国震惊，“设厂自救”呼声遍全国。日本自1871年起开始办军工、造船等工业时，规模并不大，投资也比洋务派企业少。其主要发展是在1881年改归商办以后，出现了三菱、三井、川崎、古河、浅野等大公司。1884年公司总资本不过1340万日元，1894年却猛增至2亿日元。发展最快的是纺织业，1890年已有20个纱厂，28万锭。这对中国绅商吸引力极大（中国当时只有3.5万锭）。其次是以三菱为主的造船和航运业，1893年已有轮船11万吨，而中国招商局只有3.4万吨。另外，1893年日本已有3200多公里铁路，有四大民营铁路公司，而中国还没有。这都是赚钱的事业。丧权辱国的《马关条约》签订以后，列强群起瓜分中国，争夺铁路权、矿权，这些对国人的刺激很大，“设厂自救”的呼声就是这样起来的。

同时，海军在甲午战争中一败涂地，洋务运动也随之倒霉。洋务派企业陷于财政困难，1896年开始招商承办，有些厂招商股，或军工改民用，1898年又公布了“振兴工业给奖章程”。总之，在官办、商办斗争中，清廷作了让步。这样，就出现了第一个设厂高潮。按照汪敬虞同志的统计，1895～1900年共设104个厂矿，资本2302万元，平均每年投资400万元。其中纺织业占一半以上，居第二位是煤矿，但多系官矿。

在后段，由于1900年八国联军侵华，致使投资停止，但随即出现了新的情况。庚子赔款本利高达9.8亿两，等于清廷十年的财政收入，清廷感受到巨大压力，只好宣布“新政”，颁布许多条例，设立商部，提倡民营。接着又是1905年的日俄战争，由于在中国境内打仗，中国的面粉、棉布畅销，面粉厂纷纷开设。1905年抵制美货，效果显著，次年美货进口就减少一半。1908年又有抵制日货运动和青岛抵制德货运动，接着是收回利权运动，声势浩大，作用也大。1908～1911年收回了8处矿权。1905年起广三、津镇、沪宁铁路斗争，最后是规模极大的粤汉、川汉铁路斗争，成立了17家民办铁路公司，预定资本2亿元，实收6000万元，实建铁路900公里。这些运动是绅商领导的，和日本的“政商”差不多，都可作为资产阶级爱国主义运动。以上就是第二次设厂高潮。

在第二次设厂高潮中，从1901年至1913年，共设厂矿428家，投资9344万元。当时，纺织已不是唯一的了，矿业、电厂、食品工业的投资都超过了纺织，说明生产结构有了进步。并且，这一时期所设纱厂中，仅7家在上海，其余12家分在江南11个市县、避开了租界洋人势力，又接近棉产区，这也是个进步。此外，本期设立27家民营轮船公司，投资近2000万元。再加上民营铁路集资6000万元，工矿交通共达1.73亿元，即平均每年有1300万元的投资能力（厂矿中有少数官督商办、官商合办的，实际也是民间资本）。

以上两次设厂高潮，合称民族资本的初步发展时期。这一时期的发展速度即年增长率，棉纺为6.3%，面粉为13.2%，电力达50.7%（因基数太低）。整个投资增长率在17%左右，是很高的。而值得注意的是，这期间民族资本的发展，是和民族资产阶级的爱国主义运动同步进行的（中经戊戌维新和辛亥革命），两者互为因果。因而，其发展比较正常，趋势是逐渐合理化，代表了自由资本主义发展的道路。

1914～1920年的进一步发展时期，情况就不同了。这期间的工矿业发展速度，据美国章长基（John Chang）估计，1914～1921年增长111.5%，平均年增长率不到10%；工业投资，据罗斯基（T. Rawski）最近计算，1903～1918年增长率为6.4%。我们估计，棉纺的年增长率为17.4%，面粉为22.8%，卷烟为36.7%，总平均为13.8%，比初步发展时期为低。1914~1919年的6年是第一次世界大战时期，新投资8580万元，平均每年1430万元，比前期是多些。但从投资的方向看，航运极少，铁路没有，矿业也不多，投资集中到棉纺、面粉、卷烟三项，并且集中在上海。总之，与初步发展时期相比，速度并不快，投资也不算大。所谓黄金时代是指利润，因为这时期工业的利润确实高。更重要的是和前期相比，这一时期民族资本发展的条件有所不同。

这一时期刺激民族资本发展的因素主要是1915年反对“二十一条”和1919年规模空前的五四运动。五四运动中商人罢市、抵货，是资产阶级的爱国主义行动，也为民族资本的发展创造了条件，但仅此而已。造成“黄金时代”的主要是一些偶然性因素。

最大原因是欧洲大战，西方帝国主义无暇东顾。但这因素是可望而不可即的，中国不能指望人家打仗来发展经济。在此期间，洋货进口减少并不多，进口值由1913~1915年最低时减少20.3%，旋即回升，1919年更比1913年还高13.5%。民族工业受益主要不在进口减少，而在出口增加，1913~1919年出口值增加了56.41%。出口之所以活跃，是因发生金贵银贱现象，按银元计价，出口利润大。1916年以后银价回升，但国外物价水平高涨，带动国内物价上升，仍有利于工业生产。其实，就整个外贸说，这时是进口价格上升快，出口价格上升慢，即剪刀差扩大，对中国是不利的。但主要是对农民不利，因剪刀差是差在农产品，机制品差价不大。1910年，机制品出口只占出口总值19.2%，到1920年已增至23.4%。更重要的是，剪刀差扩大反映到国内市场上，是制造品价格上升快，原料品价格上升慢。1913~1919年，天津布价上升71%，而棉价只上升30.8%；上海面粉价上升5.3%，而小麦价反下降16.1%；工厂焉不获利？又制造品价格上升快，工资则没有上升，或上升很慢。因工资是以米价为准，而这时期上海米价是下降的，1913年每担7.21元，1914年跌到6.42元，1915年升为7.4元，随又下跌，1919年为6.94元，仍低于1913年水平。这些都是暂时起作用的因素，战事一停，也就消失。“黄金时代”是由这些因素造成的，因而发展也不正常、不健康，战后即出现某些行业的危机。资产阶级的革命运动，这时已式微了。

四 关于工场手工业的发展

我们所说的民族资本应包括工场手工业，实际上初步发展时期、进一步发展时期也是工场手工业大发展时期。过去我们搞经济史的常常忽视这个问题，讲初步发展、进一步发展就专指现代工业。过去很多人认为洋货一来，手工业遭到摧残，家庭手工业、城市手工业都如此。实际情况恐怕不是这样。我们专门研究了36个传统手工行业（不包括艺术品行业），其中，有8个受到洋货摧残以至于消灭了，这8个行业是手纺、土钢、土针、土烛、踹布、制靛、烟丝、木版印刷。其余28个行业多数有发展，其中有13个行业在鸦片战争以前就有了工场手工业，15个没有。但是到了1913年左右，这15个行业也都有了工场手工业。这就是说，全部行业都有了工场手工业，多多少少有了资本主义。尤其是织布业这一最重要的手工业，过去是农民家庭织布，没有手工工场，这时候有了织布工场。这28个行业到了20世纪二三十年代，有12个有向机器工业过渡的现象。这时候向机器工业过渡比较容易了，因为有了电力。过去一台蒸汽机就要几万两银子，现在装个马达就行了，也有的用内燃机。当然不是全业过渡，一个行业里只有几家几十家。最典型的是丝织业，由投梭织机变成手拉机，又变成电力织机，最后出现像美亚厂这样大的现代化企业。织绸显花是用纸带子在上面打洞，就像电子计算机的软件，现在日本的丝织中心西阵还向中国进口这种软件。鸦片战争以后又出现了一批新手工业，有20多个，其中如火柴、搪瓷、肥皂、油漆、铅石印刷等大都有工场手工业。此外像发网、编草帽、抽纱等都有包买商，包买商也是资本主义生产关系，也应算在民族资本里面。许多新手工业在西方已经是机器生产了，但是引进到中国后又变成手工业，不用动力，只是用西法。后来才渐渐用动力，向机器工业过渡。新手工工场向机器工业过渡，比传统手工业还快些。当然也只是一部分，不是全行业。

总之，我们讲民族资本不能忽视工场手工业，因为它也是资本主义。工场手工业占多大比重呢？解放以后调查，1949年的私人资本主义中，79%的户数是工场手工业，它们的产值占资本主义工业产值的28.6%。这个比重不大。但是早期工场手工业的比重要大得多，因为工场手工业的发展是在20世纪的第一个10年和第二个10年，到了30年代就向机器工业过渡了。南开大学的丁世洵同志生前作了一个估计：1920年现代工业产值是10.66亿元（银元），手工业产值是43.17亿元（包括手工矿业）。假定手工业产值里边有30%是工场手工业所产，那么工场手工业的产值达12.95亿元。这就出现一个惊人的现象，即工场手工业的产值比民族资本加上官僚资本再加上外资在华企业的产值还要大。那么，中国资本主义工业的主体是现代工业还是工场手工业就难说了。这个估计当然还可以再斟酌。丁世洵同志也对30年代作了估计，比较可靠，因为30年代有个工业普查（1933）。以工业普查为基础，估计1936年现代工业产值是33.19亿元，手工业的产值是73.71亿元，假定手工业产值中工场手工业占40%，工场手工业产值就是29.48亿元。这样就比现代工业少了，但在整个资本主义工业产值（包括中外资本）中，工场手工业占47%，比重还是很大的。当然这估计也还可斟酌。笔者提供这些资料只是想提醒人们，研究民族资本不能忽视工场手工业。工场手工业中没有什么外资或官僚资本，都是民族资本。

马克思讲的资本主义发展三阶段，即简单协作、工场手工业、大机器工业，看来是一般规律，在中国也不例外，不过中国没有一个工场手工业阶段。西方有一个长达250年的工场手工业阶段，即从16世纪到18世纪上半叶，而产业革命是到了18世纪下半叶才发生的。西方列强殖民美洲，征服非洲、印度，都是靠的工场手工业，那时还没有机器。荷兰的资产阶级革命，英国的资产阶级革命，其资产阶级都是工场手工业主，他们都还没见过机器。马克思说，政治经济学产生于工场手工业时期。威廉·配第、弗朗斯瓦·魁奈都是工场手工业时代人物，亚当·斯密直到后半生才看见机器，1870年就死了。中国从明代后期就有了工场手工业，但是没进入工场手工业阶段，外国货就来了，所以民族资本一上台就指机器工业。但不管怎样，历史是不能超越的。鸦片战争以后尽管我们已有了机器工业，洋务派、民族资本家也都追求现代工业，但工场手工业仍在悄悄地发展，甚至在国外已经用机器生产的，如肥皂、火柴、印刷、搪瓷，引进到中国来还是工场手工业，还得从工场手工业开始。因而在一定的时候，如20世纪20年代，工场手工业产值大于现代工业，不是不可能的。所以，工场手工业的这种发展是一个历史的补课，甚至直到解放以后，还得补这个课。很多第三世界国家要发展工业，有劳动力，没有资金，也得搞工场手工业，尽管世界上已经第三次技术革命、自动化了，这一课还得补。我们从手工业这个问题，从这段经济史上到底得出什么经验教训，还需要继续进行研究。

就西方来说，研究手工业问题最多的是德国的历史学派，因为德国这方面的感受最深。德国的机器工业是从英国搬过来的，一搬过来就把工场手工业打倒了，结果出现社会骚动。德国的历史学派如 G. Schmoller，K. Bucher，还有著名的桑巴特（W. Sombart），都有研究手工业的著作。他们有一个倾向，即想维持工场手工业，防止兼并。他们的理论是：工场手工业代表中产阶级，而中产阶级是社会稳定的因素。这有点像俄国的民粹派，总的来说是不可取的，但有一点可取，即手工业不能一下子消灭；近年来由于新的技术革命，熊彼特（J. Schumpeter）的创新论颇受重视。熊彼特还有一个“创造性的破坏”的理论（process of creative destruction），认为大机器工业是个创新，创新就要破坏旧的，因而手工业就要遭到摧毁。新兴的发展经济学，从刘易斯（W. A. Lewis）起，就有个二元经济论，即第三世界一些国家，既有引进的现代经济，又有传统的土经济，土的供给洋的劳动力。中间还产生一个互补论（complementarity），美国罗斯基即认为鸦片战争后，中国的现代工业同手工业就是互相补充的关系。中国的传统手工业水平较高，行业也广，鸦片战争以来其变化情况是非常复杂的。例如洋货入侵，马上摧毁了土针、土钢生产，但对土铁作用不大，因洋铁质量不如土铁，运到汉口就因成本过高而不能与土铁竞争了。又如洋纸，入侵后并不能排挤土纸，后来中国的机器造纸厂因敌不过洋纸，改造土纸（连史、毛边等），只是把手工工场挤垮了。也有些东西，如中药与西药，可说是“二元”，是平行发展的。至于互补理论，其实列宁在《俄国资本主义发展史》中就指出了。根据马克思的三阶段论，在资本主义发展初期，在工场手工业阶段，总是需要手工业作补充的；在大机器工业发展后，还有手工工场或资本主义家庭劳动为之加工、备料。这在中国工场手工业中最为常见。总之，中国这段经济史经验十分丰富，有待逐业进行详细研究。上海的同志们花了近 10 年时间，对手纺、手织作了比较细致的定量分析，找出它变化的过程和数据。其余的还待详考。

五　关于20世纪20年代危机和30年代危机

20世纪二三十年代（到1937年止）的问题，是当前争论最多的问题。这场争论是国外发动的，因涉及1927～1937年国民党的经济政策，有些问题很敏感。写民国史的同志最近召开学术讨论会，也讨论到经济问题，提出了很好的意见。下面，笔者就民族资本问题谈点不成熟的看法。

关于20世纪20年代时的中国经济，过去的说法是第一次世界大战结束，帝国主义卷土重来，于是民族工业就遭受打击，陷入危机。“卷土重来”的理论是这样证明的，从1920年起入超猛增，由大战前的1亿多海关两增加到差不多3亿海关两。但这里面也有个折扣，因为这个时期银价跌落，所以用海关两计的确增加很大。可是用金价计，1920～1929年进口值没有增加，反而有许多年是下降的。也可说正因中国货币贬值，对进口发生阻碍作用。例如棉纱，这期间由净进口变为净出口。入超是中国的亏损，可是如按国内物价指数修正一下，比起战前（1913）来，入超没有增加，反而减少了。这样，“卷土重来”理论也需要修正。

研究中国经济史的西方学者一般不承认中国有20年代危机，例如法国的白吉尔（M. C. Berger）就是这样看，他两次到中国来都和我们讨论过这个问题。据美国的罗斯基计算，第一次世界大战以前中国投资的年增长率为6.4%，战后的十几年是6.5%，还稍高了一点。珀金斯（W. Perkins）在其《中国农业发展史》里计算中国的工业产值，1921～1926年增长率为8%；章长基计算1921～1926年15种工矿产品年增长率为6.3%。他们用的都是1933年的不变价格，如果用当年价格，当然要高一些。他们都算到1926年，我们也算到1926年，因为1927年以后是国民党，算进30年代去了。

国内对20年代经济也有许多研究。最近张仲礼同志在《上海社会科学》上发表一篇文章，收集了20年代经济的许多资料，作了一个比较研究。看起来20年代的经济发展还是不错的。南开大学何立同志计算，1919～1927年民族资本投资增长率为7.5%，比罗斯基的计算还高一点。

对20年代经济应怎么看，是危机还是发展，是好了还是坏了，这是我们今天搞近代经济史的需要解决的一个问题。笔者认为要分段来说，不要笼统讲。1920～1922 年是发展的，说不上危机，尤其是纺织工业发展最快。这 3 年开了 35 家纱厂，等于过去 30 年所开纱厂的总数，纱锭差不多增加一倍。申新是这时候扩充的，永安是这时候开办的，而且也赚钱。但是 1923～1924 年的确不景气，东西卖不出去，工厂减少工时，丝业、卷烟业关门或停工的不少，也可以说是危机。因为据"危机"的一般概念，不是说关门才叫危机，入不敷出、资不抵债就叫危机。不过不景气主要在上海，这两年上海物价下降 4.1%。一般说物价下降就是市场不景气。可是华北、华南物价没有下降，华北物价还上升，所以不景气还不是全国性的。但是上海很重要，对工业影响大。1925～1926 年又回升了，而且回升的现象还比较好，是抵制英货、五卅惨案、抵制日货带来的工业的发展，这是健康因素，是好的现象。

30 年代指 1927～1937 年即国民党专政的 10 年（实际上是跨年代的）。这以后是抗战，形势大变。关于这 10 年，过去我们认为国民党一上台，就竭力扩充官僚资本，发公债，增税，使民族工商业陷入破产半破产。在"文化大革命"前搞行业史的时候，我们就对"破产半破产"发生了怀疑，因为一些主要行业并没有破产。缫丝、卷烟可以说半破产，纺织、面粉、电力、水泥、矿业等还是有发展的。而且，这个时候出现许多新工业，如南吴北范，化学特别是酸碱工业有很大资本，创办了过去没有的橡胶工业，日用品如搪瓷，原来是手工业，现在都有大厂，出现了几个大西药厂，机器织绸厂也是 30 年代建立起来的。这个时期的特点是大量借债。过去认为大量借债表示危机，现在则有人认为是信用制度进步了。如申新资不抵债，说它破产也可以。实际上申新并没有破产，厂还在，它最大的九厂就是在这时期建立起来的。债务多确是个事实，后来抗战一开始，通货一贬值，债务全还清了。

不过，30 年代确有危机，即 1931～1935 年，这是 1929 年开始的资本主义世界经济危机在中国的反应，不能否认。在此期间，物价下降（下降幅度大约 30%），市场萧条，存货积压，工厂停工减产以至关闭，资本家跳黄浦江自杀，都是事实。1934 年危机达最低点，1935 年开始有点转机，到 12 月实行法币政策以后，市场活跃，1936～1937 年上半年空前活跃。

过去我们认为这个危机是帝国主义转嫁所致，即认为它们把在世界经济危机中受到的损失转嫁给中国。现在看来，转嫁理论不一定站得住。因为1931～1935年洋货进口大量减少，减少了59%，入超竟减少了90%。但是，也有转嫁的因素。从价格上看，进口价格下降得少，出口价格下降得多，尽管差别不太大，也是不等价交换。外国人也多半承认30年代危机，但不承认转嫁。如美国人W. Rowe，认为除长江大水灾外，主要原因是政治动乱。我们也认为1931年长江大水灾是危机的重要原因，它使农民失掉购买力。还有，“九一八”东北沦陷也是一大原因。从纺织品来说，约有20%销往东北，东北市场沦陷，纺织业所受打击最大。东北又是中国唯一的出超地区，沦陷后贸易改观。另外，这期间农业生产衰退，农村金融枯竭，农村破产，这实际上是危机的最大原因。而这又与帝国主义的经济政策，特别是与美国的白银政策分不开的。中国国内市场主要靠农村，80%以上人口在农村。棉纱全部是销往农村的，布也大部分销往农村，橡胶产品（当时只是胶鞋）80%销往农村。农民失掉购买力，导致整个市场萧条。

研究这10年民族资本的状况，首先应弄清这一期间工业发展的状况。这时期工矿业资本中官僚资本很少，大概只占10%，主要是民族资本。章长基估计1926～1936年15种工矿产品平均年增长率为6.4%，这是西方常引用的数字。罗斯基估计国民党10年工矿业投资年增长率5.7%。这两个估计都不包括东北，但包括外资。这一期间，外国工厂增加得不太多。南开经济研究所何立同志估计1927～1935年民族资本增长率为8.9%。日本人从事这10年经济研究的人很多，但没有作这种估计。他们不少人研究行业，一般强调这时期的电厂、矿业、机器工业发展较快。他们不少人认为，这时期重工业有所发展，与蒋介石搞国防工业，依靠英美对付日本有关。中岛太一编写《中国官僚资本主义研究概论》，川井悟研究国民党全国经济委员会，他们都有这种看法。岛一郎在写《中国民族工业的发展》（1978年出版）时，注意到了30年代中国棉纺工业的技术改革。我们也注意到这一方面，并在“文化大革命”前做过调查。危机中进行技术改革是资本主义常例，因这时生产设备便宜。上海纱厂技术改革的结果，使得劳动生产率赶上甚至有时超过日本在华的纱厂。但范围极小，仅是大牵伸，用自动布机的都很少。日本还有位奥川哲，提出这期间江浙丝业也有改革，从蚕种到缫丝机都有改进。另如火柴业、卷烟业也有技术改进。这方面在整个经济中作用很小，笔者所以提出，是因为过去没人注意，而研究经济史应该对生产力状况做全面研究。

在研究30年代经济问题时，也涉及政治问题。国外的动向主要是为国民党统治翻案。杨格（A. Yang）写了一本《1927～1937年中国建国的努力》，从题目可知其目的。杨格是抗战前蒋介石政府的财政顾问，对这10年了如指掌，掌握了大量材料。但他在1971年发表本书，恐怕是有一定目的的。同时，台湾重印《经济公报》，那是30年代宣传政绩的出版物。据说还发表了建设委员会、经济委员会档案。最近，美国、日本都出版了讲30年代的著作。其中有相当部分是讲财政的，因为国民党最自豪的就是整理财政。北洋政府财政收入一年不到1000万元，经国民党一整理，1935年增加到12.5亿元。但是50%以上用于军费，近1/3用于还债。国民党政策的着眼点在财政收入，不在经济建设，这一点杨格书中也承认。还有个小柯贝尔（P. M. Coble Jr.），1980年出版了《1927～1937国民党政府与上海资本家》，讲财政特别是公债政策，对这点也有评述。

我们这里只涉及国民党经济政策中有关民族资本的方面。对下面几个问题，需要很好地进行研究。

第一是关税自主。即提高进口税。从1929年起提了四次，由平均4.1%提高到34.3%，出口税不动。过去我们说国民党的关税自主是假的，这一说法是站得住脚的。每次提高进口税都要同外国协商，英美答应了，日本不答应，对日货就不提高；海关也还是英国人管。但是，进口税收确实增加了几倍，这对民族工业有无保护作用？作用多大？需要分门别类、分时期地进行研究，并对结果做定量分析。过去只有郑友揆做过研究，那还是在解放前。近来日本久保亨发表了论著，国内也开始有人评论了。

第二是币制改革。即1935年的法币政策，包括废两改元。过去我们简单地认为这是中国货币的殖民地化，又为通货膨胀开辟了道路。其实不那么简单。这事当时就有许多文献和评论，近来又引起讨论，日本野泽丰出了专著，国内也有议论。看来基本上是肯定的。

第三是统税政策。过去我们是全面否定，因为它有利外商，工业资本家一体反对。这也是事实。但统税政策包括裁厘（子口税、复进口税、常关税），对流通有好作用，商人欢迎，消费者方便。它对生产的作用究竟怎样，也需要作详细研究。

第四是铁路、公路政策。1927～1937年修筑了3746公里铁路，对全国铁路实行了统一管理，辞退了各路的外国监督。同时，号称修筑了10万公里公路（过去几乎没有公路运输），开办了航空运输。过去我们只讲列强争夺铁路权和外债，修铁路是为了外国商品侵略，而对运输的经济效益不作研究。其实，到30年代时，铁路运输量已超过轮船二倍，占第一位的是煤，完全是国货；货物中价值最大的纱、布也主要是中国产品了。事实上，铁路对工商业的发展关系很大，运输和运价政策也要讲究。至于公路，过去我们认为国民党修公路只是为了“剿共”。这话太简单了。公路不限于江西。又修公路和公路运输是两回事，因为中国既无汽车又无汽油。江西省公路修得不错，但只有100辆货运卡车，其中60辆还是从事市内运输的。运输经济是我们经济史的一个缺门，希望有人在这方面下功夫。

（原载孙健编《中国经济史论文集》，中国人民大学出版社，1987）

对旧中国商业资本剥削问题的一些看法

影片《林家铺子》引起观众广泛评论后，报刊上刊载了几篇分析商业资本如何进行剥削的文章。一些文章着重说明了：流通过程不生产剩余价值，商业资本家不能从商品加价中取得利润，他们是分割产业资本家剥削工人的剩余价值，并剥削店员的剩余劳动，以实现这种剩余价值。同时，一些文章也指出：在旧中国，商业资本还剥削农民、手工业者和消费者。这些论点，按照政治经济学的原理，无疑是正确的。但我觉得对旧中国商业资本剥削的实质，还有必要作进一步的说明。现将个人一些粗浅的看法提出来，以求教于读者。

贱买贵卖　两面剥削

马克思一再指出，商业利润不能从商品加价中实现，但其前提是“把资本主义生产方式当作支配的生产方式假定”的。[①] 在资本主义社会中，商业资本是从属于产业资本的，是产业资本的一个可分部分，它也只能从产业资本那里分取一个平均利润。加价或其他欺骗方法，常会在买卖和平均过程中抵销，因为每个资本家都是卖者同时又是买者；而且，从整个社会来看，若用消费品抬价办法剥削消费者，则势必减少销售，否则就得提高工资水

① 马克思：《资本论》第3卷，人民出版社，1953，第345页。

平，因为资本主义社会消费者主要是工人阶级。

但在旧中国是否这种情况呢？旧中国产业资本很少，商业资本十分庞大，而商业利润又往往高于工业利润。因此，仅仅依靠从产业资本家那里分割剩余价值显然是不够的。怎样解释这种现象呢？

在旧中国，国民经济90%是个体的农业和手工业经济。建立在这种生产方式之上的商业本来是前资本主义商业，它的特征是独立于生产者，而不是从属于生产者。这种商业资本一开始就是作为“两个生产者间不可缺少的中间人，对双方都进行剥削”的，[①] 而其主要方法就是尽量设法贱买贵卖。在中国封建社会，这种商业资本是同地主和高利贷结合在一起的，其利润也是来自对生产者和消费者两方面的剥削，而两方面都主要是农民。所以，贱买贵卖、两面剥削，可以说是前资本主义商业的主要剥削方式。种种欺诈手法也可以包括在内，因为商品质量上的欺诈、衡量上的欺诈、货币上的欺诈，都可以还原为价格上的欺诈。

在旧中国，商业资本转化为从属于产业资本的过程远没有完成。许多商业，特别是农产品商业，仍然是独立于生产者的。许多专卖性和牙行性的商业，到“民国”还领龙贴。而那些地主、商人、高利贷三位一体的又购又销批零兼营的商店，仍然是农村商业的主要部分。贱买贵卖、两面剥削的方式也保留下来。1933年，毛主席曾把抵制这种商人的“中间剥削”作为革命根据地经济上“伟大的阶级斗争”的内容之一。[②] 到1949年，新华社在一篇论及“对于私人商业资本的正确认识”的社论中还指出：“每一次私人商业来活动同时不能不是对生产者和消费者的中间剥削。”[③] 1950年，《人民日报》的一篇社论中也指出，应当防止投机商业资本“对于小生产者与消费者封建性的剥削”。[④]

那么，商业资本对小生产者和消费者的剥削关系就没有变化么？不，有了极大的变化。这是因为，近代中国在商业上发生了一系列的新的事情。

---

① 《马克思恩格斯文选》第2卷（两卷集），人民出版社，1958，第312页。

② 《毛泽东选集》（合订一卷本），人民出版社，1964，第106～108页。

③ 《临清事件与国营商业》，《人民日报》1949年1月19日。

④ 《如何调整公私工商业关系》，《人民日报》1950年6月8日。

从都市到农村买办的和商业高利贷的剥削网的形成

首先是来了外国侵略者。他们是外国的垄断资本，但是以殖民贸易即洋行资本的形式在中国出现的。这种商业资本也是独立于中国的生产者，并且君临于他们头上的。

其次是出现了洋行为了侵略的必要所造成的买办资本。买办有多种，但这里仅说商业买办资本，即洋行买办间的资本、洋行的独家或地区经理行的资本和官僚资本的商业。

再次是适应殖民贸易的需要而出现的新兴商业资本。经营进口货的多称字号，经营出口货的多称行栈。它们有的是由封建商业转化来的，但多数是新生的。如上海的洋布字号即非由原来的土布商人转化的，而土布商直到消灭也绝少经营洋布。进口粮食最多的广州，洋米行最初也不由原来的米商转化来，而是由主营猪食的糠行中分出。新行业如纱、煤油、西药、机器等更是如此。出口行栈中，大户如茧行的永泰以及产地南浔的“四象八牛”也大都是新生的。新行业如蛋品、花边、草帽等更是如此。

最后，随着民族工业的发展，也出现了为民族产业资本实现剩余价值的国货商业。它们中有一部分还没有完全从产业资本中分离出来，如棉纺厂、面粉厂、卷烟厂所设收购原料和推销成品的“外庄”。但也有些国货商业并未完全从属于产业资本，如橡胶业和纸业。

这样，就在市场上，出现了多种商业资本并存的局面。它们剥削的对象，有城市工人阶级和部分小资产阶级，而主要是中国最广大的生产者和消费者，即农民和手工业者。这样，各种商业资本就在市场上，在流通过程中，联系起来。同时，各种借贷资本如外国银行、中国银行、钱庄、高利贷者，也出现了并存的局面。于是，就以外国银行和洋行为首，“从中国的通商都市直至穷乡僻壤，造成了一个买办的和商业高利贷的剥削网”。①

这个剥削网的剥削方式，总的说来，还是以贱买贵卖、两面剥削为主，特别对农民和手工业者说来是如此。但是，它包括有不同的商品流通渠道，情

① 《毛泽东选集》(合订一卷本)，第592页。

况复杂化了。各种商业资本事实上都参加到这个剥削网中来，但它们所处的地位和剥削程度是有所不同的，有的成为它的主干，有的则形成一些支脉。

进出口贸易中商业资本对农民的剥削

进出口商品的流通，是这个买办的和商业高利贷的剥削网的主干。帝国主义对华贸易是不等价交换，进出口价格剪刀差不断扩大，其剥削大部分是直接间接地对着农民。但这里只说进出口商品的国内流通，把洋行的剥削也除外。在这个流通中，农民一方面是作为进口货的消费者，一方面是作为出口货的生产者，他们是受各种商业资本剥削的。

进口商品如棉布、百货，从通商都市到农村，一般经过字号、客帮、批发、零售四个基本商业环节；实行地区经理的如煤油，洋行、买办资本下伸，可减少一两个环节。出口商品如丝、茶、蛋，从农村到都市，一般经过小贩、客贩、行（或庄）、栈（或厂）四个基本商业（或加工）环节；边远产区的如皮毛，还要增加一两个环节。但无论进口或出口，从资本的运动说，都是从剥削网的都市这一头开始的，整个剥削是由洋行、买办这一头发动的。在这一头，有跑街、经纪人、交易所等商业资本参加进来，又有银行、钱庄资本参加进来，如收购春茧，银行、钱庄放款达一两千万两，利润高达4%左右。而在剥削网的那一头，则有二批发、二道贩和牙行、客店、买卖手等商业资本参加进来，又有高利贷资本参加进来，如茧农用“小满钱”，从春初到小满收茧，利息达20%。此外，还有运输、仓储、保险、报关等环节，从略。

进口商品的流通中，商业利润有些是佣金形式，大部分是毛利加成，从城到乡，在20%～30%；但这不是全部剥削，下面谈工业品时再说。出口商品则极复杂。如茶，价格决定于伦敦，但洋行用开盘杀价办法，一般至少压价10%。通过茶栈，佣金、茶样、吃磅、扣息、杂费等合茶价20%以上，其中洋行、买办得大部，茶栈约得二成。再通过茶号，佣金、折秤、洋厘、利息以及各种敲诈勒索无以数计；再加上茶客、茶贩、高利贷等剥削，恐亦在20%以上。丝也有类似情况。茧价决定于国外丝价，但茧行放盘杀价的剥削又甚于茶，因茧十日后就要出蛾，农民必须在几天内售脱。浙江农民养蚕成本一般是一担茧合三担半米，在1935年合42元。而该年永泰丝厂垄断了400多家茧行以平均20元的价格收茧，农民每担茧要亏22元，而永泰获利则高达200余万元（包括加工中对工人的剥削）。

总的看来，农民作为生产者所受的剥削，大约要重于作为消费者所受的剥削。不仅因为进口商品农民只消费一部分而出口主要是农民产品，并且因为这种出口商品的生产改变了剥削的性质。原来地主对农民的剥削基本上是使用价值的剥削，因此，“剩余劳动就要为一个或大或小的需要范围所限制”。[①] 当他们变成为出口而生产的时候，帝国主义、地主阶级和各种商业资本争相掠取交换价值，剥削就变成无限度的了。农民“一旦卷入资本主义生产方式所统治的世界市场，产品的国外销售一旦发展成为主要的利益，那就会在奴隶制度、农奴制度等野蛮虐待之上，加上过度劳动的文明虐待”。地主、资本家对于旧中国的茧农、茶农，特别像东北种植大豆的农民（那里几乎成为单一作物制）的剥削，正如马克思所说的美国的剥削者对于黑人那样，问题已经不再是从他们身上“榨出一定量有用的产品”，而是“剩余价值生产本身了”。[②]

工业原料和粮食流通中商业资本对农民的剥削

上面关于出口商品的话，也适用于工业原料。在这里，是工业资本家、地主和商人把农民变成剩余价值的生产者。工业原料的流通方式和商业剥削情况，与出口商品基本相同；这里仅对棉纺厂、面粉厂、卷烟厂直接收购棉花、小麦、烤烟这一形式略作补充。这些工厂的“外庄”，有的划定资本，有的不划定资本，但对农民来说都是独立于他们的商业资本。外庄深入农村，但收购时也多是经过“行”和“贩”两个以至三个环节。“行”大都是当地地主经营，收取佣金和打包、堆栈等利润；“贩”则多属介绍成交性质，主要向卖方勒索。主要剥削方法也是开盘杀价，而吃磅压级又甚于出口商品，如申新纱厂单购棉“磅余”利润就曾占其全年利润一半。由于买主

① 马克思：《资本论》第1卷，人民出版社，1963，第236页。

② 马克思：《资本论》第1卷，第237页，着重号是原文所加的。

都是大厂，并可联合垄断，如上海各面粉厂1906年就订了“办麦条款”。

看来，这种剥削是工业资本家站在剥削网的这一头，发动剥削的，但实际上也和帝国主义分不开。在烤烟，是英美烟公司控制着市场。在棉花和小麦，收购价格是听命于总公司电报，而这种电报又服从于纽约的行情。甚至完全采用国产棉花的裕华纱厂，资本家也有这样一个报告：今年陕棉歉收（这意味着单位产品中农民的劳动量增大了），但“幸喜美埃棉花均告丰产”，因而仍能大压棉价。而在1947年，由于“美援”棉花和国民党的外汇政策，竟把棉价压到1∶13的花纱比价（通常是1∶4），农民受到奇惨的剥削。因此，这种流通虽然没有洋行、买办参加，也可视为整个买办的和商业高利贷剥削网的一个支脉（它们在收购中也都有借贷资本参加进来）。

粮食流通中的剥削，以安徽米运上海为例，须经六个商业环节，商业利润占农村米价66%，再加上运费、运商利润和流通中的捐税，共合农村米价的129%，尚不计囤积、投机倒把等利润。[①] 这种种剥削的受害者大都是农民和城市消费者（主要是工人阶级）。对农民最主要的剥削方法是压价和预买青苗。农民粮食大约有一半是以卖青苗方式出售，其价格又低于收获季节价格约一半。

这种剥削是在封建社会中老早就有的。但在封建社会中，农民粮食的商品量是很小的，城乡流通中的粮食主要是租赋贡米。农民粮食的商品化，是由于通商大都市的发展和租税的加重，以至农民不仅出售余粮，还被迫出售口粮，而这些又都是和帝国主义的侵略分不开的。从一些米市的演变可以看出，站在剥削网的这一头，发动这个剥削的已不是原来的米商，而是上海、广州等大城市的官僚买办和大资本家了，最大的“粮老虎”也不是出现在原来的四大米市，而是出现在通商码头了。

工业品流通中商业资本对农民和其他小生产者的剥削

长期以来，民族纱厂的主要销售对象是农村手撮户。日用品生产中，民

① 参看邹大凡、吴智伟、徐雯惠《论旧中国粮食价格的形成》，《新建设》1965年第7期。

族资本家对帝国主义商品采取“让路”的办法，其中又多半是改制适销农村的产品。在这些商品的流通中，农民和其他小生产者是作为消费者，受商业资本的剥削的。其流通方式同前述进口商品大体相同，工农产品价格剪刀差的扩大，作用也和进出口价格剪刀差相仿，并相联系。但究竟它的买办性较小，所以是整个剥削网的一个支脉。

这种剥削也十分严重，以致使觉悟了的农民把购买某些工业品列为禁令，毛主席称之为“对于城市商人剥削之自卫”。[①] 但是，单从工业品由都市到农村的价格变化看（差价 20% ~30%），不能表现其剥削程度。这是初级市场价格，不是农民实际负担。工业品和前两节所说农产品不同，它在销售市场的价格要受成本价格（进口货是到岸价格）一定的约束。按理，层层中间商的剥削主要不过是分取产业资本家的利润。一件名牌商品在集镇的售价是不能同在城市相差太大的。可是层层中间商绝不会满足于分取这种有限的利润，他们用商业信用和投机手法把剥削加进来，最后由零售商向消费者索取。后者也不是单纯从价格上索取，而是用种种对消费者欺骗的手法。这种欺骗，不同于农产品贸易中的陋规。陋规是由习惯定下来共同遵守的东西，有行会性。这种欺骗则全凭资本家的狡诈，无恶不作，它实际是资本主义的产物，正如马克思论商品掺假所说，是自由贸易本质上意味着的东西。[②]

对消费者的欺骗（如大减价、大放尺之类）主要行之于城市，农村商人也逐渐采用。而在农村，更多的是那些地主、商人、高利贷三位一体的商店，他们出售工业品常常不是收取价款，而是在一定时期后向农民索取谷麦等农副产品。这样，封建势力、商业、高利贷三种剥削也结合起来，利润达50%左右。在牧业区，商人以工业品换取牧民的畜产品成为惯例，利润往往更高。

欺骗之外还有垄断。垄断价格是对消费者的直接掠夺。不要以为垄断都要垄断资本。在一个农村小市场，任何商人都能垄断某些工业品，愈是穷乡僻壤愈是如此。此外，灾害、战争、政治变动以至一家的婚丧嫁娶，在商人

---

① 《毛泽东选集》（合订一卷本），第 38 页。

② 马克思：《资本论》第 1 卷，第 252 页。

手中都能变成垄断资本，而乘人之危更是利润的最好来源。

工业品中，商业资本对农民和小生产者的剥削还有另一渠道，即以包买主形式控制小手工业者和家庭劳动。这也是买办的和商业高利贷剥削网的一环。在包买主形式中，买办性较小，而高利贷性很大，商人在发原料时是作为实物贷放看待的；又如杭嘉地区织袜业中流行的租机制，月租达机价的20%，是一种极残酷的高利贷。① 商业资本控制的家庭劳动，主要是出口商品的生产，如抽纱、刺绣、草帽等，有洋行、买办参加，买办性又是很大的。

剥削网中各种商业资本有联系又有区别

在旧中国从通商都市到穷乡僻壤的买办的和商业高利贷的剥削网中，各种商业资本这样或那样地联系起来，结合在一起。从资本的本性即无厌的剥削这一点说，各种商业资本都是一样的，他们剥削的对象也大体一致。但是，各种商业资本之间仍然是有区别的。

它们在这个剥削网中的地位是有所不同的。这个剥削网，总的说是帝国主义所造成的。占主导地位和发动剥削的是帝国主义的洋行和银行资本，以及它们所豢养的官僚买办商业资本。其他中国商业资本，则主要是由于旧中国半殖民地半封建的社会性质，由于民族工业得不到发展。不能建立独立的市场，而卷入到这个剥削网之中，成为它的组成部分，或者形成它的一些支脉。

官僚买办以外的其他中国商业资本中，也有区别。它们有的买办性较浓，有的封建性较强，有的民族性较多。在剥削这一点上，它们都是同工人、农民和其他劳动者处于对立地位；但是在整个社会矛盾中，它们所处的地位又有所不同。毛主席曾指出：“伴随着帝国主义的商品侵略，中国商业资本的剥蚀，和政府的赋税加重等情况，便使地主阶级和农民的矛盾更加深刻化……”；同时指出：“因为外货的压迫，广大工农群众购买力的枯竭和

① 关于出租机器给家庭工业的高利贷性质，参见马克思《资本论》第3卷，第776页。

政府赋税的加重，使得国货商人和独立生产者日益走上破产的道路。”①

从各种商业资本对于国民经济发展的影响来说，也是有区别的。官僚买办商业资本，从属于旧中国最反动的生产关系，同帝国主义和封建势力一起，阻碍中国生产力的发展。它们垄断市场，在一切投机倒把、破坏国民经济的活动中，都是居于主导地位。其他中国商业资本，也有严重的投机性和破坏性，但比起官僚买办商业来，地位是不同的，有时它们也会受到限制。

官僚买办以外的其他中国商业资本对国民经济的历史作用也不是一样的。那些随着民族工业的发展而出现的为民族产业资本服务的商业，对促进生产力的发展和抵制外货侵略，有一定的积极作用。旧式商业资本，原来负担着城乡交流的任务，在外国资本主义初入侵时，它们对洋货曾予抵制，但不久即变为买办的和商业高利贷剥削网的组成部分了。新兴的商业资本，则自始就是这个剥削网的组成部分。这两种商业对中国国民经济说，都是独立发展的商人资本，它们不从属于产业，并常支配产业。正如马克思所说：“商人资本的独立发展，与社会一般经济的发展，是成反比例的”，“在商业资本仍然支配着的地方，腐旧的状态就会支配着”。②

商业资本又是资本主义生产方式建立的前提。在这方面，中国商业资本有很大的局限性。商业利润经常高于工业利润，商业资本转化为产业资本的不多，而旧式商业资本又比新兴的商业资本表现了更大的落后性。例如，纱厂的创办人或主要投资人中有100多个是商人，其中只有3个盐商、2个米商，其余大都是新兴的商业资本家或者已经买办化了的钱商。

（原载《光明日报》1965年9月27日《经济学》副刊）

① 《毛泽东选集》(合订一卷本)，第98页。

② 马克思：《资本论》第3卷，第405、404页。

从一家商店看商业资本的一种特殊形态

一

最近我们在北京瑞蚨祥做了几个月调查。调查这家著名的绸布店，原是为了解它的社会主义改造的过程，可是，它那不平凡的百年史同样吸引了我们。

我们知道，商业资本是历史上最初的资本形式，在封建社会末期，它会由小生产者交换商品时的媒介变为小生产的支配者。然而在资本主义生产方式下，商业资本失去了先前的独立作用，它成为产业资本在一定发展阶段上分离出来的部分，从属于产业资本并为之服务。政治经济学不能具体讲到：(1) 当资本主义生产方式虽已有所发展但还不占统治地位的时候，商业资本是怎样一种形态呢？(2) 虽然资本主义生产还不占统治地位，但外国资本主义的商品已支配这个市场，原来古老的商业资本又具有何种性格呢？这两种情况，是典型的半封建半殖民地的情况。我们试图从瑞蚨祥的传说中（因为它的全部历史记录已卖给造纸厂，我们只有相信老年职工和私方人员的记忆），来探求一些线索。

当马克思指出商业资本是产业资本在发展中分离出来的一种职能形态的时候，他一再强调：第一，他是就社会总资本来考察，社会总资本的一部分总要继续当作流通资本存在市场上；第二，他是把这种资本的其他职能

“剥掉、去掉”，以便“得到它的纯粹的形态”来研究。[1] 可见，在实践上，商业资本的发展变化是有它具体的历史过程，是会有复杂的形态的，而不会是像某些著作由于叙述过于简略而给人的那种印象，仿佛资本主义生产方式一确立，先前的商业资本就倏忽不见了，另外分离出新的商业资本来，或者先前的商业资本就摇身一变为现在的形态。

我想提出这样一个看法：当市场已由于资本主义商品生产（先不管是国内的还是外来的）的发展而扩大，但小生产在整个国民经济中还占优势，封建制度还基本保存着的时候，原来前资本主义的商业资本是处在一种过渡的形态中；标志这种过渡特点的，是它在内部和外部经济关系上所表现的两重性。我国解放前的城市棉布市场就是这样一个市场，而瑞蚨祥则是这样一个典型资本。

二

先说内部关系。这包括资本家之间的关系和企业内部的阶级关系。

在19世纪末叶和20世纪初期，瑞蚨祥纯然是一个家庭企业。它在全国6个城市的二十几个企业都是山东章邱县旧军镇孟家的族产。这个家族的企业家孟洛川是全部财产的支配者和全家三房子弟的监护人。在这种家长式的经营下，瑞蚨祥一家又一家地打败了它的竞争对手瑞生祥、瑞林祥、祥义、谦祥益；它的资本像滚雪球一般每三五年就翻一番。但是，到了20世纪20年代，特别是在孟洛川老死前后，这种资本的组织和管理形式就日益与它的积累方式不相适应了。大房人多，开支大，向企业用钱多；二房不甘心，就比着开支；三房怕吃亏，也拼命向企业要钱。他们支走的钱并不完全消费掉，而部分拿去搞自己的小家当，一时开了七八个各房“私有”的店铺，而对“公有”的瑞蚨祥日益冷淡了。资本积聚过程中出现了资本分散过程。家庭资本制度维持不下去了，它竭力要求“无情地斩断”那些“天然尊长的复杂羁绊”，向“赤条条的利害关系”和“冷酷无情的现金交易”[2] 转

① 马克思：《资本论》第3卷，人民出版社，1953，第323～324页。

② 马克思、恩格斯：《共产党宣言》，人民出版社，1953，第35页。

化。但是，瑞蚨祥迟疑起来了，传统和保守势力使得孟家没有一个人敢于出来大胆地彻底改革它的资本组织（例如改为股份公司制）。它停留在这样一种制度上：资本已分为三股（还保留一个共有股），但不仅三股数目相等，每股的"顺带"（即每年红利转存入企业部分）也相等，从而对企业有平等的支配权，并使剩余价值的资本化保持平等均势。这种平等，是与资本主义发展不平等的原则，与资本主义积累一般规律的要求不相适应的。这虽然不是1926年以后瑞蚨祥走上下坡路的主要原因，但是也是原因之一。"竞争与信用"，是资本"集中的两个最有力的杠杆，是与资本主义的生产和积累，依同比例发展起来的"。[①] 瑞蚨祥在"竞争"上是高明的，但在"信用"上则极不彻底。从资本家之间的关系看，瑞蚨祥是在资本主义濒于灭亡的时候，即在1954年实行公私合营的时候，才完成它资本主义的最终形式，这时私股归个人所有，股东之间完全是金钱关系了。

瑞蚨祥的东家并不自己经营企业，而是把资本委托给领东掌柜（即"西方"）经营。按照过去这类商业的惯例，东西方之间要订立契约，东方出资，西方出人，共分盈利；非致资本亏蚀，东方不得要求散伙；散伙时须清理资产，并分给西方一股应得部分。这是一种人与人之间的合伙关系。瑞蚨祥则不然，它东西之间没有契约，东方随时可解除西方（事实上也这么做过），并且东方还可直接担任企业职务（孟洛川即自己任过"总理"），因此西方称为"水牌上的经理"（意思是随时可被解聘）。这样，西方已失掉了对资本的一份最后支配权，合伙关系破坏了，东西之间已近似于现代资本主义企业中资本家与资本家代理人之间的关系了。但是，人与人之间的关系并未完全消灭，西方还保留着吃人力股的形式，按股分红，而不是支取薪金和酬劳金。这形式产生新的矛盾。西方既不像旧式商业资本那样有契约保障，又不像完全资本主义企业那样有固定收入，他们就竭力在分红上打主意。这种矛盾曾促使瑞蚨祥的财务制度发生若干变化，变化虽然不大，但方

① 马克思：《资本论》第1卷，人民出版社，1953，第789页。信用制度是"跟着资本主义生产"生产出来的"一个全新的力量"。"这种制度，最初只是偷偷摸摸地……把那些以大量或小量分散在社会表面的货币资源，牵引到个别的或结合的资本家手中。但不旋踵间，它就变成了竞争战上一个新的可怕的武器；最后，更转化为资本集中上一个大得惊人的社会机构"。瑞蚨祥显然还没达到这"最初"阶段的完整形式（股份公司），并且，为了防止意外，孟家曾订出这样一条规矩：瑞蚨祥的任何经理人都不准向外边借款。

向总是朝着进一步资本主义化的道路走。这种矛盾也几乎使瑞蚨祥的分红制度发生变化，但终因西方力量薄弱，变化未能完成。因此直到解放以前，东西方之间始终保持着两重性的关系。

在企业内部的阶级关系上，它的两重性就更明显了。瑞蚨祥的店员有两种，即所谓内伙计和外伙计。外伙计是纯粹工钱劳动者。他们系由当地市场随时雇进，并随时被解雇。雇进时甚至对工资可以自由议价（当然，在失业军威胁下这种自由只是名义上存在），解雇时也无须任何理由。但外伙计人数很少，占店员数量最大的内伙计，情况就复杂了。从一方面看，他们和外伙计一样是企业内的劳动者，同样担任商品流转中的主要劳动（虽然和外伙计有分工）。他们的工资一般不高于外伙计，有时还低些。他们的劳动强度也和外伙计一样，有时还更繁重些。所以他们和资本的关系，基本上也是雇佣劳动的关系。但是另一方面，内伙计都是在瑞蚨祥学徒出身的，他们和掌柜（西方）有师徒之谊。学徒又都是在山东章丘挑选，并须有殷实保荐人，所以他们在来源上，不存在劳动力自由市场；事实上，他们大都与东家或掌柜非亲即故。而更重要的是，瑞蚨祥的掌柜（西方）都是从内伙计提升的：内伙计先被“记名”，过几年就给“开股”，以后就不支工资而分红利了；他们也就不再被称为“大哥二哥”，而被称为“大爷二爷”了。这就在内伙计中产生一种“时来鱼化龙”的思想，内伙计与资方之间有了一条通路，好像是一家人。由于这几层原因，内伙计在企业内居于一种特殊地位，他们和外伙计之间也划了一条鸿沟。资方也时常这样比方：内伙计是亲闺女，外伙计是小媳妇。

事实上，内伙计的这种特殊地位，不过是在资本主义剥削关系之外，加上（也可说保留着）若干封建性剥削关系而已。正因为他们大都和资方非亲即故，在瑞蚨祥流行着这么一句话：“号里不见家里见”，即内伙计如果触犯资方，任你走到哪里都逃不脱资方掌心。正是由于他们有“鱼化龙”的前途，资方才可以把他们的工资降到外伙计水平以下和加强他们的劳动强度。正因为他们和资方有师徒之谊，资方才可以在经济剥削之外加上人身剥削；例如每当东家家里有红白喜事的时候，他们就要被派去“当差”，有的一去就是半年。封建剥削总是戴着“温情脉脉的纱幕”，正如同资本主义剥削总是穿着自由平等的外衣一样。这就是“亲闺女”地位的由来。事实上他们之中得被提升为掌柜的不过十之一二，而且绝大部分是吃一厘股或一厘多一点的小掌柜。这种小掌柜的分红收入并不比他们原来的工资收入高多少；他们在企业中也管不了什么人，主不了什么事，实际是处于职员的地位，仍参加劳动。对绝大多数内伙计来说，“鱼化龙”的前途不过是个美丽的幻想。可是，未来的幻想却预支着现实的劳动力；这正是内伙计制度巧妙的地方。也可以这么说，这种过渡型的两重性的剥削关系，较之旧式商业资本劳动制度和较之现代资本主义剥削制度，都更适合于50年前北京的社会经济形态。它是瑞蚨祥资本积累的重要支柱。

但是，内伙计与资方之间的这种两重性的关系是逐渐地，虽然是缓慢地变化着的；变化的趋势是封建关系一面逐渐动摇，资本主义关系一面逐渐发展。最明显的是在1926年和1942年瑞蚨祥职工两次组织工会对资方进行斗争的时候。这时内伙计和外伙计之间的隔阂消失了，他们肩并肩的投入战斗。第一次斗争是以反对封建象征的“铺规”、争取业余时间人身自由为中心。到了第二次，则内伙计也同样面临着被任意解雇的危机，他们和外伙计一样投入了要求职业保障和改善工资的罢工。就业和工资问题的提出，说明他们与资方之间的关系已经资本主义化到怎样程度了。但是，每次斗争失败后都有一个复辟，封建统治重新笼罩着瑞蚨祥。瑞蚨祥的种种封建性的制度，直到解放时还是基本上完整地（至少在名义上）被保存着的；它是在社会主义革命阶段，在企业的社会主义改造过程中，才作为“无产阶级革命的、社会主义工作的‘副产品’顺便解决了”。[①] 1952年以后，内外伙计的界线不复存在，被提升吃小股的小掌柜也纷纷“归队”，退股加入工会了。

三

再说外部关系。这包括瑞蚨祥与产业资本的关系，它与外国资本和与当时政权统治阶级的关系。

瑞蚨祥是靠山东寨子（一种土布）起家的。19世纪末叶，它已以“包

① 列宁：《十月革命四周年》，《列宁全集》第33卷，人民出版社，1957，第35页。

买主”的身份支配手工业者的生产了，那时它是经营布庄（批发）的。可是 1893 年以后，它把资本转移到洋布零售和绸缎百货上去了；1900 年以后，土布在瑞蚨祥的经营中日益消失，它的货架上绝大部分是中外著名工厂的名牌货。无疑地，瑞蚨祥是为资本主义生产服务的，是作为职能资本为产业资本实现剩余价值的。这是它主要的一面，但不是全部。

瑞蚨祥与产业资本另一方面的关系可以从它的进货方式来考察。直到抗日战争以前，瑞蚨祥进货的方式主要是每年两次派人到上海等地选购和在上海驻庄采购。它也向一些厂家定织，有些工厂甚至变成专为它加工的工厂，匹头上织上“瑞蚨祥”字样。瑞蚨祥还有它最负盛名的独门货“双青布”，这是瑞蚨祥用上好坯布找染坊染色、踩坊踩制和自己“闷色”的。除定织外，瑞蚨祥还经常提供厂家品种花色的意见，许多工厂在设计新产品时都先征求瑞蚨祥的同意，或将图样交瑞蚨祥审阅。总之，在这里我们看见的是，作为一个商业资本，它还残存着一定的独立性，并且在某种程度上，甚至对一些可怜的民族产业资本起支配作用。

这种特点也表现在它的经营管理上。一个商店，按说顶要紧的是销货。可是我们发现，在瑞蚨祥的经营管理上，毋宁说更着重于进货。它的各部门头目，如洋货头、绸头、广货头等，都是主要管进货的。特别是它培养学徒也是从管货开始，而不学卖货，学满出师后即担任采购、保管、整理、送货等工作，而售货任务完全委之于临时雇工性质的外伙计。在瑞蚨祥的经营上似乎存在着这么一条原则：只要进货对路，适合消费者口味，至于推销技术，倒是余事了。这和现代资本主义商业是有所不同的。在现代资本主义制度下，商业不过是产业资本的推销员，生产什么必须销掉。由于生产上经常出现“过剩”，商业上就必须千方百计地讲求推销技术，包括大广告、大赠奖、大放尺、大甩卖以及种种“制造购买力”的办法（如分期付款等）。而这一切，都为瑞蚨祥所不取。它从不登任何广告，更无论其他了。我们知道，纯粹商品流通费用是随着资本主义的发展而逐步增高的。在瑞蚨祥，我们也看到它的营业费用占销货额的比重率在几十年间逐渐增高，但比之一般更资本主义化的商店（如比之上海协大祥）还是低的。

瑞蚨祥经营的商品，尤其是在 1926 年以前它大发展的时期，是以外国货为主；那时棉毛织品中外国货占 80%，绸缎中外国货也不少。当时的北京，有许多新奇的洋货是唯有在瑞蚨祥才找得到。以瑞蚨祥这样一个十足古老气的商店和外国资本结合起来，是饶富典型意味的。在某些意义上，瑞蚨祥简直是半殖民地半封建的缩写。在这里，瑞蚨祥的两重性就更复杂了。当然，它不同于纯粹买办商业资本，不只在经营管理上，在进货方式上它也不作外国洋行的独家经理，不拿佣金，不赊购。但是另一方面，上面所说的那些对产业资本的作用，在遇到外国资本时，却大部分消失了。

瑞蚨祥怎样为外国资本服务呢？作为一个商业资本，它的职能是为产业资本实现剩余价值，并分取产业工人（在这里应当是外国产业工人）的一部分剩余劳动。但对瑞蚨祥来说，这未免太天真了。这里，我们最好把历史追溯得更远一点，从瑞蚨祥的大发展时期来考察。

瑞蚨祥的资本，主要是在庚子事件（1900）以后二十几年间以疾风骤雨之势发展起来的。这时候，一方面“欧风东渐”，洋货大量倾入市场；另方面，行将没落的阶级像奉行指示一样必然地日趋穷奢极侈，过去不出闺门的夫人小姐也争着穿戴起来走进社交场。瑞蚨祥就是在这种空气和土壤中茁长起来的。它是一个专门供应上层社会高级消费品的商店，文明阶级的豪华生活需要它，外国商品倾销也需要它。但是，这只是事物文明的一面。它的另一面是：整个瑞蚨祥发展的时代，是帝国主义瓜分中国、封建军阀大混战的时代，一个劫掠的时代。四亿人民颠沛流离、家破人亡，造成了军阀统治阶级的繁荣；被搜括的人民财富集中在少数人之手，集中到北京，这就是瑞蚨祥资本积累的主要来源。但试想一下，这种集中，何尝不是帝国主义侵略中国所预期的结果，何尝不是他们对殖民地贸易所赖以扩张的基础呢？殖民地贸易的丰硕利润，主要不在于商品生产过程中的经济剥削（剩余价值的生产），而主要在于对殖民地财富以经济外的力量（军阀战争是其形式之一）的集中；不过这种集中最后是通过商品买卖的形式纳入帝国主义之手罢了。瑞蚨祥正是担任这最后一步任务的。当然，瑞蚨祥是为产业资本实现剩余价值的，但更重要的毋宁是为它们实现殖民地掠夺的价值。瑞蚨祥的利润和资本积累，与其说是来自外国产业资本利润的分割，毋宁说是来自帝国主义对殖民地贸易不等价交换的余肥。

从这一点也可以看出，这一时期瑞蚨祥神话般的发展，也无非是一种资本原始积累的过程。它那三五年翻一番的惊人利润，总不脱暴力的因素，只是十分间接而已；真正资本主义剥削（剩余价值生产），还不占主要地位。但是，1927年以后，当瑞蚨祥逐渐走上下坡路，它的货源也逐渐改变为以国内工厂的产品为主的时候，它资本积累的性质也就有了某些改变。它的真正资本主义化的过程，这才加速了。

这里，我们已经说明了瑞蚨祥与当时政权统治阶级的关系了。事实上，瑞蚨祥不仅是以当朝皇室、军阀、达官贵人为它主要的服务对象，而且还真正和他们有政治上和经济上的往来。孟洛川据说是不愿当山东督军才出任袁世凯的参政的，他的次女嫁给了徐世昌的侄子，长孙娶了曹锟的孙女。历来的大军阀，都在瑞蚨祥有存款。当斯大林论述那时候中国商业资本的性质时说："这种原始积累型的商业资本在中国农村中是和封建主的统治、和地主的统治独特地结合着的……"[①] 不错，他是说中国农村中的商业资本。但他接着说："所有的军阀、督军、省长以及现在一切残酷的进行掠夺的军事和非军事的官僚，都是中国这种独特性的上层建筑。帝国主义支持着并巩固着这整个的封建官僚机器。"[②] 就瑞蚨祥来说，它这种性格和农村商业也没什么两样。

前年我在一篇文章中曾说："旧中国的民族商业资本，从它们的性质上看，大体可以分作两种类型：一种是较多地带有买办性的，一种是较多地带有封建性的。"[③] 虽然那时我也说："这些行业较多地带有封建性，不是说它们完全没有买办性。"[④] 但是，那篇文章中，总的看是对于民族商业资本这两种性格对立的一面谈得多，统一的一面讲得少，对半殖民地半封建型的、过渡中的商业资本的复杂性认识不足。瑞蚨祥提供了一个典型例子，它可以补充和改正那篇文章的若干论点。

（原载《经济研究》1958年第5期）

---

① 《斯大林全集》第9卷，人民出版社，1954，第218页。

② 《斯大林全集》第9卷，第218页。

③ 吴承明：《中国民族资本的特点》，《经济研究》1956年第6期，第128页。

④ 吴承明：《中国民族资本的特点》，《经济研究》1956年第6期，第133页。

开展私营工业改进品质、革新技术的工作

一 改进品质、革新技术是私营工业进行社会主义改造的一个主要内容

最近已有不少地方在当地政府和工会组织的领导下，开展了私营工业改进品质、革新技术和制造新产品的工作。这工作是十分重要的，工商界应该积极地参加这一工作。

几年以来，在中国共产党和人民政府的领导下，私营工业的生产有了很大的发展，它的产值 1953 年比 1949 年增加了一倍以上。但是，自国家进入大规模的经济建设之后，私营工业产品不适合国家需要的情况也日趋严重起来。随着国家工业化的发展和人民生活需要的改进，私营工业产品质量低、规格陈旧、技术落后的弱点就日益暴露，他们在部门与部门间、产品与产品间不平衡和矛盾的现象也日益严重。例如，过去几年来，私营机器制造业、电机制造业等的发展是很快的，它的产值平均每年增加一半左右，但目前这些行业在产销上都存在着不同程度的困难，它们的生产规格和技术水平已赶不上国家工业化发展的需要。国家需要新式的、大型的、高效率的机器，而它们只能是生产旧式的、小型的、规格落后的机器，乃至在轻工业品的生产中，也逐渐出现类似的情况。许多工业品因为质量次、成本高而积压起来；或因受原料限制，或因市场发生变化，不能及时改用代用品或改变品种，以

致生产陷入困难。

我们应该提高一步认识，这种现象正是社会主义生产与资本主义生产之间矛盾的表现。社会主义生产是根据国家计划的需要进行的，同时社会主义生产是建立在不断提高的技术水平的基础上的。私营工业如果不改变它们的产品、质量和规格，就无法适合国家计划的需要；而任何越出计划以外的或无计划的生产，都可能造成国家的浪费。同时，私营工业如果不改变它的技术落后的状态，它就不能为纳入国家计划准备条件，它就不能为纳入国家资本主义轨道、进行社会主义改造准备条件，它也就不能最后过渡到社会主义去。产品不适合国家需要已成为目前许多私营工业要求实行公私合营的障碍之一，也成为国家对它们扩大加工订货的障碍之一。因此，提高品质、改进规格、制造新产品并不是单纯的技术问题，而是私营工业进行社会主义改造的一个重要的内容，也是一个必要的步骤。

二　几个应该注意的问题

为了进一步开展私营工业的技术革新工作，我们提出以下几点意见，供大家参考。

第一，技术革新工作必须与企业的社会主义改造相结合。一切生产上和技术上的改革，必须是为了适合国家的需要，为了完成国家的生产任务，为使生产进一步纳入国家计划准备条件；而不是标新立异，专在小节目或花式装潢上用功夫的那种资本主义竞争市场的办法。一般说，目前私营工业的技术革新工作应以保证“按质、按时、按量”完成加工订货包销的任务为中心，这样就便于适应国家的计划，并可争取国营的领导和帮助，学习先进的经验和方法。在试制新产品方面，也必须配合国家的需要。例如沈阳市私营化工厂根据五金公司的建议试制“硅化钠”“氧化锑”，机器加工厂根据高压电缆电线安装部门的需要试制“绞捻机”“紧线器”等十几种新产品，都获得了初步的成绩。

第二，技术革新工作与企业经营管理的改善是分不开的。各地经验，在工厂初步进行了新技术新产品的工作后，就必然要求改变旧的经营管理方式和调整管理机构，否则旧的制度就会阻碍新事物的发展。另一方面，私营工业生产落后的情况实际上很多是由于管理上的缺点所造成的。例如南京某电机厂研究了八条生产混乱的原因，其中七条是生产上缺乏计划和经营管理腐败所造成的；针对这些原因，工人提出了十项合理化建议。技术改革必须与经营管理的改善结合进行。建立生产计划，实行民主管理，才能充分发扬工人和技术人员的积极性；同时，在推广了技术改革后也必然会涌现出新的技术人员和管理人员，这就进一步充实了企业的经营管理能力。生产改进和经营管理的改善都是企业的内部改革，两者同时配合进行才能给企业的进一步改造准备条件。

第三，技术革新的内容是十分广泛的，但每个企业都应该根据自己的具体情况，掌握改革的重心。一般说，目前私营工业应以提高产品质量为首要的任务。质量次和质量下降的情况，各地都很普遍，这不仅造成企业本身的损失，也更造成国家资源和劳动力的浪费；如果是制造生产资料的工厂，出产质量低下的机器，就更会长期影响使用该机器的部门的生产。目前质量的问题是一个带有普遍性的问题，因而也就要求工商界普遍地注意，设法解决。最近上海市人民政府已领导十八个私营行业组织消灭和减少废品次品的工作，其他城市也有类似的措施。积极消灭和减少废品次品，就为技术革新奠立了基础。其次，应该注意新产品的制造，特别是在一些原料供应比较困难和过去发展较为盲目的行业中，试制新产品和推行代用品是十分必要的。有些企业应在政府领导下有计划地组织产品转向。例如天津有些染料工厂由制直接染料改制中间体，广州、重庆有些药厂由制针剂、片剂改制原料药，都获得一定的成绩。1954 年 9 月 18 日《人民日报》的社论中曾指出：“提高现有的产品的质量，加强新产品的制造工作，这是国家大规模建设时期现有生产企业在技术方面的中心任务……如果离开这一点，制造的只是陈旧的、质量低下的、没有销路的产品，那么，不管效率提高多少倍，结果是增产越多，浪费越大。”

第四，提高品质、改革技术是每个私营工厂应该做而且可以做的事情。有人以为技术革新只是大机器工业的事，厂子小就办不了，这是不对的。技术革新并不就是发明创造、改建设备，而主要是在现有设备的基础上实行生产的合理化。例如改变甚至仅是固定操作规程、调整工序，都可能产生改进生产的某些效果。实际上，中小工厂进行技术改革的事例是很多的。例如天津的皮鞋制造联合厂实行了新操作规程后，11 月份完全没出废品。济南私营印染业实行了废碱回收，两个月内收回固体碱 3.7 万多斤，价值 2.1 亿元，所需回收设备每套不过 1000 多万元。乃至手工生产的企业，如天津的菜刀、剃刀、橡皮膏等生产，也因为改进了技术而得到国家的包销。

三　对技术革新工作，企业负责人不能置身局外

最后，应该指出，并不是所有的工商业者对这一工作都有了足够的认识。有人认为，技术革新是工人的事，与自己无关，因而把自己置身局外，甚至抱着消极抗拒的情绪，对工人的合理化建议不予支持。也有个别掌握技术的资方，仍要求保守技术秘密，不肯公开。这都是不对的。技术改革运动是在社会主义和人民民主国家中工人阶级劳动积极性的表现，开展这一工作必须依靠工人群众，必须在共产党和工会组织的领导之下进行，这是肯定的。但并不是说，我们企业负责人就没有责任。品质和技术的改进，直接关系着企业的生产和业务；特别是技术改革既然是企业社会主义改造的一个内容，并且是与企业经营管理的改善分不开的，企业负责人就不能置身事外。如果置身事外，也必然要发生企业的经营管理与生产不能配合，企业的生产计划、财务管理计划与生产不能配合的现象，而增加了企业内部的矛盾和劳资关系的矛盾。因此，企业负责人不但应当把提高品质、革新技术看作是企业改造的一项重要工作，并且应当把它看作是个人改造的一项重要工作。从这里学习新事物、新思想，学习新技术和新的经营管理方法，从这里认识工人阶级的劳动创造性和集体智慧的伟大力量，从实践中改造自己，对工商业者来说都是非常重要的。

〔原载《工商界》（月刊，上海）1955 年第 1 期〕

中国资产阶级的产生问题

——从影片《不夜城》谈起

影片《不夜城》写的是一个上海棉纺业大资本家的历史。作者把这个资本家的第一代张耀堂描绘成一个含辛茹苦、克勤克俭的人物，并通过他的嘴说出他的发家史："我到上海当学徒的时候，是光身带个铺盖卷来的，吃辛吃苦几十年，才撑起这点家业。"这部影片处处美化资产阶级，宣扬"阶级调和"，歪曲党对民族资产阶级进行社会主义改造的政策，已引起了观众的强烈批判。

中国的资产阶级究竟是怎样产生的？有没有所谓"勤俭起家"的资本家呢？现在我们来看一看历史事实。

一

中国的资本主义生产关系是在19世纪后期开始产生的。根据我们接触到的一些材料，中国资本家大体有以下三种来源。

第一，由原来的剥削阶级分子——官僚、地主、商人和买办转化为资本家。一些大工业基本上是他们创办的。

棉纺业是旧中国最有代表性的资本主义工业。在1913年以前设立的纱厂中，大官僚创办的有6家，地主创办的有11家，商人和买办创办的各3家。1914～1922年棉纺工业大发展时期，新设纱厂的创办人或主要投资人中，大官僚占17.1%，买办占7.6%，地主已很少，而商人占55.2%，同时已有 10.4% 是工业资本家用他们的利润再投资的。这时期的商人中也有不少已不是原来的封建商人，而是新的商业资本家。1922 ~ 1936 年新设纱厂的创办人或主要投资人中，大官僚占 18.7%，买办占 10.9%，商业资本家占 32.8%，工业资本家占 29.7%。抗日战争和解放战争时期新设纱厂中，大官僚占 7.8%（不包括官僚资本的中纺各厂），商业资本家占 41.2%，工业资本家占 37.2%；这就是说，投资绝大部分已是资本主义的利润转化来的。此外，在这个时期新设纱厂的资本家中，有 11.8% 的人是由职员转化来的。①

面粉业是中国资本主义的第二个大工业。1912 年以前设立的 24 家机制面粉厂的资本总额中，官僚、地主创办的占 43.4%，买办创办的占 41.7%，商人创办的占 14.9%。1913 年到 1931 年间设立的 67 家面粉厂的资本总额中，官僚、地主创办的占 17.9%，买办创办的占 22.6%，商业资本家和工业资本家创办的占 59.5%。1932 年以后设立的面粉厂，有关创办人出身的材料很少。就 14 个较大厂看，基本上都是工商业资本家投资，即剩余价值的转化了。

其他如毛纺、卷烟、钢铁、水泥等工业，以及矿业、航运、银行等基本上也都是原来剥削阶级分子创建的。

第二，手工业者、小商贩或学徒、店员转化为资本家。

这条资本家产生的道路，在西欧资本主义的发生期，原是比较普遍的。马克思曾指出资本主义的产生是经过“两重的推移”：一是在小生产者的分化中，有些手工业者雇工剥削，变成小资本家；一是有些商人支配了小生产者，变成包买主。② 他又指出：“没有疑问，有许多行会小老板，并且还有更多的独立小手工业者，甚至也有一些工资雇佣劳动者，他们先是转化为小资本家，然后再由对工资雇佣劳动的逐渐扩大的剥削和相应的积累，转化为十足的资本家。”③ 西欧资本主义发展有一个 250 年的工场手工业时期，所

---

① 据上海市工商行政管理局、上海市纺织工业公司史料组提供的资料统计，包括 162 个 5000 锭以上的纱厂，已查出创办人或主要投资人出身的有 134 个厂。

② 这主要是指小商人。也有大商人（主要是经营国际贸易的）直接开设工厂的，因此又称“三重的过渡”。见马克思《资本论》第 3 卷，人民出版社，1953，第 413、415 页。

③ 马克思：《资本论》第 1 卷，人民出版社，1963，第 827 页。

以小生产者、小商人变成资本家的较多。不过他们要变成十足的资本家，都要经过一个小资产者的过渡阶段。正是在这个意义上，恩格斯说：“世界各国的资产阶级都是从小资产阶级的队伍中分离出来的。”①

中国资本主义的发展是在大机器工业已在世界上出现和外国机制产品入侵中国以后。像上述那些大工业，基本上都没有经过工场手工业阶段，而是直接采用机器生产的。只有原来的剥削阶级，才能积累较大的资本，利用社会关系，开办这样的工厂。但是，其他多数的工业行业是经过了工场手工业阶段的，有的还长期停留在这个阶段上。在这些行业中，手工业者和学徒转化为资本家的就比较多。例如在木器工业（基本上还是手工制造）中，资本家就大都是工匠出身；在皮革工业（部分厂已使用机器）中，有2/3的资本家是工匠出身。比较典型的是机械工业。1913年上海91家机器厂（基本上都已使用机床）的创办人中，手工业者或学徒出身的占80.2%；1931年411家机器厂的创办人中，这种出身的占75.7%。② 又如在织布、漂染、织袜、毛巾、鞋帽、牙刷等工业中，不仅工场手工业大量存在，而且有包买主控制着小作坊和个体劳动者，这些包买主有的是手工业者、小商人转化的。旧中国的资本主义工业，就家数说有80%是工场手工业，所以这种“小的”转化为资本家的人数不少。但他们一般资本很小，在整个资本主义经济中只居极其微末的地位。即使在本行业中也常是如此，如上述1913年上海机械工业中，这些人开设的73家机器厂的资本加起来，还比一家买办开设的机器厂的资本小1/3。

商业方面，学徒、店员转化为资本家的还要多一些，主要是在绸布、土产、国药和部分百货行业中，又主要是在零售店。因为这些行业在封建社会里原属行会商业，学徒多来自比较富裕的农户，一向是由学徒、店员分化出业主来（封建社会的贩运批发贸易主要为地主经营，学徒、店员分化为业主者较少）。

第三，从各种投机活动中积累资本，变成资本家。

总的说来，资本主义就是投机。但我们在这里所讲的通过投机活动变成

① 恩格斯：《德国的制宪问题》，《马克思恩格斯全集》第4卷，人民出版社，1958，第51页。

② 据上海市工商行政管理局、上海市第一机电工业局史料组编《上海民族机器工业》。

资本家，是专指资本家产生中的那些“白手起家”的暴发户。西方资本主义建立阶段出现的冒险家、淘金客，即属此辈。在中国，这种人也很多，各行各业都有，尤以商业方面为多。并且不少大资产阶级分子，也是出身此途。本文后面还要谈到他们的情况。

二

上面分析了中国资产阶级的三个来源，但还不能说明中国资产阶级是怎样产生的。官僚、地主、商人，是历史上老早就有的剥削者。小生产者的分化，也是自古皆然，其中分化出的富者就有了对贫者的剥削。但是，在中国，所有这些人，都只有到了19世纪后期，才能变成资本家；投机客也是到这时才大量出现。这是为什么呢？

我们知道，货币并非自始就是资本。资本主义生产关系乃至资本家的产生，一方面必须有一定的货币财富，一方面必须有出卖劳动力的无产者，同时还需要有一个扩大了的市场。这些条件的产生过程，也就是资本的原始积累过程。它是一种特殊的剥削，正确地说是对小生产者的剥夺；被剥夺的生产资料和生活资料游离出来变成资本，被剥夺者变成无产者，同时为资本创造了国内市场。上述那些人，是在这个特殊的剥削过程中，才变成资本家的。

“资本的原始积累，那就是，它在历史上的发生，究竟是指什么呢？”“那就只是指直接生产者的剥夺，也就是，只是指那种建立在本人劳动基础上的私有制的解体”；[①] 也就是指原来那种“农民不但生产自己需要的农产品，而且生产自己需要的大部分手工业品”[②] 的自然经济的解体。在中国，这个解体过程是随着外国资本主义的侵入而大量开始的。“外国资本主义对于中国的社会经济起了很大的分解作用，一方面，破坏了中国自给自足的自然经济的基础，破坏了城市的手工业和农民的家庭手工业；又一方面，则促

① 马克思：《资本论》第1卷，人民出版社，1963，第839页。着重点是原有的。

② 《中国革命和中国共产党》，《毛泽东选集》（合订一卷本），人民出版社，1964，第586、587页。

进了中国城乡商品经济的发展”。[①]

大家知道，资本的原始积累是依靠暴力进行的，它是“用血与火的文字，写在人类的编年史中的”。[②] 在英国，圈占农民的土地，杀戮和抢劫殖民地人民，猎捕和贩卖奴隶，商业战争以及赋税、公债等掠夺人民的手段，都是资本原始积累的要素。在中国，这种暴力掠夺是由资本帝国主义的战争侵略和商品侵略开始的，同时，国内暴力剥夺小生产者的各种因素，诸如封建压迫之加强，土地集中之激化，买办的和商业高利贷的剥削网之形成，以及内战、捐税、公债、通货膨胀等，也无一不是帝国主义主持或支持进行的。

有人可能产生这样的疑问：帝国主义对中国的掠夺，只是造成帝国主义的资本积累，怎么能造成中国资本家的积累呢？不错，这种掠夺，主要是使财富流入了外国垄断资本家的钱袋。但是，第一，它所引起的一系列变动，却为中国资本主义的创立“造成了某些客观的条件和可能。因为自然经济的破坏，给资本主义造成了商品的市场，而大量农民和手工业者的破产，又给资本主义造成了劳动力的市场”。[③] 第二，这种掠夺造成生产资料和生活资料的游离，造成货币财富较大量的社会流动，它就总会有一部分被那些趁火打劫的资本家所攫取，变成他们的资本。就是在英国的资本原始积累中，圈占土地和到海外抢劫的也只是少数人，有的还是封建贵族；他们掠夺的财富总要进入流通过程，而那些分散在各地的小作坊主和包买主，就有可能成为大资本家了。

中国的资产阶级可以分为官僚买办资产阶级和民族资产阶级两部分。官僚买办资产阶级是帝国主义豢养的，又和封建势力勾结在一起，他们本身就是暴力的执行者。他们人数虽少，但代表中国资本主义的主体，占有全部资本的80%。这种资本的积累，主要是靠暴力掠夺。民族资产阶级中，有一部分是“同外国资本和本国土地关系较多的”，[④] 以至是“依附帝国主义、

① 《中国革命和中国共产党》，《毛泽东选集》（合订一卷本），第589页。
② 马克思：《资本论》第1卷，第789页。
③ 《中国革命和中国共产党》，《毛泽东选集》（合订一卷本），第589页。
④ 《论反对日本帝国主义的策略》，《毛泽东选集》（合订一卷本），第131页。

封建主义、官僚资本主义”的；[①] 有一部分是同帝国主义“联系较少”的；有一部分是同帝国主义“没有联系”的。[②] 下面我们就要分析，他们的资本积累，也大多同帝国主义的侵略和小生产者的被剥夺分不开，其中有的有直接联系，大部分则是间接地从流通过程中获取这种剥夺利益的。当然，这里是指他们资本的原始积累而言，不包括那些资本主义制度本身产生的资本家。

帝国主义并不愿意中国发展民族资本，但历史的行程总是违背他们的主观愿望。既然他们实行暴力掠夺，“用恐怖的方法去改造世界”，“随着也就产生了中国这类国家的民族资产阶级和无产阶级”。[③] 资本帝国主义的掠夺使中国的民族工业不能正常发展，但并不能改变资本主义产生的基本规律。任何资产阶级，它们的产生都是经过剥削，并且不是普通的剥削，而是社会一场暴风雨式的浩劫。任何地方，资本的“来到世间”，都是“从头到脚，每个毛孔都滴着血和肮脏的东西”。[④]

三

先看那些由原来剥削者转化的资本家。前举材料已说明，一些大工业和矿业、航运、银行等，基本上是由买办、大官僚、地主、商人创建的。现在进一步考察，他们是怎样积累创业的资本的。

买办资本的积累，主要是直接分润一点帝国主义掠夺的余沥，不说自明。买办创建的工业，多数会转化为民族资本，成为民族资本的一个来源。但是买办投资于工业的很少，他们多数是安于洋行奴才的地位，或者与官僚资本合流，成为官僚资本的一个重要来源。

早期创办资本主义企业的大官僚，绝少是旧式的封建官僚，而是李鸿章、张之洞之流的所谓“洋务派”。他们资本的来源，也不只是靠官俸和旧式的贪赃勒索，而更多是来自海关、官银号、军火买办、借款等新式财源。

① 《关于民族资产阶级和开明绅士问题》，《毛泽东选集》（合订一卷本），第 1183 页。

② 《目前形势和我们的任务》，《毛泽东选集》（合订一卷本），第 1150 页。

③ 《唯心历史观的破产》，《毛泽东选集》（合订一卷本），第 1402 页。

④ 马克思：《资本论》第 1 卷，第 839 页。

这些财源同帝国主义侵略的关系是显而易见的。后来创办企业的大官僚虽然不限于洋务派了，但这时已是官僚与买办合流，整个官僚阶层都已买办化。同时，反动政府的国内掠夺，也远非封建时代几千万两的地丁钱粮可比，而是数以亿计了。农村经济和手工业破产，农民流离失所。正是在这种对人民的浩劫中，官僚买办资本的发展达到了登峰造极的地步，形成了蒋、宋、孔、陈四大家族资本。他们血腥的发家史是尽人皆知的。

地主创办企业，是早期民族资本的一个重要来源。这些地主也大都不是真正的"土地主"。他们多是在乡有大量土地，同时又有某种官衔，而且多半是"海关道""劝业道"之类的官衔，或者是洋务派的幕府。我们可以以聂缉椝、张謇为代表（张謇变为大官僚是在成为大资本家之后）。他们的历史说明，地主之变为资本家不是专靠地租剥削，而总是同洋务方面和反动统治暴力有某种直接联系。当然，商业资本中不乏"土地主"的投资。但是，它们如果不是在封建社会中老早就有的那种前资本主义商业（这种业主还不是近代意义的资本家），就多半是随着外国商品大量侵入而产生的商业；这种商业，实际是帝国主义在中国建立的买办的和商业高利贷的剥削网的一环。

最后，商人投资于工业，是民族资本的主要来源。封建社会的商人资本，本来是资本主义生产方式建立的前提。但在中国，这种转化受到很大的限制。前述各时期棉纺工业的创办人和主要投资人中有106个商人，仅早期有三个盐商、两个米商；而花纱布商占45.3%，钱商占10.4%，鸦片商占9.4%，颜料商占5.6%，其余都不足3%。后面这些商人的资本来源，虽然也有资本主义本身的因素，但其中大部分人都多少分润了帝国主义殖民贸易的利润。这种贸易（尤其在东方），如马克思所指出，原来是殖民主义者资本原始积累的一个暴利因素（钱庄很早就被帝国主义银行所利用，变成它的助手）。

四

现在来看看那些由手工业者、小商贩、学徒、店员转化的资本家。这里以上海机器工业为例，因为在这个行业中手工业者、工徒转化为资本家的比较多。他们转化为资本家，主要有两个途径。

第一个途径，是通过开设小手工作坊，以此积累资本，再开办机器厂。这主要是在早期。1894 年以前开设的 12 家机器厂，有 7 家的创办人是小作坊主；到 1913 年，这一类就只占 16.5% 了。例如上海第一家机器厂发昌厂的创办人方举赞，原是流动的打铁匠。但他不满于此，而去“跑单帮”，从上海贩杂货到广东，从广东贩咸鱼到上海，赚了些钱。又因与英商老船坞的头脑是同乡，得到买卖老船坞旧铜皮、铜钉等机会，赚了钱。于是同别人合伙开打铁小作坊，以后发展为机器厂。又如铁工张廷桢，为了盘下一家价值 80 元的小铁铺，回乡贩米和年糕到上海，又向另一铁铺老板借了 50 元，才分期付款盘下。但从此就雇用学徒和工人，两三年后积累了 1000 元，开设张源祥机器厂。再如建昌机器厂的创办人林文，初开打铁铺时还是自己打铁，其妻拉风箱。他开始修理轮船时，适值外国轮船多而修理人手少，“有时利润竟达百分之三百”，“更有些无一定价格标准”，他的厂在 10 年间就变成一个相当大的厂了。在其他行业中，我们也看到类似情况。

开设一个小作坊，虽然本钱很小，但也不是一个手工业者或工人凭自己劳动收入所能胜任的。开设小作坊的本钱，仍然要靠投机买卖或借贷得来。靠投机买卖得来的本钱，无疑是剥削所得；而靠借贷得来的本钱，姑不论系从何处借来，也需要靠往后的剥削所得来偿还。在他们经营小作坊中，一方面剥削徒工，一方面又多半要靠某种机会，才能上升为较大的资本家。在早期，这种机会又大都是与自然经济解体所引起的市场动荡分不开的。一般说，一个小生产者如果他只自产而不自销（例如在织布、织袜、鞋帽、牙刷等行业中被商人控制了销售的手工业者），那他就永远开不了小作坊；已开设小作坊的，如果不能自销（这在织布、漂染、皮革等行业较多），也永远变不成真正的资本家。这是因为他们不能从流通过程中攫取特殊的利益。

第二个途径，是工徒通过当工头，一方面分润一些厂主的剥削所得，一方面又直接剥削手下的工徒，这样积累资本，开设机器厂，变成资本家。这种人，以较后时期为多，在 1931 年上海 411 家机器厂的创办人中，竟占 63%。但是，这个途径已是资本主义生产关系本身的东西，是资本主义自身产生出来的资本家了。因此我们在这里就不去多说它。但是要指出一点：资本家除了提拔自己的亲族外，主要是在年纪轻、与外界接触少、容易受蛊惑利用的学徒中，物色他们的爪牙，培养工头的。为此，他们用尽心思，采取了种种卑鄙手段，如加点工资，塞点暗贴，送点股子，或许个愿，甜言蜜语，攀亲说故，再不行，就招女婿。据调查，上海机械业解放前 31 个由学徒升为工头的人中，有五个是资本家招了女婿，有一个因已有妻室，资本家情愿把女儿给他做小老婆。这说明，资本家为了在工人阶级中寻找代理人，什么丑事都干得出；也说明，资本主义势力对工人阶级队伍的侵蚀是无孔不入的。

商业方面，大体也是两个途径：一是小商小贩，通过投机生意，积累资本，变成商业资本家；一是学徒、店员，被资本家看中“培养”，吃了份子或开了股，又多半搞些“飞过海”（即利润大的生意暗中自己做），积累了资本，然后开店或入股。不过在商业中，各种投机取巧和对社会市场变动中有利机会的利用，较之在工业中更为频繁。

五

再来看看投机起家的资本家。他们大体有三种情况。第一是经营鸦片投机，这是早期资本家的一个重要来源。如上海的“八大药房”，即无一不是经营鸦片起家；其他地方的药房、药厂，也多是如此；乃至国药业，如重庆的最大户桐君阁药厂，也是经营鸦片起家的。此辈人除活动于商业外，投资于工业的也不少；纱厂的创办人中即至少有十个鸦片商；面粉厂的创办人中至少有两个。此外，在上海等地，还有靠地产投机起家的。第二是经营金融投机和交易所投机。这里面不仅有各行业的暴发户，而且也是大资产阶级如江浙财团、华北财团以至四大家族资本积累的来源之一。第三是商业投机。这可以以早期著名的巨商叶澄衷为代表。他是由当水上摊贩，同外国水兵打交道，骗取船上五金器械起家的。当然，在投机起家的资本家中，也有许多是资本主义本身的产物，这主要是在后期。

这些资本家的发家，同帝国主义侵略和小生产者被掠夺的关系也是显而易见的。本来，帝国主义最著名的洋行，如怡和、宝顺、哈同、沙逊，就都是靠鸦片贸易和地产投机在中国“白手起家”的。上述那些中国人，不过是食其余唾，步其后尘而已。商业投机和金融、交易所投机，在资本主义制度下，在很大程度上只是造成剩余价值在资产阶级之间的再分配；但是，在个体经济占90%的半殖民地半封建的中国，它就会成为抬高物价、掠夺农民和其他劳动者的一种手段。马克思曾经指出过金融业者、经纪人、股票投机者、交易所的豺狼“这一伙人”在资本原始积累中剥夺人民的作用。[①]他还指出，这里赌博代替直接的暴力，“而成为原始的夺取资本所有权的方法”。[②]

六

最后，我们要谈一下影片《不夜城》中的张耀堂了。张耀堂的“大光明染织厂”，是一个“锭子没有一枚，厂房没有一间”的厂，它“包了十几家小厂”，拿小厂的坯布交染坊加染，然后贴上大光明厂的“爱国牌”商标，批售给布店。张耀堂是个什么样的资本家呢？

这个“厂”实际上是个商业资本，在上海习称“染货字号”，是棉布商业的一个批发专业。[③] 这类“染货字号”，最初是收购外国轮船和洋行仓库的水渍布和次品布（早期水渍货很多），发交染坊加染后，冒充正牌出售。后来这种字号增多，又收购小手工工场和家庭手织户的产品。这些小生产者资金少，市场联系少，顾了生产顾不了销售，便只有忍受染货字号资本家的压价剥削。这些资本家把小生产者包下来，自己变成包买主，并实行先交货后付款的办法，加重剥削。

同时，他们还控制着一批染坊、漂坊和踹坊。当时染坊也是小生产者，每家只染一种或顶多两种颜色；踹坊则是把染好、漂好的布用石头轧平，是重体力劳动。对这些作坊的工人剥削也是很重的，稍有不合意，即可命令重染、重踹。

20世纪30年代，随着中国人民反帝斗争的高涨，经常发生抵制日货运动，日本棉布滞销，许多染货字号就趁机收买日本坯布加染后，冒充“国

① 马克思：《资本论》第1卷，人民出版社，1963，第833页。

② 马克思：《资本论》第3卷，人民出版社，1953，第614～615页。

③ 以下材料主要据上海市工商行政管理局、中国纺织品公司上海市公司史料组编《上海市棉布商业》。

货”高价出售。因此，染货字号的商标也往往故意标榜“爱国”，如协祥的“大保国”、华丰的“学生蓝”，都是当时出名的牌子。日本帝国主义者看到中国人民抵制日货的运动不可侮，所以日本在华纱厂是以纺纱和织白坯布为主，染整设备较少。到了后期，机器印染厂大量出现，染货字号有些就改为印染厂了。

染货字号资本家有不少是由布业的跑街、掮客转化的。如上海有一家印染厂的资本家，就是外地一家纱厂的学徒出身，他也是“光身到上海来”的，初作棉布掮客，随后即在一间亭子间挂上招牌，开始做染货生意。他最初也是包买手工织户的坯布，后来就大量购买日本坯布，在一次抵货运动中曾买下三仓库滞销的日本坯布。他也有一个出名的商标。他后来也开办了印染厂，并且开办了纱厂和纺织机制造厂。

这些事例说明，学徒变成大资本家的事情是有的，但绝不会有“勤俭起家”或“劳动起家”的事。他们都是剥削起家，而且很多是拾取了帝国主义的侵略所造成的小生产者的破产和市场动荡的机会，有些并且是同帝国主义的侵略直接有关的。影片《不夜城》中的张耀堂，是作者有意美化资产阶级，因而也不得不歪曲历史真实的虚构人物，不仅虚构了他发家的过程，而且故意描写他同日本洋行买办做斗争。作者牢固地站在资产阶级立场上，同社会主义革命唱反调，为资本主义复辟效劳，这是显而易见的。

（原载《经济研究》1965 年第 9 期）

论我国半殖民地半封建国内市场

一　国内市场的扩大

鸦片战争后，我国国内市场逐步扩大。其扩大的程度还难做精确计算。作者在《论清代前期我国国内市场》[①] 中，曾估计鸦片战争前夕国内商品流通总额约为 3.9 亿银两，合 5.5 亿元，其中长距离贩运贸易约占 20%，即 1.1 亿元左右。我们一向把长距离贩运贸易作为商品经济发展的标志。在近代中国，有三种数字可反映这种贸易：一是厘金数，按平均税率可还原为商品额。但厘金税率颇不统一，常重复征收，亦不少偷漏，且延续时间不长。二是海关的出口统计。出口货主要是农副业的加工产品，大都经过由农村到口岸的国内运输。该项统计比较完整，但只能代表出口部分。三是海关的“土产国内贸易统计”，也比较完整。但其数字限于轮船运载的国产品（一度包括民船），而由铁路、公路运载者不入海关记录。其数也不包括进口货的国内运销。因此，这三项统计都不能作为数量根据，但可从其变化看出国内流通增长的趋势。兹将这三项统计做成指数，制成图 1。图例是长期趋势，一般用五年平均数计算，以避免偶然性因素。

从图 1 可以看出，在 19 世纪七八十年代，国内市场的发展还是很慢的；从 90 年代起开始显著；而迅速扩大是在 20 世纪，尤其是二三十年代。这里

① 载《历史研究》1983 年第 1 期。收入全集第 3 卷第 359 ~ 376 页。——编者

有价格因素，尤其1900年到1936年间物价上升一半以上。不过，作为长期趋势，我们不必逐年修正。三项指数趋势基本一致，其中又当以海关的土产国内贸易统计较有代表性。

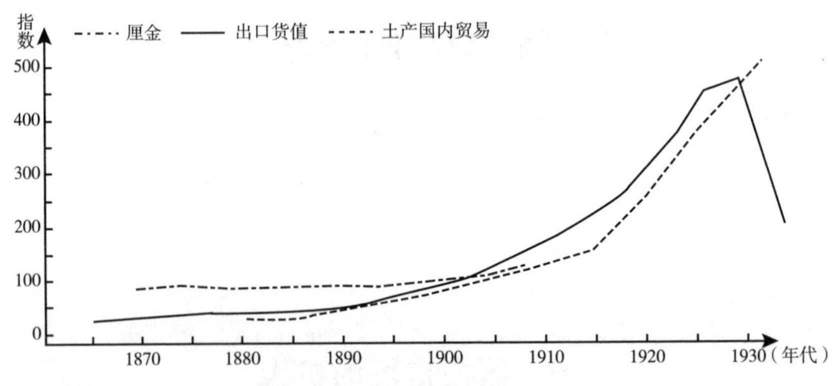

图1　国内市场的扩大

说明：各项指数1900～1905＝100。

海关的土产贸易统计是埠际贸易，但未列出各埠间流转数字，不知商品走向。这方面唯一完整的资料是韩启桐同志根据海关原始货运单精心编制的《中国埠际贸易统计（1936～1940）》。[①] 本文多处采用其1936年数字（1937年以后受战时地区缩小影响已不足据）。据该统计，1936年40个关（不包括东北）的输出总值（指输往国内各关者，故等于各关输入总值）为11.847亿多元。唯此数亦只限于轮船运载之贸易。铁路、公路、木帆船的货运量无统计，在30年代，一般不到轮船载运量的3倍。姑以3倍计，粗估1936年的全部埠际贸易额约达47.3亿元，比之鸦片战争前的长距离贸易约增长43倍。

作者在前文中曾提到，从明后期到清中叶的300年间，长距离贩运贸易以粮食为例约增长3倍。鸦片战争后不到100年，埠际贸易即增长40余倍。但和过去不同，这种增长并非中国本身生产力和商品经济发展的结果，而是帝国主义用炮舰打开中国门户，依靠其特权，对中国进行商品侵略和不等价交换所引起的，只是在20世纪以后，国内工业和手工业的发展才成为市场扩大的重要因素。从图1可以看出，在19世纪，出口贸易一直支配着国内

① 韩启桐：《中国埠际贸易统计（1936～1940）》，中国科学院社会研究所，1951。

贸易，20 世纪以后，两曲线走势才略有差异，但仍是形影相随。至于进口商品，有一部分是在口岸消费，但如洋纱、洋布、煤油、鸦片等，也都进入埠际贸易，并且正是由它们做开路先锋，打进内地市场的。在 19 世纪，仅这四项即占进口净值的 60% 以上。只因图 1 的国内贸易曲线不包括洋货，无由表现其支配地位。1936 年，进口净值 9.4 亿元，出口净值 7 亿元，合计占上估全部埠际贸易额 47.3 亿元的 35%。但这是因为自资本主义世界经济危机以来，我国进出口贸易猛跌，超过国内贸易下降幅度。若在 20 年代，进出口净值平均年在 25 亿元以上，而 1929 ~ 1931 年，平均达 30 余亿元，其支配国内流通，至少当在一半以上了。

鸦片战争后，我国国内市场虽然扩大较快，但以我国国土广袤、人口众多而言，其实是不大的。1936 年的埠际贸易，以统计所示 11.8 亿元计，只占当年工农业总产值的 4.1%，占当年国民收入的 4.6%；即以粗估的全部埠际贸易额 47.3 亿元计，亦不过分别占 16.3% 和 18.6%。[①] 这就看出国内市场的狭小了。中国还远非一个商品经济发达的国家。

鸦片战争后，随着帝国主义的经济入侵，在沿海一带出现了几个商业十分繁荣的通商大埠；另一方面，内地和边疆省份仍然保持着封建城市，而广大农村基本上还是处于自然经济、半自然经济状态。埠际贸易的发展，也曾使某些地方小市场成为大宗商品的集散地。但整个说来，集市贸易仍是以农民之间的余缺调剂为主，具有补充自然经济的性质。

1936 年的埠际贸易统计，包括华北、华中、华南 40 个关，但其输入总额的 66.6%、输出总额的 72%，是集中在上海、天津、青岛、广州四埠。就是说，参加埠际贸易的商品，一半以上是在四个沿海大商埠间流转。上海一地，独占输入总额的 36.3%，输出总额的 39.1%。内地各关，除中转城市汉口占有输入总额的 10.1%、输出总额的 16.7% 外，余均不足道；而西南 9 个关，合计只占输入总额的 4.2%，输出总额的 1.5%。西北市场更为狭小，因无海关，在上述统计中未能反映出来。这种贸易的偏在，是市场殖民地性的表现之一。

---

① 工农业总产值和国民收入据巫宝三《中国国民所得（1933 年修正）》，《社会科学杂志》第 9 卷第 2 期，1937。

二　市场的商品结构

在封建社会，市场上主要是小生产者之间的交换，以农产品为主。作者曾估计，鸦片战争前国内商品流通额中，粮食居第一位，占42%；棉布居第二位，占24%；以下依次为盐、茶、丝织品等。鸦片战争后，逐渐发生变化。到1936年，在埠际贸易统计中，占第一、第二位的都已是工业品，粮食退居第四位，盐、丝更在20位以后了。兹将其前20位商品流通额和商品值列入表1，这20种商品已占埠际贸易总额的80%以上。这仍然是限于轮船运载的部分，但工业品更适于铁路运输，故加入铁路、公路贸易后，总的趋势不会有多大改变。

表1　埠际贸易商品（1936）

位　次	商　　品	商品量(公担)	商品值(万元)	价值百分比(%)
1	棉　　布	1322251	19146.4	16.2
2	棉　　纱	1250329	12804.6	10.8
3	桐　　油	946267	9170.0	7.8
4	粮　　食	8586584	8048.8	6.8
5	纸　　烟	308822	6812.8	5.6
6	棉　　花	917860	6543.4	5.5
7	面　　粉	4402162	4704.8	4.0
8	煤	4703918	4162.2	3.5
9	茶　　叶	517442	4076.9	3.4
10	糖	1898640	3816.9	3.2
11	芋　　叶	630385	3030.6	2.6
12	花 生 仁	1584271	2574.8	2.2
13	果　　实	—	1763.4	1.5
14	纸	—	1463.8	1.2
15	猪　　鬃	24387	1385.5	1.2
16	苎　　麻	300424	1230.0	1.0
17	药　　材	—	1212.4	1.0
18	黄　　豆	1365966	1181.5	1.0
19	豆　　饼	1577164	1087.3	0.9
20	盐	1372633	884.6	0.8
	合　　计		95100.7	80.2
	贸易总额		118470.0	100.0

资料来源：韩启桐《中国埠际贸易统计（1936～1940）》。

市场源于分工。工业（包括手工业）逐一从农业中分离出来，是市场扩大的根本因素。清中叶市场上最大量的交换已是粮食和棉布的交换，但是，当时棉布的生产并未从农业中分离出来，而是农民家庭手织的。到1936年，表1所列第一位商品棉布，已基本上都是机制布（土布仅4万公担，价值占不到3%，亦不少是工场手工业或包买商式的生产）。占第二位的棉纱，全部是机制品。加上前八位的纸烟、面粉、煤，恰好占表1所列商品值的一半。若就全部埠际贸易流通额论，工业品占34%，手工业品占42%，而农产品只占24%。市场商品结构的这种重大变化是一则以喜，一则以惧。因为变化太快了，与我国生产状况不适应；仔细观察一下，就会看出它是一种不合理的、畸形的市场结构。

直到20世纪30年代，我国基本上还是个农业国，工业十分落后。据前述1933年的统计，农业占工农业总产值的65.5%，而近代工业只占9.5%，手工业占24.6%。埠际贸易中，工业品竟占到34%，主要因为工业品市场原是帝国主义商品所开拓的。到1936年，占第一、第二位的棉布、棉纱进口量已大减，为国内生产所代替。但1936年国内出厂的棉布中，外商厂（主要是日本厂）占69.8%；棉纱中外商厂占33.9%。棉纱上华商厂虽占优势，但所产以粗纱为主，所能完全控制之市场亦只占全销量的20%。[①] 第五位之纸烟市场，几乎全被英商颐中烟草公司垄断。第八位之煤，有一半左右为外商煤矿产品，英商开滦独占35%。有些商品如煤油、染料、钢铁、机器，则全部或大部为进口品。贸易中工业品比重高，此为主要原因，另外还有价格因素，下文详论。

我国手工业产值为近代工业的2.5倍，手工业品在流通中自应占重要地位。但这是包括农家自给性手工业而言，其在埠际贸易中竟超过农产品占42%的最大比重，却出人意料。其实，原因亦在于市场的殖民地性。这时出口的主要商品是桐油、蛋品、茶、钨、猪鬃等，它们连同土丝、编织品、刺绣等，都是农副产品经手工加工或手工生产的，它们大都经过埠际运销集中到上海等口岸。这样，手工业品在埠际贸易中的比重就显得特别高。

我国基本上还是农业国，农产品在埠际贸易中只占24%，尤其粮食只

① 严中平：《中国棉纺织史稿》，科学出版社，1955，第215～216页。

占6.8%，这是值得深思的。在讨论明清市场时，我们曾指出粮食贸易的重要性。那时，差不多所有其他商品都是直接或间接（通过租赋）与粮食相交换，因此，农村能运出多少粮食成为市场量的一个界限，而粮食的商品率则直接反映农村自然经济解体的程度。鸦片战争后，这种情况有所变化，但未根本改变，终极产品的最大市场仍是农村。30年代一些调查，粮食的商品率常达50%左右，看来是个虚假现象。它是包括了农民之间在地方小市场上的品种调剂和余缺调剂，也包括了农民为缴租纳税被迫出卖而日后仍需返销的口粮。这些粮食实际并未参加流通来换取工业品，自然也不反映在埠际贸易中。表1粮食比重甚小，看来倒是个真实信息，它反映粮食的商品率仍低，农村还处于自然经济、半自然经济状态。作者曾估计，清中叶粮食的长距离运销连同漕粮达54亿斤，表1所示1936年埠际流通则连同机制面粉不过26亿斤，加上铁路、木帆船运输也不会太多。事实上，清代最大量的粮食长途贩运，如东北麦豆运上海、四川米运汉口，这时都已停止，湘米运江浙也削减了2/3。作者估计，粮食的商品率1840年约为10%，1895年约为16%，1920年约为22%。1936年约不足30%。

国内市场的这种商品结构决定了它们的主要流向：工业品由沿海通商都市流向内地；农产品和农副业加工品由内地流向沿海通商都市。由于这种商品流向和下文要谈到的价格结构，就产生了一种突出的现象：像我国对外贸易长期处于入超一样，内地在对通商都市的贸易中，也是长期入超。这可以四川省为例。四川自1891年设立海关以来，直到1935年，海关记录的对外省贸易一直是增长的。但是年年都是入超，且入超额不断扩大，其情况如表2。表2所列是轮船运载的商品，但四川省时无铁路，故已足代表。

四川进口以棉布、棉纱、纸烟、煤油为主，前20位进口商品几乎都是机制工业品。早期主要是洋货，民国以来逐渐以国产为主，成为上海一带民族工业的重要市场。其输出则以生丝、药材、猪鬃为主，30年代桐油渐跃居首位，都是农产品或农副业加工产品。这种贸易结构也就是该省长期入超的原因：处于封建生产方式下的农副业生产，应付不了资本主义工业品的输入。西南几省都是同样情况。据前述1936年埠际贸易统计，云南省入超1200余万元，广西省入超1500余万元。西北各省无统计，情况大约也是这样。在四川、云南，主要是走私运出鸦片来抵付它们的贸易赤字，无此条件者，则只有减少输入。这是限制国内市场扩大的重要因素。

表 2　四川省进出口贸易

单位：万关两

年　份	进口洋货	进口土货	进口总值	出口总值	入　超
1891	137.1	9.4	146.5	139.0	7.5
1900	1291.8	454.2	1746.0	699.4	1046.6
1905	1155.8	500.8	1656.6	1117.2	539.4
1910	1254.7	427.1	1681.8	1549.4	132.4
1915	910.3	977.3	1887.6	1694.4	193.2
1920	939.2	1615.6	2554.8	1433.8	1121.0
1925	1352.1	3757.0	5109.1	3285.7	1823.4
1930	1469.9	4560.0	6029.9	4637.7	1392.2
1935	131.9[1]	3466.8	3598.7	2361.6	1237.1

注：[1] 改变统计方法，不包括其他口岸转入之洋货。

资料来源：甘祠森《最近四十五年来四川进出口贸易统计》。

埠际流通的商品并不都以城市为终点。表 1 所列工业品到达内地城市后，大部分还要分运下乡；而农产品则要从农村运来。这样，内地与沿海之间贸易的状况就在城乡之间重演起来，即农村运出的农产品不足以抵付城市工业品的输入。这种情况，又因农村赋税加重、城居地主日多和农村商业高利贷的活跃而加剧；因为，如我们在前文所说，这三项（赋税、引入城市的地租和利润、利息）都是农村的单向输出，即农村每年要运出等值的农产品，而没有回头货与之交换。加上另外一些因素，到 20 世纪 30 年代，在最富庶的江南农村，也出现了农村大量入超、农村对城市负债、农村金融枯竭和经济破产的情况。这也是 30 年代市场危机的国内根源。

三　价格结构

鸦片战争前，国内市场是封建性市场，市场上主要是小生产者之间的交换。在这种交换中，一方所需要的另一方的产品，多半是他自己也能生产、至少是知道怎样生产的东西。所以，尽管双方都受商人、官吏的剥削以至欺骗，总的说来仍是等价交换。如最大量的长江贸易，主要是川、湘的米粮换取江、浙的布、茶、丝，双方基本上是等价的。鸦片战争后，由国际贸易引起地扩大了的国内市场，情况就不同了，不等价交换变成主要内容。要考察这种情况，还需从进出口贸易谈起。

近代中国的对外贸易是一种殖民地型的贸易，本身就是不等价交换。所谓不等价交换，是指一方把价格提到商品价值以上，或对另一方使其价格压到商品价值以下，或两者都有。但商品价值的绝对量（它所包括的劳动量）是很难直接比较的，而是通过价格表现出来。因而一般也是从双方价格的相对变动中，来观察其不等价交换的趋势。这在国际贸易上，就是进出口价格剪刀差。现将我国进出口物价指数摘要列入表3。其中进出口比价，即表3之最后一栏，并见图2A。

表3　中国进出口物价指数

时　期	进口物价指数	出口物价指数	$\frac{\text{进口物价指数}}{\text{出口物价指数}}\%$
1913＝100			
1901～1905	82.0	84.9	96.6
1906～1910	90.1	92.9	97.0
1911～1915	104.8	98.7	114.0
1916～1920	145.3	112.5	129.2
1921～1925	152.3	133.1	114.4
1926～1930	160.9	158.6	101.5
1926＝100			
1926	100.0	100.0	100.0
1927	107.3	106.1	101.1
1928	102.6	104.5	98.2
1929	107.7	105.2	102.4
1930	126.7	108.3	117.0
1931	150.2	107.5	139.7
1932	140.2	90.4	155.1
1933	132.3	82.0	161.4
1934	132.1	71.7	184.2
1935	128.4	77.6	165.5
1936	141.7	96.1	147.5

资料来源：南开大学《南开指数年刊》，1934、1937。

进出口价格的剪刀差在19世纪后期已经出现，其情况比较特殊，下面将结合国内物价一起谈。从20世纪初起，进口价格猛升，到1920年上升了75%以上。出口价格也跟着增长，但增长较慢，到1920年只上升了35%。这样，20年间剪刀差扩大了32%。这以后几年，出口价格上升较快，剪刀差有所缩小。但为期不长，1926年以后即出现进口价格上升超过出口价格的趋势。1929年资本主义世界爆发空前危机，这一趋势加深。1931年以后进出口价格都有所下跌，而出口下跌幅度远大于进口。到1936年，进口价格仍比1926年提高了41.7%，而出口价格则被压低3.9%。这期间，剪刀差最大时扩大到84.2%；就是说以前用一吨出口品所能换来的进口货，现在要用近两吨来换取了。

这种进出口价格剪刀差，首先破坏了中国国内市场价格的主动权，随即造成国内市场上工农业产品的差价，形成一种半殖民地半封建性质的价格结构。

西方工业品最初进入中国时，受到中国手工业品的强烈抵制，并无多大市场，对国内价格水平也没什么影响。19世纪60年代后期，西方纺织业技术革新，首先是棉纱，继而是棉布，成本降低。兼以轮船大兴，苏伊士运河开通，运费减轻。同时，第二次鸦片战争后资本主义列强获得一系列新的特权，尤其是内河通商权。这样，70年代，进口货价格大幅度下降，中国手工业失掉抵抗力，也失掉价格主动权。其后，中国近代工业虽有发展，但十分薄弱，并且主要是进口替代型的，因而工业品价格一直受进口货支配。其中最有发展的棉纺织业，又以日本在华纱厂比较先进，它们也就在市场上取得价格决定权。中国近代工业常要依赖进口设备、器材以至某些原料，所以即使没有该项进口商品，其价格也多少受进口价格水平支配。

农产品的价格原是由国内决定的。19世纪70年代以前，国际市场上的茶、丝价格，也常是以中国的年成丰歉为转移。但这以后，由于有国外生产者的竞争，并由于外国巨大商业资本的操纵，出口产品大幅度降价。[①] 许多农产品在国外已有资本主义生产方式，在国内始终还是封建土地所有制下的

① 19世纪40～50年代上海茶价下降约一半，这一方面是由于运输路线改变，降低了运费；一方面是洋行操纵的结果。70年代出口茶价降低约28%，则是印度等茶叶竞争和洋行大举杀价所致。70～80年代出口生丝价格下降约30%，也是日本丝的竞争和洋行操纵所致。

小农生产，加上帝国主义者的操纵，就使得国内价格水平决定于国际市场。例如茶价决定于伦敦，丝价决定于法国里昂（后为巴黎），桐油价决定于纽约，而与中国农民的生产成本和年成丰歉无关，封建制度下的小生产者只是在一个既定的价格水平下从事劳动。即使是内销的农产品，也常是这样。如运往上海的棉花，主要是供当地纱厂使用。1931 年我国棉花比上年减产 27.4%，棉价本应大涨，但这年纽约棉价实比上年猛跌 37%，因而上海棉价只上升 9%。1932 年，纽约棉价再落。这时不仅上海等地棉价被压低，内地如使用陕西棉花的汉口裕华纱厂，在其董事会的报告中也说：陕棉歉收，“幸喜美埃棉花均告丰产”，因而棉价转低。卫辉华新纱厂是使用河南棉花，也急电它的采购庄：“据悉纽约行情下落，速停收购”，以待跌价。小麦是供国内面粉厂使用，并无出口，但其价格是以芝加哥小麦交易所的行情为转移。由于美国小麦过剩，由汉口运上海的国产小麦，由 1930 年的每担 5.33 元已跌至 1932 年的 4.03 元和 1934 年的 3.27 元，跌落近 40%，尽管这时是国内歉收，麦价理应上涨的。还有大米的价格，情况更为特殊，下文再专谈。

价格决定权的丧失，使得国内市场工农业产品的价格失调，形成类似剪刀差式的比价。其长期性变化，分阶段列如图 2B、C、D。①

从图 2B 可见，19 世纪 70 年代工农业产品的价格水平都是下降的，其工业品价格下降较农产品为速。这是受银价提高和进口工业品因技术改革价格下降的影响。尽管这时出口价格的下降已在一些年份超过进口价格的下降，就是说已经有了进出口价格剪刀差，② 但对国内市场价格还作用不大。80～90 年代，国内物价曲折上升，工业品与农产品上升的趋势大体相符，因而图略；但这时我国已失去出口价格的主动权，反映在进出口比价上，由优势转为劣势（图 2A）。

进入 20 世纪，进出口比价的劣势每况愈下。并因进出口额猛增，对国

① 图 2A 据南开指数，1937 年刊，第 37～38 页。图 2B 及图 2C 为综合批发价格指数，据《第一次中国劳动年鉴》，社会调查部，1928，第 148～149 页之表。图 2D 是以上海的粮食批发价格指数和纺织品及其原料的批发价格指数为代表，据谭熙鸿主编《十年来之中国经济》，中华书局，1947，第 M4 页之表。

② 1873～1881 年，进口价格下降了 10.69%，而出口价格下降了 29.01%。

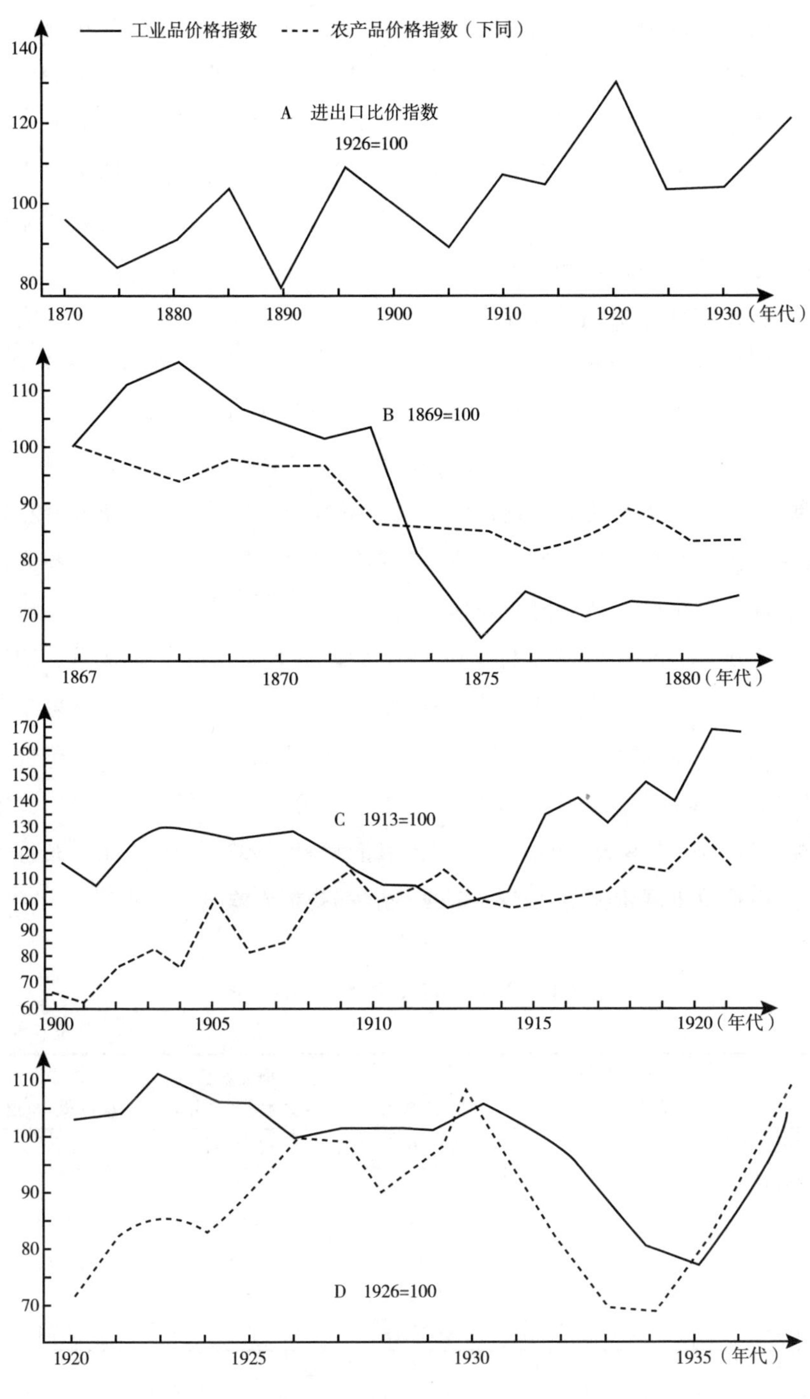

图 2 工农业产品价格变化

内物价的影响加剧。不过在1905～1912年期间，工业品价格是下降趋势，工农业产品差价并不显著。第一次世界大战期间，工业品价格猛升，农产品价格远为落后，差价遂猛烈扩大（图2C）。这时也正是中国资本家的所谓"黄金时代"。战后几年，趋势有所回转。但自1925年以后，即出现农产品跌价现象。到30年代，受资本主义世界经济危机的作用，国内农产品的跌价又远较工业品的跌价为速且甚（图2D），农民受到空前打击。抗日战争以后，物价直线上升（不再图示），而工农业产品的价格差继续扩大。如1937～1943年，上海粮食和农产品价格上升94倍，而制造品价格上升182倍；同时期，重庆食品价格上升98倍，而衣着价格上升222倍。①

工农业产品价格的变化各有多种因素，但这种长期性的价格差则反映经济上的半殖民地半封建的特点，成为国内不等价交换的基础。棉花和小麦主要是供应国内纺织厂和面粉厂用的，为具体观察这种不等价交换，将它们和棉布、面粉价格的变动情况一并列入表4。

表4所示，布和棉的比价，长期看来变动不大。但分期来看，1913～1920年布、棉价格都是上升趋势，而布价上升远大于棉价。天津粗布价格上升了70%，而棉价仅上升40%。以后四年棉价的上升超过了布价。但1925年后，布、棉价格都有所下降，到1930年布价下降4%，而棉价下降7%。1931年后没有天津的统计；据上海的材料，1931～1935年，布价下降13%，而棉价下降15%。在较长时期内，都是棉农吃亏。

表4　棉布、棉花、面粉、小麦价格

单位：元

年　份	天津布价 14磅粗布(每匹)	天津棉价 西河花(每担)	上海面粉价 绿兵船粉(每袋)	上海小麦价 汉口货(每担)
1913	7.32	25.76	2.09	3.80
1914	7.56	19.91	2.08	4.18
1915	7.93	20.34	2.52	4.59
1916	7.68	21.04	2.37	3.46
1917	8.56	30.54	2.43	3.88
1918	11.72	35.17	2.45	3.84

① 《上海解放前后物价资料汇编（1921～1957）》，上海人民出版社，1958，第161～162、189页。

续表

年　份	天津布价 14 磅粗布(每匹)	天津棉价 西河花(每担)	上海面粉价 绿兵船粉(每袋)	上海小麦价 汉口货(每担)
1919	12.52	33.70	2.20	3.19
1920	12.37	36.04	2.75	3.50
1921	10.76	35.54	2.95	3.98
1922	10.27	36.20	2.81	4.24
1923	10.74	49.36	2.93	4.37
1924	10.60	57.26	2.58	3.90
1925	10.78	50.18	3.17	4.77
1926	9.66	43.35	3.24	5.11
1927	9.47	45.99	3.22	5.04
1928	10.16	45.05	3.06	4.69
1929	10.60	48.0	3.15	4.85
1930	10.34	46.7	3.43	5.33
1931	11.26	48.0	2.96	4.28
1932			2.77	4.03
1933			2.40	3.38
1934			2.24	3.27
1935			2.55	3.82
1936			3.37	4.97

资料来源：方显庭《中国之棉纺织业》，国立编译馆，1934，第 83、127 页；上海经济研究所《荣家企业史料》上册，上海人民出版社，1962，第 620 页。

1913～1920 年，上海面粉价格上升 31%，而小麦价格反而下降 8%，若比之 1915 年下降达 23%。1914 年上海每担小麦可换面粉 2 袋，到 1920 年只能换 1.2 袋。1921～1930 年，粉、麦价格都呈上升趋势，麦价上升幅度大于粉价，这是因为这期间洋粉大量进口，压抑了粉价上涨。从 1930 年起，粉、麦价格都下跌，到 1934 年粉价跌落 35%，而麦价跌落近 40%。麦价猛跌之际，也正是我国出现特大歉收，农民陷于破产之时。

上述工农业产品的价格差是以上海等大城市的批发价格为准。农民当然不会到上海来整批地出卖农产品和购买工业品，他们是在农村市场上按当地商贩的收购价和零售价来卖或买的。农村市场的这种价格差又要比城市市场大得多。这是因为：

（1）工业品的价格水平是在通商都市决定的，要经过批发、中转、零售许多环节销往内地和农村，每个环节都要加上商业利润、利息、捐税等，所以，它们是逐级加价的。

（2）农产品是由农村和内地流向通商都市，它们往往要比工业品经过更多的中间环节。但是，它们的价格水平（基准价）也是由通商都市这一头决定的，因而在流通中，它们是按已定的价格水平逐级压价，以充商业利润、利息、捐税的。在逐级加价和压价中，进一步扩大工农业产品价格差，加重了对农民的剥削。

以上，就是我国半殖民地半封建市场的价格结构。

四　机制工业品的流通

毛泽东同志说："帝国主义列强从中国的通商都市直至穷乡僻壤，造成了一个买办的和高利贷的剥削网，造成了为帝国主义服务的买办阶级和商业高利贷阶级，以便利其剥削广大的中国农民和其他人民大众。"① 这话是了解我国半殖民地半封建市场的一把钥匙。这里我把货币流通略去，仅考察商业剥削网，实际也涉及借贷资本——因为国际贸易全部是利用银行信用，国内流通也利用放款、期票、汇兑和押汇。

下面分（1）机制工业品，（2）出口农产加工品，（3）农产工业原料，（4）国内消费的农产品四项，各以一两种主要商品为代表，来具体考察它们的流通过程。

机制工业品的流通，可以棉布和棉纱为代表。据上述埠际贸易统计，1936 年国内流通的棉布共 128.1 万余公担（土布 4 万余公担除外。又指轮船运输者，下同）。其中上海运出 96.8 万余公担，青岛运出 22.6 万余公担，两埠共占流通总量的 93%，上海布（包括进口洋布）分走 23 个商埠，而一半以上是销汉口、重庆、广州、天津。青岛布运销 8 个商埠，而 90% 以上输天津、上海。天津为运进棉布最多之埠，计 23.7 万余公担，运出则只 3 万公担，大约许多是走铁路，未有记录。汉口亦运入 23.6 万余公担，但运出亦多，故属中转性质。其主要流通路线制为图 3，但改以价值计，以便比较。

---

① 《中国革命和中国共产党》，《毛泽东选集》第 2 卷，人民出版社 1967 年横排本，第 592 页。

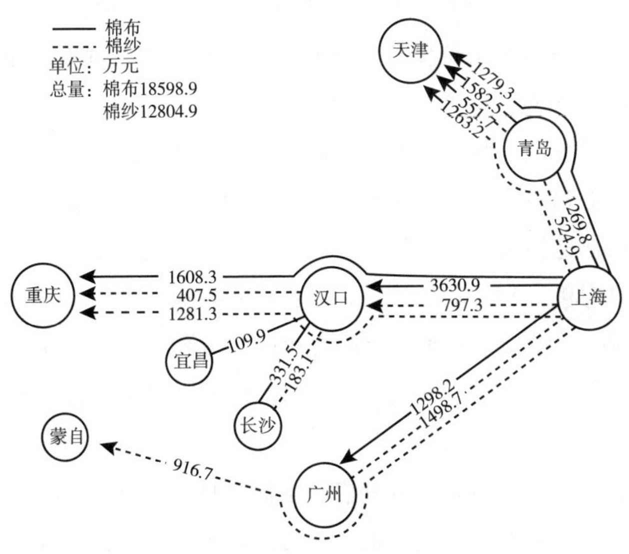

图 3　棉布、棉纱的流通（1936）

1936 年埠际流通棉纱共 125 万公担，其中上海运出 96 万余公担，青岛运出 10.4 万公担，两埠占全部流通量的 85%。汉口亦运出 8 万余公担，但运入有 8.7 万公担，属中转性质。天津运入 18.6 万公担，而运出甚少，可能是走铁路之故。上海棉纱直接运往 31 个关埠，广州、重庆、天津以下，蒙自居第四位，此外，梧州、宁波、沙市亦颇多种棉纱运出。总之，棉纱的走向与棉布相仿，但因为广大农民织土布所需，其运销范围又较棉布为广。主要路线亦制入图 3。

工业品由通商都市流往内地，一般要经过产地批发字号、地区之间的客帮、销地批发商和零售商四个基本环节，每经过一个环节都要加一次价。在通商都市这一头，又有经纪人、跑街、交易所等中间买卖；在内地这一头，有本街批发、二道贩等中间买卖，主要收取佣金。另有打包、运输、仓储、码头、报关等组织，收取费用。银行、钱庄等从事流通中的借贷、押汇、汇兑，收取利息。现以棉布为例，说明其流转环节和流通中的剥削情况。

如是进口棉布，是以洋行向国外定货的起岸价格为基准，国外部分的利润和运费已包括在起岸价格之中。洋行在这个价格上加费用、利润，连同进口税共 15% 左右，再加上 1% 的买办佣金，卖给上海的原件批发字号。如是国内生产的棉布，工厂直接卖给原件批发字号，工厂的出厂价格中常有折让，即工业资本家将剩余价值让渡给商人的部分，所以可不计加价。这种出厂价，常与进口棉布价格维持一定的均衡。

上海原件批发字号将棉布卖给客帮，例如四川帮。这种批发交易额大、成交快，所以毛利率较低，一般加1%，最多5%；经过经纪人、跑街者，另付佣金。四川帮把棉布装船运往重庆，枯水时须由宜昌转口，连同运费，加10%～15%的毛利，卖给重庆的匹头行或大的零售商。本地门市出售，一般要加20%的毛利。如再运往别埠，再依次加价。如1937年进口的细布，从上海运销重庆、桂林、贵阳：上海批发价每匹11元，重庆市价15元，计加价36%；桂林市价16元，计加价45.4%；贵阳市价19元，计加价72.7%。

这种加价中包括借贷资本的利息。上海原件批发字号的营运资金通常有70%是借款，其中有商业信用，但大部分是银行、钱庄的放款，利息约八九厘。如同丰棉布批发字号，1933～1936年支付利息共35472元，同时期该号净利为61098元，借贷资本和商业资本分割的比例约为4∶6。客帮也大量利用银行贷款或押汇，其利息率较高。从上海到重庆，以两个月、月息1分2厘计，利息支出相当于上海批发价格的2.6%。货到重庆后，匹头行常是给客商四个月的期票，即货价中约加5%的利息。可见，加价中借贷资本分取的部分是很大的，有时与商业资本的利润相等。

这种加价中还包括税捐。棉布税因主要包括在出厂价格内，流通过程中表现不大，这是受洋布进口中帝国主义特权的作用。但额外勒索常属不免，如从上海运往昆明，则除需纳1%的转口税外，还需纳云南军阀政府的两道货物税及各种杂费，每匹棉布要加价80%左右。

这种加价中除去借贷资本分取的利息和税捐外，再减除营业费用，即商业资本的净利。所谓营业费用，大体可分三类。

（1）商品包装、运输、仓储等费用。这是生产性的费用，能增加商品的价值，但所占比重不大。棉布从上海到重庆的运费约合上海批发价的3%，连同上下码头、保险等费用约合5%。

（2）商业店员的工资。这是流通所必需的。但批发商的店员很少，如上述同丰字号，每年工资支出只有3000余元，占不到费用支出的10%。零售商店员较多，不过内地城市零售店规模大者不多，且批零兼营，其批往农村的则多属小商贩，很少有店员。

(3) 纯粹流通费用。包括广告、报关、账务、通信等费用，还有资本家的应酬、行贿等支出也都计入费用。这部分实际占营业费用的最大部分。但这部分常会转化为其他资本家或剥削者的收益，实际是分取加价剥削的一种形式。

从上述棉布事例看，除进口货上外国资本家所获利润外，其由上海到内地的流通中，大体要加价 50% 左右。这种加价中，必需的营业费用大约不超过 10%，其余部分，不管是什么人分取而去，都是对消费者的剥削。这里，还没有包括从内地城市到农村的流通过程。就棉布说，这部分流通中的加价不是太大，因为农村零售商的毛利不比城市零售商大。但在边远省份，要加入小城市的中间周转，也受运输力的限制，就会加价较多。

但是，农村市场还有另一种剥削，即赊销、换货等方式的剥削。农民十分贫困，农业生产季节性又强，平时他们手中没有什么现钱，购买工业品，常是向商人赊购，秋后结账，或是用农产品来换购。赊销的价格远高于市价，并常加利息。1931 年的一个调查，东北农村杂货店赊销棉布、煤油等日用品价格，一般比市价要高出 30%，通例每年阴历五月、八月、腊月结算，届时不能清偿，再加 3 分利息。1934 年，甘肃武威县商人赊卖棉布，先照市价加价 1/3，再按每月 3 分行息，并言明田熟时还麦，不论到时收成如何，都须照缴。同年广西商人向农家赊销日用品，约定秋后用谷偿付，秋收时谷价正低，约比赊销时降 40%，商人收购又按市价压低一两角。这种情况也反映了农村市场不发达，商业不活跃，以自然经济、半自然经济来对付资本主义工业品，总是要吃大亏的。

五　出口农产加工品的流通

出口农产品的流通，可以茶和丝为代表。

据上述埠际贸易统计，1936 年埠际流通的红茶有 9.4 万公担，绿茶 22.5 万公担，连同其他茶共 51.7 万余公担。红茶的最大运出口岸为汉口，其茶主要来自本省，运出 4.8 万公担，几乎全部销往上海。福建红茶主销本省，运出者不足 10%。红茶受国际市场压价作用，1931 ~ 1935 年出口价跌落近 45%，上海市价亦跌落 38%，以至出口外洋者不过六七万公担。绿茶主销国内，跌价幅度略小。主要运出口岸为杭州、宁波、汉口，绝大部分运往上海，上海共运进绿茶 17.4 万公担，除出口外洋 7 万余公担外，基本上是由本地消费了。毛茶之主要消费地为福建，但多由上海转运而来；上海并运毛茶到东北。其他较低级的茶主要销北方，由福州运往天津为大宗，达 6 万公担。茶的主要流通渠道制为图 4，亦改用价值标量，以资比较。

丝的流通比较简单，主要是由重庆、汉口、广州、烟台集中到上海。上海共运入 156.9 万公斤。不过，这时厂丝都已是收购鲜茧，尤其是占大量的浙江蚕茧，系由民船运上海，不在记录之内。1931 ~ 1935 年，受国际市场作用，丝的出口价下跌近 58%，而上海市价下跌 60% 以上，较茶受压力更大。这时丝和茶一样都主要是内销了，但所受国际市场的支配如故。对于研究国内市场来说，选它们为代表比当时占出口第一、第二位的桐油、蛋品更有意义。丝的主要流通渠道亦制入图 4。

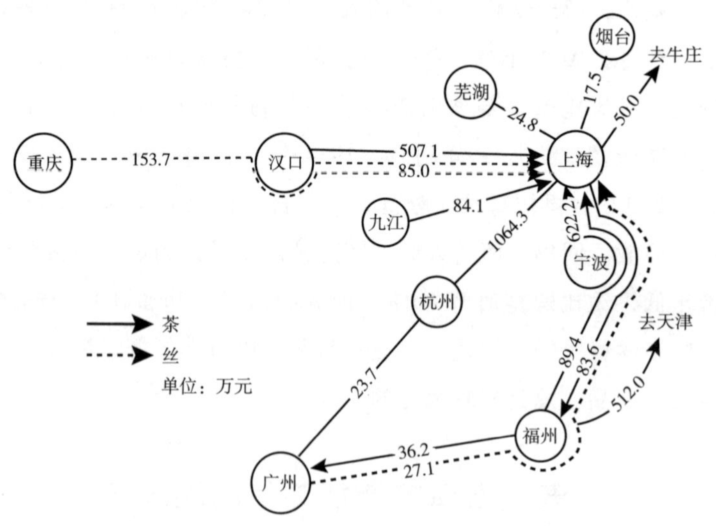

图 4 茶丝的流通（1936）

茶的流通一般要经过茶贩子、茶客、茶号、茶栈、洋行五道手。上海的洋行，按伦敦市场茶价，“吃价”（压低）10% 左右，作为开盘价，向茶栈收茶。1933 年，洋行先开价每担 250 元，俟茶涌到，两日下降 30%，又过两日仅作价 100 元左右，谓之“放盘杀价”。洋行收茶时，每箱（约 50 斤）扣 2.5 磅，名“二五扣磅”；付款时扣价 0.5%，称“九九五扣息”；另有

“茶余”付给买办；以及过磅、打包、修箱等杂费。有人估计，上海年出口茶以4000万元计，吃价约400万元，扣磅240万元，扣息20万元，均洋行收益。

茶栈向产区茶号进茶，也照用吃价、吃磅、加息等办法。一般是茶栈向上海钱庄借款，月息1分，再放给产区茶号，作该笔货的流动资金，月息1.5分。上海茶栈放给茶号的款常达自己资金的三四倍。1933年，上海某茶栈向安徽祁门某茶号进货一批，其支付情况如下。这笔交易中，扣除部分共合茶价的26%，茶栈所开费用中，有五笔系实支，余均虚加费用。

茶价			3163.5元
扣除：	茶样79斤	71.1	
	吃磅333斤	299.7	
	利息：3000元，3个月	35.0	
	费用20笔	315.8	821.6
实付			2341.9元

茶号向茶客、茶行、茶贩子收获，也是节节吃价，而吃磅花样尤多。如祁门茶号收水毛茶通用二十二两秤，茶价下跌时用二十四两秤，有的甚至有三十二两秤，即2斤作1斤。零星收购中尚有“洋厘角色”在祁门是大洋合铜元照例扣15%，尾数抹零。如向农民收茶时有零数1角，即作8分，折铜元有尾数时抹去不付。1929年，福建建瓯，农民挑茶100斤，茶商用加三秤过秤，只算70斤；付款时先打九折（申大洋），再扣茶箱3角，加上尾数抹零，计100斤茶只收60斤价钱。

丝的流通，早期多是土丝，农民加工后出售，周转环节与茶相仿。在二三十年代，主要是上海丝厂的厂丝，江浙主要丝产区已是运销鲜茧。上述埠际贸易的丝（远地不能运茧）是运到上海再加工，或作内销。1936年我国丝出口379万余公斤，上海运入各地丝不过160万公斤，即此之故。

上海丝厂行租厂制，只是季节性加工，属商人资本，实际是丝贸易中洋行、买办以下的一个环节。丝厂通过茧行向农民收购鲜茧。茧行多地主开设，有地方封建势力（早期领有“茧帖”，独霸一方）。茧行向农民收购也是用杀价、压秤办法进行剥削。先开价较高，称“放盘”，俟农民将茧挑来，即行杀价；因茧在农民手中只能存10天左右，过期出蛾，不得不忍痛出售。压秤有秤手，技法甚精，10斤压一斤为常，好手能压两三斤。浙江农民养蚕成本，一般是一担茧合3.5担米，在1935年约合42元。上海永泰丝厂东家薛寿宣（薛福成后代）的茧行，这年以平均每担20元的低价收购茧7万担，共合140万元。这批茧由永泰丝厂缫制，可产丝6250担，可卖406万元，除工本外，可赚203.5万元。唯丝厂收茧亦系向银行、钱庄贷款，须付利息。据估计，上海如一年收购鲜茧15万担，贷款140万两，利息按两个月计，约28万两。银行并收洋厘（银两折银元收益）、保管费和栈租，共约102万两。合计约占贷款额的7.3%。

六　农产工业原料的流通

据埠际贸易统计，1936年17个关共运出棉花91.7万余公担，其中汉口占55%，沙市占18%，天津占15.8%。这些棉花有83.3万余公担运往上海，占91.9%；有4.6%运往青岛；余均少量。

1936年16个关共运出小麦134.9万余公担，其中汉口占46%，镇江占24%，芜湖占18%。这些小麦有84.7万余公担运往上海，占62.8%；29.6万余公担运往天津，占21.9%；又8.8%运往青岛。

1936年各关运出烟叶63万余公担，约半数为汉口所出，计29.5万余公担，主要是河南烟，90%运往上海。青岛运出20.1万余公担，占第二位，亦主销上海。然烟叶由铁路运输者较多，海关数尚不足据。

由上可看出，这些工业原料的国内流通路线与农产出口品基本相同，我们不再图示。

主要工业原料，其产地和销地的市场价格差一般比出口品小。如1926年，束鹿棉花销天津，产地价格约合销地价格的65%；1935年，许昌烟叶销上海，产地价格约合销地价格的78%。这时因为这些工业原料都有进口货，对国内地区差价起着抑制作用。中国纱厂使用进口棉花，1920年约占20%，1930年占35%，在国民党大量引进美棉时竟占到50%以上。面粉厂使用进口原料不多，但也受国际市场作用。特别是1931年国民党政府举办美麦借款，1933年再借美麦款，帮助解决美国生产过剩危机。美麦大量涌进，中国麦价直线下降。上海小麦价格，如以1930年为100，则1931年6月为83.7，1932年6月为70.5，1933年6月为60.9，1934年6月为51.0，前后跌落一半。

这些工业原料，多有工厂派人到产地直接采购，流通环节较少，这也是它们地区差价较小的原因。在中国的日本纱厂都属大财阀系统，是由它们本系的洋行采办用棉。三井、瀛丰洋行在江苏、山东有收购站38处；在华北、华中则通过商人，因它们早已控制了郑州、汉口等地的棉花交易市场。中国纱厂都是在棉产区设办庄采购。永安纱厂有6个固定的办庄。以申新纱厂在陕西的渭庄为例：1935年该庄收购泾渭花的平均价格是每担34.233元，运上海后，纱厂作价38.820元，差价4.587元。其中捐税占41.5%，借款利息占7.1%，其余是运输费用和办庄的费用。但办庄另有"余秤"收入，即收购时压秤的剥削，数目很大。据申新一厂账册，1933～1936年四年间余秤收入共27.6万元，相当于这期间该厂纯利的24.8%。

烟叶除商人运销外，主要产区是由烟公司设烤烟厂收购，烟价由英美烟公司垄断。在山东潍县烟产区，有烤烟厂60余家，英美烟公司收购50%～60%；美国、日本公司收购25%左右；南洋、华成等中国烟公司收购20%左右。每年烟上市，先由英美烟公司开价，其余厂再跟着开价。这种价格即产地市价，但实际是虚拟价格，与农民实际所得相差甚远。如安徽凤阳，1933年市价是每百磅17元，而农民所得只有9元，合市价的53%；1934年，市价10元，农民所得5元，合市价一半。山东潍县，1919～1934年，农民所得最高时为市价的71%，低时只45%。河南襄城，正常年份，农民所得为31%～58%。农民所得之低，是由于收购时压价、压秤、压级。烟的压级尤其厉害，一般分三四级论价，差价很大，往往评低一级，农民就损失不资。

面粉厂也有收购小麦的办庄，如茂新、福新有7个办庄。不过小麦是传统商品，压秤、压级较小，主要剥削是压价。1908年，上海各面粉厂订立了《办麦条规》，会议价格，各厂收购时只准压低，不准提高。从1914年到1920年，上海麦价下降了20%，而面粉价格上升30%。这期间并无多少洋麦进口，麦价下降主要是工厂资本家压价所致。到30年代，麦价连续下跌，则如上述，是美麦倾销所致。

七　国内消费的农产品的流通

这类流通都是封建社会早有的传统商品，主销国内，其中最重要的是粮食，我们也以粮食为例。在论清前期市场时，我们曾阐述粮食长距离运销的十条路线，其主要内容是东北、川湘、赣皖的粮食换取江浙、闽粤的布、茶、丝及广杂货，属小生产者之间的交换。鸦片战争后，及至20世纪30年代，供、需双方都发生了重大变化。

从供给说，东北粮食基地沦陷了；四川已无余粮可输出，尚须少量输入；湘、鄂可供粮食也减少了。流通路线缩短，集中东南和华北。另方面，从国外进口粮食成为必需，1933～1936年，进口米麦平均每年1461万余公担，相当于1936年埠际流通米麦（轮船运输者）的1.7倍。这期间，我国人口增长远较清前期为慢，年率不过0.1%，造成缺粮情况，主要是半殖民地半封建条件下农村破产所致。

从需求说，随着通商都市的畸形发展，销售市场日益集中于沿海口岸。原来最大的粮食集散地苏州，这时已无进亦无出。上海变成最大消费市场，其次为广东、天津。

据埠际贸易统计，1936年米的流通共723.6万余公担。以九江运出183.7万余公担为最多，其中85%运往上海。次为芜湖，运出161.9万公担，行销南北大埠，较九江米为广。再次为长沙，运出81万余公担，70%以上运往上海。上海共运入279.7万余公担，又大量进口洋米，故又运出177.2万公担，走广东、天津等24埠。广东运入186.1万公担，也有大量洋米进口，故有余米运往天津。天津共运入119.6万公担，主要由上海转来。汉口则主要为中转口岸。米的主要流通渠道从图5可见其走向繁复，与前几类商品不同。

从图5可见，上海、广州、天津成为最大的消费商埠，上海、广东并成为粮食的贸易中心，这就会引起粮食商品性质的变化。原来在封建社会，粮食贸易主要是小生产者之间的交换，其进入城市的粮食，则主要是由封建阶级及其仆从、士兵等以货币收入购买，而这种收入无非是地租的转化形态。现在，埠际流通的粮食主要是向通商大埠换取工业品，并由那里的工资劳动

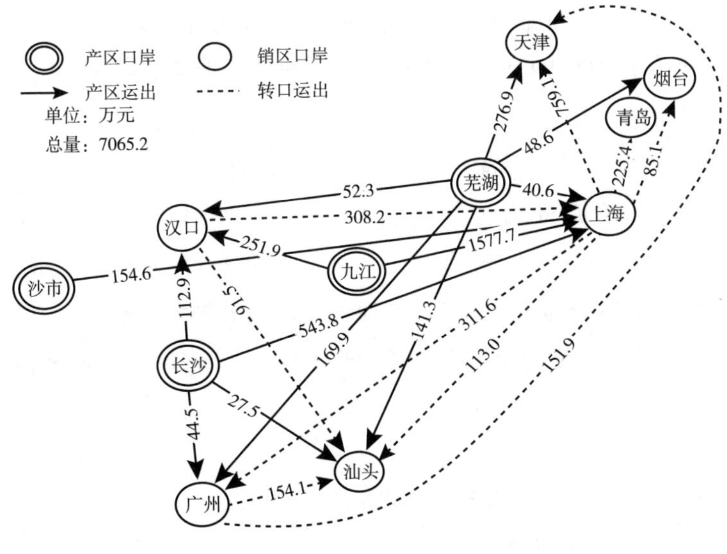

图 5　米的流通（1936）

者消费了。粮食成为工资（包括工商业雇工和政府机关、事业单位雇员的工资）的主要组成部分。这就给商品粮增添了一种新的性质。在资本主义发达国家，粮食是可变资本的物质对象，因而资产阶级政府总是要控制粮价（减税或对农场主补贴）。我国资本主义不发达，但无论是大城市的工厂主、一般资本家或政府统治阶级，都要力求抑制粮价，以节约开支（并避免罢工等“骚乱”）。并且，由于没有资本主义农场主的阻碍，抑制粮价比较容易。1921 年以后，洋米大量进口，又加剧了这种抑制作用。在上海，甚至发生米的市价反而低于进口报价的现象。①

这样，前面屡次提及的农产品价格水平低于工业品价格水平的现象就又在大城市内重演了，推其根源，无非是中国经济半封建性的表现。下面表 5 是近百年来上海米价和一般物价变动的比较。

表 5 见上海开埠以来，直到甲午战争前，尽管人口剧增，而米价水平并未上升（围城战争的几年除外）。甲午战争后几年，米价上升略快于一般物价，但自 1901 年起，一般物价上升转快。第一次世界大战期间，上海一般

① 发生这种现象的有 1923 年、1928 年、1931 年、1932 年、1933 年，见交通大学研究所编《中国海关铁路主要商品流通概况》，上海：中华书局，1937，第 404 页。

物价继续上升，而米价下跌，1913 年每石（156 市斤）7.21 元，1914 年为 6.42 元，1919 年为6.94 元。这期间也是上海工业大发展时期。战后 1921 ~ 1925 年，米价上升超过一般物价。但也仅在这几年，米的购买力在它的平价（100%）以上，其余时间，都是被压抑在它的平价以下的。1926 年以后就更明显了，一直到抗战前，米价除一个年份外都是下跌的，最多时比 1926 年跌落 48.7%。而一般物价先是上升，最高比 1926 年上升 26.7%，1931 年以后一般物价也开始跌落，但跌落幅度远较米价为小。因而，米的购买力不断降低，最低时比 1926 年降低一半以上，到抗战前还比 1926 年低约 40%。①

表 5　上海米价及其购买力

时　期	中等米价 元/市石	米价指数	批发物价指数	米的购买力
1913 = 100				
1841 ~ 1850	3.79	52.6		
1851 ~ 1860	2.87	39.8		
1861 ~ 1870	4.40	61.0		
1871 ~ 1880	3.14	43.6	68.4	63.7
1881 ~ 1890	3.09	42.9	68.4	62.7
1891 ~ 1895	3.45	47.9	70.8	67.7
1896 ~ 1900	4.97	68.9	83.0	83.0
1901 ~ 1905	5.50	76.3	98.2	77.7
1906 ~ 1910	6.64	92.1	105.4	87.4
1911 ~ 1915	7.39	102.5	107.4	95.4
1916 ~ 1920	7.36	102.1	127.0	80.4
1921 ~ 1925	10.68	148.1	142.2	104.2
1926 = 100				
1926	15.77	100.0	100.0	100.0
1927	14.77	93.7	104.4	89.8
1928	11.09	70.3	101.7	69.1
1929	13.51	85.7	104.5	82.0
1930	17.02	107.9	114.8	94.0

① 米的购买力的考察，因所用价格资料不同而有差异，但总趋势大体一致。另一种考察见许道夫《中国近代农业生产及贸易统计》，上海人民出版社，1983，第 98 ~ 99 页。

续表

时 期	中等米价 元/市石	米价指数	批发物价指数	米的购买力
		1926 = 100		
1931	12. 29	77. 9	126. 7	61. 5
1932	11. 35	72. 0	112. 4	64. 1
1933	8. 06	51. 1	103. 8	49. 2
1934	10. 27	65. 1	97. 1	67. 0
1935	12. 31	78. 1	96. 4	81. 0
1936	10. 43	66. 1	108. 5	60. 9

注：米的购买力 = 米价指数 ÷ 物价指数

资料来源：米价据邹大凡等《近百年来旧中国粮食价格变动的趋势》，《学术月刊》1965 年第 9 期。批发物价指数，1925 年以前见《第一次中国劳动年鉴》，1928，第 148 ~ 149 页；1926 年以后见《上海解放前后物价资料汇编（1921 ~ 1957）》，第 126 页。

这种压抑粮价的现象发生在上海（尚未考察其他通商大埠），但对埠际流通的价格起决定性作用。因为商人贩粮，是以销售市场的价格为基础，向产区节节压价的。粮食的贸易是封建社会原有的老商业，流通环节特多，逐级压价也大。在产区市场，有粮贩、粮栈、经纪人，在集散市场有箩头行、碾米厂、米店，在大城市，除客商、批发、零售外，亦有经纪人以至交易所。因此，其地区差价远比工业原料为大。如 1933 ~ 1934 年，江西米销上海，产地价格约为销地价格的 50%；湖南米销上海，产地价格为销地价格的 49%；安徽米销上海，产地价格为销地价格的 44%；其差异，主要由于各地商业组织及陋习不同。这种差价包括包装、运输、加工费用。例如安徽米销上海，安徽价格每担 5 元，上海卖 11.4 元，差价 6.4 元。其中运输等费用 2.95 元，占 32.7%；捐税 0.99 元，占 15.5%；余 3.31 元，占 51.8%，为商人所得（包括利息）。

粮食又有很大季节差价，商人尽量扩大季节差价来剥夺农民。农民为租税、债务所迫，秋收时不得不忍痛低价出售；青黄不接时，又不得不高价买口粮。据 1936 年安徽、江西、湖北一些地区调查，季节差价达 70% 左右。1927 年湖南米价，收获前每担 13 元，新谷一上市就被压低到每担只有 5 元。

地区、季节差价之外，农民还受预买制的剥削。预买制在各种农产品中都有，30 年代，估计农民出售产品中有一半是商人预买的。不过，最普遍的仍是粮食作物，即所谓卖青苗。卖青苗的价格一般为市价的五六成。浙江长兴的卖夏米，价格是按夏季（熟季）米价的一半计算。广东茂名的放谷花，商人给价 1 元，4 个月后交谷 4 斗，价值 2 元多；在乐昌、阳山，3 月预买，6 月收谷，每 3 元收谷一担，价值 5 元。

在粮食贸易中，农民所得价格比工业原料品和出口品都要低，不超过消费市场价格的 1/3。而工业品在农村的价格，即农民所付价格，大约要比产地高出一倍。这就是我国半殖民地半封建的国内市场，亦即帝国主义所造成的从通商都市到穷乡僻壤的商业高利贷剥削网的基本特征。这个剥削网固然是十分有利于帝国主义、买办资本和商人资本，但是，它的不等价交换也极大地限制了农村的购买力，限制了国内市场的扩大，并限制了对外贸易的发展。

八　余论

鸦片战争以后，资本主义列强的侵略破坏了中国农村的自给自足状态，造成了从通商都市到穷乡僻壤的商业高利贷剥削网。本文在分析商品流通中，也特别注意农民和农村所遭受的损失和破坏。但是，正像列宁分析 1861 年改革后的俄国时所指出的那样，我们不能用伤感主义来看待这一问题。对于原来封建的中国来说，自然经济的解体和国内市场的扩大都是一个进步。研究者的任务在于考察这一市场的半殖民地半封建性质和它的作用。

本文只在考察半殖民地半封建市场的一些基本特征，未能申论它对工农业生产和国民经济的长远作用（虽然这应该是整个研究的目的）。不过，从上述分析中可见，尽管当时我国存在着资本主义和封建制度下的小农经济这两种生产方式，尽管它们的产品的流通渠道有所不同，它们仍然是在一个统一的国内市场上进行交换，都受半殖民地半封建特征和价格结构的制约。近年来国外流行的关于不发达国家二元经济结构的“不完整市场”的理论，在 19 世纪或 20 世纪的旧中国都不能得到证实。

本文是考察半殖民地半封建条件下的国内市场，无暇论及国际贸易，仅在价格结构的考察中涉及进出口的不等价交换。而本文所用资料只是从价格的演变（指数）来表现价格差，并未论及事物的本质。马克思指出：发达国家在国际价格下降的情况下，仍然有高于商品价值输出的可能性，而不发达国家“所付出的实物形式的物化劳动多于它所得到的，但是它由此得到的商品比它自己所能生产的更便宜”。[①] 这个理论完全适用于近代中国。但是，不能承认某些人所说的农村受益的观点，本文所强调的在这种交换条件下农民经济状况的恶化，是个确切不移的事实。因为这里不仅有受损害者，还有城市以及农村中的受益者，尽管人数不多。至于农民遭受损失，也不能完全归之于他们产品的特征（所谓初级产品或“Z类”产品的理论），而是和封建土地所有制、传统的商业形式分不开的。

（原载《历史研究》1984年第2期，后有修订）

① 马克思：《资本论》第3卷，人民出版社，1975，第265页。

洋务运动与国内市场

一 经济近代化与市场的关系

开始于19世纪60年代的洋务运动可视为中国经济近代化的开端。第二次世界大战后，西方史学界对经济近代化的看法有所改变。过去十分强调工业革命，现则认为欧洲经济的变革始于18世纪的重商主义，200年后的工业革命不过是市场需求的扩大和它所引起的政治经济变动的结果。这种观点的改变可概括为对经济发展的看法由生产导向转为需求导向，这可以C. M. 奇波拉主编的一代名著方坦纳欧洲经济史为代表，它对每阶段的分析都是从总需求开始。

这种历史观的转变，可从经济学理论上探求根源。人类受个人能力的限制，只有通过交换才能获得经济上的增益。故亚当·斯密的交换导致分工、分工和专业化增进社会主产力的观点至今为人所信奉。但自法国重农学派以来，在经济发展理论上生产导向的思想常占优势，“供给创造需求”的萨伊定律深入人心。德国历史学派先驱F. 李斯特曾批评斯密为“交换经济学”，因另创“生产力经济学”，并认为历史的发展顺序是由农业经济到农工业经济，再到农工商业经济。19世纪70年代，边际学派兴起，从需求即物品的稀少性和效用上解释价值，受到学界重视。其后，历史学派的经济发展论也有改观。如希尔德布兰德（Bruno Hildebrand）是按交换的方式提出三阶段论，即实物经济、货币—经济、信用经济。毕歇尔（karl Bucher）则从交换过程上提出三阶段论，即家庭经济（包括中世纪庄园，不依赖外部交换）、城市经济（指行会时代，生产者与消费者直接交换）、国民经济（生产者为市场而生产，商品要经过多种市场环节才到消费者手中）。

20 世纪早期，以 A. 马歇尔为首的新古典经济学居主流地位。马歇尔首创“需求理论”，从此经济学皆从需求讲起。但马歇尔的重点仍是生产论，并认为短期内是需求决定均衡价格，长期间则仍是供给起决定作用。1912 年 J. A. 熊彼特的《经济发展理论》提出“创新论”，是经济理论的一大贡献，但其发展观仍是生产导向的，虽然注意到市场创新。30 年代的凯恩斯革命，西方经济学发生重大变化。J. M. 凯恩斯彻底批判了萨伊定律，需求和市场上的有效需求成为研究的中心。同时，他创立了宏观经济分析，与经济史重新结合。经济史学中的需求导向思潮于焉兴起，前述奇波拉的巨著即立足于凯恩斯理论。

1969 年，J. R. 希克斯发表《经济史理论》，认为迄今世界经济发展的共同趋势是由习俗经济和命令经济向市场经济过渡，尽管这种过渡在各国先后悬殊，在历史上常有反复。他认为，欧洲的封建时代是习俗经济和命令经济的混合，它向近代化转换始于“专业商人”的兴起，专业商人要求保护产权和保护合同，于是出现一个长达二三百年的“市场渗透”过程，即适应市场经济的货币、法律、信用和政府制度的改造，农业的商业化，劳动力市场的建立。这一切的结局即工业革命和近代化。80 年代兴起的以诺斯（Douglass C. North）为首的新制度学派的经济史理论是这种思潮的另一种表述。它把经济的增长归之于制度的有效性变迁，而在解释欧洲的工业革命时，把它归因于 16 世纪以来的产权制度的完备化，要素市场的扩大和交易费用的降低。

其实，马克思早就指出，欧洲的资本主义制度是 16 世纪建立的。在《德意志意识形态》中，有一篇题为“交往（verkehr，广义的交换）与生产力”的史论。这篇史论讲了欧洲中世纪后期“商人阶级”的形成，他们怎样促成城市间的分工，从而导致工场手工业的出现。又讲了 17 世纪以来世界市场上商业和航运业的大发展，怎样造成“超过了生产力的需求”，终于促使大机器工业的诞生。在《资本论》中，马克思指出商业资本是最早的资本自由存在方式，因而，“它在封建生产的最早的变革时期，即现代生产的发生时期，产生过压倒一切的影响”。①

以上经济学和经济史理论，都是以西方尤其是欧洲的经验为依据的，不过，我认为，作为历史观，即作为思考问题的方法论，也适用于中国的近代化研究，尤其是在洋务运动时期。关于清代商业、商人资本的发展已有不少专著，市场的变化也有很多描述性的论述。但市场究竟扩大了多少，发展速度如何，是否与近代化产业的增长相适应，尚罕见论证。与欧洲不同，中国历史上从来不是个海上国家，至19世纪末出口贸易占不到工农业总产值的5%，近代化产业的建立必须依靠国内市场。本文下节的任务即在于考察1870～1910年国内市场的发展状况。这以后，即20世纪20年代和30年代的国内市场，我在《中国资本主义发展史》第二、第三卷中已有估计。至于国外市场，则海关有详细统计，勿论。

二　洋务运动时期的国内市场

我在《论我国半殖民地半封建国内市场》② 中，曾利用厘金、土产国内埠际贸易、出口货值的变化来反映国内市场扩大趋势，而未作交易量估计。兹再作较细致考察，兼用其他资料，估计如下。

第一，厘金税率不定，省自为政，征收混乱，论者非之，我在上述文中实际未用。兹经考虑，厘金的覆盖面最广，遍及内地各省，并包括省内运销，又基本上属土产，实为重要资料。厘金统计最令人疑惑的是它在19世纪一直徘徊在1500万两的水平，有减无增，与贸易发展趋势不符。经研究，我认为主要是本时期物价下跌所致，如用物价指数修正，仍是稳步增长的，见表1。至于1894年之下滑乃政治形势使然，盖1892年起，清廷田赋、关税、其他收入均大幅度跌落，非只厘金。厘金的另一难题是各省扣留部分无法核定，此节我亦无能为力。不过，过去文献未免夸大，户部报称四五百万两盖指甲午之际，经1897年财政整顿追回200万两，我认为各省扣留数不会超过15%。

① 马克思：《资本论》第3卷，人民出版社，1975，第376页。

② 载《历史研究》1984年第2期。收入本卷第189～215页。——编者

对厘金的最大误解恐怕是在税率上。厘金原意值百抽一，各省滥加，高低悬殊。强调清廷“搜刮”者一般从高，即美国 D. H. 珀金斯在《中国农业的发展》中虽各省分计，实亦从高（平均 3.5% ~3.7%）。原来海关洋人谋攫取内地税权时曾做调查，中国内地税实低于拟议中之子口税 2.5%。子口税行后，与厘金处于竞争地位，厘金过高，则商人诡寄子口渠道（也有少量诡寄海关之复出口渠道，税率亦为 2.5%），这是厘金收入不振的一大原因。但我考察多项事例，大约商人货运转入子口者大半不是因为厘金税率高，而是因为厘卡腐败，稽迟延宕。同时也有降低厘金税率以与子口争夺货源之事。甲午后，清廷命令加厘，多省拖延不行，盖恐失货源。我用罗东玉《中国厘金史》第 7 ~ 12 章所述 20 个省的不同税率，再用 1880 ~ 1889 年各省厘金收入额作为权数，求得总平均税率为 2.26%，低于 2.5% 的子口税。我认为这是合理的，因用此税率将各年厘金收入还原为货运量，见表 1，各地厘卡均有刁难商旅额外勒索之事，不过，这不影响货运额之估算。

表 1 中的厘金数，是减除了洋药厘、土药厘、盐厘之数。因洋药厘、土药厘根本与鸦片之价值无关，鸦片作为商品的价值已包括在进口洋货之中。盐的流通值我另行估算。不过盐厘数甚小，有的年份未能减除（厘金统计至 1908 年止，1911 年系资政院预算数）。

表 1　厘金货运量估计

年　份	货物厘金数（万库平两）	物价指数	按物价指数调整后的厘金指数	按厘金数折合的货运量（万规元两）
1869	1288	100.0	100.0	60943
1874	1267	78.8	124.8	59920
1879	1235	75.3	127.3	58416
1884	1209	72.0	128.8	57168
1889	1493	83.5	138.8	70624
1894	1421	87.1	126.7	67230
1899	1658	109.4	117.7	78407
1904	1926	116.5	128.4	91084
1908	2106	129.4	126.4	99606
1911	4413（预算）	124.7	274.8	208739（据预算）

注：物价指数用唐启宇指数改编。折合率：1 库平两 = 1.069 规元两。厘金平均税率为 2.26%，折算时用千位数。

第二，土产埠际易值，据海关统计，见表2。此项增长甚速，部分是夺取厘金的货运即上述改入子口而来。唯此项流通限于轮船运输并向海关报关之货运，厘金货运大皆土法运输及无海关处所，二者相加代表80%以上的土货贸易，其他均属次要。

第三，常关贸易。常关税原有800余万两，鸦片战后无统计，实行厘金后更凌替，19世纪70年代约200万，80年代约280万，20世纪初约100万。但1888年起，广东二关由海关接管，1902年起，几省24关由海关接管，接管后的常关税收激增，并有历年统计。兹按上述情况估计，并按2.26%税率折合货运量，见表2。唯各省自留部分税款无法稽核，故货运量估计偏低。

第四，盐。我在《中国资本主义发展史》第一卷中估计鸦片战争前后官私盐销量共值5853万两。盐销量只随人口变动，本期内增长有限。唯甲午后增课、增厘而主要是加价，无各区全部引数及批价，不能用前法估算。只好据张謇《改革盐政计划书》及督办盐政处1910字统计，计全国产盐成本2759万元，各项课厘加价4542万两，共作6500万两，列入表2。此数实已计入各省扣留数。

表2　市场商品量估计

单位：万规元两

年代	厘金货运量(A)	土产埠际贸易(B)	常关货运量(C)	盐(D)	土产商品量(E=A+B+C+D)	进口洋货净值(F)	国内市场商品量(G=E+F)		
							实数	指数	修正指数
1869	60943	9003	9469	5850	85265	7476	92741	100.0	100.0
1874	59920	11275	9469	5850	86514	7170	93684	101.0	128.2
1879	58416	12900	9469	5850	86635	9160	95795	103.3	137.2
1884	57168	11980	12301	5850	87299	8106	95405	102.9	141.1
1889	70624	17177	15310	5850	108961	12352	121313	130.8	156.7
1894	67230	20732	14779	5850	108591	18058	126649	136.6	156.8
1899	78407	32885	14779	6500	132571	29493	162064	174.7	159.7
1904	91084	41388	22124	6500	161096	38328	199424	215.0	184.6
1908	99606	48875	21062	6500	176043	43948	219991	237.2	183.3

注：修正指数按表1之物价指数修正。折合率：1库平两=1.069规元两；1海关两=1.114规元两；1元=0.715规元两。

第五，进口洋货净值，据海关统计。

以上所估国内市场商品量不包括地方小市场上生产者之间的品种调剂、有无调剂等使用价值的交换，此种交换对于促进市场近代化无甚作用。又土产商品原则上是用产地批发价计值，进口商品一般是用上海市场批发价计值，1904 年以后按到岸价格计值。

从表 2 可见，本时期国内市场商品量的增长十分有限。19 世纪最后 30 年间仅增长 74.7%（按不变价格计只有 59.7%），年率不过 1.88%；20 世纪头 10 年稍速，但至 1908 年亦仅增长 35.7%（按不变价格计只有 14.8%），年率不过 3.45%。再同我过去估计的几个时期国内市场商品量比较，这个时期的增长率也是很低的，见表 3。我国 16 世纪一度市场扩大颇速，商业繁荣，以至有人称之为“商业革命”。但 17 世纪步入停滞，原设钞关大半废除。18 世纪即乾隆盛世颇有发展，进入 19 世纪又现停滞，常关税日蹙。鸦片战争后 30 年，并无起色（表 3）。总之，在洋务运动前没有一个像西方那样的商业大发展或价格革命时代，在 70 年代引进近代化产业后，又因战争等原因出现一个总需求不旺、物价下跌的时期，成为洋务运动的阻力。

表 3　国内市场商品量的增长

单位：亿规元两

年　代	国内产品	进口洋货	合　计	年增长率(%)	洋货比重(%)
1840	3.46	0.04	3.50	—	1.0
1869	8.52	0.75	9.27	0.3	8.1
1908	17.60	4.39	21.99	2.2	20.1
1920	57.61	8.49	66.10	9.6	12.8
1936	109.01	11.16	120.17	3.8	9.3

资料来源：1840、1936 年估计见拙作《中国资本主义与国内市场》，中国社会科学出版社，1985，第 253 页；许涤新、吴承明主编《中国资本主义发展史》第 3 卷，人民出版社，1993，第 224 页。

本时期，进口洋货的增长很快。洋货中，占第一、第二位的是鸦片，每年大都在 3000 万两以上。如加上估计的走私数，1869～1894 年进口鸦片 220 余万担，值 9.97 亿两；1895～1908 年约进口 81.5 万担，值 5.72 亿两。这种巨额的输入，其市场作用只是削减了消费者的购买力，阻碍商品流通。

在 1869 年，国产鸦片的数量已超过进口鸦片，到 1894 年，估计国产鸦片有 32.5 万担，值 9413 万两，相当于表 2 中当年土产商品量的 8.7%。国产鸦片虽然也汲取市场上消费者的购买力，但它同量地增加了烟农和烟商的购买力。因而，表 2 实际是漏列了一项年达几千万两的土产商品。

另方面，有人认为国内市场的发展只是洋货泛滥，或把全部进口都看作消极因素，这也是不对的。长时期看，进口的增长并不妨碍市场上国产商品增长。这从表 3 中洋货所占比重的变化可知；由于土产商品漏列国产鸦片，1908 年前的洋货比重实际要比表列为低。在上海，就是以外贸为先导，引起内贸的发展，内外贸市场的扩大，引起近代化工业的发展。1870 ~ 1910 年，运进上海的洋货增加 328%，经海关运进上海的土货增加 535%，不经海关运进上海的土货与经海关的大体相当，就是说，内贸发展快于外贸，这就使上海成为全国工业中心。到 20 世纪 30 年代，上海的贸易额约占全国 1/4，而近代工业产值约占全国 1/2。[①] 遗憾的是，像这样获得近代化成绩的只有上海一埠而已。

（原载《文史哲》1994 年第 6 期）

① 张仲礼主编《近代上海城市研究》，上海人民出版社，1990，序及第 157 页。

近代中国国内市场商品量的估计

经济的发展，尤其是现代化产业的发展，是受市场需求的制约的。旧中国没有总需求与总供给的统计，也没有市场交易额或商品流通额的统计，因而在考察近代中国市场时，我们总要注意市场上商品量的估计，意在以这种估计代表市场上的有效需求。先后研究的课题不同，估计的内容和方法也不同。现在我把它们综合起来，试作一长期比较。

所谓市场商品量，是指某年或一个时期平均每年国内生产的商品加进口商品。国内生产的商品，有的即其产量，有的是除生产者自用以外的上市量；作价一般用生产者价格或第一次交易时的价格。有些商品不是从生产上而是从流通中估计的，则是指较长距离的贩运贸易的商品量，按其报关价格作价。总之，所估商品量，原则上不包括地方小市场上生产者之间的品种调剂、余缺调剂等使用价值的交换，也不包括上市后商人之间的转手交易和对消费者的零售交易。进口商品是计算其进口净值，以到岸价格为准，不计到岸以后的流转交易。又估计称国内市场商品量，因出口商品海关有详细统计，无须估计；不过，出口商品均先有国内流通，已包括在国内商品量的估计中。

一　农产品的商品化

这是我们较早研究的一个课题。意指鸦片战争后，门户开放，招致农村自然经济的分解，形成农产品的商品化。这项研究是在编写《中国资本主义发展史》第二卷时，由徐新吾领导的一个上海工作组完成的，估计结果都载该书，兹摘列如表 1。

表 1　农产品的商品化

单位：规元

品种	1840 年前		1894 年		1919/1920 年	
	商品量(万担)	商品值(万两)	商品量(万担)	商品值(万两)	商品量(万担)	商品值(万两)
粮食	23300.0	15533.3	37250.0	37250.0	52683.0	105366.0
大豆	—	—	1644.7	1905.5	4744.2	12155.6
棉花	211.2	1277.5	270.8	2715.0	876.2	11277.5
烟叶	—	—	400.0	1470.5	638.0	4477.6
茶叶	215.3	2433.0	386.9	5330.0	276.7	6110.3
蚕茧	—	—	72.3	1275.5	217.8	5527.2
合计		19243.8		49946.5		144914.2
罂粟	—	—	32.5	9413.3	25.0	38990.0

表 1 所列，除粮食外，都是与出口有关的商品，因为早期推动农产品商品化的，主要是茶、丝、棉花、大豆等出口。估计方法主要是根据海关统计的出口量，加上估计的内销量，即市场商品量；估价时也是出口价格与内销价格分计。这些出口品都多少经过整理或加工，但仍可视为农产品。唯出口丝已是工艺品（出口多是厂丝），是把它折算成桑蚕茧，估算桑蚕业的商品化程度。

现以桑蚕茧为例，说明此项研究的内容。鸦片战争前，生丝主要是供家庭和机坊织绸之用，年约 5.5 万担，连同少量出口，共 6.4 万担。按每担丝需鲜茧 15 担，共需茧 96 万担，可视为茧产量。1894 年，出口土丝、厂丝 8.32 万担，内用约 7.7 万担，共 16.02 万担，按同法折茧 240.3 万担，加这年出口干茧折鲜茧 2.89 万担，合计 243.19 万担，是 1894 年茧产量。其中，现代化丝厂消用 33.78 万担，手工丝厂消用 8 万担，连同出口干茧折鲜茧 2.89 万担，共 44.67 万担，是为商品茧，占茧产量的 18.37%，即甲午战争前桑蚕业的商品化程度只有 18% 强。1919 年，出口丝 13.15 万担，内用估 8.4 万担，共 21.55 万担，而厂丝比重加大，按每担丝需鲜茧 14.5 担计，加出口干茧折鲜茧 10.42 万担，共 322.91 万担，是为茧产量。其中，现代化丝厂消用130.56万担，手工丝厂消用19.58万担，连同出口干茧折鲜茧共160.55万担，是为商品茧，占茧产量的49.72%，即1919年桑蚕业的商品化程度已近50%。

以上茧产量和商品量，都按出口和国内茧价分别计值，以便各项商品加总之用。从这项研究中，又可约略估计出1840年以前我国有桑田240万亩，桑蚕农户160万户；1894年增为480万亩，240万户；1919年增为625万亩，308.8万户。

粮食是按一定的人均占有量估出产量，再按下列三项估出商品量：(1)非农业人口，包括城市居民、驻军、矿工、游民等所需粮食，扣除漕粮等征调部分；(2)估计茶农、蚕农、棉农、蔗农、盐民、渔民等户数，设每户需补充口粮半数；(3)酿酒、制酱、制醋及纺织品上浆、手工业裱糊等所需粮食（不是全部需购买）。商品粮占产量比重即粮食商品率，按此项研究，1840年为10%，1894年为15.8%，1920年为21.6%。

在估算中，除粮食外，农产品商品值增加最大的是罂粟。国内种植罂粟，大约始于19世纪50年代，至19世纪80年代，国产鸦片已超过进口。20世纪初，由于国际干涉，种植数量有所减少，但价格大涨，估计1920年产值达3.9亿两，实属惊人。不过，罂粟的价值很大部分是禁烟当局和走私集团所得，其中有多少是农民商品化的收入还难以肯定。

如不计罂粟，1840～1894年54年间，粮食、棉花、茶叶、蚕茧四项商品值由1.92亿两增至4.66亿两，年增长率为1.65%；可见农产品商品化的速度是很慢的。而其中又很大部分是价格因素，如果按1894年不变价格计，这四项商品值的年增长率仅为0.92%。1894～1920年26年间，农产品商品化加速，按粮食、棉花、大豆、烟叶、茶叶、蚕茧六项商品计，由4.99亿两增至14.49亿两，年增长率为4.18%。扣除价格因素，按1894年不变价格计，年增长亦仅1.68%而已。

二　1869～1908年国内市场商品量

这是我提交1994年洋务运动国际学术讨论会的一篇论文《洋务运动与

国内市场》,[①] 是用厘金、常关税、海关统计的土产埠际贸易值、盐、进口洋货等五项指标来估计国内市场商品量的增长；限于资料，未能包括整个洋务运动时期，而只有 1869 ~ 1908 年。

（一）厘金覆盖面广，遍及内地各省，研究 19 世纪土产运销者，无不注意厘金。但厘金税率不定，省自为政，很难用以估算货运量；我过去在考察 19 世纪市场时也只以厘金作为发展趋势，未用为数据。厘金统计最令人疑惑的是它一直徘徊在 1500 万两的水平，有减无增，与贸易发展趋势不符。经研究，我认为主要是 19 世纪后期物价下跌所致，如用物价指数修正，仍是稳步增长的，见表 2。至于 1894 年之下滑乃政治形势使然，盖 1892 年起清廷田赋、关税，其他收入均大幅度跌落，非只厘金。厘金的另一难题是各省扣留部分无法核定。不过，过去文献未免夸大，户部报称四五百万两概指甲午之际，经 1897 年财政整顿追回 200 万两，我以为各省扣留数不会超过 15%。

表 2　厘金货运量估计

年　份	货物厘金数（万库平两）	物价指数	按物价指数调整后的厘金指数	按厘金数折合的货运量（万规元两）
1869	1288	100.0	100.0	60943
1874	1267	78.8	124.8	59920
1879	1235	75.3	127.3	58416
1884	1209	72.9	128.8	57168
1889	1493	83.5	138.8	70624
1894	1421	87.1	126.7	67230
1899	1658	109.4	117.7	78407
1904	1926	116.5	128.4	91084
1908	2106	129.4	126.4	99606
1911	4413（预算）	124.7	274.8	208739（据预算）

注：“物价指数”用唐启宇指数改编。折合率：1 库平两 = 1.069 规元两。厘金平均税率为 2.26%，折算时用千位数。

① 载《文史哲》1994 年第 6 期。收入本卷第 216 页 ~ 222 页。——编者

对厘金之最大误解恐怕是在税率上。厘金原意值百抽一，各省滥加，遂无标准。一般都强调清廷“搜括”，估计从高；美国 D. H. 珀金斯在其《中国农业的发展》中各省分计，然平均达 3.5% ~3.7%，实亦从高。原来海关洋人谋攫取内地税权时曾做过调查，中国内地税实低于拟议中之子口税 2.5%。子口税行后，与厘金处于竞争地位，厘金过高，则商人诡寄子口渠道（也有少量诡寄于海关之复出口渠道，其税率亦为 2.5%），这是厘金收入不振的一大原因。但我考察多项事例，商人货运转寄子口者大半不是因为厘金税率过高，而是因为厘卡腐败，稽迟延宕。同时也有降低厘金税率以与子口争夺货源之事。甲午后，清廷命令加厘，多省拖延不行，盖恐失货源。我用罗东玉《中国厘金史》[①] 第 7 ~12 章所述 20 个省的不同税率，再用 1880 ~1889 年各省厘金收入额作权数，求得总平均税率为 2.26%，低于 2.5% 的子口税。我认为这是合理的。因用此税率将各年厘金收入还原为货运量，见表 2。各地厘卡均有刁难商旅额外勒索之事，不过这不影响货运量之估算。

表 2 中的厘金数是减除洋药厘、土药厘、盐厘之数。因洋药厘、土药厘根本与鸦片之价值无关，鸦片作为商品的价值已包括在进口洋货之中。盐的流通我另行估算，不过有的年份盐厘过小，未能减除。又厘金统计至 1908 年止，1911 年系资政院预算数。

（二）常关税原有 800 余万两，鸦片战后无统计，实行厘金后更凌替，19 世纪 70 年代约 200 万两，80 年代约 260 万两，20 世纪初约 100 万两。1888 年起，广东二关由海关接管；1902 年起，各省 24 个关由海关接管；接管后税收激增，有历年统计。[②] 兹按上述情况，也以 2.26% 税率还原为货运量，见表 3。

（三）土产埠际贸易。此是海关统计的“各关贸易货价全数”中的“土货出口总数”，包括各关运往其他关的土货，也包括转运往外洋者。它增长甚速，部分是夺取厘金的货运即上述改入子口而来。唯此项流通限于轮船运输并向海关报关之货运，而厘金货运大皆土法运输及无海关处所者，二者相加可代表 80% 以上的土产贸易。其值见表 3。

---

① 罗东王：《中国厘金史》，商务印书馆，1936。

② 见戴一峰《近代中国海关与中国财政》，厦门大学出版社，1993。

表3 市场商品量估计

单位：万规元两

年代	厘金货运量(A)	土产埠际贸易(B)	常关货运量(C)	盐(D)	土产商品量(E=A+B+C+D)	进口洋货净值(F)	国内市场商品量(G=E+F)		
							实数	指数	修正指数
1869	60943	9003	9469	5850	85265	7476	92741	100.0	100.0
1874	59920	11275	9469	5850	86514	7170	93684	101.0	128.2
1879	58416	12900	9469	5850	86635	9160	95795	103.3	137.2
1884	57168	11980	12301	5850	87299	8106	95405	102.9	141.1
1889	70624	17177	15310	5850	108961	12352	121313	130.8	156.7
1894	67230	20732	14779	5850	108591	18058	126649	136.6	156.8
1899	78407	32885	14779	6500	132571	29493	162064	174.7	159.7
1904	91084	41388	22124	6500	161096	38328	199424	215.0	184.6
1908	99606	48875	21062	6500	176043	43948	219991	237.2	183.3

注："修正指数"按表2之物价指数修正。折合率：1库平两=1.069规元两，1海关两=1.114规元两，1元=0.715规元两。

（四）盐。我在《中国资本主义发展史》第一卷中估计鸦片战争前后官私盐销量共5853万两。盐销量只随人口变动，本期无大增长。唯甲午后增课、增厘而主要是加价，无各区全部引数及批价，无法估算，只好据张謇《改革盐政计划书》及督办盐政处1910年统计，计全国国产盐成本2750万元，各项课厘加价4542万两，共作6500万两，列入表3。此数实已计入各省扣留数。

（五）进口洋货净值，据海关统计。从表3可见，洋务运动期间，市场商品量的增长十分有限。19世纪最后30年，即1869～1899年间，市场商品量增长74.7%，年增长率不过1.88%；若用物价指数修正，仅增长59.7%，年率只有1.57%。进入20世纪，即1899～1908年9年间，市场商品量增长35.7%，年率达3.45%；但主要是价格因素，用物价指数修正后，年率亦仅1.54%而已。

洋务运动于19世纪60年代引入现代化产业后，即遇到一个总需求不旺、物价下跌的市场局面，直到世纪末才见转机，成为洋务派企业不能正常发展的原因之一。这期间，进口洋货中占第一、第二位的是鸦片，每年大都在3000万两以上，加上估计的走私数，1869～1894年进口鸦片220余万担，值9.97亿两；1895～1918年约81.5万担，值5.72亿两。鸦片戕害人民，姑且不说，而其市场作用则完全是消极的，它汲取了消费者十数亿两的购买力，成为工农业发展的一个阻力。如前节所说，1880年以后，国产鸦片的数量已超过进口鸦片，估计1894年值9000余万两，1919年达3.9亿两，这个商品值并未包括在表3土产商品量之内。国产鸦片虽然也汲取了大量消费者的购买力，但它同量增加了烟农、走私商和缉私官的购买力。表3中未能列入此项商品，是估计中的一个漏洞。

三　1920、1936年国内市场商品量

这是我在编写《中国资本主义发展史》中，估计1920、1936年工农业总产值的时候，同时估计了各类产品的商品值，并在该书第三卷中作了分析，后曾单独发表。这次，又根据我在《论工场手工业》中对手工业商品值的新估计，作了修正，汇入表4。

表4　1920、1936年国内市场商品量

单位：亿元

商　品	1920年	1936年	年增长率(%)	
			当年价格	可比价格
国内生产商品	89.58	163.01	3.81	2.54
内:农业产品	39.09	75.33	4.19	2.84
手工制造业产品	38.75	54.41	2.14	0.95
现代化工厂产品	8.83	28.31	7.55	6.29
矿冶产品	2.91	4.96	3.39	2.18
进口洋货净值	11.88	15.61	1.72	2.32
全部商品	101.46	178.62	3.60	2.51

注：1921～1936年物价指数：农产品123.2；工矿品120.7；进口品0.91。

表4显示，1920～1936年间市场的发展是较快的，商品量的年增长率达3.6%，按可比价格亦有2.51%，而这个表所示最大变化是在商品结构方

面。现代化工厂产品增长最速，年率达 7.55%，按可比价格亦有 6.29%，这包括了日本在东北的工业开发。因而，现代化工厂和矿冶产品，1920 年只占国内生产商品量的 13%，到 1936 年已占 20.5%。相应的手工制造业产品所占比重降低了 10 个百分点，这是意中之事。农业产品的商品量这时期也颇有增长，年率达 4.19%，不过这一点没有把握，因为对这时期的农业生产有不同看法，我采用的是比较乐观的一种。不过，这时期经济作物有较大发展是可以肯定的，因而如表 4 所示，农产品在国内生产商品量中的比重略有增加是有可能的。

然而，表 4 因为是以 1936 年作基期，没有能完全反映 1931 年日本侵占东北和 1931～1935 年经济危机对市场的作用。日本侵占东北，一时使国内市场交易量丧失 15%～20%。30 年代经济危机，使国内土产埠际贸易变成负增长，到 1936 年比之 1930 年，负增长率为 11.85%，加上东北的国内产品运销，负增长仍有 3.14%。①

四　土产埠际贸易和洋货进口净值

以上估计，都是利用间接的或单项资料，自非准确，且不免主观性。原来统计资料中，唯海关统计的土产埠计贸易及洋货进口净值较为完整，时间亦较长（前者自 1868 年起，1931 年止）。因将两者按五年距摘列入表 5，并制成指数，以观察其增长速度及趋势。

“土产埠际贸易”，如前所说，是海关统计“各关贸易货价全数”中的一个项目，包括各关运往其他关的土产值，也包括由这关或那关再出口外洋的部分。所谓土产，指中国生产，包括在华外商工厂所产。而“各关”少时 14 个，多时 50 个，不过关系不大，因主要的关总是统计在内。这项统计的最大缺点是，它限于轮船运输并报关的货物。在抗战前，轮船、铁路、汽车的总货运量（吨公里）中，轮船约占 25%；尚有木帆船运输量，无从统计。又西北、西南一些不设海关之地的贸易，自也无从统计。此项“土产埠

① 参见许涤新、吴承明主编《中国资本主义发展史》第 3 卷，人民出版社，1993，第 221～222 页。

表5 土产埠际贸易和洋货进口净值

年份	土产埠际贸易		洋货进口净值	
	万关两	指数	万关两	指数
1868	8760	37	6513	29
1870	7898	34	6872	31
1875	10510	45	7088	32
1880	12524	54	8819	39
1885	11032	47	9792	44
1890	14571	62	13784	62
1895	21274	91	17531	78
1900	23392	100	22379	100
1905	36269	155	45834	205
1910	54551	233	46244	207
1915	63604	272	44959	201
1920	92242	394	77403	346
1925	141633	605	95396	426
1930	162197	693	129677	579
1931	169874	726	142037	635

资料来源：取自王水从历年关册中整理出来的数据，载《中国经济史研究》1987年第1期。

际贸易”统计虽极不完整，但其发展趋势和速度（指数）仍有代表性，并且是唯一的。从指数看，增长最快是在20世纪前10年以及1915～1925年的10年，年增长率均在8%左右。1925年以后绝对值增大，1931年达最高峰，速率则降低。

表5中的“洋货进口净值”也是取自“各关贸易货价全数”中的一个项目，它与海关外贸统计的进口净值有些许差异，不过在以万关两为单位的表5中，这种差异已不存在。海关的“各关贸易货价全数”统计散见各年关册，发表过后又常有修正。

五 国内市场商品量估计

现将以上各种估计汇列入表6。其中1840年是概指鸦片战争前情况。

原来我在《论清代前期我国国内市场》[①] 中曾估计鸦片战争前粮食等 7 种商品连同净进口约值 3.53 亿两。当时资料不足，自知过于简陋，尤其粮食估计偏低。近年来时贤在这方面研究甚丰。吴慧在他主编的巨著《中国商业通史》中扩充为 11 种商品共值 5.25 亿两，我即以此作为表 6，1840 年商品量。

表 6　国内市场商品量估计

单位：规元亿两

年　份	1840	1869	1894	1908	1920	1936
国内生产商品	5.25	8.53	10.86	17.60	64.05	116.55
进口洋货净值	—	0.75	1.81	4.39	8.49	11.16
全部商品	5.25	9.28	12.67	21.99	72.54	127.71

平均年增长率(%)

年　份	1840～1869	1869～1894	1894～1908	1908～1920	1920～1936
国内生产商品	1.69	0.97	3.51	11.37	3.81
进口洋货净值	—	3.59	6.53	5.65	1.72
全部商品	1.69	1.25	4.02	10.46	3.60

表 6 可以看出，19 世纪下叶，国内市场的发展是缓慢的，包括进口洋货，商品量的年增长率不过 1.5%。60 年代开始建立的洋务派企业以重工业为主，无力为自己开拓市场，反而受制于一个价格下跌、市况不景气的国内市场。这时期市场的扩大主要靠茶、丝、棉花等出口引起的农产品的商品化，城市人口的增长显然也扩大了粮食的商品量。甲午战争后情况有所改变，1894～1908 年，市场商品量增长的年率达 4%。一方面洋货进口猛增，一方面国内有个“设厂自救”的运动，同时手工业繁荣，推动了市场的发展。然而，这时期物价猛涨，如果剔除价格因素，商品量的年增率只有 1.12%，反低于前期。不过，物价上升、市场活跃，总的说是有利于工农业生产的。

市场的真正发展是在 20 世纪。表 6 见 1908～1920 年商品量年增长率达 10.46%，其中国内生产商品达 11.37%，这都是前所未有的。这时期物价变动不大，按可比价格计亦有 8.86% 和 9.76%。这期间，包括第一次世界大战时期，所谓中国民族资本的“黄金时代”；而据我考察，中国手工业生

① 载《历史研究》1983 年第 1 期。收入全集第 3 卷第 359～376 页。——编者

产大约在1920年达于顶峰。1920年的国内生产商品值中，手工制造的商品比现代化工厂的产品大3倍多，几乎与农产品的商品值相当。这种商品结构，到1936年才发生重要变化，已如前述。1920～1936年，商品量年增长率降低，主要是受30年代经济危机的影响，原来直到1931年，仍然是增长较快的。较精确的1936年埠际贸易统计（限于轮船运输和向海关报关的商品），贸易总额中手工业品占42%，现代化工业产品占34%，而农产品只占24%了。[①]

有一种看法，认为中国是个半殖民地，国内市场的发展只是洋货的泛滥，甚至把全部进口都看作消极因素。这种看法不全面。从表5的长期指数看，在19世纪后期，进口洋货的增长速度确实比埠际贸易量的增长为快，但这时候洋货在整个市场商品量中所占比重不大。洋货比重最大时是在20世纪初，几近20%（表3的1904～1908年）。不过，趋势很快就扭转过来，到1920年，洋货净值仅占市场商品总量的11.7%，1936年只占8.74%。即使在19世纪后期，外贸的发展也会引起内贸的发展。在上海，1870～1910年，运进上海的洋货增加了328%，经海关运进上海的土货增加了535%，不经海关运进上海的土货与经海关的大体相当。就是说内贸发展快于外贸，这就使上海能够工业化，成为全国工业中心。到30年代，上海的贸易额约占全国1/4，而现代化工业产值占全国1/2。[②] 遗憾的是，取得这样现代化成绩的只上海一埠而已。

（原载吴承明著《中国的现代化：市场与社会》，三联书店，2001，第287～298页）

① 韩启桐：《中国埠际贸易统计，1936～1940》，中国科学院社会研究所，1951。

② 张仲礼主编《近代上海城市研究》，上海人民出版社，1990，序及第157页。

近代国内市场商品量的估计

1983 年我曾作过鸦片战争前后国内市场商品量的估计，但仅限于七种主要商品。后来在编写《中国资本主义发展史》中先后作了 1920、1936 年市场商品量的估计，是按各类产品的商品量或消费量估算的。最近我又作了 1869～1908 年的市场商品量的估计，是用历年厘金收入、常关税等还原法和海关的土产埠际贸易统计估算的。现将这些估计按 1870、1890、1908、1920、1936 年五个基期汇总，如附表（1910 年资料缺，用 1908 年代替）。表中国内生产品的商品值加上海关统计的洋货进口净值，即在国内市场上流通的全部商品量。毋需论国内产品的国外市场，因海关有详细统计；但应指出，国产出口品已包括在附表内，因出口品大都行经国内流通。

我估计的国内生产品商品量，基本上属于贩运贸易的商品，不包括地方市场上小生产者之间的品种调剂、余缺调剂，即不包括使用价值的交换。又附表所列是指一次交易的商品量，不包括它们进入市场后的转手交易和零售贸易，所用价格原则上是生产者价格，不包括流通中的商业加价；故称商品量，不是交易量。不过，1908 年以前的估计是从流通中计算的，不是以生产或消费的物品量为基础，但它们大体上也是代表一次交易，以产地批发价格计值的。

旧中国从来没有系统的市场交易或商品流通统计，正因此才需要估计。这种估计当然不会精确。不过，我这项估计的目的是想探讨我国于 19 世纪 70 年代开始创建近代化产业以来市场扩大的过程和速度，市场商品量的绝对数并不重要。为此，表中将全时期分成四个阶段，列出每个阶段按当年价格和按可比价格计算的市场商品量的平均年增长率。分阶段可比价格，是将每阶段终年的商品量按其始年为100的价格指数修正。这样做，是为了缩小各期间不同价格指数产生的偏差。

经济发展，尤其是近代化产业的发展，是受市场需求制约的。表1列商品量可代表各该时期市场上的有效需求。从表1可见，在我国创建近代产业的初期，市场的扩大是非常缓慢的，在19世纪后期，商品量增长年率仅1%强（可比价格）。70年代至80年代初，物价是下降趋势，反映市场不景气；90年代初又有一次市场不景气导致财政危机。这期间，进口洋货增长很快，而洋货中占第一位的常是鸦片，连同走私，估计鸦片进口值不下10亿两。这样巨额输入，其市场作用只是削弱消费者的购买力，阻碍商品流通。到1870年，国产鸦片的数量已超过进口鸦片，其后增长也很快。国产鸦片虽然也削弱消费者的购买力，但同时增加了烟农和商人的购买力。附表中，国内生产品的商品量中不包括国产鸦片（因土药厘金数不足据，被剔除），这是估计中的一个漏项。

进入20世纪，市场扩大加速了，但从表1可见，只是在1908～1920年阶段年率增大到6%以上（可比价格），其后又因30年代经济危机下降到不足3%。有人认为，半殖民地半封建条件下，国内市场的扩大只是洋货的泛滥，以至全部洋货进口都是消极因素。这看法不全面。从表1可见，20世纪以来，洋货所占市场商品量的比重是下降的（鸦片进口已有限）；同时，国内生产的商品的年增长率大于进口洋货的年增长率。在1920～1936年间，按可比价格计算，近代化工厂商品的年增长率最高，达6.28%，同时，农业产品商品的年增长率为2.97%。略大于国内生产商品的平均年增长率。这都是可喜现象，不幸为日本帝国主义的侵略战争所中断。

表1　国内市场商品量估计

单位：亿两（规元）

年　份	1870	1890	1908	1920	1936
A. 国内生产品	9.68	10.32	18.02	57.61[1]	109.01
内:农业产品				27.94	53.86
手工制造业产品				21.27	31.36
近代化工厂产品				6.31	20.24
矿冶业产品				2.08	3.55

续表

年　份	1870	1890	1908	1920	1936
B. 进口洋货	0.71	1.42	4.97	8.49	11.16
C. 市场商品量(A+B)	10.39	11.74	22.98[1]	66.10	120.17
洋货所占比重(B/C,%)	6.83	12.09	21.62	12.84	9.29

平均年增长率(%)

年　份	1870~1890	1890~1908	1908~1920	1920~1936
按当年价格				
A. 国内生产品	0.32	3.15	10.17	4.07
B. 进口洋货	3.53	7.21	4.56	1.72
C. 市场商品量(A+B)	0.61	3.80	9.20	3.81
按可比价格				
A. 国内生产品	0.89	0.97	7.54	2.93
B. 进口洋货	4.24	2.25	-0.63	2.63
C. 市场商品量(A+B)	1.20	1.14	6.28	2.89

注：[1] 因进位关系总数与分项之和有0.01差额。

价格指数：国内产品：1870~1920年用唐启宇-何廉指数；1920~1936年用上海、天津批发指数，按2:1综合，并将农产品与工业品分计。进口价格用南开指数。又进口基期价：1870~1908年为市价，1920~1936年为到岸价。

资料来源：1920~1936年估计见许涤新、吴承明主编《中国资本主义发展史》第3卷（人民出版社，1993）。1870~1908年估计见吴承明《洋务运动与国内市场》（《文史哲》1994年第6期），该文系提交1994年洋务运动国际学术讨论会论文，未详记资料来源，缘厘金收入有不同记载。我用罗玉东《中国厘金史》（商务印书馆，1936），经插补缺报省份之估计数，唯前文用其附录第2表，本文用其附录第4表，有出入；并用其最高和最低估计之平均数，减除洋药厘、土药厘，因无早期记录，系参酌汤象龙《中国近代海关税收和分配统计》（中华书局，1990）及其他零星记载，1870年减5%，1890年减7.26%，1908年减0.71%。又常关收入无统计，有关记载多为200万~260万两，本文1870年作260万两，1890年作250万两，1908年作200万两，亦与前文有出入。1890年后由海关接管之常关收入，有详数可查，见戴一峰《近代中国海关与中国财政》（厦门大学出版社，1993）。

（原载《中国经济史研究》1994年第4期）

市场经济和经济史研究

今年（1995）中共十四届五中全会提出九五计划和2010年远景规划的建议，说九五期间要“初步建立社会主义市场经济体制”，到2010年才能形成“比较完善的社会主义市场经济体制”。我国由计划经济向市场经济过渡已有多年。照去年一部乐观的著作说，似乎市场经济已经建立了。现在看来道路还很长。这里，我想谈谈市场经济有关经济史研究的几个问题。

市场经济有个“转变”过程

什么是市场经济，没有一个经典定义。马克思从未用过市场经济一词，只讲商品经济。西方经济学，从亚当·斯密到凯恩斯，都讲市场，但未见市场经济一词。不过，他们都讲过市场的转变。

马克思基本上是采用重农学派的市场观点，即工业品和农产品的交换形成市场。单单农产品包括农家副业产品的交换历史悠久，但还不是完全意义的市场。他说，工厂手工业兴起，独立于农业而生产，为资本建立了国内市场，但还没有引起“根本性转变”。要到机器大工业时代，彻底消灭了农民家庭工业，才为资本征服了整个国内市场。这见于《资本论》第1卷第24章。在《德意志意识形态》的“交往和生产力”一节，他详述了这个转变过程。转变始于16世纪重商主义中“商人阶级”的兴起，经过市场的扩大和商业的政治化，导致生产力的大发展，至18世纪晚期，机器大工业统治国内市场转变完成。前后200多年。

西方经济学中也大都论及这段过程，而首先使用市场经济一词的，是1969年出版的J. R. 希克斯的《经济史理论》（也只是偶尔使用，更多的是用商业经济一词）。希克斯认为，世界经济发展的一般趋势是由习俗经济、命令经济转变为市场经济。在西欧，这种转变始于重商主义时期“专业商人”的出现，然后经过了一个“市场渗透”过程。一方面是政府渗透，即形成民族国家，建立保护产权和维护商业合同的法律制度，以及货币、信用、财政、税收制度的改革等。另方面是经济渗透，主要是农业生产的商业化和自由劳动市场的建立。最后，实现产业革命。前后也是200多年。

近年来新兴的以D. C. 诺斯为代表的经济史学派即产权制度学派，也有转变的理论。诺斯在1981年出版的《经济史上的结构和变革》中称这个转变为“第二次经济革命”（第一次革命是农业的出现）。他把这次革命的原动力归之于民族国家的兴起、产权和制度的变革、交易费用的节约所造成的市场的有效性和竞争性。先后约300年，中间有个17世纪危机。

各家所说的“转变”“市场渗透”“革命”，实际上就是传统经济向现代经济的过渡；不仅是经济过渡，还必须有政治、社会的变革。既然市场经济没有一个经典定义，我想可以把这种“转变”后的经济称为市场经济。西方经济学至少从李嘉图起，所研究的就是这种转变后的经济，因而，也毋需再界定什么是市场经济了。

在我国，历史上商品经济一向比较发达，没有像西欧中世纪那样有个300年的倒退。并且，我认为，在16世纪我国市场也已有了“转变”的端倪。但是，由于种种原因，它起伏跌宕，直到民国并未完成这种转变。因此，不能把我国历史上的商业繁荣等同于市场经济。我国认真地建立市场经济体系，还是邓小平时代的事；但是它源远流长，历史上的顺流和逆流都可为这种转变提供借鉴。研究从传统经济向市场经济的转变，应是经济史研究的一个重要课题，从16世纪到2010年，上下500年，内容是很丰富的。

市场经济的主要功能

十四大提出建立社会主义市场经济体制后，我国学术界曾有热烈的讨论。对于这种市场的社会主义性质（主要是以公有制为基础和按劳分配），和实行市场经济后仍必须有战略性的、指导性的经济计划和宏观调控（这在西方国家也都有），已达成共识。对于市场经济本身则看法不一，但有一点基本上是相同的，即它的主要功能应是通过市场机制调节生产，提高资源配置的效益。

资源配置主要有两个途径：一是主权者或国家制定计划，命令行之；一是通过交易由市场调节。两者都是手段，原无绝对优劣之分。西方学者提出市场调节优于计划调节的一些理论，如“消费者剩余论”“多种帕累托最优论”，市场调节是“公共选择”“自愿行为”等，都难得实证。我以为，作为经济史研究，应从历史上作实证分析，而不是全靠理论推导。

在历史上，这两种调配资源的手段常是并存的，而依环境不同，常以一为主。欧洲中世纪的庄园生产基本上是封闭经济，生产什么由主权者计划支配。但也有部分商品生产，尤其17世纪城市复兴后，关税联盟，市场调节部分生产。中国自耕农和佃农的小农经济，虽非封闭经济，但规模狭小，生产什么常是由家庭或家族生活的需要、地主地租的要求、国家征课的要求决定的。但也有部分商品生产，包括农民家庭的商品生产要受市场支配。到了近代，国家权力增大，同时市场发生“转变”，就变成国家计划与市场调节并存了。第一次世界大战后，德国以集中计划指导战后千疮百孔的经济复兴，未可厚非。苏联以严密的指令性计划调配全国资源，迅速建成工业化基础，世人为之瞩目。第二次世界大战后，许多新独立国家为加速经济建设，有计划地调动资源。我国自1953年实行计划经济，在大约十年间就初步建成了比较完整的工业体系，应说是个奇迹。同时，原来实行市场经济的国家，也都加强了国家对经济的干预，控制市场，制定宏观计划，乃至间接或直接投资产业，实行国家资本主义，或“社会市场经济”。

然而，长期的计划经济势必造成高成本、低效率，并出现“比例失调”局面，这也是历史证明了的。我国曾为此进行过两次“调整”，未见大效。

从历史上看，社会主义要正常发展，转向市场调节是不可避免的。

20 世纪 30 年代，O. 兰格即提出用模拟市场办法确定生产资料的价格和调配的意见。到 60 年代，先后有 W. 布鲁斯的企业分权引进市场机制、O. 锡克的计划调节与市场调节相结合的模式。70 年代以后，有 J. 考斯塔将农业、消费品生产、第三产业纳入市场调节的方案，A. 阿甘别江和 Л. 阿尔巴金的中央计划改为指导性、用合同等市场形式实施计划的方案。最后，有成为体系的 J. 科尔的“短缺经济学”理论。在我国改革的实践中，也经过了计划为主、市场为辅，计划与市场相结合、双轨制等考虑，最后才有《建立社会主义市场经济体制的决定》。这期间有不同的主张和讨论，也有政策和实践上的回潮，都是经济史研究应该注意的问题。

市场机制的演进

什么是市场机制，也没有个经典定义。例如，机制究竟是调节生产，还是调节市场的主体即企业和个人，就有争论。不过，一般说市场机制主要是（不完全是）通过市场相对价格即价值规律实现的。古典经济学中所谓“看不见的手”，由供求规律决定，实际也是价值规律，因为它也是以劳动价值论为基础的。例如，谁也不会用一头牛去换一只鸡，因为两者的劳动价值悬殊。恩格斯在《〈资本论〉第三卷增补》中说，价值规律在没有文字记载的历史以前就起作用了。但又说，“直到公元 15 世纪这个时期内”，价值规律“在经济上是普遍适用的”。16 世纪以后呢？恩格斯没说。

在马克思的理论体系中，资源调配被归结为劳动时间（包括活劳动和物化劳动）的节约和在各部门间的比例分配，价值规律的作用也在于此。不过，“社会平均必要劳动”或“抽象劳动”是无法计量的。因而，市场机制是通过生产价格，即成本价格加各部门的平均利润而进行的。马克思把生产价格称为资本主义条件下劳动价值的转化形式，而资本主义生产是在 16 世纪出现的。也许这就是恩格斯以 15 世纪为界的原因。不过，以生产价格为工具的市场机制，通常仍称为价值规律。

市场是发展的。如前所说，16 世纪开始的根本性转变，18 世纪晚期完成，西欧进入市场经济。市场经济面临的已是全社会和国际性的大市场，不仅市场的概念不同了，支配市场价格的原理也不同了。谓市场机制，已不是古典经济学的价值规律，而是新古典经济学的均衡价值理论（虽然习惯上仍可称为价值规律）。在这里，决定市场价格的已不是平均成本、平均利润，而是边际成本、边际收益。它们已不是以劳动价值为基础，而是以各种资源的稀少性和效用为基础了。这是因为进入大市场的资源（生产要素）千千万万，不仅有物质产品，还有货币、信用、人力资本，还有各种服务和精神产品，如信息市场、技术市场，还有各种权利，如专用权、知识产权，还有未来的产品，如期货、期权，所谓风险市场。所有这些都需有个价格。还有市场上没有的东西，也有个模拟价格或影子价格。这都不是用社会平均必要劳动可以测量或解释的。而“边际”是一个企业投产或停产的临界点，使用或不使用某种资源的临界点，连同由此推导的机会成本，是可以在市场实践中由经验取得的。

因此，我以为研究历史上商品经济的发展，不仅要看到市场体制的根本性转变，还要看到市场内涵的扩大和支配市场机制原理的演进。从这方面说，如果到2010年能够形成一种“比较完善”的市场机制，就是很不容易了。

还应当看到资源的合理运用并不是完全依靠市场机制，诸如制度、组织的改革，社会、文化、习俗的演变，尤其是历史上行之有效的政府干预和战略性计划都是很重要的。即以市场机制而论，也不是完全通过价格均衡，因为价格信号系统之外还有非价格信号系统；平行交易之外还有垂直交易、等级交易；故近年来人们日益注意“看得见的手”的研究。原来，过去和现在，都不曾有过完全自由贸易的市场。任何市场上都有一大堆垃圾和障碍物，阻碍市场机制的正常运行。最令西方经济学家头痛的是始终不能解决市场价格的扭曲和垄断的造价（make-up pricing）问题，不能解决市场经济下的国民收入分配不公平的问题。有一利必有一弊，市场机制失效以至失败之事亦属常见。经济史研究就是要从最广阔的实践中，观察那些短期的和长期的效应，好的和坏的、正面的和反面的经验，规律性的以至意想不到的东西。为构造“模式”的经济学家提供材料，也为制定政策的政治家提供借鉴。

（本文是1995年参加两次经济史研讨会发言的综合。原载吴承明著《市场·近代化·经济史》，云南大学出版社，1996，第289～303页）

市场经济和商业史研究

十四届五中全会提出，九五期间要“初步建立社会主义市场经济体制”，要到2010年方可“形成比较完善的社会主义市场经济体制”。我国由计划经济向市场经济过渡已有多年，现在看来道路还很遥远。回忆去年吴江会议上我曾讲过，不能把历史上商品经济的发展视同市场经济。当时我未作解释，现在谈一下。

什么是市场经济，没有一个经典定义。马克思从未用过市场经济一词，只讲商品经济。西方经济学一开篇就讲市场，却也无市场经济一词。不过，他们都讲过市场或商业的“转变”。

马克思基本上是用重农学派的观点，即工业品与农产品的交换形成市场。单单农产品包括农家副业产品的交换历史悠久，但还不是完全意义的市场。工场手工业兴起，独立于农业而生产，为资本建立了国内市场，但还没有引起“根本性转变”。要到机器大工业时代，彻底消灭农民家庭工业，才为资本征服整个国内市场。这见于《资本论》第1卷第24章。在《德意志意识形态》中，他详细描述了这个转变过程。它始于16世纪重商主义中“商人阶级”的出现，经过商业政治化，市场和生产大发展，至18世纪晚期机器大工业统治市场，前后100多年。我看可把这种根本转变后的西方经济称为市场经济了。

西方经济学中，首先用市场经济一词（也只是偶尔使用）的是1969年出版的 J. R. 希克斯的《经济史理论》。他认为世界经济发展的一般趋势是由习俗经济、命令经济转变为市场经济，但各地先后悬殊，并有反复。在西欧，其转变始于重商主义中“专业商人”的出现，然后经过一个“市场渗透”过程。首先是政府渗透，即形成民族国家，建立保护产权和维护合同的法律制度，财政和税制的改革，信用和资本市场的建立。其次是农业商品化和劳动市场的完善等，最后导致产业革命。先后也是 200 多年。西方经济学所讲的实际就是这种转变后的市场经济，尽管未用市场经济一词。

十四大提出建立社会主义市场经济后，我国学者曾有热烈讨论。除关于社会主义性质（主要是公有制为基础和按劳分配）和必须有长期的和战略性计划及宏观调控（这在西方也都有）外，对市场经济本身有不同看法，但有一点基本相同，即其主要功能在于通过市场机制调节生产，提高资源配置的效益。

从经济史角度看，一国经济是发展了、进步了还是停滞了、退步了，归根到底决定于该社会资源和利用是优化了还是劣化了。历史上，长期以来资源的利用主要不是由市场调配的。一块地种植什么，常是由家庭或家庭生活的需要，由地主或领主的要求，由国家政策特别是征课内容决定的。但是，只要有市场，供求就决定价格，“踊贵履贱”，人们去造假肢。只要有交换，价值规律就发生作用，“物贱之征贵，贵之征贱”。农工商贾都能“岁万息二千”，若真如此，就有了平均利润。但是，这种市场机制还只是在某些商品和小范围内发生作用，对宏观经济或整个社会资源调配的作用是很小的，还不是市场经济。

现在所说的市场经济是全社会性的大市场，不仅市场的概念不同了，支配市场价格的原理也不同了。所谓市场机制已不是古典经济学的价值规律，而是新古典经济学的均衡价值理论（尽管习惯上有可称之为价值规律）。在这里，决定市场价格的已不是平均成本、平均利润，而是边际成本、边际收益。边际成本、边际收益已不是以劳动价值（社会平均必要劳动量）为基础，而是以各种资源的稀少性为基础了。这是因为进入大市场的资源（生产要素）千千万万，不仅有物质产品，还有货币、信用、人力资本，还有各种服务和精神产品，如信息市场、技术市场，还有各种权利，如专用权、期权、知识产权。所有这些资源都有个价值，还有市场上没有的东西，也有个模拟价格或影子价格。这都不是由社会平均必要劳动量可以测量的。而“边际”是一个企业投产或停产的临界点，使用或不使用某种资源的临界点。连同由此推导的机会成本，虽未必尽能计量，却可由实践经验测量。进一步，使所有进入市场的资源都能达到或接近均衡（所谓一般均衡价值），以使全部资源配置达到或接近最优状态（所谓帕累托最优），虽未必可得，也是可求的。

因此，我认为，不能把历史上商品经济的发展等同于市场经济的发展。在西欧是经过 200 多年的“根本转变”或“市场渗透”才进入市场经济，而市场经济本身又是不断发展的。我国情况如何呢？这正是我们研究经济史特别是商业史的一个重要课题。照我看来中国的转变，或希克斯所说的“专业商人”，马克思所说的“商人阶级”的出现，也是在 16 世纪就见端倪了。而以后的演进，曲折跌宕。因而明清商业史的研究非常重要。这个转变，要到 2010 年才算完成，前后 500 年，当为商业史研究的重任。

（本文是 1996 年 1 月在绍兴会议上的发言。原载《中国商业史学会通讯》第 7 期）

市场机制的演变

《中国商业史学会通讯》第7期上，我有文谈传统经济向市场经济的转变，曾涉及市场机制问题。这里我专谈市场机制演变。

确定交易、调节生产或资源配置的市场机制是一只“看不见的手”；它究竟怎样演变我并不知道。我们知道的只是经济学家对市场机制的解释，即通称规律的理论。我常说，在经济史研究中，一切经济学理论都应视为方法论；任何伟大的经济学说，在历史的长河中都会变成经济分析的一种方法。所以，这里所说市场机制的演变，实即是价值规律理论或人们解释和分析市场运作的方法的演变。

恩格斯说马克思的价值规律在有文字记载的历史以前就起作用了，“直到公元15世纪”它“在经济上是普遍适用的”。[①] 原来马克思的价值规律，决定商品价值的是生产它的社会平均必要劳动或“抽象劳动”，这本是难以计量的。但在交换比较简单、物化劳动比较直接的情况下，交易双方凭经验是可以理解的。例如“谚云：君有一尺绢，我有五尺布，相与值贸之，粗者不贫，细者不富”。[②]“抱布贸丝”实现了价值规律的要求。

16世纪西欧进入资本主义以后市场空前扩大，竞争加剧，原来用劳动

① 马克思：《资本论》第3卷，人民出版社，1975，第1019页。

② 同治《余干县志》卷三。

时间度量的价值规律不能有效地解释市场运作了。于是，马克思提出“商品价值转化为生产价格”的理论。市场价格的形成和调节生产与资源配置的价值规律都改以生产价格为基础了。生产价格即成本价格加平均利润，马克思说它“实际上就是亚当·斯密所说的‘自然价格’，李嘉图所说的‘生产价格’、‘生产费用’”，① 因为它们都是用成本或费用和利润的平均值（有的如地租实际上已采用边际值）来解释和分析市场运作的。在这个意义上我们说，市场机制又改变了。

19 世纪晚期以来，西方市场日益复杂化和国际化。现代经济中，不仅商品市场和生产要素市场日趋繁复，还有无形财产和技术、信息市场，专利、专用权和知识产权市场，货币衍生品和期货、期权、风险市场，所有市场都要有个价格，市场上没有的东西也有个影子价格。这已非古典经济学的价值理论所能尽解，必须有新理论或价值规律来解释和分析市场机制，在这个意义上我们说，市场机制又改变了。

在新理论中，比较通行的是新古典主义的均衡价值论。这种理论用“均衡”来描绘复杂交易中的各种力量，恐怕是唯一可行办法。而其主要特点是不再用平均值，而是用边际值进行分析。经验证明，无论买方或卖方，要得出最优决策，总是要考虑边际值的。最优价格决定于边际需求和边际供给的均衡，最优生产是在国际成本等于边际收益的水平上经营，资源替代成本或机会成本的均衡使资源获得最佳收益，而这也就是资源配置的优化。

但新古典经济学完全忽略经济结构和社会制度的作用，只适于静态或短期分析。作历史研究，还必须运用马克思的和新制度学派的理论。新古典的均衡价值论是建立在若干假设之上的，这些假设并不普遍存在，即使存在也会由于非经济因素的刚性而失灵。各国又有不同情况，如我前文所说，中国要到 2010 年才能形成比较完善的社会主义市场经济体制。如何评估我国历史上和当代的市场机制，还需要创造性的研究。

（原载《中国商业史学会通讯》第 8、9 期，1997 年 4 月）

① 马克思：《资本论》第 3 卷，第 221 页。

利用粮价变动研究清代的市场整合

近些年来，利用粮价变动研究清代市场整合的论述颇多，我所见有关于江南、西南、岭南、福建、陕西、直隶、湖南、甘肃市场的论述。兹就管见所及，作些综合评价。

市场整合（market integration）或称一体化，是指一个区域乃至一国的市场由贸易网络连接，形成供求比较平衡的状况。整合状况一般是用区域内各地价格变动的同步性来检测，同步性强，表示市场组织较佳，保持供求平衡的有效性较大。反之，反是。也可用各地价格变动对平均值的离散程度来检测，离散程度愈小，表示市场愈整合。用数学方法研究市场的整合，需要有能够组成一定时间系列的价格数据，在清前期只有粮价记录较多，可充此任。又因粮价有较大季节差，研究者大都是用督抚陈报的域内各府州的逐月粮价单，以及雨雪粮价折、粮价细册（很少见）为基本数据。也因此，研究较详的是在粮价单比较完整的18世纪，尤其是乾隆朝。

关于清代粮价陈报制度和这种官方报告的可信性，已有不少专门论著，我不置言。需说明的是，第一，用数学方法进行这种研究，舍此之外，罕有其他系统的数据可用。第二，粮价单等的可信性常因时因地而不同，使用时应有检验。第三，物价资料本来不能直接反映社会经济的发展变化，数学方法分析的结果，即使所用数据可信，也要与记叙性史料和定性分析核对，才能结论。

一

全汉昇是最早系统地研究清代粮价的老一辈学者，他的一些论点一直指导着后人的研究。他并未正式提出市场整合的概念，但实际上是这一研究领域的开拓者。全汉昇和克劳斯在《清中叶的米市场和贸易》一书中考察了1713～1719年苏州米价的季节变化，发现其变动幅度竟比1913～1919年上海米价的季节变动还小。经反复论证，他们认为苏州李煦的奏报不实，有些月份甚至是有意不实。不过，经过改算，仍然认为康熙末季苏州米市场的组织和效率颇为完善，不亚于20世纪初的上海市场。①

18世纪早期江南的粮价比较平稳。全汉昇等认为这有市场机制较完善、运输较便、政府平价措施（仓储制度等）比较有效多种因素，而更重要的因素是米粮的长距离贩运（这时期江南米粮的短距离运销并不活跃）。他们认为一个“良好的”市场应有四项标志，其中最重要的一条是在长距离运销的商路上有合理的价格差。据考察，1723～1735年以米市中心苏州的米价为100，则长江线上，安庆、南昌为72，集散港汉口为78，产区长沙为72，重庆为51。南运线上，杭州为109，福州为114。核以各埠间的水运距离，大体相符。②

王业键是研究清代粮价的杰出的学者，著述甚多。他在研究苏州粮价中指出，1684～1788年的百年间官方报告（包括李煦奏折）的米价与萧山来氏家谱所载逐年的米价（田仲一成整理）比较，线性增长率只差万分之三，应属可信。而在1789～1800年十余年间，官方报告的跌价与来氏记载迥异，因怀疑苏州府的粮价单不实。不过，江苏省其他府州的报单亦不少与苏州府有类同趋势，因而只好存疑。及至19世纪，则苏州府报单与郑光祖、柯悟迟的常熟记载和海关所记上海市价基本相符，当属可用。③

① Han-sheng Chuan and Richard A. Kraus, *Mid-Ch'ing Rice Markets and Trade: An Essay in Price History*, Harvard University Press, 1975, p. 28.

② Han-sheng Chuan and Richard A. Kraus, *Mid-Ch'ing Rice Markets and Trade: An Essay in Price History*, Harvard University Press, 1975, pp. 42－43.

③ Yeh-chien Wang, "Secular Trends of Rice Prices in the Yangzi Delta, 1638－1935," in T. G. Rawski and L. M. Li ed., *Chinese history in Economic Perspective*, University of California Press, 1992, p. 49.

早在1984年，王业键即从若干城市（代表几个大区）粮价的长期趋势研究中看出全国性的同步化，从而对流行的封建割据论和施坚雅（G. W. Skinner）的大区孤立性（autarkic）理论提出挑战。[①] 其后，王业键在一篇论文中，以1738～1789年苏州、杭州、广州、汉阳、淮安（代表华北）米价的变动为依据，发现有可观程度的同步性或联动性。任何两地的相关系数均为正数，多数在0.6或以上；尤其苏州与各地的相关最为显著，反映其在大范围米市场的中心地位。[②]

再后，王业键选择了15个城市（代表15个省）1738～1740年的米价进行研究。其中以长江三角洲米价最高，每石约1.5两；安徽、福建、广东次之，每石1两或稍多；最低是四川、湖广、广西，均不足1两。北方食米多从南方运去，米价极高，陕西1.8两，直隶、山东达2两或以上。他又比较了1909年这些城市的米价，发现由于运输改进、市场扩大和人口密度变迁，地区间米的价格差缩小了。在南方，最高价与最低价由18世纪前期的2∶1降为1909年的1.5∶1；加入北方，由3∶1降为2.3∶1。他的结论是在17世纪大部分时间里，中国市场的整合程度要高于欧洲，但是到18世纪中叶，欧洲经济的一体化已超过中国了。[③]

研究清代粮价的著名学者岸本美绪对上述研究方法曾提出质疑。她说，（1）一地粮价的季节变动受该地所处地位的影响，不一定反映周围大市场的统一状况。（2）长距离贸易有如“两刃剑”，有稳定粮价作用，亦有相反作用。（3）数千公里的长江米粮贸易，却伴随着相邻农村之间流通不畅；上述对“全国性市场”的论证，只是“点和线”粮价的联动性，能否代表包括农村的“面”的市场呢？[④]

粮价季节变化看似简单，而影响变化的因素甚多。陈春声发现乾隆年间

---

① Yeh-chien Wang, “Spatial and Temporal Patterns of Grain Prices in China, 1740 - 1910,” Paper presented at the conference on Chinese economic history , Bellagio, 1984.

② Yeh-chien Wang , “Food Supply and Grain Prices in the Yangtze Delta in the Eighteen Century,” 载《第二届中国近代经济史讨论会论文集》，台北：中研院经济研究所，1989。

③ Yeh-chien Wang, “Secular Trends of Rice Prices in the Yangzi Delta, 1638 - 1935,” in T. G. Rawski and L. M. Li ed. , *Chinese history in Economic Perspective*, University of California Press, 1992, pp. 53 - 54.

④ 岸本美绪:《清代物价史研究の现状》,《中国经济史研究》第5集，1987 。

广州府米价的季节变动小于20世纪30年代广州市米价的季节变动，一如全汉昇所见苏州与上海之例。但经对各种因素详加分析，尚不能得出清中叶广州米市场在保证供应上比20世纪30年代更为有效的结论。[①] 在北方，因小麦和杂粮收获期交错，粮价季节差较小。李明珠用回归分析法考察了直隶省小麦、小米、高粱的季节差价，这是一种精密的分析方法，但也发现一些难解之谜。她指出，可能季节变动的模式在每个地方都有差异。[②] 因而，后来的研究者一般不把季节差价的大小作为市场整合的标志。

长距离贸易一向为人重视。我在研究明清市场时也特别强调它促进经济发展的作用。[③] 不过，从粮价上反证长距离贸易的效果则须慎重。王国斌认为，粮食长距离贸易在南方作用显著，在北方则不然，运销路线常不互相联系。如在山西，这种运销导致南部价高，不能与北部平衡。[④] 方行考察，湖南米谷运销江南，从康熙到嘉庆，几个时期两地米价分别为30∶100、35∶100、58∶100、70∶100。差价逐步缩小，可找到改进运输条件、减少中转环节的实例，但主要原因是湖南人口增加、粮价上升速度快于江南。[⑤] 这就很难说是市场整合了。

至于"点线"和"面"问题，岸本为文时尚未及见如下节所介绍的那些研究大区域市场的著作，但她已见到王业键对福建和威尔金森对陕西的研究。王业键根据各府州米价的相关分析，发现18世纪福建全省并存着三个相对独立的市场圈。[⑥] 威尔金森用20世纪最初十年的粮价细册，考察了米、麦、粟、豆的价格变动，发现除西安附近外，陕西省各地的粮食市场几乎没有什么联系。[⑦] 反观后来濮德培对甘肃粮食市场的研究，却认为有高度整合

---

① 陈春声：《市场机制与社会变迁——18世纪广东米价分析》，中山大学出版社，1992，第137页。

② Lillan M. Li, "Grain Prices in Zhili Province, 1736－1911," in T. G. Rawski and L. M. Li ed., *Chinese history in Economic Perspective*, University of California Press, 1992, p. 86.

③ 吴承明：《中国资本主义与国内市场》，中国社会科学出版社，1985，第221～222、235页。

④ R. Bin Wong, The Political Economy of Food Supplies in Qing China, 1983. 承作者惠赐打印稿，未见出版，第85页以下。

⑤ 方行：《清代前期湖南农民卖粮所得释例》，《中国经济史研究》1989年第4期。

⑥ Yeh-chien Wang, "Food Supply in Eighteenth-Century Fukien," in *Late Imperial China* 2 (1986).

⑦ Endymion P. Willkinson, Studies in Chinese Price History, 1980. 我所见为普林斯顿大学博士论文油印本。

性，并且从18世纪到19世纪有加强之势。[1] 在清代，陕甘属同一大行政区，两省间有粮食贸易，而甘肃被认为是比较落后的。上述情况，令人诧异。

二

用复杂的数学方法从粮价变动中研究市场整合兴于20世纪80年代晚期，大约以李中清的《国家与中国西南经济》为早，唯该书迄未正式出版，已发表各家论著大都在90年代。

用粮价变动研究市场整合，理论上应先分析出粮价长期变动、季节波动、灾荒、社会动乱，政府和社团平粜措施等因素，找出单纯由于粮食贸易造成粮价变动的数值。这可用回归分析法，一般公式是：

$$P = K + aT + b_2M_2 + b_3M_3 + \cdots\cdots + b_{12}M_{12} + dC$$

P为某月价格，K为常数，a为年份T的系数，b为除1月份（基期）之外其他月份M的变数，d为灾荒、动乱年C的系数。用此公式可找出由于人口和货币量造成的物价长期变动对价格的影响a季节变动的影响b，灾害年的影响d，其余非贸易影响只有依靠文献记载。其实灾害也是靠文献，即记有灾害之年C=1，无灾害年C=0。

以李明珠所作回归分析为例：1738～1910年，直隶16个府州，长期趋势对小麦、小米、高粱价格的影响分别是每年每石增加银0.0059两、0.0061两、0.0045两。季节变动，是计出各月对1月份价格增或减的银数。值得注意的是，灾害作用大于长期趋势和季节变动的作用。李明珠把波及50个以上县的水患作为涝年，涉及25个县以上的干旱作为旱年，173年中共有54个灾年，它们对三种粮食价格的影响分别是增加银0.06两、0.06两、0.01两。[2] 研究中缺报月份或年份，常用插入法补足。年平均价亦有用12个月算术平均者，长期趋势的影响亦可用相连两年的价格差消除之，以

---

① 濮德培：《清政府与甘肃谷物市场》，载叶显恩主编《清代区域社会经济研究》，中华书局，1992。

② Lillan M. Li, "Grain Prices in Zhili Province, 1736－1911," in T. G. Rawski and L. M. Li ed., *Chinese history in Economic Perspective*, University of California Press, 1992, p. 84.

求简易。唯灾荒尤其战乱须注意，因为它们常使大范围以至全区域粮价同时陡涨，造成同步性甚强的假象。政府干预实际难以计量。

研究市场整合，一般有四种方法：（1）价格相关分析。（2）价格差相关分析。（3）价格方差相关分析。三者皆分析价格中变动的同步性，同步性愈强，市场愈整合。（4）离散性相关分析。这是分析各地价格离开平均值的程度，离散愈小，市场愈整合。

（一）价格相关分析

这是最简单的方法。只要有价格系列，就可得出两地的相关系数。把一个区域内各地的相关系数制成矩阵图，从中可查知任何二地的相关程度。如陈春声用 1750～1769 年广东全省 13 个府州和广西东部 5 个府的米价进行研究，并以相关系数在 0.9 以上为强相关，0.8 以上为较强相关，不足 0.8 为弱相关。列矩阵后，可知广东每个府州都与两个以上的府州有强或较强相关（海南岛除外），意味着一个全省统一的米市场存在。其中，潮州府缺粮，而与福建的泉州米价有近 0.9 的相关系数，反映由福建运米来。广西米运广东，而梧州、柳州等府与广东各府的相关系数都未超过 0.8，盖因广西米运粤是在 5～11 月，如用 5～11 月平均价计算，则梧州与广州间相关系数升为 0.8387 了。①

侯杨方研究 20 世纪 30 年代长江中下游的米市场。他根据米罗诺夫等理论，认为两地价格相关系数大于 0.7 即具有“决定性”作用。依此，他所选定的长江中下游 11 个城市已形成一个整合的米市场。从他所作矩阵图看，上海与杭州、硖石、无锡、南京、九江、汉口、靖港（长沙）的价格相关系数都在 0.9 以上，而与邻近的芜湖只为 0.87；这是因为上海人不喜食安徽籼米，芜湖米运上海不多，海关统计可见。又上海与南昌间只有 0.77，则因江西米不是集中南昌运上海，而是经由九江。又洋米进口，仰光、西贡与上海、杭州、镇江、汉口之价格相关系数均在 0.7 以上，以至 0.9；但是，曼谷与这些地方的相关系数均为负数，是不可解的。②

---

① 陈春声：《市场机制与社会变迁——18 世纪广东米价分析》，第 138～142 页。

② 侯杨方：《长江中下游地区米谷长途贸易——1912～1937》，《中国经济史研究》1996 年第 2 期。

（二）价格差相关分析

这是用相连两年的价格差来做相关分析，亦构成矩阵图，与上法无异。在粮价上升不是很剧烈的场合，使用价格差可基本上排除价格长期趋势的影响，这是此法最大好处。同时，它会使相关系数降低。如上述陈春声的研究，两广 18 个府州之间有 11 对强相关，改用价格差后就只有广州与韶州、广州与肇庆、广州与罗定、罗定与高州 4 对强相关了。李中清研究西南（云贵）米市场，他以 0.75 以上为强相关，用价格计，35 个州府之间有 85 对强相关；改用价格差后就只有 19 对强相关了。如前所说，灾害会造成相关假象。李中清研究的是 1748 ~ 1802 年西南米价，其中 1768 ~ 1772 年的五年是战乱与灾荒相继，如除去这 5 年来计算，则 19 对强相关大部消失，只剩下以丽江为中心的 4 对和昆明与澄江、黎平与石阡 2 对了。在云南，东川矿区赖外地输入米粮，但东川米价与各府州的相关系数都不大；有的还是负数，也许是矿区粮价管理较严之故。[①]

无论是价格相关分析或价格差相关分析都有其局限性，需有记叙性材料来解释或补充。又不可避免偶然性，我曾见一苏州米价分析，相关最密切者竟是济南。两法相比，我以为价格差分析比较合理；四法之中，也以此法较实用，其他方法，皆有在这点或那点上夸大市场整合之嫌。

（三）价格方差相关分析

这是韦尔（David Weir）在 1984 年论文中研究 18 ~ 19 世纪法国市场提出的一种方法，李中清在他的著作中予以介绍，遂为各家取用。这种方法可以测算一个区域整个市场价格变动同步性的程度，亦即整个市场整合的程度。方差即系列数据标准差的平方。如 a 地粮价变动的方差为 Va，一个区域 n 个地方的方差的平均数为 $\overline{V}$，n 个地方平均价格变动的方差为 V，那么，$V/\overline{V}$ 就可表现整个区域价格变动的情况。其理论是如 n 个地方价格的变动是完全（100%）同步的，则 n 个地方平均价格的方差 V 必等于 n 个地方各个方差的

---

① James Lee, State and Economy in Southwest China, 1400 - 1800, 1987, 附录 G。承作者惠赐打印稿，未见出版。

平均数 $\overline{V}$，即 $V/\overline{V}=1$。事实上各地价格的变动不会完全同步，$V/\overline{V}$ 总是小于1。依此理论，设定下列公式，求得方差相关系数 P，它可表示整个区域（n 个地方）市场整合的程度，P 值愈大，整合程度愈高。①

$$P=\frac{n(V/\overline{V})-1}{n-1}$$

李中清用此法测定西南米市场 18 世纪的价格方差相关系数如表 1。

表 1　价格方差相关系数

年　份	西　南	云　南	贵　州
1748 ~ 1757	0.19	0.28	0.21
1758 ~ 1767	0.37	0.39	0.49
1768 ~ 1777	0.46	0.58	0.40
1778 ~ 1787	0.12	0.19	0.04
1788 ~ 1797	0.10	0.18	0.11
1748 ~ 1802	0.39	0.57	0.20

资料来源：James Lee, State and Economy in Southwest China, 1400 - 1800, 1987，表6 - 4。承作者惠赐打印稿，未见出版。

表 1 见西南市场的整合性是逐步提高的，1778 年后之陡降，据说是 1768 ~ 1772 年战乱后，管理市场实行官价的结果。整个时期，西南市场的方差相关系数为 0.39。这个值是相当高的，因为韦尔研究 18 ~ 19 世纪法国的市场，这个相关值是 0.38。连同价格相关分析和价格差相关分析，李中清认为到 18 世纪，西南已发展出一个大的米市场，“取得意想不到的高度整合”。不过，他是把贸易、气候、战争作为促进市场整合的主要因素。② 这也是一种研究方法。如据濮德培研究，甘肃粮市场的整合即是由乾隆征服新疆开始的，大量军运开辟的运道，由商人继承下来。③ 不少作者也注意到气候这一因素。

① James Lee, State and Economy in Southwest China, 1400 - 1800, 1987，附录 F。承作者惠赐打印稿，未见出版。

② James Lee, State and Economy in Southwest China, 1400 - 1800, 1987, p. 182. 承作者惠赐打印稿，未见出版。

③ Peter C. Perdue, “The Qing State and the Gansu Grain Market, 1739 - 1864,” in T. G. Rawski and L. M. Li ed., *Chinese history in Economic Perspective*, University of California Press, 1992, p. 124.

陈春声用上述公式研究1750～1769年岭南区（广东13府州和广西东部5府）米市场，得出方差相关系数值为0.63。[①] 马立博对1738～1769年两广区25府州米价的分析，得出方差相关系数值为0.67。[②] 这些值都远高于18世纪的法国，令人惊异。侯杨方对长江中下游11个城市的研究，方差相关系数值为0.53，也不低，不过他所研究的是20世纪30年代。侯杨方认为陈春声、马立博是用清代陈报的粮价单，本身未必可靠，又所用为年平均价，可能使方差相关值夸大了。[③]

方差相关分析法是一种复杂的数学方法，但其所用n个地方平均价格（V的基数）和n个地方各方差的平均数（$\overline{V}$）都过于笼统，把特殊混入一般，n愈大，愈失真，我以为不是一个很好的方法。又用这个方法如不作因素分析，更会产生误解。如李中清的分析即表1，一眼就看出1768～1777年的十年份相关值特高，显然是受1768～1772年的战争和灾荒的影响。于是他把这五年去掉，重新计算，则整个时期内，云南的相关值由0.57降为0.40；贵州由0.20降为0.08，几乎没有市场整合了。西南合计由0.39降为0.19，也不能说高度整合了。

（四）离散差相关分析

统计学上有多种离散差，一般是用标准差，即一个系列数与平均值的差额，一般也是用最小平方法求得，用0～1的值表出。研究粮价的离散程度用标准差系数，公式如下。

$$\text{标准差系数} = \frac{\text{标准差}}{\text{平均值}} \times 100$$

陈春声研究广东省米价标准差系数，按20年分期列入表2。表见该系数逐渐降低，即离中程度趋小，市场趋于整合。

---

① 陈春声：《市场机制与社会变迁——18世纪广东米价分析》，第143页。

② 马立博：《清代前期两广的市场整合》，载叶显恩主编《清代区域社会经济研究》，中华书局，1992，第1040页。

③ 侯杨方：《长江中下游地区米谷长途贸易——1912～1937》，《中国经济史研究》1996年第2期。他本人所用为月平均数，来自商业统计。

表 2　广东米价离散程度

年　份	1707 ~ 1720	1721 ~ 1740	1741 ~ 1760	1761 ~ 1780	1781 ~ 1880
标　准　差	0. 2262	0. 2117	0. 2128	0. 1612	0. 1052
平　均　差	0. 8701	0. 8149	1. 4240	1. 5313	1. 4899
标准差系数	28. 0200	25. 9800	14. 9400	10. 5300	7. 0600

资料来源：陈春声《市场机制与社会变迁——18 世纪广东米价分析》，第 178 页。

濮德培用上述公式研究甘肃 11 个府的小米价格变动，得出逐年的标准差系数。我将它按 20 年平均列入表 3。表见其离差程度逐步下降，反映市场整合提高。

表 3　甘肃小米价离散程度

年　份	有数据年数	标准差系数
1741 ~ 1760	16	40. 4
1761 ~ 1780	11	26. 6
1781 ~ 1800	9	17. 2
1801 ~ 1820	11	10. 1
1821 ~ 1850	12	8. 3

资料来源：濮德培《清政府与甘肃谷物市场》，载叶显恩主编《清代区域社会经济研究》，第 124 页。

用离散差或离中差检验一个数据系列的变化，在统计学中常用。上二例中，标准差系数变化之大、下降之速，却令人惊异。它能代表市场整合的进展吗？果真如此趋势，到 20 世纪，市场就完全整合了。

据陈春声研究，尽管广东省米价的离散程度减小甚速（表 2），各府州之间的差价却是愈来愈大的。全省米价最高的嘉应州与最低的高州府相比，18 世纪 40 年代相差约 50%，60 年代相差约 58%，80 年代相差 77%，而 90 年代达 102%。他的解释是省内余粮区与缺粮区的经济发展更加不平衡了。[①]但从省内贸易的观点看，是与市场离散程度日益缩小的概念相矛盾的。濮德培的研究即表 3，数据较少，而在数据较多的 1741 ~ 1760 年，所计算准差系数显然与 1759 ~ 1760 年的大灾害有关。据他所作回归分析，这次大灾害

① 陈春声：《清代前期两广市场整合》，《中国经济史研究》1993 年第 2 期。

使全省小米价每石增2.10两，而在运粮要道兰州增2.82两，凉州增3.64两，安西增2.55两。[①] 有鉴于灾害的重要性，李明珠在对直隶省粮价作离散分析时将常年与灾年分开，发现无论是小麦、小米或高粱，灾年的平均标准差系数都小于常年的标准差系数。她认为这是“反直观”的。经检查，是因为灾年平均值增加大，而标准差增加没有那样大。[②] 这一点，恰恰暴露了这种离散差相关分析法未必能真实反映市场的整合程度。

三

我在一篇关于方法论的文章中曾说过：“经济计量学方法应用于经济史，其范围是有限制的，在这个范围内，应该主要用它验证已有的定性分析，而不宜用它建立新的理论。”[③] 用粮价变动研究市场整合尤其是这样。因为价格本来不是市场发展的直接指标，并且市场性质决定价格行为，而不是相反。用粮价变动研究市场整合的著作，都先对本地区粮食的生产、供需、流通渠道以及粮价的长期趋势、季节变化作一番考察，然后进行市场整合的分析，这是好的。不过，有些研究者在进入上述各种相关分析后，往往径直循着数理逻辑前进，作出判断，这样虽可提出一些新的观点，但未免实证不足，故应慎重。

这里我将王国斌、濮德培研究18世纪湖南米市场的做法略作介绍，或有益于读者。他们提出对市场要作两种分析，即定性分析和定量分析，两者互相校正和互相补充，确定市场的整合性。

定性分析是从地方志、各种历史文献和前人论述中，找出湘、资、沅水系的中长途运粮线路（澧江无粮运记载），以及10个府内运粮越出县境的短途线路（另3个府无这种记载），构成一幅米市场结构图。湖南米的流通是以出口省外为主导的，定性分析发现，在出口地带（5个府）与在非出口地带（8个府）的米市场，在数量、规模和运作上有很大的不同。

① 濮德培：《清政府与甘肃谷物市场》，载叶显恩主编《清代区域社会经济研究》，第117页。

② Lillan M. Li, “Grain Prices in Zhili Province, 1736 - 1911,” in T. G. Rawski and L. M. Li ed., *Chinese history in Economic Perspective*, University of California Press, 1992, p. 96.

③ 吴承明：《中国经济史研究的方法论问题》，《中国经济史研究》1992年第1期。

定量分析，他们只采用简单的价格差相关分析。粮价研究者都知道，相关系数高的两地，不一定有大量贸易，甚至没有贸易，一般都列入相关序列。王国斌、濮德培测算，1738～1805年，湖南各府间有20对相关系数在0.65以上（他们以此为整合指标），但考之地理和定性分析，其中有6对是“可疑的”。经将1777年以后的灾荒和政治干预时期除掉，6对中有5对消失了，同时又出现新的4对在0.65以上；这4对既不能经受较长期考验，也予舍去。最后，保留14对作“真实的”相关，它们与定性分析，特别是出口地带与非出口地带的分布情况是相符的。但是，相关分析还不能解释文献记载中湘、资、沅上游支流的小量米粮运动，只好假定小量贸易不一定产生价格的明显相关。

他们还用一个府内各县所报米的高价系列和低价系列的相关分析来测算一个府内部的市场整合，发现除出口地带的4个府以及南部孤立的两个小府外，相关系数都很低（0.08～0.34），反映非出口地带的府内很少米粮贸易，也许基本上是自给性粮食经济。

他们在结论中指出：湖南非出口地带各府中，地方志记载的小量米粮贸易不能断定市场整合，而定量分析所示出口地带的价格强相关可以没有直接贸易。“对清代农村孤立的和‘自然经济’的强烈印象，最终会在活跃的整合的市场面前放弃，但是，鉴于在出口地带之外还有未被市场整合触及的地区存在，任何把清代视为市场社会的意象都是不全面的”。①

（原载《中国经济史研究》1996年第2期）

① R. Bin Wong and Peter C. Perdue, “Grain Markets and Food Supplies in Eighteenth-Century Hunan,” in T. G. Rawski and L. M. Li ed., *Chinese history in Economic Perspective*, University of California Press, 1992, pp. 128－132, 136－140, 143－144.

早期中国近代化过程中的内部和外部因素

近年来对中国近代史的研究至少有一个重要贡献，即突破了“冲击—反应”模式。人们开始寻求中国社会的内部因素，以至有人提出要找到一个历史线索，从中国本身的历史来解释中国近代发生的事情。寻找中国内部能动因素，也就突破了中国社会长期停滞的理论，以及“西欧中心主义”。无疑会给中国近代化的研究带来有益的结果。

传统社会向近代社会的转变，包括经济上工业化、政治的民主化、新的国家家庭关系和价值观念的建立等诸方面。一篇短文不能不限定自己的范围，本文限于讨论经济方面。

19 世纪后半期中国新式工业的创建，可说是中国工业化的萌动时期。正是这种萌动，导致史无前例的辛亥革命，迈入中国近代化的第一步。这种萌动以及当时的所谓西学，无疑是西方资本主义以炮舰打开中国大门的结果。但不完全是这样。它的出现和发展，同样反映了中国社会内部的因素，而辛亥革命以后的道路就更证实了这一点。

一

一个国家的工业化不是重复先前工业化国家的足迹（西欧中心主义），而要走它时代的道路，这是晚近发展经济学研究的一项成果。熊彼特把以纺织工业为主导的英国产业革命结束在 1842 年，而把自此至 1897 年作为“蒸汽和钢铁时代”。这两个年份恰巧是鸦片战争和甲午战争左右；利用这种巧合，我们可以发现中国近代产业萌发时期的特征：这时期西方拼命地向中国推销纺织品和鸦片，而中国人向西方寻求的却是如当时洋务派所说的“机船矿路”。然而，纺织工业后来却成为中国唯一略有发展的工业。这也许可以看作是“机船矿路”路线失败的结果，也是中国近代化步履蹒跚的原因。

当时“机”主要指兵器，“船”主要指战船，两者都是追赶时代的工业。以造枪而论，1830 年以后西方就通用前膛来复线枪了，上海江南制造局于 1867 年才仿制这种枪，晚于西方 37 年。1865 年以后西方已用后膛枪，江南局于 1884 年仿造林明敦式后膛枪，晚于西方 20 年。1880 年以后西方已用连发式毛瑟枪，江南局于 1893 年试制成每分钟 22～25 发的快利枪，晚 13 年。1890 年以后西方已用小口径步枪，湖北枪炮厂于 1896 年造成 10 响小口径毛瑟枪，晚 6 年。亦步亦趋，差强人意。同时，江南制造局还生产了大量各式机床和各种作业机，培养了中国第一代机械师和技术工人，翻译出版了不少科学技术书籍，为以后中国机械工业的发展奠定了基础。

外国资本在中国建厂比中国人自建近代化工厂早 15 年，但外国资本不开设专业机器厂，因为向中国输进兵器和机器是洋行的一大业务，他们不必自我“替代”。他们自然也毋需培养技术人才，而是培养买办。在这里资本输出没有给中国带来“模仿效应”，更谈不上“技术转移”。

再看船。福州造船厂自 1869 年起在法国人主持下造了 15 艘轮船，都是木壳船。1874 年外国技师撤退，全由中国人主持，才开始追赶。1877 年首次造成威远号铁胁船，比英国首造瓦立耳号铁胁船晚 16 年。1883 年首造开济号铁胁巡洋舰，比英国首造愕拍尔号铁胁巡洋舰晚 8 年。1888 年首造龙威号钢甲船，比所仿制的法国柯袭德号晚 3 年。福州船政学堂和选派出洋留学生培养的造船、驾驶人才比江南制造局尤有成绩。

和机器不同，外国资本在中国开设有耶松、祥生大船厂，与中国的福州、江南船厂竞争。19 世纪 80 年代，这些中外船厂都有造 2000 吨级轮船的能力，20 世纪初升到万吨级。但是，它们造船的路线不同。外国厂造船，照例是从国外进口轮机、锅炉等，在上海配造船体。这是因为在中国制造轮机成本要加倍，并且，进口机件原是外商企业的本业。中国人的打算完全不同。从40年代丁拱臣造轮船模型起，1862年华衡芳等为曾国藩造黄鹄号，1864年左宗棠在杭州造小火轮，就都是自造轮机，以使“洋人之智巧中国人亦能为之”。左宗棠在1866年创办福州船政局时就说：“轮船一局，实为习造轮机而设。”福州局于1870年开始造单膨胀蒸汽轮机，1876年开始造复式轮机（康邦机），在当时已是新式的了。

中国的机器厂和船厂虽做出努力，但是由于缺乏基础工业，所需钢材、钢配件、铜料以至船用木料都需依赖进口，制造成本要比购买外国成品高得多。造机不如买机，造船不如买船，加以在官僚体制下，管理腐败，不能正常生产，甲午战争后即陷于停滞。追赶路线终于败于进口路线。

当时所谓“矿”，主要是煤矿；“路”指铁路。第一个用新法开采的矿是1878年投产的台湾基隆煤矿，而最成功的是1881年投产的开平煤矿，它生产日盛，已在北方市场上排除了进口洋煤，盈利甚丰。到1900年中国已有约30个机械开采的煤矿，都是中国人自办，大部分是民营。铁路是外国人首办的，即18%年的吴淞铁路。但那是一条长仅18公里的2.5英尺轨距的轻磅轨小铁路，不供货运，一年后拆除。第一条实用铁路是1880年李鸿章修建的唐山至胥各庄铁路，同时由胥各庄车厂造出第一台D-3-0型蒸汽机车中国火箭号。截至1900年，中国人已修建了1066公里的铁路，都是用4英尺8英寸半标准轨距和85磅标准钢轨，具有近代化功能。

在中国机械采矿和修建铁路22~25年之后，出现了外国资本的煤矿和铁路，并立即打败了中国资本。这是因为西方（这时包括日本）是通过一场西方称为“让与权之战”（Battle for concession）取得采矿权和铁路权的，以武力为后盾。从经济上说，外国投资的矿大都是中国资本已经开采略有成效的矿，外人加入资本并取得管理权。采矿是风险事业，这种办法最为得计。最早是1900年的开平煤矿和1902年的抚顺烟台煤矿，前者是由英军占领矿区，然后强迫中国人将开平“卖”给英国公司；后者则俄国只派出40名俄国兵，就完成了与中国矿主的“合作”。到1911年，中国机械采煤已有500万吨，其中440万吨是开平、抚顺等外国资本控制的七大矿生产的。同年，中国已有9292公里铁路，其中3718公里是外国资本修建的，3300

公里是外国贷款修建的。

外国人修建铁路理所当然用进口的钢轨和机件，而在 1900 年以前中国自建铁路时，就在“机”“船”之外更突出了缺乏钢铁问题。西方资本不在中国设钢铁厂，道理很简单，他们是钢铁输出国，1881 ~ 1891 年输华的钢铁增长了 10 倍。直到 1919 年，缺铁资源的日本才在鞍山制铁，那已是中国自办近代钢铁事业 30 年以后的事了。

1889 年，在山峦起伏的贵州省首先出现了高炉和贝色麻炉，即青溪铁厂。该厂不用洋技师，日出生铁 20 吨；创办人潘露竟因此积劳致死，该厂也夭折。首先出钢的是 1891 年江南制造局的马丁炉，继之有 1893 年建成的天津机器局钢厂和汉阳铁厂。天津厂毁于八国联军炮火，汉阳厂则发展成为当时东亚的第一个大型钢铁联合企业汉冶萍公司。

张之洞创办汉阳铁厂，历时 9 载，耗资 500 万两，誉少毁多。但他是一心一意要在中国创办钢铁事业，走先炼钢、后修路的路线。1889 年他给李鸿章的电报说：“晋铁如万不能用即用粤铁，粤铁如亦不精不旺，用闽铁、黔铁、楚铁、陕铁”，“岂有地球之上独中华之铁皆是弃物?”这使我们想起前述熊彼特的“钢铁时代”，张之洞可谓不自觉地捉捕到时代脉搏。李鸿章却无此感，他复电说炼钢“岂能各省同开”，又说日本铁路日增，“唯钢轨等项仍购西洋”。的确，日本的八幡制铁所 1901 年才出铁，比汉阳晚 7 年。1910 年（1911 年因武昌起义停产）汉阳厂产生铁 11.9 万吨、钢 5 万吨、钢轨 2.8 万吨；这点产量在世界上无足挂齿，但已相当于当年进口钢铁的4/5，以后一个时期并超过进口量。但是，汉阳厂并未能成为进口替代工业，由于逐步被日本贷款控制，它的产品须低价供给八幡制铁所，为日本的工业化服务。最后，汉阳厂亏累不堪，全面停顿。

上述这些新工业的出现当然是西方冲击的反应。但就每项工业的产生说都不是来自西方的意愿，而是中国人努力的结果，尽管是失败的结果。就当时“求强”“求富”的思想和“机船矿路”路线来说，也不完全是“冲击—反应”模式，它们的形成有中国传统的爱国主义，还有自龚自珍以来的“思想之解放”（梁启超语），以至可以追溯到 17 世纪的社会变革和“明夷”思潮。不过我不拟在这方面多作探讨，而转到另一个具体内部因素，即传统经济中手工业的发展。

二

西欧的工业化有个长达两个半世纪的工场手工业时代（1500～1750）。实际上，那时的工场手工业并非十分普遍，但马克思称之为“时代”并非夸大其词，而是指出其重要意义。在这种经济中尽管生产力还是手工的，生产关系则已是资本主义的了。那时的西欧和19世纪的中国一样，所谓近代化就是破除封建障碍，实现资本主义化。西欧经济力量的膨胀，社会结构的变革和资本价值观念的确立，都出现在这个时代。非洲、印度的征服，澳洲、美洲殖民地的开拓，荷兰和英国的资产阶级革命，美国的独立，都是手工工厂和农场发展的结果。政治经济学的近代理论就是这时出现的，亚当·斯密的《国富论》出版时，蒸汽机尚未在实用上推广。

中国没有一个工场手工业时代，这是中国工业化迟缓的一个原因。但中国也自16世纪就有手工工厂出现，只是这种资本主义萌芽的形式，在鸦片战争后才有了较大发展，这一点迄今还未受到应有的重视。

鸦片战争后，洋货入侵，中国传统手工业受到摧残，但不像通常想象那样都成了机器大工业的牺牲品。我们考察了40个传统手工行业（不包括艺术品行业），发现受摧残的主要是手纺纱、土钢、土针、踹布、土烛、制靛、刨烟丝、木版印刷八个行业，其余都能维持，多数还有发展，尤其是向工场手工业（包括散工制）发展。到20世纪初期，这些传统行业中都有工场手工业形式了，并且机器大工业发展最快的时期也是手工工厂发展最快的时期，乃至在同一行业中也有这种情况。

鸦片战争后，从国外引进了一些新工业，如火柴、洋皂、西药、铅石印刷、搪瓷、织袜、毛巾、油漆、化妆品等。它们都是原来中国没有的，堪称近代工业；但引进后却是改用手工生产，大部分是手工工厂。又因外贸出口，出现了一批新的加工工业，如肠衣、猪鬃、地毯、花边、草帽、发网等；它们或是手工工厂，或是散工制。

这样，我估算在1920年左右，工场手工业（包括散工制）的产值，比之官办的、民办的和外国资本经营的机器大工业的产值加起来还稍大一些。因而，它们在中国近代工业化进程中的作用不可低估。

外国资本和中国官办工业，都是从国外引进整套设备。但是，第一家外资工厂即1845年广州的柯拜船坞，仍是先用中国式的泥坞手工操作，然后机械化；上海第一家外商船厂伯维公司也是这样。第一家官办工厂即1861年的安庆内军械所，初建也是手工工厂，以后添置机器；其后上海的洋炮局也是这样。早期的民营机器厂大半是从打铁作坊发展而来，一些有名的大厂如周恒顺等也是这样。它们先添置一两台手摇或足踏机床，经营有利，再添设蒸汽动力。

在其他行业中，如由手摇丝车到足踏丝车、汽喉足踏丝车，再到蒸汽动力丝车；由手摇轧花车到足踏车、足踏皮辊车，再到蒸汽动力齿轮轧花车；由木槽楔入油榨到人力螺丝油榨，再到蒸汽动力压力油榨；由畜力石磨到火轮石磨，再到电力钢磨；由投梭织机到手拉织机、足踏铁轮织机，再到电力织机；这种情况比比皆是。1886年设立的宁波通久轧花厂，有40台足踏轧花机，1888年添装了蒸汽动力，积累资本，购进纺纱机，1896年成为有17000锭的通久源纱厂。不过在纺纱业中这只是特例，而在矿业中就变成通例了。绝大部分机械化的煤矿都是由手工煤窑转化而来，它们先是添置蒸汽动力吸水机，积累资本，再添置上井口卷扬机，采掘仍用手工。金属矿也是这样，先添置几架蒸汽动力的铁杆捣石机，积累资金，再添置新式冶炉，采掘仍用手工。

出口主导型的缫丝工业也有类似情况。早在19世纪60年代初，英国人、法国人即在上海创办过机器丝厂，都因与内地原料市场脱节而失败。广东陈启源立足于本土，利用岭南多桑蚕的优势，经过短期汽喉手工工厂的过渡，建立小型为主的机器丝厂，到19世纪末发展到百余家。浙江商人利用湖丝的传统市场，从改良土丝入手（左旋丝），在上海建立大型机器丝厂，也获得了立足点。而其进一步发展是无锡商人利用当地桑蚕业的优势，在20世纪初完成的。无锡丝厂的发展得益于工农业结合，并最早改良蚕种，推进了无锡地区农业和农业生产结构的发展。

不过，在20世纪二三十年代国际市场的竞争上，中国丝仍然败北。可是，像织绸业这种完全中国传统的工业仍然能保持比较好的优势，它自力更生，发展出像美亚绸厂这种颇为先进的工厂。这是因为自汉代以来，中国即掌握有领先的丝织造工艺，直到现在，日本的西阵丝织业还向中国进口提花机的打孔纸带（类似计算机的软件）。在悠久的中国工艺历史中，类似的因素还大有存在。

中国没有一个工场手工业时代，这是中国的不幸。但从工场手工业向机器大工业过渡这条近代化的道路，即马克思所说资本主义发展三阶段的理论仍是存在的。乃至在引进某些新工业时，还得回到手工工厂，作为补课。到20世纪30年代，由于电力稍见普及，过渡加速，工场手工业的比重降低了。同时我们看到，手工业和机器大工业之间，劳动密集和资本密集工业之间，不仅有互相排斥的作用，还有互补作用。手工业中看来是传统的东西，同时也是进步的力量，因为它包含有能动因素，能够推动生产的商品化、社会化，成为工业近代化的积极因素。研究中国工业的近代化，显然不能只着眼于那些大烟囱工厂。同时，那种把传统经济和现代经济完全对立起来的理论，缺乏辩证思考，也是非历史的。

三

这样看来，19世纪以来的中国近代化，本来应当走自己的道路，正如今天走有中国特色的社会主义现代化道路一样。就是说它应当不是西方生产方式的原样移植，而是新生产方式和中国内部能动因素的结合。历史是无情地失败了，以致我们还无法总结这方面的经验。但在失败史中还是可以隐约地看见一些中国式工业化道路的憧影，这就是张謇在南通的未完成的事业。

和洋务派不同，张謇创办大生纱厂的雄心不完全是“师夷长技以制夷”的“冲击—反应”，还有一个传统的但是积极的“天地之大德曰生”的思想，它是立足于本土的。大生纱厂一开始就是建立在通海手织业发展的基础上的。这里的植棉业，乾隆间就已由“沙花”发展为“通花”；这里的织布业，嘉道间已由稀布（包装用）进而为关庄布，再进而为通州大布。大生的成功，就因为利用了这种内部能动因素。它以生产12支纱为主，全厂70%的产品供应通海织户，在管理上也“停年歇夏”，不违农时。这条道路是中国式的。着眼于“分洋人之利”的李鸿章的上海织布局和张之洞的湖北官布局，后来也是弃布就纱，变成华盛纱厂和裕华纱厂。

棉纺和盐垦的结合。是张謇道路的高一层次的内外（或中西）因素的结合。不过。张謇的黄海垦殖计划早在创办大生之前就有了，它更是来自本土的思想。在他的倡导下，一个两千万亩、30 万人口的垦区终于形成。他说，工商“不兼农业，本末不备”，尽管是手工生产的农业也罢。农民的手植棉供应机器纱厂，纱厂的机纱又供应农民织户。棉纺工业成为近代中国唯一较有成效的民族工业，原因在此。在这里，那种“现代—传统”模式，即把两者看成是互斥的，只能是兔起鹘落的跷跷板理论，是无法解释的。

棉纺工业不完全是进口替代工业，它同时具有前向联进（linkage）和后向联进的效应。南通、高阳、宝坻、定县等织布区和工场手工业的出现（其产品足以与洋布竞争），是国内纱厂前向联进的结果，不是洋纱的作用（这时进口洋纱已不多）。而后向联进则只有在南通才见功效。在通海垦区，由晒盐而植棉，土地利用效益大增，本身就是一个进步，垦殖公司虽然多行租佃制（通海公司占 55%，其他公司占 80% 以上），但究竟已是受租于资本，有了资本主义因素，事实上也有改造土地的工程投资。此事还有更重要的意义，即在中国，工业化必须与农业的发展相结合，张之洞、张謇等都有这种“本末”思想。事实上由于棉纺业的发展，在陕西、河南、湖北都出现了新的植棉区。

张謇的“棉铁主义”出现较晚，他对钢铁的时代感远不如张之洞，在实践上更无足道。然而，他那小小的资生铁厂，却是踏踏实实地为发展南通地方实业服务。“实业”一词实为张謇首创。他那包括农、工、商、运输以至银行、汇兑的南通实业体系，人或讥为封建割据，不过，张謇的本末观已不是以土地关系为基础的封建思想了，实际上他更重工。因为包括农业在内的十几家实业公司都是大生资助的，是建立在工业资本力量之上的。在幅员辽阔的中国，这种以大工业为中心的地区或乡土经济建设，不失为中国式近代化的途径之一。它比以洋行为中心的、脱离了农村以至对立于农村的口岸经济，应当有更广阔的前途。当然，张謇的地方实业建设亦以失败而告终，但不能说完全没有成绩。

张謇的道路还有更高一层次的地方主义，这就是他把实业和教育合称为“地方自治”。借助于大生的资本力量，南通出现了中国第一所师范学校、第一所博物苑，建立了从小学、中学到纺织、农业、医药的专科教育，以至盲哑、女红、伶工等社会教育和图书馆、剧院等文教设施。他说“实业是教育之母”，用现代话来说即智力投资。这一点堪称远见，日本的近代化即得力于此。

大生纱厂因负债过多于1925年被银行团接管，张謇的事业也逐一失败。但是，失败不妨碍我们总结历史经验，何况张謇事业的失败，并非张謇思想和道路的失败，而是强大的帝国主义和封建主义的压力使它夭折。历史的教训告诉我们，没有立足于本国大地的民族工业和相应的教育文化，是不可能实现本民族的现代化的。

〔本文由提交1987年“对外经济关系与中国近代化国际学术会议”（武汉）和“张謇国际学术研讨会”（南京）两篇论文综合而成。原载《对外经济关系与中国近代化》，华中师范大学出版社，1990；《论张謇——张謇国际学术讨论会论文集》，江苏人民出版社，1993〕

世潮·传统·近代化

——在第五届洋务运动史学术讨论会上的发言

洋务运动史的全国性讨论会已历四届，每届都深入一步，有新的发展。本届的讨论已越出洋务运动本身，提出以洋务运动与中国近代化的进程为主题，探讨洋务运动与近代政治、经济、文化以及军事、外交的关系，探讨洋务运动与当时的社会环境问题。我以为这是一个跃进。

我们研究历史，总是从具体事物和专题入手，专题研究得深了、多了，再进到宏观考察。由小而精到大而博，我以为是研究历史的好方法，比那种先设定一个宏观模式，再按照模式诸因素的关系探讨发展过程的方法似乎要好。例如国外有些人研究中国近代史常用的“冲击—反应”模式，把中国近代史发生的一切事情都归之于西方文明的冲击，完全忽视中国社会内部的能动因素；又如“传统—现代”模式，以及经济上的刘易斯模式，把传统的东西视为完全消极的，而且是与现代化处于完全对立的地位。这些理论，我未敢苟同。再如我们所说的半殖民地半封建社会，原是对中国近代社会性质的一个概括，但也常被用作一种研究的方法或模式；按照这种模式，一切与外国有关的事物都会推导出买办性，而一切传统的东西都变成封建的。当然，我这里是说研究历史，我并不一般地反对模式的方法或系统论的方法。在我们考察当代社会，尤其在回归检验和经济预测中，这种方法是极为有效的。历史不能预测，也很难模拟当时环境，因而先弄清事实，从因素入手似乎更好些。这也就是恩格斯所说：“必须先研究事物，而后才能研究过程。”①

什么是近代化，还没有一个完整的定义。我想，从广泛的意义说，近代化就是传统社会向近代社会过渡；一个较大的国家或民族随着时间的演进，它总是要向近代过渡的，只是迟早、道路不同而已。这也就是马克思的发展历史观。西方史学家盛赞希腊、罗马，而把封建的欧洲叫作“黑暗的中世纪”，像是人类社会的一次大沉沦。马克思不这样看，他认为封建社会比过去的奴隶制进步得多，而它还要发展为更进步的社会，也就是近代化。列宁说，马克思是最彻底的发展论者。

西欧的近代化，一般认为肇始于14世纪以来的文艺复兴。文艺复兴正如恩格斯所说，那是一个需要巨人的时代，而巨人也应时而出。当时是些什么巨人呢？从但丁到莎士比亚，大部分是文学家、诗人。当然也有哥白尼、伽利略等科学家，但还不是实证科学家，他们的功绩在于反神学。文艺复兴的巨人都是人本主义者，反神学、反封建，因而导致宗教改革，发生了荷兰、英国的资产阶级革命，最后才是产业革命或工业化。

中国有没有这种新思潮呢？我看有的，不过晚了，即始于16世纪的启蒙思想。我们叫它启蒙，不叫文艺复兴，也许因为这些人主要是泰州学派、东林学派，不是诗人。其实，这时期出现的《西游记》《金瓶梅》以及“三言”“二拍”等，都是离经叛道之作，至今读之仍能振聋发聩，令人耳目一新。到17世纪也出现了几位我看可称为巨人的，即黄宗羲、顾炎武、王夫之诸公，直到被梁启超称为“思想之解放”的龚自珍，而他们又多半是余事作诗人。当然，它始终没有形成像西方文艺复兴那样巨大的声势。

另一方面，经济毕竟是基础。13～14世纪，西欧已经有了资本主义萌芽；按照马克思的说法到16世纪，西欧已经在经济上进入资本主义社会，即工场手工业时代。在西方的近代化过程中，诸如经济力量的增长，海外殖民地的扩张，荷、英的资产阶级革命，美国的独立以及资本价值观念的确立，都是在这个长达两个半世纪的工场手工业时代完成的。斯密的《国富论》出版时，蒸汽机尚未在实用上推广。我国在15～16世纪也已出现资本

---

① 恩格斯：《费尔巴哈和德国古典哲学的终结》，《马克思恩格斯选集》第4卷，人民出版社，1972，第240页。

主义萌芽，商品经济有了发展，出现晋陕徽海等大的商人资本。农业方面，诸如地权的公消私长，赋役的由丁入地，地租的定额化和永佃制，雇工人身的逐渐自由，也发生一系列的变化。但由于种种历史条件，资本主义萌芽发展迟缓，始终没有进入工场手工业时代，外国资本主义已经开始入侵了。

上面所谈都是洋务运动的史前史，未免离题太远，我的意思只是说：任何一个国家的近代化都离不开传统，离不开它原有的经济基础，不能凭空架屋。也正如此，每个国家的近代化都应该走自己的道路，有自己的模式，而不能照搬西方。在我国近代史中，有洋务运动这件大事。这件大事是促进了还是推迟了，还是扭曲了中国近代化的进程，这是我们今天要研究的问题。不过在研究中不仅要看到外来的因素，还要探讨内部的因素。我们说探讨洋务运动与社会环境，这个环境就是中国的实际，百年前以至三百年前的实际。这个实际中有它落后的、消极的东西，但也有它能动的、发展的因素。如果把洋务运动作为中国近代化的一个初始步骤看，那么，三百年前的启蒙思潮就是洋务思想的前驱，而那种带有微弱资本主义萌芽的小农经济和手工业与商业，就是洋务运动产生的基础。洋务运动也许是中国近代化进程中被动地出现的事情，但它绝不是单纯的“冲击—反应”，也不能完全用“传统—现代”的“跷跷板”理论来论证。

（原载《近代史研究》1990年第3期）

论二元经济

一　概说

二元经济指传统经济与现代化产业并存的格局，是传统社会向现代社会过渡中常见的现象。发展中国家的现代化产业多由外国资本移植或本国资本引进而来，在中国始于19世纪后期。或谓发展中国家的二元经济形成于第二次世界大战后，不确。唯早期现代化产业多集中于个别地区，亦称“飞地经济”。又常称之为近代化产业，实与现代化同义；本文通用后者。

刘易斯把现代化产业定义为“使用再生产性资本”以谋取利润者，即资本主义产业；而传统经济是“维持生计”的产业。[①] 在历史上视资本主义化为现代化未尝不可；但日本直到20世纪70年代充分就业前仍可称二元经济，中国在进入社会主义后仍属二元经济。又传统经济亦使用再生产性资本，并有谋利部分。迈因特从市场经济发展的不完整性出发，把现代化产业和半自给性生产并存作为二元结构。[②] 石川滋采取希克斯（John Hicks）《经济史理论》中由习俗经济、命令经济到商人经济的观点，把市场经济与传

① 阿瑟·刘易斯：《二元经济论》，北京经济学院出版社，1989，第7~8页。

② H. L. A. Myint, “Dualism and the Internal Intergation of Underdeveloped Economics,” *Banca Nazionale del Lavaro Quarterly Review*, 93, June 1970.

统经济并存作为二元经济。① 用市场经济的发展来说明现代化过程是可取的，但用之区分二元范畴似欠妥。

传统经济包括农、工、商、运输、服务等部门，原为完整的经济体系，在中国更是一个十分发达的传统经济体系。但自1954年刘易斯提出二元经济理论以来，西方学者大都只论传统农业和现代化工业，并注重于农业的剩余劳动力如何向工业转移问题。费－拉尼斯干脆把二元经济定义为农业与工业两大部门并存。② 他们也提到手工业者、小商人、服役人、搬运工等，但把这些人看成“隐蔽的失业者”，③ 或等待进入现代化部门的“城市传统部门”。④ 事实上，传统经济的非农业部门人数众多，基本上不存在剩余劳动力，在早期它们是与现代化产业并行发展的，并成为吸收农业剩余劳动力的重要力量。日本称明治维新以前已有的产业为“在来产业”，并进行专门研究。⑤ 1981～1935年，日本农业就业人口是不断下降的，同时期现代化产业就业人口增加约3300万人，而“在来产业”就业人口增加逾6600万人。⑥ 就是说现代化过程中释放出来的多余劳动力，主要是由传统经济中的非农业部门吸收的。

明治维新后，日本工场手工业和家庭手工业中的散工制发展迅速，对日本现代化工业的建立起了辅助作用。直到20世纪30年代，日本为发挥劳动力优势，仍是在现代化企业中实行多班制，而将部分工序和零件生产转包给小厂和家庭工业去完成。中国的工场手工业和家庭散工制也是在鸦片战争后随现代化产业的建立兴起的，迄1936年，工场手工业的就业人口约为现代化工厂的5倍。这我已有专文论述。⑦

我国传统商业和金融业原较发达，现代化产业的建立有赖于传统商业网和钱庄的支持。同时也有新式商业和银行兴起。然而，即使在新式商业最发达的上海，传统大商业如米行、豆行、丝栈、茶栈迄1936年仍是发展的，

---

① 石川滋：《发展经济学的基本问题》，经济科学出版社，1992，第10、27页。

② John C. H. Fei and Gustav Ranis：《劳动剩余经济的发展》，华夏出版社，1989，第47页。

③ 阿瑟·刘易斯：《二元经济论》，第3页。

④ 托达罗（Micheal P. Todaro）：《发展中国家剩余劳动力迁移模式和城市失业问题》，《现代外国经济学论文选》第8辑，商务印书馆，1984，第166、172页。

⑤ 中村隆英：《在来产业の规模と构成》，《数量经济史论集》（1），日本新闻社，1967。

⑥ 中村隆英：《日本经济——その成长と构造》，东京大学出版会，1980，第40页。

⑦ 吴承明：《论工场手工业》，《中国经济史研究》1993年第4期。文中介绍了日本经济。就业人口数据国家统计局整理的资料补列。

仅豆行的经营品种和丝茶栈的销售对象有所变化而已。迄1936年，上海土布号约减少一半，绸缎庄则倍增，药行由1851年的约100家增为498家，在营业额上始终超过西药业。[①] 上海钱庄的资本和营业额也是不断增长的，1932年以后才逐渐为新式银行所代替。

运输是先行产业，现代化进程较快。迄1936年，中国在现代化运输业的投资一直大于在现代化工业的投资；但是木帆船、人畜力等传统运输的产值一直是增长的，轮船、铁路亦需传统运输为其集散货物。[②] 毛泽东说："若干铁路航路汽车路和普遍的独轮车路，只能用脚走的路和用脚还不好走的路同时存在。"[③] 二元经济正是这样一种多途径的经济。

在地区辽阔、人口众多、传统经济十分发达的中国，二元经济将持续相当长的时期。这期间经济上是现代的与传统的对立统一体；就是说二者间不仅有对立的一面，还有互补作用的一面。西方学者往往把传统产业看成一钱不值，在国内也有人把二元社会看成"二律背反"；我看不妥。传统经济和传统文化一样，有它有价值的东西，有它的能动作用。二元经济的发展也不是简单地用现代化产业去替代传统产业，而是多途径的，扬长避短，发展前者也改造后者，共同创造克丽奥之路。

传统经济不限于农业，但在一篇短文中遍论各业是不可能的，又手工业我已有专文，故本文仍只论传统农业，但要密切联系非农业部门和市场变化。又本文是从经济史的角度来考察，有别于一般二元理论。

二　传统农业的生产剩余和资源配置

刘易斯以简明的模型奠立了劳动力过剩型的二元经济理论的基础，后来学者多遵此道。在他的模型中，传统农业完全是消极的，它的边际劳动生产

① 《近代上海城市研究》，1990，第135～136页；徐新吾主编《江南土布史》，1992，第323页；徐新吾主编《近代江南丝织工业史》（以下简称《丝织》），1991，第289页；上海药公司等《上海近代西药行业史》，1984，第119～120页。除《丝织》一书为上海人民出版社出版外，余均为上海社会科学院出版社出版。

② 吴承明：《中国近代资本集成和工农业及交通运输业产值估计》，《中国经济史》1991年第4期。

③ 《毛泽东选集》四卷本，第172页。

率等于零，[①] 唯一作用是在低工资水平上为现代化工业提供劳动力。20 世纪五六十年代不少第三世界国家大力发展工业，但因忽视了农业而后继无力，工业化计划受挫。1964 年的费 - 拉尼斯二元模型就很重视农业了，并提出工业应先采取资本浅化政策以吸收更多的农业剩余劳动力。但在他们的模型中，农业剩余只是在农业过剩劳动力移出后才能实现，并随着农业劳动力的大量移出而减少。农业劳动生产率的提高只能依靠外生的技术投入，传统农业本身仍是无能为力的。1967 年的乔根森二元模型，否定了农业零边际生产率学说，并更加注意农业剩余，认为它是能否实现工业化的关键。但他把技术进步速度超过人口增长速度作为农业剩余的唯一重要因素。[②] 其后如凯利的二元模型，就更加注重外生的技术变量了。[③]

这些二元论者除凯利外，都把资本排除在农业生产模型之外，这是他们把传统农业看成无所作为的原因之一。实际上传统农业中非人力的物质投入是个重要的变量，农民主要是从农业剩余上来考虑资本投入的。1922 年日本的水稻生产成本中，土地（地租）占 30%，劳动占 36%，资本投入占 34%。[④] 舒尔兹考察印度灌溉区的投入，土地占 13%，劳动占 34%，资本（包括灌溉建筑）占 53%，与 1949 年美国农场的投入比例相仿；其中牛和工具占 30%，比美国动力和机器占 26% 还高些。[⑤] 中国清代农学家就很注意资本投入，在江南每亩地约需现金 1000 文，相当于收获值的 15% ~25%。包世臣说："凡治田无论水旱，加粪一遍则溢谷二斗，加作一工亦溢谷二斗"；追加资本与追加劳动同等重要。[⑥] 李伯重研究，江南稻田自明末至清中叶，每亩用工量甚少变化，而投资增加。这期间亩产量增 44% ~56%，主要是追加饼肥所致，每亩

---

① 农业零边际生产率学说早见于罗森斯坦 - 罗丹（Paul N. Rosenstien-Rodan）关于东欧工业化的文章，载 *Economic Journal*，53，June-Sept. 1943. 拉尼斯亦遵此说。但受到许多学者的怀疑和舒尔兹等的批评。1967 年以后，刘易斯承认此说在其理论中并不重要，易受误解；前引刘易斯《二元经济论》第 75、105 页。在中国和日本学者中一般不取此说。

② Dale W. Jorgenson，*Surplus Agricultural Labour and Development of Dual Economy*，Oxford Economic Papers，19. 3，1967，转见贾塔克（Subrata Ghatak）《发展经济学》，商务印书馆，1989，第 68 ~70 页；贾塔克、英格森（Ken Ingersent）《农业与经济发展》，华夏出版社，1987，第 113 ~115 页。

③ Allen C. Kelley et. , *Dualist Economic Development*：*Theory and history*，Univ. of Chicago Press，1972.

④ 石川滋：《发展经济学的基本问题》，第 76 页。

⑤ Theodore W. Schultz：《改造传统农业》，商务印书馆，1987，第 76 ~77 页。

⑥ 吴承明：《中国近代农业生产力的考察》，《中国经济史研究》1989 年第 2 期。

追加饼肥40斤可增产谷80斤。[①] 1933年无锡3个村121户生产成本调查，不计土地，劳动占45%（包括雇用农工、畜工和机器工），资本占55%；资本中肥料占77.6%，种子秧苗占12.7%，工具添修占9.7%。[②]

上述西方二元论的最大缺陷是他们的模型都是以粮食代表整个农业生产。实际上，任何国家的农业都不仅是粮食生产，而非粮食作物和农家副业不仅可变性大，也常是积累和导致资源再分配的重要条件。在中国，在粮、油、棉三类作物的播种面积中，粮食所占比重由20世纪初期的87%～88%下降至30年代的80%～81%，经济作物的比重则是增长的。[③] 20世纪初期，农业总产值中大约粮食占62.2%，经济作物占23.7%，到1936年分别为59.8%和16.1%（余为林牧渔业）。[④] 中国小农经济又是农业和家庭手工业密切结合的。副业种类繁多，副业收入约占农家纯收入的30%，在江南可达40%。30年代末，无锡、嘉定、松江、常熟、太仓、南通的12个村433家农户调查，农家纯收入中，农田收入占60.2%，禽畜饲养占6.5%，纺织、育蚕、贩运、捕鱼等主要副业占21.2%，其他零散副业占6.2%，佣工和外出人员汇回款占5.9%。[⑤]

传统农业原有很大的剩余，这从封建地租常占产量的一半可知。唯其剩余多转化为租赋以及商人和高利贷利润，农民不能支配。日本明治维新时以1873年地税改革将水稻产量的30%集中到政府手中，成为兴办现代化产业的资本。中国一向租重赋轻，而地租是最难转化为资本的。甲午战后田赋日增，附加尤重，粮田殆无纯剩余。唯经济作物和商品性副业一般仍有盈余，否则农民不去生产。田地生产受气候影响，商品性副业更具市场风险，故农家经营常是有亏有盈，总的看仍是略有盈余的。[⑥]

① 李伯重：《明清时期江南水稻生产集约程度的提高》，《中国农史》1984年第1期；《清代江南农业的发展》（印刷中）第5章第1节。

② 韦健雄：《无锡三个村的农业经营调查》，《中国农村》第1卷第9期，1935。

③ 吴承明：《中国近代农业生产力的考察》，《中国经济史研究》1989年第2期。

④ 许涤新、吴承明主编《中国资本主义发展史》第2卷附录乙表1、第3卷附录乙表1，人民出版社，1990、1993。

⑤ 曹幸穗：《旧中国苏南农村工副业及其在农家经济中的地位》，《中国经济史研究》1991年第3期。原列百分比有误植，按分列细表改正。

⑥ 参见方行《清代前期的小农经济》，《中国经济史研究》1993年第3期，第14～16页；对粮食生产剩余的一些测算见同期另文第133页。

但在二元经济理论中，农业剩余不是指农家的纯盈余，而是指农村产品和劳务的净输出，或以货币表现的农业对非农业部门的净流出。这将于第四节详述。

一种社会经济是发展或是衰退最终决定于生产资源的配置是优化还是劣化。上述西方各家的二元论皆未及此。唯舒尔兹强调了这一点。舒尔兹把传统农业定义为长期使用传统生产要素的农业，并认为农民是十分精明的经营者，因而传统农业中生产要素的配置是有效的，“没有一种生产要素没有得到利用”。这颇适合明清以来中国的小农经济。但他又认为，不能指望更好地配置传统生产要素来改进农业生产，他提出的“改造传统农业”是指引进西方现代化的生产要素，并改进农民的素质，即技术和人力投资。①

舒尔兹基本否定传统农业重新配置资源的作用，一方面由于他过分强调了农民对获取收入的来源（即生产要素）的“偏好和动机”保持不变；另方面，原有生产要素配置的有效性表明各要素的边际收益率大致相等，不能从再配置中得到好处。② 这种理论未必恰当。农民的决策受生产关系（特别是赋役和租佃关系）、市场、多种作物和多种副业的影响，往往是在不知不觉中改变，从而导致资源（包括人力资源）的再配置；有知有觉的号召如“以粮为纲”有时反而误事。有人考察，明清以来由于棉桑茶竹的推广和生产专业化以及水产的开发，江南平原、丘陵地带和山区都以不同方式调整资源的利用，使之趋于合理。③ 吴柏均研究，在明末清初，无锡从生产结构上说还落后于苏州、嘉兴、湖州、松江等府。清前期，由于棉手工业的引进（尽管无锡不产棉）和区域贸易的发展，引起资金和劳动力的重新配置。进入二元经济后，随着桑蚕业和城市工业的发展，农村发生更大的变化。到20世纪20年代末，农民的纯收入中，种植只占48.5%，手工、饲育等副业占29.6%，商业和运输业占7.7%，佣工和外出人员寄回款占14.2%；农村劳动力的平均收入以1.5%的年率递增，农家经济的总流量有59%通过市场交换。这都是在传统的小农经营没有改变、技术也基本未变的情况下，通过

① 前引舒尔兹《改造传统农业》，第4、27、29~31页。

② 前引舒尔兹《改造传统农业》，第24、56页。

③ 李伯重：《明清江南农业资源的合理利用》，《农业考古》1985年第2期。

调整生产结构，导致资源重新配置取得增长效果的。①

西方二元论模型中，认为农民的收入是维持生存的费用或“制度工资”，是不变的。这不合实际。农家是生产单位也是消费单位，即使不谋求利润也谋求消费优化。在正常情况下是有所提高的，但也因多半是外在原因而下降。在历史上农民生活是在糊口、温饱以至小康之间摆动的。

基于上述认识，我将二元论者提出的传统农业生产模型改制如图 1。图上部的 MP_1 代表粮食生产的边际劳动生产率，它与农民生活水平 W_1 相交点决定就业人口 OL_1。相应在图的下部中，总产品曲线 TP 超过农民消费线 OC 的部分即 SE，为农业剩余。由于农民可以引种多品种和生产市场价值较高的作物，增添新副业和扩大旧副业，使边际劳动生产曲线移至 MP_2 以至 MP_3，农民生活水平相应改变，就业人口移至 L_2 和 L_3，这三条 MP 是不同值的（斜率不同），吸收劳动力的作用也不同。

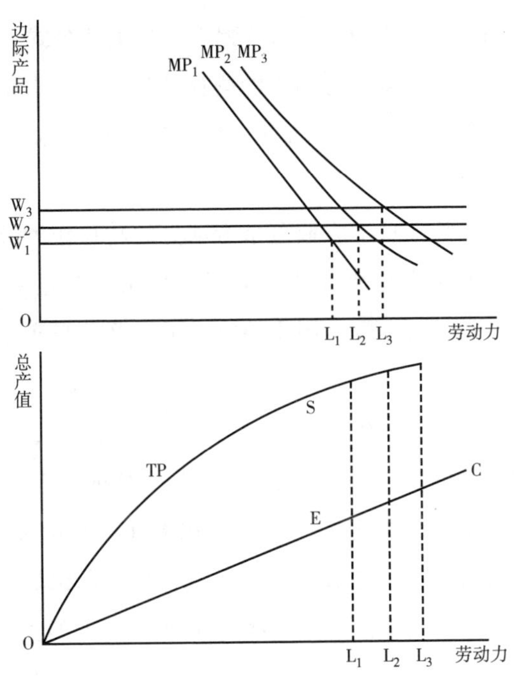

图 1　传统农业生产模型

① 吴柏均：《无锡区域农村经济结构的实证分析》，《中国经济史研究》1991 年第 3 期；清前期见所著《中国经济发展的区域研究》第 1 章，上海远东出版社，1995。

按过去理论，总生产曲线越过S点后将变成水平线，即再增加劳动投入不再增产。这不符合实际。在中国无论是在人口剧增的清前期，还是人口缓慢增长的近代百年，或人口迅增的新中国，农业生产都能满足需要。理论上讲边际劳动生产降为零的时候，也是总产量达到最高峰的时候。这个最高峰迄今也未达到。

三　农业剩余劳动力的转移

刘易斯的公式是把边际生产为零的劳动者作为剩余劳动力；拉尼斯并把边际生产小于制度工资的劳动者也计入。在完全的市场经济中，图1的边际生产曲线MP可代表农业劳动力的需求，而平行线W是劳动力的供给。但在二元经济中，市场尤其是要素市场是不完全的，价格尤其农产品价格是偏离的（见后），加以前述MP和W都有弹性，故上述公式不能确立。即使确立，也难计量。事实上对剩余劳动力的测算都是凭经验数据。其概念是农村劳动力投入田地（种植业）的劳动者，超过当时技术水平所必需的劳动者的部分即剩余劳动力。

西方二元论者大都把日本农业剩余劳动力的转移作为最成功的经验，并认为这是由于日本工业化是从劳动密集型的轻纺织工业入手，1930年后转入资本密集的重工业时已有资本积累的能力了。这种观察远非全面。日本在“殖产兴业”（1870～1885）时期已建有一批基础工业，轻纺工业是在这个基础上建立的。有人分析，19世纪日本实以农产品加工等“有明显传统特点”的工业占支配地位，20世纪后资本劳动“中间性”的纺织工业才占优势。又日本中小工业特别发达，19世纪末民营工厂中有60%在农村，有类我们现在的乡镇工业。以后仍采取小工厂为大企业承包加工的政策。[①] 前面我已指出，迄20世纪30年代，日本吸收多余劳动力的主力不是现代工业，而是传统经济中的非农业部门。现再指出，就业量最大的不是工业，而是第三产业。据1920年的国势普查，全部就业人口中，第一产业1511万人，基

① 布莱克（Cyril E. Black）等：《日本和俄国的现代化》，商务印书馆，1983，第245、248页。中小工业见万峰《日本资本主义史研究》，湖南人民出版社，1984，第130页。

本上属传统产业；第二产业529万人，内66%属传统部门；第三产业677万人，内76%属传统部门。[①] 1920～1930年，工业不景气，很少增加工人，而第三产业增加了209万人。总之，日本农业剩余劳动力转移的成功，是农、轻、重和大、中、小合理配合，发展第三产业，现代化产业与传统经济互补协作的结果。

日本的农业就业，尚有两事值得注意。其一，1872～1940年，日本全部就业人口以6.18%速率增长，农业就业人口以1.72%速率下降，但非总是如此。在19世纪70年代，由于推行"明治农法"（主要是整理土地灌溉和推广集约化耕作），农业劳动力是增长的。在1895～1905年间，由于迅速扩大桑蚕业，1925～1933年间，由于恢复和扩大复种，农业劳动力也是增加的，以至出现"再流入"现象。其二是日本农业始终保持较高的劳动投入（也保持较高单产），乃至逐步机械化以后还是这样。石川滋提供的资料如表1，因而他认为现代欠发达国家和地区农业的劳动投入偏低，就业问题"在近期内不可能通过工业化、城市化得到解决，而只能主要在农村内部寻找其解决办法"。[②]

表1　单位劳动投入和产出（欠发达国家和地区）

			每公顷劳动投入（工作日）	每公顷农业收入折稻谷（吨）
日　本	1956	平　均	530	6.06
		近　畿	663	9.95
韩　国	1960	平　均	498	4.00
中国台湾	1964	平　均	469	8.52
中　国	1957	平　均	240	2.87
		中　部	270	3.41
		南　部	465	4.45
印　度	1957	西孟加拉	137	1.79
		旁遮普	109	1.79

① 中村隆英：《日本经济——その成长と构造》，第39页。

② 石川滋：《发展经济学的基本问题》，第91、93页。

中国农业剩余劳动力的移出是不成功的，至今我们还为此事发愁。新中国成立后，有历年劳动力统计，城乡移动一目了然，对剩余劳动力的研究不乏专论。而在旧中国从无就业统计，农村人口数茫然，遑论转移？但在近代，这问题并不像解放前那样严重。因那时人口增长率颇低，且耕地面积不断增加，解放后则人口倍增，而耕地面积自1958年以后不断缩小。中央农业实验所曾提供一个1873～1933年的农村人口指数，因系选点调查，不能从中推出农村人口数，但可作比较如表2。表见农村人口的增长率平均低于人口自然增长率。这时期农家副业是发展的，因而可说明农田劳动的剩余劳动力会有所移出。①

表2　人口和耕地面积

年　份	全国人口		农村人口	全国耕地面积	
	亿　人	指　数	指　数	亿　亩	指　数
1873	3.453	100	100	11.451	100
1983	3.801	110	108	11.889	104
1913	4.380	127	117	12.679	111
1933	4.500	130	131	14.047	123
1949	5.416	157	—	14.813	129

现以新中国成立后的统计数据来解释近代情况。

1. 农村人口占总人口比率，由1952年的87%递减至1990年的65%。唯1952年计数偏高，早期均在82%左右。在旧中国无“农转非”等限制，一般谓农村人口占80%。巫宝三等研究国民所得时，除去牧区、林区、船户等，农村人口按总人口75.7%计；此议可取。②

2. 劳动力率，即全国劳动力占总人口的比率，由1952年的36%递升至1990年的49.6%，此因几次生育高峰引起人口青年化所致。在旧中国无劳动力定义，但可移用此比率，不考虑青年化问题，以40%左右为宜。

① 表2全国人口及耕地面积见吴承明《中国近代农业生产力的考察》。农村人口指数据《农情报告汇编》(1934)，第48～53页。

② 章季闳：《中国就业人数的估计》，《社会科学杂志》第9卷第2期，台北：中研院社会研究所，1947年12月。

3. 农村劳动力率，即农村劳动力占农村人口的比率，由1952年的36%缓升至1978年的41%，农村改革和乡镇企业发展后陡升至50%。在旧中国，类似80年代改革后的状况，长期并无大变化。据卜凯选样资料计算，平均每农户6.2人，参加劳动者3.1人，即劳动力率约50%。[①]

4. 农业剩余劳动力。统计无此指标，但有农村劳动力用于田地（种植业）人数；此数减去估计的田地所需劳动力数，即农业剩余劳动力数。孟昕、白南生根据全国选样调查平衡，每个劳动力的耕种能力为9.93亩（当时已有35.6%的机耕），1984年耕地14.678亿亩共需劳动力1.478亿人，而当年从事种植业的劳动力为2.549亿人，因有1亿余人为剩余劳动力，占农村劳动力的30.2%。[②] 其余估计亦皆为1亿余人。而问题的严重性在于，新中国成立以来尽管每年有二三百万至六七百万（1984年达1200万）农村劳动力转移出去，而农村劳动力和农业剩余劳动力数仍是增长的，并预测到20世纪末仍将增长。

旧中国机耕几乎没有，但在需劳动较多的江南，一夫治田10亩仍属常事，故剩余30%或略低仍可利用。此中另有一重要数据即1984年从事田地（种植业）的劳动力占全部农村劳动力的72%，与我们前文20世纪30年代的估计略同。原来在计划经济体制下，城乡隔绝，自由市场极小，农家副业是萎缩的，1984年的数字反映了改革初始时的情况，揆诸旧中国，田地劳动力当不高于70%。

由此，可粗略地估计1933年中国农村人口为3.407亿人，农村劳动力1.363亿人，从事田地（种植业）劳动的9500万人，其中约2800万人属剩余劳动力。在近代百年，此项剩余劳动力也多少是向非农业部门转移的。为此，我比较详细地（但不是说准确地）估计了1933年非农业部门就业情况，并尽量划分现代化部门和传统部门，如表3。

---

① 章季闳：《中国就业人数的估计》，《社会科学杂志》第9卷第2期。

② 孟昕、白南生：《结构变动：中国农村劳动力的转移》，浙江人民出版社，1988，第216～217页。

表 3　1933 年就业估计（非农业部门）

单位：万人

	工　人	员　司	合　计	现代化部门	传统部门
工厂	98.8	11.8	110.6	110.6	—
手工制造业	788.6	—	788.6	—	788.6
矿业	77.6	2.9	80.5	34.1	46.4
轮船	24.2	1.3	25.5	25.5	—
铁路	28.8	5.1	33.9	33.9	—
汽车电车及航空	7.1	1.3	8.4	8.4	—
邮政及电信	5.1	2.0	7.1	7.1	—
木帆船	293.4	—	293.4	—	293.4
人畜力车	58.2	—	58.2	—	58.2
搬运夫	30.0	—	30.0	—	30.0
建筑及营造	165.7	18.4	184.1	40.0	144.1
金融业	4.1	13.4	17.5	5.1	12.4
商业及服务业	841.1	330.0	1171.1	172.0	999.1
教育界	—	108.8	108.8	80.8	28.0
宗教界	—	106.4	106.4	3.5	102.9
自由职业	—	27.2	27.2	3.9	23.3
家庭仆佣	351.3	—	351.3	—	351.3
小　计	2774.0	628.6	3402.6	524.9	2877.7
比重(%)	81.5	18.5	100.0	15.4	84.6
党政军队人员	200.0	309.4	509.4	509.4	—
总　计	2974.0	938.0	3912.0	1034.3	2877.7
比重(%)	76.0	24.0	100.0	26.4	73.6

资料来源：本表是以前引章季闳 1947 年文为基础，参阅各种行业资料估列的，包括刘明的《中国产业工人人数资料汇集》手抄稿。所估总就业人数较章季闳原估数少 600 余万人。

表 3 见非农业部门就业人口 3900 余万人，约占城镇人口（按总人口 20%计）的 43%，与农村劳动率相当。按 1905～1938 年 119 个大中城市的人口增长年度达 15%，[①] 为人口自然增长率的数十倍，是必有不少是农村人口移来。按其就业情况言，则约 85%是在传统经济部门，现代化部门仅占 15%强。又主要是由第三产业吸收，现代化工业只吸收 100 余万人。

① 珀金斯（Dwight H. Perkins）：《中国农业的发展（1368～1968 年）》，宋海文等译，上海译文出版社，1984，附录五。

四 农业与非农业部门之间的资源流动

农业与非农业部门之间的资源流动，实际是二元经济中最重要的问题，其流动模式决定二元经济发展的道路。西方二元论者由于忽视传统农业及其剩余的作用，因而甚少这方面的论述。1979 年刘易斯在《再论二元经济》中设“现代部门与传统部门的相互影响”一节，但只论现代部门对传统部门的作用，后者则完全是被动的。[①] 拉尼斯并认为传统农业的剩余仅提供转到工业部门的劳动力的工资基金。[②] 他们又大都认为，随着农业剩余劳动力的移出，农业边际生产率提高，必导致工农业产品交换的贸易条件向不利于工业方向转化。研究中国二元经济的学者，又有一种旧中国现代化部门的产销都限于城市，与传统农业是隔绝的看法，自然也就没有两者间的资源流通了。[③]

这些论点和看法都不符合历史实际。大多数经济史学者都认为，几乎所有国家在开始工业化的阶段，都要从传统农业中汲取大量的农业剩余，作为发展现代化工业的资本，或称之为“原始积累”；而其最重要的形式则是在工农业产品的交换中，通过不利于农业的贸易条件，或称价格“剪刀差”剥削农民。[④]

检查农业与非农业部门之间的资源流动，通常用农业净流出即 E - M 来表示，E 是农业部门的流出总额，M 是非农业部门（主要是政府和工业部门）向农业部门的流入总额。在具体测算时，又常将其分为三项，即

$$E - M = T + K + V$$

其中 T 是农业税。K 是资金净流出，即流出农业的地租和农民储蓄减去金融界对农业的信贷和政府对农业的补贴。V 是贸易净流出，即农产品流出价值减去非农产品（工业品）流入价值。当测算一个时期的农业净流出时，须

① 刘易斯：《二元经济论》，第 150 ~ 152 页。

② 费 - 拉尼斯：《劳动剩余经济》，第 7、21 页。

③ Hou Chi-ming（侯继明），“Economic Dualism: The Case of China 1840 - 1937,” *Journal of Economic History*, 23: 3, 1963. 持此看法的还有墨菲（Roads Murphey）等。

④ 参见吴承明《近代中国工业化的道路》，《文史哲》1991 年第 6 期。

以农产品价格指数 P_a 和工业品价格指数 P_m 对有关项目进行修正，所得称为有形的农业净流出。

$$有形的农业净流出：\frac{E}{P_a}-\frac{M}{P_m}$$

由于农产品的价格变化常与工业品的价格变化不一致，出现贸易条件 P_m/P_a 的变化，由此引起的农业净流出在统计上是看不见的，称为隐形的农业净流出。

$$隐形的农业净流出：\frac{M}{P_m}\left(\frac{P_m}{P_a}-1\right)$$

两者之和，即实际发生的农业资源的净流出。显然，如工农业产品价格的变化完全一致（均衡价格），即 $P_m=P_a$，则隐形的净流出为零。

新中国有完整的历年统计，农业净流出可按上述公式测算出来。但测算的结果产生奇怪的现象，即农业净流出年年都是负数，也就是说农业部门没有净流出，而是净流入，并由每年流入几十亿元递增至数百亿元。农民对国家建设毫无贡献，只是受益者。这显然是虚妄的；果如此，农村早就富裕了。其故在于价格扭曲。农产品价格是以统购统销价为基础，工业品价格是国家计划价格。无论从劳动价值学说看，或从价格决定于边际生产成本说，两者都是人为的主观价格，与市场均衡无关。由于统购统销价过低，农民贫困，政府不得不几次调高，以致超过工业品价格指数5倍，这就使贸易条件出现“有利”于农业的巨幅“逆剪刀差”，以致计算的隐形农业净流出变成巨额的净流入。近两年，中国学者对这个问题作了大量的研究和有价值探讨，试图以其他变量系列（主要是用工人和农民人均净产值或单位产值劳动量的比率的变化）来代替官定的价格指数。结果一反旧观，每年都有大量的农业剩余流向非农业部门，平均每年从百亿元到二三百亿元（各家论证不一），农民对国家建设做出了巨大贡献。①

旧中国没有系统的统计资料，不能按上述公式测算农业部门的资源净

---

① 参见叶兴庆《农业剩余与经济发展》，王光伟《我国农业剩余的流动状况分析》，郭熙保《我国农业资源转移的规模与特点》，冯海发、李微《我国农业为工业化提供资金积累数量的研究》，分别载《经济研究》1992年第1、5、9期和1993年第9期。

流出。不过，农业税（包括附加）和地租是近代中国农民的两大负担，两者都是可以计量的，已有人进行深入的研究。最成为问题的也是数量最大的，仍然是在工农业产品交换中由于贸易条件变化所产生的农业隐形流出。

旧中国市场基本上是自由市场，但并不是说它就会产生均衡价格。首先，这个市场是不发达的，尤其是要素市场，几乎不存在竞争力量。其次，运输条件不足和交易费用过高也阻碍了商品市场的竞争。而更重要的是在价格结构上受半殖民地半封建社会经济条件的限制，远非自由和合理。例如，主要农产品的价格水平是决定于通商口岸的批发市场，而在那里又常是决定于国外批发市场，与国内农业的边际生产成本完全脱节。这方面，我已有专文论述。[①] 我并根据比较简单的唐启宇 - 何廉指数和上海物价指数对近百年来的工农业产品贸易条件作了初步分析。大约在 19 世纪 70 年代物价下跌中，农产品稍获其利，在 20 世纪 80 ~ 90 年代物价曲折上升中，工农业产品价格的变动趋势大体相符。进入 20 世纪，工农业产品价格的剪刀差不断扩大了，只是在 1905 ~ 1912 年和 1923 ~ 1925 年短暂时间有所回转。20 世纪 30 年代物价下跌期间，农产品交换蒙受巨大损失；抗日战争后，无论在沦陷区或大后方，贸易条件都大不利于农产品。陈其广利用 12 种物价指数，辅以多种其他指数，对 1859 ~ 1949 年的工农业产品交换比价做了逐年的利益偏向和偏向程度的分析，结果是：除了 1890 ~ 1892 年、1920 ~ 1929 年、1934 ~ 1937 年三个小阶段比价变动有利于农产品外，其余年份都是不利、很不利以至极不利于农产品的。[②]

旧中国的贸易条件问题，可以进一步明确化。但由于没有收集到较完整的工农业产品交易量的资料，我还不能对旧中国农业的净流出做出长期性估计。现我想以另一事作为本文的结束，即最近 15 年蓬勃兴起的乡镇企业。乡镇企业无疑是中国农民的一个伟大创造。它不仅是农业剩余劳动力转移的杰出形式（到 1993 年已吸纳 1.12 亿人），也是农业与非农业间资源流动的最佳形式。乡镇企业以工业为主，它是农民以农业剩余投资设立的，而企业

① 吴承明：《中国资本主义与国内市场》，中国社会科学出版社，1985，尤其是其中《论我国半殖民地半封建国内市场》篇，系原载《历史研究》1984 年第 2 期论文之修正。

② 陈其广：《中国近代工农业产品交换比价及其理论思考》，未刊博士论文，1988 年 9 月。

利润至少有20%又流回农业，用于支农、补农、养农。今天，农民人均收入的增长值中有60%是来自乡镇企业。费孝通指出，中国原有农业与手工业相辅的小农经济，而乡镇企业，“从一对对的男耕女织到一村一乡的农副工业综合发展，使农工相辅的传统在社会主义制度下发生了历史性的变化”。[①] 乡镇企业已日益现代化，与国有大中企业接轨，其工业产值已与国有大中工业相埒，两者也是以相辅关系为主。厉以宁提出，社会主义大公司财团与乡镇企业、合作企业并行发展，将是“中国的二元经济模式”。[②] 现代化企业与传统经济互补，农业与工业相辅发展，正是我所论二元经济发展的道路。乡镇企业是最佳形式之一，当然还会有其他形式。

（原载《历史研究》1994年第2期）

① 费孝通：《川城镇四记》，新华出版社，1985，第59页。

② 厉以宁：《中国经济改革的思路》，中国展望出版社，1989，第71页。

传统经济·市场经济·现代化

1992 年我国确定建立社会主义市场经济体制以来，史学界有不少讨论：主要是如何评价我国历史上比较发达的商品流通，它是不是市场经济，或者什么时候进入市场经济。本文拟从经济史角度提出我的几点看法：（1）从传统经济到市场经济有个转变过程；（2）市场机制也有个演变过程；（3）这个转变过程也就是经济现代化的过程，迄今我国尚未完成这种转变。

一　市场经济有个转变过程

什么是市场经济，没有一个经典定义。马克思从未用过市场经济一词，只讲商品经济。古典和新古典经济学，开卷就讲市场，但也无市场经济一词。我国提出建立社会主义市场经济体制后，学术界对于什么是市场经济莫衷一是，但有两点共识。第一，我们所说是建立社会主义市场经济体制不是指个别市场。第二，建立这种体制的主要目的，亦即市场经济的主要功能，是通过市场机制更好地调配资源的利用，改变计划经济体制下老是比例失调的状况（当然，实行市场调配后仍需要远景规划、战略性计划调配和宏观调控，这都不在话下）。

将这两个概念用于历史：从历史上看，一个社会的经济是发展、停滞或衰退，归根到底是有限资源的利用或配置是优化了还是劣化了；经济体制或制度的良窳对经济发展与否有决定性作用。

历史上长时期内资源的利用主要不是通过市场调配的。一块土地种什么，主要是由家庭的需要、地租的需要、政府征税的需要决定的。朱元璋是个实物主义者，不但要征粮、棉、丝，还要按亩征布、帛以至红花、靛蓝，农民就得生产这些。但是，自古就有交换，就有市场，就有市场调配。陈春声研究，到乾隆时广东的耕地只要一半种粮食，就足够全省人食用了。但广东是个缺粮省，靠外省接济，因为一半以上的耕地种蔗、桑、果木、葵去了。[①] 这就是市场调配。历史上资源调配方式是不断演进的，演进到一定程度就会发生制度的转变。市场经济可说是一次大的制度转变。马克思和古典经济学没有市场经济一词，但都讲过这次大的转变。

马克思的市场观源于重农学派，即工业品与农产品交换形成市场，工农双方都是独立生产者。单纯农产品包括农家副业产品的交换历史悠久，但还不是现代意义（资本主义）的市场。他说，工场手工业（它是独立生产的）的出现，使农产品进入资本市场，但还没有引起“根本的改变”。要到机器大工业时代，彻底消灭农民家庭手工业，才为资本“征服了整个国内市场”。[②]

在《德意志意识形态》的“交往和生产力”一节，马克思和恩格斯详述了西欧这个转变过程，并把它分为三个阶段。第一阶段始于16世纪“特殊的商人阶级的形成”，这指脱离手工行会、从事城市间长途贩运的商人。他们造成城市间生产分工，市场扩大，结果是工场手工业兴起。第二阶段始于17世纪中叶，商业政治化。诸如英国、法国的革命，各国争相开拓殖民地，实行保护关税和各种贸易禁令，以至战争。第三阶段始于18世纪晚期，世界市场的巨大需求产生了机器大工业，生产大发展，同时，英法等国已具备了自由贸易的条件，竞争普遍化。[③] “人们在他们的交往方式不再适合于既得的生产力时，就不得不改变他们继承下来的一切社会形式。”[④] 因而，这是

① 陈春声：《市场机制与社会变迁》，中山大学出版社，1992，第27~28页。

② 马克思：《资本论》第1卷，人民出版社，1975，第816~817页。

③ 《马克思恩格斯选集》第1卷，人民出版社，1972，第56~67页。

④ 《马克思恩格斯选集》第4卷，第321页。这里“交往”是借用英文commerce，比上引《德意志意识形态》中用德文Verkehr更接近商业行为。

一种社会形式的转变；转变后的西欧可说是市场经济了（虽然马克思没有用这个词）。从16世纪到机器大工业建立，前后近300年。

古典经济学的市场观多少带有重商主义色彩。斯密的市场促进分工、分工和专业化引起国民财富增长的学说已为人所共知。德国历史学派的经济学家们提出各种经济发展阶段论。最早，李斯特把原始社会以后的发展分为农业时期、农工业时期、农工商业时期；商业似最晚出。但他实际的论点是，在第一阶段应以自由贸易为手段，力求发展农业；在第二阶段应行“限制贸易政策”即保护关税，来促进工业发展；到第三阶段，如工业革命后的英国，即可“再行逐步恢复自由贸易的原则”，“进行无所限制的竞争”。[①] 到新历史学派的毕歇尔，提出第一阶段是封闭经济，包括种族社会和中世纪庄园。第二阶段是城邦经济，指城市兴起以后的西欧是生产者与消费者直接交换。第三阶段是国民经济，在工业革命以后，这时，生产者都是为市场而生产，商品要经过许多环节才达到消费者手中。[②] 毕歇尔实际上已提出市场经济的概念了，虽然他没用这个词。

首先使用市场经济一词的大约是希克斯1969年出版的《经济史理论》，但也是偶尔使用，更多是用“商业经济”。他认为，世界经济发展的趋势是由习俗经济和命令经济向市场经济过渡或转换。这种转换是渐进的，各地有先后，并可有反复。欧洲中世纪是习俗经济和命令经济的混合物，其转换的起点是16世纪“专业商人”的出现，他们要求保护财产权和维护合同，而旧制度无能为力。于是，在西欧出现城邦制度，城邦和商业竞争，导致殖民主义和海外市场的扩张，接下去就是一个“市场渗透”阶段。他从四个方面详述了这个过程：(1)适应新市场的货币、法律、信用制度的确立；(2)政府财政、税收和行政管理的改造；(3)领主制破坏，货币地租通行，农产品商品化；(4)自由劳动代替农奴劳动，劳动力市场形成。而这一切导致工业革命，转换完成。[③] 算来，前后也是近300年。

20世纪80年代兴起的以诺斯为代表的新制度学派的经济史学，把经济的发展归之于向有效的经济制度的变革，尤其重视产权制度的完善化和交易

---

① 李斯特（Friedrich List）：《政治经济学的国民体系》，商务印书馆，1961。

② Karl Bücher, *Die Entstehung der Volkswirtschaft*（《国民经济的形成》），1893。

③ 希克斯（John R. Hicks）：《经济史理论》，商务印书馆，1987。

费用的节约。诺斯认为，人类历史上有两次重大的关系人口与资源的“经济革命”，一次是大约一万年以前的定居农业的出现，一次就是工业革命。工业革命是由 1450 ~ 1650 年欧洲人的海外扩张和市场扩大开始的，它引起欧洲政治、经济结构的变革。一方面，它迫使具有完善财产权规定和自由竞争的“普遍法”取代中世纪和王权时代的约束；另一方面，它使生产组织发生变化，“从手工业到领料加工制再到工厂制”，完成制度变革。这个变革“经历了三个多世纪”。[①] 由于我国正在进行体制改革，新制度学派经济学连同诺斯的经济史理论已为国人所熟知。

二　市场机制也有个演变过程

无论在传统经济或在市场经济中，所谓市场调节生产或资源配置，都是通过市场机制。在传统经济转变为市场经济的过程中，市场机制也是不断演变的。不过，市场机制是只“看不见的手”，它究竟怎样演变我们并不知道，我们知道的只是经济学家对市场机制的解释和分析的方法的演变。我常说，在经济史研究中，一切经济学理论都应视为方法论；任何伟大的经济学说，在历史的长河中都会变成经济分析的一种方法。[②] 所以，这里说“市场机制的演变”，实际是经济学家解释和分析市场功能的方法的演变。不同学派有不同的市场理论，我只能择其当时比较通行或比较实用的方法来讨论，自不免主观成分。

指导市场机制的，一般称为“价值规律”。在马克思的理论体系中，资源调配被归结为劳动时间（包括活劳动和物化劳动）的节约和它在各部门间的比例分配。而决定商品价值的是社会平均必要劳动或“抽象劳动”。这本是难以计量的，尤其物化劳动。但是，在交换比较简单、物化劳动比较直接的情况下，人们凭经验是可以理会的。例如“抱布贸丝”，交换双方对生

① 诺斯（Douglass C. North）：《经济史上的结构和变革》，商务印书馆，1992，尤其“工业革命的反思”章。Property right 原译“所有权”，不妥，兹改为“财产权”，即通称“产权”。

② 参见拙作《经济学理论与经济史研究》，《经济研究》1995 年第 4 期。收入本卷第 477 ~ 487 页。——编者

产布和生产丝要花多少劳动都是心中有数的。[①] 所以恩格斯说:“马克思的价值规律,从开始出现把产品转化为商品那种交换时起(按:指五千年至七千年以前),直到公元十五世纪止这个时期内,在经济上是普遍适用的”;直到 15 世纪止,它起着“支配作用”。[②]

16 世纪西欧进入资本主义以后,市场空前扩大,竞争加剧,原来采用劳动时间度量的价值规律不能有效地解释市场的运作了。于是,马克思提出“商品价值转化为生产价格”的理论。就是说市场上商品价格的形成不再以劳动价值为基础,而是以成本价格加平均利润的“生产价格”为基础了;在市场上调节生产和资源配置的价值规律,也要从生产价格的组成上来分析了。在这个意义上我们说,市场机制的原理发生了变化。而马克思的生产价格,实际上就是斯密的“自然价格”、李嘉图的“生产价格”“生产费用”,[③] 它们都是由生产成本或费用、利润的平均值(有的如地租实际已采用边际值)组成。这种分析方法在资本主义早期(16 世纪到 19 世纪 70 年代)大体是适用的。

但是,随着经济的发展,市场日益扩大和复杂化了。现代经济不仅商品市场和生产要素市场日臻完备,还有无形财产和技术、信息市场,专利权和知识产权市场,货币衍生品、期货、期权、风险市场;所有市场都要有个价格,市场上没有的东西也有个影子价格。这些价格很多是不能用生产成本来考察的,于是,经济学家必须用新的理论来解释和分析市场机制,从这个意义上说,市场机制又改变了。

在众多的新经济理论中,比较通行和比较实用的是新古典的均衡价值论。这种理论用“均衡”来描绘极其复杂的交易中的各种力量,恐怕是唯一可行办法,而其主要特点是不再用平均值,而是用边际值来进行分析。经验证明,无论买方或卖方要得出最优决策,不能只看平均数,而需考虑边际值。实用上,边际分析比较容易计量,也比较精确。最早的边际分析是抛开古典的生产成本说,专从买方即需求(消费)方面进行评价的,但到新古典经济学中已兼顾需求和供给(生产)了,最优价格决定于边际需求和边

① “里谚:君有一尺绢,我有五尺布,相与值贸之,粗者不贫,细者不富。”(同治《余干县志》卷三《市镇》)

② 马克思:《资本论》第 3 卷,人民出版社,1975,第 1019 页。

③ 马克思:《资本论》第 3 卷,第 221 页。

际供给的均衡，最优生产（投资）是在边际成本等于边际收益的水平上经营，资源替代成本或机会成本的均衡使资源获得最佳收益，而这也就是资源配置的优化。

现在我们也常把上述这些原则叫作价值规律。但新古典经济学完全忽略经济结构和社会制度的变革，只适于静态或短期分析。做历史研究还必须运用马克思的历史观和新制度学派的理论。并且，（1）国家政策，尤其基础建设、国防、环保等政策，造成一条很大的非市场的资源流通渠道；（2）托拉斯、跨国公司、大公营企业的内部交易，造成另一条“看得见的手”指挥的资源流通；（3）垄断、寡头垄断、协定价格、博弈交易，都造成对均衡价格的破坏；（4）传统偏好、文化和习俗刚性、法律的破绽，都会在这里或那里造成市场失灵。总之，均衡价值论作为市场规律，实际是漏洞百出的。我们用它来解释和分析市场机制，也可说是出于不得已；当然，也可从其他理论（如合理预期论、激进经济学、模糊经济学）中，吸取某些补充。

三　市场转变过程实即经济现代化过程，我国尚未完成这个转变

从上面的分析可以看出，从传统经济向市场经济的转变过程实即经济现代化或近代化的过程。[①] 因为，它不仅是市场量的空前的扩大，市场交易的内涵和市场机制的原理也发生根本性的改变，而这一切又都是以政治、法律、经济体制和制度的相应变革为前提的。上引马克思所说，“commerce 方式”的不适应导致人们“不得不改变他们继承下来的一切社会形式”，应是最好的概括。

这里我把过渡到市场经济作为经济现代化的标志，看来比过去把资本主义化作为现代化标志更符合历史实际。任何传统社会，除非中途灭亡，它迟早总要进入现代化社会，这在逻辑上是无误的。但历史上却不一定必须经过资本主义，我国实际上就是越过“卡夫丁峡谷”，由半封建进入社会主义

① “现代化”与“近代化”为同义语。我过去文章因为是讲历史，多用“近代化”；本文涉及当代和21世纪，故用“现代化”。

的。市场作为调节生产的手段，市场经济作为现代化经济的形式，与基本生产资料所有制（不是指财产权或产权）并无主从关系。这也是我国要建立社会主义市场经济体制的理论根据。

历史上我国商品交换比较发达，但是，用上两节所述标准看，它还不是市场经济。它也有个向市场经济转变的过程，何时开始转变，也要联系中国经济的现代化过程来考察。

傅衣凌晚年提出“明清社会变迁论”，指出“从 16 世纪开始，中国在政治、社会和文化方面发生一系列变化”，但因种种原因，这些变化有中断以至倒退，但最后仍未脱离世界经济发展的共同规律。[①] 我深佩其说。

我以为，中国市场的转化也是从 16 世纪即明嘉靖、万历间开始的。这时出现的徽商、山西商、陕西商等大商帮即相当于马克思所说的“特殊的商人阶级”、希克斯所说的“专业商人”；同时，也有工场手工业出现，即过去我们强调的资本主义萌芽。在社会风气、社会群体组织上也有一定变化，出现了不少“离经叛道”的文学作品引发起明末清初的“启蒙思潮”。我曾有文分析这种情况。[②] 并指出这时的商帮与马克思所说的“纯商人”尚有一定差距，其社会影响太弱。而最重要的恐怕是没有引起希克斯所说的“政治渗透”，在产权、商法、税制上毫无变化，仍然是完整的封建专制国家，没有商人权利，并坐失了海上和外贸的优势。随着 17 世纪市场危机和大规模战争的到来，现代化萌芽销声匿迹。进入清代，尤其是康、雍、乾盛世，商业有很大发展，商帮资本由百万两级增至千万两级，市场扩大到边疆地区，市场一体化颇有成绩。我亦有文论述这种情况。[③] 然而，愈是“盛世”，统治者愈趋保守。封建专制加强，启蒙思潮被扼杀。迄 19 世纪，尽管市场大发展，却无任何制度性改革，反不断出现禁海、靖边、闭关、康熙不景气、道光市场危机等逆流；嘉庆以后，长途贩运贸易实际上衰退了。

进入 20 世纪后，我国已有了现代化产业，口岸城市勃兴，并与国际市

---

① 傅衣凌：《明清社会变迁论》，人民出版社，1989。

② 拙作《16 与 17 世纪的中国市场》，《货殖：商业与市场研究》第 1 辑，1995；《世潮·传统·近代化》，《近代史研究》1993 年 3 月号。

③ 拙作《18 与 19 世纪上叶的中国市场》，《货殖：商业与市场研究》第 3 辑，1997；《利用粮价变动研究清代的市场整合》，《中国经济史研究》1996 年第 2 期。

场接轨。然而，以抗日战争前而论，我国尚未转变为市场经济：（1）占国民经济最大比重的农业仍然是传统的小农经济体制，商品率很低；新兴产业集中于纺织和食品业，尚未形成部门体系。这种二元经济的结构刚性和由此造成的低供需弹性，从根本上限制着市场调配资源的作用。（2）现代化市场被定义为“一个价格”，如两地的价格差等于运费，则属一个市场。20世纪30年代的中国远未达到这个程度。又因许多产品和劳务价格受国际市场支配，与成本脱节。尤其农产品市场实际是扩大了的集贸市场，没有权威性的集中价格，即使有也辐射性甚弱。加以工农、城乡价格剪刀差，就进一步破坏了边际成本和收益的均衡。（3）市场现代化是由人格交易向非人格交易的转变，这需要一系列的成文和不成文的法律，以明确产权，中立化规则，规范行为和执行罚则。市场经济必须是法制经济，这一点在当时尚不存在。

抗日战争爆发，又出现向实物经济倾斜的逆流。1953年开始实行计划经济，限制以至取消市场调配资源的功能，就更谈不到转变了。

我国真正有意识地向市场经济转变，还是在邓小平时代。这时，我国已经有了颇为完整的现代化产业体系，就生产力说比西欧工业革命时期不知要高出多少倍。但要实现市场经济体制，还是不容易的。邓小平说：“市场经济在封建社会时期就有了萌芽。”① 我想，这可以指上述16世纪即嘉、万时的变化。1995年中共十四届五中全会提出“九五”计划和2010年远景目标的建议，说“九五”期间要“初步建立社会主义市场经济体制”，到2010年“形成比较完善的社会主义市场经济体制”，也就是说转变完成。从16世纪到2010年，约500年，比西欧多用200年，何以故？这正是我们经济史要研究的问题。应当把这500年作为经济史的重要课题。它也是中国现代化的历史。它经历明、清、民国和新中国50年，历经风风雨雨、惊涛骇浪，其间迭次顺流和逆流都值得借鉴。

（原载《中国经济史研究》1977年第2期）

① 《邓小平文选》第2卷，人民出版社，1994，第236页。

经济发展、制度变迁和社会与文化思想变迁的关系

目前中国经济史的研究可说有三大学派：一派偏重从历史本身来探讨经济的发展，并重视典章制度的演变；一派偏重从经济理论上来阐释经济的发展，有的力求做出计量分析；一派兼顾社会和文化思想变迁，可称社会经济史学派。三者也必然对经济史的理论和方法问题有不同观点和见解。我以为这是一大好事。百家争鸣才能促进学科的发展。如果只有一个观点，用一个声音讲话，我们经济史就要寿终正寝了。

下面简括一下我个人的看法，但不要以此妨碍同行的不同看法。

历　史

经济史首先是“史”，是历史研究的一个分支。

历史研究（不是写历史）是研究过去的、我们还不认识或认识还不清楚的历史实践，如果已认识清楚就不要去研究了。因此，实证主义是不可须臾或离的治史方法。19 世纪末期以来反对实证主义的议论，都集中在历史认识论上。我以为，应当承认我们对历史的认识有相对性（卡尔）、时代性（克罗齐）、思想主观性（柯林伍德），但都可归之于“认识还不清楚”，需要再认识。历史需要没完没了地认识，否则历史学者都可下岗了。

历史学的首要任务是探求历史真实，史料考证非常重要。20 世纪 50 年

代史学革命要打倒历史主义，代之以“科学的史学”。结果出现了模式论、逻辑实证主义和包含目的论、决定论的历史研究法，我看都不足取。

价值判断是中国史学的优良传统。史学本来有实证分析（positive analysis）和规范分析（normative analysis）两种功能。作实证分析时要把所论事物或行为放在它产生或运行的具体历史条件下，不可怨天尤人。作规范分析时，则是用今天的价值观，不仅评论当时效果，还包括它对后人以至今人的潜在效应，但不要苛求古人。

每个人都有自己的历史哲学，即世界观和历史观。但只应作为思维方法，而非推理根据。“马克思的整个世界观不是教义，而是方法”（恩格斯）；“历史唯物主义……只是……说明历史的方法”（列宁）。我赞成“究天人之际，通古今之变”的思维方法，前句是说经济的发展应与自然界相适应，后句是说要有意义地考察中国历史发展的辩证法。

经　济

经济史是研究各历史时期的经济是怎样运行的，以及它运行的机制和效果。这就是必然涉及经济学理论。在经济史研究中，一切经济学理论都应视为方法论；任何伟大的经济学说在历史的长河中，都会变成经济分析的一种方法。没有一个古今中外都通用的经济理论。“史无定法”，需根据时空条件、问题性质和史料的可能，选用适当的经济理论作为分析方法。

任何经济学理论都要假设若干条件或因素可以略去或不变，否则不可能抽象出理论来。这种假设是与历史相悖的，因而，在应用时必须用历史学的特长来规范时间、空间（地区特点）和考察范围，使理论在小环境内起分析方法的作用。在对待“经济人”这个假设时，还要从社会和文化传统上来规范它。

经济史凡能计量的都应尽可能计量，乃至模糊数学；有时比较值更重要于绝对值，这是史的特点。回归分析要谨慎，例如不少于十个连续数据。除非当代史，我不赞成用模型，也不赞成用反拟法（counterfactual）。

经济史利用经济学的理论进行经济分析，但应指出更复杂的历史条件，提供社会制度、文化习俗等广阔的视野。经济史应当成为经济学的源，而不是它的流。

制　度

任何经济都是在一定的制度保障下运行，才能持久。制度机制着经济的有序运行，要有稳定性；但历史上也常有变迁，尤其像田制、赋役制度、劳动制度等。这种变迁是不可逆的，表现历史的进步。但也会出现反复和逆流，造成停滞和倒退。一般说，生产和（或）交换的发展要求制度的革新，而在一定的生产力水平下，制度的良窳决定经济的盛衰。

近代经济史是研究传统经济向现代化经济的转变过程，也就是新的（现代化的）经济因素产生和发展的过程。这种的经济因素不仅要求有一般制度的革新，还要有体制上的（systematic）以至根本性的（constitutional）变革，才能完成（以工业化为标志的）转变。这是西方从重商主义到工业革命的历史经验，也是马克思“交往与生产力”的理论（该理论认为16世纪交换和世界市场的扩大，引起商业制度变革和政治革命，最后导致机器大工业的建立，载《德意志意识形态》）。

我认为，我国在16～17世纪已经产生了现代化的经济因素或萌芽，也有了赋役、租佃、雇工等制度一定的变迁，但由于一元化专制统治的牢固和18世纪的众多逆流，未能引起体制的和政治的制度变革，因而未能实现工业化。

社　会

经济发展和制度变革，必然引起社会结构、群体组织和行为的变迁；同时，体制和政治的变革，需要创新集团和社会群体两种力量才能实现。

经济史学者无力研究整个社会，主要是考察人口与分业（士农工商）、宗族制度、等级制度、乡绅和社区组织、消费习俗等变迁，这些变迁反映社会现代化的趋向。

应注意到，经济变迁与社会变迁不是同步的，因为还有其他因素。经济史研究中的非经济因素最大的是政府和文化两项。中国封建政府对促进经济发展和障碍社会现代化的效率都远大于西方中世纪王朝。

文　化

经济发展—制度改革—社会变迁，在最高层次上都要受文化思想的制衡。制衡（conditioned）有双重含义：一方面，不合民族文化传统的制度变革往往不能持久（如人民公社）；另方面，文化思想又常是社会制度变革的先导，这种先导历史上称之为“启蒙”。

经济史学者限于精力，只能考察居于主导地位的文化思想；这在西方是基督教文化，在中国就是儒家文化。儒家文化实际上已渗入他家，就国家统治说，大部分历史是“儒表法里”的。

文化思想变迁不是与经济发展如影之随形，不可以经济决定论。就近代史而言。我以为儒学的变化就是自宋以来，它汲取佛老哲学，使自身逐步理性化（李约瑟称之为科学化）。至明王阳明创致良知说，起了解放思想的作用。16 世纪出现了以泰州学派、李贽和东林党人为代表的反传统思潮，17 世纪出现了以顾炎武、黄宗羲、王夫之和颜李学派为代表的启蒙思潮。但是入清以后，一元化专制主义在文化上的逆流比在经济上逆流严重得多，儒学转入经学，万马齐喑。到 19 世纪以西学改造儒学，才有第二次启蒙思潮。这以后，文化思想的作用又是先导为主了。

（原载《近代中国经济史研讨会 1999 论文集》，香港新亚研究所，1999）

现代化与中国16、17世纪的现代化因素

一　对现代化内涵的认识

“现代化”与“近代化”为同义语。我国文献常两词并用，无碍原义。

什么是现代化，无经典定义。总的说是从传统社会向现代社会演变，应包括各个方面。张玉法（1980）谓现代化趋势是向深度和广度双方推进，深度由物质层次而制度层次、而思想层次；广度有知识、政治、经济、社会、心理五个方面。他并列举各层次、方面演变的特征，颇全面。唯本文主要是探讨经济的现代化，而以社会和思想为参证。盖许多经济动态，若生产突出增长、市场陡现繁荣，可能由于特殊机遇，或属周期现象，必验之社会、思想较深层次的变化，才能确定其是否属于现代化因素的出现。又因我于经济的现代化已有若干论文发表，本文仅述要略，反是社会与思想方面占较大篇幅。

一国的现代化，在历史上有个开始期，即各种现代化因素的出现时期，但没有终结期，迄今仍在继续现代化过程中。[①] 唯人们对现代化内涵的认识随时代而不同，这对如何评价历史非常重要，因略作申论。

① 有“前现代化”之说，指工业革命以前，实即现代化因素出现时期，或现代化开始阶段。又所谓“后现代化”，主要是哲学、文化上一种对现代社会持批判态度的思潮，并非历史发展的一个阶段。

在16世纪西欧现代化因素出现时，人们尚无“现代化”这一概念，流行的主要是重商主义见解，以通过贸易增长一国的净收入为目的。18世纪末工业革命后，工业化成为讨论中心，重视新的技术装备。19世纪下叶以降，乃更注意资源的有限性，边际主义盛行。但迄20世纪前期，对现代化的认识可说都是集中在物质方面，忽视人和社会，强调国民生产（GDP）的增长，忽视为这种增长所付出的代价。20世纪60年代以来，新的科学技术给人以巨大鼓舞，同时对人和社会状况作了深刻的反思。舒尔茨（1961）提出人力资本理论，开始注意智力投资。舒马赫（1973）指出现代经济以人和环境为牺牲的危机，《小的是美好的》一书醒人耳目。原来对经济的发展几乎是线性概念，70年代变成结构主义；原来以人均收入衡量经济增长，70年代提出人文指数，预期寿命、男女平等都成为指标。80年代提出精神文明问题，文化与公共道德纳入现代化范畴。90年代，知识经济成为要务，同时“拯救地球”、环保和持续发展成为急务。的确，物质发达而道德败坏、环境恶化，能说是现代化吗？

以上是现代化内涵在经济学认识上的变化。研究历史上的现代化，还应注意人们在历史观上的变化。工业革命以后，西方史学受新康德主义和进化论的影响，大都把人与人和人与自然界的关系看成是对立的，人与人是生存和利益最大化的竞争，人与自然是支配或征服后者。这种自我中心的历史观在20世纪初受到怀疑论的冲击，人类学、社会学以及地理、气候、生态等科学进入史学，出现整体观、社会整合、社会与自然界和谐发展等历史观点（布罗代尔1979，佩鲁1983，宋祖良1993）。或者说向马克思早年（1844、1845）提出的“工业社会和自然界本质同一性”的观点和中国“究天人之际，通古今之变”或主客体统一的思维方式“回归”了。

总之，现代化的内涵和人们对它的认识是不断变化的，我们研究一国现代化的历史时以何为准呢？我以为，历史研究本来应当具有实证分析（positive analysis）和规范分析（normative analysis）两种功能。因而，一方面，应当将所论事物放在当时的历史条件下，实事求是地进行考察，也就是历史主义的方法论。另方面，要用当代的现代化概念和历史观，对所论事物及其潜在效应做出评价，也就是克罗齐（1915）所说“一切历史都是当代史”的方法论。这样，我们的研究才能以史为鉴，古为今用。

二　西欧现代化的理论

研究西欧现代化，一般是从14、15世纪的文艺复兴讲起。这是因为在欧洲，人们的思想不从神学的禁锢中解放出来，树立人文主义世界观，现代化将无从谈起。中国不同，中国占统治地位的儒学思想，一直是人文主义的。但中国的现代化也有一个思想解放和启蒙运动问题，而且时间很长，下面再详论。

研究西欧的现代化虽常是从文艺复兴讲起，但经济上的变动或现代化因素的出现，实始于16、17世纪的重商主义时代，这几乎成为史学界共识。我曾为文（1997）介绍西方一些关于16～18世纪西欧经济变迁的论述，实即他们关于西欧早期现代化的理论。

马克思、恩格斯（1845）的理论是从封建经济向资本主义过渡。他们在《德意志意识形态》的“交往和生产力”一节详述了这个过渡。这始于16世纪脱离行会约束的“特殊的商人阶级”的出现。他们造成城市间生产的分工，从而工场手工业兴起。随之竞争使商业政治化，诸如殖民主义、保护贸易、民族国家形成以至英、法革命和海上战争。到18世纪晚期，世界市场的巨大需求产生了机器大工业，同时，英法等国已具备了自由贸易的条件，过渡完成。前后近三百年。马克思、恩格斯（1848）在《共产党宣言》中说得更为简洁：“以前那种封建的或行会的工业经营方式已经不能满足随着新市场的出现而增加的需求了，工场手工业代替了这种经营方式”；“市场总是在扩大，需求总是在增加，甚至工场手工业也不能再满足需要了，于是，蒸汽和机器引起了工业生产的革命”。

希克斯（1969）在他的《经济史理论》中认为世界经济发展的趋势是由习俗经济、命令经济向市场经济转换，虽然各国时间悬殊，并有反复。在西欧，这种转换始于16世纪“专业商人”的出现。他们要求保护财产权和维护合同，这是旧制度无能为力的，于是出现城邦制度，城邦和商业竞争，导致殖民主义扩张，接着出现四个方面的“市场渗透”，即适应新市场的法律、货币和信用制度的确立；政府财政、税制和行政管理的改造；货币地租通行和农产品的商品化；自由劳动代替农奴劳动，劳动力市场的形成。而这一切，导致18世纪末的工业革命，可说完成了向市场经济的转换。前后也是近三百年。

诺斯（1981）在《经济史上的结构和变迁》中注意到斯密、李嘉图和身在工业革命中的所有经济学家都未提及这场革命。诺斯说，他们所以未“觉察”这场革命是因为西欧的经济变革老早就开始了，工业革命不过是进程“加速”而已。他把这个变革追溯到1450～1650年，其间贸易“是一种根本动力”。贸易的发展使具有完善财产权规定和自由竞争的“普通法”取代中世纪和王权时代的约束，同时，它使生产组织“从手工业到领料加工再到工厂制”，至工业革命“经历了三个多世纪”。可以说诺斯是从经济结构和制度变革上来理解现代化过程的。

以上各家理论可显示：西欧早期的现代化始于16世纪市场和商业的发展，经过政治和制度变革，导致18世纪末的工业革命。

三　中国现代化历史的研究

对近代中国经济现代化的研究，早期是集中在工业化问题上。这里暗含一个“现代化即工业化”的假说，自然是不完整的。但是，中国的工业化应该走怎样一条道路，在过去和现在都是一个重要问题。在20世纪三四十年代，一些著名学者如方显廷、刘大钧、谷春帆等，对此都曾做出卓越贡献。60年代以后，这种研究已包括在落后国家实现现代化的二元经济理论之内，其实质是，在发展现代化经济时，如何利用传统经济中的积极因素的问题（吴承明1991、1994A）。近年来，有人从总需求和总供给上来研究近代中国的工业化进程，因为这时期工业的发展主要受市场有效需求的制约（张东刚1997）。

第二次世界大战后，美国学者提出“冲击—反应”（impact-response）范式，认为近代中国的一切变化都是对西方文明冲击的反应，一时成为西方研究中国经济的主流思想，其假说显然是“现代化即西方化”。70年代有个文化热，汤因比的文化多元论重新受到重视，西方研究中国近代经济者也不少强调内因论。到80年代，“冲击—反应”范式在西方也渐失去权威，科恩（1984）的《从中国发现历史》对该范式作了全面批判。还有人指出，在西方冲击以前，中国和日本都已经有了“缺乏科学的现代化”了（魏丕信 1995）。

20 世纪 50 年代，中国史学界开始了一场研究资本主义萌芽的热潮，历“文革”不衰，而大成于 80 年代。这项研究本于马克思的社会形态理论，其假说是“现代化即资本主义化”，多数认为中国资本主义生产关系萌芽于 16 世纪。但是，“现代化即资本主义化”这个假说早就广泛为中外学者所取用，不仅用于研究中国，也用于研究其他国家。用于研究中国者，不一定认为重要变革始于 16 世纪。着眼文化思想者，尝推演至宋代，李约瑟（Joseph Needham）也认为宋代科学技术的发展已具备英国工业革命前夕的条件，没有实现资本主义化是社会原因。不过更多论者是从 19 世纪 60 年代中国建立新式企业讲起，这种假说也就相当于“现代化即工业化”假说，不过较注重制度和管理方面的考察。

我也参与了中国资本主义萌芽的研究（许涤新、吴承明 1985）。但从 1981 年起，转而从事市场和商业史研究。我发现，市场和商业的重大变革也是始于 16 世纪，16 世纪出现的徽商、晋商等大商帮，有类于马克思所说的“特殊的商人阶级”或希克斯所说的“专业商人”，可作为开始出现现代化因素的征兆。用市场和商业研究现代化因素，符合这个时期需求牵动生产的历史。还有一个好处。资本主义萌芽的资料在 17 世纪几乎消失，18 世纪再现，仍很稀疏，难作宏观考察。市场发展的轨迹则比较明显，它是连续的，并可利用价格、货币量等多少作一些计量分析。例如，我们可以比较肯定地看出 17 世纪的经济危机，康熙时的市场萧条，道光时更大的一次萧条，进入近代，还可估计出市场商品量的消长（吴承明 1995、1998、1994B）。1992 年我国宣布建立社会主义市场经济体系后，市场史的研究也热乎起来。把过渡到市场经济作为现代化的标志，比把实现资本主义化作为标志更符合历史实际。任何民族迟早总会现代化，但不必须经过资本主义社会。像历史上有的民族没有经过奴隶制社会或封建社会那样，我国实际上就是越过“卡夫丁峡谷”，由半封建社会进入社会主义的。但进入社会主义社会后，仍然要建立市场经济体制，才能实现现代化。也可以说这是一种“现代化即市场经济”的假说（参阅吴承明 1997）。

傅衣凌（1982、1989）晚年提出“明清社会经济变迁论”，认为从16世纪开始，中国在政治、经济、社会、文化等方面发生了一系列的变化，表现出一种活泼、开朗、新鲜的时代气息，出现了反传统的以至叛逆的思想。但中国并未进入资本主义社会，16世纪发生的资本主义萌芽经历了一个夭折、中断，再继承的曲折道路，但总的看它并未摆脱世界各国发展的共同规律。我十分钦佩傅衣凌的立论。我以为他所说16世纪以来的变迁，实即我国的现代化因素的出现。下面分经济、社会、思想三个方面作些探讨。这些因素没能顺利发展，则是因为它没能引起根本性的制度变迁，进入18世纪，又受到各种“逆流”的冲击。到19世纪才再现起色。

四　16、17世纪的经济变迁

16、17世纪我国商业有重大发展，若商路之广辟，商品流通的扩大，市镇勃兴，农村集市网络形成，大商人资本的兴起等，时贤均有精湛论证。而这种发展是以农业（特别是经济作物）和手工业（特别是棉纺织业）的增长为基础的，亦有论证。从而可以解释本时期和18世纪的人口增长是合理的。

在本时期经济变动中，我以为属于新的、不可逆的变化堪作现代化因素者，约有六端。

（一）大商人资本的兴起

后来称为十大商帮者，其中山西、陕西商人原应北边开中纳粮而兴，性质特殊，应从弘治五年（1492）开中折色后之转化为买卖经营的“内商”算起。这样，徽商、晋商、陕商三个最大商帮均形成于16世纪早期，广东、福建两个海外贸易商帮形成于16世纪中期，其余最晚不出17世纪前叶（张海鹏、张海瀛1993）。众多商帮集中出现绝非偶然，而是反映时代特征。他们都是脱离封建束缚的自由商人，主要从事长途贩运，前已言他们有类于16世纪西欧的“特殊的商人阶级”或“专业商人”，其作用亦如之。最近的研究，总结出他们的活动有相当的社会效应，并形成具有中国特色的商业文化，益可看出他们在现代化因素中的先驱作用。

（二）工场手工业的出现

按比较严格的标准，在16世纪，至少在苏州、杭州的丝织业中，广东佛山的冶铁和铸造业中，浙江崇德县的榨油业中，江西铅山的造纸业中，已有十人以上的工场手工业出现（许涤新、吴承明1985）。工场手工业为数甚微，但毕竟是一种全新的生产形式，它发展迟缓，但是不可逆的。它发展迟缓，恐怕主要是由于我国小农生产制度，而非市场需求不足。明代棉代替麻成为平民衣被主要材料是经济上一大变革，棉布成为大商帮经营的仅次于粮、盐的第三位商品。但棉纺织这个引发现代化最重要的产业，到19世纪后叶才逐渐从小农经济中分离出来，工场手工业（包括散工制）也在此后有巨大发展，在我国二元经济的发展中做出重要贡献（吴承明1993）。

（三）财政的货币化

中华帝国的财政是大财政，不仅是公共收支，还具有资源调配、干预生产和流通的作用。宋代财政已相当货币化，元代反复。朱明建国，厉行实物主义，两税全部征实，乃至规定民田种植品种，令农民将税粮直接送交对口的军士。正统元年（1436）南方少量税米改纳金花银，而实际赋役的货币化是在正德以后。估计万历中期，包括地方财政，田赋已有40%～50%纳银，里甲、均徭纳银者可达2300万两，钞关、盐课、匠役已全部或基本纳银（吴承明1995）。万历九年（1581）全面推行一条鞭法，货币化成为不可逆趋势。这时的货币化已非如宋以前之纳钱钞，而是白银化，我国确立贵金属本位，实在16世纪（秦汉之金本位，史家疑之）。

（四）租佃制的演变

我国实物地租由分成制向定额制演进，有利于佃农生产，但无质的改变。16世纪开始推行的押租制和永佃制，则有新的意义。押租制是以佃权的商品化和货币化为前提的，并常是加押减租，反映佃农以货币实力获得更多的自由（魏金玉1993）。永佃制不仅使佃农有完备的经营自由，并可出卖田面，导致经营权和土地所有权的分离，这是颇具现代意义的。它不仅提高经营者的效率，而且使出卖田面和所获得的小租，含有垫支资本报偿的意义，土地权力大为凌替了。17 世纪以后，押租制和永佃制都有所推广，但也受到政治权力的阻碍，未能成为租佃的主要形式。

（五）雇工制的演变

我国生产上的雇工历来对雇主有人身隶属关系。万历十六年（1588）的条例解放了短工，使他们在法律上与“凡人”处于平等地位。200 年后，乾隆五十三年（1788）条例才解放农业和商业雇佣的长工，给他们以人身自由。但是在生活实践中，16 世纪中叶即有平等对待短工的事例，1588 年立法予以承认而已。对长工亦常是采取不立文契、不议年限等办法，逃避法律约束，18 世纪尤多这种事例，1788 年条例予以承认而已（经君健 1983，第 266 页；魏金玉 1983，第 428 ~ 429 页）。

（六）白银内流

明廷厉行朝贡制度，禁止商舶入海，但民间海外走私贸易不止，以至被迫亦商亦盗。嘉靖后闽、粤诸大外贸商帮形成，隆庆元年（1567）开放海禁。这时，中国在对南洋、日本、英国、荷兰贸易中均属顺差，遂有大量白银内流。谨慎地估计，16 世纪后叶和 17 世纪前叶流入白银近 1.5 亿两，17 世纪后叶流入 2600 余万两；扣除商人海外费用、海上损失和抵付中国金银出口，净流入不会少于 1 亿两，而 1 亿两将使我国存银量增加 2/3（吴承明 1995、1998）。这对中国来说是个全新的因素，并延至 18 世纪。

原来西欧的现代化，始于 16 世纪的美洲白银大量流入，并成直接动力之一。这时我国工业水平居世界之冠，外贸具有顺差优势，这种优势一直保持到 19 世纪初。这时我国的造船和航海技术亦在世界先进之列。又当时国力，建立强大舰队，与西、葡、荷、英争雄海上，并无困难。乃明廷无此之图，只知罢市舶司，填平双屿港，烧毁出口大船，曰御倭寇。进入清代，“逆流”更甚，禁海、迁边，远较明代严厉；康熙二十三年（1684）开海禁，却禁止五百石以上船出口；雍正五年（1727）停止南洋禁令，却不准前此留贸外洋华人回国。乾隆盛世，盖愈盛世愈趋保守，停止恰克图贸易，限广州一口通商，拒绝马戛尔尼使团；1793 年致英王书曰：“天朝物产丰盈，无所不有，原不藉外夷货物以通有无。”这种闭眼不看世界的统治者心态，实为国家现代化之大碍。

按前述现代化理论，经济上的发展必须引起制度上的革新以至政治上的变革，才能保证其持续发展。16、17世纪虽也有一些制度变迁，如财政、租佃、雇工制的变迁，但未能引起体制的或根本法（constitutional）的变迁，旋逢清朝入主，加强专制主义统治，连一个保障私有产权和债权的商法都未能出世，更不用说政治上的变革了。但不是说现代化因素就此终止，上述各种变化都是不可逆的，只是在种种“逆流”下步履维艰而已。

五　16、17世纪的社会变迁

16世纪的社会变迁，人们常以顾炎武《歙县风土论》为典型。据论，歙县在弘治时尚属“家给人足”“妇人纺绩，男子桑蓬”的社会。“正德末嘉靖初则稍异矣。商贾既多，土田不重，操赀交接，起落不常”，于是“凌夺、诈伪、讦争”并起。“嘉靖末隆庆间则尤异矣。末富居多，本富益少”，“资爰有属，产自无恒。贸易纷纭，诛求刻核”。至万历三十七年（1609），“则复异矣。富者百人而一，贫者十人而九”，“金令司天，钱神卓地，贪婪罔极，骨肉相残”（文字据南京藏明刻《歙志》，转引自陈学文1989，第293页。1609年为成书年）。

歙县是徽商故乡，社会变迁较早较剧。从有时间记载的20余处史料看，变迁多始于嘉隆，亦有始于万历或更晚者。江南尤其苏州、扬州、杭州为早，珠江三角洲较迟，内地仍有不少地志未见反映，或仍是淳朴力农。以下分述16、17世纪几项社会变迁，盖均有地域局限性。

（一）就业结构变化和商人地位提高

明后期弃农就商、弃儒就商、致仕就商记载屡见，“士农工商”就业结构中商人增加，但无法作数量估计。在徽商、晋商、陕商故乡的文献中都有“商贾十之九”之说，有的且出自大家（如王世贞），但都不可信。以徽州论，府志称“农十之三，贾十之七”，但细察之，则“贾十之七”仅歙县东乡、祁县东南乡为实，若黟县则“独事耕作，鲜经营”。唯苏州、扬州、杭州、临清等商业城市，则民“半商贾”“大半食于利”或有可能。林希元说“今天下之民，从事于商贾技艺、游手游食者十而五六”（《林次崖先生文集》卷二）。若指城镇，其说可信，而其时城镇人口只占全国10%强。“游手游食”指夫役匠等。

何良俊《四友斋丛说》卷一三：“余谓正德以前，百姓什一在官，什九在田……自四五十年来，遂皆迁业。昔日乡官家人亦不甚多，今去农而为乡官家人者已十倍于前矣。昔日官府之人有限，今去农而蚕食于官府者五倍于前矣。昔日逐末之人尚少，今去农而改业为工商者三倍于前矣。昔日原无游手之人，今去农而游手趁食者又十之二三矣。大抵以十分百姓言之，已六七分去农矣。”此指华亭县。是1500～1550年松江一带非农人口约由10%增至60%～70%，而增加最多的是服役于“官”的。不过，其中如里长、粮长及奔走粮差之人并非完全去农，乡官家人亦非皆去农。所云工商业者，不知基数，窥文义，约增三倍。

商人地位提高则毋庸置疑。大商人交通官宦，养掖文人；士大夫亦喜结富贾，乃至攀附婚姻。朝廷有捐输纳官之法，商人不乏名位，商人子弟更多仰望仕途。据《两淮盐法志·科举志》，明代两淮共取进士137名，内徽、陕、晋籍106名；共取举人286名，内徽、陕、晋籍213名；均占70%以上，盖皆商人子弟。

大约民间从不贱视商人，甚多企羡。在徽州有“诎者力不足于贾，去而为儒；赢者才不足于儒，则反而归贾”之说（汪道昆《太函集》卷五《溪阳吴长公墓志铭》）。而儒家及大官员之悄悄改变其四民本末观，则有时代进步意义。原来主导明后期儒家的王阳明理学即主张“四民异业而同道”，人皆可致良知（《王文成公全书》卷二五《节安方公墓表》）。殆张居正倡“农商之势常若权衡”说，主张“省征发以厚农而资商”、“轻关市以厚商而利农”（《张文忠公全集》卷八《赠水部周汉浦榷竣还朝序》）。于是朱国桢、庞尚鹏均有农商平等说，激进派何心隐、李贽且有意抬高商人，至17世纪黄宗羲乃有“工商皆本”之论。

（二）“宗法制复兴”

我国宗法制自废宗子后已是有族无宗，宋废门第等级，族权亦凌替。明中叶后，忽兴建祠堂、修族谱、置族田之风，至清不衰，或称之为“宗法制复兴”。李文治（1988）曾详考明代建祠事例，并编有明清族田表。建祠主要在嘉靖以后，置族田在万历以降，两者皆不在保守的内地，而集中于商贸发达之区。是所谓“复兴”实亦经济发展的产物。

古制，士大夫祭于庙，庶人祭于寝。成化十一年（1475）尚有谕一至九品各立庙，未入品官不得置家庙（《宪宗实录》卷一三七，成化十一年正月丙子）。又庶民只准祭三代，曾祖以上撤去牌位（《皇朝经世文编》卷六六，陆耀《祠堂示长子》）。这些规定并未严格执行，民间常有违制。嘉靖十五年（1536）礼部尚书夏言上《令臣民得祭始祖立家庙疏》（夏言《桂州文集》卷一一）。家庙成为合法，有财力者乃纷起建祠。族谱，唐以前属官立，以别门第而录仕。宋废门第，乃有私谱，限于大家。嘉靖既准祭始迁祖，民追忆先人，私谱乃盛。至于族田，始于宋范仲淹，当时或有宗法之意；但范氏义庄标榜“济养群众”，持平均主义，收入由族人均分，为人称道，是以历元明清不衰。明清置族田者均自称法范氏，包括义田（赡养族人）、祭田、族学田，多系富商捐置，自不待言。

宗法制至晚明已是一种以孝亲敬祖、睦族共济为主的伦理观，早已无宗，故应称家族制。此种伦理观是我华夏民族特有文化，它并不妨碍经商治产，或更有助于贸易经营。是以每值商贸繁荣，只要条件允许，便会“复兴”。以近事言，经“文革”破四旧，家族制可谓尽毁。而20世纪80年代提倡市场经济，忽有建祠、修谱、联宗祭祖的小高潮，亦是在东南市场发达之地，与16世纪的“复兴”何其相似乃尔。

“长幼尊卑”是家族制最重要的礼法。有人记南京“嘉靖中年以前，犹循礼法，见尊长多执年幼礼。近来（万历中）荡然，或与先辈抗衡，甚至有遇尊长乘骑不下者”（顾起元《客座赘语》卷五引《建业风俗记》）。江苏溧阳，正德间“卑幼遇尊长，道旁拱让先履”，嘉靖末“或弟强兄弱……横臂骀途，眇目布老”（何乔远《名山藏·货殖记》）。淮安府，成化前“长幼之序不紊，途遇长者必避让”，天启时“童稚辄乘肩舆，行不让长，靡靡颓风，渐不复挽”（天启《淮安府志》卷二《风俗》）。大约到万历，“民间之卑胁尊，少凌长，后生侮前辈”，已属常见（管志道《从先维俗议》卷二）。

（三）乡绅权力的膨胀

16、17世纪乡绅权力膨胀，最显著的是土地大量集中于乡绅之手，以及乡绅干预地方事务。这种民田的集中是和成化以后大兴皇庄、藩王庄、勋贵宦戚的赐田并行的，故论者常解释为晚明皇权与绅权的土地之争。实则，乡官中固有倚势夺田者，但主要还是价购，视晚明土地买卖空前活跃可知。16 世纪，全国文官已达两万人，理退者增多，党争株连下岗者更众。何良俊说，正德前至嘉靖中，华亭乡官增加了十倍。且弘治前“士大夫尚未积聚”，“至正德间，诸公竞营产谋利”。当时乡族邻里诡寄投充之风尚盛，故“去农而为乡官家人者已十倍于前”（《四友斋丛说》卷三四、卷一三）。总之，乡官在人力和经济实力上的骤增，实为绅权膨胀的基础。

除乡官外，还有无缘入仕的举人、监生、贡生等。到明末，“大县至有生员千人以上者比比也”（顾炎武《亭林文集》卷一《生员论》），这就形成一个远比乡官庞大的绅衿阶层。生员的学位原属一次性应试资格，到明代已成为终身功名制。他们在法律上有免拘押、可赎刑等优待。嘉靖二十四年（1545）又明定他们赋役的优免例，因而也不乏乡里投充门下。又因他们绝望于仕途，在诸如设立书院、聚众讲学、组会结社、鼓吹“乡议”，以至沟通东林党人评骘朝政等方面，常较乡官更为积极。而在协助地方官维护社会秩序、调解纠纷、参办水利和地方公益事业等方面，则乡官更富实力。此时的绅权尚未掌握武装，而在储粮方面颇有成绩。明廷曾屡令地方官设预备仓、济农仓，均告失败，仓圮粮空。嘉靖八年（1529）、万历二十九年（1601）令办社仓、义仓，均由乡绅经营，借贷为主，一直延续至清代。

日本学者早对晚明绅权进行研究。在五六十年代他们也是着眼于土地集中和封建关系问题，提出“乡绅土地所有制”“乡绅统治”等论点。80 年代转而注意社会史、文化史方面，提出“地域社会”“地方意识”等论点（森正夫 1982，檀上宽 1993〉。后者有似于西方所谓 public sphere，是社会现代化过程常见的一种现象，它并无对抗中央或王权的意图，但有干预地方事情和民主化的倾向。我国 16 世纪的绅权膨胀也有这种倾向。但入清以后，清廷为平息各地反清斗争，加强中央专制统治，绅权运动趋于平息。

16 世纪的乡绅几乎都是科举产物，其中乡官又多有高级学位，他们是当时社会中唯一的知识阶层。但在过去，这种知识只是登仕途之阶，并无社会价值，只能教书课食，而“刘向传经心事违”，一旦官场失败，满腹经纶等于无用。16 世纪的绅权膨胀，也可说是在“思想解放”（见下节）风波下一种“知识价值化”的现象，是社会发展中的一个现代化因素。这种因素是不可逆的。16世纪的绅权膨胀虽在高压下窒息，但在以后几次的启蒙运动中又重现知识的价值化。到19世纪末，不仅知识的地位提高，地区社会中，义仓代替了常平仓，甚至地方团练代替绿营，20世纪初并有“地方自治”口号。

（四）奢侈之风

晚明奢风是当时人记载最多、今人也论述最多之事，毋庸多叙。但有几点可资研究者。

晚明奢风主要在城镇，但不限于富贾及上层社会，并及于市井小民。这反映城镇就业增加和一般收入水平提高。何乔远《名山藏·货殖记》说，昔时“人皆食力”，指力田；“今人皆食人，田野之民，聚于市廛”。“食人”即工资劳动者，工资收入高于力田收入。又工资劳动者无须积累资本，形成一种新的消费观：“舆夫仆隶奔劳终日，夜则归市肴酒，夫妇醉而后已，明日又别为计”。不仅如此，这种“勤劬自食，出其余以乐残日”的消费观，据说也浸及“缙绅家”（王士性《广志绎》），这就使整个消费膨胀了。

消费牵动生产也是很明显的。奢风中记载最多的是“吴绸云锦”“不丝帛不衣”。明后期丝织业发展无产量可据，但知自正统至嘉靖，绢价无论按银计或按米计都明显下降（许涤新、吴承明1985，第125～126页）。平头巾易瓦楞帽属奢风，嘉靖末“瓦楞帽价值四五两，非富室不戴，今（万历末）所值一二钱，虽丐者亦用”（《敬所笔记》，见陈学文1989附录）。奢侈品中如马尾裙（原系进口）、鬃帽、暑袜皆新产品。又原来一些家内自制自用的服装、帷帐、家具等，现皆有专业制造，列肆出卖，价不高，但需花钱买来，亦属奢风。

论者常注意奢风破坏礼制。原来洪武十三年（1380）律，凡官民房舍、车服、器物各有等第，违式僭用，官杖一百，民笞五十，罪坐家长。殆嘉万奢风，几乎无不违式。尤其服饰，“今男子服锦绮，女子饰金珠，是皆僭拟无涯，逾国家之禁者也”（张瀚《松窗梦语》卷七《风俗纪》）。但从未见惩处记载，盖所谓礼制早已成具文，风俗变迁无时，官方亦不以为意。

唯可注意者是“士风”。“儒巾”原为功名象征，有定式，而嘉万青年儒者喜戴宋巾、唐巾以至晋巾。王艮并按《礼》制“五常冠”，经（丧服）而讲学。这无关奢侈，亦非僭越，而是一种反世俗心态。又儒生宴饮谈禅，携妓遨游，成为风气，以至唐寅、祝允明等名士粉墨演传奇。崇祯三年（1630）礼科给事中张竟心概括曰：“士骄于序而蔑等，凌尊，贱名，迂义，赋诗，饮酒，口舌。”（抄本《崇祯长篇》，见李文治 1993，第 30 页）顾炎武论曰：“举业至于抄佛书，讲学至于会男女，考试至于鬻生员，此皆一代之大变。”（《日知录》卷一八《艺文》）

当时士大夫于奢风多予谴责，或唏嘘无奈。然亦有崇奢之论。嘉靖时上海人陆梅有无题文一篇，以为“俗奢而逐末者众”，即增加就业；奢侈之地“民必易为生”；富人资财散于社会，“是均天下而富”。其实类此言论并不乏人，若郭子章、王士性、顾公燮，休宁人叶权均多少言及（林丽月 1991）。此论涉及国民收入的分配和消费理论（暗含乘数效应），是一种现代化思想。欧洲重商主义时期亦有“奢侈有益社会”的理论，曾为凯恩斯所重视，不过当时在英国议会辩论中常被绅士们批判，而是“贫穷效益说”（保持劳动者贫穷可提高劳动生产率）占优势。以陆楫为代表的这种思想当时本来无何地位，入清后，在康熙的节俭紧缩政策下烟消云散。

六　16、17 世纪儒学思想的变迁

16、17 世纪我国思想界有很大创新。经济思想前略言及。文学方面，若《西游记》、《金瓶梅》以及“三言”、“二拍”皆一反传统，振聋发聩之作。又如董其昌、李日华等鼓吹“率意”，终有扬州八怪的惊世新风。实用科技，徐霞客、李时珍、徐光启、宋应星、方以智等功力深厚，或兼纳西学，都成一代新猷。

然本篇所论限于儒学。拙意经济上的现代化新因素须引起制度上的变迁才能保证其持续发展，经济和制度的变迁须从社会变迁上来验证，而所有这些变迁在最高层次上都要受占统治地位的文化思想所制衡（conditioned）。制衡有二义，一是不合民族文化传统的经济、制度变革往往不能持久；二是文化思想变革又常是社会和制度变革的先导，这种先导在思想史上称为“启蒙”。在西方，这种占统治地位的思想可概括为基督教文化，在中国则

是儒学。

16、17世纪是我国儒学思想大解放的时代，梁启超（1920）曾比之于欧洲的文艺复兴，侯外庐（1988）曾比之于战国诸子百家。我只能择其最显著者汇为两大思潮，即16世纪的反传统思潮，以泰州学派、何心隐、李贽及东林党人为代表；17世纪的启蒙思潮，以黄宗羲（梨洲）、顾炎武、王夫之、唐甄及颜李学派为代表。

思想发展有它自己的规律，绝非与经济变迁如影之随形，故不可以经济决定论。思想发展规律如何，我不能言。唯就本文所涉及范围来说，我以为儒学的向现代化发展即是它的理性化。因而，我从宋明理学谈起。

（一）宋明理学

宋明理学，总的说是传统儒学吸取非儒思想使自身理性化（或哲学化，李约瑟称之为科学化）而形成的思想体系，故又称新儒学。

儒学原主要讲社会伦理道德，无自己的宇宙观和认识论。汉儒继孔子之业，取六经以释其仁学，即经学。宋儒取佛老之义，完成以理或道为根本的本体论，以格物穷理为要略的认识论，朱熹集其大成，遂成理学。

朱子理学立，其他学派退居次要。后虽有陆九渊的心学堪与颉颃，陈亮、叶适等功利学派开后世实学先驱，但均未成显学。元代，朱学益受尊崇。朱明建国，朱学实成官学，永乐颁五经、四书、性理三种《大全》，成为科举入仕之阶。然朱学亦因此教条化和僵化。学者“师承有自，矩矱秩然”，“笃践履，谨绳墨，守先儒之正传，无敢改错”（《明史·儒林传》）。朱学统治学坛近二百年，15世纪末王守仁（阳明）心学兴，僵化的理学再具活力。

王阳明理学与朱学在本体论上是不同的。朱持“心与理为二”，“理在事先”，理是宇宙本元。王继承陆九渊“心即理”说，认为“心外无理”，心是宇宙本元。然王学的精华亦其创造，是致良知说。此说将“知”和“理”直接挂钩，为朱子所不能，因朱学是“心与理为二”。也因此，致良知之法如王阳明所说“简易明白”，即知善知恶，去恶存善。“各人尽着自己力量精神，只在此心纯天理上用功，即人人自有，个个圆成，便能大以成大，小以成小”（《王文成公全书·传习录中·答顾东桥书》）。这是非常鼓舞人心的。

王学的出现有破学坛沉寂、破教条主义之功。顾宪成说："当士人桎梏于训诂词章之间，骤而闻良知之说，一时心目俱醒，犹若拨云雾而见白日。"（《小学斋札记》卷三）王与罗钦顺论学书说："学贵得之心。求之于心而非也，虽其言之出于孔子，不敢以为是也。"（《传习录中》）孔子之言可破，还有什么教条不能破？16、17 世纪的思想解放，有此渊源。

致良知说崇尚自我，尊重个人思考价值，同时，把孟子"万物皆备于我"、陆九渊"六经皆吾注脚"这些大话给予理性的解释，于是，"决然以圣人为人人可到"（《传习录下》）。这是何等气魄！正是这种气魄鼓舞着 16 世纪那些反传统的儒子们"掀翻天地"（黄梨洲语），一如德国少年黑格尔学派那样"惊天动地"（马克思语），使哲学变成"运动"。

（二）16 世纪的反传统思潮

泰州学派创始人王艮以及何心隐、李贽都宗王阳明理学体系，但都有所发明，自成一家。王艮的思想，要言有三。(1)"万物一体论"，人与万物一体，而人为本，万物为末。一体即天理、天性。"天理者自然之理也"；"天性之体本是活泼，鸢飞鱼跃"（《王心斋先生全集》卷三《语录》）。这是一种强调自由发挥个人天然本性的人生观。(2) 认为圣人之道都是"百姓日用之学"，将道学平民化。又说"愚夫愚妇，与知能行便是道"（《王心斋先生全集》卷三《语录》）。这就打破了王阳明"唯圣人能致其良知而愚夫愚妇不能致"（《传习录中》）的界限，产生一种平等思想。(3)《明哲保身论》。或以为此篇开"临难苟免"之隙（黄梨洲语）。实则该篇主要讲"爱人"，证以《语录》中"爱人直到人亦爱"、《勉仁方》中"爱人者人恒爱之"以及"人人君子，比屋可封"（均见《王心斋先生全集》卷三），直是一种博爱思想。这三者都可说是现代化思想的萌芽或因素。

何心隐是泰州学派的激进派。他肯定"欲"合乎天性，而"寡欲，以尽性也"（《爨桐集》卷三《寡欲》）。又主张"仁无有不亲也"，"义无有不尊也"，不仅亲亲尊贤，"有血气之（物）莫不亲、莫不尊"（《爨桐集》卷二《仁义》）。因而主张社会"尽交于友"，士农工商都组成"会"（《爨桐集》卷二《语会》）。从而又提出"商贾大于农工""超农工而为商贾"的论点（《爨桐集》卷三《答作主》）。

李贽的反传统思想更全面也更激进。且不说他怀疑孔孟、批判唐宋以来道统的伪善，亦不说他借评历史人物来抨击儒家政治的乖戾，单就他有关现代化思想的萌芽或因素说，亦都超过前人。他的平等观至于“天下无一人不生知”（指生而知之者，《焚书》卷一《答周西岩书》），以至“人无不载道”（《藏书》卷二二《德业儒臣前论》），并提出在“道”的面前男女平等（《焚书》卷二《答以女人学道为短见书》）。他提倡“欲”并肯定“私”。“私者人之心”，“人必有私”（《藏书》卷二四《德业儒臣后论》）。好货、好色、多积金宝、多买田地，“凡世间一切治生、产业等事”，都是圣人与凡人“所共好而共习”的（《焚书》卷一《答邓明府书》）。他重视经商，尤其海商。他似乎还把一切社会关系都看作交易关系，“天下尽世道之交也”，孔子与其弟子之间亦是交易，“以身为市者自当有为市之货”，“身为圣人者自当有圣人之货”（《续焚书》卷二《论交难》）。这也是我前面所说“知识价值化”，是一种现代化思想因素。

王、何、李都为他们反传统的新说而斗争不息。王艮自称夜梦天坠、以手托天而悟道，又称“学阐先天秘”，言行不少神秘色彩，盖以此纠集群众，时有人以“黄巾、五斗”目之。何心隐讲河图、洛书、八卦，杂先天象数以证其说。他先将族众组成“聚和堂”，继而为他所宣传的“会”的组织奔走各地，声称“聚才”“聚财”，终因此被囚杀。其师颜山农迹遭诬陷。黄梨洲说：“泰州之后，其人多能以赤手以抟龙蛇，传至颜山农、何心隐一派，遂复非名教之所能羁络矣。”（《明儒学案》卷三二《泰州学案》）李贽称王艮“真英雄”，其后“一代高似一代”（《焚书》卷二《书答》）。李本人亦以叛逆言论被逮，自杀狱中。

东林党创建人顾宪成、高攀龙大约宗朱熹理学，但这方面著述甚少。唯他们反抗明廷禁令，争取设书院讲学，颇为轰烈。党人众多，不少在官。他们“讽议朝政，裁量人物”（《明史·顾宪成传》），主要标准是辨“是非”和“君子小人”。“至是非者，天下之是非”（顾宪成《〈以俟录〉序》），意非党锢之争，此言属实。而“小人”则主要指阉党，他们的斗争也主要是声讨矿税珰使，不遗余力，为此英勇就义者比比，人以“乾坤正气”颂之。而于新思想因素创见不多，较普遍者为“惠商”思想。顾宪成曾营救被捕商人之子，高攀龙曾上《罢商税揭》。党人李应昇作“曲体商人”和“爱商恤民”论（《落落斋遗集》卷八《上巡道朱寰同书之二》、卷五《答刘念劬书》）。徐如珂倡“恤民不累富”、“贫富两便”说（《徐念阳公集》卷七《候吴县万父母》），颇有新意。赵南星称“士农工商生人之本业”（《寿仰西雷翁七十序》收入潘锡恩辑《乾坤正气集》），是“工商皆本”说的先驱。

（三）17世纪的启蒙思潮

16世纪的反传统思潮以批判为主，在批判中迸发出若干新的思想因素。17世纪的启蒙思潮则是建立一种全新思想体系，以代替宋明理学。这种新思想体系走上“经世致用”或实学的道路，与当时社会动荡、生民涂炭、国朝危亡的环境有关，但也是儒学本身发展的规律。原来儒学发展到王阳明已完成它全部哲学化、理论化，同时也更空虚化。学者只讲“明心见性”，不问世事，“天崩地解，落然无与吾事”（黄梨洲语）。这是社会不能接受的。经过近五百年，理学已走到它的尽头，再向前只能是否定自己。这时由虚返实，归于经世致用，是很自然的。

实学学者在本体论上与理学家迥异。理学以精神的理为宇宙本元，而顾炎武、王夫之、李塨都是宗宋儒张载的气一元论，以物质的气为宇宙本元。黄梨洲、颜元原属王阳明学派，兹亦改宗气说，“心亦气也”。诸子中王夫之对此大有发明。他提出“实用”概念和气不灭思想，使气一元论完善化。他发展了张载“一物两体”说，提出“静即含动”、无“废然之静”（《思问录内篇》），“今日之日月非用昨日之明”，“惟其日新”才能“富有”（《周易外传·系辞下传》）等辩证法观点。在认识论上，他主张用理性指导感觉，“形为神用则灵，神为形用则妄”（《张子正蒙注·神化篇》）；用实证检验思辨，“思辨为主而学问辅之，所学问者乃以决思辨之疑”（《读四书大全说》卷一）。又利用佛家“能”（主观）“所”（客观）的范畴，提出“因所以发能”“能必副其所”（《尚书引义·召诰、无逸》）。在历史观上，他持进化论，要“在势之必然处见理”（《读四书大全说》卷九），即发现历史规律。王夫之的这些观点都具有现代思维的因素。

经世致用学者深恶当时的君主专制政治。黄梨洲说：“为天下之大害者，君而已矣”（《明夷待访录·原君》）；唐甄说：“凡为帝王者皆贼也。”（《潜书·室语》）但他们并不想废除君主制，也没有虚君民主思想。黄梨洲主张“君臣共治”：“天下之大，非一人所能治，而分治之以群工”，君臣应是平等的，若都“以天下为事”，则成“师友”（《明夷待访录·原臣》）。又主张“公其是非于学校”，使君“不敢自为是非”（《明夷待访录·学校》）。顾炎武主张“分治”：“自公卿大夫至于百里之宰，一命之官，莫不分天子之权，以各治其事”，这就是“以天下之权寄天下之人”（《日知录》卷九《守令》）。他主张“寓封建之意于郡县之中”（《亭林文集》卷一《郡县论一》），也是使地方分天子之权。他也提出由民间“清议”来监督吏治（《日知录》卷一三《清议》）。

欲、私、利概念在17世纪启蒙学者中有进一步认识。王夫之说，“随处见人欲即随处见天理”（《读四书大全说》卷八），一反理学家“存天理，灭人欲”的教条。黄梨洲说：“向使无君，人各自私也，人各自利也”（《明夷待访录·原君》），不能发挥自私自利乃君主专制所限。顾炎武于此有较大发明。他说：“天下之人，各怀其家，各私其子，是常情也；为天子、为百姓之心必不如其自为”，“圣人者因而用之，用天下之私以成一人之公，而天下治。”（《亭林文集》卷一《郡县论五》）为君、为公都不如“自为”之有功效，圣君使人人尽其自为之功，则天下富，即国富。故又说：“合天下之私以成天下之公，此所以为王政也。”（《日知录》卷三《言私其豵》）这是很现代化的思想。

这样，就一改前儒的“富国富民”论为“富民富国”论。其要点有：(1) 中国资源丰富，“苟无害民之政”，一二十年可全面致富。(2) 不仅农桑，凡矿、工艺、商、外贸、借贷皆可生财。他们已摆脱先儒富在“粟帛”的概念，而普遍用“财”即货币价值观。(3) 主张不干涉主义，听民各谋其利，反对国家垄断，于盐法也主张纳税后听民买卖，解禁私盐。(4) 崇尚富人。“大贾富民者，国之司命也”（王夫之《黄书·大正》）。通过富户消费、雇佣、借贷，“借一室之富可为百室养”（唐甄《潜书·富民》）。(5) 提高“商”的地位。黄梨洲倡“工商皆本”说，而以贩卖迷信品、奢侈品者为“末”（《明夷待访录·财计》）。王源分社会为“士、农、军、商、工”，商重于工，并主张设商部，居六卿之位（李塨《平书订》卷一一）。

17世纪经世致用的启蒙思潮蓬勃一时，但至世纪末戛然中辍，而是复兴汉学的乾嘉经学成为儒学主流，其中又以考据学用功最深，成就最大。这主要因为，清人入主中原，为平息汉人反抗，厉行文化专制政策。顺治两颁剃发令，1652 年禁士林“纠众盟会”，1661 年的庄廷鑨补刊《明史》案迁延数载，株连二百余人，其吴炎之狱死七十余人。康熙十二年（1673）《学宫圣谕》有“黜异端以崇正学”“讲法律以警愚顽”专条。黄梨洲、顾炎武、王夫之均曾参加抗清义军，其说自属异端。而所谓“正学”乃朱熹理学。康熙颁《性理大全》《朱子全书》，亲制《四书集义》；1712 年谕以朱熹配享孔子，升大成殿十哲之次。朱学成为官学，为科举进身之阶。然如前所述，理学此时已至日暮途穷，有志之士是不屑于朱子“纲常”说教的。原来，17 世纪已有费密、阎若璩、胡渭等治经学及考据，与经世致用之学并行。18 世纪，文字狱连绵，学者复古以避，经学尤其考据乃盛，成“经学继理学之穷”态势。

清代文化上的逆流更甚于经济上的逆流，17 世纪的启蒙思潮被扼杀殆尽。然亦有它本身原因。当时所谓经世致用之学，正如顾炎武所说：“意在拨乱涤污，法古用夏。”（《亭林文集》卷一《与杨雪臣》）实学诸子无不有“法古”思想，言必六经，向往三代，以至论兼并无不憧憬井田制，论赋税殆皆主张废银，甚至有主张分封诸侯者。又于晚明已流入的西方思想，以“夷夏之防”完全拒之门外。不过，这种启蒙思潮毕竟是不可逆的，到 19 世纪前期的第二次启蒙思潮中出现转机，在接着到来的第三次启蒙思潮中终于引出戊戌变法。

参考文献（姓氏笔画为序，古籍注在文中）

马克思 1844：《1844 年经济学哲学手稿》，《马克思恩格斯全集》第 42 卷，人民出版社，1979，引语见第 122、128 页。

马克思、恩格斯 1845：《德意志意识形态》，《马克思恩格斯选集》第 1 卷，人民出版社，1972，引语见第 35、59 页。

马克思、恩格斯 1848：《共产党宣言》，《马克思恩格斯选集》第 1 卷，引语见第 252 页。

布罗代尔 1979：Fernand Braudel，*The Perspective of the World*，Happer & Row.

宋祖良 1993:《拯救地球和人类未来——海德格尔的后期思想》，中国社会科学出版社。

许涤新、吴承明 1985：主编《中国资本主义发展史》第1卷《中国资本主义的萌芽》，人民出版社。

克罗齐（Benedetto Croce）1915：中译本《历史的理论和实际》，商务印书馆，1982，引语见第2页。

李文治 1988:《明代宗法制的体现形式及其基层政权的作用》,《中国经济史研究》1988年第1期。

李文治 1993:《明清时代封建土地关系的松解》，中国社会科学出版社。

陈学文 1989:《中国封建晚期的商品经济》，湖南人民出版社。

希克斯（John R. Hicks）1969：中译本《经济史理论》，商务印书馆，1987。

吴承明 1985:《中国资本主义与国内市场》，中国社会科学出版社。

吴承明 1991:《近代中国工业化的道路》,《文史哲》1991年第6期。

吴承明 1993:《论工场手工业》,《中国经济史研究》1993年第4期。

吴承明 1994A:《论二元经济》,《历史研究》1994年第2期。

吴承明 1994B:《近代国内市场商品量的估计》，《中国经济史研究》1994年第4期。

吴承明 1995:《十六与十七世纪的中国市场》，《货殖：商业与市场研究》第1辑，中国财政经济出版社。

吴承明 1997:《传统经济·市场经济·现代化》，《中国经济史研究》1997年第2期。

吴承明 1998:《十八与十九世纪上叶的中国市场》,《货殖：商业与市场研究》第3辑，中国财政经济出版社。

张玉法 1980:《中国现代化的动向》,《现代史论集》第1辑，台北联经出版公司。

张海鹏、张海瀛 1993:《中国十大商帮》，黄山出版社。

张东刚 1997:《总需求的变动趋势与近代中国经济的发展》，高等教育出版社。

经君健 1983：《明清两代农业雇工法律上人身隶属关系的解放》，载

《明清时代的农业资本主义萌芽问题》，中国社会科学出版社。

林丽月 1991：《晚明“崇奢”思想隅论》，载台湾师范大学《历史学报》第 19 期。

佩鲁（Francois Perroux）1983：中译本《新发展观》，华夏出版社。

科恩 1984：Paul A. Cohen，*Discovering History in China*，Columbia University Press.

诺思（Douglass C. North）1981：中译本《经济史上的结构和变迁》，商务印书馆，1992，引语见第 142、158～159、164～165 页。

侯外庐 1959：《十六世纪中国进步的哲学思想概述》，《历史研究》1959 年第 10 期。

梁启超 1920：《清代学术概论》，中华书局，1954，卷首《自序》。

傅衣凌 1982：《从中国历史的早熟性论明清时代》，载《中国经济史论文集》上册，吉林大学出版社。

傅衣凌 1989：《明清社会经济变迁论》，人民出版社。

森正夫 1982：《中国史专题讨论会〈地域社会的观点——地域社会与领导〉报告书》，名古屋大学文学部东洋史研究室版。

舒马赫（E. F. Schumacher）1973：中译本《小的是美好的》，商务印书馆，1984。

舒尔茨（T. W. Schultz）1961：中译本《论人力资本投资》，北京经济学院出版社，1990。

檀上宽 1993：《明清乡绅论》，载《日本学者研究中国史论著选译》第 2 卷，中华书局。

魏金玉 1983：《明清时代农业中等级性雇佣劳动向非等级性雇佣劳动的过渡》，载《明清时代的农业资本主义萌芽问题》，中国社会科学出版社。

魏金玉 1993：《清代押租制度新探》，载《中国经济史研究》1993 年第 3 期。

魏丕信 1995：Pierre-Etienne Will，*Modernization Less Science? Some Reflections on China and Japan Before Westernization*，A selected pamphlet.

（原载《中国经济史研究》1998 年第 4 期）

中国的现代化：市场与社会（代序）

一 对现代化内涵的认识

“现代化”与“近代化”为同义语。我国文献常两词并用，无碍原义。

什么是现代化，无经典定义。总的说是从传统社会向现代社会演变，应包括各个方面。张玉法谓现代化的演变是向深度和广度双方推进的。深度指由物质层次进向制度层次，再进向思想层次；广度则有知识、政治、经济、社会、心理五个方面。他并列举各层次和五个方面的演变特征颇全面。[①] 不过，通常个人的研究都有所专，集众家而成全面。我是研究经济史的，主要探讨经济方面的现代化问题。但经济的变动必须以较深层次的制度、社会、思想的变迁来验证，才能确定其是否属于现代化演变。这其中的关系，下面再详论。

一国的现代化，在历史上有个开始期，即经济的、社会的、思想的各种现代化因素开始出现的时期，然后进入现代化过程的不同阶段。有所谓“前现代化”之说，指工业革命以前，实即上述开始期。又有所谓“后现代化”者，主要是哲学、文化上一种对现代社会持批判态度的思潮，不能作为历史发展的一个阶段。一般看法，世界迄今仍在继续现代化过程中，所以没有终结期提法。

① 张玉法：《中国现代化的动向》，《现代史论集》第1辑，台北：联经出版公司，1980。

人们对于现代化内涵的认识随时代变化而有不同，这点在评价历史上颇为重要，因而略作申论。

在16世纪西欧现代化因素出现时，人们尚无“现代化”这一概念，流行的主要是重商主义见解，以通过贸易增长一国的净收入为鹄的。18世纪末工业革命后，工业化成为讨论中心，重视新的技术装备。19世纪下叶以降，乃更注意资源的有限性，边际主义盛行。但迄20世纪前期，对现代化的认识可说都是集中在物质方面，忽视人和社会，强调国民生产（GDP）的增长，忽视为这种增长所付出的代价。20世纪60年代以来，新的科学技术给人以巨大鼓舞，同时，对人和社会状况作了深刻的反思。舒尔茨提出人力资本理论，开始注意智力投资。[①] 舒马赫指出现代经济以人和环境为牺牲的危机，《小的是美好的》一书醒人耳目。[②] 原来对经济的发展几乎是线性概念，70年代变成结构主义；原来以人均收入衡量经济增长，70年代提出人文指数，预期寿命、男女平等都成为指标。80年代提出精神文明问题，文化与公共道德纳入现代化范畴。90年代，知识经济成为要务，同时，“拯救地球”、环保和可持续发展成为急务。的确，物质发达而道德败坏、环境恶化，能说是现代化吗？

以上是现代化内涵在经济学认识上的变化。研究历史上的现代化，还应注意人们在历史观上的变化。工业革命以后，西方史学受新康德主义和进化论的影响，大都把人与人和人与自然界的关系看成是对立的，人与人是生存和利益最大化的竞争，人与自然是支配或征服后者。这种自我中心的历史观在20世纪初受到怀疑论的冲击，人类学、社会学以及地理、气候、生态等科学进入史学，出现整体观、社会整合、社会与自然界和谐发展等历史观点。[③] 或者说，向马克思早年提出的“工业社会和自然界本质同一性”的观

① 舒尔茨（T. W. Schultz）：《论人力资本投资》，吴珠华等译，北京经济学院出版社，1990。原著1961年出版。

② 舒马赫（E. E. Schumacher）：《小的是美好的》，虞鸿钧、郑关林译，商务印书馆，1984。原著1973年出版。

③ 参阅 Fernand Braudel, *The Perspective of the World*, Happer & Row, 1979；佩鲁（Francois Perroux）：《新发展观》，张宁、丰子义译，华夏出版社，1983；宋祖良《拯救地球和人类未来——海德格尔的后期思想》，中国社会科学出版社，1993。

点[①]和中国“究天人之际，通古今之变”或主客体统一的思维方式“回归”了。

总之，现代化的内涵和人们对它的认识是不断变化的。我们研究一国现代化的历史时以何为准呢？我认为，历史研究本来应当具有实证分析（positive analysis）和规范分析（normative analysis）两种功能。因而，一方面，应当将所论事物放在当时的条件下，实事求是地进行考察，也就是历史主义的方法论。另方面，要用当代的现代化概念和历史观，对所论事物及其潜在效应做出评价，也就是克罗齐所说“一切历史都是当代史”的方法论。[②] 这样，我们的研究才能以史为鉴，古为今用。

二　西欧现代化的理论

研究西欧现代化，一般是从 14、15 世纪的文艺复兴讲起。这是因为在欧洲，人们的思想不从神学的禁锢中解放出来，树立人文主义世界观，现代化将无从谈起。中国不同，中国占统治地位的儒学思想一直是人文主义的。但中国的现代化也有一个思想解放和启蒙运动问题，而且时间很长，需要专门考察。

研究西欧的现代化虽是从文艺复兴讲起，但经济上的变动，或现代化因素的出现，实始于 16、17 世纪的重商主义时代，这几乎成为史学界共识。学者们一些关于 16 ~ 18 世纪西欧经济变迁的论述，实即他们关于西欧早期现代化的理论。

马克思、恩格斯的理论认为这是从封建经济向资本主义过渡。他们在《德意志意识形态》的“交往和生产力”一节详述了这个过渡。[③] 这始于 16 世纪脱离行会约束的“特殊的商人阶级”的形成。他们造成城市间生产的分工，从而工场手工业兴起。随之竞争使商业政治化，诸如殖民主义、保护贸易、民族国家形成以至英、法革命和海上战争。到 18 世纪晚期，世界市

① 《马克思恩格斯全集》第 42 卷，人民出版社，1979，第 122、128 页。

② 克罗齐（Benedetto Croce）：《历史的理论和实际》，傅任敢译，商务印书馆，1982，第 2 页。原著 1915 年出版。

③ 《马克思恩格斯选集》第 1 卷，人民出版社，1972，第 56 ~ 68 页。

场的巨大需求产生了机器大工业，同时，英法等国已具备了自由贸易的条件，过渡完成。前后近三百年。马克思、恩格斯在《共产党宣言》中说得更为简洁："以前那种封建的或行会的工业经营方式已经不能满足随着新市场的出现而增加的需求了，工场手工业代替了这种经营方式"；"市场总是在扩大，需求总是在增加，甚至工场手工业也不能再满足需要了，于是，蒸汽和机器引起了工业生产的革命。"①

希克斯在他的《经济史理论》② 中认为世界经济发展的趋势是由习俗经济、命令经济向市场经济转换，虽然各国时间悬殊，并有反复。在西欧，这种转换始于 16 世纪"专业商人"的出现。他们要求保护财产权和维护合同，这是旧制度无能为力的，于是出现城邦制度，城邦和商业竞争，导致殖民主义扩张，接着出现四个方面的"市场渗透"，即适应新市场的法律、货币和信用制度的确立；政府财政、税制和行政管理的改造；货币地租通行和农产品的商品化；自由劳动代替农奴劳动，劳动力市场的形成。而这一切，导致 18 世纪末的工业革命，可说完成了向市场经济的转换。前后也是近三百年。

诺斯在《经济史上的结构和变迁》③ 中注意到斯密、李嘉图和身在工业革命中的所有经济学家都未提及这场革命。诺斯说，他们所以未"觉察"这场革命是因为西欧的经济变革老早就开始了，工业革命不过是进程"加速"而已。他把这个变革追寻到 1450～1650 年，其间贸易"是一种根本动力"。贸易的发展使具有完善财产权规定和自由竞争的"普通法"取代中世纪和王权时代的约束，同时，它使生产组织"从手工业到领料加工再到工厂制"，至工业革命"经历了三个多世纪"。可以说诺斯是从经济结构和制度变革上来理解现代化过程的。

以上各家理论可显示：西欧早期的现代化始于 16 世纪市场和商业的发展，经过政治和制度变革，导致 18 世纪末的工业革命。

---

① 《马克思恩格斯选集》第 1 卷，第 252 页。

② 希克斯（John R. Hicks）：《经济史理论》，厉以平译，商务印书馆，1987。原著 1969 年出版。

③ 诺斯（Douglass C. North）：《经济史上的结构和变迁》，厉以平译，商务印书馆，1992，第 142、158～159、164～165 页。原著 1981 年出版。

三　中国现代化历史的研究

对近代中国经济现代化的研究，早期是集中在工业化的问题上。这里暗含一个“现代化即工业化”的假说，自然是不完整的。但是，中国的工业化应该走怎样一条道路，在过去和现在都是一个重要问题。在20世纪三四十年代，一些著名学者如方显廷、刘大钧、谷春帆等，对此都曾做出卓越贡献。60年代以后，这种研究已包括在落后国家实现现代化的二元经济理论之内，其实质是在发展现代化经济时，如何利用传统经济中的积极因素的问题。[①] 同时，也包括现代化工业建设的规模效益、部门结构、地域分布以及管理、劳动等问题。近年来，还有人从总需求和总供给上来研究近代时期中国工业化的进程，因为这时期工业的发展主要受市场有效需求的制约。[②]

第二次世界大战后，美国学者提出“冲击—反应”（impact-response）范式，认为近代中国的一切变化都是对西方文明冲击的反应，一时成为西方研究中国近代史的主流思想。就现代化说，这显然是一种“现代化即西方化”的假说。中国学者也不少采取这种观点。不过，70年代以后，西欧中心主义在史学界受到批判；又因文化研究成为热点，汤因比的文化多元论重新受到重视；西方研究中国经济史者也有人改为强调内因论。到80年代，“冲击—反应”范式在西方也逐渐失去权威，柯文的《在中国发现历史》[③]一书对该范式作了全面批判。还有人指出，在西方文明冲击以前，中国和日本都已经有了“缺乏科学的现代化”了。[④] 更有一些西方学者从科技或国民总产值上考察，认为中国在宋代已经发生经济上的“革命”，[⑤] 那就更与西方冲击无关了。

---

① 拙作《论二元经济》，见本书第51~70页。本书指吴承明著《中国的现代化：市场与社会》，三联书店，2001。——编者

② 张东刚：《总需求的变动趋势与近代中国经济的发展》，高等教育出版社，1997。

③ Paul A. Cohen, *Discovering History in China*, Columbia University Press, 1984.

④ Pierre-Étienne Will（魏丕信），*Modernization Less Science*, *Some Reflections in China and Japan Before Westernization*, A Selected Pamphlet, 1997.

⑤ Mark Elvin（伊懋可），*The Pattern of Chinese Past*, Part Ⅱ, Stanford University Press, 1973; Angus Maddison, *Chinese Economic Performance in the Long Run*, Development Centre of the Organization for Co-operation and Development, 1998, pp. 25, 40.

在国内，早在20世纪三四十年代，吕振羽、侯外庐等即对明清社会中的资本主义因素或“市民阶级”有所探讨。50年代，乃兴起研究中国资本主义萌芽的热潮，其势历“文革”不衰，而大成于80年代，著述如林。这项研究是本于马克思的社会形态发展理论，从研究现代化的角度看则是一种“现代化即资本主义化”假说，而“萌芽”亦即现代化因素的产生。参加研究者有的主张唐或宋已见资本主义萌芽，而大多数人认为出现于明后期，或16世纪。这项研究最大的缺点是，历17、18世纪，资本主义萌芽并没有多大发展，“萌芽并未长成树”，而19世纪后期兴起的资本主义经济，如洋务派企业和民族资本企业不能与萌芽接轨。不过，这并不妨碍“现代化即资本主义化”这一假说。对19世纪以后中国现代化的研究，仍是以资本主义的发展为主线的。且其研究范围不限于经济领域，资本主义是一种社会形态，资本主义化势必影响整个社会生活。然而，从16世纪算起，经过300多年，中国并未进入资本主义社会，而是在1956年进入社会主义社会，实行社会主义现代化，几十年来成效显著，迄今还在进行。“现代化即资本主义化”这个模式是否适于中国，未免使人怀疑。

现在谈一下我个人的研究经历。我原是研习中国近代经济史的，20世纪50年代主要是研究旧中国的工业化问题。60年代，我参加主编一部三卷本的《中国资本主义发展史》，其第一卷定名为《中国资本主义的萌芽》，这就自然地卷入了萌芽的研究。此事因“文革”中断，全书到1985～1993年才出版。但自1981年起，我除继续研究工业化问题外，转而从事市场和商业史的研究。先是从商路、商镇、主要商品的运销和大商人资本等方面，分别考察了明代、清代和近代的国内市场；90年代，又从人口、物价、财政、商税、货币等问题上，考察了16～17世纪和18～19世纪上叶的中国市场（两项论文均见本书）。我发现，中国市场和商业的重大变革也是始于16世纪，即明嘉万年间，与资本主义萌芽同时。16世纪出现的徽商、晋商、陕商等大商帮，已属自由商人，有类于马克思所说的“特殊的商人阶级”，或希克斯所说的“专业商人”，可作开始出现现代化因素的征兆。用市场和商业来研究现代化因素的产生和发展，符合这时期需求牵动生产的历史情况。还有一个好处，资本主义萌芽的史料在17世纪几乎消失，18世纪再现，仍是稀疏的点，难以作宏观考察。市场发展的轨迹则远较明显，它是连续的，并可利用物价、货币量等多少作一些计量分析，做出周期性曲线。例如，我们可以比较肯定地看出17世纪的经济危机，康熙时的市场萧条，道光时更大的一次萧条；进入近代，还可大体估计出市场商品量的消长，以及诸如30年代危机等。[①] 我想用这种市场分析，连同各时期专制统治和保守势力在政治、经济、社会、文化上的反动措施（我统称之曰“逆流”），来解释我国现代化因素发生甚早，但发展迟缓、徘徊难进的过程。[②]

1992年，我国宣布要建立社会主义市场经济体制，1995年又宣布目标是在2010年形成这种体制。我认为，建成社会主义市场经济体制也就是实现我国的现代化。因而，我上述的研究方法可以说是遵循着一种“现代化即市场经济”的假说。这种假说也解决了上述“现代化即资本主义化”假说的矛盾。任何一个国家或民族，迟早总会由传统社会进入现代社会，但是，正像历史上有的国家或民族没有经过奴隶制社会、有的没有经过封建社会那样，实现现代化也不一定必须经过资本主义社会。我国实际上就是越过“卡夫丁峡谷”，由半封建社会进入社会主义的。但进入社会主义后仍然要建立市场经济体制，才能实现现代化。

四　需求与生产的关系

16～18世纪西欧的现代化过程，是由市场需求引起的，需求牵动生产，商业革命导致工业革命，这已成共识。中国其实也是这样。我曾作《近代中国国内市场商品量的估计》，说明市场需求增长缓慢，妨碍了现代化工业的发展。那么，在16～18世纪这个阶段以前，和在这个阶段以后，是否也是这样呢？

亚当·斯密提出社会分工提高劳动生产率是财富增长的主要源泉，而“分工起因于交换能力”，“分工度受市场范围的限制”。[③] 人们把这种理论称为“斯密动力”，可用以解释现代化以前社会经济是如何发展的。斯密在

---

① 拙作《近代中国国内市场商品量的估计》，见本书第289～303页。

② 拙作《16、17世纪中国的经济现代化因素与社会、思想变迁》，见本书第30～50页。

③ 亚当·斯密：《国民财富的性质和原因的研究》，郭大力、王亚南译，商务印书馆，1972，第16页。原著1776年出版。

阐述这个理论时是从狩猎、游牧时代讲起的，但他讲最初分工出来的弓矢制造者、茅屋建造者等人时，是因为他们有这种“能力”，而不是社会有这种需要。当然，在有了市场以后，市场需要又对分工发生作用。他又论到，在任何情况下，交换双方都比不分工有较多的“利益”。这就是价值规律的作用。恩格斯说，价值规律从还没有文字记载的历史起，“直到公元十五世纪止”（按：即开始现代化以前止），都起着“支配作用”。[①] 我认为斯密基本上还是生产决定论者，但他比古典学派任何人都更重视市场需求；在现代化以前几千年，“斯密动力”理论都是可用的。

工业革命以后，情况复杂多了。大约直到19世纪前期，学者大都是生产导向论者。英国古典经济学集大成者李嘉图、法国学派的奠基人萨伊（J. B. Say），都有“商品购买商品”说：一种商品滞销，不是因为它生产过多，而是因为另一些商品生产太少；就整个社会说，生产越多，销路越广。由此出现的萨伊定律，即“生产给自己创造需求”，十分激动人心。德国历史学派先驱李斯特（G. F. List）批评斯密的学说是“交换经济学”，因而他另创“生产力经济学”，并认为历史发展是由农业经济到工业经济，最后才是农工商并重的经济。不过，接连出现的市场危机也确实使人苦恼，西斯蒙第（J. C. L. S. de Sismondi）就出来批评“商品购买商品”说，认为生产应服从于消费。

19世纪70年代边际主义兴起。边际主义者从物品的效用或稀少性来解释价值，因而更多地从需求上立论，其中如洛桑学派的瓦尔拉斯（M. E. L. Walras）即属需求决定论者，认为供给只是需求的结果。同时期的德国历史学派，如希尔德布兰德（B. Hildebrand），就按交换的方式提出历史发展阶段论，即实物经济、货币经济、信用经济。更晚的毕歇尔（K. Bücher）则从交换过程上看历史，先是内部交换，继而生产者与消费者直接交换，最后是“国民经济”，生产者只为市场而生产，商品要经过许多环节才到消费者手中。

20世纪初，以马歇尔（A. Marshall）为首的新古典主义经济学占了主流地位。马歇尔首创“需求理论”，从此经济学皆从需求讲起。但马歇尔的重点仍是生产论，并认为极短期内是需求决定均衡价格，长时间则仍是供给起

① 马克思：《资本论》第3卷，人民出版社，1975，第1019页。

决定作用。对现代化工业说，扩大需求可增加产量而不致提高价格，甚至降低价格，但其他部门，尤其是农业，并非如此。1929年西方世界发生空前严重的经济危机，百货滞销，同时，出现凯恩斯主义“革命”。凯恩斯（J. M. Keynes）彻底批判了萨伊定律，市场上有效购买力成为经济研究的中心。他提出了通过金融、财政手段稳定总需求的主张。在经济史学中需求导向论也成为主流，奇波拉（C. M. Cipolla）主编的巨著《方坦纳欧洲经济史》（1972～1976年出版）可为代表。

凯恩斯主义主导西方经济学的时间不长。20世纪60年代，以萨缪尔森（P. A. Samuelson）为代表的新古典综合派成为主流。萨氏继承了凯恩斯的有效需求论，但强调利息率对投资的决定作用，而投资决定国民收入，因而又有供给更重要的倾向。同时，斯拉法（S. Sraffa）提出“用商品生产商品”说，重新重视生产，被称为“新李嘉图主义”。70年代末，因美国“滞胀”而兴起的供给学派，则是全面的供给决定论，并重申萨伊定律的正确性。不过，需求导向论仍然活跃，在实际经济工作中一直应用的“投入产出法”，就是以需求为基点的。

马克思是坚定的生产决定论者。“一定的生产决定一定的消费、分配、交换”；“交换的深度、广度和方式都是由生产的发展和结构决定的。”但这是就整个经济系统而言，“就其片面形式来说”，“市场扩大……生产的规模也就增大，生产也就分得更细”。[①] 他又认为，“产品贸易一旦离开生产本身而独立起来，它就会循着本身的运动方向运行”，“这个运动有自己的阶段，并且也反过来对生产运动起作用”。[②] 他曾指出，行会手工业是使用价值的生产，它出售产品，但其“生产处处从属于作为前提的消费，供给从属于需求”。[③] 在早期的著作《哲学的贫困》中，他还提到交换有三个阶段：最早是“生产超过消费的过剩品”参加交换。第二阶段“一切产品，整个工业活动都处在商业范围之内，当时一切生产完全取决于交换”。第三阶段，“甚至像德行、爱情、信仰、知识和良心等最后也成了买卖对象”。[④]

---

① 《马克思恩格斯选集》第2卷，人民出版社，1972，第102页。

② 《马克思恩格斯全集》第37卷，人民出版社，1971，第485页。

③ 《马克思恩格斯全集》第46卷上，人民出版社，1979，第516页。

④ 《马克思恩格斯全集》第4卷，人民出版社，1958，第79～80页。

我一向认为，在经济史研究中，一切经济学理论都应视为方法论，任何伟大的经济学说，在历史的长河中都会变成经济分析的一种方法。[①] 每种理论都有它的时代背景，“史无定法”，我们在研究中可以选择这种或那种理论作为思考方法或分析方法，但不能从中得出任何结论。治史的唯一根据是你认为可以代表史实的史料，结论只能由实证得出。我试举一个例子。在我国现代化过程中，19 世纪下叶世界市场对我国生丝有很大的需求，出口旺盛，各地都发展蚕桑业。但获得成功的只有原有丝路的杭嘉湖地区和有海运的珠江三角洲。苏北、川东、直隶都经官府提倡，设蚕桑局，以至发放桑苗和蚕种；张謇在南通、张之洞在湖北、左宗棠在新疆，下的功夫尤大；但都无成就。考其原因都因为没有市场。正如张謇所说，南通、海门一带，“丝不成市，市上线店辄以重秤低价劫利。其偶合缫法者，去卖上海、苏州时，辄为厘局司事签手以漏报科重罚，加以往返斧资，经事计算，折阅十常八九，以是民相语蚕桑无利”。[②]

五　经济现代化与社会变迁的关系

前已言及，现代化过程包括物质、制度、思想多层次和政治、经济、社会、文化、心态多方面。研究现代化，最好是用法国年鉴学派倡导的“整体史学”方法进行全方位研究，才能体现“整体大于部分之和”，体现现代化这一历史变革的伟大意义。但以中国之大，除非划定区域，进行这种整体研究是非常困难的。布罗代尔的《菲利普二世时代的地中海和地中海世界》被誉为整体史学的典范，它就是有地域限制的。布氏的另一巨著《十五至十八世纪的物质文明、经济和资本主义》（实即研究我们所说向现代化的过渡）没有地域限制，但该书是讲“物质文明”，属于经济史。可是他考察的范围也包括气候、能源、技术和城乡生活、饮食习惯、疾病灾害、社会风尚等多方面。[③] 限于学识，我不能像布氏那样博览，只能将我们传统经济史所

① 拙作《经济学理论与经济史研究》，《经济研究》1995 年第 4 期。

② 白鹤方等主编《中国近代农业科技史稿》，中国农业出版社，1996，第 309～311 页。

③ Fernand Braudel, *Civilization and Capitalism, 15th – 18th Century*, English edition, Happer & Row, 1981, Vol. Ⅰ, p. 23.

考察的现代化因素，用同时期的社会变迁（包括制度和文化变迁）来验证。这里我将题目放宽一点，谈一下我对经济史与社会变迁关系的看法。

我认为，历史研究（不是写历史）是研究过去的、我们还不认识或者认识不清楚的事情，如果已认识清楚，就不用去研究了。经济史是研究各历史时期的经济是怎样运行的，以及它运行的机制和效果。在经济史研究中，最重要的是新的经济因素及其运行方式的出现与发展，如果一代一代都是重复旧的运作，那不研究也罢。每个时代都有新的东西出现，都应列入编年史记录，但要有大量的新的因素集中地出现，并且其发展趋势是不可逆的，才有历史意义，即划时代意义。这可作为本文所称“现代化因素”的定义。

一种新的经济因素，不论是生产、流通或市场上的，只有引发适合于它的制度上的变革，它才能持续发展，否则会被旧的僵化了的制度所扼杀。制度包括政府制定的强制性的规则，也包括社会通行的道德和习俗规则。划时代意义的新的因素，如现代化因素，不仅需要一般经济制度的变革，如田制、赋役制、币制、市场交易和雇佣劳动等制度的变革，还需要有经济体制的（systematic）和政治体制的（constitutional）变革（这种变革可称为“革命”），才能保证和促进它的发展。原来，制度不但有限制、规范的作用，还有引导、促进的作用。一般说制度的良窳可以决定经济的盛衰，体制的改革可以促进经济的革命性转变。

经济上新的因素的发展，尤其是因此而来的制度上的变革，必然会反映到社会上，引起社会结构、家族制度、等级和群体权利、人们行为和习俗的变迁。如果这种变迁是正向的、不可逆的，那就是社会的现代化因素，可与经济的现代化因素相得益彰。但是，社会变迁不是与经济的发展同步的，它常有时滞，以至相当长时间的反向。这是因为影响社会变迁的不限于经济，还有许多其他力量，其中最重要的是政府行为，尤其是中国专制王朝的政府具有决定性力量。此外，家族、缙绅、地主的保守势力，宗教、礼教和社会习俗的刚性，都会附和专制主义，形成我所说的“逆流”，抑制乃至暂时扼杀经济和社会现代化因素的发展。

经济发展—制度改革—社会变迁，这一系列的变化，在最终或最高层次上，还要受到民族文化的制约。这里的“制约”（conditioned）有双层含义。一方面，不合民族文化传统的制度变革往往不能持久，如太平天国的许多改革以及“人民公社”制度就是这样。另方面，文化思想又常是社会经济走向现代化的先导，这种先导在思想史上称为“启蒙思潮”。从经济史角度来考察文化思想变迁，不能像文化史专家那样全面研究，我想可以集中考察居于主导地位的文化思想对于社会经济现代化因素的制约。这种居于主导地位的文化思想，在西方可概括为基督教文化，在中国可概括为儒学，另外，还有个“西学东渐”问题。

文化思想变迁不是与经济变迁如影之随形，不可用经济决定论去研究。思想发展有它自己的道路。儒学的发展史，我没有知识。不过，就现代化来说，我以为儒学的现代化就在于宋代以后儒学的逐步理性化（西方基督教思想的现代化，也是它文艺复兴以来的理性化），儒学原以讲伦理道德为主，没有自己的宇宙观和认识论。汉儒继孔子之业，取六经以释其仁学，即汉“经学”。迨宋儒取佛老教义，完成以理为根本的本体论和以格物穷理为要略的认识论，成“理学”，这就是儒学的理性化（李约瑟称之为科学化）。明王阳明创“致良知”说，将“知”和“理”直接挂钩成一元论，使儒学进一步理性化。“致良知”说提高了个人思考价值，使人解放思想，导致16世纪颇为轰烈的反传统思想和17世纪以“经世致用”为主题的启蒙思潮。这可说文化思想对我国现代化因素的积极制约作用。然而，清代的文化专制主义的“逆流”较之社会经济上的逆流更甚。到18世纪，不但经世致用的启蒙思潮夭折无闻，整个儒学也回到“经学”的老路上去。这自然对社会经济的现代化因素起着消极的制约作用。当然，进入19世纪，有更大的启蒙思潮兴起，同时，“西学东渐”渐居主流了。

六　本书的内容

本书是我的第三本论文集。第一本是《中国资本主义与国内市场》（中国社会科学出版社，1985），内容如书名，是选入我1985年以前所作7篇关于中国资本主义的和5篇关于中国市场的论文。第二本是《市场·近代化·经济史论》（云南大学出版社，1996），选录了我1986~1995年所写的6篇关于市场，7篇关于中国近代化，6篇关于经济史理论和方法论的论文。明显地看出，这十年我已不再进行中国资本主义的研究（三卷本《中国资本主义发展史》也已出齐），除继续研究市场外，转而注意经济史理论和方法论的探讨。其中我认为比较得力的是《论历史主义》和《经济学理论与经济史研究》两篇文章，两篇都经广泛转载，后者并获“孙冶方经济科学论文奖”，被选入诸如“中国科技成果”之类的记录书。我提到它们，是因为现在这本小册子中没有关于经济史理论和方法论的文章，但我对这个问题仍有兴趣，有些看法是在本书附录部分，在这篇“代序”中也提到些。

本书距我上一本论文集只有三年。我已入耄耋，写不出多少东西了，连同附录，选入本书的24篇，并不都是这三年的作品。这三年，我更注意现代化（近代化）问题。我认为中国的现代化因素是16世纪开始出现的（有人称之为“嘉万说”），我系统的考察也从16世纪开始。到现在，我在市场方面刚探讨到19世纪上叶，在社会、思想方面仅及17世纪。“恐年岁之不吾与”，能否继续下去真不敢说了。

本书内容可分四组。第一组偏重于现代化理论方面。包括这篇“代序”、《传统经济·市场经济·现代化》、《16、17世纪中国的经济现代化因素与社会、思想变迁》三篇文章，都是1995年以后的新作。第三篇是想实践我在这篇“代序”中关于经济现代化与社会变迁关系的论点的一篇试作。我对社会史、文化史本无知识，这篇试作乃是探路性质，希望多得读者的批评和指教。

第二组是关于鸦片战争以后中国工业化的问题，有《论二元经济》、《论工场手工业》和《近代中国经济现代化水平的估计》三篇文章。前两篇是旧作，我在这方面文章较多，选此二篇，因为它们都在计量上修订了我过去的研究，并在理论上有所发挥。第三篇是新作，是综述我在《中国资本主义发展史》第二、三卷附录中所做的资本积累和产业产值的估计，并加以修订。

第三组是关于中国市场史的研究，有六篇文章。前三篇即关于明代、清代、近代国内市场的研究是我80年代的作品，从商路、商镇、主要商品运销和商人资本等方面考察市场的发展。其中清代一篇我曾试图估计1840年以前的市场商品量，当时资料不足，估计偏低。近年来，时贤对此已有多家估计，远胜于我，我不能掠他人之美，因在“附言”中简介。《16与17世纪的中国市场》《18与19世纪上叶的中国市场》两篇长文，是我90年代改从市场周期性、人口与耕地、物价、商税、货币量等方面考察市场的发展，注重计量分析。其中16、17世纪一篇已发表过，18、19世纪上叶一篇虽写于1997年，但在本书尚属初次发表。最后一篇《近代中国国内市场商品量的估计》也是新作，是将过去我对市场商品量的各种估计综合起来，并加以修订，试图得到一个系统的概念。

第四组附录，包括一篇专题评论、一篇书评和十篇我为时贤著作所写的序言，跨时间较长，都未曾收入我过去的论文集。为人作序实在困难。因为所序都是专著，对这个专题，我所知道的绝对比作者所知道的少得多，我只能从中学习。至于观点，学术著作应该各有各的观点，不在序言讨论之列。所以我写的序言，大都是讨论经济史理论，尤其是方法论问题。我主张"史无定法"，但对每种"法"的理解和应用，是可以讨论的。例如实证主义与所谓"科学的史学"，诸如逻辑实证主义、模式论；历史主义认识论与相对主义认识论；比较史学与参照系；区域研究与中心地理论；以及经济学理论的应用等。在讨论中当然会包括了我的看法，这也是把它们收入我的文集的理由。

本书各篇原是单独的文章，自有些叙述雷同。收入本书时我作了一些删节，但为文意完整，仍不免有重复之处。

（写于1999年7月。原载吴承明著《中国的现代化：市场与社会》，第1~18页）

现代化：历史观和方法论

一　什么是现代化

什么是现代化，没有个经典定义，并且人们对它的理解是不断改变的。讲欧洲的现代化一般从文艺复兴讲起：人文主义、自由主义、民族国家的形成，主要是在文化政治方面。16 世纪重商主义兴起，以通过贸易增长一国净收入为鹄的，注意力转到经济方面。18 世纪末出现工业革命，工业化成为现代化的中心问题。直到 20 世纪前期，对现代化的认识可说都是集中在物质方面，忽视人和社会的现代化，强调国民生产（GDP）的增长，忽视为这种增长所付出的代价。第二次世界大战以后发生重大变化。20 世纪 60 年代提出人力资本、智力投资。70 年代提出文化和环境问题；原来对经济发展几乎是线性概念，这时变成结构主义；原来以人均 GDP 衡量增长，这时提出人文指数，预期寿命、男女平等都成为指标。80 年代提出精神文明问题，公共道德被纳入现代化范畴。90 年代提出“拯救地球”口号，环保和可持续发展成为当务之急。的确，物质发达，而道德败坏、环境恶化，能说是现代化吗？近年来，知识经济、信息社会、基因工程又成为最现代的东西。

现代化的内涵是不断改变的，我们可以从各个方面分别去研究它。但作为历史观还需要有个总的看法。我想，目前基本上有三种看法。

第一种是“现代化即西方化”。这在历史观上就是文明一元论或中心论。这种历史观形成于18世纪启蒙运动，完成于黑格尔的《历史哲学》(1837)。工业革命以后，演变成西欧中心论，对中国史的研究出现“冲击—反应”模式。斯宾格勒首先打破中心论的历史观。汤因比的《历史研究》（1934～1961）建立文明多元论。今天我们已没有人讲“全盘西化”了，但中心论并未绝迹。1998年在香港召开一次现代化问题讨论会，至少有五六篇论文一上来就说“现代化即西方化”。

第二种看法是“现代化即资本主义化”。我们这样看是根据马克思的社会形态理论，封建社会过渡到资本主义社会，即现代社会。不过，全世界都有这种看法，资本主义代表现代性。多年来，我们对这种看法深信不疑，今天看却大有毛病。资本主义作为一种社会制度，不一定是现代化的必然条件。我国的四个现代化就不是在资本主义制度下完成的，而要在社会主义制度下完成。苏联的工业化和科技现代化，就是在社会主义制度下完成的。在资本主义国家也有社会主义因素。如果说资本主义是现代性的，那么社会主义更是现代性的。还有许多新的东西，如绿色运动、可持续发展、信息化、数字化、网上交易都是很现代的，但与资本主义何干？不姓资，不姓社，都可以现代化。

第三种看法是“现代化即理性化”。这在西方，由神权社会进入理性社会，即现代社会。西方的理性主义，是经过培根、笛卡尔、18世纪启蒙运动大师们，到康德完成的。不过，在历史观上，把现代化定义为理性化，始于韦伯（Max Weber），意思是现代社会，是合乎科学地、合乎进化规律地、合乎逻辑地发展的。现代社会的现代性，就在于它是合乎理性发展的。

我以为到目前为止，即在有更好的理论出现前，“现代化即理性化”这个看法是可以接受的。中国不是由神权社会进入理性社会，但由封建社会进入现代社会，也有个理性化进程。为此，我们史学工作者就要讲历史观和方法论问题。

二　历史观与方法论

历史观即对历史的看法，如历史的动力是什么，历史发展有无规律性，历史发展是线性的还是周期的，是一元的还是多元的，等等。不过，归根到底，只是两个问题，即人与自然界的关系问题，人与人的关系问题；这是马克思总结出来的。至于历史学的方法，那有很多，如实证主义方法，逻辑的方法，分析的方法，以至数理方法，等等。但归根到底，是认识论的问题，即思维与存在的关系问题。今天我不讲具体的历史观和方法论，只讲这三个问题，即人与自然界的关系，人与人的关系，思维与存在的关系，目的在说明中国和西方在这三个问题上看法之不同。具体的历史观和方法论，只是附带提到。

（一）中国的历史观和方法论

人与自然界的关系，中国叫天人关系。儒家、道家、法家，对天人关系有不同看法，但最后融合了。

儒家的天是神意义的天，天有意志。孔子讲天命，孟子讲天志，荀子讲天职天功，天都有意志。因而，在儒家的历史观中，有目的论的色彩，但不浓厚，比起恩格斯在《自然辩证法》中所批判的西方哲学的目的论来，简直算不了什么。决定论的色彩，除个别如五行生克论者外，在史学界也是很淡薄的，与西方维科（Giovanni B Vico）等思辨的历史哲学不同。儒家虽是神义的天，但人与天是相通的，孔子知天命，孟子更是“万物皆备于我”，这就是思维与存在的同一性。

这里我只讲一件事，即荀子有“制天”之说，今人解为人能制服天，如培根所说人征服自然界，这大约出于今人的革命哲学。古人不这样讲。王念孙说“制天”是“裁天”误书，章太炎、胡适从之。照我看，“制”可作“法、则”解。“大天而思之，孰与物畜而制之”。“物畜”即积蓄，以天为法去积蓄财物，即《大雅》“天生烝民，有物有则”之意。“从天而颂之，孰与制天命而用之”，意指以天命为法则来应用。儒家思想中，天人之间是和谐的关系，没有对抗的意思。

先秦道家即老庄的天，完全是自然意义的天，是“无为”的天，历史观没有目的论。“人法地，地法天，天法道，道法自然。”不但天人相通，人与自然，即主体与客体、思维与存在是一致的，用哲学话说有同一性。

先秦法家，除商鞅守儒外，在本体论上都是道家思想。韩非在《解老》篇中还提出一个“理”，“万物各有其理”，而“道尽万物之理”，给万物协调找到根据。

秦汉之际，法家融入儒家，所谓“儒表法里”。同时，儒家也吸收道家的世界观，讲“无为”，即所谓“黄老之术”。司马迁就是讲黄老之术的儒家，他的历史观和方法论可用两句话来概括，即“究天人之际，通古今之变”。这种历史观和方法论，用现代语言来说就是：自然界是统一的（integrated），人类社会是同质的（homogeneous），天人之间是相通的（communicable），主体与客体是和谐的（harmonious），思维与存在有同一性（identity）。当然，人间有苦难、战乱、罪恶，但正如自然界有日食、地震、灾荒，通过“变”，即向对立面转化，会复归于和谐、祥和。总之，和为贵。

以后，政治有变化，“无为”变为专制，思想有波澜，如魏晋玄学，隋唐佛学；但在史学上，这种“究天人之际，通古今之变”的历史观和方法论，基本上延续下来，直到北宋，12 世纪才发生变化。下面再说。

（二）西方的历史观和方法论

西方的自然观，从古希腊起，直到 19 世纪都是神意义的天，都有上帝主宰，仅少数例外。所以在历史观上，有浓厚的目的论，以至决定论，与中国迥异。

希腊哲学，天人关系还是和谐的，人与人之间要求真善美，类似中国“止于至善”。但是，自泰勒斯（Thales）起就强调主体与客体的对立，以至思维与存在的对立，成为西方的传统。这点与中国相反。

柏拉图的自然世界，是因为有“理念”的加入才变为存在，不是历史的存在，这是一种非历史主义倾向。亚里士多德是存在一元论，思维与存在也比较一致，又创造三段论的逻辑学，成为西方推理的重要工具，这一点比中国高明。但逻辑推导的历史缺乏实证，也有一种非历史主义倾向。中国的历史观，自司马迁“通古今之变”起，就是实证主义的。在西方，要到 19 世纪初孔德建立实证主义后，或者说自近代史学之父兰克（Leopold van Ranke）起，才有真正的实证主义史学。这是后话。总的说，希腊人的历史观，天人关系基本和谐，人与人关系要求真善美，但有浓厚的目的论色彩，主客观对立，有非历史主义倾向。

到中世纪，神权统治一切，历史由神决定，谈不上什么历史观。

15 世纪，文艺复兴，宗教改革，冲破神学樊篱，随之出现许多理性主义思想大师，大别为二派：一派是经验主义者，理性来自经验，如培根、洛克，以至休谟。一派是唯理主义者，不反对经验知识，但认为真正的理性是先验的，如笛卡尔、斯宾诺莎、莱布尼兹。这种区别，并不妨碍他们的理性主张，他们都对欧洲的现代化思潮做出贡献，出现了 18 世纪的启蒙运动。

康德把两派统一起来，集理性之大成，等于理性圣人。但是，他的宇宙观充满二律背反，只能用本体和现象二元论解释。他承认经验，即历史，但历史知识没有必然的确实性，判断要靠先验的知识，依靠逻辑方法。又，强调主客体矛盾，思维和存在没有同一性。

到黑格尔，排除了不可知论、二元论，发明了历史辩证法，确立了思维与存在的同一性。但黑格尔的历史哲学，如恩格斯所说，是颠倒着的：它是“绝对精神”先外化为自然界，有了物质世界的运动；然后外化为人类，有了人类历史；人类历史又发展出完美的精神世界，这就是正反合。把它颠倒过来，那就是：精神或者思维，在历史的辩证法发展中，显现自己。这就是马克思历史哲学的思路了。

黑格尔的历史哲学富有斗争性。加强了西方史学主体主义、自我主义和中心论历史观。18 世纪的启蒙理性，有更强的斗争性，更强的自我主义。19 世纪以来从叔本华到尼采的唯意志论，更显现了强人主义和英雄史观。

西方的理性主义是伴随着科学和社会科学发展的。早在 16 世纪，培根就提出“征服自然界”的号召，“知识就是力量”，指征服自然界的力量。以后科学尤其是物理学的发展，都是面向征服自然界。达尔文的进化论，讲生存竞争，不惜吞食和消灭对方，而这都是合理的，进而形成社会达尔文主义：人类学、社会学提出人类迫使自然界的限制逐步“退却”的理论，强调人的“类意识”排斥非同类共同体成员。经济学提出利益最大化原则，可以无限制地消耗有限的资源，人与人之间变成尔虞我诈。它假定每个人都是理性的人，“理性预期”学说使得一切政府政策失效。又因个人理性超过集体理性，每个人却陷入“囚徒困境”，一切交易都变成博弈。20 世纪 90 年代两届诺贝尔经济学奖都授予了博弈论者。

马克思的历史观即历史唯物主义大家都熟悉的，我只附带提一下他的天人之间和人与人之间的观点。他在1844年《经济学和哲学手稿》中就提出“自然界和人的同一性”，提出人类应向自然主义发展，而自然界将向人道主义发展，最后二者统一。在《资本论》中，这就是由“必然王国”走向“自由王国”。但这是未来的事，是消灭资本主义制度以后的事，今天，只能努力于社会革命。列宁在《哲学笔记》中讲“发展是对立面的斗争”，也讲“发展是对立面的同一”，而在《谈谈辩证法问题》中，他认为正确的发展（进化）观“是对立面的统一”。到了斯大林就斩钉截铁地说：“从低级到高级的发展过程，不是通过现象的和谐的开展”，而是通过“矛盾的揭露”，和“对立倾向的斗争进行的”（《论辩证唯物主义和历史唯物主义》）。

三　理性化的道路

上述可以看出，进入理性化或现代化过程以后，西方与中国在历史观和方法论上的差异日益扩大了。这是因为中国和西方理性化的道路不同。

我以为中国的理性化思潮，始于11世纪理学的出现。这个思潮，首先是把老庄和《易传》的宇宙观或本体论完善化了，把王充以来的元气说完善化了，又吸收佛学的认识论，经朱熹集其大成；到16世纪，王阳明发明致良知说，给理学以活力，可以说完成了传统儒学的理性化，可功比康德。16世纪，中国的确已出现了大商人资本集团，出现了工业资本主义萌芽，出现了赋税、租佃、雇工和货币制度的改革，出现了社会结构和社会习俗的某些变迁，总之，有了现代化的因素或萌芽。同时，16世纪掀起了泰州学派、李贽、东林党人等的反传统思潮，其激烈程度不下于德国的少年黑格尔学派；17世纪又有顾炎武、黄宗羲、王夫之以及颜李学派的启蒙运动，又似于18世纪法国的启蒙运动。

李约瑟把宋明理学视为传统儒学的科学化。因为宋代科学技术颇为发达，据他考察，已可抵18世纪英国工业革命以前的水平。但是，直到18世纪，中国并未发展出近代科学，而16世纪出现的那些现代化因素，到18世纪反而大半萎缩，顾炎武等以“经世致用”为号召的启蒙运动也烟消云散。这里有政治局势变动的原因，而很重要的是它理性化的道路和西方不同。

西方理性主义的发展主要是用逻辑思维，这种思维经培根、笛卡尔改进成为科学的方法，它包括归纳、实验，而更重要的是严密的推理程序。西方近代科学的建立，民族国家的形成，富国强兵和工业化，都借助于这种方法，把理想变成现实。近年来，人们把这样达成的理性化称为“工具理性”。这名称亦非全新，原来 1620 年培根的方法论著作就命名为《新工具》；早年梁启超把西方逻辑学介绍到中国也称“新工具”；西方一些逻辑实证主义的著作常列有“操作规则”，显见其工具性。工具理性即这种理性原理，可以通过逻辑思维，有效率地达到预期目的，而不管这样做是否合乎道德原则。像谋求利益最大化的经济学，就是典型的工具理性。

其实，西方理性的发展主要是用逻辑思维，这种思维经培根、笛卡尔把道德看成是最高级的科学，因为它要以其他科学的全部知识为前提，达到最完善的智慧。康德讲“良善意志”，沿袭希腊传统，把道德称为“实践的理性”，而其他理性是没有必然性的“纯粹理性”。亚当·斯密先写了《道德情操论》，然后才写《国富论》。但是，西方在理性化或现代化过程中，看中了工具理性，忽视了道德理性，以致国富兵强而道德沦丧。

中国不同。传统儒学是讲伦理道德的，宋明理学出现后，仍然是讲怎样才合乎天理，合乎人道，天下太平，止于至善。这种道德理性，今天被称为“价值理性”。中国辩证思维很高明，可以“通古今之变”，但逻辑思维很糟糕，《墨经》绝唱后，几乎无人谈起，成为中国一大弱点。道德理性没有工具性，中国的其他理性，甚至科学理性，也没有工具性，因而没有实效。前几年杨振宁在香港中文大学演讲，题目是“中国文化与科学”。他也说宋明理学是传统儒学的理性化，他说中国所讲的“理”也是要找到自然规律，但没有发展出近代科学，就是因为缺乏演绎逻辑，缺乏推理的逻辑。如前所说，16 世纪以来的现代化因素或萌芽，没多大成就，就是因为缺乏工具理性。17 世纪以“经世致用”为号召的启蒙运动，也因为缺乏工具理性，致用不起来。到 19 世纪后期第二次启蒙运动，情况有些不同了。这时已吸收了西学，学到了一些工具理性，所以多少有点成绩，那就是洋务运动、戊戌变法、辛亥革命。不过，中国真正的搞现代化，搞工业建设，还是从 1953 年第一个五年计划开始。那时主要是学苏联。苏联的现代化思想是最工具性的，命令行事，也最有效率，但是也最不道德，杀人不少。

四　对现代化的反思和批判

西方的现代化，从工具理性说的确成绩卓著，人都要遨游太空了，但从价值理性说，生态破坏、道德沦丧，离真善美更远了。这就不能不引起反思和批判。早期，海德格尔（Martin Heidegger）在《存在与时间》中就批判自我中心的世界观，提出人与自然界不是主体与客体的关系，而是参与的关系；人与人不是竞争的关系，而是互相交往的关系。在他死后1946年出版的《论人道主义的信》中更表述了类似中国“天人合一”的思想。据说海德格尔是喜欢读《老子》的。20世纪50年代，卢卡奇（György Lukács）在《理性的毁灭》中说，1848年以后，西方资产阶级走向反动，西方文化也由理性转向非理性了，20世纪已是非理性世界。60年代，舒尔茨（Theodore Schultz）提出《人力资本论》，要求重视人的价值。70年代，舒马赫（E. F. Schumacher）发表《小的是美好的》，批判西方讲效率不讲道德，错误在于“人对自然的态度”，人是属于自然的，却把人作为征服自然的外在力量。80年代，佩鲁（Francois Perroux）出版《新发展观》，要求人与自然界和谐发展，重视文化的决定性作用。我提出这些，因为其论点都与历史观和方法论有关，并且这些书都已有中文版，可以看出，其论点似乎都有点向“究天人之际，通古今之变”倾斜。

20世纪80年代，兴起批判西方现代社会的“后现代主义”思潮。这个思潮声势很大，但主要是批判，较少建设，没有一套系统的理论，当然也没有实践，所以不是现代化过程的又一个阶段，而仅是一种思潮。他们批判的范围很广，主张也不一致，我只捡其有关历史观和方法论的三个问题略做介绍。

第一个问题：理性主义。

许多后现代主义者是根本否定理性的。他们认为18世纪启蒙运动开展的理性化或现代化运动是个错误，到20世纪以失败而告终。原来尼采就认为，理性是束缚人的自由意志的东西；弗洛伊德的精神分析学也证明，人的本质并不是理性的。后现代主义者认为世界根本不是理性的，不是由一个理性主宰设计出来的，而是由混沌、差异、个别偶然地组成的，这叫作“后结构主义”。世界不是理性的，因而在认识论或方法论上，不能用逻辑思维，而要用感情思维、直觉思维。

这种非理性主义的世界观或历史观，我看是不能接受的。但不是所有后现代主义者都否定理性，而是批判工具理性。这可以影响最大的后现代主义大师之一哈贝马斯（Jürgen Habermas）为例。哈贝马斯认为 18 世纪的启蒙运动确实犯了不少错误，但它的“现代性”运动并非完全失败，而是一个没有完成的理想。错误在于滥用工具理性，在于把工具理性不适当地从经济技术领域侵入道德领域。他认为，在理想的“现代性”中，道德理性应该主导工具理性，价值观应该约束科学技术。

还有个“一致性”问题。一些后现代主义者基于“后结构主义”理论，认为人们在思想和选择上根本不存在一致性，理性要求规范行为，只能出于强迫，而强行一致就是暴力、压迫、恐怖主义。哈贝马斯不同意这种观点，他认为人们可以通过协商达成一致。他 1981 年的成名之作《交往活动的理论》详述了通过交往和沟通，人们之间达到相互理解、友好合作的理论。这等于马克思在《德意志意识形态》中提出的“交往与生产力”理论的另一个版本，应当说是个很现代化的解释。

还有个方法论问题。后现代主义者几乎都批判逻辑实证主义。逻辑实证主义原产生于维也纳学派，它是以经验为根据，以逻辑为工具，进行推理，用概率论来修正其结论。这个学派传入美国之后，与美国原有的实用主义结合，出现了一种推理模型，即 Hempel Oppenheim 模型：它要求至少有一个一般规律，加上对所研究问题的初始条件或边际条件，然后推导出解释或描述；认为只有这样的解释或描述才是科学的。这是十分工具性的。问题是亨普尔（C. U. Hempel）首先将这种模型向历史学发难，发表《一般规律在历史学中的功能》（1942），不照一般规律推演出来的历史是不科学的。这难道不应该批判吗？

第二个问题：主体主义和中心论。

前面说过，西方哲学一向强调主体与客体的矛盾，历史观的主体主义和中心论即由此衍化而来。笛卡尔说“我思故我在”。思是存在的证明，也是历史的证明，可谓主体主义之滥觞。康德、黑格尔也都是主体主义者。人或人的精神（思维）是世界的主体，这与中国天人合一的历史观是对立的。

前述海德格尔、舒马赫都批判了这种观点，后现代主义者更是严厉地批判它，并集中于笛卡尔。哈贝马斯则从他的交往理论中提出“交往理性”，使理性从主体进入“主体间”，他说这样就可以免除工具理性的主宰。

19 世纪的历史中心论是指世界文明以欧洲或基督教为中心。前已说过，这种观点已由斯宾格勒、汤因比的历史多元论批判了。后现代主义者差不多都是多元论者。还有一种“价值中心论”，把先进与落后国家文明的差异归结为它们发展程度的不同阶段。后现代主义者大都批判这种观点。如后自由主义者柏林（Isaiah Berlin）提出民族间的差异是本原性的，不能用一个尺度来衡量，各民族文化的价值是不可通约的，自然不会有什么中心。还有许多后现代主义者强调差异，世界本来是差异的、多样的，存在就是差异，因而，先进与落后都有其存在的价值，落后本身也是一种价值。这样说未免走得太远了，应当承认世界的多样性，但不能完全否定人的社会的同一性。中国“世界大同”和“民胞物与”的观点恐怕要高明得多。

第三个问题：历史的连续性问题。

后现代主义者很多人都认为历史是非连续的。有人是从强调“个别性”出发，认为世界上的事物都是个别的，彼此没有必然的联系；历史上的事物也没有必然的连续性。有的是从“后结构主义”立论，强调社会的“非同质结构”，那么后一代同前一代的社会也没有必然的同一性。更多的人认为，连续性是人们按照合理性发展和目的论的要求强加给历史的，不是历史本来的面貌。叱咤风云的后现代主义领袖人物、也是历史学家的福柯（Michel Foucault）在《知识考古学》等著作中详细论述了这个问题，他宣称（老的）历史终结了，新的史学家应该去寻找那些“断裂的现象”和“转换的原则与结果”。

（1）我们认为，历史是连续的，任何人不能割断历史，后现代主义的非连续历史观，是不能接受的。但也要看到它的渊源和论点。早期的历史学都是事件史。西方的事件史是一件一件的，没有“究天人之际，通古今之变”的思维，甚至没有时间观念。鲁滨孙（James H. Robinson）在他的《新史学》（1922）中说，直到文艺复兴时代，时间错乱的记载比比皆是，一幅耶稣受难图配上 15 世纪田园背景，没人觉得不妥。历史连续性的概念是 19 世纪建立起来的。但 19 世纪末的新康德主义，乃是认为自然界是永恒的、有普遍规律，而人类历史是“一次如此”的东西，没有普遍规律；依此，也就没有必然的连续性。20 世纪，随着经济的巨大增长，在西方史学界，也像在经济学中那样，树立了线性发展观。在这里，显然受到工具理性和目的论的影响。到了 20 世纪晚期，由法国兴起的结构主义历史观代替了线性发展论，这是历史学的一大进步，但是，结构变迁意味着改革，连续性被冲淡了。

后现代派大都是结构主义者。有人说福柯“将历史学建立在间断性之上”；在 1976 年的一次访谈录中，福柯坚决予以否认。实际上，福柯没有讲“间断”，也少谈“非连续”，而更多是用“断裂”“转换”字眼，似乎就是变革、革命的意思。在《尼采·谱系学·历史》一文中，福柯说“沉淀”形成历史，而沉淀是经验的东西，是可证的。我想这就是他在《知识考古学》中一再强调的“陈述”（énoncé）。他要求人们在历史文献中避开“命题和语句”，寻找陈述。因为命题常是根据公理而来，而语句离不开语境，只有陈述才是“实在的”。这颇似我们所说的第一手的记录。他又说，陈述的出现不是纵向的而是横向的，有其规律性。我想这是指结构变革，各种新事物常是在变革中同时出现。在《知识考古学》中福柯屡次提到马克思，在 1983 年发表的一篇访谈录中他说：在写那书的时候，“引马克思的原话是一种好的写法……但我没有这么做。这是为了一个玩笑”。

我不知道他所指的是什么。我想从《德意志意识形态》第 1 卷第 1 章论历史和意识的两节中，不无随意性地捡拾几个观点。马克思说：人们能够“创造历史”，但是在两个条件下，即人与自然的关系和人与人的关系。这两种关系是互相制约的，又都因人们创造的生产力而改变着。“历史不外是各世代的依次交替”，每一代都必须接受前一代留下来的“生产力总和，人和自然以及人与人之间在历史上形成的关系”，他们是“在完全改变了的条件下连续从事先辈活动，另方面又通过完全改变了的活动来改变旧的条件”。所以，“历史的动力……是革命，而不是批判”。

这似乎是从积极的意义上解释了“究天人之际，通古今之变”。

（原载中国社会科学院近代史研究所编《近代中国与世界——第二届近代中国与世界学术讨论会论文集》，社会科学文献出版社，2005，第7～18 页）

16、17世纪中国的经济现代化因素与社会思想变迁

我在本书《中国的现代化：市场与社会（代序)》（以下简称《代序》）里，[①] 提出了我对中国“现代化因素”产生于明后期的看法，以及在现代化过程中经济变迁与社会制度、文化思想的关系。本文是从实证上分别探讨16、17世纪我国的经济变迁、社会变迁、思想变迁。经济方面，因为我已有一些论述，这里尽量从简。这些现代化因素没能顺利发展，则是因为它没能引起根本性的制度变迁，进入18世纪，又受到各种“逆流”的冲击，到19世纪才现起色。

一　16、17世纪的经济变迁

16、17世纪我国商业有重大发展，若商路之广辟，商品流通的扩大，市镇勃兴，农村集市网络形成，大商人资本的兴起等，时贤均有精湛论证。而这种发展是以农业（特别是经济作物）和手工业（特别是棉纺织业）的增长为基础的，亦有论证。从而可以解释本时期和18世纪的人口增长是合理的。

在本时期经济变动中，我以为属于新的、不可逆的变化堪作现代化因素者，约有六端。

① 本书指吴承明著《中国的现代化：市场与社会》，三联书店，2001。——编者

（一）大商人资本的兴起

后来称为十大商帮者，其中山西、陕西商人原应北边开中纳粮而兴，性质特殊，应从弘治五年（1492）开中折色后之转化为买卖经营的“内商”算起。这样，徽商、晋商、陕商三个最大商帮均形成于 16 世纪早期，广东、福建两个海外贸易商帮形成于 16 世纪中期，其余最晚不出 17 世纪前叶。[①] 众多商帮集中出现绝非偶然，而是反映时代特征。他们都是脱离封建束缚的自由商人，主要从事长途贩运，《代序》已言他们有类于 16 世纪西欧的“特殊的商人阶级”或“专业商人”，其作用亦如之。最近的研究，总结出他们的活动有相当的社会效应，并形成具有中国特色的商业文化，益可看出他们在现代化因素中的先驱作用。

（二）工场手工业的出现

按比较严格的标准，在 16 世纪，至少在苏、杭的丝织业，广东佛山的冶铁和铸造业，浙江崇德的榨油业以及江西铅山的造纸业中，已有 10 人以上的工场手工业出现。[②] 工场手工业为数甚微，但毕竟是一种全新的生产形式，它发展迟缓，但是不可逆的。它发展迟缓，恐怕主要是由于我国小农生产制度，而非市场需求不足。明代棉代替麻成为平民衣被主要材料是经济上一大变革，棉布成为大商帮经营的仅次于粮、盐的第三位商品。但棉纺织这个引发现代化最重要的产业，到 19 世纪后叶才逐渐从小农经济中分离出来，工场手工业（包括散工制）也在此后有巨大发展，在我国二元经济的发展中做出重要贡献。[③]

（三）财政的货币化

中华帝国的财政是大财政，不仅是公共收支，还具有资源调配、干预生产和流通的作用。宋代财政已相当货币化，元代反复。朱明建国，厉行实物

---

① 张海鹏、张海瀛：《中国十大商帮》，黄山出版社，1993。

② 许涤新、吴承明主编《中国资本主义发展史》第 1 卷《中国资本主义的萌芽》，人民出版社，1985。

③ 见拙作《论工场手工业》，本书第 71 ~96 页。

主义，两税全部征实，乃至规定民田种植品种，令农民将税粮直接送交对口的军士。正统初的1436年南方少量税米改纳金花银，而实际赋役的货币化是在正德以后。估计万历中期，包括地方财政，田赋已有40%～50%纳银，里甲、均徭纳银者可达2300万两，钞关、盐课、匠役已全部或基本纳银。[①]万历前期的1581年全面推行一条鞭法，货币化成为不可逆趋势。这时的货币化已非如宋以前之纳钱钞，而是白银化，我国确立贵金属本位，实在16世纪（秦汉之金本位，史家疑之）。

（四）租佃制的演变

我国实物地租由分成制向定额制演进，有利于佃农生产，但无质的改变。16世纪开始推行的押租制和永佃制，则有新的意义。押租制是以佃权的商品化和货币化为前提的，并常是加押减租，反映佃农以货币实力获得更多的自由。[②]永佃制不仅使佃农有完备的经营自由，并可出卖田面，导致经营权和土地所有权的分离，这是颇具现代意义的。它不仅提高经营者的效率，而且使出卖田面和所获得的小租，含有垫支资本报偿的意义，土地权力大为陵替了。17世纪以后，押租制和永佃制都有所推广，但也受到政治权力的阻碍，未能成为租佃的主要形式。

（五）雇工制的演变

我国生产上的雇工历来对雇主有人身隶属关系。万历前期1588年的条例解放了短工，使他们在法律上与“凡人”处于平等地位。200年后，乾隆后期1788年的条例才解放农业和商业雇佣的长工，给他们以人身自由。但是在生活实践中，16世纪中叶即有平等对待短工的事例，1588年立法予以承认而已。对长工，亦常是采取不立文契，不议年限等办法，逃避法律约束，18世纪尤多这种事例，1788年条例予以承认而已。

（六）白银内流

明廷厉行朝贡制度，禁止商舶入海，但民间海外走私贸易不止，以致被

---

① 见拙作《16与17世纪的中国市场》，本书第201～237页。

② 魏金玉：《明清时代农业中等级性雇佣劳动向非等级性雇佣劳动的过渡》，载《明清时代的农业资本主义萌芽问题》，中国社会科学出版社，1983。

迫亦商亦盗。嘉靖后闽、粤诸大外贸商帮形成，隆庆末的 1567 年开放海禁。这时，中国在对南洋、日本、英、荷贸易中均属顺差，遂有大量白银内流。谨慎的估计，16 世纪后叶和 17 世纪前叶流入白银近 1.5 亿两，17 世纪后叶流入 2600 余万两。扣除商人海外费用，海上损失和抵付中国金银出口，净流入不会少于 1 亿两，而 1 亿两将使我国存银量增加 2/3。[①] 这对中国来说是个全新的因素，并延至 18 世纪。

原来西欧的现代化，始于 16 世纪的美洲白银大量流入，并成为直接动力之一。这时我国工业水平居世界之冠，外贸具有顺差优势，这种优势一直保持到 19 世纪初。这时我国的造船和航海技术亦在世界先进之列。又以当时国力，建立强大舰队，与西、葡、荷、英争雄海上，并无困难。然明廷不此之图，只知罢市舶司，填平双屿港，烧毁出口大船，曰御倭寇。进入清代，“逆流”更甚，禁海、迁边，远较明代严厉。康熙中期的 1684 年开海禁，却禁止 500 石以上船出口。雍正年间 1727 年停止南洋禁令，却不准前此逗留外洋华人回国。乾隆盛世，盖愈盛世愈趋保守，停止恰克图贸易，限广州一口通商，拒绝马戛尔尼使团；1793 年致英王书曰：“天朝物产丰盛，无所不有，原不藉外夷货物以通有无。”这种闭眼不看世界的统治者心态，实为国家现代化之大碍。

按《代序》所述现代化理论，经济上的发展必须引起制度上的革新以至政治上的变革，才能保证其持续发展。16、17 世纪虽也有一些制度变迁，如财政、租佃、雇工制的变迁，但未能引起体制的或根本法（constitutional）的变迁，旋逢清人入主，加强专制主义统治，连一个保障私有产权和债权的商法都未能出世，更不用说政治上的变革了。但不是说现代化因素就此终止，上述各种变化都是不可逆的，只是在种种“逆流”下步履维艰而已。

二　16、17 世纪的社会变迁

16 世纪的社会变迁，人们常以顾炎武《歙县风土论》为典型。据论，

① 见拙作《16 与 17 世纪的中国市场》《18 与 19 世纪上叶的中国市场》，本书第 201 ~ 237、238 ~ 288 页。

歙县在弘治时尚属“家给人足”，“妇人纺绩，男子桑蓬”的社会。“正德末嘉靖初则稍异矣。商贾既多，土田不重，操赀交接，起落不常”，于是“凌夺、诈伪、讦争”并起。“嘉靖末隆庆间则尤异矣。末富居多，本富益少”，“资爰有属，产自无恒。贸易纷纭，诛求刻核”。至万历后期的1609年，“则夐异矣。富者百人而一，贫者十人而九”，“金令司天，钱神卓地，贪婪罔极，骨肉相残”（文字据南京藏明刻《歙志》，转引自陈学文《中国封建晚期的商品经济》。[①] 1609年为成书年）。

歙县是徽商故乡，社会变迁较早较剧。从有时间记载的20余处史料看，变迁多始于嘉隆，亦有始于万历或更晚者。江南尤其苏州、扬州、杭州为早，珠江三角洲较迟，内地仍有不少地志未见反映，或仍是淳朴力农。以下分述16、17世纪几项社会变迁，盖均有地域局限性。

（一）就业结构变化和商人地位提高

明后期弃农就商，弃儒就商、致仕就商记载屡见，“士农工商”就业结构中商人增加，但无法作数量估计。在徽商、晋商、陕商故乡的文献中都有“商贾十之九”之说，有的且出自大家（如王世贞），但都不可信。以徽州论，府志称“农十之三，贾十之七”，但细查之，则“贾十之七”仅歙县东乡、祁县东南乡为实，若黟县则“独事耕作，鲜经营”。唯苏州、扬州、杭州、临清等商业城市，则民“半商贾”“大半食于利”或有可能。林希元说“今天下之民，从事于商贾技艺、游手游食者十而五六”（《林次崖先生文集》卷二）。若指城镇，其说可信，而其时城镇人口约只占全国10%强。“游手游食”指夫役匠等。

何良俊《四友斋丛说》卷一三：“余谓正德以前，百姓什一在官，什九在田……自四五十年来……遂皆迁业。昔日乡官家人亦不甚多，今去农而为乡官家人者已十倍于前矣。昔日官府之人有限，今去农而蚕食于官府者五倍于前矣。昔日逐末之人尚少，今去农而改业为工商者三倍于前矣。昔日原无游手之人，今去农而游手趁食者又十之二三矣。大抵以十分百姓言之，已六七分去农矣。”此指华亭县，1500～1550年间松江一带非农人口约由10%增

① 陈学文：《中国封建晚期的商品经济》，湖南人民出版社，1989，第293页。

至60%～70%，而增加最多的是服役于“官”的。不过，其中如里长、粮长及奔走粮差之人并非完全去农，乡官家人亦非皆去农。所云工商业者，不知基数，窥文义，约增三倍。

商人地位提高则毋庸置疑。大商人交通官宦，养掖文人；士大夫亦喜结富贾，乃至攀附婚姻。朝廷有捐输纳官之法，商人不乏名位，商人子弟更多仰望仕途。据《两淮盐法志·科举志》，明代两淮共取进士137名，内徽、陕、晋籍106名；共取举人286名，内徽、陕、晋籍213名；均占70%以上，盖皆商人子弟。

大约民间从不贱视商人，甚多企羡。在徽州有“诎者力不足于贾，去而为儒；赢者才不足于儒，则反而归贾”之说（汪道昆《太函集》卷五四《溪阳吴长公墓志铭》）。而儒家及大官员之悄悄改变其四民本末观，则有时代进步意义。原来主导明后期儒家的王阳明理学即主张“四民异业而同道”，人皆可致良知（《王文成公全书》卷二五《节安方公墓表》）。张居正倡“农商之势常若权衡”说，主张“省征发以厚农而资商”、“轻关市以厚商而利农”（《张文忠公全集》卷八《赠水部周汉浦榷竣还朝序》）。朱国桢、庞尚鹏均有农商平等说，激进派何心隐、李贽且有意抬高商人，至17世纪黄宗羲乃有“工商皆本”之论。

（二）“宗法制复兴”

我国宗法制自废宗子后已是有族无宗，宋废门第等级，族权亦陵替。明中叶后忽兴建祠堂、修族谱、置族田之风，至清不衰，或称之为“宗法制复兴”。李文治曾详考明代建祠事例，并编有明清族田表。① 建祠主要在嘉靖以后，置族田在万历以降，两者皆不在保守的内地，而集中于商贸发达之区。是所谓“复兴”实亦经济发展的产物。

古制，士大夫祭于庙，庶人祭于寝。成化中期的1475年尚有谕一品至九品各立庙，未入品官不得置家庙（《宪宗实录》卷一三七，成化十一年正月丙子）。又庶民只准祭三代，曾祖以上撤去牌位（《皇朝经世文编》卷六

① 李文治：《明代宗法制的体现形式及其基层政权的作用》，《中国经济史研究》1988年第1期。

六陆耀《祠堂示长子》)。这些规定并未严格执行，民间常有违制。嘉靖中期的1536年，礼部尚书夏言上《令臣民得祭始祖立家庙疏》（夏言《桂州文集》卷一一)。家庙成为合法，有财力者乃纷起建祠。族谱，唐以前属官立，以别门第而录仕。宋废门第，乃有私谱，限于大家。嘉靖既准祭始迁祖，民追忆先人，私谱乃盛。至于族田，始于宋范仲淹，当时或有宗法之意；但范氏义庄标榜“济养群众”，持平均主义，收入由族人均分，为人称道，是以历元明清不衰。明清置族田者均自称法范氏，包括义田（赡养族人)、祭田、族学田，多系富商捐置，自不待言。

宗法制至晚明已是一种以孝亲敬祖、睦族共济为主的伦理观，早已无宗，故应称家族制。此种伦理观是我华夏民族特有文化，它并不妨碍经商治产，或更有助于贸易经营。是以每值商贸繁荣，只要条件允许，便会“复兴”。以近事言，经“文革”破四旧，家族制可谓尽毁。而20世纪80年代提倡市场经济，忽有建祠、修谱、联宗祭祖的小高潮，亦是在东南市场发达之地，与16世纪的“复兴”何相似乃尔。

“长幼尊卑”是家族制最重要的礼法。有人记南京“嘉靖中年以前，犹循礼法，见尊长多执年幼礼。近来（万历中）荡然，或与先辈抗衡，甚至有遇尊长乘骑不下者”（顾起元《客座赘语》卷五引《建业风俗记》)。江苏溧阳，正德间“卑幼遇尊长，道旁拱让先履”，嘉靖末“或弟强兄弱……横臂骀途，眇目布老”（何乔远《名山藏·货殖记》)。淮安府，成化前“幼长之序不紊，途遇长者必避让”，天启时，“童稚辄乘肩舆，行不让长，靡靡颓风，渐不复挽”（天启《淮安府志》卷二《风俗》)。大约到万历，“民间之卑胁尊，少凌长，后生侮前辈”，已属常见（管志道《从先维俗议》卷二)。

（三）乡绅权力的膨胀

16、17世纪乡绅权力膨胀，最显著的是土地大量集中于乡绅之手，以及乡绅干预地方事务。这种民田的集中是和成化以后大兴皇庄、藩王庄、勋贵宦戚的赐田并行的，故论者常解释为晚明皇权与绅权的土地之争。实则乡官中固有倚势夺田者，但主要还是价购，视晚明土地买卖空前活跃可知。16世纪，全国文官已达2万人，理退者增多，党争株连下岗者更众。何良俊说，正德前至嘉靖中，华亭乡官增加了10倍。且弘治前“士大夫尚未积聚”，“至正德间，诸公竞营产谋利”。当时乡族邻里诡寄投充之风尚盛，故“去农而为乡官家人者已十倍于前”（《四友斋丛说》卷三四、卷一三）。总之，乡官在人力和经济实力上的骤增，实为绅权膨胀的基础。

除乡官外，还有无缘入仕的举人、监生、贡生等。到明末，“大县至有生员千人以上者比比也”（顾炎武《亭林文集》卷一《生员论》），这就形成一个远比乡官庞大的绅衿阶层。生员的学位原属一次性应试资格，到明代已成为终身功名制。他们在法律上有免拘押、可赎刑等优待。嘉靖中期的1545年又明定他们赋役的优免例，因而也不乏乡里投充门下。又因他们绝望于仕途，在诸如设立书院、聚众讲学、组会结社、鼓吹“乡议”，以至沟通东林党人评骘朝政等方面常较乡官更为积极。而在协助地方官维护社会秩序、调解纠纷、参办水利和地方公益事业等方面，则乡官更富实力。此时的绅权尚未掌握武装，而在储粮方面颇有成绩。明廷曾屡令地方官设预备仓、济农仓，均告失败，仓圮粮空。嘉靖初的1529年、万历中后期的1601年令办社仓、义仓，均由乡绅经营，借贷为主，一直延续至清代。

日本学者早对晚明绅权进行研究。在20世纪五六十年代他们也是着眼于土地集中和封建关系问题，提出“乡绅土地所有制”“乡绅统治”等论点。80年代转而注意社会史、文化史方面，提出“地域社会”“地方意识”等论点。[①] 后者有似于西方所谓public sphere，是社会现代化过程常见的一种现象，它并无对抗中央或王权的意图，但有干预地方事情和民主化的倾向。我国16世纪的绅权膨胀也有这种倾向。但入清以后，清廷为平息各地反清斗争，加强中央专制统治，绅权运动趋于平息。

16世纪的乡绅几乎都是科举产物，其中乡官又多有高级学位，他们是当时社会中唯一的知识阶层。但在过去，这种知识只是登仕途之阶，并无社会价值，只能教书谋食，而“刘向传经心事违”，一旦官场失败，满腹经纶等于无用。16世纪的绅权膨胀，也可说是在“思想解放”（见下节）风波下一种“知识价值化”的现象，是社会发展中的一个现代化因素。这种因

① 森正夫：《中国史专题讨论会〈地域社会的观点——地域社会与领导〉报告书》，名古屋大学文学部东洋史研究室，1982；檀上宽：《明清乡绅论》，载《日本学者研究中国史论著选译》第2卷，中华书局，1992。

素是不可逆的。16 世纪的绅权膨胀虽在高压下窒息，但在以后几次的启蒙运动中又重现知识的价值化。到 19 世纪末，不仅知识的地位提高，地区社会中，义仓代替了常平仓，甚至地方团练代替绿营，20 世纪初并有“地方自治”口号。

（四）奢侈之风

晚明奢风是当时人记载最多、今人也论述最多之事，毋庸多叙。但有几点可资研究者。

晚明奢风主要在城镇，但不限于富贾及上层社会，并及于市井小民。这反映城镇就业增加和一般收入水平提高。何乔远《名山藏 · 货殖记》说，昔时“人皆食力”，指力田；“今人皆食人，田野之民，聚于市廛”。“食人”即工资劳动者，工资收入高于力田收入。又工资劳动者无须积累资本，形成一种新的消费观：“舆夫仆隶奔劳终日，夜则归市肴酒，夫妇醉而后已，明日又别为计。”不仅如此，这种“勤劬自食，出其余以乐残日”的消费观，据说也侵及“缙绅家”（王士性《广志绎》），这就使整个消费膨胀了。

消费牵动生产，也是很明显的。奢风中记载最多的是“吴绸云绵”“不丝帛不衣”。明后期丝织业发展，无产量可据，但知自正统至嘉靖，绢价无论按银计或按米计都明显下降。[①] 平头巾易瓦楞帽属奢风，嘉靖末“瓦楞帽价值四五两，非富室不戴，今（万历末）所值一二钱，虽丐者亦用”（《敬所笔记》见陈学文前引书附录）。奢侈品中如马尾裙（原系进口）、鬃帽、暑袜皆新产品。又原来一些家内自制自用的服装、帷帐、家具等，现皆有专业制造，列肆出卖，价不高，但需花钱买来，亦属奢风。

论者常注意奢风破坏礼制。原来洪武时的 1380 年律，凡官民房舍、车服、器物各有等第，违式僭用，官杖一百，民笞五十，罪坐家长。嘉万奢风，几乎无不违式。尤其服饰，“今男子服锦绮，女子饰金珠，是皆僭拟无涯，逾国家之禁者也”（张瀚《松窗梦语》卷七《风俗纪》），但从未见惩

① 许涤新、吴承明主编《中国资本主义发展史》第 1 卷，人民出版社，1985，第 125 ~ 126 页。

处记载，盖所谓礼制早已成具文，风俗变迁无时，官方亦不以为意。

唯可注意者是“士风”。“儒巾”原为功名象征，有定式，而嘉万青年儒者喜戴宋巾、唐巾以至晋巾。王艮并按《礼》制“五常冠”绖（丧服）而讲学。这无关奢侈，亦非僭越，而是一种反世俗心态。又儒生宴饮谈禅，成为风气，携妓遨游，以至唐寅、祝允明等名士粉墨演传奇。崇祯初的 1630 年礼科给事中张竟心概括曰：“士骄于序而蔑等，凌尊，贱名，迂义，赋诗，饮酒，口舌。”（抄本《崇祯长篇》①）顾炎武论曰：“举业至于抄佛书，讲学至于会男女，考试至于鬻生员，此皆一代之大变。”（《日知录》卷一八《艺文》）

当时士大夫于奢风多予谴责，或唏嘘无奈。然亦有崇奢之论。嘉靖时上海人陆楫有无题文一篇，以为“俗奢而逐末者众”，即增加就业，奢侈之地“民必易为生”；富人资财散于社会，“是均天下而富”。其实类此言论并不乏人，若郭子章、王士性、顾公燮、叶权均多少言及。② 此论涉及国民收入的分配和消费理论（暗含乘数效应），是一种现代化思想，欧洲重商主义时期亦有“奢侈有益社会”的理论，曾为凯恩斯所重视，不过当时在英国议会辩论中常被绅士们批判，而是“贫穷效益说”（保持劳动者贫穷可提高劳动生产率）占优势。以陆楫为代表的这种思想当时本来无何地位，入清后，在康熙的节俭紧缩政策下烟消云散。

三　16、17 世纪儒学思想的变迁

16、17 世纪我国思想界有很大创新。经济思想，前略言及。文学方面，若《西游记》、《金瓶梅》以及“三言”、“二拍”皆一反传统，振聋发聩之作。又如董其昌、李日华等鼓吹“率意”，终有扬州八怪的惊世新风。实用科技，徐霞客、李时珍、徐光启、宋应星、方以智等功力深厚，或兼纳西学，都成一代新猷。

然本篇所论限于儒学。拙意经济上的现代化新因素须引起制度上的变迁

① 转引自李文治《明清时代封建土地关系的松解》，中国社会科学出版社，1993，第 30 页。

② 林丽月：《晚明“崇奢”思想隅论》，载台湾师范大学《历史学报》1991 年第 19 期。

才能保证其持续发展，经济和制度的变迁须从社会变迁上来验证，而所有这些变迁在最高层次上都要受占统治地位的文化思想所制衡（conditioned）。制衡有二义：一是不合民族文化传统的经济、制度变革往往不能持久；二是文化思想变革又常是社会和制度变革的先导，这种先导在思想史上称为“启蒙”。在西方这种占统治地位的思想可概括为基督教文化，在中国则是儒学。

16、17世纪是我国儒学思想大解放的时代，梁启超曾比之于欧洲的文艺复兴，侯外庐曾比之于战国诸子百家。[①] 我只能择其最显著者汇为两大思潮，即16世纪的反传统思潮，以泰州学派、何心隐、李贽及东林党人为代表；17世纪的启蒙思潮，以黄宗羲（梨洲）、顾炎武、王夫之、唐甄及颜李学派为代表。

思想发展有它自己的规律，决非与经济变迁如影之随形，故不可以经济决定论。思想发展规律如何，我不能言。唯就本文所涉及范围来说，我以为儒学向现代化发展，即是它的理性化。因而，我从宋明理学谈起。

（一）宋明理学

宋明理学，总的说是传统儒学吸取非儒思想使自身理性化（或哲学化，李约瑟称之为科学化）而形成的思想体系，故又称新儒学。

儒家原主要讲社会伦理道德，无自己的宇宙观和认识论。汉儒继孔子之业，取六经以释其仁学，即经学。宋儒取佛老之义，完成以理或道为根本的本体论，以格物穷理为要略的认识论，朱熹集其大成，遂成理学。

朱子理学立，其他学派退居次要，后虽有陆九渊的心学堪与颉颃，陈亮、叶适等功利学派开后世实学先驱，但均未成显学。元代，朱学益受尊崇。朱明建国，朱学实成官学，永乐颁五经、四书、性理三种《大全》，成为科举入仕之阶。然朱学亦因此教条化和僵化。学者“师承有自，矩矱秩然”，“笃践履，谨绳墨，守先儒之正传，无敢改错”（《明史·儒林传》）。朱学统治学坛近200年，15世纪末王守仁（阳明）新学兴，僵化的理学再

① 梁启超：《清代学术概论》，中华书局，1954，卷首《自序》（原文1920年发表）；侯外庐：《十六世纪中国进步的哲学思想概述》，《历史研究》1959年第10期。

具活力。

王阳明理学与朱学在本体论上是不同的。朱持“心与理为二”，“理在事先”，理是宇宙本元。王继承陆九渊“心即理”说，认为“心外无理”，心是宇宙本元。然王学的精华亦其创造，是致良知说。此说将“知”和“理”直接挂钩，为朱子所不能，因朱学是“心与理为二”。也因此，致良知之法如王阳明所说“简易明白”，即知善知恶，去恶存善。“各人尽着自己力量精神，只在此心纯天理上用功，即人人自有，个个圆成，便能大以成大，小以成小”（《王文成公全书·传习录中·答顾东桥书》），这是非常鼓舞人心的。

王学的出现有破学坛沉寂，破教条主义之功。顾宪成说：“当士人桎梏于训诂词章之间，骤而闻良知之说，一时心目俱醒，犹若拨云雾而见白日。”（《小学斋札记》卷三）王与罗钦顺论学书说：“学贵得之心。求之于心而非也，虽其言之出于孔子，不敢以为是也。”（《传习录中》）孔子之言可破，还有什么教条不能破？16、17 世纪的思想解放有此渊源。

致良知说崇尚自我，尊重个人思考价值，同时，把孟子“万物皆备于我”、陆九渊“六经皆吾注脚”这些大话给以理性的解释，于是，“决然以圣人为人人可到”（《传习录下》）。这是何等气魄！正是这种气魄鼓舞着 16 世纪那些反传统的儒子们“掀翻天地”（黄梨洲语），一如德国青年黑格尔学派那样“惊天动地”（马克思语），使哲学变成“运动”。

（二）16 世纪的反传统思潮

泰州学派创始人王艮以及何心隐、李贽都宗王阳明理学体系，但都有所发明，自成一家。王艮的思想要言有三：一是“万物一体论”，人与万物一体，而人为本，万物为末。一体即天理、天性。“天理者自然之理也”；“天之体本是活泼，鸢飞鱼跃”（《王心斋先生全集》卷三《语录》）。这是一种强调自由发挥个人天然本性的人生观。二是认为圣人之道都是“百姓日用之学”，将道学平民化。又说“愚夫愚妇，与知能行便是道”（《王心斋先生全集》卷三《语录》）。这就打破了王阳明“惟圣人能致其良知而愚夫愚妇不能致”（《传习录中》）的界限，产生一种平等思想。三是《明哲保身论》。或以为此篇开“临难苟免”之隙（黄梨洲语）。实则该篇主要讲“爱人”，证以《语录》中“爱人直到人亦爱”，《勉人方》中“爱人者人恒爱之”以及“人人君子，比屋可封”（均见《王心斋先生全集》卷三），这是一种博爱思想。这三者，都可说是现代化思想的萌芽或因素。

何心隐是泰州学派的激进派，他肯定“欲”合乎天性，而“寡欲，以尽性也”（《爨桐集》卷三《寡欲》）。又主张“仁无有不亲也”，“义无有不尊也”，不仅亲亲尊贤，“有血气之（物）莫不亲、莫不尊”（《爨桐集》卷二《仁义》）。因而主张社会“尽交于友”，士农工商都组成“会”（《爨桐集》卷二《语会》）。从而又提出“商贾大于农工”、“超农工而为商贾”的论点（《爨桐集》卷三《答作主》）。

李贽的反传统思想更全面也更激进，且不说他怀疑孔孟，批判唐宋以来道德的伪善，亦不说他借评历史人物来抨击儒家政治的乖戾，单就他有关现代化思想的萌芽或因素说亦都超过前人。他的平等观至于“天下无一人不生知”（指生而知之者，《焚书》卷一《答周西岩书》），以至“人无不载道”（《藏书》卷二二《德业儒臣前论》），并提出在“道”的面前男女平等（《焚书》卷二《答以女人学道为短见书》）。他提倡“欲”并肯定“私”。“私者人之心”，“人必有私”（《藏书》卷二四《德业儒臣后论》）。好货、好色、多积金宝、多买田地“凡世间一切治生、产业等事”，都是圣人与凡人“所共好而共习”的（《焚书》卷一《答邓明府书》）。他重视经商，尤其海商。他似乎还把一切社会关系都看作交易关系，“天下尽世道之交也”，孔子与其弟子之间亦是交易，“以身为市者自当有为市之货”，“身为圣人者自当有圣人之货”（《续焚书》卷二《论交难》）。这也是我前面所说“知识价值化”，是一种现代化思想因素。

王、何、李都为他们反传统的新说而斗争不息。王艮自称夜梦天坠，以手托天而悟道，又称“学阐先天秘”，言行不少神秘色彩，盖以此纠集群众，亦有人以“黄巾、五斗”目之。何心隐讲河图、洛书、八卦，杂先天象数以证其说。他先将族众组成“聚和堂”，继而为他所宣传的“会”的组织奔走各地，声称“聚才”“聚财”，终因此被囚杀。其师颜山农亦遭诬陷。黄梨洲说“泰州之后，其人多能以赤手以搏龙蛇，传之颜山农、何心隐一派，遂复非名教之所能羁络矣”（《明儒学案》卷三二《泰州学案》）。李贽称王艮“真英雄”，其后“一代高似一代”（《焚书》卷二《书答》）。李本人亦以叛逆言论被逮，自杀狱中。

东林党创建人顾宪成、高攀龙大约宗朱熹理学，但这方面著述甚少，唯反抗明廷禁令，争取设书院讲学颇为轰烈。党人众多，不少在官。他们“讽议朝政，裁量人物”（《明史·顾宪成传》），主要标准是辨“是非”和“君子小人”。“至是非者，天下之是非”（顾宪成《〈以俟录〉序》），意非党锢之争，此言属实。而“小人”则主要指阉党，他们的斗争也主要是声讨矿税铛使，不遗余力，为此英勇就义者比比，人以“乾坤正气”颂之。而于新思想因素创建不多，较普遍者为“惠商”思想。顾宪成曾营救被捕商人之子，高攀龙曾上《罢商税揭》。党人李应升作“曲体商人”和“爱商恤民”论（《落落斋遗集》卷八《上巡道朱寰同书之二》、卷五《答刘念劬书》）。徐如珂倡“恤民不累富”“贫富两便”说（《徐念阳公集》卷七《候吴县万父母》），颇有新意。赵南星称“士农工商生人之本业”（《寿仰西雷翁七十序》，收入潘锡恩辑《乾坤正气集》），是“工商皆本”说的先驱。

（三）17 世纪的启蒙思潮

16 世纪的反传统思潮以批判为主，在批判中迸发出若干新的思想因素。17 世纪的启蒙思潮则是建立一种全新思想体系，以代替宋明理学。这种新思想体系走上“经世致用”或实学的道路，与当时社会动荡、民生涂炭、国朝危亡的环境有关，但也是儒学本身发展的规律。原来儒学发展到王阳明已完成它全部哲学化、理论化，同时也更空虚化。学者只讲“明心见性”，不问世事，“天崩地解，落然无与吾事”（黄梨洲语）。这是不能接受的。经过近 500 年，理学已走到它的尽头，再向前只能是否定自己。这时由虚返实，归于经世致用是很自然的。

实学学者在本体论上与理学家迥异。理学以精神的理为宇宙本元，而顾炎武、王夫之、李塨都是宗宋儒张载的气一元论，以物质的气为宇宙本元。黄梨洲、颜元原属王阳明学派，兹亦改宗气说，“心亦气也”。诸子中王夫之对此大有发明。他提出“实有”概念和气不灭思想，使气一元论完善化。他发展了张载“一物两体”说，提出“静即含动”、无“废然之静”（《思问录内篇》），“今日之日月非用昨日之明”“维其日新”才能“富有”（《周易外传·系辞下传》）等辩证法观点。在认识论上，他主张用理性指导感觉，“形为神用则灵，神为形用则妄”（《张子正蒙注·神化篇》）；用实证检验思辨，“思辨为主而学问辅之，所学问者乃以决思辨之疑”（《读四书大全说》卷一）。又利用佛家“能”（主观）、“所”（客观）的范畴，提出“因所以发能”“能必副其所”（《尚书引义·召诰》《无逸》）。在历史观上，他持进化论，要“在势之必然处见理”（《读四书大全说》卷九），即发现历史规律。王夫之的这些观点都具有现代思维的因素。

经世致用学者深恶当时的君主专制政治。黄梨洲说“为天下之大害者，君而已矣”（《明夷待访录·原君》）；唐甄说“凡为帝王者皆贼也”（《潜书·室语》）。但他们并不想废除君主制，也没有虚君民主思想。黄梨洲主张“君臣共治”：“天下之大，非一人所能治，而分治之以群工”，君臣应是平等的，若都“以天下为事”，则成“师友”（《明夷待访录·原臣》）。又主张“公其是非于学校”，使君“不敢自为是非”（《明夷待访录·学校》）。顾炎武主张“分治”：“自公卿大夫至于百里之宰、一命之官，莫不分天子之权，以各治其事”，这就是“以天下之权寄天下之人”（《日知录》卷九《守令》）。他主张“寓封建之意于郡县之中”（《亭林文集》卷一《郡县论一》），也是使地方分天子之权。他也提出由民间“清议”来监督吏治（《日知录》卷一三《清议》）。

欲、私、利概念在17世纪启蒙学者中有进一步认识。王夫之说“随处见人欲即随处见天理”（《读四书大全说》卷八），一反理学家“存天理，灭人欲”的教条。黄梨洲说，“向使无君，人各自私也，人各自利也”（《明夷待访录·原君》），不能发挥自私自利乃君主专制所限。顾炎武于此有较大发明。他说：“天下之人，各怀其家，各私其子，是常情也；为天子、为百姓之心必不如其自为”，“圣人者因而用之，用天下之私以成一人之公，而天下治”（《亭林文集》卷一《郡县论五》）。为君、为公都不如“自为”之有功效，圣君使人人尽其自为之功，则天下富，即国富。故又说“合天下之私以成天下之公，此所以为王政也”（《日知录》卷三《言私其豵》）。这是很现代化的思想。

这样，就一改前儒的“富国富民”论为“富民富国”论。其要点有：（1）中国资源丰富，“苟无害民之政”，一二十年可全面致富。（2）不仅农桑，凡矿、工艺、商、外贸、借贷皆可生财。他们已摆脱先儒富在“粟帛”的概念，而普遍用“财”即货币价值观。（3）主张不干涉主义，听民各谋其利。反对国家垄断，于盐法也主张纳税后听民买卖，解禁私盐。（4）崇尚富人。“大贾富民者，国之司命也。”（王夫之《黄书·大正》）通过富户消费、雇佣、借贷，“借一室之富可为百室养”（唐甄《潜书·富民》）。（5）提高“商”的地位。黄梨洲倡“工商皆本”说，而以贩卖迷信品，奢侈品者为“末”（《明夷待访录·财计》）。王源分社会为“士、农、军、商、工”，并主张设商部，居六卿之位（李塨《平书订》卷一一）。

17世纪经世致用的启蒙思潮蓬勃一时，但至世纪末戛然中辍，而是复兴汉学的乾嘉经学成为儒学主流，其中又以考据学用功最深，成就最大。这主要因为清人入主中原，为平息汉人反抗，厉行文化专制政策。顺治颁剃发令，1652年禁士林“纠众盟会”，1661年的庄廷鑨补刊《明史》案迁延数载，株连二百余人，其吴炎之狱死七十余人。康熙初的1673年《学宫圣谕》有“黜异端以崇正学”“讲法律以警愚顽”专条。黄梨洲、顾炎武、王夫之均曾参加抗清义军，其说自属异端。而所谓“正学”乃朱熹理学，康熙颁《性理大全》《朱子全书》，亲制《四书集义》；1712年谕以朱熹配享孔子，升大成殿十哲之次。朱学成为官学，为科举进身之阶。然如前所述，理学此时已至日暮途穷，有志之士是不屑于朱子“纲常”说教的。原来，17世纪已有费密、阎若璩、胡渭等治经学及考据，与经世致用之学并行。18世纪，文字狱连绵，学者复古以避，经学尤其考据乃盛，成“以经学继理学之穷”之势。

清代文化上的逆流更甚于经济上的逆流，17世纪的启蒙思潮被扼杀殆尽。然亦有它本身原因，当时所谓经世致用之学，正如顾炎武所说“意在拨乱涤污，法古用夏”（《亭林文集》卷一《与杨雪臣》）。实学诸子无不有“法古”思想，言必六经，向往三代，以至论兼并无不憧憬井田制，论赋税殆皆主张废银，甚至有主张分封诸侯者。又于晚明已流入的西方思想，以“夷夏之防”完全拒之门外。不过，这种启蒙思潮毕竟是不可逆的，到19世纪前期的第二次启蒙思潮中出现转机，在接着到来的第三次启蒙思潮中终于引出戊戌变法。

（原载吴承明著《中国的现代化：市场与社会》，第30~50页）

从传统经济到现代经济的转变

这次讨论会发了很多资料，其中许多文章和论点我都不知道，要学习也来不及了。知识不足，不敢置评，只好以彭慕兰的《大分流》为线索，谈点自己的看法。

一　“中心论”问题

彭慕兰说，19 世纪以前是多中心世界，工业革命发展后才有欧洲中心。我完全同意。但要强调这是指经济中心，不是指文化或历史中心。文化总是多元的，历史中心是康德、黑格尔杜撰的。前几天当代物理学大师斯蒂芬·霍金在杭州演讲，说宇宙正在膨胀，但没有一个膨胀中心。对人类文明或历史，也应这样看。霍金的《时间简史》（当前世界最畅销书）可作历史观看。经济中心是世界交往多了自然形成的，谁最强谁就是中心。弗兰克追随沃勒斯坦，本来是讲经济中心，但把丝绸之路和“中华五千年”也扯上，就弄混了。经济中心是变动的，布罗代尔说已有三次大迁移。不久也许还会有多中心。我们研究经济史不必死抠在中心论上，还是作比较研究为好。

二　19 世纪以前中西经济的比较

王国斌提出的中西互为参照系的比较方法很好，我称之为双轨制，彭慕兰也用此法。但我曾说过，王最成功的是比较中西政治制度史那一篇，而在经济篇比的不够明确。通常我们是比谁最富裕，如生产力水平、消费水平等，而这都无适当标准。麦迪逊用人均 GDP 是个硬指标，但明清的 GDP 怎么估算？他自己也说是 guestimate（美国俚语：瞎猜）。彭慕兰提出另一指标，即看谁更接近于新古典经济学的原则。在新古典即现代化时代，斯密的交换导致分工的原则已不在话下，而最佳经营是边际收益等于边际成本。接近于这个原则也就是接近于能自由选择机会成本，资源和劳力能自由流动。这样，谁更接近于新古典原则，谁就更能摆脱斯密陷阱或内卷化，更能进入现代化。这种方法不是比谁最富裕，而是比谁更先进。例如，不是看人口多少，而是看人口行为；不是看耕地面积，而是看种植方式；劳动不是看谁最卖力，而是看流动性；消费不是看吃几碗饭，而是看消费结构。彭慕兰的结论是：18 世纪江南的小农经济比同时期英国的大地主经济更接近于新古典原则，更能避免内卷化。黄宗智反对彭的结论。黄把内卷化定义为单位劳动的边际报酬递减。我不同意黄的定义，因小农的效益不能用单位劳动的边际报酬衡量。我对彭慕兰的结论也有保留，见后。

三　英国为何较早工业化？

彭慕兰认为 19 世纪江南与英国的经济水平大体一致，但英国较早实现工业化了，原因有二：一是美洲殖民地给英国提供棉花、玉米、烟草、木材等，使农业能腾出耕地，避免内卷化；二是工业方面，煤矿恰在工业区，不像江南需从山西运煤。对此我同意，但觉得太简单了。英国首先实现工业化是多种条件造成的。即以殖民地而言，还有奴隶劳动、原始积累、白银流入导致价格革命等。更重要的是法律、社会和文化思想因素。如像技术革命、以普通法代替领主规则，前人议论最多，而彭一概否定。我知识不足，不能依次排列各种条件，但觉得布罗代尔整体史观的分析比较全面。这是由传统向现代的转变问题，社会学的分析比经济学的分析更重要。

四　从传统向现代的转变有没有普遍规律？

有人认为历史是研究个别的、一次如此的东西，不可能有普遍规律。在欧洲长期占优势的新康德主义和历史主义都是这种观点。但自维柯到黑格尔、马克思的历史哲学都认为有普遍规律，从孔德到涂尔干、韦伯的社会学也认为有普遍规律。我以为，单从传统经济到现代经济的转变说，各国有不同道路、不同模式，但至少有两条可说是普遍规律。一条是经济上的，即都是起于市场扩大，由商业革命导致工业革命，或者说，在这个过程中，需求决定生产。马克思、恩格斯在《共产党宣言》中说得最清楚；希克斯的经济史理论，桑巴特的资本主义理论，诺斯的新制度学派理论，都是这种观点。彭慕兰所谓更接近新古典原则，即更接近市场经济。另一条是理性化。我坚信：现代化即理性化，包括思想上的理性化，以及经济行为、社会组织、政治法律制度的理性化。在西欧，它发端于 16 世纪，以牛顿、培根、笛卡尔为奠基人，形成英国经验主义和欧陆唯理主义两股力量，以 18 世纪启蒙运动为行动，以科学和民主为口号，至 19 世纪基本实现现代化。以后，美洲和东方各国的现代化也都有类似的理性化过程。

五　中国的现代化过程

我以为，在 16 世纪中国也有了现代化的因子或萌芽。标志是大商帮的兴起，十大商帮有五个兴于 16 世纪，其余在 17 世纪前期。同时出现工场手工业和散工制，即所谓资本主义萌芽。同时发生某些经济和社会制度的变迁，如财政的货币化和白银化，押租制和永佃制的出台，短工的人身解放，乡绅或社区权力的兴起等。我这种看法是受傅衣凌先生启发，以傅为师。后来发现，陶孟和、梁方仲，早至梁启超先生都有类似看法。

就思想变迁说，中国更早。我以为宋明理学就是传统儒学的理性化。李约瑟称之为儒学的科学化，并竭力推崇朱熹。我则以为到王阳明才比较成熟，能解放思想。因而，16 世纪掀起以泰州学派、李贽以及东林党人的反传统思潮，17 世纪出现顾炎武、黄宗羲、王夫之以及颜李学派的启蒙运动。但为时甚暂，清人入主中原，厉行文化专制主义，大兴文字狱，启蒙运动戛然而止，资本主义萌芽也中断了。制度方面虽继续有摊丁入地、长工解放等小的改革，但因理性主义夭折未能引起经济体制的变革，更不用说政治体制（constitutional）的变革了——这些都要待鸦片战争以后借助于西方的理性主义才能实现。

中国的理性主义有一大缺点，即独重道德理性（价值理性），缺乏工具理性。这是传统使然。西方自古希腊、罗马即重视逻辑学，特别是推理逻辑，成为科学发展的工具。培根、笛卡尔、康德都讲伦理学，但更多是讲逻辑和工具理性。启蒙运动以后，西方的政治学、法学和后起的社会学，都主要是建立在工具理性之上的。经济学在李嘉图以后几乎完全是工具理性，要收益最大化，只讲效果，不讲道德。这也造成今天西方物质发达，而道德沦丧、犯罪和战争不息的恶果，但在当年对实现现代化来说是赫有成效的。中国相反，辩证思维十分发达，而逻辑思维很糟糕。朱熹的天理、王阳明的良知（不亚于康德的先验论），以至顾炎武的经世致用之学，都没有工具性。因而中国的理性主义发轫甚早，但无功而退。

不过，只要有和平安定的环境，经济总是要发展的。有清一代，生产增长，市场繁荣，18 世纪达于高峰。18 世纪，中国与西方比，无论在国富或民富上都胜一筹，至少旗鼓相当。但富的不一定先进，往往更保守。由于理性主义中断，我以为，这时中国在科技和在制度（尤其法律和经济制度）改革上已落后于西方了。用彭慕兰的词汇似乎应当说，这时英国的经济比江南的小农经济更接近于新古典主义原则。

（原载《中国经济史研究》2003 年第 1 期）

要从社会整体性发展来考察中国社会近代化进程

——在“纪念傅衣凌逝世十周年学术座谈会”上的讲话

编者按 傅衣凌教授，本名加麟，1911年生于福州，1950年应王亚南校长之聘赴厦门大学任教，1988年5月病逝于厦门。傅衣凌先生一生笔耕不辍，著作等身，以研究中国社会经济史见长，蜚声海内外。为了缅怀傅衣凌先生，北京商学院科研处与厦门大学历史系联合举办了“纪念傅衣凌逝世十周年学术座谈会”，首都有关专家20余人及厦门大学历史系代表参加了座谈会。与会学者就中国经济史研究的发展趋势、研究内容和方法等进行了广泛的交流。著名经济学家吴承明教授做的主题报告引起与会学者的浓厚兴趣，今将吴承明教授亲自整理修订的讲话稿刊载于兹，以飨读者。奉吴承明教授之托，文题由刘秀生代拟。

我很高兴参加纪念傅衣凌先生的座谈会。傅先生是我们史学界的前辈，桃李满门，道德文章，有口皆碑。他治学范围很广，对中国经济史、社会史的研究贡献尤大，堪称一代大师。今天我只谈他研究的一个方面，也是我受益最多的一个方面，即他晚年成书的《明清社会经济变迁论》。1980年傅先生来北京时曾同我谈过他的计划，书则是他逝世以后才出版的。他认为，16世纪开始，中国在政治、经济、社会和文化上都发生一系列变化，表现一种活泼、开朗、新鲜的时代气息，出现了反传统的以至叛逆的思想。但这以后，中国未进入资本主义社会，16 世纪以来发生的资本主义因素经历了一个夭折、中断、再继承的长期的曲折道路。但是总的看，它并未摆脱世界各国经济发展的共同规律。我想，这是自梁启超先生提出“近世”概念以后，对中国“近世”最精辟的看法。我非常钦佩傅先生这个看法。

傅先生是从大的方面，从几千年中国历史，从奴隶社会特别是封建社会的早熟性而又不成熟性来研究明清社会的；从中国社会体制的多元性和经济发展的不平衡性，来解释 16 世纪以来“死的拖着活的”中国经济曲折的发展道路。这种分析可说是博大精深，前无古人。在具体考察明清经济时，他不囿于生产力、生产关系的框套，视野开阔，注意流通；又同时研究社会的变迁和文化思想的变迁，乃至从民间习俗上来论证。这种整体观的研究方法也是傅先生开风气之先，我们应该学习。

傅先生研究的 16 世纪以来中国社会经济变迁的过程，实际上就是中国走向近代化的过程。他是以资本主义萌芽的发生、中断、再继承作为研究这段曲折历史的线索的。在当时，资本主义萌芽是个热门，无人不谈，我也是从资本主义萌芽进入明清史研究的。不过，今天看来，这个线索未免狭隘。资本主义萌芽主要指生产方面。西方史学界对近代化的研究原也是重视生产方面，强调工业革命。但第二次世界大战后有所改变，比较更重视市场和需求，强调 16 世纪以来的重商主义，商业革命引起工业革命。比较一下 20 世纪 70 年代出版的《方坦纳欧洲经济史》和较早的《剑桥欧洲经济史》这两部划时代的巨著，就可看出西方经济史理论的转变。1969 年希克斯发表《经济史理论》一书，认为世界经济的演变是由习俗经济和命令经济转变为现代市场经济，尽管各国早迟悬殊。在西欧，这种转变开始于 16 世纪“专业商人”的兴起，以后经过近三百年的“市场渗透”过程，包括法律、政府、农业和劳动体制的改造才出现工业革命。其实，马克思、恩格斯早在《德意志意识形态》中就是这样看的。他们说变迁开始于 16 世纪“特殊商人阶级”（指脱离行会束缚的独立商人）的出现，随之“商业政治化”，包括保护关税、商业战争、法英的革命、自由贸易体制的确立等，才由市场需求的不断扩大导致机器大工业的出现，前后也是近三百年。市场与工业革命的关系，在《共产党宣言》中讲得尤为直截了当。

我认为，16 世纪我国徽商、晋商等八大商帮的出现，即有类于马克思所说的“特殊商人”和希克斯所说的“专业商人”，可作为中国开始出现近代化因素的象征。至于以后漫长的曲折过程，也可以用市场和需求为线索来解释。用市场和需求的发展来研究近代化过程，比用资本主义萌芽作为线索有两个好处：一个是资本主义萌芽很难捉摸，什么算萌芽常有争论，17世纪资料中断，后来再出现，也说不出有多大。而市场发展的轨迹则比较明显，是连续的，并可利用价格、货币量等多少做一些计量分析。西方的阿倍学派就是用相对价格研究中世纪农业的兴衰的。我们也可较肯定地看出17世纪的经济危机，康熙时的市场萧条，道光时更大一次萧条。另一个是把资本主义的发展作为线索是基于五种社会形态嬗递的历史哲学而来的。所谓历史哲学，如马克思所说，是“超历史的”。具体国家的历史则各有不同。如美国就没有封建社会。我国实际上就是越过“卡夫丁峡谷”，由半封建半殖民地社会进入社会主义的。我国现代化的目标不是实现资本主义，而是到2010年实现社会主义市场经济。用市场、供需来考察历史发展更符合实际。

经济上较大的变动，如生产快速增长，市场陡现繁荣，可能由于特殊机遇，或属周期现象，不一定就是新的因素。要从社会变迁和文化思想的变迁上共同考察才能确定其性质。正是在这里，傅先生为我们做出光辉榜样。

明后期的社会变迁，诸如农工商就业结构的变化，商人地位的上升，尤其是民间生活突破礼仪和长幼之序的限制，以及波及各阶层的奢侈之风，史学界已有共识。但有两事特斟酌：一是绅权的扩张，一是宗族制的复兴。绅权问题日本人研究较早，20世纪50年代他们曾提出“乡绅土地所有制”“乡绅统治”论，而到80年代变成相反的“地方意识”“地域社会”等论点了。我以为，当时的乡官已大都是科举出身有高级学位者，而数量广大的生员乃是当时唯一的知识阶层。明代给他们功名终身制，嘉靖时又给以役赋优免权，以致他们设书院、立会党、訾朝政，干预地方事务，都可说是一种“知识价值化”倾向，一种近代化倾向。至于所谓宗族制复兴，是表现为立祠堂、修族谱、置族田等事，并非真正族权上升。相反，明初规定的尊卑长幼之礼和祖父母、父母在不得分居等令，明后期已涤荡无余。原来嘉靖废除了平民不准立祠的禁令，旋又准许平民祭祖不限于三代，以是立祠堂、修始迁祖族谱，置族田之风乃盛。这和当时的奢侈之风一样，与市场繁荣、一些民户收入增加有关，都是时代使然。

文化思想方面，诸如16世纪泰州学派、何心隐、李贽等的人道主义、自由主义、反传统以至叛逆思想；17世纪顾炎武、黄宗羲、王夫之迄颜李学派的启蒙、经世之学，讲私讲利，重工商等；纷错淋漓，确是个思想大解放时代。梁启超曾喻之于欧洲的文艺复兴，侯外庐比之于战国诸子百家。在这方面的研究上，我觉得还要有两点开放：一是要破除经济决定论；一是要摆脱唯心、唯物框框。思想的变化并不是与经济发展如影随形，而是如恩格斯所说有它自己的规律。明代思想界最大的变化，恐怕还是15世纪王阳明心学的兴起，到嘉靖它实际上已凌驾官方朱学。王之代朱，是由客观唯心主义转向主观唯心主义，但王学之兴有摆脱传统束缚、破除官学教条之功，一新耳目，又崇尚自我，知行合一，实为后来泰州学派诸子敢于“赤手以抟龙蛇”，“非名教之所能羁络”（黄梨洲语），开辟了思想境界。文艺思想上尤其是这样。明初就有《三国演义》《水浒传》，当时经济上还没有一点新气象。前七子之反台阁体，也在嘉靖以前。而《西游记》、《金瓶梅》以及“三言”、“二拍”等惊世骇俗之作，既不乏唯心论，又有些思想可说是“超前”的。

综上所述，明后期我国已经有了近代化因素，但没有发展起来，过了三百年也没有工业革命，也没有市场经济。这是为什么呢？原来经济上的新的因素，必须引起适合它的制度变迁，才站得住脚，才能积累资本，不断前进。20世纪80年代兴起的以诺斯为首的新制度学派经济史理论，于此发明綦详。明后期，我国也出现一些制度的演进，如赋役制度经货币化、一条鞭法，终致摊丁入地。租佃制度经加押减租，推行永佃权，导致土地经营权与所有权分离。雇工制度由人身隶属关系走向自由契约关系，先解放短工，终于解放长工。但这些都是个别制度的演进，而非体制性（constitutional）的制度变革，不能实现马克思所说“商业政治化”，或希克斯所说“市场渗透”的那种变革。具体看，则是入清以后，经济和政治文化上一系列的逆流，阻碍了变革，堵塞了近代化道路。

经济上，诸如保守金融政策引起的市场萧条，禁海令和迁边令，一口通商，拒绝马戛尔尼使团，都是重要的逆流。说其重要，因为当时各国的近代化都是靠海外市场，而16世纪以来我国一直拥有外贸巨额顺差的优势，也有建立强大舰队的财力和技术，但采取了自绝于人、闭眼不看世界的政策。

康乾是盛世，愈是盛世政治上愈专制，经济上愈保守。文化专制主义的逆流更甚于经济方面。从剃发令开始，焚《四书辩》《大全辩》，禁结社立会，规范科举，独尊朱子，排斥一切异说，一连串的文字狱，16、17世纪的活泼学风和启蒙运动全被扼杀，形成万马齐喑局面，也以乾隆盛世为甚。到19世纪国力衰退，新的启蒙思潮兴起，才见转机。然而，三百年已过去了。

（原载《北京商学院学报》1998年第2期）

市场史、现代化和经济运行

编　辑　中国经济史学科差不多走完了一个世纪的发展道路，在新世纪即将到来的时候，编辑部打算找一些知名学者从自己的学术经历出发，对中国经济史研究作些回顾和展望。吴老，您20世纪五六十年代即从事资本主义萌芽的研究，参加主编了《中国资本主义发展史》，后来转到市场史的研究，这两项研究都产生了重大影响；最近又撰写了一系列关于现代化的文章。您能否谈谈您的学术经历，谈谈为什么研究重点有这样的转变？

吴　老　我最早是搞工业化研究的。这可以追溯到抗战时期，那时我在重庆就研究过工业资本、工业资本结构等问题。工业化实质也是现代化，但不等同于现代化，它是1860年以后开始的。这些研究解放后停止了，转而从事现实经济工作。20世纪60年代初接受了编写中国资本主义发展史的任务以后，恢复了经济史研究，搞资本主义萌芽问题，时间提到明代后期。在研究中，我一开始就觉得用萌芽说明现代化是困难的。材料零碎，而且中断，17世纪资本主义萌芽的史料基本消失，难以作连贯的宏观考察。这是我后来转到搞市场史的重要原因，我1981年开始发表市场史的文章。研究市场史的好处是材料连续，发展轨迹比较明显，尤其是价格材料，可以多少作些计量分析，从中看出市场的周期性。西方现代化是从市场化开始的，商业革命引起工业革命。这实际上是马克思的理论，《共产党宣言》就说到过。《德意志意识形态》中提出“交往与生产力”，工场手工业和机器大生产都是从“交往”来的。西方理论家也是这样说的，这几乎成为定论。日本、四小龙的现代化也是从贸易开始的。中国也是这样，虽然现代化道路有曲折，16、17世纪闭关自守，没有抓住当时的机遇，但在对外走私贸易中仍有不少收获。当然规模是不行了。市场发展状况可以代表中国经济发展的兴衰。

编　辑　这样说来，您的学术生涯是从研究现代化开始的，经过一些曲折，仍然回到现代化研究上来了。

吴　老　是的，我一直都是在研究现代化问题。谈到现代化，存在几个假说：一种是“现代化就是工业化”；同时存在的理论是“现代化就是资本主义化”。后者是以马克思的理论为基础的，所以要研究资本主义萌芽。非马克思主义的主流观点则认为“现代化就是西方化”，因此20世纪30年代就有人主张全盘西化。现在此说还颇有影响，如今年在香港开的一次现代化学术讨论会，百分之六七十的文章都持类似观点。说现代化等于资本主义化不能说错了；最近胡绳还撰文谈反对民粹主义，不能越过资本主义化。不过，我现在是采用希克斯的学说：“现代化就是市场经济化。”中国的资本主义经过了改造，1957年就完了；而真正搞现代化是改革开放以后，尤其是采取市场导向发展经济以后。可见，资本主义化是可以避免的，而市场经济阶段则是不能超越的。

编　辑　在国内外学者中，对现代化概念的理解和使用，确实是不完全相同的。我们现在常说“传统经济与现代化”，这里所说的现代化就不等同于西方化，而对传统经济也不是全盘抹杀。

吴　老　有些学者把传统和现代化完全对立起来，把现代化等同于西方化并不妥当。费正清提出“冲击—反应”的范式是错误的，已为中外学者所摒弃。刘易斯的“二元经济理论”，认为发展中国家存在着传统的和现代的两种经济成分，现代这一块是从西方来的，这大体符合实际；但他把传统看成是完全消极的，不对，传统中也有促进现代化的因素。

这个问题的分歧还可以追溯到更早。20世纪三四十年代研究工业化的学者，有的主张全盘西化，如陈序经；但并不都是这样的观点，如谷春帆、刘大钧等，主张从中国国情出发，搞中小企业。抗战时，大工业搞不起来，只能发展中小工业，搞技术改良，推广“七七纺机”，机器改良了，但仍采用手工操作，也能提高效率。我同意后一种观点。

编　辑　您研究现代化，强调发现与利用传统经济中的积极因素，强调内因论，看来是有深远 的历史渊源的。还有，您强调市场需求启动了现代化过程，是否认为经济发展都是靠需求导向?

吴　老　我不能承认这一点。我只是认为在16世纪到18世纪这一段需求起了主导作用。在这以前还有好几千年。从游牧经济到定居农业，一般认为经济发展动力是“斯密动力”——斯密重点讲分工，分工促进经济增长。也有人表示怀疑，是先有分工，后有交换，还是相反?其论据是斯密认为分工是由交换来的。其实，斯密只谈到交换度（市场范围）决定分工度，最早的分工是由交换能力而不是由需求引起的。如有人有能力做工师，就从整体的生产力中分离出来。总之，在现代化因素出现之前，不一定是需求推动经济进步，很可能是生产推动。但我对古代史没有研究。现在提出扩大内需，又是需求决定生产了。

编　辑　您认为经济史主要应该研究什么问题，应该怎样进行研究?

吴　老　我认为经济史研究主要是研究经济的运行、机制和效率。运行包括了生产力，机制主要是生产关系。经济史发展阶段的划分主要是根据经济机制的不同。经济机制不能老变，需要稳定下来，制度化。制度有大制度、小制度。小制度如井田制、均田制等，大制度如奴隶制、封建制，是体制的问题。王毓铨说，制度就是国家。由一个阶段到另一个阶段主要是制度变迁。实现制度变迁可以用革命的手段，也可以不用革命的手段。当然，还应注意文化的作用。

编　辑　这是一个比较新颖的提法，能不能作进一步的解释?

吴　老　这是从广义政治经济学的角度提出来的，具有普遍性，适用于不同的时代。研究经济运行，要注意它的规律和机制、过程和结果。

我所讲的“制度”是指经济运行的方式，“机制”则指经济结构。我国明清以后以小农经济为主，地主经济不占统治地位。讲地主经济是以土地所有制为基础的；讲小农经济则主要着眼于生产过程。一块地，今年种什么，明年种什么，地主几乎不参加决策。国家倒是参加部分决策，它实施劝农政策。但从种到收，主要是农民自己做主，自己经营的，看天、看地决定采取什么耕作措施。收成以后，产品主要供自身消费和完租纳税，部分进入市场，换取部分生产资料和生活资料，准备下一年度的生产。这样一个周期下来就是经济的运行。每个周期没有多大变化，形成一种规律。所以说经济运行规律就是运行的方式，或者说模式。这种规律或模式与大土地所有制、大庄园不一样，和完全搞市场选择的经济也不一样。小农经济还有一个特点，就是工农结合，不但有农业，还有手工业、副业，相互结合在一起，不能分离，分离了就变成另一种模式了。这种模式有坏处，也有好处。过去讲坏处多，但小农经济能造成时间上的巨大节约。就我国明清时代而言，经济运行的机制就是小农经济结构。

效率只能是比较而言的。中国的小农经济有效率，不但大田实行精耕细作，产量高；家庭手工业效率也高，比西方行会高。家庭手工业的产品都能出口，成本低，都能赚钱，丝、锦和陶瓷产品都是这样。效率要从比较中看是进步了，抑或是退步。效率的根本问题是资源配置的优劣，但还有劳动者的生产积极性问题。两种都受制度的制约。

制度有大有小。赋役是一种比较大的制度，在历史上影响很大。赋税制度的改革，如两税法、一条鞭法等，反映了经济发展的阶段性。土地制度的情况不大一样，它往往不能贯彻，或贯彻不彻底，如均田制。

编　辑　在过去相当长的时期内，人们研究经济史的主要精力放在土地制度问题上。新时期之初，您和一些学者提出不要再纠缠在土地制度国有、私有的争论上，应该注意研究经济运行，原因就在于此吗？

吴　老　是的。按土地所有制，农民可以区分为自耕农和佃农；但两者都是小农经济，经济运行都差不多。即使土地是国家的，只要仍然实行家庭经营，情况也差不多。现在农民家庭承包，向国家交农业税，情形也类似。所以承包期延长 30 年、50 年，土地固定给农民经营，农民才有积极性。至于土地所有制是国有的，还是集体的，区别不大。影响经济运行的决定因素是小农经济。人民公社与此完全不同，属另一种机制，但完全没有效率了。地主雇工也有这个问题，所以效率上不去。正如王夫之所说的：为君、为公，不如自为。

编　辑　您很注意对各种经济史理论与方法的评介，您提出“史无定法”，获得普遍的赞同，但理解上却有差异。有的学者提出对“史无定法”要作积极的理解，“史无定法”不是故步自封，它并不排斥、相反主张积极汲取和运用国内外各种先进的理论和方法。这是否符合您的原意？

吴　老　是的，应该对“史无定法”作积极的理解。“史无定法”有一个中心点是“实证”，实证主义是永远不能推翻的。我同时把一切理论都看成是方法，作为方法的经济理论，并不能适用于所有的场合。如老的古典经济学，对15世纪以前的情况是适用的，但16世纪现代化过程开始以后，就不适用了。新古典的理论在现代化时期有些是适用的；但争论比较多。20世纪70年代的边际主义，其计算方法普遍适用，其他理论则未必如此，有些在中国完全用不上。凯恩斯学说主张的国家干预主义是难以避免的。国家干预的手段包括财政和货币。财政干预受到攻击，货币干预则被宣传。中国最近连续三次降低利率，起不到多大作用；但投放1000亿则明显收效。别的国家就不一定是这样的情况。

编　辑　这样说来，您所说的“史无定法”，不但是指不同研究者应根据主客观条件采用不同的研究方法，而且是指在吸收和借鉴各种理论和方法时应该注意其适用的条件和范围。

吴　老　对！我是这个意思。我认为有些理论经济史研究是不能用的。如模式论。历史不能套用模式，模式是历史过程终结以后才能概括出来的。目的论、决定论，包括经济决定论，我都反对；因为它们与实证主义不能相容。如果脑子里先有了这个，就不能研究历史了。

编　辑　您原来是比较注意经济分析的，后来在研究经济运行的同时重视对社会、文化因素的综合分析；您的经济史研究是否存在这样一个方法和视角的转变？

吴　老　我注意研究社会文化的因素，是从去年开始的。这也不是我的发明，而是一种潮流。

编　辑　在现代化过程中，随着经济的突飞猛进，出现了一系列的社会问题和环境问题，经济与社会文化的协调发展，人和自然的协调发展日益为人类所关注，综合性研究已成为科学发展的不可抗拒的潮流。

吴　老　西方在人与自然的关系上，一直是强调征服的。马克思早年提出过“工业社会和自然界本质的同一性”，但这种同一性只存在于未来的“彼岸”。20世纪30年代法国出过一套“天地人”的小册子，主张人和自然协调，当时不受重视。法国年鉴学派著作开始总是先讲气候、地理，提出整体史观。西欧真正提倡人与自然的协调发展的思想，是在环保问题突出以后。但在中国，很早就出现人与自然和谐发展的思想了。中国哲学讲天人关系，虽然也有胡说的，如五行说，但总的说来比西方进步。

（吴承明教授访谈录，1998 年 12 月 25 日。原载《中国经济史研究》1999 年第 1 期）

中国封建经济史和广义政治经济学

两个范本

自1877年恩格斯在《反杜林论》中提出广义政治经济学以来，这门学科并未获得多大发展。西方经济学家通常是把资本主义看成是永恒的经济制度，根本没有广义政治经济学的概念。德国历史学派虽注意经济史研究，但如威·桑巴特的“经济时代”，仍是以资本主义为蓝本。西方也有人研究古代或中世纪的经济理论，但不是以生产关系为主，不成为系统的广义政治经济学。

在苏联，十月革命后流行的看法是，政治经济学是研究商品经济规律的。这样，不仅社会主义是计划经济，是自觉地达到目的，不需要研究客观规律的政治经济学了；资本主义以前的社会，由于没有商品生产或商品经济不发达，也没有什么可研究的了。布哈林有句名言：“资本主义商品经济的末日，也就是政治经济学的告终。”（《过渡时期的经济》）到1929年，公开发表了列宁的《对布哈林〈过渡时期的经济〉一书的评论》后，人们才开始研究社会主义的经济理论。1931年发表了大卫·卢森贝的《广义和狭义政治经济学》，探讨各种生产方式经济理论的异同。但这时，绝大多数苏联学者仍是以阐述苏维埃经济计划和政策代替经济规律的研究。直到1952年，斯大林在《苏联社会主义经济问题》中批评了这种情况，并肯定了社会主义还有商品生产（但限于个人消费品），情况才有改变。1941年就开始筹备的《政治经济学教科书》，几经周折，到 1954 年才正式出版。该书从原始社会生产方式讲到社会主义生产方式，是苏联第一部广义政治经济学。

广义政治经济学是研究历史上各种生产方式的，这是时间上的广义。但恩格斯同时指出，经济发展条件在“各个国家各不相同”，“谁要想把火地岛的政治经济学和现代英国的政治经济学置于同一规律之下，那末，除了最陈腐的老生常谈以外，他显然不能揭示出任何东西”。[①] 这可说是空间上的广义。

在中国，广义政治经济学就是按照这个空间上的广义进行的，中国是个半殖民地半封建国家，20 世纪 30 年代初，人们就感觉到已有的狭义政治经济学不能解答在中国发生的经济问题，1938 年，毛泽东提出“使马克思主义在中国具体化”的号召（《中国共产党在民族战争中的地位》）。王亚南在译毕《资本论》三卷后倡议建立“中国经济学”，并于 1946 年出版了他按《资本论》体系写的《中国经济原论》。同年，许涤新抱着“使政治经济学中国化”的目的，开始写三卷本《广义政治经济学》。第一卷讲前资本主义生产方式；第二卷讲资本主义、帝国主义、殖民地和半殖民地经济，于 1949 年出版；第三卷以中国新民主主义经济为研究对象，于 1954 年出版。

这样，就有了两个广义政治经济学的范本。一个是苏联的，它要求“阐明人类社会各个不同发展阶段上支配物质生产资料的生产和分配的规律”（该书第一版导言）。另一个是中国的，要求“中国化”。不过，苏联的虽说研究全“人类社会”，其封建主义部分实际只讲了欧洲的领主制经济，又占一半以上篇幅的社会主义部分基本上是讲苏联。中国的虽说“中国化”，实际上也讲外国，其资本主义、帝国主义部分完全是讲外国。

统一性和特殊性

苏联的《政治经济学教科书》是把历史上各种生产方式都用一个“基本经济规律”作为总括。除了垄断前的资本主义外（因为马克思已有论断），各种生产方式的基本经济规律都是套用斯大林在《苏联社会主义经济问题》

① 恩格斯：《反杜林论》，《马克思恩格斯选集》第 3 卷，人民出版社，1972，第 186 页。

中所用的模式，即“在什么生产力的基础上，用什么方法，达到什么目的”。1956年开展反对个人迷信后，学术界打破了一些斯大林的思想框框。但在广义政治经济学的讨论上，更强调了各历史时代的经济理论应具“统一性”。1985年兹·法因布尔格和格·科兹洛娃的《广义政治经济学问题》对此有详细论述。其要点是：（1）政治经济学研究的客体具有统一性，即马克思所说的“生产一般”；生产的社会性的历史发展即各种生产方式的依次更替。（2）政治经济学借以进行研究的基本范畴，在历史上是“贯彻始终”的，它们是广义政治经济学统一性的核心。（3）这些范畴的具体内容在历史发展中会发生质变，以至变到它们的反面；但在否定之否定过程中（指共产主义），它们又会“翻转过来”，完成统一性。因而，20世纪80年代初，当苏联已是“发达的社会主义”并预见到共产主义的曙光时，对广义政治学的认识才完全成熟了，不过，在苏联并未写出一部成熟的广义政治经济学。

在中国，直到20世纪70年代，对政治经济学的研究是受苏联思潮的影响，但它一直是根据中国经济的特点进行的。1954～1956年，对于多种经济成分并存的这一中国特有的经济制度展开了一场热烈的“过渡时期经济规律”的讨论。这以后，在对社会主义经济的研究中特别提出了社会主义商品生产和价值规律问题。1979年以后，则更是沿着“有中国特色的社会主义道路”和“社会主义初级阶段”的理论进行政治经济学的建设了。历史方面，虽然还限于经济史的研究，但也注意到经济理论；尤其对中国地主制封建经济的研究，有突出的进展。1982～1986年，许涤新集中国内和国外最新研究成果，修订了他的三卷本《广义政治经济学》，成为迄今比较完整的一部广义政治经济学。

上述法因布尔格等的统一性论点，主要是根据马克思1857年为政治经济学批判所写的《导言》手稿而来的，尤其是手稿中“政治经济学的方法”一节。马克思把这种方法总结为：“在第一条道路上，完整的表象蒸发为抽象的规定；在第二条道路上，抽象的规定在思维行程中导致具体的再现。”①政治经济学就是这第二条道路上的再现。不过，马克思所说的是狭义的即垄

① 《马克思恩格斯全集》第46卷上册，人民出版社，1979，第38页。

断前的资本主义政治经济学。这种资本主义已实践了三百年，它的第一条道路即从具体到抽象的研究已经基本完成，因而应当再走第二条道路，从抽象再回到具体，其结果即三卷本《资本论》。对于资本主义以前的各种生产方式应当怎么办呢？《导言》确实说“生产一般”是个合理的抽象，但也说“用这些（抽象）要素不可能理解任何一个现实的历史的生产阶段”。《导言》也讲到简单范畴（即法因布尔格所称基本范畴）在历史上是存在的，“但是，它的充分深入而广泛的发展恰恰只能属于一个复杂的社会形式”（指资本主义形式）。因而，用这些范畴只能“在精神上再现出来”一个封建社会或奴隶社会，但它“决不是具体本身产生的过程”。

共性寓于个性，一般只能在特殊中表现出来。对于前资本主义以及社会主义社会形态的研究目前还处于马克思所说的第一条道路的阶段，或者还没有进入从具体到抽象的研究。这时候，我觉得强调广义政治经济学的统一性并没有什么现实意义，恩格斯说：“政治经济学本质上是一门历史科学。它所涉及的是历史性的即经常变化的材料；它首先研究生产和交换的每一个发展阶段的特殊规律，而且只有在完成这种研究以后，它才能确立为数不多的，适合于一切生产和交换的、最普遍的规律。”[①] 从广义空间来说，恐怕也是这样。只有在研究主要国家或民族经济发展的特殊规律以后，才能研究“人类社会”经济发展的普遍规律，所以，我觉得中国的、结合本国特殊性进行政治经济学研究的道路是可取的。

政治经济学是以经济实践为根据的，在研究上就是以经济史为基础，我国经济史的研究有优良的史学传统，并自20世纪30年代建立学科以来就是在马克思主义的指导或影响下发展的。近年来，它摆脱了教条主义的束缚，破除了“欧洲中心主义”的支配，在实事求是的道路上取得丰硕的成果。在这个基础上，如果我们的经济学家和史学家，把它进一步提高到理论研究，那就必然会对广义政治经济学的发展做出重大贡献。在这项研究中，我觉得入手之处，应当是在中国历史最长、内容最丰富、发展最成熟的封建主义经济。中国的封建主义经济，像希腊、罗马的奴隶制经济一样，是人类古代史上最具有典型意义的两种经济形式。

① 恩格斯：《反杜林论》，《马克思恩格斯选集》第3卷，第186～187页。

中国封建主义经济

近三千年的中国封建主义经济是不断发展和进步的。其间有严重的曲折，以至人口丧失三分之一；但即使在这种时候，生产力的某些方向或贸易的某些环节，仍有进步或发展。

中国的封建社会较早地废除了领主割据，较早地由农奴制转入租佃制，并较早地实现土地买卖，形成了一种以地主制经济为主导的封建社会，这种社会的封建制度不像欧洲领主制度那样僵化，直接劳动者有一定的生产积极性；因而生产力的发展比较快。11 世纪以来，中国的农业生产、手工业生产和科学技术的许多部门都居于世界前列；商业发达，城市繁荣，文化昌盛；堪称一种发达的、成熟的封建主义，这种情况在人类历史上是罕见的。

16 世纪以来，我国的地主制经济制度又经历了一些重要的调整，如田制的公消私长，赋役的由丁入地，地租的定额化和永佃权的出现，雇工人身的逐渐自由等，因而，在我国封建社会的晚期未出现由顶峰走向衰落的过程，而是继续发展。

在我国封建社会晚期，生产力仍有增长，18 世纪粮食的产量约比 16 世纪增长二三倍，手工业也有发展，不过，农产品的增长主要是由于扩大耕地面积和集约化耕作而来，集约化耕作又以劳动投入为主，甚少资本投入。因而，尽管亩产量发展到传统农业的高峰，边际产量和劳动生产率已有下降的征兆。手工业的发展也主要是来自工艺的改进，在生产工具和劳动分工上已逐渐落后于西欧了。

封建社会也和任何社会系统一样，有它本质的东西、非本质的东西，还有异质的东西。地主制经济是我国封建社会的质的决定者。自耕农、手工业者和其他个体劳动者，他们从属于地主制经济，但也可从属于他种经济，它们是非本质的经济成分。在我国自耕农的比重比较大，又小农业与家庭手工业的结合比较牢固，这都与西欧异趣。按照辩证法或系统论的原理，一个系统中如果不含有异质的东西，它就不能进化，商业资本和其他货币资本，自始就是用货币孳生货币的资本形式，它们是与封建主义异质的，马克思说："资本在历史上到处是以货币形式，作为货币财产，作为商业资本和高利贷资本，与地产相对立。”西欧的封建制度，就是以“货币权力”战胜“地产权利”而最后告终的;[①] 但在中国，这种对立和它的表现形式即城乡对立并不尖锐，到晚期且出现地主、商人、高利贷者“三位一体”的现象。

这都说明在我国发达的、成熟的封建主义社会中，生产结构比较稳固，自给性比较完整，地主制经济能够容纳一定的商品经济进行自我调整，加以我国早就是一个统一的帝国，上层建筑的保护力量比较雄厚。因而，晚期虽有资本主义的萌芽出现，但发展极为缓慢，封建主义长期延续下来，直到鸦片战争以后。

鸦片战争以后，中国地主制成为一种与增长着的资本主义经济长期并存的封建主义。之所以能长期并存，是因为中国地主制经济基于本身特点，能够吸收商品经济，以至吸收外国的和买办的商品经济进行自我调节，延续自己的寿命，这几近离奇，但环顾今日第三世界，这种现象并不罕见。鸦片战争后百年来，中国的农业生产力仍有所增长，说明地主制经济仍有生命力，如果不是经过共产党领导的革命和土改，它还会生存下去。不过，随着资本主义经济的发展，农村自然经济的解体，商业资本和金融资本支配农村以及地主阶级本身成分的演变，近代中国的地主制经济已不是原来的封建主义，而是半封建主义的经济。从封建主义到半封建主义，仍然是符合于历史唯物主义原理的一个进化。当然，它也持续给中国人民造成无穷的苦难。

以上是从政治经济学的角度上，我对中国封建主义经济的一些看法。这种看法来未必妥当，也不免谬误。每位经济史学者，都会有自己的看法。不同观点的提出和切磋，说明一点，即我国封建主义经济史的研究已有可能进行理论探讨，写出一部或几部（按照不同观点）中国封建主义政治经济学了。我祝愿这一天早日到来。

余　论

恩格斯在《反杜林论》中给广义政治经济学提出的第一个定义是：“研

① 马克思《资本论》第1卷，人民出版社，1975，第167页。

究人类社会中支配物质生活资料的生产和交换的规律的科学”。并指出：“生产和交换是两种不同的职能”，每种“都有多半是它自己的特殊的规律”，“以致它们可以叫做经济曲线的横座标和纵座标”。[①] 这种两个“座标”论给我们经济史的研究以很大的启示，即观察经济发展和社会进步有两个指标，一是生产力的增长，一是交换的扩大，两者应当是同等重要。

但是，20 世纪 30 年代以来，我们经济史的研究总是重生产，轻交换，甚至不研究交换，这是因为我国原有重本轻末的传统；在革命战争和物资匮乏的年代人们最关心的当然是生产；此外，还受苏联思潮的影响。斯大林认为，商品交换“不是一切社会形态而只是某些社会形态所特有的现象”（《苏联社会主义经济问题》）；因而在《政治经济学教科书》中所列政治经济学定义，如前文所引，删除了交换。在我国，轻视交换的思想是到党的十一届三中全会提出社会主义是有计划的商品经济以后才扭转过来。

恩格斯在文中不仅讲物质交换（Austausch），还提到广义的交换（Verkehr，译“交往”）。我曾有文论到，人类社会的交换实早于生产，愈在古代，交换推动社会发展的作用愈重要。[②] 就封建社会说，在欧洲，因日耳曼人入侵破坏了城市和商路，中世纪出现乡村化和商业凋敝的现象，人喻为“回到野蛮”。这只是历史上一个特例。我国长期的封建社会，总的说商业和商品经济的发展是比较正常的。这方面应重点研究，补西史之不足。

恩格斯在讲生产、交换必然产生相应的产品分配方式以后，给广义政治经济提出了第二个定义，也是更完整的定义，即“研究人类各种社会进行生产和交换并相应地进行产品分配的条件和形式的科学”。值得注意的是，恩格斯在这里没提“规律”，而提“条件和形式”。

政治经济学是研究经济规律的，所谓规律通常指事物关系和演变的内在必然性；规律有客观性，并常需一定的精密性，不能是“大概如何”。事实上，在经济发展中真正成为规律的是很少的。我查《资本论》第一卷仅有八处标明规律字样，而八处都是讲价值规律，第二、三卷中提到资本主义积累规律、供求规律、人口规律，仅此而已。像生产关系要适合生产力的发

① 《马克思恩格斯选集》第 3 卷，第 186 页。

② 吴承明：《试论交换经济史》，《中国经济史研究》1987 年第 1 期。

展，利润平均化等，都不标明为规律。马克思对规律的用法是很严谨的。苏联学者喜讲规律，往往规律连篇；不过他们对规律的理解不同，如认为发展趋势就是规律（尤金：《哲学小词典》）。这并不可取。

以中国封建经济史的研究而论，时间那么长，演变十分繁复，要总结出真正的规律实在很难。并且，研究产生政治经济学的目的，是为当今的经济发展战略和经济决策提供借鉴，规律过于概括，反不易说明问题，恩格斯的第二个定义提出研究经济现象和经济行为的条件和形式，这就开拓得多了。“条件和形式”，大体相当于我们今天所说的经济运行的“机制”，包括各种作用的因素和变数，这正是客观经济要研究的主要问题。这种研究也比较具体，便于应用。

（原载云南大学历史系编《史学论文集·纪念李埏教授从事学术活动五十周年》，云南大学出版社，1992，第20~24页）

论广义政治经济学

恩格斯在《反杜林论》中说广义政治经济学“尚有待于创造”。[①] 百多年来，这一学科并无很大进展。西方学者把资本主义制度看成是永恒的，根本没有广义政治经济学的概念。德国历史学派虽重视历史，而实际是把古代和中世纪经济视为资本主义的发展阶段。[②] 创造广义政治经济学是马克思主义经济学者的任务，对它的探讨，在苏联和在中国走了不同的道路。可慨的是，苏联学者的探讨已是前途未卜。我拟在本文中简介其经历，并对如何发展这一学科略述管见。

一　两条探索道路

所谓广义政治经济学有待创造，主要是指它的前资本主义部分和社会主义部分。在苏联，广义政治经济学是在创建社会主义经济学中得到某些发展的。这本是顺理成章的事，却道路曲折。原来十月革命前就有人认为

① 本文引用《反杜林论》均据《马克思恩格斯选集》第 3 卷，人民出版社，1972，第 186 ~ 191 页，不再一一注明。

② 历史学派创立人 W. 罗雪尔把古代和中世纪称为资本的幼年期和成年期，只是出现“从合理的变为不合理的”现象。见所著《历史方法的国民经济学讲义大纲》，商务印书馆，1981，中译本，原序。历史学派最后一位代表 W. 桑巴特把“从始至今的全欧经济生活”分为三个“经济时代”，而它们实际是现代资本主义的早期、全盛期和晚期。见所著《现代资本主义》，1902 年德文版副标题及第 1 章。

社会主义经济是人们自觉地达到目的，不需要政治经济学去研究。[①] H. 布哈林更提出，在原始公社、封建领地和社会主义等“有组织的经济”中都不需要理论经济学。十月革命后，布哈林的《过渡时期的经济》风行一时，他的“资本主义商品社会关系的末日也就是政治经济学的告终”[②] 一语，成为经济学界的信条。自亦有不同意见，如 A. 波格丹诺夫、N. 斯捷潘诺夫的著作就都有广义政治经济学的内容。[③] 但是，当 1925 年苏联共产主义科学院召开会议，斯捷潘诺夫在“什么是政治经济学”主题报告中建议采取广义政治经济学体系和建立社会主义经济学时，发言中只有 2 人赞成，12 人反对。1928～1929 年又有批判机械主义运动，主张广义政治经济学者都被批判，说他们“把资本主义的规律性搬用到苏维埃社会主义社会”。[④]

列宁早有文肯定波格丹诺夫按历史阶段立论的体系，惜未为人注意。[⑤] 1920 年列宁又曾批评布哈林否定社会主义经济学是“不正确的”，并指出政治经济学“不只是”研究商品经济，马克思的再生产理论也适用于共产主义。[⑥] 唯此文未发表，1929 年 10 月才在出版的《列宁文集》第 11 卷中公之于众。

列宁评论的公布引起了巨大震动。社会主义经济学逐渐被普遍承认，同时开始对广义政治经济学进行讨论。1936 年，苏共中央通过《关于政治经济学教学改革的决议》，要求在高等院校开设广义政治经济学课程。次年组

① 持此论点的著名学者有 R. 希法亨、罗莎·卢森堡、M. 杜冈－巴拉诺夫斯基等。他们的论点和有关著作见张友仁、李克纲《社会主义经济理论发展史》，北京大学出版社，1991，第 60～62 页。

② 布哈林在十月革命前的论点见所著《食利者政治经济学》，《布哈林选集》下册，人民出版社，1983，第 39 页。他在十月革命后的论点见列宁《对布哈林〈过渡时期的经济〉一书的评论》，人民出版社，1958，中译本，第 3 页。

③ 波格丹诺夫的《经济学简明教程》于 1897 年初版，十月革命后多次再版，1924 年修订第 15 版增加了社会主义部分。波格丹诺夫、斯捷潘诺夫合著的《政治经济学教程》第 1 卷于 1910 年出版，1925 年出齐第 2 卷第 4 分册，在长序中论述了广义政治经济学。

④ 参见《斯大林全集》第 12 卷，人民出版社，1955，第 329 页注 33。

⑤ 波格丹诺夫书中“经济发展过程”篇是按原始共产主义时期、奴隶时期、封建主义和行会时期、资本主义时期分述的；列宁评论：“政治经济学正应该这样来叙述。”见《列宁全集》第 4 卷，人民出版社，1958，第 33 页。列宁的评论发表于 1898 年《世界》第 4 期，知者甚少；1930 年收入《列宁文集》第 2 版，才为人所注意。

⑥ 列宁：《对布哈林〈过渡时期的经济〉一书的评论》，第 2～4 页。

成庞大的教科书编写组，几经周折，1951 年才完成未定稿，广泛讨论。讨论结果，即次年出版的斯大林的《苏联社会主义经济问题》。1954 年正式出版《政治经济学教科书》。这是苏联出版的第一部系统的广义政治经济学。但它仅以很少篇幅讲前资本主义经济，主要是讲资本主义和社会主义生产方式。以后苏联出版多种政治经济学，大都沿袭这一体系。到 1988 年的 B. 梅德维杰夫等的《政治经济学》才作了改革。该书未定稿经广泛讨论，而改革的结果是取消了前资本主义部分，代之以“经济发展的一般原理”，走了回头路。

在中国，对广义政治经济学的探索走了另一条道路。20 世纪初马克思主义经济理论传入中国，30 年代初已有了《资本论》等全译本。这时进步青年最大的困惑是这种新经济理论虽好，却难用以解释半殖民地半封建中国发生的经济问题。20 年代末 30 年代初发生的中国社会性质论战，即由于不同解释引起的，而这个问题又是关系中国革命道路的重大问题。

毛泽东很早就提出马克思主义的普遍真理必须与中国革命的实际相结合。1938 年他又指出：“离开中国特点来讲马克思主义，只是抽象的空洞的马克思主义”；因此他号召“使马克思主义在中国具体化，使之在其每一表现中带着必须有的中国的特性”。①

40 年代初，王亚南倡议建立“中国经济学”，并于 1946 年出版《中国经济原论》，后改名《中国半封建半殖民地经济形态研究》，出有 6 版。许涤新也是从研究中国半殖民地半封建经济开始，1946 年他“下定决心，要写出一本中国化的政治经济学”。这就是他在 1949 ~ 1954 年出版的三卷本《广义政治经济学》。该书从原始社会直叙到当时中国的新民主主义经济。1982 ~ 1984 年，他又将该书全面改写成为新版《广义政治经济学》，其第三卷已是探讨社会主义经济了。②

广义政治经济学是研究各历史时期的经济的，这是时间上的广义，是人所共知的。中国学者探索的道路是从马克思主义应用于不同国家的实际出发，可说是空间上的广义。对此，颇有异议。苏联学者一般主张只能有一种

① 《毛泽东选集》第 2 卷，人民出版社，1967，第 534 页。

② 参见拙作《许涤新〈广义政治经济学〉一书评介》，《经济研究》1985 年第 11 期。

政治经济学。在中国，有人指出半殖民地半封建不是一种“经济形态”，没有自身的规律。50年代初有人研究新民主主义经济发展规律，同样受到指责。

恩格斯在《反杜林论》中说：“政治经济学，从最广的意义上说，是研究人类社会中支配物质生活资料的生产和交换的规律的科学。”“人们在生产和交换时所处的条件，各个国家各不相同，而在每一个国家里，各个世代又各不相同。因此，政治经济学不可能对一切国家和一切历史时代都是一样的。”这就是说，广义政治经济学本来有广义时间和广义空间两方面的含义。

历来经济学家都希望乃至真诚地认为自己的研究是世界性（universal）的，但事实并非如此。在古典政治经济学中，可明显地看到英国的斯密—李嘉图学说与法国的重农主义和西斯蒙第理论是多么的不同，稍后的德国历史主义又另是一派。目前广义政治经济学中研究最有成果的是社会主义部分。迄80年代的情况是，为数不多的社会主义国家几乎各有其经济学，社会主义经济学派众多，不亚于当代西方资本主义经济学。我看这是合理的。我们要建设有中国特色的社会主义，当然会有中国的社会主义经济学。苏联《政治经济学教科书》声称要研究“人类社会”的经济发展，但其封建主义部分实际是讲西欧和俄国，而社会主义部分基本上是讲当时的苏联。至少就目前说，要写一部世界性的广义政治经济学，恐怕是不可能的。

二　统一性、范畴、规律

（一）统一性

苏联学者大都认为广义政治经济学不应是各历史时期经济理论的汇合，而有其本身的统一性或整体性。他们一般是把历史上各种经济形态的递相更替作为统一性的根据。有人是从经济发展的基本内容，即物质生产或“生产一般”来探讨统一性的根源。[①] 有人是从生产的社会化来论证，“生产社会性的向前发展”导致“生产关系类型的历史更替”。[②] 有人则提出研究

① 大卫·卢森贝：《广义和狭义政治经济学》，苏联《经济问题》1931年第6期。

② β. 法因布尔格、Γ. 科兹洛娃：《广义政治经济学问题》，苏联《经济科学》1985年第8期。

“经济发展的一般原理”，掌握“人类社会前进的共同的经济规律”。[①]

广义政治经济学的统一性显然和它研究的主要内容有关。在苏联，长期流行的看法是广义政治经济学应主要研究各种社会经济形态的发生、发展、灭亡及其相继更替的规律，这并见于官方文献。[②] 这种看法重点在批判，来源于马克思的《政治经济学批判》。在马克思时代，批判资本主义制度永恒论，揭示资本主义灭亡的必然性是完全必要的。但我以为，今天研究广义政治经济学，情况不同了。就社会主义经济来说，重点在研究它如何健全发展，不在批判。前资本主义经济，其灭亡是明摆着的，也无须批判。其实，社会形态的相继更替原为历史唯物主义的命题，不是政治经济学的命题。以此来研究广义政治经济学，势必范围狭小，内容抽象化。

那么，广义政治经济学应主要研究什么呢？我想避开多年来争论不休的关于政治经济学对象问题的讨论，而求诸实践的经验。从社会主义经济学研究的实践看，大约从60年代起就突破了斯大林的“生产关系三大项”的政治经济学对象的定义，而走向实用道路。在东欧，是以研究不同体制下社会主义经济运行的模式及其调节机制为主，并日益重视均衡增长和效益问题。[③] 在苏联，早就有苏维埃经济运行的研究，1960 年 Л. 康托罗维奇提出资源最优利用理论，1962 年 E. 利别尔曼提出社会主义计划机制的理论，但在政治经济学领域，墨守成规，除 1975 年 A. 鲁缅采夫主编的《政治经济学》已应用数学模型方法外，到 1988 年 B. 梅德维杰夫、Л. 阿巴尔金、A.

---

① β. 梅德维杰夫、Л. 阿巴尔金：《改革条件下的政治经济学》，苏联《经济问题》1988 年第 3 期。

② 见 1931 年版的《苏维埃经济理论基础》及以后类似的教学大纲性质的文献。

③ 这可回溯到 20 世纪 30 年代 O. 兰格的社会主义经济运行模式，他是根据传统的高度集中的计划体制，提出“模拟市场”，以调节生产资料的配置。到 60 年代，M. 卡莱茨基的增长模型也是根据传统计划体制，引进“政府决策曲线”。W. 布鲁斯的社会主义经济运行模式则引进了市场机制；而奥塔·锡克的运行理论则为计划调节与市场调节相结合的体制。到 80 年代，J. 科尔奈的经济运行理论虽是以传统计划体制为基础，但适应改革的要求，提出一套新的论点。这些学者的主要著作都有中译本：兰格《社会主义经济理论》，中国社会科学出版社，1981；卡莱茨基《社会主义经济增长理论导论》，上海三联书店，1988；布鲁斯《社会主义经济的运行问题》，中国社会科学出版社，1984；锡克《社会主义的计划与市场》，中国社会科学出版社，1982；科尔内《短缺经济学》，经济科学出版社，1986。

阿甘别吉扬等的《政治经济学》才有了转变。[①] 在中国，80 年代以来，社会主义经济学也逐渐以研究我国经济的运行及其机制为主要内容。[②] 随着我国经济改革日见成效，中国在这方面的研究已居前列。

社会经济的运行也就是马克思所说的“生产有机体”和再生产理论。任何社会的经济都是在一定的机制下运行的，否则不能持久。各种社会经济形态“不仅都有简单再生产，而且都有规模扩大的再生产，虽然程度不同”。[③] 当代西方经济学就是以研究当代资本主义经济的运行为主要内容的。我认为，广义政治经济学的前资本主义部分也应当是这样；而这也就是它的统一性之所在。当然也有所不同。例如，封建社会的阶级关系最为复杂，就要在这方面多下功夫。又对社会主义经济，不仅研究它是怎样运行的，还要研究如何改进它。对于前资本主义经济无须考虑改进，但要总结经验教训，为今天的经济发展战略提供借鉴。政治经济学是理论科学，但要有用。

（二）范畴

狭义政治经济学是用从抽象到具体的方法进行阐述的，因而苏联学者在讨论广义政治经济学时特别注意经济范畴问题。早期有种观点认为资本主义的经济范畴绝对不能用于社会主义经济。[④] 后来，则统一范畴论占了优势。其主要论点是：基本范畴如生产、劳动、分工、交换、所有制等是各种生产方式共有的，乃至是“贯彻始终”的，但在历史演进中会有质的变化。甚至有人认为将这些范畴“填充”上历史内容，就构成广义政治经济学框架。[⑤]

马克思在论“政治经济学方法”中曾提出“具体范畴”和“简单范

---

① 参见康托罗维奇《最优化规划论文集》，商务印书馆，1984；《苏联报刊关于利别尔曼建议的讨论文集》，三联书店，1965；鲁缅采夫《政治经济学》，人民出版社，1978；梅德维杰夫《政治经济学》，中国社会科学出版社，1989。

② 以厉以宁的《社会主义政治经济学》（商务印书馆，1986）为例，其体系是：（1）国民经济的运行；（2）企业经济活动；（3）个人经济行为；（4）宏观经济与微观经济的协调；（5）社会规范与个人行为的协调；（6）发展目标与发展战略。

③ 马克思：《资本论》第 1 卷，人民出版社，1975，第 656 页。

④ A. 恰亚诺夫曾在理论上论证资本主义经济范畴不适用于奴隶制、农奴制和共产主义经济。见所著《非资本主义经济体系的理论》，即《农民经济理论》一书的第一部分，1923 年德文版，有 1966 年修订英文版。

⑤ 前引法因布尔格、科兹洛娃论文《广义和狭义政治经济学》。

畴”。前者不能脱离历史的具体，后者则可独立存在，“但是，它的充分深入而广泛的发展恰恰只能属于一个复杂的社会形式”。[①] 例如“资本”，无疑是资本主义社会重要的经济范畴。但在奴隶社会即已出现的城乡分离，可以“看作是资本不依赖于地产而存在和发展的开始”，[②] 中世纪行会手工业者的房屋、工具和“世代相袭的主顾”是一种与“劳动直接联系在一起的”资本，它不能货币化；[③] 而古老的商业资本和高利贷资本却因一开始就是用货币孳生货币，可视为“资本本身”。[④]

马克思所说“复杂的社会形式”是指19世纪的资本主义社会。今天的社会更复杂了，一些新的范畴特别是宏观经济范畴以及各种“率”的概念，不少也可应用于古代的研究。但所谓应用，绝非由它们推导历史。范畴是一种抽象，正如马克思、恩格斯所说：“这些抽象……绝不提供可以适用于各个历史时代的药方和公式”，“它们只能对整理历史资料提供某些方便”，因为“只是在人们着手考察和整理资料……在实际阐述资料的时候，困难才开始出现”。[⑤]

马克思提出的“从抽象到具体”的方法有个前提，即已先做好了“从具体到抽象”的研究。马克思写《资本论》的时候，狭义政治经济学已有200年的历史，马克思本人也研究了20年，从具体到抽象的研究已基本完成了。尽管如此，《资本论》中仍不少用实证分析方法，有大量资料和统计。今天广义政治经济学中无论是前资本主义或是社会主义部分都没有这种条件，都还需从史料或具体实践入手。因而应以实证分析为主，不宜先立范畴，更不能“填充”历史。像苏联的《政治经济学教科书》，即给人以“概念堆积，脱离实际”之感。至于具体论证方法，我有篇关于经济史研究方法论的文章，主张兼采传统的和当代各学派方法论之长，而以历史唯物主义作为权衡标准；我想这也适用于政治经济学的研究。[⑥]

---

① 《马克思恩格斯选集》第2卷，人民出版社，1972，第106页。

② 《马克思恩格斯选集》第1卷，第57页。

③ 《马克思恩格斯选集》第1卷，第59页。

④ 马克思：《资本论》第1卷，第818页。按今译本作“被当作资本”，不妥。查原文为 als kapital quand même，郭大力1938年译本为“作为资本本身看”，1953年译本为“视为资本一般”，均较妥。

⑤ 《马克思恩格斯选集》第1卷，第31～32页。

⑥ 参见吴承明《中国经济史研究的方法论问题》（本卷第493～522页），又载吴承明著《市场·近代化·经济史论》，云南大学出版社，1996，第45～82页。——编者

（三）规律

政治经济学是研究经济运行的客观规律的，苏联学者在这方面走过弯路。在长达30年的时间里，他们大多不承认社会主义经济以致不承认前资本主义经济有客观经济规律，还有人提出一些颇为奇特的见解。[①] 1940年集中名家写出的《政治经济学教科书》初稿，在社会主义部分竟没有一条规律。到1952年斯大林的《苏联社会主义经济问题》发表后，情况大变，经济著作中就满篇都是规律了。正式出版的《政治经济学教科书》，每种社会形态都安上一条“基本经济规律”和一系列的其他规律，成为一部“规律排队”的广义政治经济学。

经济运行存在着客观规律，但发现它是很不容易的。马克思对此非常慎重。《资本论》第1卷据我见只有14处用“规律”字样，但其中7处并未说是什么规律，只说在劳动创造价值和剩余价值的生产上存在着“内在规律”、“社会规律”或“绝对规律”；另7处是明确提出价值规律、资本主义积累规律、人口规律、供求规律。[②] 经典作家不轻言规律。如资本主义利润的平均化，只说是一种“起支配作用”的“趋势”，[③] 而不言规律。

苏联学者喜谈规律，也许同他们对规律的理解有关。早在20年代，据说受新康德主义影响，即有所谓“表意的规律”和“独立的规律”的说法。[④] 这就模糊了规律的客观性。后来如著名的尤金《哲学词典》就把“趋势”作为规律的表现，还有的经济学家认为规律“只是作为一种占统治地位的趋势”。[⑤] 这样，一些人为的趋势如工业化、农业集体化和各种运动也

---

① 例如：国民经济计划是社会主义经济的规律，以B. 科弗曼的《政治经济学》（1932）为代表。无产阶级专政决定苏维埃经济发展的规律；以H. 沃兹涅先斯基的《无产阶级专政和社会主义经济》（1933）为代表。社会主义经济规律的客观性在于实现无产阶级自觉目的的必要性，见A. 帕什科夫的《广义政治经济学》（1934）。参见苏联《社会主义政治经济学史纲》，三联书店，1979，中译本，第123、130~131页。

② 这14处见马克思《资本论》第1卷，第92、120、188、340、352、354、394、640、641、679、681、692、702、707页。

③ 马克思：《资本论》第3卷，第194页。

④ 表意的或经验的规律（идеографические законы）；独立的或自然的规律（номотетические законы）；见前引《社会主义政治经济学史纲》第116页。

⑤ Б. 加托夫斯基：《社会主义政治经济学发展概要》，上海译文出版社，1985，中译本，第70页。

都成了规律。

恩格斯在《反杜林论》中曾把广义政治经济学定义为研究生产和交换的规律的科学。但随后他又说，广义政治经济学是“一门研究人类各种社会进行生产和交换并相应地进行产品分配的条件和形式的科学”。这里用“条件和形式”代替规律，就使我们的研究更能接近实际了。“条件和形式”大体相当于我们前面所说经济运行的机制和模式。

鉴于发现和证明一项规律是很难的事，我主张在广义政治经济学的研究中多讲事实和经验，少讲规律。又规律过于概括，反不如说明事实和经验对人有用。至于用规律推导出事实或结论，更不可取。①

恩格斯又说，广义政治经济学“所涉及的是历史性的即经常变化的材料；它首先研究生产和交换的每一个发展阶段的特殊规律，而且只有在完成这种研究以后，它才能确立为数不多的、适合于一切生产和交换的、最普遍的规律”。这就是说，广义政治经济学不能一蹴而就，必须先研究各历史阶段的经济学。以中国言，社会主义部分已在进行专门研究了，前资本主义部分则有未足。在前资本主义部分，我以为最好首先研究中国封建主义经济学，渐及其他。这样，中国的广义政治经济学将不是一部著作，而是一套丛书。这样做还有个好处，即每个历史阶段的经济学将不是一种，而有几种，以利不同观点的争鸣。

三　中国封建主义经济学

中国的封建经济，产生最早，历史最长，地域最广。它较早地废除了领主割据，较早地由农奴制转入租佃制，较早地实现土地自由买卖，形成一种以地主制经济为主导的封建社会。这种经济制度不像西欧领主制那样僵化，地主成分可以改变，劳动者有一定的生产积极性，生产力的发展比较快。11世纪以来，我国在农业生产、手工业生产和科学技术上都居于世界前列：

---

① 如Б. 波尔什涅夫的《封建主义政治经济学概要》即常用某条规律、特别是基本经济规律推导出结论来，见该书（三联书店，1958，中译本）第56、79、86～87、94页。与之对比，胡如雷的《中国封建社会形态研究》（三联书店，1979）则都是用史料和当时学者的论述来论证。

商业发达，城市繁荣，文化昌盛；堪称一种发达的成熟的封建主义。“最一般的抽象总只是产生在最丰富的具体的发展的地方。”① 中国封建主义经济学在广义政治经济学中必然具有典型意义。

我国发达的成熟的封建经济，生产结构比较稳定，宏观自给性比较完整，能容纳一定的商品经济进行自我调整。16 世纪以来，田制的公消私长，赋役的由丁入地，地租的定额化和永租权的出现，雇工人身的逐渐自由，都是一种调整。加以早就是个统一的大帝国，政治和文化对经济活动的机制和规范力量比较强大。因而，封建经济后期并未出现由顶峰走向衰落的过程，生产力始终是增长的。直到亚当·斯密写《国富论》时，还认为中国“比欧洲任何国家都富得多”。②

然而，封建经济的长期延续也给中国人民带来巨大灾难。它延缓了我国资本主义生产因素的发展和科学技术的革新，乃至在 19 世纪外国资本主义入侵以后，它还能调整自己，与中外资本主义共存，成为阻碍中国近代化的一座大山。只是经过中国共产党领导的政治革命和土地改革，才把它消灭。但死而不僵，到 70 年代还几乎出现封建主义复辟。憬然回顾，又给中国封建主义经济学的研究增添了现实意义。

社会主义经济的研究启示我们：迄今人类各种文明社会都是多种经济成分并存的。《资本论》是把各种非资本主义成分都抽象掉，这种研究方法不适用于本学科。由于长期的反封建任务，人们常把封建社会的一切东西都看成是封建的或封建性的，这是不科学的。③ 任何社会形态都有它本质的东西、非本质的东西，还有异质的东西，在研究中应有区别。

自耕农、手工业者和其他个体劳动者，虽在上述“封建经济”总称之内，却不是封建主义本质的东西。特别需要注意的是我国的自耕农，他们一直数量巨大，在生产上有重要地位，在经济运行中受到特殊的机制的作用。④ 传统的研究常把他们比附于地主制经济，乃至把他们的纯收入也作地

① 《马克思恩格斯全集》第 12 卷，人民出版社，1962，第 754 页。

② 亚当·斯密：《国民财富的性质和原因的研究》上卷，商务印书馆，1972，中译本，第 230 页。

③ 参见吴承明《谈封建主义二题》，收入全集第 3 卷第 289 ~ 295 页。——编者

④ 部分占田制下的农户，均田制下的受困户，大部分明清的垦田户，均应作自耕农看待。自耕农受到的特殊机制，一方面来自土地兼并的冲击和赋役制度的失衡，另方面是历代反兼并政策和社会尊重恒产的道德取向。

租处理,[①] 似有未当。

按照辩证法或系统论原理，一个系统中如果没有异质的东西，它就不能进化。商业资本、高利贷资本以至商品经济本身，都是封建经济中异质的东西。它们代表“货币权力”而与“地产权力”相对立,[②] 西欧的封建制度就是以前者战胜后者而告终。但在中国，地主制经济能够吸收商品经济来调整自己。以至出现地主、商人、高利贷者的三位一体。如何看待这种现象呢？我以为，它只是表明我国封建经济权制的有效性，以至影响地主阶级的行为，但并不能改变商品经济作为一种异质成分的功能。传统研究认为商业和高利贷资本只是为地主阶级服务，它们的利润也只是分割地租，似亦未妥。从多种经济成分看，地主阶级只是一身而二任焉，地租不是利润的唯一来源，也不是利润率和利息率的界限。

地主制经济是中国封建主义的质的决定者，当然是本学科研究的中心。这种制度的传统定义是：地主占有土地和不完全占有劳动者。在占有土地上，传统研究一般过分强调大土地所有制，多少是受西方影响；而“不完全占有劳动者”更需斟酌。在我国，佃农不是由依附农转化而来，依附关系常因非经济原因时有强弱，最后趋于消失。我以为，人身依附，从而超经济强制，虽经常或多或少存在，但不是我国租佃制和封建剥削的必要条件。至于把佃农自有的工具、牲畜等生产资料作为“劳动者封建所有制”，更不可取。[③]

地主制经济全靠地租的运行来维持。地租理论无疑是本学科中最重要的理论。马克思为封建地租的理论奠立了基础。但传统研究主要是从地租形态的演变，即由劳役租到实物租、特别是由实物租到货币租的演变，来论证地租率的增长及其社会效应。在我国，一开始就是实物租占支配地位，而西方货币租的效应几乎都可在我国实物租制度下出现。在我国，似乎租与赋的演变和由分成制到定额制以至永佃制的出现，具有更重要的作用。至于地租率

① 这种处理方式始于英国古典政治经济学，马克思主义经济学家也多沿用，这多少是受西欧中世纪农村情况的影响。

② 马克思：《资本论》第 1 卷，第 167 页及注 1。

③ 其理论是：前比奴隶制，后比资本主义制，劳动者都是一无所有，因此佃农（农奴）的生产资料是封建制的产物。这也是广义政治经济学统一论的形而上学。

是否不断增长，尚可置疑。

地租是封建社会剩余劳动（剩余产品、剩余价值）的一般形态，因而，它的运行、利用和再投资，应是地租理论的核心。传统研究中，大约由于过分强调了小农生产的落后性和简单再生产，对此竟少置论。实则，一国的国富，主要在于国民剩余的有效利用，亦即国民经济运行的良窳，而不在于地租形式及其剥削强度。我国历代学者对此曾提供了丰富的思想材料，惜未成系统的地租理论。这里，古典政治经济学的理论倒是可供借鉴。

古典政治经济学是研究资本主义的，但当时农业方面，除英国外，还是以对分制和分成制的小农生产为主。如F. 魁奈的《经济表》对当时法国国民剩余（纯收入即地租）运行的分析。据陈岱孙先生最新研究，他不仅讲简单再生产，也论及扩大（缩小）再生产，又不仅是宏观考察，而原是从微观开始的；① 这是我们研究的正确方法。又如J. C. L. 西斯蒙第关于小农经济特有的“正确比例”观点，实际提出这种经济运行的一般原理。他对自耕农和分成制的赞扬不无偏见，但也是根据实效。他对李嘉图地租学说的评论强调了土地垄断性和改良土地的报酬，亦有见地。② 李嘉图研究的是资本主义地租，但我以为，级差地租和土地报酬递减现象，在封建经济中也是存在的，只是对于前者目前尚无足够史料。在这个问题上，从W. S. 杰文斯开始的边际分析方法，③应当成为我们研究的重要方法。我想，在我国丰富的史料中，不仅是边际理论分析，还可找到某些数据，作个例的数量分析。

我国以家庭为单位的小农经济是一种能发挥集约化耕作优势的效率很高的经营制度。它的剩余也是很大的。历史上的重租轻赋削弱了这种剩余的利用，但从大量自耕农那里得到了补偿。劳动者对他们所能支配的剩余的利用

① 当时法国全部耕地中，小农经营的占83.3%，其中主要是对分制（métayage）农民，部分是分成制（à champart）农民和自耕农。见《魁奈经济著作选集》，商务印书馆，1983，中译本《谷物论》，第41页。又魁奈所用fermiers过去译“农民”，按原字义应为“佃农”，日本人译“小作人”即佃农，今译本作“租地农场主”，不妥。对《经济表》的最新研究见《陈岱孙文集》，北京大学出版社，1989，第763~784页。

② 西斯蒙第：《政治经济学新原理》，商务印书馆，1962，中译本，第Ⅸ、110~112、123~124、186页。

③ 杰文斯：《政治经济学理论》，商务印书馆，1984，中译本，第162~165页。杰文斯是用追加劳动为变量进行微分。边际分析方法后来有很大的改进。

可说是计尽锱铢，而地主阶级由于是以中小为主，对生产也不是完全无所作为。官营经济弊多利少，但从未居支配地位。政府对于维护生产秩序，调节供需以至水利、教育等事业，则远比西欧封建政权有效。国内移民对经济运行起着调节作用，迄19世纪中叶，并无严重人口问题。文化和社会道德取向对经济活动的规范作用不容忽视，变动着的义利、本末等思潮深入人心。市场、价格的机制作用原不限于实际交易，这方面的研究还很不够，恐怕一般偏于低估了。我看至少在封建后期，价值规律已有了一定的调节劳动分配的作用。总的说，我国封建经济是在一种比较和谐的均衡增长的状态下运行的。它也有周期性，但即使在最低谷，生产力在某些方面仍有进步。

以上是我个人的初步看法。在中国封建主义经济学的建设中，必会有更多更高明的看法，这正是本文的愿望。

（原载《经济研究》1992年第11期）

论历史主义

一　史学发展趋势

联合国教科文组织编辑了一套《社会和人文科学研究主要趋势》（以下简称《趋势》），其历史学卷由曾任英国史学会主席的巴勒克拉夫主笔，并邀请列宁格勒大学和哈佛大学的两位教授参加，于 1978 年出版。[①] 该《趋势》较全面地考察了迄 20 世纪 70 年代世界史学的发展和演变。我仅略取其西方史学部分，并稍补充 80 年代后动向。

按《趋势》，西方史学在第二次世界大战后尤其是 1955 年后发生了革命性变化。除研究领域扩大至亚非拉各国和研究重点由政治史推向经济、社会、文化史外，主要趋势是突破了历史主义的束缚，应用社会科学的理论和方法，使史学由艺术转变为科学。

按《趋势》，历史主义在第一次世界大战后即受非难，但直到 1945 年，它始终在除苏联以外的史学界占优势，并且在两次世界大战之间实际是加强了。马克思主义是对历史主义的一大冲击，但在西方，马克思主义在第二次世界大战后才发挥重要作用。在西方，推动史学革命的是在 20 世纪 50 年代发展成熟的史学新概念和新思想。

① Geoffrey Barraclough, *Main Trends of Research in the Social and Human Sciences*: *History*, 1978. 中译本《当代史学主要趋势》，上海译文出版社，1987。

在美国，主要是史学与社会科学、行为科学密切结合。美国原有实用主义传统，这种传统曾受德国历史主义影响而被削弱，但在20世纪50年代恢复了。由马林（J. C. Malin）、科克伦（T. C. Cochran）等开始，抛弃了传统的历史分析方法，运用社会科学的理论和方法，尤其是计量学方法来研究历史。经过迈耶（J. R. Meyer）、康拉德（A. Conrad）、休斯（J. R. Hughes）、戴维斯（L. E. Davis）等努力，终于形成以福格尔（R. W. Fogel）为首的计量史学（cliometrics）。

在法国，社会史学者于1929年即创办了《经济社会年鉴》，但布洛赫（M. Bloch）、费弗尔（L. P. V. Febver）的新思想和结构分析在20世纪50年代才充分发挥作用。年鉴学派的整体性（holistic）历史观在布罗代尔（F. Braudel）、莫拉泽（C. Morazé）一代成熟起来，其影响遍及欧洲。英国以纳米尔（L. B. Namier）为代表的传统史学在20世纪50年代式微，新出版的鲁德（G. F. E. Rudé）、霍布斯鲍姆（E. J. Hobsbawn）、拉斯勒特（P. Laslett）、汤普逊（E. P. Thompson）等著作都有明显的法国学派色彩。在德国，历史主义的抵抗最强，但年鉴学派思想“经过别具特色的改造”也影响到席德尔（Th. Schieder），尤其是伯梅（H. Böhme）、韦勒（H. U. Wehler）等新一代史学家。

《趋势》详述了社会学、人类学、心理学、人口学等对史学新发展的作用。经济学是最早成为科学的，也是对新史学“唯一作出最大贡献”的社会科学。按《趋势》说法，直到20世纪20年代，经济学和史学的发展是背道而驰的。经济学要求建立不受时代和国别限制的普遍理论体系；史学则囿于历史主义，着重于一个时代个别国家的研究。30年代经济危机以后，经济学转入宏观经济和经济周期的研究。50年代又转入经济发展和长期性增长的研究，这就必须重视历史，导致经济学和史学的重新结合。

《趋势》着重介绍和高度评价的两种“新史学”即计量史学和年鉴学派，实际都是经济史。这两个学派读者比较熟悉，我在《中国经济史研究的方法论问题》一文中也谈过。① 到20世纪80年代，计量史学似已度过它

① 载《中国经济史研究》1992年第1期。该文是在较小的范围内论研究经济史的具体方法；本文扩大范围并涉及理论方面，可视为那篇文章的续篇。

的黄金时代，批评迭起。年鉴学派仍盛，但其向心理学因素倾斜，也遭到一些物议。同时，出现另一种“新经济史”，即以诺斯（D. C. North）为首的新制度学派。该派以新古典经济学为基础，个人、企业、国家都谋求收益最大化，而他们之间的关系都是交换关系。国家给个人、企业设定产权，来交换后者提供的税负，为此订立契约性的规则，即制度。经济史要研究的就是这种制度的长期变迁。但是，制度变迁要能降低“交易费用”才能引起经济增长，否则制度无效，经济停滞或衰退。交易费用包括设定产权和执行制度的费用以及信息、商务费用，是导致经济盛衰的基本因素，此外，该派还把伦理、道德规范作为保证制度执行的因素。①

二　什么是历史主义？

西方所谓历史主义，尽管评论众多，并无确切定义。② 我以为，它实际是18世纪末西方近代史学从神学、哲学、文学中分离出来后逐步形成的一些原则。它仍带有“文史哲”的着重事件描述和直观的思想方法，强调历史世界（Welt als Geschichte）与自然世界（Welt als Natur）之不同。据说，“历史主义”（Historismus）一词最早是德国人评介维科（G. B. Vico）1725年的著作③时所用。维科认为历史是循环进化的，但一国的观念、制度、价值观完全受自己历史发展所决定。被称为西方“近代史学之父”的兰克（L. Ranke，1795～1886）可称为第一个历史主义者。他写有德、奥、法、英历史，但每国只写其主要事件，有类“纪事本末”。他认为每个国家都有其个性，代表一种个别的精神，而无共同的历史可言。其后德国著名史学家

① “新经济史”命名见 D. C. North and R. P. Thomas, *The Rise of Western World*: *A New Economic History*, 1973；中译本《西方世界的兴起》，华夏出版社，1989。诺斯又著 *Structure and Change in Economic History*, 1981，包括理论和历史两部分；中译本《经济史中的结构与变迁》，上海三联书店，1991。后诺斯修订该书为 *Institution*, *Institutional Change and Economic Performance*，哈佛大学出版社，1990。该学派其他文献参见《财产权利与制度变迁：产权学派与新制度学派译文集》，上海三联书店，1991。

② 罗森塔尔（M. Розенталя）和尤金（П. Юина）主编的《哲学词典》1955年版将历史主义定义为：“根据事物、事件、现象所藉以产生的具体历史条件，从事物、事件、现象的发生和发展中对它们进行研究。”但这是指马克思主义的历史主义。

③ 维科的书名甚长，大意是国家的性质和演变的新科学原理，通称 Scienza nuova（新科学）。

如特洛奇（E. Troeltsch）、迈纳克（F. Meinecke）等，并在方法论上强调历史是不可重复的，历史事物具有单一性和相对性，不能像自然科学那样用普遍规律或模式进行推理研究。特洛奇强调直觉方法，迈纳克更重视思想史研究。这就形成了德国历史主义学派。

19 世纪末 20 世纪初，德国历史主义传播到各地。法国史学家孟德（G. Mond）来德国学习，后于 1876 年创办《历史评论》（*Revue Historique*）。法国的米歇莱（J. Michelet）、英国的斯塔布（W. Stubbs）都用德国学派方法写法国、英国中世纪史。俄国的罗斯托维季耶夫（M. I. Rostovtzeff）也到德国学习，成为古代史专家。美国的阿达姆（H. B. Adams）于 1884 年创建美国史学会，引进德国史学思想，他的学生图诺（F. J. Turner）创立进步学派（progressive school），成为美国的历史主义学派。

19 世纪末出版班海姆的《历史方法论》、朗格卢瓦与塞纽博斯的《历史研究导论》。这种“史学手册”性质的书将历史主义概念系统化，译文流行各国，成为传播历史主义的重要工具。①

讲到经济史，那又是与 19 世纪 40 年代以李斯特（F. List）为先导，由罗雪尔（W. G. F. Roscher）创立的，70 年代经施穆勒（G. Schmoller）等人发展了的经济学中的德国历史学派分不开的。这个学派反对英国古典经济学建立永恒的普遍的经济理论的企图及其抽象演绎方法，主张根据各国历史发展的特性研究具体的经济政策。像国民经济有机体、经济发展阶段论、历史法学方法、历史语言学方法、各国经济发展的特殊性和经济理论的相对性等观点和方法，都是这个学派提出的，也成为史学中历史主义的部分内容。这个学派的希尔德布兰德（B. Hildebrand）、克纳普（G. F. Knapp）、布伦塔诺（L. Brentano）原来都是史学家，施穆勒、毕雪（L. Bücher）是著名的经济史学家。英国著名经济史学家阿施莱（W. J. Ashley）、坎宁翰（W. Cunningham）也都具有历史主义观点。

1883 年，经济学中奥地利学派创始人门格尔（C. C. Menger）的书中批评德国历史学派缺乏理论分析，指出历史方法不能用于经济理论的研究。施

① E. Bernheim, *Lehrbuch der Historischen Methode*, 1897; C. V. Langlois et C. Seignobos, *Introduction aux études historiques*, 1898。两书有商务印书馆 1937 年和 1933 年版中译本，因姚从吾在北京大学讲授“历史研究法”用班海姆，在中国较知名，实则朗格卢瓦本流行更广。

穆勒为文反驳，引起一场争论，史称“方法论论争”，断续达20年。1904年，韦伯（M. Weber）为文批评德国历史学派将伦理道德范畴应用于经济学，是在科学中掺入主观价值判断。施穆勒为文反驳，又引起一场争论，史称“价值判断论争”。其后，桑巴特（W. Sombart）和布伦塔诺接受了韦伯的观点，认为经济学不应作价值判断，成为经济学中德国历史学派瓦解的原因之一。[①] 但在史学中，价值判断传统保留下来。不过，这时的历史主义已摆脱早期神学的残余，接受了实证主义观点。

第一次世界大战爆发，西方史学家，除马克思主义者外，大都变成“爱国主义者”和主战派，各为本国、本阵营的“特殊性”辩护，而这也是战后历史主义转见强盛的原因之一。这以后情况，已见前引《趋势》一书的分析。现我再据《趋势》所述20世纪30～50年代对历史主义的批评，将所谓历史主义的特征归纳为下列五项。

1. 历史主义的史学是叙述式的，缺乏分析。又常是事件和史例的罗列，或用单线因果关系将它们联系起来，而缺乏整体性、结构性的研究。

2. 历史主义者强调历史事件、人物和国家的特殊性和个性，而不去研究一般模式和存在于过去的普遍规律，因而其解释是个别的和相对主义的。

3. 历史主义者在考察史料时采用归纳法和实证论，这种经验主义的方法不能在逻辑上肯定认识的真实性。他们在解释史料和做判断时，由于缺乏公理原则和强调个性，就主要凭史学家的主观推理和直觉。这两者都背离科学。

4. 历史主义者或是根据伦理、道德取向来评议是非、臧否人物；或是认为一切是受时间、地点和历史环境决定，无绝对的善恶。两者都是不可取的。

5. 历史主义者脱离自然科学和社会科学来研究历史，认为历史学的唯一目的是真实地再现和理解过去。这就造成史学家为研究过去而研究过去的心态，养成埋头繁琐探索，穷究细枝末节的职业作风。

需说明的是，不是每个被称为历史主义者的史学家都具备这五个特征，他们往往还批判其中某些观点，或者根本不承认有所谓历史主义存在。

---

① 经济学中德国历史学派瓦解的主要原因是他们所拥护的俾斯麦政权垮台了。

三　哲学、逻辑、科学

总看上述历史主义的特征，它也包含若干史学思想，但它还不是一种历史哲学，而基本上属于方法论。

我们所称历史哲学是指一种世界观、历史观或历史发展的普遍规律。照《趋势》说，西方自黑格尔以后，称得上历史哲学的只有两家，即马克思和汤因比。汤因比的《历史研究》在第二次世界大战后曾风靡一时，但“今天……这部著作的影响已经基本消逝”。① 今天，马克思主义是“唯一的历史哲学”；“当代著名历史学家，甚至包括对马克思的分析抱有不同见解的历史学家，无一例外地交口称誉马克思主义历史哲学对他们产生的巨大影响，启发了他们的创造力”。② 我们还可补充年鉴学派奠基人费弗尔的话：“任何一个历史学家，即使从来没有读过一句马克思的著作……也要用马克思主义的方法来思考和理解事实和例证。”③

尽管如此，恩格斯说：“马克思的整个世界观不是教义，而是方法。”④ 列宁说：“历史唯物主义也从来没有企求说明一切，而只企求指出‘唯一科学的’说明历史的方法。”⑤ 我在《方法论》一文中也是把它列为方法论。对于历史主义者的世界观、历史观，我也是作方法论看待。

前已提到，原来德国历史主义者严格区别自然世界和历史世界，这种世界观比之中国传统史学的“天人合一”的思想已逊一筹。进而他们认为自

---

① 《趋势》，第263页。作为历史哲学，汤因比关于文明的起源、生长、衰落、解体的历史观已“基本消逝”。但作为方法论，他的突破欧洲中心主义的比较研究法仍然是一个典范。原书过繁，现在适用汤因比审定的节录本，中译本《历史研究》12卷本，上海人民出版社，1959～1964。

② 《趋势》，第261页。

③ 引自张广智《克丽奥之路——历史长河中的西方史学》，复旦大学出版社，1989，第264页。就经济史说，我想新近出版的希克斯的《经济史理论》也具有历史哲学的内容，他由习俗经济、指令经济向市场经济的转变，以及这种转变的非一次性和不同步观点，显然是一种历史观。希克斯也批评了汤因比，并称赞马克思，说他自己的历史理论“与马克思试图制定的理论更为相近”。J. Hicks, *A Theory of Economic History*, Oxford, 1969；中译本《经济史理论》，商务印书馆，1987，第5页。

④ 《马克思恩格斯全集》第39卷，人民出版社，1974，第406页。

⑤ 《列宁选集》第1卷，人民出版社，1972，第13页。

然事物是永恒的、可重复的，有普遍规律，而史学所考察的是个别的，“一次如此的东西”，没有普遍规律。这种看法与新康德主义一致，但新康德主义晚出，很难说谁影响谁。汤因比说，这种“无法则”的历史观是对中世纪按“神的法则”写历史的反动。① 这话有道理；在当时，“无法则”有其进步作用。但到20世纪仍坚持这种观点就没道理了。因为历史哲学，从维科、黑格尔到马克思、汤因比，都认为历史发展是有规律的。照《趋势》的说法是：“历史学家摒弃了历史哲学。”② 它是讲20世纪30～50年代，这是对的。这一代西方史学家，除马克思主义者外，只是埋头治史，确实是不考虑什么哲学了。

但哲学却找上门来。原来西方哲学一向重视逻辑，尤其20世纪30年代逻辑实证主义盛行以来，逻辑成为哲学的同义语。近年流行的一本《经济学方法论》，一上来就把它定义为“经济学所运用的科学哲学”。③ “科学哲学”实指逻辑方法，符合这种逻辑方法的理论才是科学。20世纪30～50年代对历史主义的批判大部分是围绕着历史主义的逻辑方法是否科学这个问题进行的。

历史研究主要用归纳法。这并不限于历史主义者，而是其工作性质使然——必须从分散的零星的史料入手。归纳法，按其创始人培根所说是：“从感性与特殊事物中把较低级的公理引伸出来，然后不断地逐渐上升，最后才达到最普遍的公理。”④ 我在《方法论》一文中说，这“最后”一步“已是哲学家的事，历史研究毋需走那么远”。我这话倒有历史主义味道，不过，我是实事求是的。

归纳法是有缺点的。休谟早就指出，归纳法是建立在未来与过去相似的假定上，而这假定是靠不住的。我想应当承认这一点，史学家不是预言家，“述往事，思来者”，只能提供借鉴。归纳法的最大缺点是除非规定范围，所得结论都是单称命题，难以概括全体；虽可用概率论方法作些补救，但难用于历史。历史主义者强调个别性，固然与他们否定普遍规律有关，但也是

① 前注《历史研究》下册，第321～322页。

② 《趋势》，第260页。

③ M. Blaug, *The Methodology of Economics*, Cambridge, 1980；中译本《经济学方法论》，北京大学出版社，1990，第1页。

④ 北京大学哲学系编《十六—十八世纪西欧各国哲学》，三联书店，1958，第10页。

把考察限于有限范围，避免以偏概全。政治经济学，自李嘉图以来就是以演绎法为主，奥地利学派更完全用演绎法，前述1883年他们与德国历史学派的“方法论论争”，就是演绎法与归纳法之争。

演绎比之归纳，逻辑严密。公元前的欧几里得几何学体系，就是从14条定律、公理中演绎而出。其定律如“两点间可作一直线”既无懈可击，其推论也天衣无缝，至今叹为科学奇迹。但这也只限于数学。其他自然科学也是以归纳法为主，从观察和实验中得出定律、公理。到19世纪晚期，公理、定律已成体系，同时，科学升级，所究事物往往超出实验可能，演绎法就更为重要了。史学没有一套定律、公理。史家也用演绎法，但只限于个别事物。

20世纪40年代，逻辑实证主义者提出一种“科学哲学”模式，即一切科学理论，必须有至少一个一般规律，有所研问题的初始或边界条件，然后推演出描述或解释，被称为亨普尔模式。历史学当然不能满足这种模式，随即引起一场争论。[①] 50年代，波普尔发表《历史主义的贫困》。波普尔的证伪主义彻底否定了归纳法，甚至否定从人们感知的资料中得出理论的可能性，认为资料“比任何理论或‘偏见’……更不可靠些”。[②] 这时历史主义真是四面楚歌。并且，按此标准，不仅史学，经济学也不是科学了。[③]

物极必反。到20世纪六七十年代，又有库恩-拉卡托斯的理论出现。库恩从科学史上反对逻辑实证主义，被称为“历史学派”。他认为科学发展是新旧范式（paradigm）的更替，这种更替是革命，新旧范式是“不可通约的”，没有逻辑关系。[④] 拉卡托斯认为一种科学理论的核心部分是不能改变

---

① 亨普尔（C. G. Hempel）1942年发表《历史普遍规律的功能》（*The Function of General Laws in History*），1948年与人合写《逻辑解释的研究》（*Studies in Logic Explanation*），阐述其模式。德雷（W. Dray）1957年出版《历史的规律和解释》（*Laws and Explanation in History*），1966年出版《哲学分析与历史》（*Philosophical Analysis and History*），与之辩论。参见前引《经济学方法论》第5、12页及书目。

② 波普尔（K. R. Popper）评历史主义的著作是 *The poverty of Historism*, London, 1957。他否定归纳法见所著 *The Logic of Scientific Discovery*, N. Y., 1959；中译本摘要《科学发现的逻辑》，《自然科学哲学问题丛刊》1981年第1期。他否定资料见所著 *Objective Knowledge*, Oxford, 1975中的一篇，中译本《没有认识主体的认识》，《世界科学译刊》1980年第2期。

③ A. S. Eichner, *Why Economics is Not Yet A Science*, London, 1983；中译本《经济学为什么还不是一门科学》，北京大学出版社，1990，第10页及第4章。

④ T. S. Kuhn, *The Structure of Scientific Revolutions*, Chicago, 1962；中译本《科学革命的结构》，上海科技出版社，1980，第64、70页。

的，但它的辅助假设即“保护带”被证伪时是可以修改的，[①] 这就淡化了证伪主义。80 年代，又有被称为“新历史学派”的夏皮尔的理论出现。他反对逻辑实证主义那种“不可违背性的”假设，认为科学理论和方法论在历史上都是可以修正以至摒弃的，评价的标准也是随科学观念而改变的。[②]

怎样看待这个问题呢？

百年前，当归纳法火红、演绎法备受谴责的时候，恩格斯说：“不应当牺牲一个而把另一个捧到天上去，应当把每一个都用到该用的地方。”[③] 现在情况翻过来了，更见恩格斯这话的远见。我在《方法论》一文中主张“史无定法”；我讲了归纳法、演绎法，也讲了实证主义和证伪主义，因为每个都有该用的地方。

逻辑结构不是科学的标准。史学能够成为科学是因为历史发展是有规律的，即历史哲学。但它是思想方法，不能作逻辑的前提。迄今，从一个一般规律推演历史的著作我只见到一种，即前述新制度学派的《西方世界的兴起》。它是在写历史之前先写一篇“理论”；而实际写历史时也不能完全用理论中的产权—交易费用原理来解释，要用其他因素特别是战争来说明。历史是复杂和多样性的。用一种模型、一个极终原因来阐述，无论是看不见的手或是《看得见的手》，[④] 都是不可能的。

此外，还有一个历史主义备受攻击的“直觉”问题。直觉是一种非逻辑性的抽象思维。Verstehen 这个词有两种含义。一是“悟”，康德认为一切知识都是由感觉进入悟性，再由悟性达到理性。另一是指一种不连续的、跳跃式的思维，亦称 Erlebins。这在科学中是常用的。近代科学的论证要经过许多中间环节和复杂的联立方程，直觉是凭本人丰富的知识和经验，跳过细节，先作出判断，再逐步去验证。像分子理论、宇宙大爆炸理论都是先由直觉做出的。爱因斯坦说：“我相信直觉和灵感。”他说，世界体系可从许多

---

① I. Lakatos, *The Methodology of Scientific Research Programmes*, Cambridge, 1987；中译本摘要《科学研究纲领方法论》，《世界科学译刊》1980 年第 9 期。

② D. Shapere, *Reason and Search for Knowledge*, 1984；中译本《现代科学和哲学传统》，《自然科学哲学问题丛刊》1985 年第 4 期。

③ 《马克思恩格斯选集》第 3 卷，人民出版社，1972，第 548 页。

④ A. D. Chandler Jr, *The Visible Hand*, Harvard, 1977；中译本《看得见的手》，商务印书馆，1987。是属于新制度学派的一部企业经济史，认为当代企业已能左右经济活动。

基本定律中推导出来，但“要通向这些定律并没有逻辑的通路，只有通过那种以对经验的共鸣的理解为依据的直觉，才能得到这些定律”。[①] 历史研究的复杂性不亚于自然界，按照恩格斯的合力论，[②] 构成历史的“无数互相交错的力量”几乎都是不可度量的，不凭直觉又怎能作出判断呢？不过，直觉的判断常是“战略性判断”，它还需要求证的。

四　历史主义的评价

上面我已对历史主义的主要部分，即第二节中所说历史主义五个特征的第二、三项作了评价。现再就其第一、四、五项略述已见。

第一项：关于历史的表述问题。史学著作多是叙述式的，我以为这并不是缺点。史学就是要再现往事，叙述得好，任务已完成过半。问题是应该有分析，即中国所谓“论”。论可单独成篇，也可史论结合。中国的论从史出、以史带论等方法，未为西方注意，其实是很高明的。又我以为历史分析应以因素分析方法为主。除某些具体问题和计量分析外，不宜用模式方法，这在《方法论》一文中已详，不赘。

史学著述以“事件”为主，这是一个史学发展问题。早期的史学大都是事件史，并主要是政治事件，中外皆然；现在已经不同了。尤其是经济史，按恩格斯的启示，一切经济现象都是一个过程，不宜按事件叙述；我已屡言及。[③] 但是，从整个历史说，事件和个别问题的研究仍是根本的。这有点像经济学中的宏观与微观研究。宏观经济学出世不久，迅成显学；但微观理论是宏观理论的基础，研究经济学必须从微观入手。历史研究也必须从个别入手。恩格斯说：“必须先研究事物，而后才能研究过程。”[④] 个别事物研究得愈多、愈彻底，整体研究、结构分析才不致落空。

因研究个别事物而出现的因果关系，成为历史主义的诟病。因果关系有

① 《爱因斯坦文集》第 1 卷，商务印书馆，1977，第 102 页。

② 《马克思恩格斯选集》第 4 卷，人民出版社，1972，第 478 页。

③ 许涤新、吴承明主编《中国资本主义发展史》第 1 卷，人民出版社，1985，第 6 页；第 2 卷，人民出版社，1990，第 1 页。

④ 《马克思恩格斯选集》第 4 卷，第 240 页。

两个含义。一是休谟所说前事为因，后事为果。这在史学上就是弄清事物的来龙去脉，是史学应有之义，一般是可以做到的。另一个是历史事物本身的因果性，那是非常复杂的。首先，因果是一种相互关系，多种事物互为因果。其次，必须承认偶然性。历史实际上是由偶然性组成的，因果或必然性存在于偶然性之中。"单线联系"固然不行，普通的逻辑思维也难济事，而必须依靠辩证思维，才能略得梗概，有些事情连梗概也难说。不过，如我在《方法论》一文中所说，辩证思维是不断发展的，新的时空观以及近年来科学理论的新成就，都给它增添力量。对历史的解释是逐渐接近真理，不能穷尽真理。

相对主义，这是历史主义的另一诟病。在历史的长河中，人的认识都是相对的。这是个相对真理与绝对真理的关系问题。从主观上说，历史主义者并不否定绝对真理。老德国历史主义者都是信心十足的。直到 20 世纪初阿克顿爵士主编一代巨著《剑桥近代史》时，还相信他们是为未来的"终结性的历史"准备条件。[①] 西方史学界怀疑论和不可知论的兴起是在第一次世界大战后，尤其是 30 年代；这另有原因，不是历史主义的罪过。至于因研究个别性导致相对主义，并不改变问题的实质。经济学是研究一般性的，而熊彼特说，它"也必然会受到历史相对性的影响"，因为"我们使用的材料不能超过我们占有的材料"；并且，经济学家对"现象一般"的看法也不能超过"他们那个时代"。[②]

第四项：价值判断问题。我以为，历史研究应该有价值判断，这是史学的功能之一，也是中国史学的优良传统。判断标准会因时代而异，各家判断会有分歧，都可留待争鸣。

社会科学本有实证研究和规范研究两种。前者研究"是什么"，考察其运行规律，不管结局好坏。后者研究"应该是什么"，要评论良窳。前述 1904 年韦伯与德国历史学派的"价值判断论争"就是这两种研究方法的论

---

① 阿克顿（J. Acton）的观点及其信心的消失见《新编剑桥世界近代史》第 12 卷，中国社会科学出版社，1987，第 1 ~ 2 页。怀疑论见前引《历史研究》下册，第 326 页；《趋势》，第 11 ~ 12 页。

② J. A. Schumpeter, *History of Economic Analysis*, Oxford, 1980；中译本《经济分析史》第 1 卷，商务印书馆，1991，第 30 页及注。

争。这场论争无何意义，因为经济学也是有价值判断的。且不说马克思主义经济学。在西方，德国历史学派解体了，又有凡勃伦（T. B. Veblen）创立的制度学派兴起，他们批评美国的资本主义制度，被称为“历史学派的变种”。事实上，20 世纪 50 年代以来，西方经济学更加注意价值判断了；新剑桥学派、新自由主义学派、新制度学派、[①] 新福利经济学、发展经济学等都是讲价值判断的。

史学要有价值判断，但不是说它只作规范研究，不作实证研究。实际上，实证研究是史学的主要方法；弄清楚“是什么”，才能作价值判断。但两者也有矛盾，即合乎历史发展规律的未必就是好的，大如奴隶制的出现就是这样。最近严老（中平）遗作《规律性判断研究和价值性研究》[②] 提出的就是这样的问题。在这种情况下，我觉得应该两者并存，也可说好坏并存，因为历史本来就是这样。

被称为“历史学派宣言”的罗雪尔的《大纲》说：“历史的方法对任何一种经济制度决不轻易地一律予以颂扬或一律予以否定。”[③] 我看这是可取的。史家应考虑历史条件的复杂性，避免绝对化。“在分析任何一个社会问题时，马克思主义理论的绝对要求，就是要把问题提到一定的历史范围之内”，[④] 就包含了这个意思。

第五项：脱离社会科学的理论和方法，就历史写历史。这确是 50 年代以前历史研究的弊病，并不限于历史主义者。这也与社会科学发展的水平有关。1980 年在北京召开了一次中美学者关于中国社会经济史的研讨会，会后美方的报告中异口同声地说中方的研究脱离了社会科学。[⑤] 其实当时中方论文也运用了马克思主义经济学，唯因“文革”刚过，只强调了阶级斗争，而社会学当时还未开禁。不过总的说，中国史学在这方面是落后了，要急起直追。

---

① 这里指以加尔布雷思（J. K. Galbraith）为首的新制度学派，不是前述诺斯的新制度学派，但诺斯的新制度学派更讲价值判断。

② 载《中国经济史研究》1992 年第 2 期。

③ W. Roscher, *Grundriss zu Vorlesungen über die Staatswirtschaft nach Geschichtlicher Methode*, 1843；中译本《历史方法的国民经济学讲义大纲》，商务印书馆，1981，第 8 页。

④ 《列宁选集》第 2 卷，人民出版社，1972，第 512 页。

⑤ *Chinese Social and Economic History*, *Report of the American*, *Delegation to Sino-American Symposium*, Center for Chinese Studies, University of Michigan, 1982, pp. 11, 17.

不过，运用社会科学的理论和方法也有个个别性问题。经济学是一门历史科学，即使最一般的经济规律，如价值规律，也不能无条件地适用于任何时代或地区。恩格斯说："人们在生产和交换时所处的条件，各个国家各不相同，而在每一个国家里，各个时代又各不相同。因此，政治经济学不可能对一切国家和一切历史时代都是一样的。"① 这是很自然的，例如我们建设有中国特色的社会主义，就必然会有中国特色的社会主义经济学。我在另一篇文章中曾论到，至少就目前说，普遍的世界的政治经济学是不可能有的。②

作为结束，我想介绍一部经济史供读者看一下历史主义的结局。如果说人们熟悉的《剑桥欧洲经济史》尚未脱历史主义窠臼，那么，奇拉波主编的《方坦纳欧洲经济史》应当是全新的巨著了。它是由60位专家执笔，运用了20世纪70年代社会科学各部门的研究成果。③

奇波拉强调历史的整体性，史学分部门研究只是为了方便，"生活不存在这种分离，有的只是历史"。该书目的是"说明近代工业的兴起"，但不只是一次技术革命，而是"建立在土地财产的基础之上"的社会转变为"以商业、制造业和自由职业为基础"的社会，是"商人和自由职业者代替了军阀和僧侣"。这都是历史的新概念，并明显受马克思主义影响，其第二章并引马克思的话作题解。

该书运用了大量统计和图表。但奇波拉对历史进入"'世界观机械化'的时代"深为担心。他说："我认为把经济史分为'新的'和'旧的'以及'质的'和'量的'意义并不大。""基本的区别应是好的经济史和坏的经济史，而这种区别并不依据用的是哪种符号，也不在于插入表格的多寡，而依据所提出的问题是否中肯恰当，为解答问题所搜集的材料质量如何和分析方法的选择和应用是否正确。分析方法必须适合提出的问题和获得的材料。"这里就不免包括历史主义的老方法了。

---

① 《马克思恩格斯选集》第3卷，第186页。

② 吴承明：《论广义政治经济学》，《经济研究》1992年第11期。

③ C. M. Cipolla ed., *The Fontana Economic History of Europe*, London, 1972 - 1976；中译本《欧洲经济史》，商务印书馆，1988 ~ 1991。以下引语均出自奇波拉为该书所写的"缘起"和在第一、二、三、五章所写的"导言"。

该书对每个重要时代都是先分析当代的需求结构，并从农、贸、技术、金融等方面分析供给的因素。但随即转入分国别的研究。这是因为经济的发展是“取决于该社会特定的历史文化模式”；“每一个国家都要作为特殊事例来叙述”；“在每个国家以内，有突飞猛进的区域，也有长期落后停滞不进的地区”。这就更加历史主义了。

我还可引一段奇波拉的叙事笔法。他在描述封建社会时说：“教士和军阀统治着社会”，“他们各自的理想是祈祷和打仗”。“他们爱慕财神爷即使不比别人更热心，也和大家一样”；但“要他们投身于财富生产，那是不可想象的”；因为他们“有权把产品的全部或部分取过来”。“生产是手段，虔诚和勇敢才是目的。”

无怪陈振汉为该书中译本所写的序言中说：“在有关治史方法的论点上，甚至有些回到中外都很早就有的那种认为历史只能是艺术而不能是科学的老观念上去了。”

作为赘语，我还可以提到，在 1980 年第 15 版的《大英百科全书》的“历史”长条，仍是把史学的观念（idea）定义为“重建人类活动的真实记录并深刻地了解它”。而文中推荐的第一本读物，竟是被称为历史主义“工作手册”的我前引过的朗格卢瓦与塞纽博斯的《历史研究导论》。

是历史主义复活？还是它本身有值得存在的东西？

（原载《中国经济史研究》1993 年第 2 期）

究天人之际　通古今之变

司马迁"究天人之际，通古今之变"的《史记》纲领，已有不少论者。巫宝三先生从经济学上研究它"法自然"的思想，甚多创见。[①] 费孝通先生从文化社会学上考察它所释人文世界与自然世界的关系，并谓一"究"一"通"乃治学之本。[②] 我则想把太史公这个纲领作为一种历史哲学，即历史观和方法论试予探讨。限于学识，考虑不成熟，只是一些设想，求教于方家。

《史记·太史公自序》首揭司马谈《论六家之要旨》，于儒、墨、名、法、阴阳都先说其缺点，再讲可取之处；独对道家只说优点，没有缺点。孙诒让说司马迁"尊儒而宗道"，巫先生说他"崇道尊儒"。我以为司马迁基本上还是儒，主张仁政德治，但在本体论上取道家思想，即《史记》论学时常用"察其本""归于本"的"本"字义（儒家讲伦理学，原无自己的本体论）。

儒家和道家的天人观

天指整个自然界。人们不满足于只看到自然现象，要对天做出整体解释，才能说明天人关系。古人释天不下 30 种（冯友兰语），但大别有两类。一类

① 文载《中国经济思想史论》，人民出版社，1985。

② 文载《读书》1998 年第 11 期。

是神义的天，天有人格，有意志，能降福祸于人，或降王命以治人。一类是自然义的天，但把它抽象，用理性思维来解释，得出道、理、阴、阳等概念与人世相通（另有用科学思维来解释天候地象者，见于医书、农书，从略）。儒家的天是神义的天，先秦道家的天是自然义的天，但有变化，以至相通。

远古都是神义的天。卜辞用“帝”“上帝”，另有“天”字作“大”解。西周时，天的人格已淡化，代表性说法是“天生烝民，有物有则”（《大雅》），降王命以治人成为主要的，《诗》中以此颂文王者比比。春秋时，天还降命于贤者，子产治郑，“善之代不善，天命也”（《左传》襄公二十九年）。同时，也有了自然义的天，“则天之明，因地之性，生其六气，用其五行”（《左传》昭公二十五年），六气（阴、阳、风、雨、晦、明）五行都是自然现象。

孔子“知天命”“畏天命”，但同时畏“大人圣人之言”（《论语·季氏》），天命、王命、圣人言已等同。天的意志也不是绝对的了。“天之将丧斯文也”，“天之未丧斯文也”，关键在于有没有文王（《论语·子罕》）。“天何言哉，四时行焉，百物生焉”（《论语·阳货》），原意是为政不在多言，但以天为喻，这个天已是自然义的天。

孟子讲“天志”，和孔子一样，目的论。但在天人关系上是和人性联系起来。人性善，故尽心知性“则知天矣”，存心养性“所以事天也”（《孟子·尽心上》）。又“诚者天之道也，思诚者人之道也”（《孟子·离娄上》），人道通天，以至“万物皆备于我矣，反身而诚，乐莫大焉”（《孟子·尽心上》）。又有养气说，是用“义”来配合道，使理直气壮，“塞于天地之间”（《孟子·公孙丑上》）。总之，孟子的天人关系是乐观的，人只要努力向上，便可“上下与天地同流”（《孟子·尽心下》）。

荀子不同意孔子的天命说，也反对孟子的天志说，他说天“不为而成，不求而得，夫是之谓天职”；“万物各得其和以生，各得其养以成，不见其事，而见其功”；天职天功是自生自养的，天已没有多少神的味道了。“天职既立，天功既成，形具而神生，好恶喜怒哀乐藏焉，夫是之谓天情。”（《荀子·天论》）这里天情实是人情了。荀子还说“制天”。“制天”何解？王念孙说是“裁天”误书，章太炎、胡适从之，今人多说就是制服自然。我意“制”亦可作“制度”“法则”解。看其全文：“大天而思之，孰与物畜而制之；从天而颂之，孰与制天命而用之；望时而待之，孰与应时而使之；因物而多之，孰与骋能而化之；思物而物之，孰与理物而勿失之也。”（《荀子·天论》）其用天命、应天时以及“物畜”（积累）、“化物”（生产）、“理物”（保藏）等，都不是与天对抗，而是积极地与天合作。因而“制天”并无西方那种制服自然之意，而可解为“法天”即“法自然”，几与道家一致。

先秦道家的天都是自然的天。《老子》用理性思维创造了一个“先天地生”的“道”，演出道生天地、天地生万物的宇宙起源论。这个“道”是一种法则，还是一种存在（如柏拉图的理念），不很清楚。不过，“万物负阴而抱阳，冲气以为和”（《老子·四十二章》）；“人法地，地法天，天法道，道法自然”（《老子·二十五章》）。说明《老子》的本体论中，宇宙是和谐的，道与人之间，天与人之间是协调的，主体与客体，或者思维与存在，是统一的。然而，就天道说，还是有目的的。“天之道，损有余而补不足”；“天之道，其犹张弓与？高者抑之，下者举之”（《老子·七十七章》）。像射箭那样，上下调整，以命中靶心。在这点上，与儒家神义的天并无二致。

《老子》原本是讲人君南面之术的；在这里，道与儒的区别就在于“无为”。“道常无为而无不为，侯王若能守之……天下将自定。”（《老子·三十七章》）这也就是“法自然”。“道之尊，德之贵，夫莫之命而常自然”（《老子·五十一章》）。“功成事遂，百姓皆谓我自然”（《老子·十七章》）。虽说自然，也还要一套治人之“术”，不过主要是笃静、守雌等以柔克刚之术，才能“天网恢恢，疏而不失”（《老子·七十七章》）。在这点上，亦与儒家相通。

道家丰富的辩证法思想，超过儒家的《易经》，也超过18世纪以前的西方，独领风骚。“天地尚不能久，而况于人乎？”（《老子·二十三章》）除道外，一切都在变。对立统一是普遍的，“有无相生，难易相成，长短相形，高下相倾……”（《老子·二章》）。“反者道之动”，一切事物都无条件地向对立面转化，因而有“将欲夺之，必固与之”（《老子·三十六章》）的术。《庄子》把相对主义推到极点，因而有“彼亦一是非，此亦一是非”（《齐物论》）之说。这种思想，儒家本有，在《易传》中又加发挥，只不若老庄之极端。

黄老之术

《史记》常称“黄老之术”，有人考证，唯限道家言。《论六家之要旨》说道家“其为术也，因阴阳之大顺，采儒墨之善，撮名法之要，与时迁移，应物变化”。可见司马迁时道家的术已非老庄原本，而是把其他五家的长处都吸收进来了，一并灵活运用。我以为这就是司马迁所说黄老之术，其中又主要是儒、道、法三家的融合。

先说法家与道家的融合。申不害著作今不存，但司马迁见过两篇，说其论本于黄老。《慎子》今所辑为佚文，但《庄子·天下篇》曾述其思想，几与《齐物论》无异，并说“是故慎到弃知去己，而缘不得已”。可见也是本于道家。法家中唯商鞅宗儒。韩非论三子，批评商鞅只讲法不讲术，提出“法、术、势”三结合的法学理论。司马迁将韩非与老子同传，大约因为韩非这种理论已与《老子》吻合。并且，韩非在《解老》篇创建了“理”的概念，作为区别物类的规定性：“万物各异理，而道尽稽万物之理。”这就使那恍惚兮兮的道落实到规定万物的理上，使统治者的术发挥实效。

法家与儒家的融合更早。战国时，各国在维持社会秩序和治军上已不能不依赖法，经过秦的法家实践，到汉武帝尊儒时，基本上已是“儒表法里”了。司马迁把“循吏”定义为“奉法循理”，把“酷吏”定义为“奸轨弄法”，可见其表里。以后的儒都是“法里”的儒。

秦汉之际，儒家除了完善《易传》外，出了《大学》《中庸》《礼运》三部大作。《大学》没讲天人关系，但其“止于至善”观点，知止以定、以静，本于道家。《中庸》“极高明而道中庸”，冯友兰先生以为是中国传统哲学的基本精神，只儒家能做到。不过，此语冠以“圣人之道”，实即前一段的“天地之道”；而对天地之道的描述颇近《庄子》。又此语以“明哲保身”作结，亦类《庄子》口吻。《礼运》所讲大同世界是在三代，但很符合道家无为的世界观，给人以美好的未来理想国，恰好代替《老子》那脱离实际的小国寡民社会。总之，这三篇都有儒道融合迹象。

道家，秦汉之际流行新著《黄帝四经》，今佚。1973 年马王堆汉墓出土四种佚书，唐兰考证即《黄帝四经》。其文极崇天道，“顺天者昌，逆天者亡”。但说“刑名”“刑德”“文武并行”都是“天地之道”，显然是以法家入于道统。又讲“静作（动）相养，德虐相成”；讲“分”以定社会等级；讲“天恶高，地恶广，人恶苛”，“过极失当，天将降殃”，这是以荀子和中庸之道入于道经。任继愈先生以为《黄帝四经》即“黄老之术”命名的由来，也许就是窦太后喜读的那部书。

司马迁所说倡黄老之术者有盖公、黄生、陆贾。盖公是曹参相齐时重金请来的，但只记了他一句话：“治道贵清静而民自定。”黄生曾为司马谈师，又只记他与辕固生辩论，反对汤武革命。夏曾佑说，反对汤武革命，与黄帝革炎帝命之事不合，也与老子“天地不仁，万物刍狗”之论不合，怎能称黄老？我想，这时汉初定天下，黄生之论乃是安定团结，免得再次革命之意，司马迁托词论之。陆贾是助刘邦统一天下的文人，留有《新语》，讲天生、地养、圣人成之，“功德参合而道术生焉”，显然是儒道掺和。又讲“道莫大于无为”，但具体说乃是轻刑、重德、薄罚、厚赏，把“无为”儒家化了。

司马迁说“本于黄老”者还包括张良、萧何、陈平、贾谊等政治人物。像入关约法三章，萧规曹随，为政简易，豁达超脱者都算黄老。以贾谊为例。贾谊建议削藩以巩固中央政权是件大事，而司马迁不理会。却在《始皇本纪》的结语即“太史公曰”一段全文录《过秦论》。又在《屈原贾生列传》中全文录《服鸟赋》，结语说屈原大才何必死（这是儒家语），但“读《服鸟赋》，同死生，轻去就，又爽然自失矣”。贾谊是儒，但有道家本体观，可说是“儒表道本”，故文帝“不问苍生问鬼神”。

所谓黄老、无为，其实就是一种“小政府，大社会”主张，给人民以较多自由，不要事事都管。黄老只行于文景之世，以后不谈了。但以后两千年，虽不乏好大喜功的君主，但比之波斯、罗马、哈里发帝国以至欧洲近世王朝，中国仍是小政府，赋税较轻，中央官吏最多两万人，开支两三千万两。中国也曾扩大疆土，但限于边庭，没有大流士、恺撒、苏里曼，近世葡、西、英、法那样侵略性的远征。中国历史产生了“究天人之际，通古今之变”的历史观，反过来说，好武功的成吉思汗在建立中国王朝、接受中国文化以后，就不再远征了。

司马迁的历史观

在司马迁看来，大自然是整齐有序的，天人关系是和谐一致的，人世也应当这样。礼乐是儒家安定社会秩序的工具，也是六艺之首。《史记》八种政书，《礼书》第一，《乐书》第二。但司马迁更重视乐。他说“乐者天地之和也，礼者天地之序也”。又说“乐者为同，礼者为异”（划分等级）。又说“乐由中出，礼自外作”（《正义》“乐和心”，礼“貌在外”）。总之，乐是自然的，礼是人为的，理想社会是个大乐队，弦歌不辍，“调和谐合，鸟兽尽感”。

司马迁的《天官书》中讲了三代至汉初的兴衰与天象的关系，如“汉之兴，五星聚于东井”，“诸吕作乱，日食昼晦”等。但亦常含糊其辞，“太史公推古天变，未有可考于今者”。司马迁奉命修太初历，属天官，要讲官话，其实是有信有不信的。如《项羽本纪》批项羽“天亡我”之谬，《伯夷列传》驳“天报善人”之说。他在《悲士不遇赋》中说“无造福先，无触祸始，委之自然，终归一矣”。这也是“儒表道本”。

司马迁对于“古今之变”是颇为认真的。“天运，三十岁一小变，百年中变，五百载大变；三大变一纪，三纪而大备：此其大数也。为国者必贵三五。上下各千岁，然后天人之际续备。”这里天运，实是国运。看变化，短看三十年，长看五百年，最好三个五百年。《高祖本纪》结语说夏代政纲尚“忠”（质厚），但有弊病，小人撒野。于是殷代改为“敬”（严厉），又有弊病，小人捣鬼。于是周代改为“文”（多级制），又有弊病，最好再改为“忠”。“三王之道若循环，终而复始”。这个循环约三个五百年。其变，都是向对立面转化。又说：“周秦之间，可谓文敝矣。秦政不改，反酷刑法，岂不缪乎？故汉兴，承敝易变，使人不倦（劳），得天统矣。”这段时间约三十年。《孝文本纪》结语：“孔子曰，必世然后仁（孔安国注：‘三十年曰世。’）”；“汉兴，至孝文四十有余载，德至盛也”。这段时间三四十年。《孝景本纪》全篇强调七国之乱，并记彗星、日食、地震特多，旱涝频仍。这段时间约三十年。

儒家多言必称三代，叹世风不古，是历史退化论。司马迁不是这样。

“夫神农以前吾不知已，至若《诗》《书》所述虞、夏以来，耳目欲极声色之好，口欲穷刍豢之味，身安逸乐，而心夸矜势能之荣，使俗之渐民久矣。”（《史记·货殖列传》）对这种物质利欲的时俗，他并不反对，而提出“善者因之，其次利导之，其次教诲之，其次整齐之”的对策。可见司马迁的历史观是积极的、乐观的。人间多少苦难、衰败、杀戮，终究会变成安泰、进步、平和，通达开阔，如杜诗“锦江春色来天地，玉垒浮云变古今”。

汉以后，思潮变化，如魏晋玄学、隋唐佛学，但这种历史观仍延续下来，《史记》的纪传体也延续下来。晋郭象说，圣人“终日挥形而神气无变，俯仰万机而淡然自若”（《庄子注》），是一种炉火纯青的“儒表道本”。唐出现禅宗，开山祖慧能云：“无念法者，见一切法，不著（固着于）一切法；遍一切处（人间世），不著一切处。”与西方不同，就在现世，不向往“彼岸”。到宋，周敦颐完善了老庄的本体论。儒家有了更完善的本，并吸收禅宗的心学，成为新儒学即理学。宋明理学是传统儒学的进一步理性化，李约瑟称之为科学化，总之是个进步。“究天人之际，通古今之变”的历史观也有了发展，表现于司马光的《资治通鉴》。陈寅恪先生说：“史学中作推理，推理始能通识”，故“中国史学莫盛于宋”（《金明馆丛稿二编》）。

中西史学方法

历史观也是方法论，即认识和思考历史的方法。“究天人之际，通古今之变”作为方法论，在哲学上叫“思维与存在的同一性”。“同一性”指对立的统一。人与自然界的关系、精神与物质世界的关系，是哲学的基本问题。思维与存在同一性的观点，反映主体与客体的统一观、人类与周围世界的统一观。在中国，这种认识和思考的方法，是通过“究”和“通”，通过辩证思维达到的。在西方，逻辑思维比较发达，在有了近代科学以后，思维与存在同一性的方法论才确立起来。

西方的自然观，从希腊哲学起直到康德，都是神义的天，都有上帝主宰，仅少数例外（如斯宾诺莎），因而目的论远重于儒家。希腊哲学，天人关系还是和谐的，但从泰勒斯起，就强调主体与客体的对立，成为西方的传统。柏拉图是精神与物质二元论者，他的自然世界是因为“理念”的加入才变成存在，因而是非历史的。亚里士多德的存在是一元的，思维与存在也比较一致，又创建逻辑学，成为西方推理主要工具。但逻辑推导的历史缺少实证，也有非历史的倾向。到中世纪，他的三段论法被用来论证神学体系，思维与存在又完全分离了。“方法为了迎合体系就不得不背叛自己”（恩格斯语）。

冲破神学樊篱，出现近世思想大师。笛卡尔提出“我思故我在”。思是存在的证明，也是历史的证明。但思不是实证，而是怀疑。笛卡尔是怀疑论者，历史是由思显现（Presence）出来的。休谟只承认经验感觉的存在，世界上是否有真实事物的存在是不可知的；贝克莱干脆否认客观世界的存在；因而他们都没有思维与存在的同一性，其历史观，只是以时间为序的因果链。西方古典哲学之集大成者康德，有很多伟大的东西。但在康德那里，现象和本体、历史和道德是割裂的，是二元论，本体（物自体）是不可知的；显然，不存在思维和存在的同一性。到黑格尔，摆脱了二元论，排除了不可知论，发明辩证法，确立了思维与存在的同一性，也使历史重新进入哲学。不过，黑格尔的历史哲学是“颠倒着的”（恩格斯语），是“绝对精神”，先外化为自然界，再外化为人类历史，历史又发展出完美精神世界（正反合）。把它颠倒过来，也就是精神（思维）在历史辩证法发展中显现自己。不过，到了影响西方近代史学最大的新康德主义那里，自然界和历史完全分裂了。自然界是常住的，有普遍规律，因而是有序的。历史是个别的，“一次如此”的东西，没有普遍规律，也就没有和谐一致。历史个别性的观点也导致自我中心的历史观。近代史学之父兰克就是自我中心论，后衍化为西欧中心论。没有司马迁那种人尽入史的精神，更没有宋儒“民胞物与”的概念。

西方的近世思潮是伴随着实验科学的兴起而发展的。早在康德 150 年前，令人尊敬的培根就提出“征服自然”论。“知识就是力量”，即人征服自然的力量。从此，世界充满斗争。进化论的历史观，一切都是生存竞争，不惜吞食和消灭对方。经济学讲利益最大化，无限制地消耗有限的资源，千方百计地剥夺别人。社会学家有一种社会发展迫使自然的限制“退却”的论点，而人的“类意识”排斥共同体成员。政治就是压迫，一部分人牺牲另一部人。

1844 年，马克思就提出了“自然界和人的同一性”理论。但是，理论上人的自然主义和自然的人道主义的统一，还是在“彼岸”，是未来世界的事；现实世界只能是在改造自然界中努力改造社会。恩格斯警告说人们每次对自然界的“胜利”都要遭到后者的报复，但人们照样滥伐森林。剧烈的社会斗争中，对立面的同一性被忽视了。列宁在《哲学笔记》中讲“发展是对立面的斗争”，也讲“发展是对立面的同一”，不过他着重于前者。到斯大林就斩钉截铁地说：“从低级到高级的发展过程，不是通过现象的和谐地展开”，而是通过“矛盾的揭露”和“对立倾向的斗争进行的”（《论辩证唯物主义和历史唯物主义》）。

对自然界的征服和斗争哲学给人类带来巨大灾难。这才出现反思。出现布罗代尔的整体史学，舒马赫的《小的是美好的》；出现绿党，要求“拯救地球”，讲“可持续发展”；出现卢卡奇的《社会存在的本体论》，海德格尔的《存在与历史》，哈贝马斯的“交往理性”。总的看，思想，特别是历史哲学，似乎在向“究天人之际，通古今之变”回归。

（原载《中国经济史研究》2000 年第 2 期）

经济史研究的实证主义和有关问题*

实证主义是研究历史的基本方法，不可须臾或离。中国史学自司马迁起就是实证主义的，至宋代加入义理，并完善叙述法。清代出现考据学高潮，民初兼采考古学成果和西方考证方法，益臻完善。其后，一度陷入教条主义决定论，但并未抛弃实证原则，近20年来，实证内容更加丰富，达于昌盛。西方史学曾长期受制于神学，文艺复兴后，到19世纪才有兰克（L. von Ranke）的实证主义史学。然自19世纪末即出现批判思想，并于20世纪初、30年代、50年代形成三次反对实证主义的高潮。这三次高潮并未根本动摇史学的实证传统，但提出不少问题，丰富了史学的理论和方法论。下面我想就三次高潮中争论的几个问题略述拙见，向方家求教。

19世纪西方的实证主义，按照孔德（A. Conte）的理论，是把原来视为艺术的史学比同于自然科学，先确定史实，再找出规律。于是史学家热情发掘史料，考据和重订史实，成绩斐然，而寻找规律则迟无成就，其中有语言学和法学两种考证方法颇具功效。1859年达尔文的进化论问世，史学进一步向自然科学靠拢，进化论方法进入实证主义，麦特兰（F. W. Maitland）史学名重一时。

这里我想提一下，语言学的考据法实即中国的训诂学，唯音义外并重句

* 本文是2000年10月在南开大学举行的“新世纪中国经济史研究展望国际学术讨论会”上的发言稿。

之构造。傅斯年留德归国创历史语言研究所；陈寅恪治史，通十数种古今语言，20 世纪 30 年代史学家皆重训诂。今青年学者对此似有忽略。其实不仅古史，治近代史亦有语言问题，如“民主”一词，在五四前后、解放前后含义有异。当代西方史家，如美国海登·怀特（Hyder White）、后现代派大师福柯（M. Foucault）从语言结构、话语情态上重建语言考证学，可资注意。

20 世纪初的第一次批判实证主义高潮，主要是新康德主义的许多学者，可以克罗齐（B. Croce）为代表，又柯林伍德（R. G. Collingwood）则属新黑格尔学派。他们并不反对确立史实和考证功夫。唯当时盛行的新康德主义认为自然界是统一的、永恒的，有普遍规律；而历史是人为的、个别的、“一次如此”的东西，没有普遍规律。黑格尔学派更强调历史是精神过程，与自然过程迥异。因而，不能用自然科学方法研究历史。再则，自然界无价值可言，而历史是有价值（重点在道德）的，因而对历史事件有价值判断问题，判断的标准则其说不一。

这两个问题都长期争论，迄未解决。我个人看法：历史学属于人文科学，并具有艺术（教育）功能。但是，史无定法，自然科学、社会科学的方法都可有选择地用于历史研究，特别是用于实证。把历史看成是纯粹精神过程是不对的，但若克罗齐之强调历史事件的现实性，柯林伍德之强调历史思想和行为，未始无益。历史本身也是有一些普遍性、规律性的东西，但主要在人口、社会和经济结构与组织方面，且不具永恒性，可在有关学科或专业史中研究。孔德、斯宾赛（H. Spencer）之否定价值判断，19 世纪史学家之力求“中立”免涉是非，都不可取；因史学如无价值判断，怎能古为今用？我主张有实证的（positive）和规范的（normative）两种价值判断。作实证判断时，应将所论事物或行为放在它产生的具体历史条件下来考虑，不可用今天的标准妄议古人。作规范判断时，则可用今天的历史知识和价值观为准，指出当时人的历史局限性。但要有足够的谦虚，因为我们的知识有限，下一代人也会指出我们判断的历史局限性。

20 世纪 30 年代第二次对实证主义的冲击来自历史认识论的相对主义，可以卡尔（E. G. Carr）和贝克尔（C. L. Becker）为代表。卡尔提出，过去的事物经纬万端，历史事实只是根据史学家的要求选择出来的部分，总不免主观的判断。贝克尔更认为："历史便是我们所知道的历史"，只存在于人们头脑中。史学家在"创造"历史之前，"历史事实对任何历史学家而言都是不存在的"。加以史料总是挂一漏万，语言文字的表达能力有限，实证主义者要求"如实地说明历史"是不切实际的幻想。再如海德格尔(M. Heidegger)的"前判断"说，伽达默尔（H. G. Gadamer）的"成见"说，认为史学家总是根据他已有的民族文化和习惯心态来选择、解释历史事实，不得称为实证。

对此，我以为应当承认历史认识有相对性，老实证主义者阿克顿（J. Acton）所企望的那种"极终的历史"是不可能的。我常说，历史研究就是研究我们还不认识或认识不清楚的过去的实践，如果已认识清楚就不要去研究了。但历史上总有认识不清楚的东西，已认识清楚的随着知识积累和时代要求又会变得不清楚，需要没完没了地再认识。贝克尔把历史研究比作现在与过去之间"无止境的问答"，伽达默尔说是史实与我们见解之间一次又一次的"游戏"。说得不错，但应补充，每次问答或游戏，都应是历史认识的一个进步。此外，历史认识的缺陷往往是因为考察的片面性，或过去线性因果关系造成思维的简单化；20 世纪 50 年代以来法国年鉴学派提倡的整体史观（holistic perspective）和结构主义研究方法，对此大有裨益。

对实证主义的第三次攻击来自美国的逻辑实证主义。逻辑实证主义原是维也纳学派的哲学思想，它是以经验为根据，以逻辑为工具，进行推理，用概率论来修正结论。这个学派传入美国后，与美国原有的实用主义结合，产生一种模式化的"科学哲学"，并首先用于历史学，以波普尔（K. R. Popper）和亨普尔（C. G. Hempel）为代表。波普尔以为历史学和自然科学同属经验科学，但科学之成为科学不在于它能找到多少例证，而在于合乎逻辑理性。他根本否定了考据学最常用的归纳法，并认为资料不能产生理论，资料比理论"更不可靠"，转而从推理出发，研究逻辑的"覆盖率模式"(covering law model)。亨普尔完成了这种三段论的模式，却首先要有一个或几个普遍的规律，其次是具备一组事情发生的初始条件，最后推理得出描述或解释，只有这样得出的描述和解释才是科学的历史。这就把实证主义完全撂到一边。

我个人一向是反对用模式法研究一般历史的，并不赞成一切决定论、预期论的方法。逻辑实证主义，首先是普遍规律问题。亨普尔也承认他提不出历史本身的普遍规律，而是借用经济学、社会学、心理学等已有的规律。一个时代经济的运行，社会的结构确实会形成某种模式，但那是历史的结果，不能说历史是按某种模式安排的；其次，所谓初始条件，除非是单称命题，是不可能齐备的。即便大体齐备，也只能如索洛（R. M. Solow）所指责的，"用时间变量代替历史思考"得出一种预期的结论。预期是否合乎历史实际，仍然要进行实证。事实上，在美国，用逻辑实证模式进行研究的主要是经济史、社会史的某些狭小领域，多半是已知历史结果的领域，等于是回归分析。

在经济学和社会学的某些计量分析中，可以用模式法。不过这些计量模式并不是三段论的逻辑模式，而主要是回归模型。回归模型的自变量都是经验数据，常量和系数也是由经验数据求出。因而，实际是历史实证主义方法更加谨慎小心的应用。

最后，我想再提一个长期困扰西方史学界的问题，即因果关系问题。古代西方史学是一个个的故事，彼此无关。近代史学出现后，没有别的办法，就用因果关系把它们串联起来，成为因果链。正如休谟（D. Hume）所指出，这实际是一组事件出现后，随之出现另一组事件，人们就把前者作为因，后者作为果。在启蒙运动和科学兴起时代，人们比照科学理论，用理性来解释因与果，形成线性因果关系，支配着整个 19 世纪实证主义史学。逻辑实证主义兴起，按三段论法用逻辑推导因与果，完全排除了主体（人），成为客观因果关系，这一点可说是有贡献的。但是逻辑因果关系只能在有普遍规律和边际条件的狭小范围内求证。历史上的因果关系是多元的、十分复杂的，要待结构主义史学出来，和以此为基础的制度学派兴起，根本破除线性因果链的概念，历史因果关系的理论才可望有更先进的发展。

（原载《南开经济研究》2000 年第 6 期）

经济史：历史观与方法论

一　历史观

（一）引子：经济史学小史

在西方，经济史作为一门独立学科，是19世纪后期从历史学中分立出来的。其分立是因为经济学已发展成为系统的理论，原来历史学中的经济内容，可以用经济学的理论来分析和解说了。

19世纪，西方历史学界占主导地位的是以兰克（Leopold von Ranke）为首的史学，被称为历史主义学派（historismus）。他们强调历史世界与自然世界不同，自然世界是普遍一致的，历史则有个性，一国的意识形态、制度、价值观完全受自己的历史发展所决定。他们认为历史学就是要真实地再现和理解过去，所以十分重视历史文献的考证，因而是实证主义的史学。他们十分重视历史事件，详述事件经过，用因果关系联系起来，成为叙述式的史学。在19世纪后期，经济史从历史学中分立出来以后，虽然是用经济学理论解释历史，但仍保持着历史主义的特点。如英国的阿什莱（Williams J. Ashley）认为经济学原理不能普遍有效，应用于本国社会需作修正，并需做出历史评价。坎宁翰（William Cunningham）强调经济变动中的政治、心理因素，不能废除传统的史学方法。以施穆勒（Gustav von Schmoller）为首的德国历史学派，是当时经济史学中一个重要学派，提出经济发展阶段论，并强调作历史评价。总之，在19世纪，经济史虽已成为独立学科，但仍主要属于历史学领域。19世纪80年代牛津、剑桥大学开设经济史课程，都在历史系，属人文科学，相沿至今。法国、德国大学一般不专设经济史学科，也是在人文学院讲授。唯美国，经济史课程多设在经济系，亦有设在历史系者。

到20世纪初，已有专用经济学理论研究经济史者，如瑞典的赫克舍尔（Eli F. Hecksher），并认为历代经济史的研究都应从供给与需求入手。但多数经济史学者仍坚守实证主义原则，唯因边际主义和新古典经济学兴起，研究范围扩大，并更多注重要素分析和数据资料。如克拉潘（John H. Clapham）的英国经济史即以考证严密、数据精确著称，托尼（Richard H. Tawney）的英国经济史以人口、土地、价格的深入考察闻世。美国的米切尔（Wesley C. Mitchell）、厄什（Abbott P. Usher）善于将经济理论与统计资料结合，对经济发展的研究做出贡献。荷兰的丁伯根（Jan Tinbergen）创行计量经济史和经济周期论。同时，个性的国别史之外，也向通史发展。汤普逊（James W. Thompson）的《中世纪经济社会史》，各创理论特色的桑巴特（Werner Sombart）的《现代资本主义》《无产阶级社会主义》和熊彼特（Joseph A. Schumpeter）的《资本主义、社会主义和民主主义》，都名盛一时。

第二次世界大战后，西方发生史学革命，实证主义受到怀疑，历史主义几乎被推翻，社会科学方法进入史学，叙述的历史变成分析的历史。同时，经济学也发生革命，凯恩斯主义盛行，宏观经济学兴起，增长理论成为研究重点，结构主义和制度学派代兴。在两面冲击下，经济史学也发生革命性变化。政治因素外，社会学、人类学、社会心理学进入经济史研究，技术因素外，地理资源、气候环境以及文化、民俗等受到更多注意。传统的因果论受到批判，线性发展被结构分析所代替。经济史面目一新，20世纪70年代奇波拉（Carlo M. Cipolla）主编的《方坦纳欧洲经济史》可资代表。

第二次世界大战后西方的经济史学可说有三大学派：一是20世纪30年代兴起的法国年鉴学派进入第二代，形成以布罗代尔（Fernand Braudel）为首的整体观史学；二是以福格尔（Robert W. Forgel）为首的计量史学；三是以诺斯（Douglas C. North）为首的新制度学派经济史学。这三个学派在下篇方法论中再为详述。此外，希克斯（John R. Hicks）于1969年出版的《经济史理论》，认为世界经济发展的趋势是由习俗经济、命令经济向市场经济转换，各国先后悬殊，并有反复。转换中有四个方面的“市场渗透”，即新的法律、货币、信用制度的确立，财政、税制和行政管理的改造，货币地租和农产品的商品化，自由劳动市场的建立。这个理论颇受中国学者重视。①

以上是说西方。在中国，其实很早就有经济史，《史记·货殖列传》中就应用了“善因论”的自然主义的经济理论。不过，历代《食货志》之类都偏重于典章制度，未能成系统的经济史。系统的经济史是20世纪早期学习西方建立起来的。

（二）西方的历史哲学

18世纪，西方理性主义盛行，许多学者都对历史的演变提出理性的系统观念，即历史哲学。它是研究历史发展中一般性、规律性的问题，故又称元历史（meta-history）。最早的历史哲学著作是意大利维柯（Giovanni B. Vico）1725年发表的《关于民族共同性的新科学原理》。此后重要的有康德、黑格尔、马克思、汤因比（Arnold J. Toynbee）的历史哲学。马克思的历史哲学，主要是他的历史唯物主义，大家都已熟悉，我不再谈。仅将其他几种略作介绍。

维柯首先提出“人类自己创造历史”的命题；由于是自己创造的，人们能认识它。这就破除了中世纪上帝创造历史的神学历史观，也批判了17世纪以笛卡尔（René Descartes）为首的怀疑论，这种理论认为历史无普遍意义，不能作科学研究。

维柯认为各民族历史的发展都经历了三个时代：（1）神祇时代：特征是家长制、农耕，尚无国家。（2）英雄时代：特征是贵族政府，诗歌文学，以勇武和忠心为基础的道德。（3）古典时代：特征是民主共和或代议君主制，有了科学和工业，诗让位给哲学，理性道德代替了英雄主义。但古典主义繁荣之后，人们奢侈成风，嗜杀成性，战争不息，人类又回到野蛮主义。这将导致三个时代的再次重演，但思想已占支配地位，重演不是重复，而是在更高起点上的新过程。

维柯认为，造成这种规律性运动的是天意（providence），而直接推动历

① 希克斯：《经济史理论》，厉以平译，商务印书馆，1987。

史发展的动力是人性的恶，即自私自利和自爱的暴力。唯人性的恶受天意制约，天意使人在有了家庭之后也希求家庭的福利，在城邦国家时代也希求本城邦的福利，在进入公民社会后希求自己的和民族国家的福利。如果各民族国家经过战争、和约、通商而联合起来，也会希求自己的和全人类的福利。总之，人的本性是随着文化和物质相争相胜而演变的，这构成历史。但历史不能预示未来，和柏拉图不同，史学家不要作预言。

维柯还提出了一系列研究历史的方法，以及史学家常犯的错误。他的书简称《新科学》(*Scienza Nuova*)，有中译本，[①] 思想丰富，读一下很有好处。

康德是二元论者。他认为，人类的活动就其本体说是精神的，和自然界的本体（物自体）一样，是不可知的。历史研究，即史学家所看到的，是这种精神活动的现象。一切现象都属于自然，因此，人类历史可以看作是大自然的一项隐蔽的计划，它按照自然规律演进，目的在实现一个理性的“世界公民”的社会。这种规律，按照康德的认识论，是人们根据先验的理性原则，对于历史现象（以及自然现象）的认识，也可以说是人的理智赋予客观的。

康德认为，人的本质是自由，人有天赋的善良意志，按照善良意志展开自由就是历史的使命。但人又是自然的生物，自然赋予他自求生存和享乐的本能。这就形成了道德与幸福的矛盾，这种矛盾又表现为人的社会性与非社会性的矛盾。人的自私自利，即人性的恶，推动人勤奋努力，克服自然障碍，享受幸福。人的非社会性，使人与人处于对抗状态，导致战争和犯罪。这就需要人们进入理性的“自律”，即进入制定宪法和法制的国家，使个人在不侵犯他人的自由的前提下享有自由。这也就是迄今人们按照理性发展的历史。但是，国家与国家之间的野蛮对抗仍在继续，那要等到在世界范围内建立理性的自律才能解决，即康德所称“世界公民”的“目的王国”。然而，那将是在遥远的未来，照康德看，人类的“目的王国”只能是在“彼岸”的事。

康德的历史哲学有篇 1784 年发表的论文《一个世界公民观点之下的普

① 维柯：《新科学》，朱光潜译，人民文学出版社，1986。

遍历史观念》，中译本见《历史理性批判文集》。[①]

黑格尔破除了18世纪流行的二元论，把精神、自然界和历史描绘成一个统一的辩证法运动过程。他以“绝对精神”为一切事物的本原。绝对精神的逻辑的运动，外化为自然界，有了物质世界；物质世界的运动，产生人类，有了历史；人类历史的运动，又发展出一个更为完善的精神世界。这就是“正反合”。恩格斯说黑格尔的辩证法是头脚倒立的，把它颠倒过来就意味着：精神或者思维，在物质和人类历史的发展中，显现和完善自己。而这就是马克思历史哲学的思路了。

黑格尔认为，自然界是一次又一次地重复自己，人类历史则决不重演，每次都有新的东西，历史就是旧事物的消亡和新事物的取代。

黑格尔认为，人的本质是自由，世界历史的历程也就是自由发展的进程。在古代东方王国，只君主一人是自由的，所有臣民无异奴隶。到希腊罗马世界，人们认知了一部分人的自由，并肯定于法律。到今天日耳曼世界（指普鲁士王国），便认知全体人都是自由的了。他说：“国家乃是自由的实现，也就是绝对的最后目的的实现。”他把中世纪神学的“天国”搬到人间，把康德的“目的王国”从遥远的未来搬到现世。而他所说的自由是严厉的普鲁士法律下的自由，与马克思所说的自然主义与人道主义统一的“自由王国”完全不同。

黑格尔认为绝对理性（绝对精神）是历史发展的原动力，但它要通过直接动力才能发挥作用，直接动力就是人类对自我利益的“热情”。“理性的狡黠”命令热情驱使人们奋斗，推动科学进步，控制自然界，牺牲他人以利己，世界充满斗争。恩格斯说：“在黑格尔那里，恶是历史的发动力。”其实这是西方哲学的传统。在中世纪神学，历史的动力源于人类有“原罪”，需神来拯救。在维柯和康德那里，历史的动力是人性的恶。黑格尔把人性的恶归之于“理性的狡黠”，这就把它合理化，与自由同质。所以他说：“在（普鲁士）国家里，自由获得了客观性，并且生活在这种客观性享受之中。”

① 康德：《历史理性批判文集》，何兆武译，商务印书馆，1990。

以上引语见黑格尔的《历史哲学》中译本。[①]

汤因比是最后一位历史哲学家，他的《历史研究》发表已是20纪30年代。他以社会文明作为研究历史的单位，共考察了自古埃及到当代的21种文明。他认为，在人类几十万年的历史中，文明的出现不过是短暂的几千年的事情，因而这些文明都可视为同时代的。他考察了这些文明的渊源和其相互关系，结论说，在哲学上所有文明都是等价的（价值相等）。这就突破了中世纪以来的历史一元论、康德以来的主体历史论、工业革命以来的欧洲中心论。这是史学思想的一大贡献。

汤因比认为，各种文明都是在“挑战和应战”（语出《浮士德》）中发展的。文明不是起源于安逸乐土，而是产生于克服艰苦环境。能不断战胜挑战，文明便发展；应战失败，文明会衰落以至灭亡。他列举了五种挑战，其中人为的多于自然条件的，内部的多于外来的。他观察到，一种文明“成长”之后，往往会出现一个“混乱与苦难”时期；于是，人们建立起有权威的“大统一国家”以阻止文明解体；但随之而来的往往是一个作为“间歇时期”的黑暗时代。这显然是来自欧洲的经验。不过他说，军事扩张、技术进步都不是文明成长的真正原因，真正的进步是社会精神解放出来，应付挑战。文明衰落的原因通常是精神的而非物质的，摧毁文明的主要是内部斗争。

汤因比还认为，文明成长的动力是来自有创造能力的少数人或少数人组成的小社会。他们常是先“隐退”，以思考真理，再“复出”来领导群众，应付挑战。这就不同于西方传统的“英雄”史观，而接近于中国的“圣贤”史观。

汤因比的《历史研究》篇幅太大，通常是用经他审定的缩写本，其中译本亦有三册。[②] 所叙史实不免纰漏，但花点工夫看看有好处。

20世纪以来人们已很少谈历史哲学了，史学理论的讨论脱离本体论转入认识论。有人把维柯至汤因比的研究称“思辨的历史哲学”，把这以后的史学理论称“分析与批判的历史哲学”。不过，我以为汤因比以后的史学理

① 黑格尔：《历史哲学》，王造时译，三联书店，1956。

② 汤因比：《历史哲学》，曹未风等译，上海人民出版社，1956～1964。

论主要不是历史本身即元历史问题，而主要是批判实证主义和历史分析方法的研究，因而我把它放在方法论中去讲。

（三）中西历史观的比较

上述历史哲学，是欧洲 18 世纪启蒙运动以来理性主义的产物。而历史观的演变，在中国可上溯到春秋战国，在西方可上溯到希腊罗马，并均应下延到今天。历史观的内容十分繁杂，不能详谈，只能选择其最基本的观点。马克思、恩格斯在论历史观时，曾着重讨论了两种观点，即对人与自然界的关系的看法、对人与人之间关系的看法。[①] 而在认识论上，这两者也都是对思维与存在关系的看法。下面讲历史观，我就只讲对人与自然、人与人、思维与存在这三个关系的看法，其余只附带提及。

人与自然的关系中国叫天人关系。儒家、道家、法家对天人关系有不同看法，但秦汉以后融合了。

儒家的天是神意义的天，天有意志。孔子讲天命，孟子讲天志，荀子讲天职天功，天都有意志。因而，儒家的历史观中有目的论色彩，但不浓厚，比起恩格斯在《自然辩证法》中所批判西方古代哲学的目的论，简直算不了什么。决定论，除个别如五行生克说外，在儒家历史观中是很淡薄的。儒家虽是神义的天，但人与天是相通的、可知的。孔子知天命，孟子更是“万物皆备于我”。这也就是主体与客体、思维与存在有同一性。

这里讲一件事。荀子有“制天”的话，今人多解为人能制服天，一如英国培根（Francis Bacon）所说人征服自然界。这大约出自今人的革命哲学，古人不这样讲。王念孙说“制天”是“裁天”误书，章太炎、胡适从之。照我看，“制”可作“法、则”解，“大天而思之，孰与物畜而制之”，物畜即积蓄，以天为法则积蓄财物，亦《大雅》“天生烝民，有物有则”之意。“从天而颂之，孰与制天命而用之”，意以天命为法则来应用。总之，儒家历史观中天人相通，天人之间是和谐的关系，没有人与天对抗的意思。

儒家思想中，人与人之间是以“仁、义”为基础的协调、合作关系。这里，荀子有“性恶”说，但他说正因为性恶，人才“欲为善”，并且都可

① 《马克思恩格斯选集》第 1 卷，人民出版社，1972，第 43～44、48～49 页。

以成为禹那样的善人；即使不能成为禹，也“无害可以为禹”。当然，在等级社会中，都有等级对立，不在哲学上人际关系之列，正如希腊哲学中不考虑奴隶那样。

先秦道家即老庄的天，完全是自然意义的天，“无为”的天。道家的历史观中一般没有目的论，“人法地，地法天，天法道，道法自然”，法是法则之意，不是对立。天与人、人与人、主体与客体、思维与存在都是一致的，用哲学话说有同一性。

先秦法家主要是在治国与治军上主张法制，而在天人关系上，除商鞅宗儒外，都宗道家。韩非在《解老》篇里还首创一个“理”字，“万物各有其理”而“道尽万物之理”，给万物协调，也给立法治人找到理论根据。

秦汉之际，法家已被融入儒家，所谓“儒表法里”。这时儒家又吸收了道家的世界观，讲无为，即所谓“黄老之术”。再加上儒家和道家都很精通的辩证法思维，就形成司马迁的历史观。司马迁的历史观可用两句话来概括：“究天人之际，通古今之变。”这种历史观用现代语言来描述就是：人与自然界是可以相通的（communicable），人类社会是同质的（homogeneous），历史的发展是辩证的（dialectic），思维与存在有同一性（identity）。人间有苦难、战乱、罪恶，但正如自然界有日食、地震、灾荒，通过“变”，即向对立面转化，会归于祥和。司马迁还认为这种变有周期性。

这以后，中国政治上有变化，如“无为”变为专制，思想上有波澜，如魏晋玄学、隋唐佛学；但这种“究天人之际，通古今之变”的历史观基本上延续下来，直到宋代才发生变化。

再来看西方的历史观。西方的自然观，从古希腊起，直到19世纪，都是神意义的天，很少例外，所以在历史观上有浓厚的目的论，以至决定论。

希腊哲学，人与自然界的关系还是和谐的，人与人之间要求真善美。但自公元前5世纪的泰勒斯（Thales）起，就强调主体与客体的对立，成为西方哲学的传统，以至在认识论上常导致思维与存在的分离，并为各种形式的二元论和自我的历史观开辟道路。

柏拉图实际是二元论者。他没有说明一切事物的基质是什么，但一切事物都是由于“理念”参加进来才变为存在，不是历史地存在；从这一点说，有非历史主义倾向。他的最高的理念是善，或逻各斯（Logos）生成万物，这成为西方哲学常用的概念。而这也使柏拉图的世界观有着严格的目的论。在人与人的关系上，他提出智慧、勇敢、克己、正义四种德性，他的《理想国》主要是教化群众实现这些德性，这比较接近于中国儒学。

亚里士多德认为宇宙是永恒运动的物质，而其运动形态是由理念推动的，所以是存在一元论者。他并承认思维与存在的同一性，在此基础上创立了三段论的逻辑学，成为西方哲学和几何学推理的主要方法，这一点比中国高明。但用逻辑推导历史，也会违背实证，有非历史主义的毛病；亚里士多德对“第一推动力”的论证就是这样。在人与人的关系方面，亚里士多德很注意节制、中庸的态度和高尚的德性；他的国家论也偏重于教育培训良善公民。但他有个“整体先于部分”的原则，在理性上国家先于村社、家庭和个人，与中国修身、齐家、治国之道相反。

到中世纪，西方的神学哲学创造了一个全新的历史观，也可说是对希腊罗马历史观的否定。这个历史观认为，人类历史只是永恒天国的一个暂时的阶段，其目的在于拯救陷于“原罪”和各种罪恶中的人类。这是首次提出“历史的目的和价值”这一命题，成为18、19世纪西方历史哲学讨论的中心。在神学的历史观中，天人关系和人与人的关系都是上帝安排的，唯实论和唯名论的争论并不改变这种历史观，只是唯名论者认为罪是人类的个人行为，而非共性而已。在认识论上，作为这种历史观的经典的托马斯·阿奎那（Thomas Aquinas）的《神学大全》，竟全部是用三段论法的逻辑论证的。用恩格斯批判黑格尔的话说：“方法为了迎合体系，不得不背叛自己。”

（四）理性发展的道路

15世纪，欧洲的文艺复兴、宗教改革冲破了神学樊篱，理性哲学的发展又给神学历史观一次否定。理性主义的发展，促成欧洲近代科学的建立，18世纪以自由、平等、博爱为号召的启蒙运动和民族国家的形成，这也就是西方社会的现代化过程。历史学可把“现代化”定义为“理性化”。

这期间出现许多理性主义大师，他们大体可别为两派：一派是经验主义者，理性来自经验，如培根、洛克（John Locke）、休谟（David Hume）；一派是唯理主义者，不反对经验知识，但认为真正的理性原则是先验的，如笛卡尔、斯宾诺莎（B. de Spinoza）、莱布尼兹（Gottfried Leibniz）。尽管学派不同，他们都对欧洲的现代化做出贡献。18世纪晚期，康德力图统一两派的世界观，实际是集各家理性观点之大成，代表一个时期的主流思潮。康德的历史观，前面已略作介绍。可以看出，在人与自然的关系上，已不是希腊哲学那种自然的和谐，而为二元论和不可知论所代替；他的先验论的理性判断，突出了主体的作用，实际是我凌驾于自然。在人与人的关系方面，虽然说善良意志是绝对的，但只能是在“彼岸”；在国家论上，抛开了希腊哲学的教化育人，而专注于运用权威和法律，以对付人性的恶。19世纪初的黑格尔的历史哲学，在认识论上有革命性的变化，但更强调了国家和法律，更强调了主体，成为一种自我的历史观。

西方理性主义的功绩，主要表现在科学发展和民族国家的富强两个方面。16世纪的培根就提出征服自然界的号召，他的名言“知识就是力量”即指征服自然界的力量。以后西方科学的发展都是朝着破坏自然界的平衡以满足人类欲望这个方向进行的。1859年达尔文的进化论问世，讲生物界的生存竞争，不惜吞食和消灭对方，而这都是合理的。进而形成社会达尔文主义，人与人之间也变成了你死我活的生存竞争。国家理论、契约说代替天赋人权说，工具主义又代替契约说。原来，西方民族国家在形成中就开展了掠夺成性的殖民主义，发展为帝国主义，战争不息。政治学只能讲强权政治，民族压迫在教科书中被标为“白种人的责任”。社会人类学提出“类意识”的理论，一个社会共同体内部要排斥非同类的成员。这比之中国理学的“民胞物与”思想，不啻霄壤。最明显的是经济学，影响历史观也最直接。经济学提出利益最大化原则，为使利益最大化，人们可以无限地消耗地球上有限的资源，政府和人民处于靠契约维持的利益对立关系，而人与人之间都只能在市场上尔虞我诈。经济学设定每个人都是理性的人，衍化至今，由于“理性预期”可使一切公共政策变得无效；又因个人理性超过集体理性，一切交易行为都会变成博弈。最近两届诺贝尔经济学奖都授予了博弈论者。

西方理性主义取得胜利的一个重要原因是运用了逻辑学思维方法。逻辑学经培根、笛卡尔、莱布尼兹的改造成为一种严密的科学，它包括归纳、分析、实验，而最重要的是严密的推理演绎程序。用这种方法可以检验一种理论、设想或计划的合理性与可行性，并按照一定程序使之变为现实。西方近代科学的发展，民族国家的形成，富国强兵和工业化的实现，都借助于这种方法。近年来，人们把借助于这种方法实现的现代化或理性化称为“工具理性”，以别于向往于真善美世界的“道德理性”或“价值理性”。这种命名亦非新撰，原来亚里士多德的三段论法逻辑学即被编入《工具篇》，1620年培根把他的方法论著作称为《新工具》。工具理性又被称为“功能理性”“目的理性”，其含义是这种理性，可以通过逻辑程序，有效地实现人们预期的目的，而不管这样做是否违反道德原则。像谋取最大利益的经济学，就是一种典型的工具理性。而道德理性一般不具有工具性。

回头来看中国。中国的理性主义即宋明理学，它出现甚早，而长期效果未彰，即告中辍。19世纪以后中国的理性化或现代化，反是借助于西方理性主义的输入。良可浩叹。

北宋11世纪以来，即有周敦颐、邵雍、张载、程颢、程颐等理学家出现，各有所长，南宋朱熹集其大成，完成体系。朱学以理或天理为宇宙本原，以气为物质材料。天理以“理一分殊”（一般与特殊）方式转化为万物之理，使得气按阴阳（正负）的对立统一运动形成万物。宇宙万物统处于“大化流行”即互相交换的运动状态。这种本体论与康德不同，主体通过穷理尽性可认识现象，也可认识本原（理），主体与客体、思维与存在有同一性。在天人关系上，宋儒正式提出“天人合一”命题，即天道与人道的同一，也是认识世界与认识自身的同一。在人与人的关系上，以仁义为人际交往最基本的理。和西方不同，宋理学家差不多都是人性善论者，把人的私欲归之于气有浑浊或外界诱惑，因而要求人通过理性知识，自我修养，“存天理，去人欲”。一切又要以心“诚”为本，致“中庸”即中和之道。待人接物普遍宽厚，“民吾同胞，物吾与也”，以至世界大同。

李约瑟（Joseph Needham）把朱熹理学视为中国传统儒学的科学化。宋代科学技术居当时世界之冠。李约瑟估计可抵18世纪英国工业革命前的水平，但中国迄未能自行发展出近代科学来。朱熹也讲“格物穷理”，认为是知识的来源，而实际上他所讲的都是伦理道德之理，不讲物之理。儒家没有西方哲学那种讲物理学的传统。可以说，朱熹的理学是“道德理性”，没有“工具理性”，这也使中国理性化的道路与西方迥异。儒家辩证思维很高明，但缺乏逻辑学思维，这又是缺乏工具理性的重要原因。道德理性不能工具化，就变成教条，变成“三纲五常”，日益僵化。12世纪出现的陈亮、叶适的富国富民之学，也因缺乏工具性而日渐衰落。

15 世纪末兴起了王守仁的理学。他反对朱熹的“理在事先”的观点，继承南宋陆九渊“心即理”的观点，认为“心外无理”。提出“以天地万物为一体”，“视天下犹一家”，不要“问形骸而分尔我”。这是破除了形而上（理）与形而下（万事万物）的界限，并破除了主体与客体界限的彻底的思维与存在同一的观点。而王守仁最大的创造是他的“致良知”说。他认为，人心本无善恶，善恶是“意”的作用，用理性来认知善恶，去恶存善，便是致良知了。致良知说纯属唯心论，但十分提高了个人理性思维的价值。他说：“学贵得之心，求之于心而非也，虽其言之出于孔子，不敢以为是也。”孔子之言可破，还有什么教条不可破呢？

于是，16 世纪就产生了泰州学派、何心隐、李贽以及东林党人的反传统思潮。他们批判朱熹以至传统儒学的教条，讽议时政；他们不少人肯定了人的私欲，分别提出了自由、平等、博爱的概念（唯未见民主思想）。这个思潮很激烈，并有组织活动，不少人被系狱，以至身殉。17 世纪，兴起了顾炎武、黄宗羲、王夫之以及唐甄、颜李学派的启蒙思潮。他们以“经世致用”之学为号召，反对君主独裁，进一步肯定欲、私、利，提出令百姓“自为”，国家少干预，以及富民、解禁，“工商皆本”等主张。唯其论证限于义理，缺乏工具性。旋清人入主中原，厉行文化专制，文字狱连绵，蓬勃一时的启蒙思潮戛然中辍。

清代儒学回到经学，儒学的理性化可说以失败告终。到 19 世纪后期，吸取西方的科学和工具理性，兴起“新学”，才渐获成效，即洋务运动、戊戌变法、辛亥革命。

这里，我略谈马克思主义的历史观。马克思在《1844 年经济学哲学手稿》中就提出了人与自然界的同一性问题。人是以社会的存在与自然界交往的，并通过劳动改变自然界对人的作用。人的本质是自由，但在现实社会中，人已自我异化，成为被迫劳动。要经过严厉的阶级斗争，实现共产主义，才能实现全面的自由劳动。这就是他在《资本论》中所说的由“必然王国”到“自由王国”。他在上述《手稿》中说：“共产主义，作为完成了的自然主义，等于人道主义；而作为完成了的人道主义，等于自然主义，它是人和自然界之间、人和人之间矛盾的真正解决。”而这也就是“历史的全部运动”。

列宁在《哲学笔记》中讲“发展是对立面的斗争”，也讲“发展是对立面的同一”；而在《谈谈辩证法问题》中，他认为正确的发展（进化）观“是对立面的统一”。到斯大林，就斩钉截铁地说：“从低级到高级的发展过程不是通过现象的和谐的展开”，而是通过“矛盾的揭露”和“对立倾向的斗争进行的”（《论辩证唯物主义和历史唯物主义》）。

（五）理性主义的反思

西方的理性化或现代化，从工具理性看确实成绩辉煌，人都要遨游太空了；但从价值理性看，生态破坏、道德沦丧，离真善美更远了。这就不能不引起反思和批判。20 世纪 50 年代，卢卡奇（György Lukács）在《理性的毁灭》中说，1848 年以后，西方资产阶级走向反动，西方文化也由理性转向非理性，20 世纪已是非理性的世界了。20 世纪 60 年代，舒尔茨（Theodore Schultz）提出《人力资本论》，要求重视人的价值，注意智力投资。20 世纪 70 年代，舒马赫（E. F. Schumacher）发表《小的是美好的》，批判西方讲效率不讲道德，错误在于“人对自然的态度”，人属于自然，却把人作为征服自然的外在力量。20 世纪 80 年代，佩鲁（Francois Perroux）出版《新发展观》，要求人与自然界和谐发展，并重视文化的决定性作用。这些书都有中译本。《小的是美好的》,[①] 值得一看。

20 世纪 70 年代起，西方兴起后现代主义思潮声势日隆。这个思潮并未形成系统理论，而是分别批判西方现代资本主义社会尤其文化思想。我择其有关历史观的几个问题，略作介绍。

1. 人与自然，人与人的关系问题

后现代主义者一般反对西方哲学本质与现象分离、主体与客体对立的观点。以后现代主义先驱者、存在主义大师海德格尔（Martin Heidegger）为例。海德格尔认为本质和现象都是存在，本质以生成方式由本体向显体展现，犹如种子成长为树木。这与宋儒“体用一源”“显微无间”的论点相仿。他认为人与自然界不是主体与客体的关系，而是人“关切参与”

---

① 舒马赫：《小的是美好的》，虞鸿钧、郑关林译，商务印书馆，1984。

(Sorge，中译本作“操心”）自然的关系，晚年，他在《论人道主义的信》中描述人与自然界共存共荣，则颇有天人合一味道。在人与人的关系上，他认为人都是“共同存在”的，共同分享这个世界，因而人与人之间的互相关切参与（操心）的关系具有意向性和伦理价值。

海德格尔的主要著作《存在与时间》在中国已颇流行。①

海德格尔的弟子雅斯贝尔斯（Karl Jaspers）发挥了自由个体之间关切交往的论点，他称为“传导”。没有孤立的人格，人与人之间总有相互关系的机制和准则，而历史应视为不同时代人之间的传导，人类以此实现自由。

稍晚出现的后现代主义大师哈贝马斯（Jürgen Habermas）提出系统的“交往理性”理论。他称之为“历史唯物主义的重建”，不过是从社会关系立论的。他认为在家庭、部落时代，人们可以自由交往，与现实社会的关系还是比较一致的。阶级社会造成两者分离。到现代资本主义社会，人异化为物，丧失人的自由，一切现实社会关系都由金钱和权力支配。要重建后现代社会，必须恢复人与人的交往理性，开展诚意的对话，通过沟通和协商，稳定群体的团结和个人与群体的协调，促使社会整合。原来，海德格尔曾从本体论上把理解和认同看作人类历史的一个基本方面。哈贝马斯从人与人关系上论证，说他的交往理性是“主体间关系”，等于破除西方主客体论的传统。这一点与中国仁学的论点有一致之处。

2. 理性化或现代化问题

后现代主义者不少人否定理性，认为世界根本不是理性的，而是由混沌、个别和差异组成，世界是非同质的，即所谓“后结构主义”和“解构论”（deconstructionsim)。因而人们在思想和选择上没有一致性。理性主义要求人们有规范行为，只能出于强迫，而强行一致就是暴力、压迫、恐怖主义（如军备以至核武器）。这就形成一种非理性主义历史观，认为18世纪以来的理性化或现代化是个历史错误，到20世纪，它以失败而告终。

但不是所有后现代主义者都是这样。很多人实际是批判工具理性，并不反对道德理性。批判大都由于资本主义的阴暗面引起，并集中于18世纪启

① 海德格尔：《存在与时间》，陈嘉映、王庆节译，三联书店，1987。

蒙运动以后，因为在文艺复兴、宗教改革时期还是讲道德的。哈贝马斯就不否定18世纪以来的现代化，认为它是一个没有完成的理想，一项未竟事业。它的错误在于"野蛮的工具理性"由科学经济领域侵入了道德价值领域，它扭曲了人类的交往，变成"伪交往"。他提出在现代化过程中，道德或价值理性应该主导工具理性，价值观应该约束科学技术。

3. 历史一元论和中心论问题

历史一元论的基础是价值一元论和文化一元论。这种一元论源于希腊哲学的"逻各斯"理论，到中世纪基督教哲学达于绝对化，好像世界所有文明都来自《出埃及记》。18世纪，维柯和赫德尔（Johann G. Herder）提出文化多元论。康德读了他的弟子赫德尔的著作后研究历史哲学，但他持一元价值论，提出"世界公民"的历史观。黑格尔更是完全的历史一元论和中心论者，中心即普鲁士王国。工业革命以后，出现西欧中心论。19世纪出现历史发展阶段论，把各民族文明差异归结为西欧历史发展的不同阶段，落后者是处在西欧的早期阶段，希望他们按部就班地前进。

后现代主义者在哲学思想上差不多都是多元论者和非中心化（decentering）论者，在历史观上也是这样。如有人认为世界本来是差异的、多样的，先进和落后都有其存在价值。著名的后自由主义者柏林（Isaiah Berlin）批判"世界公民"思想，提出各种文化价值的"不可通约性"，不能用一个尺度来衡量，甚至不可兼容，自然不能有一个中心。历史学家斯宾格勒（Oswald Spengler）和汤因比都是文化多元论者。斯宾格勒认为每种文化都会由盛而衰，因著《西方的没落》，世人瞩目。汤因比在《历史研究》中认为西方文明可免于衰亡，但不能靠物质力量，而需要一种"终极的精神"。晚年，他把注意力转向东方，他在1975年与池田大作的对话中说，将来文化上统一世界的不会是西欧化国家，而是中国。

4. 历史的连续性问题

后现代主义者很多人认为历史是非连续性的。有的是从强调个别性出发，世界上的事物彼此没有必然的联系，历史上的事物也没有纵向的必然关系。有的是从后结构主义立论，强调社会的非同质性，那么后一代与前一代也没有必然的同一性。后现代主义的领袖人物也是历史学家福柯（Michel

Foucault）对此有深刻的研究，他号召新的历史学家应该去寻找历史上“断裂的现象”和“转换的原则与结果”。

历史非连续性的论断看来是不能接受的。今天我们的问题正是要反对割断历史，似乎一场革命就可与过去一刀两断，重新创造，在一张白纸上绘新图画。马克思在论法国大革命时说，人们创造自己的历史，但不是随心所欲，而是在“从过去继承下来的条件下创造”。① 他在论历史时说，“历史不外是各个世代的依次交替”，每一代必须接受前一代留下来的“生产力总和，人和自然以及人与人之间在历史上形成的关系”。② 这三者是不能割断的，只能继承下来进行改造。

不过，对于福柯的非连续性历史观也不能闭目了之，需作些说明。

中国的史学传统一直是重视连续性的，这在历史观上就是“通古今之变”。西方不是这样。早期西方史学都是一件一件的故事，互不联系。鲁滨孙（James H. Robinson）的名著《新史学》说，直到文艺复兴时代，史学中时间错乱的现象还习以为常，历史连续性的概念是19世纪才建立起来的。福柯也说“19世纪成为历史学的世纪”，他所批判的正是这时期的史学。他说，这时期的史学设定了一个永恒的真理，把合理性作为人类的目的，又受进化论影响，排除断裂现象，把历史写成人类不断完善自己、理性不断增强的历史。19世纪末，更把社会归结为某种单一的形态，某种同质的文明，排除个体，历史抽象化。福柯声讨的正是这种有发展而无变革的目的论的史学。

福柯认为，启蒙运动以来的史学是一种以人为中心的主体主义史学，人创造一切。而这种理性的人，是由权力建构的。权力认可的理性，压迫一切异论。他从笛卡尔的《方法论》中看出理性（工具理性）的极权性，又在众多论述中加以论证。他反对这种以权力为基础的主体主义史学。

福柯主要是研究文化史和思想史，他把思想认识称为“知识型”（episteme）。他认为，启蒙运动以后在科学、哲学、文学等方面的知识型不是继承古典时期的原型而来，而是古典认识的断裂和非连续性转换。因而他在《知识考古学》中宣告“历史已死亡”，提出建立“新历史”。

---

① 《马克思恩格斯选集》第1卷，第603页。

② 《马克思恩格斯选集》第1卷，第43、51页。

建立新历史，福柯要求用非连续性概念来划分历史的系统和层次，发现历史过程的界限，变动曲线的转折点，历史事物功能的极限。他反对传统史学的永恒真理论、目的论、线性发展和因果链模式，而强调断裂和转换。他说，这种新历史的最初阶段可上溯到马克思。我们知道，马克思曾说过“历史的动力……是革命”。看来，福柯的断裂和转换亦有变革、革命的意思，也可说是从积极方面来解释“通古今之变”。

福柯的论述集中于 *Dits et Ecrits*，中译本《福柯集》。[①]

总的看，20 世纪 50 年代以来西方新的历史观多少都有向中国历史观靠拢的倾向。

二　方法论

历史观和方法论是不可分的，在研究具体历史问题时，一切史学理论都可视为方法论：思维的方法或者论证的方法。列宁说：“历史唯物主义也从来没有企求说明一切，而只企求指出‘唯一科学的’说明历史的方法。”[②] 不仅如此，恩格斯说：“马克思的整个世界观不是教义，而是方法。”[③] 在论及历史观时，马克思说它们“充其量不过是从对人类历史发展的观察中抽象出来的最一般的结果的综合。这些抽象本身离开了现实的历史就没有任何价值。它们只能对整理历史资料提供某些方便”。[④] 这话也许有点过分，不过，“方便”可理解为方法。

前已言及，我还把被称为“分析与批判的历史哲学”列入本篇方法论中。经济史研究中还需应用经济学、社会学、人类学等理论，也都在本篇中论及。本篇方法论限于篇幅，我也只讲有关理论和原则，不讲具体操作方法。又主要是讲西方，中国方面另有专篇讲述，从略。

我主张“史无定法”。研究经济史，唯一根据是经过考证的你认为可信的史料，怎样解释和处理它，可根据所研究问题的性质和史料的可能性，选

① 杜小真编选《福柯集》，上海远东出版社，1998。

② 《列宁选集》第 1 卷，人民出版社，1972，第 13 页。

③ 《马克思恩格斯全集》第 39 卷，人民出版社，1974，第 406 页。

④ 《马克思恩格斯选集》第 1 卷，第 31 页。

择你认为适宜的方法进行研究。不同问题可用不同方法；同一问题也可用多种方法来论证，结论相同，益增信心，结论相悖，可暂置疑。

我写过一篇《中国经济史研究的方法论问题》，举了些实例，有兴趣者可参阅。①

（一）实证主义和有关问题

实证主义是研究历史的基本方法，不可须臾或离。中国史学自司马迁起就是实证主义的，宋代加入义理，并改进因果论证。清代考据学、训诂学出现盛况，20世纪初兼采考古学成果和西方考证方法，益臻完善。20世纪50年代一度陷入教条主义，但未放弃实证原则。近20年来大量发掘史料，考证范围扩大，博采详究，举世称盛。

西方史学曾长期受制于神学，继受浪漫主义影响，至19世纪初始有兰克的实证主义史学，故称兰克为近代史学之父。当时主要用语言学和法学方法考证历史文献，诠释经典著作，成绩斐然。不久进化论问世，考古和自然科学方法进入实证主义，麦特兰（F. W. Maitland）史学名重一时。继之欧洲各国开放档案，史学家信心十足，19世纪末阿克顿爵士（Sir John Acton）受命编纂《剑桥近代史》时，相信他们是在为“终极的历史”作准备。然而，就在此时出现了批判实证主义的历史哲学，20世纪30年代出现相对主义认识论，20世纪50年代出现逻辑实证主义，20世纪60年代又有后现代主义的解释学，都是批判实证主义史学的，但是，所有这些并未根本动摇实证主义的基础，而是以新的观点丰富了史学理论，也丰富了实证主义方法论。

19世纪末20世纪初批判实证主义的历史哲学可以狄尔泰（Wilhelm Dilthey）、克罗齐（Benedetto Croce）、柯林伍德（Robin G. Collingwood）为代表。

原来孔德（August Conte）创建的实证主义，是把一向视为艺术的历史学纳入他的社会学，比同于自然科学，用归纳、演绎等科学方法确立历史事实，再寻找规律。狄尔泰指出，历史学是研究精神的，与研究物质的科学不

① 吴承明：《中国经济史研究的方法论问题》，《中国经济史研究》1992年第1期。

同，不能用科学的方法。史学家和他所研究的对象（历史事物）都属“个体生命”，有同一性。真正的历史知识只能来自史学家对他的对象的“内在体验”，使对象活在他的心中。这等于史学家以自己的生命思想复活已死的事物，给历史以生命，他称之为“移情”，并用移情论建立他的解释学(Hermentics)：对于文本（历史文献）须从个别词语来理解整体，又从整体来理解个别，构成“诠释循环”，以及从历史理解现在，从现在理解历史，多次循环才能有比较完整的知识。

克罗齐也是把历史学视为一种艺术，不过一般艺术不必求真，历史则必求真实。科学是从外部观察自然事物的普遍性，历史研究则要求研究者进入历史事物内部，领会事物的个别性，而这样做出的判断是真实的，因为普遍原理只有在个别中被实现才是真实的。克罗齐又认为，史学家总是根据当代的兴趣去选择历史题材，根据当代的思想去评论历史事物，它是史学家此时此刻的思想活动，因而得出“一切历史都是当代史”的结论。现实兴趣没有进入过去以前，只有历史档案，现实生活进入档案以后，才出现真正的历史，而这也是历史的功能所在。

柯林伍德指出，历史是一个由此及彼的生成过程，过去的东西并没有死亡，而是以改变了的形式浓缩于现实之中。历史过程是由人的行为构成的，每人行为背后都有其思想动机，史学就是研究这些思想动机，因而“一切历史都是思想史”。史学家研究前人思想，也就是在自己的心灵中重演它。但不是在原来的水平上，“他之重演它，乃是在他自己的知识结构中进行的，因而重演它也就是批判它并形成自己对它的价值的判断”。这里的知识结构包括了历史，“过去的一切都活在史学家的心灵之中，正如牛顿是活在爱因斯坦之中”。

上引语见柯林伍德《历史的观念》，该书并检讨了自古希腊至 20 世纪初的各家历史观，可资一读。[1]

以上可见，狄尔泰、克罗齐之批判实证主义，主要因为史学是艺术，不能用科学的研究方法；柯林伍德虽视历史为科学，但它研究的是思想，须用思想“重演”的方法。事实上，他们并不反对确立史实和考证功夫。狄尔

① 柯林伍德：《历史的观念》，何兆武、张文杰译，商务印书馆，1997。

泰的解释学就是一种考证；克罗齐曾盛赞当时考证成果，使史学脱离幼稚状况；而柯林伍德所强调的“批判”一词，主要指考据、考证。

20世纪初流行的新康德主义观点认为，自然界是统一的、永恒的，有普遍规律，而历史则是个别的，“一次如此”的东西，没有普遍性。再则，自然界无价值可言，而历史则是人为的，对历史事物有价值判断（道德判断）问题。孔德和斯宾赛（Hebert Spencer）的实证主义，主张用科学方法研究历史，并主张对历史也像对其他科学那样，只问“是怎样”，不问“应该怎样”。这就引起了争议，至今未完全解决。

这里谈一下我个人看法。我认为历史学属于人文科学，并具有艺术（教育）功能。历史中也有一些普遍性、规律性的东西，但主要在人口、社会和经济的结构与组织方面，且不具永恒性。史无定法，自然科学、社会科学、人文和艺术的研究方法都可有选择地用于历史研究，尤其是用于考据和实证。至于价值判断，我认为是必不可少的，史学如无价值判断，怎能古为今用呢？19世纪一些史学家力求态度“中立”，免涉是非，是不可取的。我主张要有两种价值判断：实证的（positive）和规范的（normative）。作实证判断时，应把所论事物或行为放在它产生或运作的具体历史条件下，即严格的历史主义，不可用今天的标准妄议古人。作规范分析时则可以今天的历史知识和价值观为准，评议历史事件的潜在效应和长远后果，说明当时人的历史局限性。但要有足够的谦虚，因为我们的知识有限，下一代人也会指出我们所作判断的历史局限性。

20世纪30年代兴起的相对主义认识论可以贝克尔（Carl L. Becker）和卡尔（E. G. Carr）为代表。贝克尔认为，历史事实作为过去的存在已经消逝，实证主义者要求“如实地说明历史”是不切实际的幻想。今天，“历史便是我们所知道的历史”。这种历史是相对的，跟着人们知识的增加而变化。卡尔提出，历史事实是史学家根据自己的判断选择出来的，总不免主观意识。单纯的历史事实只是一潭死水，经史学家选择和探讨才成为有意义的东西。因而历史乃是“历史学家跟他们的事实之间相互作用的连续不断的过程，是现在与过去之间永无止境的问答交谈”。

这一思想在后现代主义者伽达默尔（Hans-George Gadamer）的解释学中发展成系统理论。伽达默尔师承海德格尔的“前有”说，认为人们在解释文本（历史文献）之前必有自己的、由历史和文化传统形成的“前理解”或“成见”（Voruteil），它给解释者以“视域”（观察的角度、范围），经过与文本互相切磋，达成共识。因而，解释不是像狄尔泰的解释学那样是重建过去，而是一种创新，达成更高基础上的理解，“比希腊人更希腊”。他说“理解总是一种对话”，真正的理解乃是读者与文本之间的“问答逻辑”，现代世界与古代世界之间“超越时间距”的交流。人们的成见不是一成不变的，它是“我们对世界开放的轨道”，会使视域更卓越宽广，理解也更深入真实。伽达默尔的解释学否定了康德的“自我”历史观，也否定了西方传统的主客体的对立，理解不再是主体对客体的“认知”，而是今人与古人，主体与主体之间的交往。其发展便是哈贝马斯的“交往理性”。

卡尔的《历史是什么?》、[①] 伽达默尔的《真理与方法》,[②] 都可一读。

我认为应当承认历史认识有相对性。我常说历史研究（不是写历史）就是研究我们还不认识的或者认识不清楚的过去的实践，如果已认识清楚，就不要去研究了。历史上总有认识不清楚的东西，已认识清楚的随着时代进步和知识积累，又会变得不清楚了，需要没完没了的再认识。这种认识和再认识都不是复旧，而是创新，历史学也因此不断进步。就历史上的事件说，当事人并不知道他们这样做的后果，甚至不了解为什么这样做。就史料说，当时人的记载既不能详尽无遗，也不能认识它的历史意义。这都要靠史学家的考证功夫，汇集各种旁证，甚至外域的反应，才能比较清楚地认识它的全部意义。在这种考证中，史学家的主观见解既不可避免，也是必需的，特别像史学家的“历史修养”是不可或缺的。问题是不能囿于主观，而要在研究中更新。卡尔把历史的研究比作今人与古人的对话；伽达默尔把文本的解释说成是现代世界与古代世界的交流，都很好。从认识来说，他们的主体与客体观点十分近似中国的历史观，在他们的方法论中也都具有“百家争鸣”和不断更新的内涵。

最后，逻辑实证主义。它原是维也纳学派的哲学思想，作为方法论，它是以经验为根据，以逻辑为工具进行推理，用概率论来修正结论。这个学派

---

① 卡尔：《历史是什么》，吴柱存译，商务印书馆，1981。

② 伽达默尔：《真理与方法》，王才勇译，辽宁人民出版社，1987。

传入美国后，与美国原有的实用主义结合，产生一种模式法的“科学哲学”，用于历史学，以波普尔（Karl R. Popper）和亨普尔（Carl G. Hempel）为代表。波普尔认为历史学和自然科学同属经验科学，但科学之成为科学不在于它能找到多少例证，而在于合乎逻辑理性。他根本否定了考据学最常用的归纳法，并认为资料不能生产理论，资料比理论“更不可靠”，转而从推理出发，研究逻辑的“覆盖率模式”。亨普尔完成了这种推理模式，即首先要有一个或几个普遍规律，其次是具备一组事情发生的初始条件，由此推理，得出描述或解释，只有这样得出的描述或解释才是科学的历史。这就把实证主义完全撂到一边。

我一向是反对用模式法研究历史的。一个时代的经济运行、社会结构确实会形成某种模式，但那是研究的结果，不能说历史是按某种模式安排的。模式法常导致决定论、预期论，这也是不健康的历史观。逻辑实证主义，首先是普遍规律问题。亨普尔也承认他提不出历史的普遍规律，而是借用心理学、经济学、社会学的已有规律；还有人提议用“正常状态”下的虚拟规律来代替。其次，所谓初始条件，除非是单称命题，是不可能齐备的，即使单称命题，也不能包括历史上的偶然因素。事实上，逻辑实证主义的史学并未流行，在美国用此法进行研究的，也只是某些个别事件。

（二）经济学理论与经济史研究

或谓经济史学是经济学与历史学两者的边缘学科，研究者要有历史学修养，又要有经济学根柢。不过我认为，经济史的根据仍然是经过考证的史料，在经济史的研究中，一切经济学理论都应视为方法论。

经济学理论是从历史的尤其是当时的社会经济实践中抽象出来的。经济学家常希望他们的理论成为永恒的，实际做不到，因而有古典经济学、新古典经济学、各种学派。熊彼特（Joseph A. Schumpeter）极有远见地把他那部空前浩繁而又缜密的经济学说史定名为《经济分析史》，因为任何伟大的经济学说，在历史的长河中都会变成经济分析的一种方法。经济学理论有明显的时代性，而作为分析方法则寿命会长些。我举两例。

西方经济学有两次“革命”，即边际主义革命和凯恩斯主义革命。19 世纪 70 年代的边际主义，由于以效用价值说为基础，受到古典学派的攻击和马克思主义者的否定。在后来的边际理论中，效用价值说即逐渐淡化，在洛桑学派中乃至成为影子，在有些学派中被成本价值说所代替。但边际分析作为一种方法则广为流传，至今仍在应用。原来，边际分析方法只是微分数学在经济学上的应用，李嘉图的地租论和马克思对剩余价值增量的分析已有边际概念。在古典经济学完全竞争的假定下，边际收入与平均收入是一致的。到不完全竞争、垄断经济和社会主义经济中，边际值就不能用平均值来代替了，因而边际分析方法应用日广。

20 世纪 30 年代的凯恩斯主义，是在西方资本主义危机的特定条件下产生的。它曾煊赫一时，为西方许多国家奉为国策，为渡过危机做出贡献。但不过 20 年，凯恩斯主义在理论上即暴露缺陷，基本上为新古典综合派所代替，并受到新自由主义、供给学派、合理预期学派的批判。但是，作为方法论，凯恩斯所创立的宏观经济分析，其国民收入、总需求、总供给、储蓄与投资等指标，国家干预经济的措施等则被广泛应用，至今不息。因此兴起的增长理论，作为方法论，对经济史研究十分重要。

一切经济学理论都应视为方法论，那么，在我们研究中国经济史的时候，怎样利用西方的资本主义经济学理论呢？我想有两个方面：一是利用它作为思考方法，包括它的经济史观；二是利用它作为分析方法。

凯恩斯说："经济学与其说是一种学说，不如说是一种方法，一种思维工具，一种构思技术。"思考方法，西方常称为 approach，即怎样去看这个问题，从何入手，头脑中形成什么样架构。各经济学派不同，要根据我们的历史观，根据中国的国情，根据所研问题的性质，选择可用的理论观点及其思维逻辑作为思考方法。选用任何理论都应是启发性的，而不是实证性的。在经济史论述中时见"根据某种理论，应如何如何"语式，这是最笨的用法。

著名经济学家大都有自己的经济史观。例如亚当·斯密，把人类社会进步归结为分工和专业化带来的劳动生产力的增进，而分工是由交换引起的，受市场范围限制。19 世纪德国历史学派经济学家提出各种经济发展阶段论，有的是以生产的发展为主，有的则以交换的扩大分期。是需求牵动生产还是生产决定需求，至今争论不息。我很同意恩格斯在《反杜林论》中提出的把生产和交换叫作经济曲线的"横座标"和"纵座标"的主张，两者互相制约，至于哪者为主，在不同历史阶段有不同情况。20 世纪初熊彼特的创新论，把经济发展看成是经济内部各种因素创新的组合过程，形成一种新的经济史观。60 年代罗斯托（Walt W. Rostow）的经济成长阶段论，尤其是他的“起飞”和“主导产业”概念，最受人注意。不过这都是讲资本主义前期，到第二次世界大战后，又有许多新的理论出现。

这里，介绍一段诺斯的看法。他说，目前，研究经济史的理论不外古典经济学、新古典经济学、马克思经济学三种。古典经济学强调人口与土地的矛盾，得出一个悲观模型，但在研究 19 世纪中叶以前的经济史中还是有用的。新古典经济学以储蓄率作为经济增长的动力。注重市场调节，并注意知识积累和边际替代，是一种乐观模型。但它完全忽视了产权、制度、意识形态等因素，而没有这些，单凭市场机制，是不能解释历史上的重大变革的。马克思经济学把新古典模型漏掉的东西全部包括进来了，并强调所有制、国家的作用和技术发展。但马克思经济学过于理论化，不像新古典经济学拥有机会成本、相对价格、边际效益等精确的分析方法。诺斯的这段分析很精辟，不过我以为经济史研究还应从社会和文化方面取证，这一点，我将在后面谈。

关于把经济学理论作为具体问题的分析方法，我以为可根据我们研究课题的适用性和资料的可能性，选择某种理论的一点或几点作为分析方法。例如我以为李嘉图的地租论，在分析中国封建经济中即可有用。又如斯密的增长理论，是建立在资本主义雇佣劳动的基础上的，但他所谓“资本”是以上一年的谷物收获量为基数，如果不取其工资基金说（上一年收获用于支付农场雇工工资部分），这一思路仍可用于分析明清经济的发展。就是说，有些经济学理论可加以修改，然后利用。又如投入产出法，在资料较多的明清江南农业和手工纺织工业中，已有人应用。在近代经济史中，可利用的范围更广些。19 世纪后期以来的价格、市场已有不少人进行分析，在农业和新兴工业中已有人尝试边际分析。20 世纪以来，宏观方面诸如 GDP、总需求、总供给、投资以至消费结构等，都已有人在研究。

最后谈一下经济史和经济学的关系。经济史研究的东西，包括体制、制度、社会结构、文化思想以至习俗惯例，远比经济学广泛，而且是活生生的。熊彼特在他的《经济分析史》巨著中，把经济史作为研究经济学的四种基本学科中最重要的一种，它不仅“是经济学家材料的一个重要来源”，而且，“如果一个人不掌握历史事实，不具备适当的历史感或所得历史经验，他就不可能指望理解任何时代（包括当前）的经济现象”。当代经济学家、诺贝尔奖获得者索洛（Robert M. Solow）写过一篇《经济史与经济学》。他谴责当代“经济学没有从经济史那里学习到什么”，而是脱离历史和实际，埋头制造模型；批评当前美国的经济史也像经济学“同样讲整合，同样讲回归，同样用时间变量代替思考”，而不是从社会制度、文化习俗和心态上给经济学提供更广阔的视野。他说，经济史学家“可以利用经济学家提供的工具”（按：工具即方法），但不要回敬经济学家“同样一碗粥”。这话是很中肯的。的确，经济史有广阔的天地、无尽的资源，它应当成为经济学的源，而不是经济学的流。

（三）结构主义和整体史观

结构主义和整体史观（holistic perspective）作为方法论，都源于社会学。社会学把社会看作一个有机的整体，“整体大于部分之和”，而结构意味着部分与整体的相互关系。20 世纪 30 年代兴起的法国年鉴学派，自始即用社会学方法研究历史。他们认为历史学重视的不是显赫人物，而是组成社会的群体；不是动人的事件，而是不显眼变化着的社会结构和社会心态。该派的第二代大师布罗代尔，以他 1947 年完成的《菲利普二世时代的地中海与地中海世界》（以下简称《地中海》），使结构主义整体观史学系统化并臻成熟。

布罗代尔的史学体系由三部分组成：（1）长时段（以世纪计）的构造史，包括气候等自然环境史、地理变迁史、社会心态史。（2）中时段（以数十年计）的动态史，包括社会史、经济史、国家史、文化史等。（3）短时段（以年月计）的事件史。他认为，传统史学所重视的事件史，其事件的发生常由动态史的局势和节奏来调节，而中时段的动态史又受长时段的自然环境和社会心态的制约。三个时段或三个层次的相关研究，才能显示任何事件和（经济与社会）周期波动的本质和意义。就历史来说，结构意味着一种集合，一种构造，一种在相当长时间内延续力强的实在。它是历史的基础，又是历史的障碍，因为它规定了某个历史时期人们不能超越的边界。

布罗代尔的整体史观是以他的多元时间理论为基础的。人是生活在短时段里，生命有限；但他同时也是在中时段和长时段之中，实际是“多元时间的我”。我们的语言和我们周围的一切，都是多元时间的，先我们而存在，等我们死后还存在。用多元时间研究历史，可以避免眼光短浅，对事件仅作那些只争朝夕的评论，也可以避免那种就事论事、有话便长、无话便短的历史文风。

布罗代尔是重视长时段研究的，但不都是时间长。他 1967 ~ 1979 年出版的巨著《十五至十八世纪的物质文明、经济和资本主义》，其第二卷讲市场经济，特别是经济的周期性；第三卷讲资本主义，特别是经济中心在世界范围的转移。而第一卷，相当于他体系中长时段构造史那一卷，标题为“日常生活的结构”，其内容从人口、气候到百姓的婚丧、医药、教育；从资源、产业到居民的衣、食、住、行；从市场、货币到人民的收入分配和社会风尚。他说，正是这种每天重复发生的“结构”规定了各种经济活动的“边界条件”，也就是第二卷、第三卷所述那些重大活动的依据和制约。

布罗代尔的结构主义整体史观可谓完备无遗，但应用颇为困难。首先，体系过于庞杂，有“万花筒”之讥，这也必致卷帙浩繁，其《地中海》一书有 1200 余页，令人畏读。我认为，今天我们中国经济史研究还应提倡分工合作，专而后宏，对每个研究者说必有所舍，才能有所取；但都应有整体观点，全局在胸，力戒孤立地看经济问题。许多问题，特别像自然、地理、生态、人口等，可依赖专家。作为史学家，只于专家成果中理清其结构或“构造”关系，就达整体史观的目的了。

第二，20 世纪 60 年代以来，结构主义已广泛进入人文和社会科学。就经济史而言，主要是用结构分析修正传统史学的线性发展观和修正单线的因果链。并且，所用不仅是经济学中那种产业结构、部门结构的概念，而是社会学中多元、多层次、多时间的相互关系的概念。

第三，人们批评布罗代尔太轻视短时段的事件史，布氏在《地中海》再版中作了回答，他说对事件不能客观地叙述，而是由史学家根据自己的哲学选择的。这有一定道理，历史都有选择。不过，我们研究中国经济史时，事件，尤其是政权离合、变法改制，以至州县建置、驻屯军等都对经济作用很大；至近代，涉外事件常左右全局，几乎是不可选择的。许多事件都影响深远，甚至一个诏令都可成划分时段的标志。因此，也不能以分析史完全取代叙事史。并且，不但叙事，在多元、多层次的解说上，或恩格斯所说“合力”问题上，用叙述法往往更周全和概括。20 世纪初西方批评历史主义，有人（M. White）写了一本书《分析时代》，那时，分析史学弥漫整个西方。但是，20 世纪 80 年代，又掀起叙述主义之风，福柯、伽达默尔都有此主张。中国史学没有卷入这场风潮，基本上是叙事之中有分析，以史带论或论从史出，我看这样最好。

（四）经济计量学方法

经济史研究中早已应用统计学方法，主要是作为实证之用。我一向主张，凡能计量者应尽可能做定量分析。盖定性分析只给人以概念，要结合定量分析才具体化，并改正概念的偏差。如过去常以为近代中国商业资本“畸形”发展，是洋货入侵结果。但据估算，1936 年全国商业资本所媒介的交易额中，进口商品只占 9%，而且在洋货大量进口前已有很大的商业资本了，不得谓之“畸形”。唯我国缺乏长期统计资料，尤其 20 世纪 20 年代以前，即使在此以后，定量分析亦需靠推算和估计。或以为估计不可靠，不如不用。实则估计有一定的数理法则，尤其是相对数（如指数、速率、比重等），只要计值方法前后一致，仍是有效的。又长期的历史统计中有两项统帅全局的数字，即人口与土地，这两项资料我国最为丰富，但因各朝代计量方法不同，不能直接运用。近年来经考证、估算、改编，成绩喜人。

计量经济学（econometrics）与统计学不同。它是设定一个经验模型或目标模型，求出变量之间的数量关系，得出结论；目前已广泛应用于现实经济的分析、预测、决策和制定计划等。计量经济学用于历史研究，即计量历史学（Cliometrics），Clio 是希腊主管史诗女神，因以命名。

计量历史学于 20 世纪 60 年代创于美国，著名学者有福格尔、戴维斯（Lance Davis）、休斯（Jonathan Hughes）等，大都研究经济史。以历史数据不足，常用间接度量法，如以成本变动度量产量，以社会储蓄度量国民生产总值。又创“反事实”（counterfactual）研究法。如福格尔作《铁路和美国经济增长》，假定美国不建铁路，用其他有效运输方法，国民生产总值仅减少 3% 而已。发表后批评踵至，盖铁路的社会文化效益不能进入其所设模型。又如托马斯（Robert P. Thomas）研究，假定北美不是英国的殖民地，北美将有多少收益和损失。亦引起物议，因所计算仅是英美间贸易，殖民主义不仅是做生意。福格尔又与恩格曼（Stanley Engerman）合写《苦难的时代：美国黑人奴隶经济》，计量结果，南北战争前，南方奴隶制农业的效益高于北方个体农业，经济增长率也高于北方。这里，自由平等人权价值不能进入史学家的模型，何足以言历史？以后，美国第二代的计量历史学家转入国民收入、经济增长、政府政策等宏观研究，诺斯、托马斯等大师则另创新制度学派经济史学。

近年来，中外学者用计量模型研究中国经济史者亦渐兴起，但大都属于回归分析，且限于一次线性回归，并用回归方程求得变量间的相关系数，用概率求出标准误差。这种分析实际属于统计学范围，以系列的统计数据为基础。我所见最早是关于宋代会子发行的研究，以及唐代里甲户口，其余都属近代，主要在进出口贸易、货币量、个别行业的生产等方面。物价尤其是粮价的研究较多，为分析季节变动、长期趋势、周期性、市场整合等，主要也是用回归分析，不过较为复杂，如运用价格差、价格方差、价格离散差等分析，以及利用余值法、标准误差等。

计量学方法一般适用于研究生产力，而不包括生产关系；又只见量变，不见质变；以函数关系代替事物间的辩证关系，因而不能概括在历史演变过程的全部内涵。今所用回归方程多为单元或二元，有的虽加设动乱、灾荒等因素，但只能以有无为准，不能计值；而颇为重要的制度、政策等因素，只能假定不变。这都表明，经济史研究不能单凭计量学方法做出结论。在我看来，计量学方法应该主要用于检验已有的定性分析，而不宜用它建立新的理论。事实上，国外学者用此法也大都称 test（检验），多半是检验某种假说。已有的定性分析是从广泛的考察、前人的见解和史学家的历史知识得来，它不免有夸大、不足乃至错误，用计量学方法加以检验可给予肯定、修正或否定。总之，使用计量学方法要以已有的历史研究为基础。20 世纪 70 年代美国经济史学会主席希德（Palph W. Hidy）在就职演说中说：“没有以往史学家所作质的研究，计量史学家也会走入歧途。”

（五）制度变迁与经济发展

近年来，以诺斯为首的新制度学派经济史理论在中国颇为流行，大约因为我们正在进行体制改革之故。诺斯的经济史理论兴于20世纪80年代，由国家理论、产权理论、意识形态理论三部分组成，而以产权理论为核心。

诺斯认为，人类受自身生产能力和环境的限制。只有通过交换来获得经济收益和生活保障。产权是交易的基础和先决条件。产权结构和交易的有效性是由制度安排的，其目的在于造成一种激励，使个人（企业、团体）努力以赴，获取最大收益，以至个人收入接近于社会收入，而这种情况也就是经济增长。个人收入不可能等于社会收入，因为制度安排、产权的制定和监督执行，交易协议的达成和保证实施都需要成本或费用，连同交易中的代理、度量、信息、不确定性（保险、投机）等费用，统称交易费用。这是过去经济学常忽略了的。而经济发展，专业化和分工的发展，规模经济的扩大，又都增加交易程序，增加交易费用。因而，新的制度安排，能增进产权结构和经济组织效率的安排，常因交易费用方面的阻力而滞碍难行。诺斯说，长期来看，历史上经济增长的时期总是少于经济停滞和经济衰落的时期。

在国家理论上，诺斯采取契约说。在封建社会中，他就是采取契约说领主以封赏土地换取属臣和农民的效忠。在现代国家，国家制定产权和激励制度，与个人（企业、团体）相交易；国家以服务（国防、治安）和公正（法律、裁判）与选民相交易；目的在使政府的租金（权力报酬）和税金最大化。但国家的收益要受制度成本，特别是监督执行费用的制约，加以官僚政治，制度改革常会得不偿失。像“白搭车”的现象，国家的强制力量几乎无效。国家还要受选民机会成本的制约，税率过高，选民会要求更换政府，以至革命起义。因此，国家对于经济增长来说是必不可少的，但它也是人为的经济衰退的根源。

诺斯很重视意识形态的作用，甚至同意历史就是意识形态的战场的看法。在论述中，他也提到伦理道德和世界观在制度的选择和决策中的作用，但他更重视的是通过公民教育建立一种意识形态，以保证制度规范的实施。例如在制度改革中，要有“灵活的”意识形态，以赢得新的利益集团的拥护和老的利益集团的不反对。他以很大的篇幅讨论了“白搭车”问题。因如人人“白搭车”，等于制度完全无效，而解决“白搭车”问题，除了依靠意识形态的教育外，没有其他办法。

诺斯的主要著作有《西方世界的兴起》[①]《经济史上的结构和变革》[②] 等。

诺斯的经济史理论是以新古典经济学为基础的。新古典经济学研究短期经济现象，把国家、意识形态以及制度安排都视为已知的、既定的或外生变量，不予考虑；这是非历史的。诺斯改变这种观点，把它们都纳入经济史研究范围，完全正确。他提出以制度安排为核心，研究各时期的结构变革和经济组织的有效性，并审定其实际绩效，这是经济史方法论上一大启发，但在应用上不可胶柱。历史是复杂的、多元和多因素的，不能把制度安排作为唯一的原因。在诺斯的具体经济史特别是古代史的著述中，常可见人口和移民、战争、技术以至黑死病等非制度因素的重大作用，而他的著作也命名为“结构与变革”而非“制度与变革”。再则，制度变革，如希克斯《经济史理论》所说，常是经济发展的结果而不是它的原因。在国家理论上，我以为不宜把国家与人民的关系作为利益交易关系，这只能解释部分经济现象。在意识形态问题上，诺斯的观点就更狭隘了。

（六）经济发展、制度变迁和社会与文化思想变迁的关系

目前中国的经济史研究可说有三大学派：一派偏重从历史本身探讨经济的发展，并重视典章制度的演变。一派重视从经济理论上阐释经济发展过程，乃至计量分析。一派兼重社会和文化思想变迁，自成体系。我以为这是极好现象，从不同角度和方法出发，百家争鸣，才能促使学科的全面发展。如何研究经济史，每人都应有自己的看法。下面简括一下我个人的看法，希望不要因此干扰别人的看法。

历史　我是学经济出身的，并曾长期从事经济工作。但我认为经济史首先还是“史”，要有个历史观。我赞成中国传统的“究天人之际，通古今之变”的历史观念：长期来看，经济发展总不能逆天行事；要辩证地考察历史上经济的兴衰，包括周期性。这种历史观有自然主义倾向，因而在我看来，一切目的论、决定论的思维方式都不足取。

历史学的首要任务是探求历史的真实，史料考证是治史之本，实证主义

① 诺斯：《西方世界的兴起》，厉以平、蔡磊译，华夏出版社，1992。

② 诺斯：《经济史上的结构和变革》，厉以平译，商务印书馆，1992。

不可须臾或离。但历史真实是个认识论问题，应当承认我们对历史的认识总是相对的，并有我们时代的局限性。随着知识的积累和时代精神的演进，历史需要没完没了地再认识和改写。因而许多话不能说死，许多事可以存疑。

价值判断是中国史学的优良传统。我主张应作实证的和规范的两种价值判断。实证判断要把所论事情严格地放在当时的历史条件之下，不可以今论古。规范判断要写在后面，那是用今天的价值观来评论古人的历史局限性，但要有足够的谦虚，因为我们的价值观也有时代局限性。

我赞成结构主义整体史观，但作为方法论我们还做不到。今天中国经济史的研究还应是分工合作，以专题为主，但要有全局观点。既称经济史，在研究中还是先考察经济变迁，然后及于制度、社会、文化思想。这不符合逻辑思维，但较实用。

经济　经济史是研究各历史时期的经济是怎样运行的，以及它运行的机制和效果。这就必然涉及经济学理论。在经济史研究中，一切经济学理论（包括我前面未提及的中国的经济思想）都应视为方法论：思考方法或分析方法。史无定法，需根据时空条件，所研究问题性质和资料可能，选用适当的方法。

任何经济学理论都要假设若干条件或因素可以略去或不变，否则不能抽象出理论来。这种假设是与历史相悖的。这不能改正，只能补救，即用史学的特长来规范时空（地区特点）和考察范围，使理论在小环境内起分析方法的作用。

经济史研究中，凡能计量的都应尽可能计量。有时比较值更重要于绝对值，这是史的特点。因为过去注意不够，我主张大胆推广计量学方法，但主要用于检验已有的定性分析，不宜凭模型创造新的理论。

制度　任何经济都是在一定的制度下运行的。制度制约着经济的有序运行，要有稳定性。但也有变迁，尤其像土地制度、赋役制度、租佃制度、劳动制度等。制度变迁常是不可逆的，表现历史的进步；但也会出现反复和逆流，造成经济的衰退。一般说生产和交换的发展要求制度的变革，制度的反复则多半是非经济因素造成的，而在一定生产力水平下，制度的良窳决定经济的盛衰。

在重大的经济变动中，例如在由传统经济向现代经济的转变中，不仅要求有上述一般制度的变革，还要求有体制的（systematic）变革，以至根本制度的（constitutional）变革。前者包括所有制的变革，后者包括政治变革。

这个转变，在西欧就是从商业革命到工业革命。马克思称为生产方式的变革，用了300年时间；希克斯称为由习俗经济、命令经济向市场经济的转换，用了300年；考虑到社会、文化，布罗代尔和诺斯都说用了400年。

我以为16世纪中国经济就有向现代化转变的迹象，也有一定的制度变迁，但未能引起体制改革，即告中辍。

社会　经济发展和制度革新必然引起社会结构、社会群体组织和行为的变迁。社会结构的变化也会影响经济发展，例如在魏晋南北朝时期。同时，制度的变革往往需要创新集团和社会群体力量的配合才以实现。

我赞成“社会经济史”的提法。但目前经济史学者多无力研究整个社会，要依靠社会学专家的成果。就经济史说，主要是考察人口、宗族、等级、分业（士农工商）、乡绅和社区组织、消费习俗等。据我考察，16、17世纪，中国社会在这些方面都有显著的变化，但未普及到全国。

经济史研究要注意非经济因素。非经济因素中最大的是政府和文化两项。就中国封建政府而论，它在促进经济稳定和发展上，效率要高于同时代的西方政府。在阻碍经济现代化中，中国政府也远大于西方。

文化思想　经济发展—制度改革—社会变迁，在最高层次上都要受文化思想的制衡。我用制衡（conditioned）一词有双重含义：一方面，不合民族文化传统的制度创新往往不能持久（如人民公社）；另方面，文化思想又常是社会制度变革的先导，这种先导历史上称之为“启蒙”。

经济史学者限于精力，只能考察居于主导地位的文化思想，这在西方是基督教文化，在中国就是儒学文化。秦汉以后，儒学文化实际已渗入其他各家，才居于主导地位。至于民间的思想和习俗，可放在社会研究之中。

文化思想变迁不是与经济变迁如影之随形，必须破除经济决定论。恩格斯说，思想发展有它自己的规律。规律如何，我说不出。不过，就宋以后而言，我以为儒学的发展就是它逐步理性化，至王阳明的良知说，将“知”和“理”直接挂钩成一元论，起了解放思想的作用（同时代西方思想变迁也是理性化和解放思想）。

16世纪出现的以泰州学派和李贽为首的反传统思潮，17世纪出现的以顾炎武、黄宗羲、王夫之为首的“经世治国”的实学思潮，都是启蒙思潮。但中国的理性化思想中只有道德理性，缺少工具理性，不见成效。入清以后，一元化专制主义在文化思想上的控制比在经济上还厉害，启蒙思潮全被扼杀，儒学转入经学。到19世纪后期以西学改造儒学，才有第二次启蒙思潮，以至五四运动，文化思想又都是以先导为主了。

（2001年9月在中国社会科学院研究生院讲座稿。原载《中国经济史研究》2001年第3期）

关于研究中国近代经济史的意见

前年和去年，在两次有关中国近代经济史的座谈会上，我谈了一些看法。现把它整理为四点，请同志们批评指正。

一 注意研究封建经济

近代中国是半殖民地半封建社会，从经济上看，其实是四分之三的封建，封建势力不可低估。无论研究明清，或是鸦片战争以后，或是新中国的经济，都不能小看它。这一点，是我们经过林彪、“四人帮”的痛苦教训，才醒悟过来的。封建经济的影子——“大而全”、“小而全”、不要市场、闭关自守、平均主义、行帮主义等等，直至现在也未肃清，而其为害之深，可谓至甚。

封建主义和帝国主义不同。帝国主义势力是外来的，打倒它，它就倒了。封建主义是土生土长，有几千年历史，彻底打倒它并肃清它的影响是不易的。封建主义是一种生产方式，有其经济基础，不是一场政治革命就可以否定的，必须有新的生产力和新的生产方式去代替它。

19 世纪后期，正是西方资本主义要按照它自己的面貌改造世界，而封建的东方受到剧烈的冲击，处于大动荡的年代。当时，中国要独立自强，只有一条路，就是发展资本主义，用社会化的大生产去代替封建主义的小生产，用商品经济代替自然经济。这本来是历史发展的规律，不容置疑的。这一点没有做到，封建也就长存，专制就不能避免，民主只是空话。总之，我认为封建主义的延续是近代中国贫穷落后的根源。而这一点常被忽视。我们一些著作往往对帝国主义的侵略研究较透彻，写得很具体，而对封建主义的危害缺少具体分析，还有的文章把一切坏事都归之于帝国主义。而一切中国的东西好像都是要得的。乃至像清王朝的闭关禁海政策，分明阻碍生产力的发展，也把它说成是为了自卫；义和团的活动包含不少封建因素，也一律加以赞扬。这是不科学的。

并非所有著作都是这样。启蒙时期、五四运动时期的文章，是批判封建的，要文明开化，或科学民主，以求能解放生产力。20 世纪 30 年代的经济史著作也经常提到中国的封建、落后、顽固，像木乃伊见不得空气，这本是马克思主义论中国的话。40 年代有些变化，解放以后就很少这样讲了。

一个时代的著作总要受当时政治要求的影响，这也是容易理解的。但要研究经济史，还是要实事求是，力求按照某种经济规律，而不是按照政治观点，去解释历史上的经济现象。

奇怪的是，外国研究中国经济史的学者似乎也有这种倾向。日本人非常重视亚细亚生产方式的研究，曾得出中国封建社会停滞的结论。战后，彻底批判了“停滞论”。20 世纪 60 年代，出现了狭间直树的“为资本服务的隶农”的理论，认为 19 世纪末江南一带农民已是为资本而劳动了。70 年代，又有里井彦七郎的和古忠厩夫的两种农民“半无产者”的理论。美国人从另一角度来研究这个问题。如马若孟（Roman H. Myers）得出大土地所有制不起作用的结论，劳斯基（Evelyn S. Rawski）得出中国封建农业并非自给自足的结论。他们的著作也都是 70 年代出版的。

观点有分歧是好事，可以促进我们自己的研究。我认为，我们研究近代经济史的，都需要对 19 世纪后期中国封建经济的变化进行详细的分析，用具体材料来说明它对近代中国经济的作用。马克思曾提到，商业资本对于旧生产方式起多大解体作用，“这首先取决于这些生产方式的坚固性和内部结构”。中国封建社会历史长、变化多，长时间内生产力曾达到世界先进水平，堪称发达的封建社会的典型。正因如此，它内部结构的坚固性恐怕也是突出的。在这方面深入的探讨，对于解释近代经济活动必将十分有益。

二 注意生产力的研究

20世纪50年代，曾有一场关于经济史研究对象的讨论，认为经济史研究的对象是生产关系，不应包括生产力。这显然受当时苏联经济理论的影响。有人说："这一点正像生物学一样。生物学研究的对象只能是生物本身发展的规律，至于生物生长的条件（如空气、阳光、营养、水分等）不能包括到生物学对象中去。"

我不懂，如果抛开空气、阳光、营养、水分，还有什么生物学。并且，生产力决定生产关系，生产力并不是什么"条件"。不研究生产力，经济史就愈讲愈空，变成社会发展史。其实，社会发展史也是要研究生产力的，马克思不是说过吗，"手推磨产生的是封建主为首的社会，蒸汽磨产生的是工业资本家为首的社会"。不讲生产力，生产关系的演变也就无规律可言了，"穷过渡"的理论正是这样产生的。

我想，经济史就是要研究生产力的，就是生产力发展或不发展的历史。石器时代、铜器时代、铁器时代，就是经济史。不过，到近代就十分复杂了。欧洲近代经济史不讲产业革命，行吗？有人说，经济史是研究"人过去如何从事生产、分配、消费、劳动诸问题，又要用不同方法测定其上述活动的相对效率"。这是美国经济史学会主席希德（Ralph W. Hidy）说的，未免太实用主义了。我们当然要研究生产关系以至阶级关系，但缺乏的正是不注意"效率"，或者劳动生产率。

从经济史角度说研究生产力，就是要研究各个时期生产力发展的水平，因为它是决定生产关系和矛盾的。所谓生产力发展水平有很多看法，事实上，我们还很难找到一个综合指标，例如GNP之类。我们稍微摸了一下，恐怕只能分别从农业、工业和各行业研究，然后得出一些综合概念。下一点再谈这个问题。

中国地大物博，近代人口众多，生产力三要素中，重点还是生产工具，它也是生产力水平的标志。在这方面，技术设备有很大重要性。科学技术是生产力，搞经济史多少要懂得点技术史，否则不能观察生产力水平。例如，我们摸了一下洋务派江南制造总局的技术设备和工艺流程，大体可看出它大约落后于当时先进水平20年。日本人研究中国20世纪30年代工业有没有发生一个质变的争论，就是从技术着眼的，他们是从棉纺、缫丝入手。大约直到20世纪初主要是技术引进，到30年代就发生技术革新问题。这又是和30年代的危机分不开的。危机中进行技术改造是资本主义的惯例，因为这时生产资料便宜。“文革”前，上海同志曾收集过这方面的资料，近年来，又研究了手工业向机器生产过渡的资料，这些资料都是很宝贵的。

不过，在以手工劳动为主的部门或行业，生产力的发展并不一定要有工具的改革。我们的农具，大约从12世纪以来就没有什么质的变化，蒸汽犁大约谁也没见过，但不能说农业生产力没有发展。耕地面积的扩大，主要集中在一定时期，更多时候是依靠集约耕种，以及推广高产作物、稻区北移、间作复种等等，提高单位产量。

手工业方面，一个突出的例子是丝织业。直到近代，民间织机大约不出宋末薛景石的《梓人遗制》，而提花机恐怕还和东汉王逸《织妇赋》中所描绘的无本质差别。但是，在织造技术上有很大改进，并出现许多新品种，工艺水平也有提高。今天，在广东南海我们还使用着一座明代建造的龙窑烧制瓷器，它的生产力已经是社会主义水平了。

分工和专业化的发展，影响生产力至大，落后的经济中这点尤为重要。整个社会是如此，一个行业乃至一个生产单位中也是如此。分工带来劳动力组织的变化，以至生产力布局的变化，也影响生产关系。像《德意志意识形态》中所说：“分工的每一个阶段还根据个人与劳动的材料，工具和产品的关系决定他们相互之间的关系。”这方面的研究，我们还很落后。

三　加强数量概念

不注意数量，是中国文献的一个缺点。说价值高，就是“价值连城”；说不值钱，就是“弃如敝屣”。《孟子》“或相倍蓰，或相十百”，恐怕是古文献中最精确的数量表示了，因为它毕竟提出2、5，10、100这几个倍数概念。

我想，不注意数量概念是一种封建传统，封建生产注重使用价值，资本主义才有价值观念，要等价交换，才有明确的数量关系。我们经济史中强调生产关系、阶级关系，也就不大注意数量概念，不作定量分析。不作定量分析，也就可以把小事看成大事，把局部看作一般。所以，提倡数量概念，第一步就是要搞定量分析。凡能定量者必须定量，这就可以破许多假说，立论才有根据。例如，我们研究景德镇瓷业中，常把瓷业的不发展，归之于官窑占用的技术力量。经过定量分析，官窑占用的技术力量不及民窑的2%，这个谜也就破了。这种例子不用多举。

问题是对一些看来不能定量的，也要力求定量分析。所谓看来不能定量，多半是还没找到量算方法。现代数学，例如矩阵法，就能把某些过去不能计量的东西计量，我们不谈这个。例如，我们说鸦片战争后，自然经济解体，究竟解体到什么程度？这个问题不解决，概念总是模糊的，你说解体了，他说很有限。上海同志算了一个在不同时期洋纱洋布代替土纱土布的账，还算了一些例如洋铁与土铁的账。这还没有解决整个解体问题，但多少有了一些数量概念。

定量分析的进一步，就是要有动态数据。例如经济发展的增长率，这在现代经济中很容易，在历史上就难，但也不是不可能。对于中国近代工业的发展，国外就提出了几种增长率。我们也搞了一些，有前人基础，总会更精确一些。农业增长率也有人搞过了，看来还需作更大的努力。

我们说，鸦片战争以后，中国资本主义的发展，有初步发展时期、进一步发展时期，以及危机和所谓破产半破产等。然而，在这些时期它究竟发展到什么水平？速度如何？要有个量的概念，否则是一笔糊涂账。上海和天津的同志，在这方面下了不少功夫，也取得了一些初步数据。这个研究还远未完成，但可澄清一些模糊概念，并可说明，生产力的增长和资本主义生产关系的扩大是不同步的，中外资本的对比、官僚资本与民族资本的消长，也同我们过去的概念有些差别。

再进一步，还可以用计量经济学的方法进行研究。把数学方法引入经济史，始于美国20世纪60年代。他们首先是对美国经济史的一些传统理论，用数学方法进行验证，所谓“回归分析”，这只用简单算术和高等代数就行了，线性规划只偶尔被采用。结果编出一本《美国经济史再解释》。接着，又进行研究成长模型、受益分配、西进的效果等等。在研究中国经济史的学者中，也出现了以珀金斯（Dwight H. Perkins）为首的计量学派。他们主要是先提出假设，再用统计和数学加以验证。尤其值得注意的是把投入产出法引入经济史。投入产出法现已为西方国家普遍应用，苏联实际上也用它来搞经济计划、经济预测，把它用于经济史研究，特别在不发达经济中主要是缺少参数。不过一旦有相当参数，例如研究某一个行业或农业区，问题也就迎刃而解。

我们还没有走这一步。过去，也有人探讨过一些直线趋势，例如国际贸易，那还是属于统计学的范畴。我们不想构造一个什么半殖民地半封建经济的成长模型。不过，用统计和数学方法验证一些过去的理论，或传统的观点，我看还是可以的。同时，如果我们不仅是注意数量，而且注意数量关系，这也就是数量经济学了。此外，有些部门，例如人口，以及微观范围，还是可以应用的。日本清川雪彦研究 20 世纪 30 年代中国棉纺业和日本在华棉纺业生产规模和效率等，就是用的计量经济学方法。

四　要有人有事

历史原来是人的历史，搞历史就是搞人物、写人物，从太史公起，成为中国史学的优良传统。近代以来，我们似乎丢了这个传统。尤其是近代经济史方面。没有人，就抽象，干巴巴。生产是人的劳动，商品是人去交换，企业是人办的，剥削也是人剥削人。马克思要我们破除拜物教，指出资本是在物的掩盖下的人的关系。我们却专写那个掩盖物。

这方面受政治经济学的影响，受经济史以生产关系为对象的影响，恐怕主要还是怕，怕树碑立传。近代经济史上，不是资本家就是反动派，或者是帝国主义分子；写工人农民，又往往不知张三李四。中国社会科学院近代史研究所搞人物传的同志说：“我们拟的一千人的传记名单中，既有袁世凯，也有汪精卫。”他们这样做是对的。

具体工作上还有个问题，就是碰到活人该怎么办。过去碰到这个问题，就改为内部发行。还有一点，是提供资料的人有上百人，无法政审，只好内部发行。像这些问题，现在应当都不存在了。

不过，我们写经济史目的并不是树碑立传，不是为写人而写人，是为写经济而写人，是写人的经济活动或经济思想。墓志铭的写法，绝对不要。

历史有了人物的活动，不仅具体，而且栩栩如生，往事再现。当然，经济史既是科学，不能只贪图文采，引诱读者。

历史总是评论，经济史也不免，有了人物，就有了臧否的承担者，但是，正如马克思所说，“这里涉及到的人，只是经济范畴的人格化”，他们在社会意义上总是经济关系的产物，因此，还应当着眼于经济本身的规律，不要强加于人。

（原载《晋阳学刊》1982年第1期）

中国近代经济史若干问题的思考

沉沦观和近代化

近年来史学界有个关于中国近代史基本线索的讨论，对于多年来以太平天国运动、义和团运动、辛亥革命为基本线索的“三次革命高潮”的体系提出了不同意见。其中较著称的是以太平天国运动、洋务运动、戊戌维新、辛亥革命为基本线索的“四个阶梯”的体系，这显然是一种重视资产阶级运动的看法。而在最近一次中国近代史体系讨论会上，则径直提出应以近代化作为中国近代史的基本线索。①

这个讨论势必涉及对中国近代经济史的看法。在早期，根据鸦片战争后新式工业的发展，经济史学界原是以中国经济的近代化及其成败为研究的着眼点的，老一辈学者有不少论述中国工业化的著作。② 20世纪30年代，人们开始从半殖民地半封建社会的角度来研究这个问题。到40年代，一种定型的看法是：中国半殖民地半封建社会是一个向下沉沦的社会，“九一八”

① 这个讨论始于1982年而盛于1984年，几种看法可见《历史研究》1984年第2、4、6期的有关文章。最近一次讨论会是1987年8月在湘潭召开的。

② 可举出的有龚骏的《中国都市工业化程度之统计分析》，李达的《中国产业革命概观》，刘大钧的《中国工业化研究》，方显庭的《中国工业化：一个统计的考察》（英文），何廉、方显庭的《中国工业化的程度及其影响》等。

以后变成殖民地、半殖民地，“七七”以后更是半个中国沦陷，国亡无日。在这种情况下，中国的经济也是日益凋敝，谈不上发展。有发展的，如建立新式工厂、修筑铁路等，只是反映半殖民地化的加深；商业、银行的繁荣则是属于“畸形发展”；民族工业虽有初步发展和进一步发展，亦必迅即陷入“破产半破产”的境地。直到20世纪70年代，一些中国近代经济史的著述，大都给人以一片凄凉、每况愈下的感觉。这种历史观，可称之为沉沦观。

国外研究中国近代史的学者中也有类似的看法。他们叫作“不发展的发展”（Development of underdevelopment），即中国的不发达的状况是日益加深了。不过这些论著主要是分析中国经济不发达的原因，而不是写历史。[①]更多的西方和日本学者，是把近代中国看成是一个开始近代化（他们一般称“现代化”）的过程，尽管其道路艰险，以至是失败的。

近两三年，国内也兴起了用近代化理论或者发展经济学的理论来研究中国近代经济史的趋向，还专门召开过这方面的研讨会。[②] 近代化与沉沦观，形成了两种不同的历史观。

对于近代化有不同理解，社会学的考察和历史学的考察不尽一致。从历史上看，大体包括经济上的工业化、政治上的民主化以及新的文化观念和价值观念的确立等几个方面。近代中国，由于帝国主义的侵略和封建势力的专横，确实是历劫苦难、危机四伏。但不一定是整个社会的沉沦，若多难兴邦、生聚教训，反是兴发之兆。在政治史方面，无论是“三次革命高潮”或“四个阶梯”体系，写的都是民主运动逐步提高，最后通过新民主主义革命取得辉煌胜利。在文化史方面也从来不否定“新学”与“旧学”之争，尤其是“五四”以后的新文化运动，使中国进入现代思潮之林。唯独在经济史方面采取沉沦观，实属莫解。

这也许是受到一种历史理论模式的影响。好比认为封建社会的发展有个顶峰，例如盛唐，过此就走下坡路了，因而写明清史总是暗无光彩。又如资本主义的发展也有个顶峰，过此就丧钟敲响了，写当代资本主义只能强调矛

① 以“不发展的发展”为标题的著作，有 Victor D. Lippit 的长文，载英国 *Modern China* 第4卷第3期，1978；Philip C. C. Huang 编辑的论文集，纽约1980年出版。

② “对外经济关系与中国近代化”研讨会于1987年5月在武汉召开，在这以前在黄山召开了“世界近代史上的现代化问题”研讨会。

盾。20 世纪 60 年代经济史学界曾有一个“半殖民地半封建社会由产生到崩溃”的模式，所论虽不无道理，但终究是个模式。近年来对于什么是半殖民地半封建亦展开了讨论，看法颇多，兹不赘言。[①] 不过，大家同意的一点是半殖民地半封建不是一个独立的社会形态，而是一个过渡阶段。那么，它过渡到哪里去？是走向一个更高级的社会，还是坠入深渊？如是前者，不创造一定的生产力和社会条件，又何能过渡？

在近代经济史的著作中，对于资本主义的发展都是肯定的。但往往侧重于考察资本主义的生产关系，而对于生产力有无发展、发展到什么程度，无暇深究。解放后，国家统计局实事求是地把解放前农业和工业的最高产量定在 1936 年，颇使我们经济史学者汗颜。我想补充一语是，一个社会走向近代化的经济条件，诸如生产力的一定发展，生产的商品化、社会化等，并非完全属于资本主义范畴。国外有人把中国近代史的起点提前到 18 世纪甚至 16 世纪，也许失之偏急。[②] 但应当说，导致近代化的经济活动在鸦片战争前已经开始了，这以后有了发展。正因为有了发展，中国才能步入社会主义。否则，只能采取“愈穷愈革命”的理论来解释我们的历史。这种理论虽颇引人入胜，但还难说是社会发展规律。

我觉得，中华民族的经济史是一部不断发展和进步的历史。其间有严重曲折，以致人口损失 1/3，但即使在这种时代也不是神州陆沉，而有它发展和进步的一面，[③] 这正是帝国主义不能灭亡中国的原因。半殖民地半封建的百年间，是中国历史的又一次大曲折，但新的力量和运动也在这里开始。无论从人口、移民、农业结构的演变来看，或是从新式工业和交通运输业的创建来看，或是从自然经济的分解和商品、货币经济的发展来看，我们都没有悲观的理由，而是可以同近代政治史、文化史一样，作为中国近代化开端中的一章。当然，其道路艰险，关塞重重，前人的奋斗，泰半无功，以至失

---

① 我想赘疣一句：1928 年后这个词创行时是“半封建半殖民地”，大约 40 年代改为“半殖民地半封建”；王亚南的《中国半封建半殖民地经济形态研究》直到解放后修订第六版仍保持原称，深有见地；1987 年十三大以后，有些文献又恢复了“半封建半殖民地”的称谓。

② 18 世纪论者可以 Joseph Fletcher 为代表，见《剑桥中国史》第 10 卷，中译本第 41 页；16 世纪论者可以 Frederic Wakeman Jr. 为代表，见所编 *Conflict and Control in Late Imperial China*，1975，第 2 页。

③ 这种看法见于笔者为《中国大百科全书·经济学卷》所写的“中国经济史”词条。

败。但百年遭遇，都给我们留下足迹；研究其成败得失，以至一厂一店的经验，正是近代经济史的任务。

外部因素和内部因素

以上所论可说是历史观的问题。再从方法论上说，长期以来支配中国近代史研究的是一种外因论的观点，有人称之为“冲击—反应”模式。[①] 这种研究法是把中国近代发生的一切变化都归之于19世纪西方文明的冲击。大部分西方学者都认为西方的商品输出、资本输出以及条约口岸等都有利于中国的近代化，以至是打破中国“传统平衡”（停滞）和“贫困循环”的唯一动力。在中国，人们则常把鸦片战争以来的一切演变都视为帝国主义入侵的结果，或是中国沦为殖民地化的产物；以致把一些好事“推其根源”也变成了坏事。但是，西方的冲击是世界性的，而受冲击各民族的结局迥异。近年来中日对比和中国与印度等国对比的研究尤启人深思。内因是根据、外因是条件这一原理好像才受到重视。人们开始寻求中国社会内部的能动因素，以致有人提出要找到一个历史线索，从中国本身来解释中国近代发生的事情。[②] 不过，迄今的研究还多半偏重在政治史、文化史方面，例如，已不再把戊戌维新和辛亥革命完全归之于西方思想的传播，毛泽东的新民主主义革命路线，包括农村包围城市的战略思想更是属于中国的。经济史方面尚待深入，但突破“冲击—反应”模式总是近年来史学界研究中国的一个贡献。

一个国家的工业化不是重复先前工业化国家的足迹（西欧中心主义），而是走它自己的时代的道路。这是晚近发展经济学研究的一项成果。熊彼特把以纺织工业为主导的产业革命结束在1842年，而把自此至1897年作为“蒸汽和钢铁时代”。由于这两个年份恰好是从鸦片战争到甲午战争，我曾

① 这个词正式出现于1954年出版的费正清、邓嗣禹合编的 *China's Response to the West: A Documentary Survey, 1839 - 1923* 一书的序言中，但这种观点早已流行甚广了。

② 国外在这方面比较详尽的一项研究是1984年出版的美国 Paul A. Cohen 写的 *Discovering History in China*，该书最后一章的标题是“走向以中国为中心的中国史学”，这也是该书的主旨。

利用这种巧合写了一篇短文，论述中国近代产业萌发时期的一些特征。[①] 这个时期，西方拼命地向中国推销纺织品和鸦片，而中国人向西方寻求的却是如当时洋务派所说的“机船矿路”。在中国国土上，第一批机器制造厂、机械采矿业、钢铁联合企业、实用化的铁路，都是中国人创办的。外国资本投资于这些事业，是在中国人创业 20 年至 30 年以后的事情。只有“船”是例外，英国人早在上海开设大造船厂，与中国的福州、江南船厂竞争。但两者造船的路线完全不同。外商船厂造船照例是进口轮机，在上海装配船体。中国人造船则自始就力求自造轮机，所谓“轮船一局实专为习造轮机而设”。我在该文中还提出：以“机”和“船”而论，当时不仅是进口替代工业，而且是“追赶时代”的工业。因为那时是以造兵器和战舰为主。这期间，中国造枪的水平与国外的差距由落后 37 年缩短到 20 年，再缩短到 13 年，最后为 6 年；在造舰上的差距，由落后 16 年缩短为 8 年，再缩短为 6 年。

这些新式产业的出现，自然是西方文明冲击的结果。但是，“机船矿路”路线的形成，以及上述每项产业的创办，却不是西方的意愿。以钢铁为例：当时西方是钢铁输出国，1881 年到 1891 年它们输华的钢铁增长了 10 倍，它们自然不要在中国设钢铁厂来自我替代。而创办汉阳铁厂的张之洞可说是个钢铁迷，他在 1889 年给李鸿章的电报说：“晋铁如万不能用即用粤铁，粤铁如亦不精不旺，用闽铁、黔铁、楚铁、陕铁”，“岂有地球之上独中华之铁皆是弃物?”这种创业精神，以及上述技术上的时代追赶，如不归功于某个人，都是来自中国社会内部的能动因素，是外因通过内因而见诸实践。即以“机船矿路”路线而论，以及当时更为普遍的“求强”“求富”要求，也不就是“冲击—反应”模式，它不仅是以中华民族的爱国主义为基础，还有自龚自珍以来的“思想之解放”（梁启超语），以至可追溯到 17 世纪的社会变革和“明夷”思想。

然而，洋务派的“机船矿路”路线最后终于失败。后来，中国新工业中唯一略有发展的反而是棉纺织工业。这是中国的不幸，也是中国的近代化步履蹒跚的原因之一。“机船矿路”路线的失败有种种政治的和经济的原

① 该文载章开沅、朱英主编《对外经济关系与中国近代化》，华中师范大学出版社，1990，并部分发表在《教学与研究》1987 年第 5 期。

因，有待史学家去总结。不过，我想至少原因之一是它与中国传统的经济脱节，不能发挥经济效益。而后来棉纺织业之所以略有发展，则恰是因为当时的纺织厂都是以纺纱为主，纺纱卖给农村织布户，充分利用了传统手工业的能动因素。棉纺织以外，他业也有类似情况，下面再详述。

这就又产生了一个传统经济与近代经济的关系问题。本来，西方国家的工业化都是在传统经济的基础上，经过马克思所说的“三阶段”的过渡，走上机器大工业的。在这里，传统与近代犹如母与子，没有前者也就没有后者。而在中国，这两者却变成完全对立的东西。长期以来，人们是把传统的东西都看成是落后的、封建的、阻碍近代化的东西，好像非统统打倒不可。这是因为中国开始建立新式产业时，是在西方资本主义入侵以后，传统与近代的关系变成了东方与西方、土与洋的矛盾。西方资产阶级是要按照自己的面貌去改造世界，[①] 他们所遇到中国的传统的东西，就应当都在打倒之例。

除了以救世主自居的种族主义偏见外，近代西方人对中国的认识，是把中国看成一个停滞的、永恒不变的社会，只有靠西方文明来唤醒它，才能得到解脱。这种停滞不变的理论可以追溯到黑格尔，他把中国置于人类历史辩证法之外。以致马克思也受其影响，把两千年来封建的中国比作木乃伊式的社会。加以韦伯主义对中国儒学的宗教观解释，中国传统社会就失掉了任何能动的因素。

不幸的是，许多中国人对自己的传统的文明也采取了虚无主义的态度，直到最近才有了改变。这一方面是受西方思潮的影响；一方面也是因为在中国人认真思考这个问题的时候，正值革命高潮，从“驱逐鞑虏”到后来的反封建，对传统的东西都重在批判，很难说一句好话。不过，20 世纪 60 年代以来有了很大改变。在国外，已基本上突破了中国社会停滞不变的理论，对于宋代以来商品、货币经济的发展，人口、价格的变动，地区经济的演进颇多研究。中国学者作了更多的工作，尤其是对于明清经济的发展，地制、租佃、雇佣关系的演进有深入的探讨，而 1955 年以来关于中国资本主义萌芽的研究尤有成绩。

---

① 这是毛泽东的概括，概括得非常好。《共产党宣言》的原文是：“按照自己的面貌，为自己创造出一个世界。”

近代社会是从古代社会孕育出来的，任何人不能割断历史。这在政治史上尚可有外族入侵，或宫廷政变，立即改变政权。经济史则不能这样。按照恩格斯的说法，任何经济现象都是一个过程，有它的继承性和延续性。传统经济和近代经济的关系也是这样。像封建文学有精华也有糟粕那样，传统经济中也有积极的、能动的因素，或在改造过程中仍须加以利用或暂时利用的部分。中国传统农业的特点就是高度集约化经营，以至亩产量达到世界的高峰，到今天还高于美国和欧洲，这个特点到今天我们还在利用。不过，与本文所谈工业化关系更密切的是传统手工业，下面就专论这个问题。

机器大工业和手工业

西欧的工业化，有个长达两个半世纪的工场手工业时代。实际上，那时的手工工厂也非十分普遍，但马克思称之为“时代”并非夸大其词，而是指出其重要意义。在这种经济形式中，生产技术还是手工的，但生产关系已经是资本主义的了，它能够实现一定的规模效益和劳动组合效益，发展生产力和促进生产社会化。西欧经济力量的膨胀，社会结构的变革和资本价值观念的确立，都在这个时代。非洲、印度的征服，澳洲、美洲殖民地的开拓，物质上都是靠工场手工业的威力。荷兰和英国的资产阶级革命，美国的独立，都是手工工厂和农场发展的结果。近代经济理论就是这时出现的：托马斯·曼、威廉·配第的全部学说，魁奈的《经济表》，都是手工工厂和农场的产物；斯密的《国富论》出版时，蒸汽机尚未在实用上推广。

中国也自16世纪就有工场手工业出现，但这种作为资本主义萌芽的形式，迄无多大发展、到鸦片战争后外国人和洋务派创办新式工业时，就是自国外引进全套设备。这就形成一种看法，认为中国的工业化只能从外国移植而来，没有本国传统经济的贡献；经济史学者也大都两眼只重视那些大烟囱工业，很少去研究手工业的演变，直到最近才有所改变。

我们考察了30个传统手工行业，它们的产值约占全部手工业产值的85%，因而有足够的代表性。这30个行业中，有8个在洋货大量入侵后被摧毁或部分摧毁，其中主要是手纺纱。别的都产值比重不大。其余22个行业都维持生产，并且大部分有不同程度的发展。[①] 而最值得注意的是工场手工业（包括散工制）的发展。到 20 世纪 20 年代初，所有我们考察的这些手工行业中，都或多或少有了工场手工业形式。并且，民族机器大工业发展最快的时候，也是工场手工业发展最快的时候，乃至在同一行业中也有这种情况。另外，鸦片战争后兴起的新手工业（我们考察了 18 个行业），也大部分有工场手工业形式。据我估算，到 1920 年左右，工场手工业的产值，大约比之官办的、民办的和外国资本经营的机器大工业的产值加起来还稍大一些。中国确实没有一个工场手工业时代，不过就工业生产的资本主义化来说，工场手工业的地位决不容忽视。

在一定条件下，工场手工业又常成为工业化过程中的不可逾越的阶梯。甲午战争后，我国从国外引进了一些新工业，它们在国外已是机器大生产，引入中国后却变成了手工业。这并不是中国人习于落后，也不完全是由于中国劳动力便宜。例如针织业，20 世纪初，上海一部美式电力织袜机约售 900 两，一台德式手摇织袜机约售 80 两。电力机与手摇机的产出比例约为6∶1，而资本投入比例为 11∶1，在当时市场条件下，手摇机具有较大资本边际效益，工场手工业便是最佳生产规模。这些新手工业，大都在二三十年代过渡到机器大工业，仍保留部分手工生产。

传统手工业中也有这种过渡。例如缫丝业中，由手摇丝车到足踏丝车到汽喉足踏丝车，再到蒸汽动力丝车；制棉业中，由手摇轧花车到足踏皮辊轧花车，再到蒸汽动力齿轮轧花车；榨油业中，由木槽楔入油榨到人力螺丝油榨，再到动力水压油榨；磨粉业中，由畜力石磨到火轮石磨，再到电力钢磨。尤其值得重视的是棉织业和丝织业，由投梭机到手拉机，再到足踏铁轮机以至足踏自动提花机，这种手工厂就足以和机器大工业竞争了。顺便提到，上述这 6 个手工行业，其产值约占全部手工制造业产值的 60%。当然不是说它们已完成这种过渡，如果它们已全部实现过渡，中国也早就实现工业化了。更可引人深思的是，上述这些手拉机、铁轮机、提花机、皮辊轧花车等，原来都是来自日本，后由中国仿造。那么，在已经有了英美式的机器

① 我国近代手工业发展的最高峰，迄今还是个谜。20 世纪 30 年代，有人认为按产值计，最高在 1930 年。解放后，中央手工业管理局把它权定在 1936 年。最近，有人提出应在 1912 年。我们研究，大体是在 1920 年。

纺织厂后，日本人为何还费力去研制这些手工机械，难道专为销往中国吗？不，原来日本工业化的道路就是这样走过来的。

机器大工业取代手工业，是经济发展的必然趋势；但它不能消灭手工业，这两者之间不仅有矛盾的一面，还有互相补充的一面，以至有母与子关系的一面。“第一批机器是在手工业条件下，用手工劳动制成的”，[①] 直到今天，一项新发明的样机，仍然要依靠手工研制。今人在前工业化（proto-industrialization）研究中提出的互补效应，列宁在《俄国资本主义的发展》中就早已论及了。其实何止是前工业化，手工业对于机器大工业的补充，手工业对于经济近代化、现代化的贡献，至今不渝。第二次世界大战后，西德出现的“手工业复兴”，[②] 曾经引起西方经济史学家的重视。在我国，近年来乡镇工业的勃兴，尤其是“温州模式”（主要是家庭工业），以及它们在社会主义现代化中的功能，也应当对我国经济史学界有所启发。照我看来，回顾我国近代史中的工业化过程，总是贪大求洋，不适合国情，吃了亏。

中国式的工业化道路

这样看来，19 世纪以来的中国近代化，本来应当走自己的道路，正如今天走有中国特色的社会主义现代化道路一样。就是说它应当不是西方生产方式的原样移植，而是新生产方式和中国内部能动因素的结合。历史是无情地失败了，以致我们无法总结这方面的经验，中国近代经济史只能是灰色的。但在失败史中，还是可以隐约地看见一些中国式工业化道路的憧影，使人得到启发。

19 世纪洋务派创办的那些官办企业，尽管在体制上有一个“中学为体，西学为用”之标的，在实践上却是走的一条移植西方或者全盘西化的道路，与中国的传统经济脱节。它们被称为“洋务”，而最后多半是被强大的外国资本所吞没或支配。但是，在一些民办企业中并不完全是这样。资本家经营

① 马克思：《机器、自然力和科学的应用》，人民出版社，1978，第 89 页。

② 西德是把年销售额不满 30 万马克、职工不满 10 人的企业划为手工业。1949 ~ 1979 年，手工业的销售额由 210 亿马克增为 2520 亿马克，职工由 322 万人增为 416 万人。同时期，日本经济的发展也得力于这种小企业。

企业，多少要自觉或不自觉地遵守经济规律，谋取最大效益。前已提到他们引进一些外国新工业时先采取手工生产，即为一例。现在再以缫丝工业和棉纺织工业为例，看一下它们发展的道路。

缫丝是一种出口主导型的工业，是民办最早的近代工业。早在 1870 年前后，西方人就在上海和东京引进当时最新的意大利式丝机，建立蒸汽动力丝厂，都因为不是桑蚕区，脱离鲜蚕市场，经营失败。日本人是把该厂由东京迁到长野县信州，并且把丝机简化为木釜，把蒸汽动力改为水力，利用山区桑蚕业的优势，发展起日本缫丝工业，再经过不断改进，最后打败了中国缫丝业，这是尽人皆知的。① 广东陈启源立足于本土，利用岭南多桑蚕的优势，并把法国式丝机改造为足踏、汽喉（蒸汽煮茧）作为过渡，结果发展起顺德一带的小型机器缫丝业，19 世纪末达 100 多家。上海新建的华商丝厂，仍然保持西方式的高技术设备大型厂，19 世纪末，上海丝机每台日产能力达 375 克，广东丝机为 225 克，日本丝机仅 169 克。但是，上海白厂丝的出口只有广东的 1/3，在成本上也敌不过日本。这是因为它脱离桑蚕区，既无利用鲜茧之便，又昧于信息，经营困难（茧的年成和含丝量与气候、雨量关系至密）。直到 1920 年，上海厂丝的出口仍然落后于广州。无何，江南缫丝业向桑蚕区无锡转移，兴起了新的缫丝工业基地，到 1928 年，江南厂丝出口才压倒广东。这时，日本本国式丝机经过改进已超过意大利式，日产量达 449 克了。② 这叫先退后进，占了上风。

棉纺织是进口替代型的工业，也是近代中国最重要的工业。1879 年李鸿章创办上海机器织布局，1890 年张之洞创办湖北织布官局，都是着眼于洋布的泛滥，希图“分洋人之利”。1899 年张謇创办大生纱厂，情况就完全不同。它一开始就是建立在通海的植棉业和手织业发展的基础上的。通海的植棉业，乾隆年间已由“沙花”发展为“通花”；这里的织布业，嘉道间已由稀布（包装用）发展为关庄布，再进而为通州大布。大生的成功，十年间资本由 44 万余两增至 165 万两，就因为利用了中国传统经济的这两个能动因素。它以生产 12 支纱为主，以适应通海棉；70% 的产品供应通海手织

① 古田和子：《日中两国缫丝业比较》，译文见江苏省中国经济史研究会《经济论衡》，1986。

② 丝机制式见 Robert Y. Eng, *Economic Imperialism in China: Silk Production and Experts*, Berkeley, 1986, pp. 170 - 171。

户，以发挥通布的市场优势；在管理上也“停年歇夏”，以利用农村劳动力。这条道路是中国式的。以后民营棉纺织工业的发展莫不如此；李鸿章、张之洞的织布局也从失败中得到教训，弃布就纱，变成三新纱厂和裕华纱厂。到20世纪20年代，中国棉纱已由净进口变成净出口，于是纱厂开始增设布机，到30年代，洋布进口也微不足道了。

棉纺工业不完全是进口替代，它同时具有前向联进（linkage）和后向联进的效应。原来的土纱是不能适用手拉机、铁轮机的，因而也不能织宽幅布。20世纪以来，随着纱厂的发展和廉价机纱的大量供应（这时进口洋纱已不居重要地位），推动了各城镇织布工场手工业的发展，到20年代约有2000余家；同时，产生了南通、定县、高阳、宝坻等新兴手织布区；并在这些地方和江浙手织布区发展了商人放纱收布的资本主义生产形式。在这些形式下织造的宽幅改良土布，在质量和价格上都可以同洋布直接竞争。我们估计，到1920年，改良土布的产量约有5000万匹（土布匹），同样，中外纱厂生产的机制布不过3664万匹（折合土布匹）。当然，市场上最大量的商品布仍是农村家庭生产的，约有22亿匹；不过，家庭织户也已大都采用机纱，并部分采用手拉机，从而提高了手织效益。到30年代，改良土布就再让位给机制布。

后向联进主要在于棉种的改良，即长纤维棉种的引进和推广。张之洞、张謇、穆藕初都是这项事业的开拓者，而他们之开发农业经济都是由于办有纱厂。此外，由于张謇的倡导，在苏北地区还出现了几十家盐垦公司，改造盐滩2000万亩，移民30万口。尽管这些公司设备落后，并主要行租佃制，但由晒盐改为植棉，土地利用效益增大，这本身就是一个进步。

从缫丝和棉纺织业的发展中还可悟出一个道理，即在中国，工业的发展必须与广大农村经济相结合。在当时，中国要走日本的或今天亚洲“四小龙”的那种外向型发展的道路是不现实的，工业的原料和市场都是在农村。上海的丝厂是用湖州丝，而多少年来，著名的湖州丝并无改进，质量且有下降之势。无锡的丝厂与当地桑蚕业直接结合，到1929年，在无锡农村改良蚕种已完全代替了土种。在南通，由张謇创建的包括农、工、商、运输以至银行的“南通实业”体系，人或讥之为地方主义或封建割据，其实，他那包括农业在内的十几家实业公司都是由大生纱厂资助或保证，是建立在大工业资本力量之上的。在幅员辽阔的中国，这种以大工业为中心，以农村为基地的区域或乡土经济发展路线，不失为中国式的近代化的途径之一。它比之那种以洋行为中心，以租界为基地，脱离农村以至对立于农村的口岸经济发展路线，应当有更广阔的前途。然而历史无情。南通模式的乡土经济发展路线，随着大生纱厂的衰落而失败。第一次世界大战中开始的上海纺织业向内地的转移，也因军阀混战和时局多变而甚少成绩。口岸经济发展路线却在帝国主义保护下取得优势。

中国近代经济史仍然是一部失败的历史。但是，我觉得研究者的任务，不仅是从失败中汲取教训，还应当从中找出积极的东西。我的本意不过如此。

（原载《中国经济史研究》1988 年第 2 期）

经济学理论与经济史研究

研究经济史要有历史学修养，又要有经济学的基础。我写过一篇《论历史主义》，是谈历史学理论的，可作为我以前所写《中国经济史研究的方法论问题》（以下简称《方法论》）一文的续篇。[①] 本文拟谈经济学理论，可作为《方法论》一文的另一续篇。

经济学成为系统的科学，始于17世纪出现的古典政治经济学。本文所称经济学理论亦自此始。但不是说，在此以前的经济思想就不重要，尤其像富国、富民思想，田制、赋税思想，义利论、本末论、奢俭论等思想，在研究中国经济史中无疑是很重要的。本文自古典政治经济学开始，是因篇幅所限。也因为经济史作为一门学科，是随着古典经济学的建立出现的，又是从方法论着眼，因为经济思想成为系统的理论之后，才具有方法论的重要意义。

本文中“政治经济学”与“经济学”为同义语。

一　在经济史研究中，一切经济学理论都应视为方法论

经济史是研究过去的、我们还不认识或认识不清楚的经济实践（如果已认识清楚就不要去研究了）。因而它只能以历史资料为依据，其他都属方

① 两篇拙作分别见《中国经济史研究》1993年第2期和1992年第1期。

法论。经济学理论是从历史的和当时的社会经济实践中抽象出来的，但不能从这种抽象中还原出历史的和当时的实践，就像不能从“义利论”中还原出一个“君子国”一样。马克思说过：“这些抽象本身离开了现实的历史就没有任何价值。它们只能对整理历史资料提供某些方便。”[①] 这话也许有点过分，不过，“方便”可理解为方法。

J. M. 凯恩斯说：“经济学与其说是一种学说，不如说是一种方法，一种思维工具，一种构想技术。”[②]

我在上述两文中都提出，马克思的世界观和历史观，即历史唯物主义，是我们研究历史的最高层次的指导，但它也只是一种方法。[③] 马克思的经济理论，在研究经济史中也是一种方法，即分析方法。J. A. 熊彼特说：马克思的经济史观，“如果我们使它只起工作假说的作用”，按即方法论的作用，“那我们就会看到一个强有力的分析上的成就”。在经济理论上，“马克思的分析是这个时期产生的唯一真正进化的经济理论”。[④]

熊彼特极有远见地把他那部空前繁浩而又缜密的经济学说史定名为《经济分析史》，因为任何伟大的经济学说，在历史的长河中都会变成经济分析的一种方法。他还指出，“经济学的内容，实质上是历史长河中一个独特的过程”，由于“理论的不可靠性，我个人认为历史的研究在经济分析史方面不仅是最好的、也是唯一的方法”。[⑤] 就是说经济学是研究经济史的方法，历史又是研究经济学的最好的方法。

下面举两个例子。西方经济学有两次“革命”，即边际主义革命和凯恩斯主义革命。19 世纪 70 年代的边际革命，由于其奠基人采取主观的效用价值学说，与古典的和马克思的劳动价值学说直接冲突，受到马克思主义者的

① 《马克思恩格斯选集》第 1 卷，人民出版社，1972，第 31 页。

② 《现代外国经济学论文选》第 8 辑，商务印书馆，1984，第 4 页。该文简化，我是从凯恩斯原文译出。

③ 恩格斯说：“马克思的整个世界观不是教义，而是方法。”《马克思恩格斯全集》第 39 卷，人民出版社，1972，第 406 页。列宁说：“历史唯物主义也从来没有企求说明一切，而只企求指出‘唯一科学的’说明历史的方法。”《列宁选集》第 1 卷，人民出版社，1972，第 13 页。

④ 熊彼特（Joseph A. Schumpeter）：《经济分析史》第 2 卷，中译本，商务印书馆，1992，第 95、96～97 页。

⑤ 熊彼特：《经济分析史》第 1 卷，中译本，商务印书馆，1991，第 29 页及注 3。

猛烈攻击和全面否定。但是，在后来的边际理论中，效用价值说已逐渐淡化，在洛桑学派中乃至成为影子，在其他学派中被成本价值说所代替。而边际分析作为一种方法却广为流传，至今不息。原来，边际分析作为方法只是微分数学在经济学上的应用，李嘉图的地租论乃至马克思对剩余价值增量的分析实际已有“边际”的概念。在古典经济学完全竞争的假定下，边际收入与平均收入是一致的。到了不完全竞争、垄断和社会主义计划经济中，边际值就不能用平均值来代替了。因而，边际分析方法不仅在西方被普遍采用，在苏联和我国也已被采用了。

20 世纪 30 年代的凯恩斯革命，是在垄断资本主义发展的特定条件下产生的。它曾经煊赫一时，为许多西方国家所采用，但不过 20 年，即为新古典综合派和新剑桥学派等学说所代替。凯恩斯学说本身，对于研究从来不是垄断资本主义的中国的经济史可说用处不大。但是，作为方法论，凯恩斯创立的宏观经济分析，其国民收入、总需求、总供给、储蓄和投资、国家干预经济的政策等，则不仅为后凯恩斯主义者所继承，也为非凯恩斯学派和社会主义经济学所取用。更有，因此而兴起的经济增长理论，包括落后国家的经济发展理论，作为方法论也已为我国所取用。[①] 我提到它，因为在经济史研究上有重要性。

二　怎样选用经济学理论作为研究经济史的方法？

“政治经济学不可能对一切国家和一切历史时代都是一样的”，因而，恩格斯提出创立广义政治经济学的命题，[②] 但迄今还没有一部完整的广义政治经济学。我前面所说的各种经济理论，都是西方的而且都是研究资本主义经济的，怎能（即使作为方法）用于从来不是资本主义社会的中国呢？这就是我在《论广义政治经济学》一文中所说的“统一性”问题。[③] 其义

① 我国计划经济原用苏联的物资平衡表，20 世纪 80 年代引进投入产出法，曾用过柯布 - 道格拉斯生产函数。以后曾试用过索洛（Robert M. Solow）、乔根森（Dale W. Jorgenson）的增长模型和丹尼森（Edward F. Denison）的增长因素分析法。现正结合优选法，建立自己的增长模型。这种广集众长的方法论精神，愿为我国经济史研究者所取法；故略作介绍。

② 《马克思恩格斯选集》第 3 卷，人民出版社，1972，第 186 页。

③ 拙文载《经济研究》1992 年第 11 期。

有三：

第一，经济学的基本范畴有统一性。例如“资本”，在奴隶社会就有了；但在分析了它在资本主义社会的完全形态后，马克思才概括出资本的初始形态的发展轨迹。[①] 解剖现代社会是解剖古代社会的钥匙。

第二，迄今人类各种文明社会都是多种经济成分并存的，资本主义社会中也有前资本主义的遗存和未来的因素。如 J. C. L. 西斯蒙第所分析的七种农业经营方式，至少有六种在中国历史上都存在过。[②]

第三，我在《论广义政治经济学》中得出一个结论，即不管在“经济学对象”上有多少理论争论，实际上前资本主义的、西方的和当前社会主义的经济学都主要是在研究那种或这种经济是怎样运行的，它的机制如何？而这也是经济史研究的主要课题。

任何社会经济都是在一定的机制下运行的，否则不能持久。各种社会形态的机制不同，但都有再生产问题，都有增长（负增长）的模式问题和发展周期性问题，都有主权者干预问题，等等。这其中有些运行规律是共同的，有些可互相参照。在经济史研究中是把现有的各种理论，特别是对经济运行和其机制的解释，作为方法，尤其是思考方法和分析方法，加以运用。至于选择哪种理论，则如我在《方法论》一文中所说“史无定法”，主要根据其理论对我们所研究的课题的适用性和史料的可能性来决定。可以选用某种理论中的某一点，也可在一个问题上选用几种理论。要之，选用某种理论，主要是启发性的，而不是实证性的。在经济史论文中，时见“根据某种理论，应如何如何”语式，这是最笨的用法。

在《论广义政治经济学》一文中，作为举例，我曾提出魁奈（Francois Quesney）和重农学派的经济运行理论，D. 李嘉图、杰文斯（William S. Jevons）等的地租论在研究封建主义经济中的作用。再如亚当·斯密的分工理论、生产劳动和非生产劳动的理论，以及他的增长理论，也是有用的。斯密的增长理论是建立在资本主义雇佣劳动的基础上的，但他所谓“资本”是以上一年度的谷物收获量为基数，如果不取其工资基金说（上一年收获

① 《马克思恩格斯选集》第 1 卷，第 57 页。

② 西斯蒙第（Jean C. L. S. de. Sismondi）：《政治经济学新原理》，1819 年出版，中译本，商务印书馆，1983，第 3 编。

的谷物用于支付雇佣劳动工资部分)，这一思路是适于农业社会的。[1] 就是说对于现有经济理论，可以加以“改造”来利用。

在经济史的研究中，重要的一段是从传统经济向现代化经济转换的历史。这种转换，过去强调工业革命，如今不同了。以西欧说，新思想转变始于14世纪以来的文艺复兴，经济变革始于16世纪以来的重商主义，马克思指出，欧洲资本主义制度在16世纪即已建立，工业革命还是200年以后的事，是市场扩大的结果。代表这种新史学思想的巨著是C. M. 奇波拉主编的六卷本欧洲经济史,[2] 它运用了当代的经济学理论，尤其是凯恩斯学派的经济理论。这种转换，在中国相当于明、清、民国以至当代的500年间，时间很长，所可选用的经济学理论是很多的。

在学派林立的西方经济学中，占主导地位的不外新古典主义和新古典综合派。以A. 马歇尔为代表的新古典主义吸收了边际分析方法，以P. A 萨谬尔逊为代表的新古典综合派又吸收了凯恩斯经济学，积累和日新月异，这就给我们选用提供方便。经济史主要研究宏观，但分析中离不开微观，尤其市场理论，因为宏观经济学是以微观理论为基础的。在研究落后国家经济时，刘易斯（W. Arthur Lewis）主张用古典经济学模型，舒尔茨（Theodore W. Schultz）主张用新古典模型，二人同时获诺贝尔奖。我看各有短长。古典主义的人口与土地的悲观论调，历史上是存在的，但不能强调。新古典的乐观主义更符合中国历史，但过分强调竞争和均衡价格，就难找历史根据了。

我以为一个社会经济的发展或衰退，最终是看生产资源的利用或配置是优化了还是劣化了。在马克思理论体系中，资源配置被归结为劳动时间（包括活劳动和物化劳动）的节约和在各部门间的分配。但是，“社会必要劳动时间”，尤其物化劳动是不能计量的，“抽象劳动”在经济史上更无法描述。古典和新古典经济学把资源配置归之于市场调节，新古典更引进边际分析和导数方法，比较精确。但在新古典模型中没有土地和资源变量，而是

① 亚当·斯密：《国民财富的性质和原因的研究》，1776年出版，中译本，商务印书馆，1972，上卷，第315~316页。

② Carlo M. Cipolla edited, *The Fontana Economic History of Europe*, 1972~1976年出版，中译本《欧洲经济史》，商务印书馆，1988~1992。

归入“资本”，这在经济史研究中是难以处理的。

新古典模型，根本不谈制度、经济结构、社会背景以及文化习俗等问题，而经济史要求整体观察，这些因素都很重要。因而，也要涉猎制度学派、结构学派等理论。我觉得德国历史学派的“国民经济学”理论，对研究中国经济史仍是有用的。又所谓资源配置，并不完全决定于市场机制，近年来已有非市场机制、非价格信号的研究，历史上，在市场不发达、没有生产要素市场的情况下，经济仍可以有进步，更不用说重大政治军事活动以及殖民、移民、水利等对资源利用的影响了。我曾见到一些对明清时期江南特别是苏南农村的研究，说明在不改变传统的生产方式和传统技术的条件下，由于经济因素的活动，在一定程度上改进了资源配置或资源合理利用。[①] 这也是经济史研究对经济学的贡献。

当代经济学家，诺贝尔奖获得者 R. M. 索洛写过一篇《经济史与经济学》。[②] 他不满于这两个学科的现状：“经济学没有从经济史那里学习到什么，经济史从经济学那里得到的和被经济学损害的一样多。”他主要是批判当代经济学脱离历史和实际，埋头制造模型。但也指出当代经济史也像经济学“同样讲整合，同样讲回归，同样用时间变量代替思考”，而不是从社会制度、文化习俗和心态上给经济学提供更广阔的视野。他说，经济史学家“可以利用经济学家提供的工具”，但不要回敬经济学家“同样的一碗粥”。这对当代西方一些“新经济史”的批评是很中肯的。的确，经济史有广阔的天地、无尽的资源，它应当成为经济学的源，而不是经济学的流。

三　经济学中的经济史论

亚当·斯密《国富论》第三编“论不同国家财富的不同发展”是一篇经济史论。他先从利润和风险研究提出一个经济发展的“自然顺序”，即首先发展农业，然后发展工业，最后是国际贸易。但详细考察了自罗马帝国崩溃以来欧洲各国的经济变化后，却得到相反的结论，因而他慨叹欧洲是

① 例见拙作《论二元经济》，《历史研究》1994 年第 2 期。

② Robert M. Solow, “Economic History and Economics,” *Economic History*, Vol. 75, No. 2, May 1985.

“反自然的退化”。可是，这种考察证实了斯密在《国富论》一开篇就揭橥的论点：人类社会的进步归结于分工和专业化带来的劳动生产力的增进，而分工是由交换引起的，“分工度受市场范围的限制”。因而，在他的经济史论的最后一章，就转而讨论“都市商业对农村改良的贡献”了。[①]

作为一种经济史观，19 世纪德国历史学派的经济学家提出了各种经济发展阶段论。F. 李斯特把原始、畜牧以后的经济发展分为农业时期、农工业时期、农工商业时期。这初看与斯密的自然顺序一致，但其论点是：一国在第一阶段应以自由贸易为手段，力求发展农业；在第二阶段，要用“限制商业政策”，按即保护关税，来促进工业的发展；到第三阶段即农工商业时期，如当时的英国，可“再行逐步恢复到自由贸易的原则”，“进行无所限制的竞争”。[②] B. H. 希尔德布兰德是按交换方式提出三阶段论，即自然经济、货币经济、信用经济。第一阶段是农民民主社会；第二阶段是自由经济。他的第三阶段带有理想味道，使交换不依赖于货币，以克服货币经济带来的贫富悬殊。[③] K. 毕歇尔批评了以上两种观点，提出自己的三阶段论：第一阶段是封闭的家庭经济，包括种族社会和中世纪的庄园，是内部生产和消费的经济，无须交换；第二阶段是城市经济，指中世纪包括郊区农业的城邦经济，是生产者与消费者直接交换的经济；第三阶段是“国民经济”阶段，开始于中世纪晚期，这时生产者为市场而生产，消费者自市场购买商品，商品要经过许多流通环节达到消费者手中。毕歇尔实际上已提出市场经济的概念了。[④]

到 20 世纪初期，经济学家对经济史的最大影响，当推 J. 熊彼特的创新理论了。他在《经济发展理论》[⑤] 一书中提出，资本主义经济的发展是一个内在因素的创新过程。即由引进新产品、引用新的生产方法、开辟新市场、控制原材料新来源、企业新组织形式所建立起来的一种新的生产函数或新的

---

① 亚当·斯密：《国民财富的性质和原因的研究》上卷，引语见第 16、349、371 页。

② 李斯特（Friedrich list）：《政治经济学的国民体系》，1841 年出版，中译本，商务印书馆，1961，引语见第 105 页。

③ Bruno Hildebrand, *Natual-Geld-und Kreditwirtschaft*, 1864.

④ Karl Bücher, *Die Entstehung der Volkswirtschaft*, 1893.

⑤ Joseph Schumpeter, *Theorie der wirtschaftlichen Entwicklung*, 1912 年出版，通用 1934 年哈佛大学经济丛书修订英文版。

组合所推动的，而“企业家”是执行这种新组合的人。不过，熊彼特明确指出他的经济发展理论是专指资本主义时代的。在他后来的著作中，并认为资本主义的发展最后将导致“非人身化和自动化”，“革新本身已降为例行事务”，“企业家”失掉作用，资本主义将自动地进入社会主义。不过他所谓社会主义，“不外乎是把人民的经济从私人领域移到公共领域”而已。①

20 世纪 60 年代 W. W. 罗斯托的经济成长阶段论对经济史学也有广泛影响。他把世界各国的经济发展分为六个阶段，但把工业化以前的几千年统归入“传统社会”，所论实际是工业化的阶段论，即为起飞创造条件的阶段、起飞阶段、成熟阶段、高消费阶段、追求生活质量阶段。② 最受人注意的是他的“起飞”理论和“主导产业”理论。起飞的一个重要条件是投资净值由占国民收入的 5% 增至 10% 以上，同时有一个或几个主导制造业迅速发展，带动其他产业跟进。他认为中国经济的起飞始于 1952 年。各国由起飞到成熟约需 60 年。

领域十分广泛的当代经济学家 J. R. 希克斯于 1969 年出版一本《经济史理论》。他说，世界经济史可看成“是一个单一的过程——具有一个可以认识的趋势（至少到目前为止）的过程”；这就是由习俗经济和命令经济过渡到市场经济。新石器时代的和中世纪初期的村社经济都是由习俗支配运行的，酋长或王只是传统本身的东西。命令经济常是由军事统治建立的，而由官僚制度完成，具有支配经济作用。中世纪的封建主义实际是这两种经济的混合。由习俗经济、命令经济向市场经济的转换是渐进的、各地区不同步的、曲折乃至有反复的，但总要发生。这种转变的起点是商业的专门化，专业商人的出现。他们要求保护财产权和维护合同，这是旧制度无能为力的。于是，重商主义时期在欧洲出现了城邦制度。城邦和商业竞争，导致殖民主义扩张。接下去就是“市场渗透”阶段。希克斯用历史回顾法从四个方面详述了这种“渗透”，即适应市场经济的货币、法律、

---

① 熊彼特：《资本主义、社会主义与民主》，1942 年用英文出版，中译本，商务印书馆，1979，第 164～165、515 页。

② 罗斯托（Walt W. Rostow）：《经济成长阶段——非共产党宣言》，1960 年出版，中译本，商务印书馆，1962。原分 5 个阶段，“追求生活质量阶段”是他 1971 年在《政治与增长阶段》一书中所增加的。

信用制度的确立；政府财政和行政管理的改造；领主制破坏、货币地租和农业的商业化；自由劳动代替奴隶劳动、劳动力市场的出现。这一切，导致工业革命。[①] 希克斯是在经济史理论上首先全面论述市场经济的。他还用在《价值与资本》（该著作使他获得诺贝尔奖）中提出的理论解释工业革命：其性质不过是资本由在商业和手工业的流动状态进入固定状态。

20 世纪 80 年代兴起产权制度学派[②]的经济史理论，D. C. 诺斯于 1981 年出版《经济史上的结构和变革》,[③] 他并以此获诺贝尔奖。诺斯认为，人类受个人能力和环境限制，只有通过交换才能获得经济增益，自亚当·斯密以来，经济模型都是建立在分工和交易的基础上的。他认为，产权是交易的根据。国家给谋求收益最大化的个人和团体设定产权，用以交换后者提供的税赋，以实现国家岁入的最大化。制度则是实施产权、约束个人和团体的行为、调节社会收入分配的成文的和不成文的规则，包括认可规则和约束行为的道德观等意识形态。这种产权和制度结构的有效与否，是决定经济兴衰的关键。由于人口、资本存量、知识存量是增长的，加以其他原因，导致结构的变革，促使经济向进步方向发展，这就是经济史。但制度本身有保守性，而产权往往效率低下或失效，加以其他原因，经济史上往往是增长时期少，停滞或衰退时期多。

诺斯指出，目前用于研究经济史的经济理论不外古典经济学、新古典经济学、马克思主义经济学。古典经济学强调人口与土地资源的矛盾，得出一个悲观模型，但它“不失为一种探讨 19 世纪中期以前一千年间人类经验的颇有裨益的出发点”。新古典经济学以储蓄率作为经济增长的动力，通过市场调节，达到新的均衡，并注重知识积累和边际替代能力，是一种乐观模型，可以解释工业革命以来西方经济的发展。但它完全忽视了产权、制度、

---

① 希克斯（John R. Hicks）：《经济史理论》，1969 年出版，中译本，商务印书馆，1987，引语见第 9、58 页。

② 该学派称新制度学派（new-institutional economics）因与 20 世纪 50 年代兴起的以加尔布雷斯（John K. Galbraith）为首的新制度学派（new-institutional economics）的中译名相同，我将它改译为产权制度学派。

③ Douglass C. North, *Structure and Change in Economic History*, 1981 年出版。中译本《经济史中的结构与变迁》，上海三联书店，1991；又《经济史上的结构和变革》，商务印书馆，1992，本文引语见商务版第 7、61、200、203 页。

意识形态等因素；而没有这些，单凭市场上相对价格的变动是不能解释历史上的重大变革的。马克思主义经济学把新古典模型漏掉的东西全部包括进来了。它强调所有权和国家的作用，强调技术发展引起所有制的矛盾，“堪称是一项重大贡献”。不过，马克思经济学过于理论化，而新古典模型拥有机会成本、相对价格、边际效益等远为精确的分析方法。新古典模型的最大缺陷忽视了交易费用，以为不花成本就能实施所有权，以至“个人和社会的收益相等”，这是从来不曾有过的。诺斯反复论证交易费用的重要性，并且“专门化的增益越大，生产过程的阶段便越多，交易费用也就越高”。他在结论中说：“专业化增益和专业化费用之间不断发展的紧张关系，不仅是经济历史上结构和变革的基本原因，而且是现代政治经济绩效问题的核心。”[①]

综观上述经济学家的经济史观各有特色，但大多是以交换关系的扩大作为历史发展的线索，亚当·斯密的分工和专业化理论普遍受到尊重，并以市场经济作为经济现代化的标志，或者是在市场经济的基础上论述现代化过程。众所周知，马克思曾提出人类社会相继出现的五种经济形态或生产方式。在由封建社会向资本主义过渡中，马克思是十分重视商业和市场的作用的。在《德意志意识形态》中，有一篇题为“交换与生产力”的经济史论。[②] 它讲欧洲商业脱离行会手工业，出现专业的商人阶级，造成城市间的分工，从而出现工场手工业。竞争导致商业政治化，出现保护关税、贸易禁令、殖民主义以致战争。而其最后结果是大机器工业的建立（马克思和19世纪所有的经济学家都不曾用过“工业革命”一词）。马克思在《资本论》中指出，商业资本是最早的自由存在方式，在前资本主义社会，“商业支配着产业”，因而，“它在封建生产的最早的变革时期，即现代生产的发生时期，产生过压倒一切的影响”。[③]

恩格斯在《反杜林论》中说：“生产和交换是两种不同的职能”，各有

---

① 诺斯在本书中提出衡量费用、信息费用、依循费用、代理费用、怠工和投机费用等词，在他文中也将运输、利息、市场交易等费用计入。后来他在本书改写中将交易费用分成两类，即制定契约所需费用和执行契约所需费用。见他的 *Institution*，*Institutional Change and Economic Performance*，Harvard University Press，1990，p. 27。

② 见《马克思恩格斯选集》第1卷，第56～58页。这里是用广义的交换即 Verkehr，《选集》译为“交往”。

③ 马克思：《资本论》第3卷，人民出版社，1975，第369、376页。

“多半是它自己的特殊的规律”，“以致它们可以叫做经济曲线的横座标和纵座标”。[①] 根据这一理论，我在 1986 年写了一篇《试论交换经济史》。[②] 我是用广义的分工和广义的交换概念，并把交换这个“纵座标”理解为历史。原来，人类在学会“生产”（指变革自然）150 万年以前就有交换了，交换的发展谱写着人类编年史。现在我想补充说的是：马克思的五种社会经济形态是历史哲学的命题，不是经济史的命题。在经济史上，没有奴隶制者有之，没有封建制者有之，越过“卡夫丁峡谷”者更有之，[③] 中国实际上就是超越资本主义阶段进入社会主义的。但是，资本主义可以超越，市场经济却不能超越，如果一个国家想现代化的话。我们曾经想超越，现在还得回来补课。至于我在《试论交换经济史》一文中的分析，今天看来有一点还是有用的，即它可说明，历史上的商业发达，不一定是市场发达；历史上的商品经济，不等于就是市场经济。这里，J. R. 希克斯的“市场渗透”说，D. C. 诺斯的“结构变革”说，值得我们注意。

（原载《经济研究》1995 年第 4 期）

① 《马克思恩格斯选集》第 3 卷，人民出版社，1972，第 186 页。

② 拙作载《中国经济史研究》1987 年第 1 期。

③ “历史哲学理论的最大长处就在于它是超历史的。”《马克思恩格斯全集》第 19 卷，人民出版社，1963，第 131 页。我认为五种经济形态就是这样一种理论。

经济史学的理论与方法

经济史作为一门学科，是19世纪晚期才从历史学中分立出来的。20世纪50年代有个重大变革，即不仅研究经济的发展变化，还须结合社会科学的理论进行分析。首先是与经济学相结合，继而与社会学相结合，近年有个文化热，又从文化思想上来研究经济史。又因专题不同，人类学、民族学、农学、科技、地理、气候、生态等科学也纳入经济史研究，这就形成许多学派、专业。

在我国，大体可说有三大学派：一派偏重从历史本身来研究经济发展，包括历史学原有的政治和典章制度研究；一派偏重从经济理论上来解释经济的发展，有的并重视计量分析；一派兼重社会变迁，可称为社会经济史学派。偏重不同，各有独具匠心之长，形成“百花齐放”的繁荣局面。同时，也必然对经济史的一些理论问题和方法问题产生不同观点。应当说这是件大好事。要促进学科进步，必须百家争鸣。如果只有一种观点，用同一个声音讲话，我们的经济史学就要寿终正寝了。

我主张，不同学派、不同观点、不同方法都各搞各的，同一问题也可有不同结论，这才是“百花齐放”。但是，不同理论、不同方法可以交流，交流的好处是开阔眼界，促进了解。交流并不妨碍各搞各的，了解了别人，仍然要按照自以为是的去做，不妨碍个人创造性。

讨论中，我愿引恩格斯一语为座右铭：“今天被认为是合乎真理的认识都有它隐蔽着的、以后会显露出来的错误的方面，同样，今天已经被认为是错误的认识也有它合乎真理的方面……”

下面简括一下我个人对经济史一些理论和方法的看法。我唯一的企盼是这些看法不要妨碍或影响别人的独立思考，如有，这将是我的罪孽。

历　史

历史哲学　包括世界观和历史观，都是方法——思维方法。“马克思的整个世界观不是教义，而是方法”（恩格斯）。“历史唯物主义……只是……说明历史的方法”（列宁）。每个人都有自己的哲学，即思维方法。

我赞成“究天人之际，通古今之变”的思维方法。前句是说人与自然要相互适应，“逆天行事”总是没有好下场。后句是说，要有意识地研究中国历史发展的辩证法。

历史主义　历史学的首要任务是探求历史的真实。20 世纪 50 年代的史学革命要打倒历史主义，代之以科学原理，这是行不通的。这样做就会出现模式论、逻辑实证主义、“结论先行”、目的论、决定论等历史研究法，都不可取。

实证主义　历史研究（不是写历史）是研究过去的，我们还不认识或认识不清楚的历史实践，如果已经认识清楚了，就不要去研究了。因此，实证主义，包括考证是不可须臾或离的研究方法。

19 世纪晚期以来反对实证主义的议论，都集中在历史认识上。我认为，应当承认我们的认识有相对性、时代性（克罗齐）、思想主观性（柯林伍德），不过，都可以归之于“认识还不清楚”，需要“再认识”。历史需要没完没了的再认识，否则史学家都要下岗。而再认识更需要实证主义。

价值判断　这是中国史学的优良传统。史学本来应有实证分析（positive analysis）和规范分析（normative analysis）两种功能。作实证分析时，要把所论事物或行为放在它产生或运作的具体历史条件下来考察，不可怨天尤人。在作规范分析时，则是用今天的价值观，不仅评价当时的效果，还包括它对后人以至今人的潜在效应，但尽量不要苛求古人。

经　济

方法论　在经济史的研究中，一切经济学理论都应视为方法论。任何伟大的经济学说，在历史的长河中都会变成经济分析的一种方法。“史无定法”，可以根据问题性质选择适用的经济理论作分析方法。

假设　任何经济学理论都假设一些东西或因素可略去或不变，否则不能抽象出理论。这种假设是与历史相悖的，但不能改正，只能补救。补救的方法是利用史学的特长来规范时间、空间和考察范围，使理论在小范围内应用。

“经济人”的假设最难办，有悖历史又不能舍弃。补救之法除上述以外，还要从文化素质和阶级性上来规范“人”。

计量研究　经济史凡能计量的都尽可能计量。主要用统计和估计。回归分析要谨慎，例如不少于十个连续数据。除非现代史，我不赞成用模型，更不赞成反拟法（counterfactual）。

区域经济　中国太大，区域经济史是研究的基础。中国早就是个统一的帝国，区域经济不是封闭的，要注意区域之间的发展与制约关系，在近现代也有价值竞争关系。但总的来说，互补和制约效应是主要的。我很希望有人开拓宋以后（宋以前太渺茫）我国经济周期性的研究，这种研究只能在区域研究中进行。

新经济因素　经济史要注意不同于传统的新经济因素的出现及其发展。如果一代一代老是重复传统的，不研究也罢。每代都多少有点新的东西，但要有比较大量的新的因素集中地出现，才有历史意义，即划时代意义。

过去我们非常注意16世纪资本主义萌芽的出现，但资料甚少又不连续。我看不如用16世纪出现的市场和商业的新因素，因市场发展的轨迹远较资本主义萌芽明显，是连续的，并且可以利用价格、货币量等多少作些计量分析。

还有，无论西方或日本，这种划时代的变迁都是由商业革命引发工业革命，而且在几百年的时段内都是需求牵动生产。

制度　任何新的经济因素，必须能引起制度的改革，它才能持续发展。大量的、具有划时代意义的新的经济因素，不仅需要一般的经济制度（如商法、税法、租佃、雇佣等）的改革，还需要有体制的和根本制度上的（constitutional）的革新来保证它，它才能持续发展。这种革新需要创始集团和社会群体两种力量，才能实现。

一般说制度的良窳决定经济的盛衰，制度的革新保证经济的革命性转变。

社　会

社会变迁　在经济史研究中，一切社会学理论也都应视为方法论。不过，诸如结构理论、行为学说，功能学说以及人口、劳动等已被纳入经济学，我们可径从经济学中取用。

实际上，经济史研究的重点，是经济发展尤其是制度改革导致的社会变迁，诸如家族制度、缙绅势力、社会等级、社会习俗等变迁。这种变迁并不与经济发展和制度改革同步，因为还有导致或阻碍社会变迁的其他因素。因此，研究社会变迁也要遵循实证主义原则。

非经济因素　经济史研究中要充分考虑非经济因素，其中最重要的是政府。在某些范围内，政府具有决定作用。过去总想打倒封建政府，如果同西方比，中国政府对于经济发展，正面作用要大于负面作用。

有人强调宗法制。在我看来，自废宗子后，已是有族无宗，宋废门第后，只是伦理道德上的家族制。这种家族制对于经济的发展利大于弊。

底层社会　社会学注意底层即人民群众的物质生活和精神生活，把民族学、民俗学、社会心理学引入研究。这是我们经济史学的一个缺门，亟应补课。

总体史观　“总体大于部分之和”是个伟大思想，法国年鉴学派的总体历史观，作为思想方法，给我们以无限启示。但我认为，今天我们的经济史研究还只能是分工合作，大处着眼，小处入手。对每个研究者来说，有所舍才能有所取。只要求不可孤立地看问题，长、中、短时段的总体经济史，只能用拼凑法，有待众志成城。

文　化

文化制约　经济发展—制度改革—社会变迁，在最终或最高层次上还要受民族文化的制衡。制衡（conditioned）有双层含义，一方面，不合民族文化传统的制度变革往往不能持久；另方面，文化思想又常是社会和制度变迁的先导，这种先导历史上称之为“启蒙”。

经济史研究的主要是居于主导地位的文化思想对经济发展的制衡，这在中国（汉以后）就是儒学，其他思想是研究它们的局部作用。至于民间思想或习俗，可放在社会研究之中。

思想发展规律　思想变迁不是与经济变迁如影之随形，必须破除经济决定论。恩格斯说思想发展有它自己的规律；什么规律，我说不出。但我认为，就宋以后而言，儒学发展就是它逐步理性化（这对西方也是这样）。

儒家原主要讲伦理道德，没有自己的宇宙观和认识论。汉儒继孔子之业，取六经以释其仁学，即经学。殆宋儒取佛老二教义，完成以理或道为根本的本体论，以格物穷理为要的认识论，朱熹集其大成，完成儒学初步的理性化（李约瑟称之为科学化）。明王阳明创良知说，将“知”和“理”直接挂钩成一元论，儒学进一步理性化。

儒学理性化的结果是解放思想，提高个人思考的价值，为后来的启蒙思潮开辟道路。

启蒙思潮　16 世纪发生的以泰州学派、何心隐、李贽和东林党人为代表的第一次启蒙思潮；17 世纪发生的以黄宗羲、顾炎武、王夫之和唐甄、颜李学派为代表的第二次启蒙思潮；18 世纪的经学复古；19 世纪前叶以龚自珍、林则徐为代表的第三次启蒙思潮。这些思潮对经济发展的制衡作用十分明显，应是我们研究的重点。

走入近代，文化思想的作用就更为明显了。

（原载《中国经济史研究》1999 年第 1 期）

中国经济史研究的方法论问题

1986年底，我在中国经济史学会成立大会上作了一个关于中国经济史研究的方法论问题的发言。当时主要是谈个人看法，对各学派治史方法的介绍甚简，“或我所不知而举疑”。[①] 近年来，经济史研究方法又有新的发展，我在为两本经济史著作所写的序中亦曾提及。本篇是增补前发言而作，“我所不知”者固多，仍举疑或阙。文中列举了一些研究中国经济史的论著，是专就其所用方法示例，不涉及论著本身的得失。至于对各学派研究方法的评论，皆属拙见，谬误之处，祈读者指正。

一　方法论的涵义

方法论一般说是思维工具，具有指导性和实用性。唯目前治史中所称方法，实有不同涵义或不同层次的内容，大别有三。

1. 世界观意义上的方法论

这是指历史观或历史哲学，研究人类发展全过程的本原和发展规律，故亦称元史学（meta-history），如黑格尔的以自由精神为本原的历史发展论，马克思的历史唯物主义，汤因比的多元文明兴衰论等。历史哲学是对

① 该发言曾同时为三家期刊转载：《红旗·内部文稿》1987年第8期；《轻工业经济研究》1987年第3期；《中国近代经济史研究资料》第6辑，1987年4月。

人类历史发展的高度抽象，包括世界观和历史观，但在我们研究具体历史时，它只是一种指导思维的方法，切忌教条式使用。恩格斯说：“马克思的整个世界观不是教义，而是方法。它提供的不是现成的教条，而是进一步研究的出发点和供这种研究使用的方法。”① 列宁说：“历史唯物主义也从来没有企求说明一切，而只企求指出‘唯一科学的’说明历史的方法。”②黑格尔的自由精神理论今天已基本上被否定，但他的辩证法作为方法论仍有启发性；汤因比的文明史观今天已少有人注意，但其多元比较研究方法仍很有价值。

治史必受某种世界观和历史观指导，无人或免，不过常是无意地或不明确而已。我认为，历史唯物主义应是我们研究中国经济史的世界观层次的指导方法，也是检验其他层次的方法的工具。下文将专论。

2. 求证和推理意义上的方法论

有人说方法论是受世界观支配的，培根是唯物论者，因而发展了归纳法；笛卡尔是二元论者，因而提出逻辑演绎法；黑格尔是唯心论者，故用思辨哲学的方法。我以为非是。培根的归纳法（《新工具》，1620）、笛卡尔的演绎法（《方法论》，1637）原是在研究自然科学和数学中建立的，它们是分别从经验主义和理性主义这两种不同的认识论而来，以后科学的发展是这两种认识论交互为用的。这里抛开认识论，单从方法论来说，归纳法和演绎法的目的都在求证和推理，作为方法论，它们具有独立性。任何认识、论点都需求证和推理，都可利用它们。历史研究重在求证，但亦不可偏废推理；因人不能尽知天下事，须推理求之。恩格斯说：“归纳和演绎，正如分析和综合一样，是必然相互联系着的。”③ 这种方法又常带有操作规程（如三段论），有通用性。至于黑格尔的辩证法，除操作规程（指正反合）外，并有合理内核，为马克思所取用。

求证、推理意义上的方法论中，最具影响的是实证主义。实证主义者（如杜威）一般不承认人的认识是客观世界的反映，故在世界观上不是唯物论者。但他们所用方法实际是一种经验科学：一切始于观察，十分尊重经

① 《马克思恩格斯全集》第39卷，人民出版社，1974，第406页。

② 《列宁选集》第1卷，人民出版社，1972，第13页。

③ 《马克思恩格斯选集》第3卷，人民出版社，1972，第548页。

验，经归纳和验证，得出结论。这对历史研究是可用的。至于进一步将结论抽象为概念，将命题归纳为更基本的命题，则已是哲学家的事，历史研究无须走那么远。

对立于实证主义，卡尔·波普尔从科学理论的发展必须否定旧的、肯定新的出发，提出证伪主义。[①] 波普尔认为人的知识先于观察和经验，在世界观上可说是先验论者。但他强调提出问题，他的提问、假设、证伪、求真的“猜测与反驳”（四段论），作为方法论，仍然可以为我们所用。就历史研究来说，提出问题非常重要，而一般不宜假设。但在追索具体问题时，提出不同答案，证伪以存真，这在我国的考据学中就早已用过了。

我国的史料学和考据学方法兼有求证和推理的功能，下文将专述。

3. 经济学学派的方法

研究经济史须利用经济学、社会学以及更专门学科的方法。这些学科大都学派林立，而所谓学派大皆由理论和方法组成；这类方法，英语常称approach，原意“接近”，即如何进入本题，或译“思路”。仅以经济学为例，以概其余。

古典政治经济学初建时，亚当·斯密采取抽象分析和现象描述两种方法。以后经济学的方法论即沿这两个途径发展。[②] 马克思主义政治经济学创建了科学的抽象方法，用范畴进行分析，但并不废描述。西方经济学随着资本主义的发展出现日益众多的流派，方法上也日新月异，但总的是用这种或那种方法描述和分析经济现象。

经济史应力求具体，不能写成抽象，抽象的理论只作思想指导。经济学各学派方法纷纭，但总的说不外二途，即模式法和因素分析法。模式有不同类型，功能各异。[③] 但总是根据一个总体概念或结构来描述或推导各经济因素的相互关系和运动。因素法则是从材料入手，考察各经济因素的相互关系和运动，再界定总体。模式法已成当前风尚，在我国亦广泛用于对现实经济

① 波普尔：《猜想与反驳》，傅季重等译，上海译文出版社，1986。

② 参见刘永佶《政治经济学方法论史》，中央党校出版社，1988。不过，该书将方法论紧密系于学派，以及一个时代的方法论仅适用于本时代的观点，我有不同意见。

③ Model（模型）主要是描述、解释各因素（变量）的运动，有物理模型、数学模型，后者用于测算、求解。Paradigm（范式）有历史上的和思维、思路之意，概括观察范例，无数据。Schema（图示）为用以表现行为、功能的架构，一般无数据；但数学模型亦有图解。

的分析、预测和计划。但在经济史研究中除某些具体问题和计量分析外，我以为要慎重对待。历史上各时代经济的发展总会形成某种模式，但它是研究的结果，不是研究的出发点。例如半殖民地半封建原是对我国近代社会的一种概括，若以之作为研究的模式，把近代各种因素都纳入这两个“半”中，“不归杨，则归墨”，那就不是历史唯物主义了。马克思介绍他研究经济学的方法说：“研究必须充分占有材料，分析它的发展形式，探寻这些形式的内在联系。只有这项工作完成以后，现实的运动才能适当地叙述出来。”①这方法也完全适用于经济史研究，这就是因素分析法。

对于各学派的方法，我选择若干可用于中国经济史研究的，归为五项；即经济计量学方法、发展经济学方法、区域经济史方法、社会学方法、系统论方法，下文专述。②

4. 对方法论的看法

我国早有“史无定法”之说。我赞成此说。这当然不是说可任意判断，而是说治史可因对象、条件之不同，采用不同方法。

1984 年，我在一次在国外召开的中国经济史国际讨论会上说：“就方法论而言，有新老、学派之分，但很难说有高下、优劣之别”；“新方法有新的功能，以至开辟新的研究领域；但就历史研究来说，我不认为有什么方法是太老了，必须放弃。”我以为，在方法论上不应抱有倾向性，而是根据所论问题的需要和资料等条件的可能做出选择。同一问题可用不同方法论证者，不妨并用；若结论相同，益增信心；若不同，可存疑。

这是把世界观意义的方法除外而言。对所有方法都可用历史唯物主义的原理去评价，但我认为，更重要的还是该方法本身的实用性和对所研究问题、现有资料的适用性。求证和推理一类的方法，包括我国史料学和考据学方法，基本上不发生世界观问题。经济学、社会学等各学派的方法，与学派的观点有关，但学术观点不必都是世界观问题。其中有些方法是可通用于其他学派的，有些略加改造即可移用于其他观点。用历史唯物主义来衡量，所有的方法都有其局限性；这也说明没有一种万能的方法，而应“史无定法”

① 《马克思恩格斯选集》第 2 卷，人民出版社，1972，第 217 页。

② 除以上三类外，尚有技术性的方法，如调查统计、索引卡片、计算机应用、体系设计、纲目编排等，均不置论。

吸取各家之长。

中国的马克思主义史学建立以来，我们的失误多半是在教条主义上，对于方法论也是这样。如考据学是我国传统史学方法的瑰宝。20 世纪 30 年代初，它曾以“封建性”而遭批判；50 年代后期，考据又一度成为“走资本主义道路”的标志；到 80 年代初，它才得到正确评价，甚至出现一股“回到乾嘉去”的热潮。对于外国通用的一些经济学方法，如投入产出法、经济计量学方法等，在我国都有一个先是否定、然后肯定的过程，而且都是在研究社会主义现实经济上应用以后，才引起史学家的注意。在方法论上，史学家是比较保守的。

二　史料学和考据学方法

史料是史学的根本。绝对尊重史料，言必有证，论从史出，这是我国史学的优良传统。傅斯年说“史学本是史料学”，曾遭非议，但从方法论说，治史必须从治史料始，则是道出根本。不治史料径谈历史者，非史学家。

所以说“治史料”，因为史料并非史实，经考据、整理后，庶几代表史实。史料（包括文献、文物、口碑）都是人为的，其中不免失误、失真、夸大、缩小、隐讳以致伪造。这就需要考据学，“考而后信”。又历史是连续的，而史料皆属片断，或仅见一个侧面。这就需要史料学予以整理，“类而辑之，比而察之”,[①] 以期得到比较全面的认识。清乾嘉学派的朴学，实包括史料学和考据学两者，是我国传统史学发展的一个高峰。两者所用方法亦多兼通，有训诂、校勘、辨伪、类推、辑佚诸法。

乾嘉学派的大功是在认识论上摆脱了宋明以来讲心、性、义、理的理学方法（形而上学方法），而以朴实态度追求历史文献的本来面貌。他们不必是唯物主义者，但一般具有顾炎武所倡“实事求是”的精神。他们的训诂、校勘、类推都是以归纳法为主，每事必广集例证。胡适说：“他们所以能举例作证，正因为他们观察了一些个体的例证之后，脑中已有了一种假设的通

① 崔东壁：《考信录》。

则，然后用通则所包涵的例来证同类的例"，这等于把通则"演绎出来。故他们的方法是归纳和演绎同时并用的方法"。[①] 此说有理，原来人在思维中常是归纳与演绎交互使用的。

不过，考据学并不就是举例作证。一般说"举例子"的方法是危险的，尽管我们在治史中常用。正如列宁所说："社会生活现象极端复杂，随时都可以找到任何数量的例子或个别的材料来证实任何一个论点。"[②] 唯训诂、校勘是在考据某字某事的狭小范围内收集例证，收集比较完整，故危险性不大；同时又从来源上鉴别每项例证的可信性，故比较可靠。这是由众多的个别认识达成共识，故属归纳法。演绎法是由共识的通则推出个别的认识。这里通则即大前提必须绝对正确；大前提和小前提都正确，甚至可判定史家忌讳的"孤证"是否正确。考据学中的"理断"，即用常理来推断某事例之正谬，即属此法。唯清人用作大前提的常理，多本于经，这是不可靠的。治史用演绎法，大前提必须根据史，且必为信史，始得当。

我国史学中原有提问、设答、证伪之术，前已言及。有问题才需考据，而假设是思考之始。不过清人的假设常是隐于心中，不明白写出，以见其"朴"。清人的辨伪主要用溯源法，即查找原始记录之意。训诂中的音义，校勘中的版本，亦重视溯源。至于辑佚，原是纂补亡籍，秦火以后，历代均辑纂不少亡书，属史料学。唯清人所谓辑佚常是有目的的查找某人某事散落的零星记载，称钩沉，成为考据学之一途。

乾嘉学派亦有其缺点，其考据限于文献，特重音义（所谓"读书须先识字"）；所考皆微观事物，视野狭隘，精而不博；又常为考而考，不计实效，流于繁琐。

乾嘉以后，我国史料学、考据学都有重大发展。甲骨文、汉晋简、敦煌卷子、吐鲁番文书四大发现为新的古史研究奠立基础。王国维创"二重证据法"，以出土文物与古文献对证，建立了新的古史体系。梁启超著《中国历史研究法》，说"历史为人类心力所造成"，以致否认历史发展有规律性；但他认为乾嘉学派的方法"和近世科学的研究法极相近"，他引进西方求证

---

① 胡适：《清代学者的治学方法》，连同下文胡适的其他见解，均见孔繁《胡适对清代"朴学"方法的总结和评价》，《文史哲》1989年第3期。

② 《列宁选集》第2卷，人民出版社，1972，第733页。

方法，力图使考据学科学化。[①] 傅斯年倡导整理大内档案，开后来档案史料的先河。他实际也是提出治史应有“新材料、新工具（方法）、新问题、新观念”的先驱。陈寅恪将诗文、小说以至佛典、五行杂书引入历史考据；他说：“取地下之实物与纸上之遗文互相释证”，“取异族之故书与吾国之旧籍互相补正”，“取外来之观念与故有之材料互相参证”。[②] 这就使考据学日益光大。以顾颉刚为首的《古史辨》学派详究古文献，提出“层累地造成古史”说，考证纂详，对上古史作了比较系统的整理。陈垣提出校勘四法，即本校、他校、对校、理校。胡适总结清人朴学方法，提出“大胆假设，小心求证”的原则。他说治史不能墨守古训，“假设不大胆，不能有所发明”。假设是“站在充分理由上的”，但即使理由“很充分”，也还是假设，必须小心求证后，才能“升上去变成一个真理”。姑不说真理，胡适的八字原则，实在是考据学的一个跃进。

马克思主义史学家在20世纪30年代曾一度对传统的史料学、考据学持批判态度；但40年代后期起即予以高度重视。翦伯赞对史料有多篇论述，并特别强调“史部以外之群书”。郭沫若盛赞王国维等暨《古史辨》派的功绩。侯外庐主张“谨守”朴学的“一套法宝”，并“进一步订正其假说”。[③]

新中国成立后，史料学和考据学都老树新花，空前繁茂。在历史唯物主义指导下，大规模地、系统地整理出多种大型史料丛刊。新史料迭出，除考古学的发现数量空前外，以档案的利用最为突出。除国家档案外，进而开发地方档案、个人档案、企业档案、社团档案，档案研究成为专业。民间文书的发掘也蔚然成风。70年代以来，碑刻和族谱的研究转盛。80年代以来，开展有组织的古籍整理和全国性的修地方志工作，规模之大，动员之众，世所仅见。史料既丰，今人考据学的水平亦远超过前人。

史料学、考据学也是日本学者研究中国史的主流方法。加藤繁的《支那经济史考证》（东洋文库，1953），即对此做出重要贡献。欧美的汉学家

---

① 《饮冰室合集·专集》第16册。但前此梁启超把进化论引入史学，他在《新史学》中说：“历史者，叙述人群进化之现象，而求其公理公例者也。”公理公例可解释为规律。见《饮冰室合集·文集》第4册。

② 陈寅恪：《金明馆丛稿》。

③ 参见王学典《从偏重方法到史论并重》，《文史哲》1991年第3期。

也日益注意及此。

用历史唯物主义来衡量，我国的考据学从根本上说是唯物主义的，实事求是，并有辩证思想。但作为方法论也有其局限性。原来中外都有“事件构成历史”的传统史学，考据学就是建立在事件考察之上的。西方常称中国传统史学为“掌故法”（anecdotal method），以此。恩格斯说：“必须先研究事物，而后才能研究过程。”在恩格斯时代，事物的研究已经“可以过渡到系统的研究”了，人们的认识有了飞跃，表现为“一个伟大的基本思想，即认为世界不是一成不变的事物的集合体，而是过程的集合体”。[①] 经济史尤其是这样。一切经济现象都是一个过程，有它的继承性和发展阶段性。经济史从来不应当是事件史。考据学对于系统的过程研究似无能为力。但是，历史上永远会有尚未被认识的、认识不清楚的和需要再认识的事物，考据学也永远会发挥其作用。

三　历史唯物主义

历史唯物主义是一种世界观，包括一系列的理论、原则和规律。但在研究历史时，我们是把它作为方法，即前引恩格斯所说的，马克思的整个世界观都是方法。

恩格斯又说：“原则不是研究的出发点，而是它的最终结果……不是自然界和人类去适应原则，而是原则只有在适合于自然界和历史的情况下才是正确的。这是对事物唯一的唯物主义的观点。”[②]

历史唯物主义的原则和规律是经过科学的抽象，并经过实践证明了的。在应用于别的学科中可以用来做逻辑论证：例如在评论某文艺作品时，可以说它符合或不符合历史发展规律。但在研究历史本身时却不能这样。如五种生产方式，可称为社会发展规律。但在具体研究某民族或地区的历史时，无奴隶社会者有之，无封建社会者有之，无资本主义社会者更有之，超越“卡夫丁峡谷”者亦有之。这些“无”正是研究的重点。

---

① 《马克思恩格斯选集》第 4 卷，人民出版社，1972，第 239 ~ 240 页。恩格斯这里主要指人们对自然界的认识而言，但也是历史唯物主义的内容之一，说见下文。

② 《马克思恩格斯选集》第 3 卷，人民出版社，1972，第 74 页。

历史唯物主义大家都已熟悉。但是，我们把它作为说明历史的科学方法，是指什么方法呢？我以为，历史唯物主义的核心，也是我们研究历史中使用最多的思维方法，是历史辩证法。辩证法思想原是人们观察自然现象的总结，即自然辩证法或辩证唯物主义。“历史唯物主义就是把辩证唯物主义的原理推广去研究社会生活……应用于研究社会历史。”[①] 这本来是恩格斯的意思，由斯大林明确说出。因而，钱学森把历史唯物主义称为“社会辩证法”，与自然辩证法对称，这是很有见地的。这就是说，我们在研究中要用发展的观点、量变到质变的观点，而不是静止的观点来看待历史；要用互相联系、互相制约的，而不是孤立的观点来考察历史因素；要用对立统一的、亦此亦彼的思维，而不是形而上学的、非此即彼的思维来处理问题；等等。

附带说，许多科学方法都是来源于对自然界的观察。前述培根的归纳法，笛卡尔的演绎法，波普尔的证伪法，现代经济学的宏观和微观概念，行为和功能学说，以及计量学方法、系统论方法等，都是先用于自然科学，然后再用于社会科学。它们的科学性也在这里。辩证法也是这样。同时，辩证法和历史唯物主义也将随着自然科学的日新月异而不断发展。例如，相对论、量子论、系统论的出现，就给历史唯物主义增加了内容，宇宙大爆炸理论和物质自组织理论必然影响我们对时间与空间、必然与偶然的看法。总之，历史唯物主义这个指导我们历史研究的基本理论，它本身也是发展的。

但是，过去我们学习历史唯物主义这门课时却很少讲辩证法，而是讲国家、阶级、阶级斗争。这是因为我们把辩证唯物主义和历史唯物主义截然分成两门课（始作俑者斯大林），前者讲了辩证法，后者就不讲了。也因为我们用马克思主义观点研究中国历史，是在民主革命中开始的，继之是抗日战争、解放战争、社会主义革命，这就很自然地突出了阶级斗争。阶级斗争是历史发展的“直接动力”，这是 1879 年马克思发出的一个指挥革命的通告中说的，注意所说是“直接动力”，不是基本动力。历史发展的基本动力是经济，这才是历史唯物主义的本意。

这个“本意”也招致不少误解：经济基础决定上层建筑，变成了“线

① 《斯大林文选》上册，人民出版社，1963，第 177 页。

性关系”，僵化了的公式。恩格斯晚年，在1893年给弗·梅林的信中说，马克思和他当初是着重从经济基础上“探索出”政治、法权等观念的，这样做是对的，因为当时是批判黑格尔的唯心主义。但也因此犯了一个错误，即忽视各种思想领域有自己独立发展的历史。因而他提出“归根到底”是经济决定的修正。次年，他在给符·博尔吉乌斯的信中全面发挥了这一点：首先，经济基础不仅是经济关系，而是包括全部技术装备和地理环境。其次，“并不只有经济状况才是原因”，政治和意识形态都相互影响；同时，经济不是自发起作用，而是经过人的决策，“是人们自己创造着自己的历史”。原来，在1890年他就提出历史是由人们的意志“合力”创造的理论，而人们的意志是由生活条件决定的。按照恩格斯的说法，各领域都有自己的历史，离经济愈远的领域，如纯思想领域，其曲线愈曲折。但如划出各曲线的中轴线，则“研究的时期愈长，研究的范围愈广，这个轴线就愈接近经济发展的轴线，就愈跟后者平行而进”。①

我想，这才是历史唯物主义的“本意”。我所以提出来，意思是我们研究经济史不能只就经济谈经济，要看到政治、文化、思想等对经济的作用，更不能摆出一副“我是基础，我决定你”的架势。“归根到底”是经济，但在一事一物上未必；长期曲线是各领域平行于经济，而阶段历史却未必。实际上，这也是辩证法。

四　经济计量学方法

经济事物多半是可以计量的，并常表现为连续的量，故统计学方法通用于经济史研究。我们在编写《中国资本主义发展史》时曾提出一个要求，凡是能够计量的，尽可能作些定量分析，并要求对中国资本主义发展的速度和各时期发展的水平做出量的分析。② 定性分析只给人以概念，要结合定量分析才具体化，有时并能改正定性分析中以偏概全的错误，如过去常认为近代中国商业资本“畸形”发展，是洋货入侵的结果。据我们估算，1936年

① 《马克思恩格斯选集》第4卷，第478、501～502、505～507页。

② 许涤新、吴承明主编《中国资本主义发展史》第1卷“总序”，人民出版社，1985，第28页；下举商业资本例见《中国资本主义发展史》第3卷，人民出版社，1993，第73页。

全国商业资本所媒介的交易额中，农产品占45%，手工业品占26%，工矿产品占16%，进口商品占9%；又考察，在洋货入侵以前市场上已有偌大的商业资本了。故全国言，不得谓之“畸形”。我国缺乏历史统计资料，计量常依赖估计，准确性自然很差。但在长期考察中，只要估计所包括的范围和估值方法完全一致，其相对数（速度、比重等）仍是可用的。

计量经济学（econometrics）与上述统计学方法有所不同。它是设定一个经验模型或目标模型，求出几种变量之间的数量关系，目前已广泛用于对现实经济的分析、预测、选择最佳方案和制定计划。经济计量学之用于历史研究，尚属20世纪60年代以后的事，因而有历史计量学（cliometrics）产生。不过，历史计量学尚在襁褓。目前所见用于中国经济史研究者，大都限于回归分析（regression analysis），并限于线性回归，因而我称之为经济计量学方法在经济史研究上的应用，不称为历史计量学。

线性回归的基本模型是：

$$y = a + kx$$

其中x是自变量（例如投资额），y是因变量（例如产量），k是回归系数，是x作用于y的参数，亦即回归线的斜率。a是常数，代表影响y的其他因素，亦即x=0时的y的值。为减少偏差，实际计算k值是用最小平方法，表现为对数方程，并用概率求出标准误差。又常同时计算出x与y的相关系数，常用R^2示。R^2愈接近1，两者相关愈密切；若R^2过低（接近0），表示x并非影响y的主要因素，自变量选择不当。

经济计量学方法用于历史研究的效果如何，目前尚有争议。在国外，此法亦以在美国较为流行，在欧洲和日本并非主流。下面先简介几则应用此法的事例，然后议其得失。

历史不能用实验室方法取得数据，必须有过去的统计资料，故此法主要用于近代史，使用范围也有限制。我所见时间最早者为F. T. 刘所作宋代纸币通货膨胀的研究。① 他所用回归模型是：

---

① Francis T. Liu, “Cagan's Hypothesis and the First Nationwide lnflation of Paper Money in World Histoty,” *Journal of Political Economy*, 1983, Vol. 91, No. 6.

$$\ln \frac{Mt}{Pt} = a\ln \frac{Pt}{Pt-1} + r$$

其中 Mt 是在 t 时的货币量（实为会子发行额），Pt 是在 t 时的物价（实为米价）。他收集了 1161～1240 年间 8 个时间阶段（10 年平均）的 Mt 和 Pt，得出 7 个时间阶段的货币需求率 $\ln \frac{Mt}{Pt}$ 和通货膨胀率 $\ln = \frac{Pt}{Pt-1}$，两组数相交于图 1 中的 7 个点。其中早期的 1171～1180、1181～1190 年的两个点通胀率极低，这是因为当时交子还仅用于首都地区，且孝宗时人口大量南迁，需币量大，交子并未贬值。因将此二点除外，则其余 5 个点大体在一直线上，可用上述线性方程。

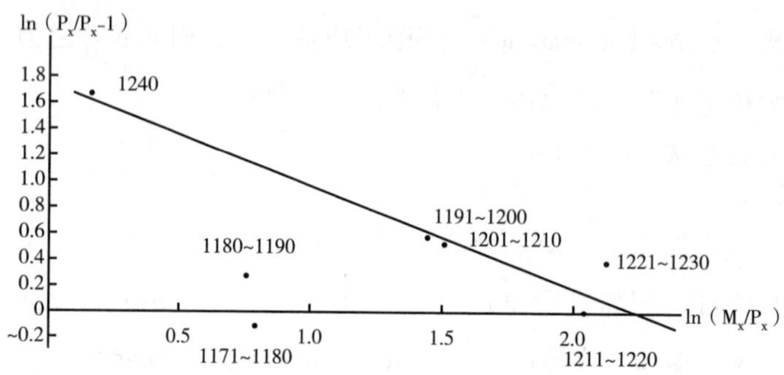

图 1　宋代纸币通货膨胀模型

计算结果如下（括号内为标准误差）：

$$a = -1.199(0.072) \qquad r = 2.186(0.058)$$
$$R^2 = 0.989$$

货币增长率与通胀率的相关系数 R^2 值极高，自在意中。而研究重点在 a 值。原来，刘是用卡甘（Philip Cagan）的回归模型，目的在检验卡甘的假说是否适用于宋代。卡甘的假说是：在超级通货膨胀中，决定货币量的是人们预期的通胀率，其他经济因素均不重要。卡甘研究了近代欧洲 7 次超级通胀，其 a 值为月平均 -8.7～-2.3。刘是假定宋人对通胀率的预期全由政府滥发会子而来，故以实际通胀率作为预期通胀率。结果 10 年平均的 a 值为 -1.199，合月平均 -144；负值之特高是由于宋代大部分交易仍用金属币，会子不是主要货币。这时期宋代并无巨大经济变动，检测结果，卡甘的预期说亦适用。

韩国学者韩宰东研究 1946～1949 年国民党政府的通货膨胀，亦曾利用卡甘的模型。① 他也是以实际通胀率代替卡甘的预期通胀率，测算结果如表 1。

表 1　国民党政府的通货膨胀（1946～1949）

货　　币	月平均增发率(%)	a	r	R^2
法　　币	65.7	-0.83	0.68	0.81
台　　币	17.8	-3.13	0.26	0.91
东北流通券	23.8	-5.64	0.26	0.99

超级通胀是对人民的一种征课。韩宰东认为国民党政府采用多种货币政策是为便于征课。他提出一假说：某种货币的通胀征课率反比于该货币的实际需求弹性。上述回归分析即为检验这一假说。法币需求弹性最低，其征课率最高；而东北流通券反是。

货币以外，用经济计量学研究价格者最多，美国学者勃兰特（L. Brandt）研究 1870～1936 年上海米价与国外米价变动的关系，用下列回归模型。②

$$\ln Ps = a + a_1 \ln Pm + a_2 \ln R + u$$

其中，Ps 为上海米价（关两），Pm 为越南、缅甸、印尼出口米的平均价（英镑），R 为汇率（英镑/关两）。a_1 与 a_2 为系数，即上海米价变动中归因于 Pm 和归因于 R 的份额。历年 Ps、Pm 和 R 均已知数，求得（括号内为误差）：

$$a_1 = 1.105(0.054) \qquad a_2 = -0.983(0.045)$$
$$R^2 = 0.928$$

可见上海米价是受外国米价变动支配的，汇率因素居次要地位（银价高则米价低，故 a_2 为负值）。

---

① J. D. Han, Inflation Tax On the Multiple Currencies in the Post-war China, a paper prepared in 1989, unpublished.

② Loren Brandt, *Commercialization and Agricultural Development: Central and Eastern China, 1870－1937*, Cambridge University Press, 1989, p. 49。

勃兰特又用同样方法研究1900～1936年上海的棉价，以美国棉价代表国际棉价，以美元/关两作汇率。结果证明上海棉价受国际棉价影响，而汇率变动起颇大作用。测算结果如下：

$$a_1 = 0.854(0.093) \qquad a_2 = -1.179(0.137)$$
$$R^2 = 0.718$$

美国学者许内曼（R. W. Huenemann）用图示法研究中国铁路的经济效益，见图2。AB为铁路运输的边际成本，OT为运量，OP′为传统运输的运价，OP′为铁路运输的运价。则铁路运输的经济效益（比传统运输增加的效益）为PCP′。依图PCP′=1/2（OP－OP′）OT：

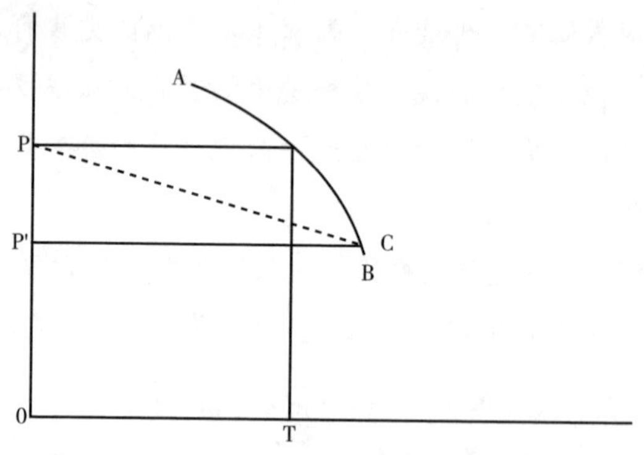

图2　中国铁路的经济效益

资料来源：Ralph W. Huenemann, *The Dragon and the Iron Horse: The Economics of Railroad in China, 1876－1937*, Harvard University Press, 1984, pp. 227－228。

20世纪二三十年代，大车、驮运、人力等传统运价每吨公里自0.08元至0.50元不等（不计木帆船，因铁路与水运平行者甚少），平均按0.1元计。铁路运输平均每吨公里按0.02元计。1933年国有铁路6线运量为28.96亿吨公里，代入上式，经济效益为1.16亿元。同年，外资铁路运量为64.10亿吨公里，经济效益为2.56亿元。

美国学者林德尔（P. H. Lindert）用图示法研究短期内国际钢铁价格变动对中国铁市场的影响（见图3）。S为国内供给量（主要是土铁），D为国内需求量，均设短期内不变。国际供给量对中国来说是无限的，故作平线。1900年国际价格约每吨260元，进口量为BC，即5万吨。1925～1929年国际价格下跌至每吨 200 元，进口量增至 GH 即 29.6 万吨。由于价格下跌，国内钢铁用户受益，受益额为 ACHF，合 4152 万元。同时，国内生产者受损失，损失额为 ABGF，合 2814 万元。

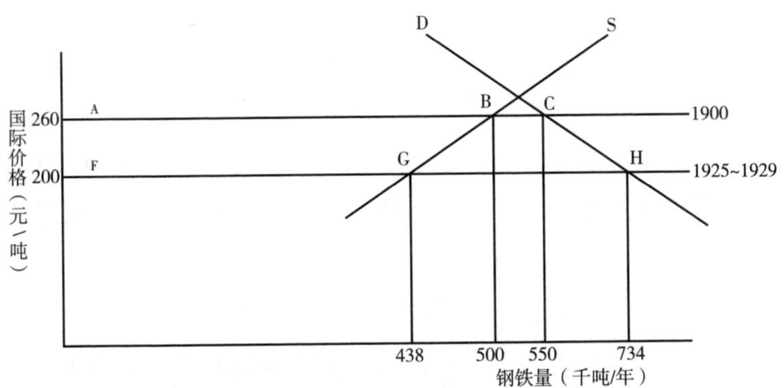

图 3　国际钢铁价格变动对国内铁市场的影响

资料来源：P. H. Lidert, "Tracing the Effects of Trade on Wellbeing in Modern Chinese History," Paper Presented at the Conference on "Economic Methods for Chinese Historical Research," Oracle, Arizona, January 1988。

上面我以图示法为例，取其简明易解，其精确性则较差。其实，即使使用复杂的方程亦难说精确。这是因为经济现象都有多种因素，今所用模型或方程多为单元或二元，将其他因素舍去或设为不变。又社会因素的变化多是非线性的，用线性回归只能近似；其随机因素更难处理。因而名家对经济计量学方法有“伪装精确的知识”之讥。① 近年来，科学界有人认为“许许多多塑造着自然之形的基本过程本来是不可逆和随机的”，② 塑造人类历史的当亦如是。而回归分析则恰是建立在可逆性和决定性的假设之上的，其使用自有限度。

现在试用历史唯物主义来衡量。历史唯物主义认为人类历史的发展是有规律性的，因而，从原则上说，经济计量学方法可以用于经济史研究。但是，它有严重的缺点。第一，计量学方法一般适用于研究生产力，而不适于研究生产关系，这在一定情况下就会导入歧途。1974 年美国出版的《苦难

① 诺贝尔经济学奖获得者 F. A. 哈耶克语，见《知识的虚伪》，《现代国外经济学论文选》第 2 辑，商务印书馆，1981，第 75 页。

② 尼科里斯、普利高津：《探索复杂性》，罗久里、陈奎宁译，四川教育出版社，1986，扉页。

的时代：美国黑人奴隶经济》是历史计量学派的一部成名大作。计量结果，南北战争前，美国南方奴隶制农业的效益高于北方个体农业，经济增长率也高于北方。该书一问世即遭非议，因为自由平等是不能计量的。又国外有人研究近代中国工业的发展，除战争时期外，1937 年以前和 1949 年以后各有 30 余年的产值数据（包括估计），这些数据可回归到一条直线上。于是，解放前后生产关系上翻天覆地的变化都看不见了。

第二，经济上的量，都是以一定的质为前提的。计量学方法只见量变，不见质变，只追求数量的连续性，忽视突变。经济史上常见的由量变到质变以及突变（扬弃）过程，只能用定性分析得出。又经济计量学是以函数关系代替事物间的辩证关系，不能说明对立统一的发展过程。又如经济制度等在经济计量学中顶多视为外生变量，而按历史唯物主义实为内在因素。又有些经济事物最初不表现为量，如我国的资本主义萌芽即是。新生事物，要见微知著。这些都只能靠辩证法，经济计量学无能为用。

总之，经济计量学方法应用于经济史，其范围是有限制的。在这个范围内，应该主要用它检验已有的定性分析，而不宜用它建立新的理论。事实上，国外人用此法也大都称 test（检验），多半是检验某种假说。定性分析是从众多的社会经济史料和前人的观察与研究成果中得来的，考察面甚广；要形成假说或理论，还需要从更广阔的研究中抽象得出。这都不是仅以一两个自变量为依据的计量学方法所能胜任的。希克斯（John Hicks）是著名的计量经济学家，但在他所著《经济史理论》中却只字不谈计量。已有的定性分析不免有夸大、不足、以偏概全等毛病，用计量学方法加以检验，可给予肯定、修正或否定。总之，使用计量学方法要以已有的历史研究为基础。20 世纪 70 年代美国经济史学会主席希德（Ralph W. Hidy）在就职演说中说：“没有以往史学家所作质的研究，计量史学家也会走入歧途。”①

五　发展经济学方法

发展经济学是研究不发达国家经济的，又多重视长期趋势，它的一些思

① 载 *The Journal of Economic History*，Vol. 32，No. 1，March 1972。

考方法对研究中国近代经济史可有借鉴。发展经济学学派众多，方法亦异，但有一共同点，即注意比较研究法。又二元经济论是发展经济学中一项创见，近代中国亦属二元经济，从二元入手可作方法论看待。

比较研究法在我国早已习用于思想史、文化史，而在经济史中尚少应用。比较经济史不仅在于找出共同性和差异，并有利于寻求各自演变的因素。肯尼迪（Paul Kennedy）在《大国的兴衰》中说，乾隆十五年（1750）中国的工业产值为英国的17.3倍，法国的8.2倍；到英法联军入侵时，英国的工业产值才赶上中国，法国还仅有中国的40%，[①] 泱泱大国，比较研究更为重要。

在20世纪60年代以前，探讨不发达国家经济多是与英美等早期的工业化过程相比较，有欧洲中心主义偏见。其所用经济增长模型或生产函数都是资本主义生产的模式，不适用于中国经济史。但他们在研究中大都是应用投入产出原理。李昂捷夫投入产出表可用矩阵方程求出众多经济部门相互间的供求数值，使经济增长得到详解。由于数据不足，其法不能用于历史研究，但投入产出的原理是可以适用于各种经济形态的。李伯重研究明清江南经济，即利用投入产出原理与唐代作比较研究，提出清代江南稻米生产已达劳动力投入的极限，其集约化程度仍在提高，则主要是靠以施肥为主的资本投入；而桑、棉等作物的情况不同，从而导致资源的再分配。[②] 我国历史上甚少技术资料，技术因素在经济史研究中常被忽略。珀金斯（D. H. Perkins）在研究1400~1957年中国农业的发展中是利用投入产出原理，先估计各时期土地、劳动力、资本投入的增长率和人均粮食产量，并假定技术改进对产量的贡献与土地投入份额成正比，与劳动力投入份额成反比。然后根据人均产量增加、不变、减少三种情况作比较，从而估计各时期技术改进的贡献甚小，所占份额在0.03% ~6.04%之间。[③]

阿根廷经济学家普利维什（R. Prebisch）提出初级产品出口的贸易条件（terms of trade，即所能换回进口品的量）长期恶化的论点，[④] 成为发展经济

① 肯尼迪：《大国的兴衰》，陈景彪等译，中国经济出版社，1989，第186页。

② 李伯重：《唐代江南农业的发展》，农业出版社，1990；《发展与制约：1368~1850年江南生产力经济史研究》，待出版，唯主要内容已有多篇论文发表。

③ 珀金斯：《中国农业的发展（1368~1968年）》，宋海文等译，上海译文出版社，1984，第106页。

④ Raúl Prebisch, *The Economic Development of Latin America and ist Principle Problems*, United Nations, 1950.

学中拉美学派的理论基石。他是以1876～1938年英国的进口和出口价格指数代表初级产品和制成品价格指数进行计算的，得出不发达国家以一定数量的出口品，在20世纪30年代所能换回的制成品只有1870年代的64.1%的结论，旧中国出口的贸易条件也是长期恶化的。在美国，邓伯格（R. Dernberger）和侯继明先后研究过1867～1936年中国出口的贸易条件，都用回归法，回归系数为0.4和0.44，即一定量的出口品，在19世纪30年代所能换回的外国商品约为19世纪60年代的70%。其后，又有许内曼的研究，同期回归系数为0.94，即只能换回早期的48%。[①] 上述三项研究都是用南开指数，南开指数我们都很熟悉，但国内还没有人作这种研究。

拉美学派提出依附论：不发达国家是在经济上和政治、文化上依附于作为中心（metropole）的发达的资本主义国家，成为它们的边陲（periphery）或卫星国（satellite），不仅在贸易上，其生产上的经济剩余也被中心国家榨取去。在方法论上，他们是把发达国家和不发达国家看成一个世界经济结构，运用大量资料和统计作比较研究。像阿明（Samir Amin）的《不平等的发展》，几乎论述了古代的和近代的每一个国家（在古代也存在着世界经济结构）。[②] 这给我们的启示是：我们研究帝国主义对中国的经济侵略不能只研究本国，还需要研究对方。还可以说，比较研究法不是比较两个孤立的国家，而要把它们放在国际体系中来观察。这也是历史唯物主义的一个要求。

随着外国资本主义的入侵，不发达国家大都存在着二元经济结构，即以农业和手工业为主的传统经济，和用外国机器装备建立起来的现代化经济。二元经济论为我们研究中国近代经济史提供一个线索，也可以说提供一个考察的方法。但是，现有二元经济的理论，如刘易斯模式、费景汉和拉尼斯修正的模式、多德罗的城乡劳动力流动模式等，[③] 都未能符合20世纪50年代

---

① 三项研究结果均见 *The Dragon and the Iron Horse: The Economics of Railroad in China, 1876－1937*, Harvard Univerity Press, 1984, p. 230。

② 阿明：《不平等的发展》，高铦译，商务印书馆，1990。该书英文版发表于1976年，次年改编为《帝国主义与不平等的发展》，均由纽约 Monthly Review Press 出版。

③ 刘易斯：《劳动无限供给条件下的经济发展》，《现代国外经济学论文选》第8辑，商务印书馆，1984；费景汉、拉尼斯：《关于剩余经济的发展》，王月等译，华夏出版社，1989；多德罗：《发展中国家的劳动力迁移模式和城市失业问题》，《现代国外经济学论文选》第8辑，商务印书馆，1984。

以来不发达国家经济发展的实践。我认为，这些模式都不能解释近代中国经济的演变，顶多其中的一些论点可作为我们考察中参考。形成二元经济的因素是众多的，每个不发达国家又有其本身的特点；例如，高效率的集约化的传统农业，由于不平等条约造成的大口岸经济，都是近代中国二元经济的特点。这就不是一般化的模式法所能概括的，而必须认中国的具体情况出发，用因素法来进行分析，并与日本、印度等二元经济的历史作比较研究日本在20世纪60年代充分就业前都可说是二元经济。近年来，关于中日两国棉纺织业、缫丝业等历史的比较研究颇有成果。最近，王玉茹有篇《二元结构与经济增长》，从社会背景、农业、工业、消费、投资等六个方面比较1880～1930年中日两国的经济发展。① 日本以外，中国与其他二元经济国家的比较研究还少见，似应提倡。

20世纪60年代以来，发展经济学日益重视不发达国家的农业问题。其中如对农业人口过剩的研究，对不发达国家农业生产潜力的探讨，研究农业与工业发展的关系尤其是两者间的互补作用，提倡农村工业化和建立小型企业，探讨日本经济发展中“半现代化”部门的作用等，都与近代中国的关系密切。这些论点和他们所收集、利用的各国农业、小型企业的资料，对研究中国近代经济史都有帮助。

历史唯物主义是发展的历史观。列宁说，马克思的理论是“最彻底的发展论”。② 历史的发展是曲折的，不发达状态就是一种历史的曲折。从这点说，发展经济学的出发点是应当肯定的。从方法论说，比较研究的方法避免了孤立论是可取的。传统与现代是在一定条件下的历史选择，两者之间是辩证的关系。“每一代一方面在完全改变了的条件下继续从事先辈的活动，另一方面又通过完全改变了的活动来改变旧的条件。”③ 在改变中，不能虚无主义地看待传统。在西方，对中国史的研究中长期存在着一种“传统—现代范式”（tradition and modernity paradigm）；它把中国的各种传统因素都

① Wang Yuru, “Dual Structure and Economic Growth: A Comparative Study on the Modernization of Japan and China, 1880－1930s,” 载日本《社会科学研究》第106号，1991年3月。

② 《列宁选集》第3卷，第243页。

③ 《马克思恩格斯全集》第3卷，人民出版社，1956，第51页。又《资本论》第3卷，第97页；《马克思恩格斯选集》第1卷，第43页，都论及如何看待历史的经济传统问题。

看成是不变的，或只能“在传统内改变”（change within tradition），而与西方传入的现代化因素处于不相容的、互斥的地位。[①] 这是一种错误的思维范式，是与历史唯物主义的原理抵触的。作为方法论，它是有害的。发展经济学中某些人的论点是建立在这种范式上的，应予警惕。

六　区域经济史方法

近年来，我国区域经济史的研究出现热潮，边疆地区和少数民族经济史的兴起尤为喜人。以中国之大，各地区发展很不平衡，为免以偏概全，区域经济史的研究实在是一条必行之路。我国早有区域史的传统，即被称为“一方之全史”的地方志学。不过，地方志是按行政区划，非按经济区划；如何分区成为方法论首先遇到的问题。

冀朝鼎的《中国历史上的主要经济区域》是最早一部区域经济史著作。[②] 其分区以历史开发为主，但未及全国。近年来西方学者通用施坚雅（G. W. Skinner）的以地文学（physiography）为主，将全中国分为九个大区的方法。[③] 史氏着眼于市场系统，重视河流，不适用于古代。因有人主张以生态学（ecology）为主，盖着眼在农作物。实则，经济的发展不仅决定于自然条件，政治、社会、文化习俗都有作用，而在历史上，各区域经济的发展都离不开行政区划的制约。因而，我以为从事区域经济史的研究者不必胶柱于划区标准，可以从习惯，或大或小，以资料方便为准。大如江南、西北、南北满，小如皖南、苏北、辽东西，皆已习用。从资料利用说，分省立史亦有便处。中国台湾学者自 1973 年起组织力量编纂沿海沿江十个省的经济史，以后又及于内地各省，为一壮举。

---

① 这种范式源于中国社会长期停滞论，它最早是从分析中国儒学立论的，可追溯到黑格尔和韦伯（Max Weber）；而其广泛被西方汉学家应用是在 20 世纪前叶。中国经济学界的“全盘西化论”，实际也应用了这种思维范式。对于这种范式的介绍和评论详见 Paul A. Cohen, *Discovering History In China*, Columbia University Press. 1984. Ch, 2.

② Chao-ting Chi, *Key Economic Areas in Chinese History*, *Shanghai*, *1930*; Paragon Book Reprint Corp. , New York, 1963.

③ G. William Skinner ed. , *The City in Late Imperial China*, Stanford University Press, 1977, pp. 211 – 220.

区域经济史可说有区域内的研究和区域间的研究两个方面，双方应同时进行。

从区域内的研究说，因为划定区域，而一区域内的自然和社会条件比较单一，这就可将研究的时间放长，以至写出通史。经济史不同于政治史。政治上每个较大王朝都自成体系，乃至第一次世界大战，或宫廷政变，即可改朝换代，另立新章。经济发展则是个连续过程。历史上，田制、赋役、地租等制度的改变常是跨朝代的；农业生产力的发展更需长期观察；气候、环境和社会结构的变化还需更长期的研究。在区域史的研究中，不仅作历史的考察，还可与当代比较，更有现实意义。前述李伯重对明清江南生产力的考察，即是同唐宋对比，又与今天江南经济发展规划比较，论其得失。黄宗智研究 1350～1988 年长江三角洲的小农经济，跨越六个世纪，一方面与华北平原对比，一方面将历史与现实对比。他认为 20 世纪 80 年代实行家庭承包制后，单位产量比历史上的高峰稍逊，而每个劳动日的效率和报酬则比过去提高了，说明江南农村开始现代化了。①

现在颇为流行的中地理论（central place theory）可作为区域经济史研究的一种方法看待。其说是经济发展常由核心地区（core）向边缘地区（periphery）扩散，因而需考察移民、拓殖、贸易、交通以及核心地区与边缘地区的相互作用和利益分配，乃至做出两者发展速度的计量。又核心地区常是较大城市之所在，在发展中又会形成二级核心、二级边缘。因而，区域经济史包括城市史、市镇史的研究。近年来，市镇经济史的研究形成热潮，这与我们今天城市领导乡村和发展乡镇经济的政策一致，其研究有现实意义。

历史的发展不是直线的，有盛有衰，即形成周期。《史记·货殖列传》所记范蠡的 12 年穰旱循环可说是最早的农业周期论，但无论证。1926 年康德拉捷夫提出的大循环论（周期 50～60 年），经熊彼特再次解释，已较完整，并有论证。不过这是指资本主义经济，不适用于古代。《剑桥欧洲经济史》第 5 卷第 2 章研究 14～19 世纪欧洲农业的发展有两个衰退期、两个增

① 黄宗智：《略论农村社会经济史研究方法：以长江三角洲和华北平原为例》，《中国经济史研究》1991 年第 3 期。

长期，形成 100 ~ 300 年的周期。[①] 它主要是从人口和物价的变动中来考察的，列出了发展的 20 种现象和衰退的 23 种现象，其从物价尤其是各种比价来观测农业生产兴衰的方法可资借鉴。

由于一个区域的经济条件比较单一，经济周期在区域经济中比较明显。美国郝若贝（R. Hartwell）1966 年即提出中国历史上经济周期的论文，1982 年发表一篇长文。[②] 他根据施坚雅的分区法，考察了岭南，东南，长江上、中、下游，西北，华北七个大区，每大区又划分为一两个核心区和边缘区，分别研究其发展的周期性。周期由四种形态组成：边沿状态、迅速发展、系统衰退、平衡状态。如华北北部核心区，隋以前已是平衡状态，隋至宋元丰初系统衰退了，元丰至南宋宁宗时又迅速发展，宁宗至元初再衰退，以后进入短期平衡，明嘉靖后又迅速发展。核心区与边缘区的关系大体是：在发展时，边缘区快于核心区；在衰退时，边缘区人口的减少也甚于核心区。他虽考察了政治、经济、文化诸方面，但各区兴衰的指标主要是看人口和赋税，未免简单。

日本斯波义信在 1986 年即有研究江南经济周期的论文，他在 1988 年出版的关于宋代江南经济的巨著中，重列了江南经济发展的周期。他的观察包括政治、战争与和平、农田开发、户口、赋税、法制等，较为详备。结果如表 2。

表 2　宋代江南经济发展周期

时　期	年　代	周　期
第一期	960 ~ 1030 年代	初始状态
第二期	1030 ~ 1060 年代	上升始动期
第三期	1060 年代 ~ 1127	上升期
第四期	1127 ~ 1206	实质成长期
第五期	1207 ~ 1279	下降始动期
第六期	1279 ~ 1367	下降期
第七期	1368 ~ 1421	上升始动期

资料来源：斯波义信《宋代江南经济史の研究》，东京大学东洋文化研究所，1988，第 75 ~ 76 页。

① 此章是 B. H. Slicher van Bath 综合各家研究所写。唯我所见是剑桥 1972 年版，未查新版。

② Robert M. Hartwell, "Demographic, Political, and Social Transformation of China, 750 - 1550," *Harvard Journal of Asiatic Studies*, Vol. 42, No. 2, 1982.

经济有兴衰，以至周期性发展是合乎历史辩证法的。中国之大，各区域兴衰交替，亦在意中。唯就经济史说，兴衰必须在生产、流通和人民生活上有实据，不尽以人口为依归。又既言周期，必有其内在规律以及规律的依据。目前研究尚难及此，而较大波折往往是政局变动和大规模战争的结果。因此，我以为在区域经济史的研究中与其着眼于周期，不如研究其发展趋势和发展阶段。写史在求真实、具体，各种因素的发展阶段不必尽同，其交错反复，皆可直书。至于规律，需根据大量史实的抽象得出，目前条件似不成熟。

从区域间的研究说，是考察本区域与外区域以至外国的历史关系。区域无论大小都不是孤立的，因为即使是封闭系统也要与环境交换能量，并受环境制约。在资本主义时代，各区域之间是一种竞争关系；在前资本主义，价值化和市场不充分，各区域之间是发展和制约的关系。在研究时，可把外区域以至外国作为本区域的环境来考察。物质交换（贸易）、劳动力的进出（移民）、资金的流动、文化和技术的传播，以及互补和制约效应，净得和净失，都在考察之例。总之，区域经济史不能就本区域谈本区域，这也是历史唯物主义的要求。

我国早就是个统一的大帝国，经济发展不平衡，但在经济制度和政治、文化方面基本上是统一的，并很早就有全国性市场。国外研究者有人强调中国各大区经济发展的非同步性和孤立性（autarkic）；国内研究者亦有人强调封建割据和封闭性，似属过分。地区间的特性和各区域的共性是对立的统一，并随历史发展而变化，研究时不可偏废。

区域经济的研究已从早期的工业区位论、传播论发展到区域经济成长论，并有区域经济学出现。[①] 当代区域经济成长论认为各区域经济的发展是从不均衡到均衡的。发展的早期阶段，区域间的差异会扩大，极化效应显著；其后扩散效应加大，渐趋于相对平衡。这是指资本主义的发展而言。不过，我国社会主义建设中，用传统的均衡发展论，将投资重点放在中西部以至三线，效果不佳，看来是个失误，十一届三中全会后亟待改正。[②] 我国封

---

① 参见 H. H. 涅克拉索夫《区域经济学》，许维新、许晶心译，东方出版社，1987；E. M. 胡佛《区域经济学导论》，王翼龙译，商务印书馆，1990。

② 参见张文治《我国区域经济发展战略的转变与选择》，《经济研究》1989 年第 10 期。

建经济有两千年历史，对于考察各区域间的均衡和不均衡发展是个有利条件，在此，区域成长理论、自组织理论等都可作为方法论看待。发展中一些远离均衡状态的区域会由无序到有序，也在意中。最近有人试图用耗散结构理论研究秦汉到隋唐的四川经济史，也是一种方法论的尝试。[①]

七　社会学方法

经济史是研究社会经济的，自应使用社会学方法。社会学内容广泛，其中有的部门如人口、劳动等已成为独立的经济学科，源于社会学的结构理论、行为和功能学说也已成为经济学的内容。但是，社会学方法仍有其基本特点。第一，自孔德和斯宾塞以来，就是把社会作为一个有机体、作为一个整体来思考，其“整体大于部分之和”的观点——对于宏观经济史的研究同样有指导意义。第二，社会学认为每个民族以至地区都有自己的社会结构和文化传统，其发展也非同一道路。这就摆脱了西欧中心主义的偏见，而注意各民族、地区演进的比较研究，因有“空间史学”之目。第三，社会学重视“底层”即人民群众物质生活和精神生活的研究，把人类学、民族学、民俗学、心理学等引入社会研究，扩大了方法的领域。第四，社会学非常重视社会调查，强调调查的客观性，积累了一套科学的调查方法。历史虽属往事，但进行当代的和追溯性的调查是十分必要的。

我国史学界早就重视家族、缙绅、社会等级的研究，主要是为分析封建制度。20 世纪 60 年代以来，从社会学角度进行研究者趋于活跃，并有不同重点。如费孝通重视绅士家族的血缘关系，探讨他们在稳定社会中的作用；何炳棣从科举制度出发，探讨绅士阶层的流动性；美国倍蒂（H. J. Beattie）着重桐城大家族的土地占有和经济特权；日本重田德并提出乡绅土地所有制和乡绅支配论。[②] 又张仲礼研究晚清绅士阶层的各种收入年 6 亿余两，占当

① 参见谢元鲁《秦汉到隋唐四川盆地经济区的能量与信息交换》，《四川师范大学学报》1990 年第 2 期。

② H. T. Fei, *Chinese Gentry*, University of Chicago Press, 1968; Ping-ti Ho, *Studies on the Population of China, 1368 – 1953*, Harvard University Press, 1959; Hilary J. Beattie, *Land and Lineage in China: A Study of Tung-Cheng County, Anhwei, in Ming and Ching Dynasties*, Cambridge University Press, 1979; 重田德：《清代社会经济史研究》，岩波书店，1975。

时国民总产值的22%左右,[①] 其估计常为同行所取用。因家族、绅士的研究而展开族谱学，成为经济史研究的一项重要方法。族谱载有全族男性活动情况，其中人口行为、职业和迁移对于经济史最为有用，有的并有财产记录，约 20 家族谱常可得万人记录，皆属确实资料。

社会学是通过探讨社会关系、社会行为和社会组织的功能来研究社会整体的。行为学说是早期将人类社会比拟于生物界而来的，现已进入经济学，而用于历史研究者尚少见。功能学说在早期是一种社会组织随其功能的变革而演进和分工的理论，其后进一步把功能作为社会结构形成的原因，先于其结果或目的而存在。这在经济学中就形成制度学派。西文 institution 一词原有“制度”和“设施”二义，如银行、交易所是一种制度，也是执行某种功能的设施。经济发展与否，要看这些制度执行功能的效率如何，以及各种功能的配合是否得当。如钱庄的功能不如银行，官漕的效率不如商运，以及历代赋役制的效果如何等。在经济史研究中又特别重视服务性制度，如商业、金融、运输、税赋等，或把这些转化为交换成本，交换成本低有利于经济发展。有人用这种方法研究宋代的市场结构、行会制度、税制和币制，有宋代出现“商业革命”之说。也有人把中国近代经济的不发达归之于运输落后、商业机构不健全、利息率过高等。

值得注意的是政府的作用。制度学派把政府作为一种制度，因而研究其功能。我国经济史学者一向重视历代统治者的作用，甚至有人认为在中国是政治决定经济。在研究中又多半是强调赋役剥削，官田、官工商业的垄断，抑商政策和贪污腐化等消极作用。国外学者相反，多数认为和欧洲中世纪比，中国政府敛聚较轻，维持社会安定和经济秩序较有效率，对于水利、仓储、救灾、平准等制度尤多肯定，西方政府无此功能。近年来，特别对于康雍乾时期清政府的经济政策评价颇高，中国学者亦有此倾向。日本学者并提出清代乡绅在政治特别是经济上作用的扩张，代替了部分地方政权；美国学者则把它视为“社会精英”和“公众社会”的雏形；都属中国社会近代化的标志。

法国社会学一向发达。因 1929 年创刊《经济社会史年鉴》而得名的年

① Chang Chung-Li, *The Income of Chinese*, University of Washington Press, 1962.

鉴学派，成为独树一帜的经济史学派。[①] 该派首先把结构主义引入史学，主张从地理环境、经济结构、政治结构、文化结构上多层次地研究历史，用分析法代替传统的叙事法。其创始人之一费弗尔（L. Febvre）并提倡用“提出问题”的方法来治史，一时有“问题史学”之称。第二次世界大战后，布罗代尔（Fernand Braudel）的理论使年鉴学派的总体历史观臻于成熟。在他看来，政治、军事等变动都是“短时段”的“事件史”，它们充满偶然性，不能解释历史本身。因而需研究“中时段”的“情态史”，即经济结构、社会结构、人们心态的演变，才能说明事件史的根据。又须研究“长时段”的“构造史”，即地理、气候、生态等的演变。也就是整个历史学应由长时段的人与环境关系史、中时段的群体与团体史、短时段的事件与人物史构成。不过，20 世纪 70 年代以来该学派更加重视人们心态的演变，以致被称为心态史学派。

年鉴学派主攻欧洲史，也研究印度洋沿岸和东南亚的经济史。《年鉴》中亦有关于中国经济史的论文。又白吉尔（M. Bergère）关于中国资产阶级的专著，着重分析资产阶级的社会结构、心态演变和政府干涉的作用；魏丕信（P. Will）关于中国灾荒史的著作，注重清政府保持经济稳定和救灾的措施；都带有法国社会史学派的风格。[②]

社会学关于总体的观点、关于社会结构的观点，是符合历史唯物主义原理的。社会学所用方法，大都可以用于经济史上有关专题的研究。不过，一般社会学的研究偏重于上层建筑方面，对于生产关系尤其是生产力注意不够。例如由绅士、家族的研究导出土地所有制，在方法论上未免本末倒置；功能先于结果而存在的理论，可以也可以不符合历史的实际；脱离生产力来讨论社会结构亦不妥当。一般社会学的考察多属静态的，唯法国年鉴学派实为一新的历史学派。他们所提倡的整体历史观和分层次地研究方法是对史学的重要贡献。但他们的著述亦多因此过于庞大，有“万花筒”之讥。据我

---

① 该刊 1946 年改名为《经济社会文化年鉴》（*Annales*：*Économies*，*Sociétés*，*Civilisations*）。又年鉴学派的历史观可参阅姚蒙译编《新史学》，上海译文出版社，1985；蔡少卿编《再现过去：社会史的理论视野》，浙江人民出版社，1988。

② Marie-Claire Bergère，*L'age d' or de ia Bourgeoisie Chinoise*，1911 – 1937，Flammarion，1986；Pierre-Etienne Will，*Bureaucracy and Famine in Eighteenth-Century China*，Translated by E. Forster，Stanford University Press，1990.

看，整体历史观应作为思想方法，即力戒孤立地看待经济问题，要考虑到非经济因素的作用，这也是历史唯物主义的要求。但不是说每部著作都要连篇累牍、包罗万象。在这个问题上，要尊重别人的研究成果。今天中国经济史的研究还应提倡分工合作，不要一人或一派包揽。就每个研究者说，思路要尽量开阔，博采众长，而入手则应先专后宏，即大处着眼，小处入手。即使是宏观研究也要各具特点，而非面面俱到。我曾说："学术研究不是任何人的专利，各有其特点，才能互相补充，互相切磋……必须有所舍，才能有所取，不可求全。"①

八　系统论方法

这里所说系统论，包括一般系统论、控制论、信息论以及耗散结构论、协同论、突变论等等。这些新兴学科内容各异，我也不懂其奥义，但从方法论说，它们都是以系统作为研究对象的，故归为一类。所谓系统论方法（systems approach）是指在一个系统的整体水平上来进行研究，以区别于把整体分解为基层的运动来进行研究的还原论方法（reducism approach），如分子生物学、量子力学、基本粒子物理学等。两者都是新兴的科学方法。在实践上，一个较大的系统可分为几个子系统，而子系统也是在它整体上进行研究，这就是层次研究法。所谓在整体上进行研究，即是建立数学模型，或者物理模型，进行描述和计值。

系统论方法是由研究自然界而来的，现已逐渐用于社会科学。尤其是用在社会工程上，成绩斐然；用于系统管理、资源配置，亦见功效。又用于经济预测和战略决策，即所谓系统动态学，主要是研究未来的长期变动。那么，它是否可用于研究过去的长期变动即研究历史呢？恕我寡闻，我尚未见国外有类此著作；但在中国，却在20世纪80年代初一度出现用系统论方法研究中国史的热潮。我所见有四位青年学者的论文，还有金观涛、刘青峰的两部专著。②

① 许涤新、吴承明主编《中国资本主义发展史》第2卷，人民出版社，1990，第4页。

② 金观涛：《在历史的表象背后》，四川人民出版社，1984；金观涛、刘青峰：《兴盛与危机——论中国封建社会的超稳定机构》，湖南人民出版社，1984。

这些著述都是研究中国封建社会的：或认为中国封建社会是个封闭系统，不能吸收外来力量，成为一个超稳定结构；或认为各王朝的调节力较强，在控制失效如农民起义时，各子系统的变动因素也遭破坏，结果王朝重建；或认为各子系统缺少持续性、积累性的量变，不能引起封建结构的变更。后两者的结论也是中国封建社会是个超稳定结构。这些论点是否正确，如我在本文开头所说，不予置评，这里只谈他们所用方法。

第一，这几位作者都是把整个中国封建社会作为一个大系统，再把它分为三个（或四个）子系统，即政治（或权力）系统、经济（或土地、生产）系统、文化（或信仰）系统；因而十分庞大，包罗万象。原来，系统论的所谓系统都有一定的“边界”，边界以外是环境，每个系统都受环境制约。在自然界并非万物皆成系统，仅具加合性的单一的重叠不是系统，故系统论文献中从无“世界系统”之说。在实践上，用系统论方法来研究的都是人们设定的系统。在设定系统（也就是建立模型）时，什么列入本系统，什么列入环境（包括他系统），什么可以略去，什么可作“黑箱”处理（即不究其内部构造），主要是根据研究的目的和需要。因而，实践上所用的系统大都是单项系统，如一项工程、一项计划、一项预测等。最大的也许是美国国际开发署为韩国制定的 1967～1971 年国民经济计划，但它实际上是五个单项计划（五个模型），并且限于经济。像上述那样包括政治、经济、文化的全社会系统，别处还未见过。加上他们是研究历史，上下两千年，以至所论不分南北，难辨汉唐，只能提出若干原则。而这又不合系统论方法，因为系统论是精密科学，不用抽象法。

第二，从上述各家著述看，重点都在研究中国封建社会的稳定性，并都把政治或权力系统放在中心位置，具有支配全局的作用。从方法论说，这是违反历史唯物主义的。其所以如此，则是受系统论本身的影响。原来系统论研究的一般都是稳定系统，而不注意内部矛盾，人们设定系统时，更不去制造矛盾。一个系统的变异或破坏，主要是由于外部的干扰，有时是由于内部机制发生障碍；而控制论的主旨即在于排除干扰和障碍，使系统稳定运行。这是因为系统论是研究事物的存在和运动，而不是研究它的变异。研究变异的，如耗散结构论、突变论，主要是研究事物在“临界点”的状况。而其变异也主要来自外部力量。系统论中没有辩证唯物主义中那种“在对现存事物的肯定理解中，同时包含对现存事物的否定理解”，或如恩格斯所说“物体在同一瞬间既在一个地方又在另一个地方，既在同一个地方又不在同一个地方”的观点。[①] 系统论没有这种辩证观点，造成研究历史的困难。同时，控制论中的PMI原理，也造成历史观的错觉。按控制论的原理，权力或管理系统P是单向流通的，对全系统发号施令，仅接受信息反馈。物质或生产系统M和智能或信息系统I的流通则是双向的、相互的，居于较低层次。用这种方法来研究历史，就会突出政治或权力的作用，显得像本末倒置了。

第三，系统论作为方法，其特长或说其精华即在于它使许多概念具体化、精确化，能用数学模型或物理模型做出明确的计量。一个系统的作用，是看它有多大功能，即看它的输入与输出之比。一个经济系统（如工厂），有劳动、物资、能量、资金、信息（如设计、指令）五种输入；它有产品、服务、能量、信息四种输出。这些都是向量（有方向有大小的量），都可以用矩阵方程计值，因而整个系统可以计功，一个系统内部有若干元素（如车间），它们之间的联系表现为相互输出，这种输出都是有时序的不同质的向量，都要计值。再往下推，各个元素内部都有不同的状态（如有的车间机器多，有的是技术室），状态由多维向量计值。每个维中的运动即行为，行为用函数模型计值。此外，控制论、信息论中的各项因子和效果也都计值。

反观上述用系统论方法研究中国史的各家，都没有数学模型，也没有物理模型，都不计值，可谓系统论的精华尽失，研究结果给人的都是抽象概念。当然，历史现象，尤其是古代史，是难得有什么数据的。不过，问题还在于研究的系统太大、面太广。我曾见有人用系统论方法研究自然经济，即远古时代的狩猎经济和采集经济，当然没有任何历史数据，但他还是建立了矩阵方程，计算出自然经济转化为生产经济（如狩猎转化为畜牧，采集转化为种植）的过程和条件。[②]

上述各点，似乎否定了系统论方法研究历史的可能性；其实我不是这个

---

① 《马克思恩格斯选集》第2卷，第218页；第3卷，第160页。

② Charles Perrings, “The Nature Economy Revisited,” Annual: *Economic Development and Cultural Change*, University of Chicago, 1985, pp. 829 - 850.

意思。如上所述，系统论方法有它的局限性，此外，我前面关于模式法和经济计量学方法的评论，也都适用于系统论方法。但系统论（包括有关各论）是一种新兴的科学，它正在向深广发展，前途无量。在方法论上，它从系统上看问题，在系统整体水平上进行分析，以及使相互关系具体化、精确化等方面，是符合历史唯物主义原理的。本着“史无定法”的原则，我由衷希望青年学者能利用它，为中国经济史的研究创开一条新路。不过，从目前发展的水平看，这种方法还只能用于单项的研究，并择历史数据较多者，目的在求其精确。

尚有一言，“文革”以后，系统论初传入我国，曾有一种把它过分夸大的倾向，甚至有人把它提到马克思主义哲学的高度，上述几家历史著述就是在这种气氛下出现的。其实，在国外，20 世纪 60 年代即有这种夸大风，联合国的专家们在一个报告中就提出告诫，指出系统论方法不是万应灵药，只在一定范围内是有效的。[①] 80 年代以来，国外讨论它的适应性的文章就更多了。从大的方面说，系统论方法不能代替还原论方法，例如系统生物学不能代替分子生物学。从个别学科说，每个学科都有它传统的、主要的研究方法，不是有了系统论便可放弃。就历史研究说，系统论方法和前述其他方法一样，只是用以研究某个专项或某个方面的问题。在选用时仍然要用历史唯物主义来衡量，是否得宜。

（原载《中国经济史研究》1992 年第 1 期）

① 联合国国际关系委员会国际科技发展局编《系统分析和运筹学》，徐禾夫译，中国社会科学出版社，1979。

中国经济史研究方法杂谈

早有“史无定法”之说，这当然不是说可任意判断，而是说治史可因对象、条件不同采用不同方法。我赞成此说。1984 年，在意大利的一次中国经济史国际讨论会上，我曾说：“就方法论而言，有新老、学派之分，但很难说有高下、优劣之别。中国讲‘百花齐放’，当包括方法论在内。”本文目的，就是希望我们的中国经济史研究百花争艳。如一事用不同方法去研究而能得出同一结论，当更可信。

方法与目的密切相关。事实上，几乎每种新的研究方法都是随着某种新的理论而来，这种理论和方法就形成一个学派。本文原以“研究中国经济史的学派与方法”为题，现为节省篇幅，略去学派。有些学派，如乾嘉学派、计量学派，可以避免讲理论，专谈方法。而多数学派却不能完全避免，因为在那里理论就是方法，这在下文自明。

我想谈的有：（1）文献学和考据学方法；（2）历史唯物主义；（3）经济计量学方法；（4）发展经济学方法；（5）区域论和周期论；（6）社会学方法；（7）系统论方法。所谈或详或简，或我所不知而举疑，故曰杂谈。

文献学和考据学方法

我国史学一向重视文献学的方法。这方法的精神就是绝对尊重史料，言必有征；用现代话说就是“论从史出”。治史必自史料始，以占有史料为第一义，这是个好传统，初学者犹然。文献学方法包括校勘、辨伪功夫。又所论多宏观，故重典章制度。同时，它包含归纳法，广征博引，力戒孤证。在表达上，“让史料自己说话”，质朴、简洁、有力。

“多闻阙疑”，史料既多，考据学随之而兴。考据学至清代极盛。清代考据学之大功在于它抵制了宋明理学唯心主义的推论，追求历史信息（文献）的本来面貌，故梁启超称其有实证主义精神；又因清人逃避政治，能钩稽沉隐，无所避讳，即顾炎武所倡“实事求是”。但清代学者考据的出发点不是事物，而是文字音义。又所论多属微观，视野狭隘，流于繁琐。或为文而文，不计实效。盖原用于经学，治史反成缺点。

不过，文献学、考据学都是不断发展的。至近代，受西方实证科学影响，已日益光大而重实效。若陈寅恪，固考据学大师，其言曰“取地下之实物与纸上之遗文互相释证”，“取异族之故书与吾国之旧籍互相补证”，“取外来之观念与固有之材料互相参证”，“文史考据之学无以远出三类之外”（《金明馆丛稿》）。

我国历史文献至为丰富，史籍、地志之外，笔记、诗文、报刊等早已入史。近又致力于档案、碑刻、民间文书之发掘。历史档案浩若烟海，近年开发清刑部题本，已美不胜收，而其他尚少系统整理。民间文书更是无穷宝藏。如徽州档案、孔府档案、盛宣怀档案，刚在利用，而散在各地的文契、租约、账册、书簿等都有待征集。文献学、考据学内容日广，大有可为。方法本身也将改进，资料库和电子计算机的利用即其一例。总之，前途广阔。

单靠文献学、考据学方法亦有其弊。正如列宁所说：“社会生活现象极端复杂，随时都可以找到任何数量的例子或个别材料来证实任何一个论点。”① 这就不是论从史出，而是史随论走了。因此，史料愈多，愈需要有科学的驾驭史料的方法。这方法首先就是历史唯物主义。

历史唯物主义

历史唯物主义是我们研究经济史的基本方法，其他方法之得失都要用它

① 《列宁选集》第2卷，人民出版社，1972，第733页。

来衡量。

历史唯物主义是一种世界观，包括一系列原则和规律，不只是方法。但是，如果我们不是写历史，而是研究历史，即研究一个未知领域或未决问题，不如把它看作方法。这是因为原则不是研究的出发点，而是它的最终结果；规律虽是客观存在，但只在一定条件下起作用。历史唯物主义的原则对别的学科来说，可用作逻辑论证，如评某文学作品，可说它不符合历史规律。但对研究历史本身来说，却不能这样。如五种生产方式，可称为社会发展规律，但具体研究某民族历史时，缺奴隶社会者有之，缺封建社会者有之，缺资本主义社会者更有之。这些“缺”正是研究的目的。

对于研究工作者来说：“马克思的整个世界观不是教义，而是方法。”①“历史唯物主义从来也没有企图说明一切，而只企求提出‘唯一科学的’说明历史的方法。”②

这种科学的说明历史的方法是什么呢？我以为其核心，也是我们在实践中用得最多的，就是历史辩证法。辩证法思想来自人们观察自然现象的总结，即自然辩证法或辩证唯物主义。“历史唯物主义就是把辩证唯物主义的原理推广去研究社会生活……应用于研究社会历史”。这本是恩格斯的意思，由斯大林明确说出。③ 因而，钱学森把历史唯物主义称为“社会辩证法”，与自然辩证法相并列，这是很有见地的。

附带说，许多科学的方法都是来源于对自然界的观察。18 世纪培根、笛卡尔的实证主义和归纳逻辑，近代的计量学方法、系统论方法，都是首先应用于自然科学，然后移植于社会科学。它们的科学性也在这里。辩证法也是这样，当然，辩证法和历史唯物主义也将随着科学的日新月异而不断发展。

但是，过去我们讲授历史唯物主义却很少讲辩证法，而把国家、阶级、阶级斗争当作主要内容。这是因为我们把辩证唯物主义和历史唯物主义截然分成两门课（始作俑者斯大林），前者讲辩证法，后者就不讲了。也因为我们用马克思主义观点研究中国历史，是在民主革命战争中开始的，继之是抗日战争、解放战争、社会主义革命，这就很自然地突出了阶级和阶级斗争。阶级斗

① 《马克思恩格斯全集》第 39 卷，人民出版社，1972，第 406 页。

② 《列宁选集》第 1 卷，第 13 页。

③ 《斯大林文选》上册，人民出版社，1962，第 177 页。

争是历史的“直接动力”，这是1879年马克思发出的一个指挥革命行动的通告中说的。历史发展的基本动力是经济的发展，这才是历史唯物主义的本意。

这个“本意”也招致不少误解：经济基础决定上层建筑，变成“线性因果关系”，僵化了的公式。恩格斯晚年，在1893年给弗·梅林的信中说，马克思和他当初是着重从经济基础上“探索出”政治、法权等观念的，这样做是对的，因为当时是批判黑格尔等唯心主义。但也因此犯了个错误，即忽视各种思想领域有自己发展的历史并在历史上起作用。因而他提出“归根到底是经济”的修正。次年，在给符·博尔乌斯的信中全面发挥了这一点：首先，经济基础不仅是经济关系，而是包括全部技术装备和地理环境。其次，“并不只有经济状况才是原因”，政治和意识形态都互相影响。同时，经济并不是自发起作用，而是经过人的决策，“是人们自己创造着自己的历史”。原来，1890年他就提出历史是由人们的意志“合力”创造的理论，而人们的意志是由生活条件决定的。①

按照恩格斯的说法，各领域都有自己发展的历史，离经济愈远的领域，如纯思想领域，其曲线愈曲折。但如划出各曲线的中轴线，则“研究的时期愈长，研究的范围愈广，这个轴线就愈接近经济发展的轴线，就愈跟后者平行而进”。这就是“归根到底”之义。我们不妨试画如图1。文学艺术的曲线起伏很大，几百年未必出一个诗圣。科学发展则到18世纪才突飞猛进。它们的中轴线则几乎平行了。

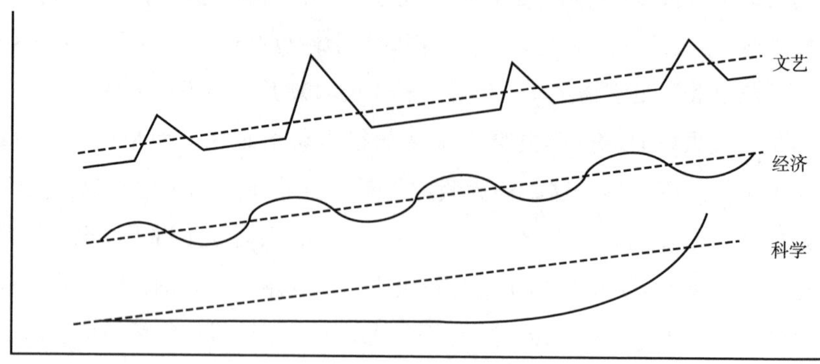

图1　文艺、经济、科学的曲线与中轴线

---

① 《马克思恩格斯选集》第4卷，人民出版社，1972，第478、501～502、503～507页。

我想，这才是历史唯物主义的本意。第一，要承认各领域的相对独立性。从这一点说，本来可以分别研究，如政治史、文化史、经济史等等。第二，又要有整体观、系统观。它们是相互影响的，研究经济史也要看到政治、文化对经济的作用，更不能摆出一副“我是基础，我决定你”的架势。“归根到底”是经济，但在一事一物上却未必。第三，生产力和生产关系也是这样，相互作用是辩证法的基本原理，“反作用”其实就是作用。像生产和交换也“都有多半是它自己的特殊规律”，又都互相制约和影响。① 重农轻商思想不能进入史学界。总之，史学界头脑中经常保持辩证法或可无虞。

经济计量学方法

经济计量学源于数理经济学。数理经济学已有百年历史，经济计量学也有数十年历史，我国现已用于计划和管理。但经济计量学用于历史研究，还是 20 世纪 60 年代以来的事。它兴于美国，目前也以美国为独盛，在欧洲和日本史学界并非主流。

经济计量学用于历史研究有很大局限性。原来计量学用于现实经济，目的在设定最佳模式，选出最佳方案。用于历史则不行。历史不能选择，也不能假设。美国曾有人用反拟法（counterfactual approach）研究美国早期历史，结果不行。又因历史不能用实验或模拟办法取得所需数据，只能用已有统计和估计，不仅研究的时间多限于近代，范围也受限制。目前所用，大多只是回归分析（regression analysis）和相关分析（correlation analysis）二法，回归分析又多限于单元线性。

线性回归是用一直线来表达两组变量间的平均变化关系，其原理见图 2。该图录自汪敬虞《中国近代工业史资料》第 2 辑下册，实即原来统计学中的直线趋势方法。图中曲线是 1895 ~ 1913 年新设厂矿历年投资的指数（X 为时间，Y 为投资指数），AB 线则为历年投资变化（在此为增长）的趋势。

在计量学中，AB 线的含义已不尽为趋势，它称为回归线，即变化的理

① 《马克思恩格斯选集》第 3 卷，第 186 页。

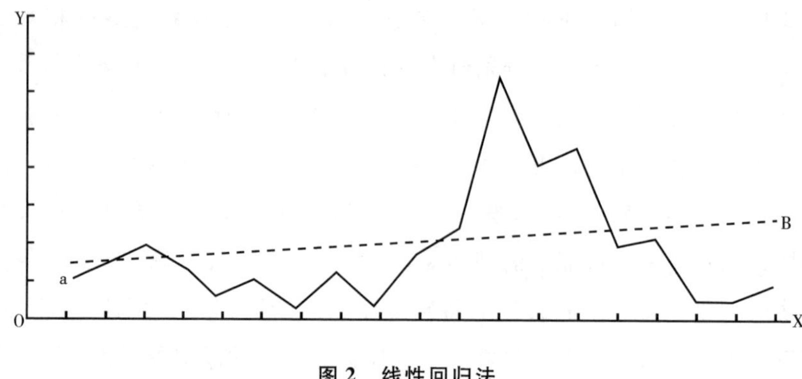

图2 线性回归法

论值。其方程是:

$$Y = a + bx$$

X是自变量，Y是因变量；b是回归系数，即回归线的斜率；a是常数，即X=0时Y的值。有若干（最好20个以上）X和Y的经验数据，即可用最小平方法（公式略）求出a和b的值。而在经济史中，时间常为重要因素，故可将上式改为时间方程，即

$$Y = a + bt$$

t为时间（如年），b则变成速率（如年率）。

美国学者赵冈从孔府档案中得出1736～1775年汶上县梅花庄麦、豆、高粱、杂粮的历年产量，用上式（他还加上一个平均为0的分布变量e）算出这期间亩产量Y的平均变化率b：麦、豆、高粱的b均为-0.04强，即平均每年下降4%，杂粮的b达-0.09。

其他用法，如Loren Brandt计算上海粮价Ps与国际市场粮价Pi变化的关系，方程为

$$Ps = a + b_1 Pi + b_2 R + e$$

其中R是汇率（因国内粮价用银，国际市场用金），e是平均为0的分布变量。他用1876～1930年逐年Ps、Pi、R的数值（实际计算时用对数1n），得出$b_1 = 1.10$；$b_2 = -0.98$。即上海粮价受国际粮价升降的作用和受汇率变动的作用（银价降粮价升，故为负数）都很大，以此论证上海粮价“整体

化”于国际市场。

线性回归方法，计算并不困难，但其适宜性在于对资料的理解、运用，这仍有赖于定性分析。如上述新设厂矿之例，因每年之新投资并非当年消耗掉（与产量、交易量性质不同），若用资本存量（前期的资本 + 当年投资 - 当年折旧）或资本集成（capital formation，即当年投资 - 当年折旧）为 Y，则 b 值要低得多。后例国内外粮价，因未计入粮食进口量，结论尚感不足。青年学者吴柏均同样用回归分析，发现国内外粮价与实际进口之关系在不同时期、不同口岸、不同粮种（米或麦及面粉）都有所不同。这就需要从进口数量、倾销政策、市场的垄断性等方面来解释。

再如我国对外贸易的进出口价格剪刀差（国外称 terms of trade），不乏有人研究。但同是用 1866 ~ 1936 年南开指数，美国学者侯继明的计算是$Y = 76 + 0.44X$，速率为每 10 年 4% 强；而 Ralph W. Huenemann 之计算是$Y = 58.32 + 0.94X$，速率为每 10 年 9% 强。我对这问题是分阶段观察：剪刀差扩大时期中国吃亏，逆剪刀差时中国受益，两相比较才有意义。又如工业发展速度，是研究较多的问题。美国学者章长基估计 1912 ~ 1936 年工矿业产值的年增长率为 9.4%；Thomas Rawski 估计同期制造业的年增长率为 12.7%；因所用代表产品不同。我以为，既无全面材料，还不如分行业考察为妥。总之，计量学虽定量，却未定死，要根据条件运用，才能有用。

现在谈相关分析。相关分析是找出两系列变景之间相互关联的密切程度，其原理见图 3。该图取自 Robert Hartwell 对明代里甲制的研究。每里户数并非按规定的 110 户，因非农业人口不入里。图 3 是许州 7 个县的里数 X 与户数 Y 的相关图；从 7 个点的位置可见里数与户数关系颇为密切。X 与 Y 的密切程度即相关系数，通常用 r（或 r^2）表示。若 $r = 1$，则各点在一直线上，无须论证。若 $r = 0$，则两者无关系。若 r 为负数，则为负相关（如价格愈高销量愈小之类）。上述 7 个县里数与户数之相关系数经计算（公式略）$r = 0.99$，即密切度达 99%。而广东 13 个县，其 $r = 0.96$；陕西 23 个县，$r = 0.94$。

相关分析的应用范围很广。一般说凡作回归分析，同时即可得出相关系数，不能作回归分析者，亦常可作相关分析。问题是要有大量的连续性数

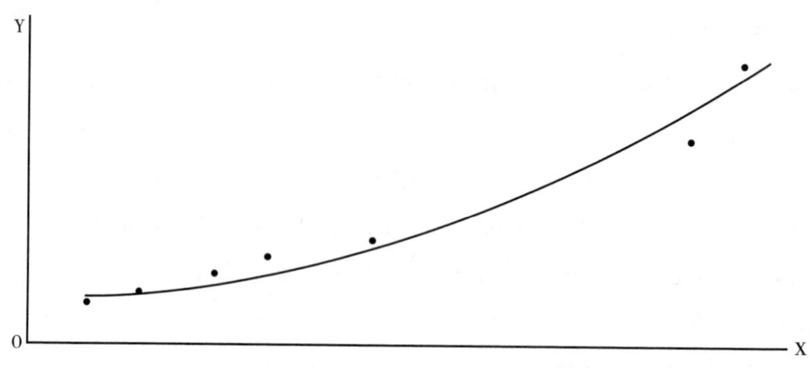

图3　明代河南许州7个县的里户关系

据。因而目前所见，以用于人口、外贸、物价之研究者最多，以及研究铁路运输与贸易的关系，农场规模与产量的关系，均有成例。但应用最多的是拿它检验已有的论点或设想是否正确，亦以这种用法最为有效。如第一次世界大战后，我国棉纺业颇为发达，利润亦优。T. Rawski 估计出 1913～1936 年历年纱厂利润，与同时期棉纺业的发展（以纱锭数代表）作相关分析，而 r 值仅为 0.15～0.17。说明纱厂的利润大半并未用于扩大再生产，而棉纺业的新投资主要来自业外。

反之，欲用相关分析推导出新的结论，则须慎重。如上述纱厂利润之变化与钢铁、水泥、机器三业之发展相关系数达 0.86～0.91，非有文献证明，不能遽认为纱厂利润投入比三业。又如按粮食运销路线常可得经过各地的价格关系。有人研究清代陕西粮价，按最大 r 值应是从陕西最南部向最北部运销；又米市中心苏州，与其米价相关最密切的地方竟是济南。类此情况，若迷信数字，必致失误。

图论为数学方法之一，但在经济史中尚难应用。不过，有时简单之图解也有助于研究。如 R. W. Huenemann 研究中国铁路的经济效益简式如图 4。AB 是铁路边际运输成本。OT 是运量（吨公里）。OP 是传统运输平均运价，OP′是铁路平均运价（均为元/吨公里）。则铁路的经济效益为三角形 PCP′。从图可知：

$$PCP' = 1/2(OP - OP')OT$$

20 世纪 30 年代，传统运输（大车、驮运等，因铁路为南北线）运价平均按

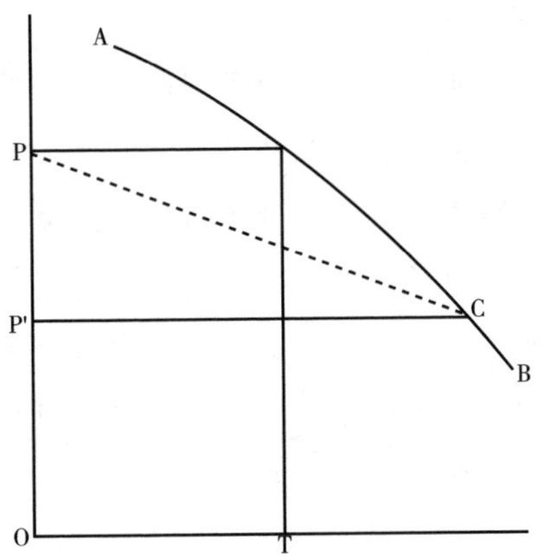

图 4　中国铁路的经济效益

0.1 元计，铁路平均运价为 0.02 元；1933 年 6 条国有铁路的运量为 28.96 亿吨公里。代入上式，经济效益为 1.16 亿元。

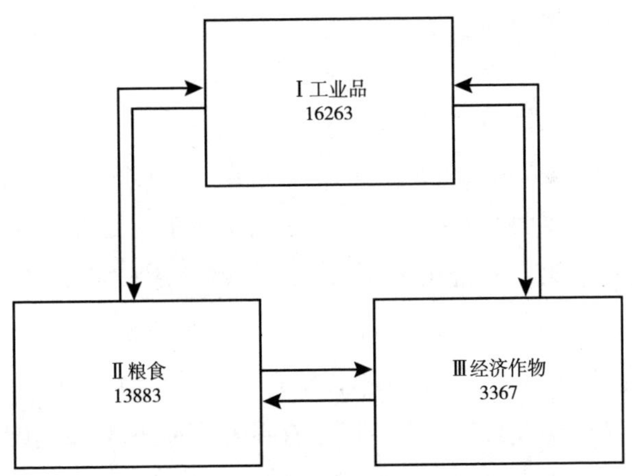

图 5　城市消费额估测

我在《论清代前期我国国内市场》一文中，将市场商品按其相互交换关系分成三类，因各估出数值（万两），并估出城市消费额 C＝2195 万两，因而可利用框图（图 5）得出下列不等式：

$$\text{I} > \text{II} > \text{III}$$
$$\text{I} - C \approx \text{II}$$

再从不等式中推导出结论。①

总之，用计量学方法研究经济史有其局限性。国外所用多限于研究生产力；国内有用于研究生产关系者，尚待开发。而其最大缺点是只见量变，不见质变，又往往为追求数据连续性，忽视以致否定突变。这是违反历史唯物主义的，但其方法本身是科学的，用以检验、纠正已有之定性分析，最为有效。这种检验也可用统计学方法做定量分析。定量分析可避免概念模糊、夸大，以局部作总结等弊病。因此我主张，在经济史研究中，凡能定量的都应定量，不能定量的也尽可能找出相对的数量概念。

发展经济学方法

发展经济学20世纪五六十年代盛极一时，近已衰落。然而，它是研究不发达国家经济的，又注重长期趋势，它的方法以至一些论点，对研究中国近代经济史都能有所借鉴。

发展经济学学派众多，方法各异，但有一点是共同的，即注重比较方法，这也是近年来我国倡行的。

20世纪60年代以前的发展经济学，多是与英美等国的工业化过程相比较，一如过去史学界的西欧中心论。不过因学派不同，重点不同。如新凯恩斯学派注重投资效果，故常用Harrod-Domar经济增长模式（增长率 $G = S/V$，S为储蓄率，V为资本与产出比率）。新古典学派注意劳动力，故常用Cobb-Douglas生产函数（$Y = rK\alpha L\beta$，K为资本，L为劳力）推导出各种增长模式。二元经济论者认为不发达国家存在着两种经济——传统农业经济和从西方输入的现代化工业经济，发展程度就是两者的消长。曾有人用这个观点研究中国经济史，致有口岸经济和内地经济之分。二元经济论集中到“无限剩余劳动”，即Lewis模式：传统农业中存在着一种生产效率极低的剩余劳动，其作用等于0，他们转移到工业部门，经济就发展了。

用这些模式研究中国近代经济的发展，自然不得要领。不过，我们过去的研究偏重生产关系，对资本、劳动注意不够，在这方面与外国工业化过程

① 吴承明：《论清代前期我国国内市场》，《历史研究》1983年第1期。

作对比研究仍是有益的。青年学者李伯重研究明清江南经济，与16世纪至18世纪中期的英国对比，以及近来一些与日本德川时代和明治时代经济的比较研究，都是很有意义的。

20世纪60年代以后，拉美经济学者在发展经济学中异军突起，研究方法也变成南北对比。同时，提出结构主义、依附论、不等价交换等理论。发达国家和不发达国家已形成一种世界性经济结构，后者依附于前者，处于前者的边陲或卫星国地位。经济剩余被中心国榨取去，即使按照李嘉图比较成本说，也是处于不等价交换地位。他们运用大量资料和计量学方法作对比分析，这一点是十分可取的。显然，我们研究帝国主义对中国的经济侵略不能只研究本国，而需要研究对方。我想，至少在某个方面或某些商品市场，确是形成一种国际经济结构。比较经济学方法不是比较两个孤立的国家，而是要研究两者的相互关系，这也是历史唯物主义的一个要点。

发展经济学中还有其他一些值得注意的理论和方法，如不均衡发展、发展阶段论、周期论等，将于下面分述。这些理论不只是从不发达国家出发，而是从整个经济史立论。

区域论和周期论

区域论和周期论是20世纪70年代兴起的美国学者研究中国经济史的一个学派，创始人当推William Skinner和Robert Hartwell，近年来极为盛行，并流行于日本、法国的中国史学者。这方法又称为“空间时间研究法”（spacial and temporal study）。其把中国分为八大经济区，清以后加上东北成九大区。每区都有一两个核心区（core），经济发展是由核心区向边缘区（periphery）推广。大区内由各级市场和资本、劳动力的转移相联系，形成多级性体系（hierarchic system）。各大区的发展都有周期性。周期一般有四个阶段：边区（未开发）阶段、大发展阶段、衰落阶段和平衡阶段。如东南大区在唐开元前还处于边区状态，开元末到宋孝宗时大发展，此后处于平衡状态，南宋到元一度衰落，明洪武后又大发展。大发展时边缘区速于核心区，衰落时也是边缘区先衰落，两者之相关程度可用计量学方法算出，等等。

日本著名史学家斯波义信最近采用这种方法研究江南农业和商业，得出该区域经济发展的周期律（见表1）。

表1　区域经济发展的周期律

年　份	周期率
980 ~ 1030	中度发展
1030 ~ 1279	大发展
1279 ~ 1368	衰落
1368 ~ 1421	恢复发展
1421 ~ 1550	平衡状态

这种研究方法虽是新兴的，但区域论和周期论却都源远流长。

区域论源于古老的地缘政治学。19世纪初德国 H. von Thüen 发表《土地经济与国民经济》，随后有资源配置的理论。20世纪美国出现传播论，研究美国经济由东向西、自南向北的发展。接着美国和德国都有区位经济学，以至出现 Losch、Christaller 的中地理论（central place theory），也就是区域论中核心区和边缘区的来源。以中国之大，分区研究很有必要。我国有地方志传统，为此提供了便利。不过按行政区划又不如接经济区域为宜。近年来大陆和台湾学者研究城市和镇市经济史，即多按经济区，并多少受中地理论影响。但是像 W. Skinner 的强调各区域发展的非同步性和封闭性（autarkic），则属过分。地区特性和区域间共性是对立的统一。中国自古就是大一统为主的国家，经济制度和政治、法律等基本上是统一的，很早就有全国性市场。这一点和欧洲很不相同。美国籍学者王业键的清代粮价研究，用计量学方法说明各大区物价长期趋势的同步性，是个有力的证明。

周期论思想更早，我国春秋战国时即有范蠡、白圭的农业循环说。西方周期论有多家，我觉得最有贡献的是熊彼特（Joseph Schumpeter）的创新论，道出周期的根源。1934年他吸收苏联学者 Nikolai Kondratieff 的大循环理论，提出康德拉捷夫周期。其第一期自工业革命到1842年，恰是鸦片战争；第二期断至1897年，恰临甲午之战；第三期终于1950年，恰是中国解放。当然这不过是巧合，但他是说西方经历了纺织工业、钢铁工业、电气化工业三个时代。其次当推罗斯托（Walt Rostow）的《经济成长阶段论》，提出主导经济部门和“起飞”的理论。我觉得“阶段”比“周期”的提法更好。

历史发展非直线，有盛有衰就是周期。事物发展出量变到质变，就自成阶段。我觉得应当这样去研究经济史，比用断代史的方法好，因经济发展往往是朝代断不开的。不过，西方的周期论一般只讲生产力，不讲生产关系。如照托夫勒（Alvin Toffler）的说法，人类历史就变成渔猎社会、农业社会、工业社会以至信息社会，而奴隶制、封建制、资本主义都不见了。美国学者用周期论研究中国经济，实际上找不出生产力盛衰的指标，只好用人口估计以及税赋、贸易等数字代替，因而所得结论并不确切。其实，如果不拘泥于计量学方法，还有更多的资料可用。

社会学方法

社会学内容广泛，其中有的部门如人口、劳动等已独立成专门学科，同时又有新部门出现，我这里以涉及经济史者为限，采取广义，把结构学派、功能和行为学说等也放入，实际它们已成经济学的分支了。

社会学就方法论说有其基本特点。第一，它认为每个民族或地区都有自己的社会结构和文化传统，其发展也非同一道路。这就摆脱了“西欧中心论”，不去套西方工业化模式，而注意各民族、地区特点的比较研究，因而有“空间史学”之称。第二，它重视“底层”即群众物质生活和精神生活的研究，把人类学、民族学、民俗学、心理学等作为方法引入历史研究，扩大了方法的领域。第三，它非常重视社会调查，积累了一套科学调查方法。历史虽属往事，但经验证明，社会调查还是很有用的。

在20世纪30年代以前，西方对中国史的认识长期受韦伯（Max Weber）学说的支配，即中国是个儒教国家，缺乏资本主义的社会基础。第二次世界大战以后，从社会学方面研究中国活跃起来，而主要集中于家族制度、绅士阶层、科举制度等。在这方面，日本学者的研究更多些，他们还有人注意基层组织，提出“村落共同体”的理论，并大量利用原来满铁等机构的“中国惯行调查”。而研究民间组织、行会、商会者也不乏人。近年来，从传统文化和伦理思想研究历史的倾向又有抬头，其有力论证是同受西方资本主义和经济侵略的冲击，而各民族、地区的反应和后果不同，重要原因即在于传统文化的继承性和适应性。因而有人称之为韦伯主义复兴。

我国早就注意文化史的研究。五四以后，新文化代替旧文化，“旧学”遭到否定，而最近两年，又重新注意传统文化以及孔学的研究了。这是个好现象。社会经济的发展主要决定于内部力量，传统力量的继承和演变，应是经济史的一个课题。事实上，中国传统的政治以至伦理观点，都非一成不变，18 世纪以来演变尤大。我想，研究这种演变和研究资本主义萌芽有同等意义。

结构学派在经济学上是个新学派。其中心思想是经济的发展不仅是生产力的进步，而且在于结构的合理，否则比例失调，产生危机。在经济史上，可以法国年鉴学派为代表，它因 1929 年创刊《经济社会史年鉴》而得名。从方法论上说，最重要的就是“整体历史”论，反对描述个别部门、事件，因为“整体大于部分之和”，而历史是一系列“互相连锁”的机制。即使研究一国一地区历史，也是先研究地理、气候、交通等，即人与环境的历史；然后是人口、劳动、贸易、家庭、文化等，即群体的历史；最后才是政治、军事、外交等历史，有点上层建筑的味道。同时，他们主张研究质，不注意计量分析，而代之以结构分析。尊重传统，讲究平衡。我觉得，重视经济结构，以及人口、劳动、地理环境等研究，都是我们研究中国经济史所需的。不过这派学者提及中国时，强调了传统平衡的作用，并不恰当。

行为和功能学说都源于社会学。行为学说是早期比拟于生物学的研究而来。功能学说则是认为社会现象不能用简单的因果关系去解释，时常是种瓜得豆，因而要研究先于结果（或目的）的东西，即功能。其理论用于经济学，形成制度学派。其制度（institution）有制度和机构二义。如银行、交易所是一种制度，也是执行某种功能的机构。经济发展与否，就看这些机构执行其功能是否得当，以及各种功能配合得好坏，这种配合也就是结构（制度）。在方法论上，就是研究各种制度的功能效率。如钱庄的功能不如银行，漕运的功能不如商运。在研究中又特别重视服务性的功能，如商业、运输、资金融通、政府管理和税制等。有人把这些转化为交换成本，交换成本低，经济就有发展。国外用这种方法研究中国经济史的很多，一般把中国近代经济的不发展归之于运输落后，商业机构不健全、利息率高等，也用这种观点研究宋以后的市场、行会、商税和币制、票号、钱庄等。

值得注意的是关于政府作用的问题。我国经济史学者一向注意历代统治者的作用，而多强调赋税剥削、官田、官工商业、抑商和贪污腐败等消极作用。国外学者相反，一般认为和欧洲封建社会相比，中国政府敛聚较轻，维持社会安定和经济秩序较有效率，对于水利、粮仓、救灾等大为赞扬。近年来，特别对于清政府的经济政策深为赞许，原因之一是中国在乾隆时就能养活三倍于过去人口。

系统论方法

这里所说系统论，包括控制论和信息论。它是20世纪50年代发展起来的科学研究方法，目前已用于系统工程、系统管理、资源开发、经济预测、决策等。我国亦已逐步运用在运筹学、优选法等方面，并属先进。但是，用系统论方法研究历史，我尚未见国外此类著作，在中国却有不少论述，已形成一个学派。

系统论在中国，尤其是青年史学家中受到欢迎，大约因为它具有辩证唯物主义思想，许多原理本是马克思、恩格斯早已提到过的。在我国的一些论述中，有些是讲系统论的一些原则，如整体观、结构分析、层次分析、相互作用、功能、行为等，探讨这些原则在历史研究中的适用性。有些，如金观涛、刘青峰、李桂海、陈平诸家，则是把系统论用于中国封建社会史的研究，其中金、刘的《兴盛与危机——论中国封建社会的超稳定结构》（1984）可称代表作。

诸家研究的结论有个共同点，即认为中国封建社会是个超稳定系统，两千年来内部的振荡只引起王朝的更替，结果是封建模式的复制，重归于稳定。也有人说中国封建社会是个封闭系统，不能容纳外来因素输入，因而停留在稳定状态。我是不同意这种结论的。我曾批评过老的“停滞论”，包括根据亚细生产方式的研究而来的停滞论；以及近年来外国研究中国中提出的“传统平衡”“高度平衡机括”等理论，认为它们是老停滞论的翻版。同时，中国从来不是个封闭国家，不仅汉唐如鲁迅所说采取“拿来主义”，直到明清海禁，许多重要农作物还是从国外引进的。不过，这里不是谈结论，那是可以各抒己见的，这里是谈方法。系统论的方法能否用于研究中国历史？

我的看法是要看怎样应用。如果说应用系统论一些原则作为观察、研究历史上某些问题的方法，那是完全可以的。事实上，像结构分析、层次分析、相关分析以至功能、行为等学说，早已应用于历史研究了。但现在讨论的是，用系统论研究整个社会的历史，这就发生两个问题：一是大系统问题；一是计量问题。

目前我国的研究者大都是把中国封建社会分为三个子系统（也有分成四个的），即权力（政治）系统、经济系统、文化（思想）系统，可谓包罗万象。还要研究系统与外部环境（地理、气候、邻国）的关系，再加上上下两千年，研究的范围就庞大无比。如此大范围研究必很难深入。如果是抓要领，找共性和规律性，那就根本违反系统论原则，因为系统论不是抽象研究方法。如果只是租线条的研究，那就不易看出变化，以致不分南北，难辨汉唐。目前系统论用于现实问题，还都是小系统，如一项工程、一项预测、一项计划。系统工程之大者如阿波罗登月工程，涉及 42 万人。已知最大者是 1967～1971 年韩国的国民经济模型，涉及全国 3900 万人，但只限于经济，不包括政治、文化。更大范围的系统研究，目前还没有经验。

系统论的精神，也是其精华，就在于计量。由于精密计量，才能洞悉些微变化和偏差。为说明这点，举两个简例。一个系统的功能是由它的输入和输出决定的，如图 6。一个经济系统（如工厂）的输入，有劳动、物资、能源、资金、信息（计划、图纸）五种，即 u；其输出有产品、服务、能量、信息，即 y。这些都是向量，都要计量（信息的计量单位是 bit）。而总输入 U 和总输出 Y 都构成一个向量空间，其计量用范数。这就得出该系统的功能 Z：

$$Z = \frac{\| y \| Y}{\| u \| U}$$

一个系统内部有若干元素，如图 7。各元素是互相联系的，但和一般概念不同，其联系有方向，有时序。如 e_1 联系 e_4，即向 e_4 输出，e_4 也向 e_1 输出，但两者不同质，也不等价（否则就无意义了）。e_3 与各元素都有联系，但是单向输出。e_2 不与任何元素联系，但它向系统外输出。这些输出都是不等价的，可以构成一个矩阵方程，计算出 α 值，又因输出有劳动、有物资、有能量等，所以系统内形成五种流，即 R，构成五个矩阵，即 α。这就是该系统的结构，R 说明结构的质，α 说明结构的量。

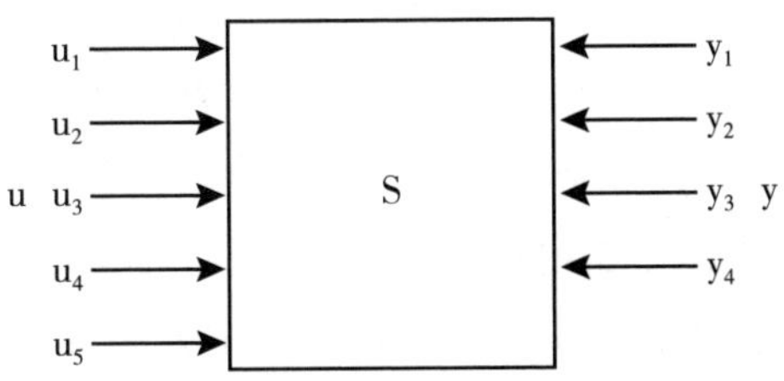

图 6　系统的输入与输出

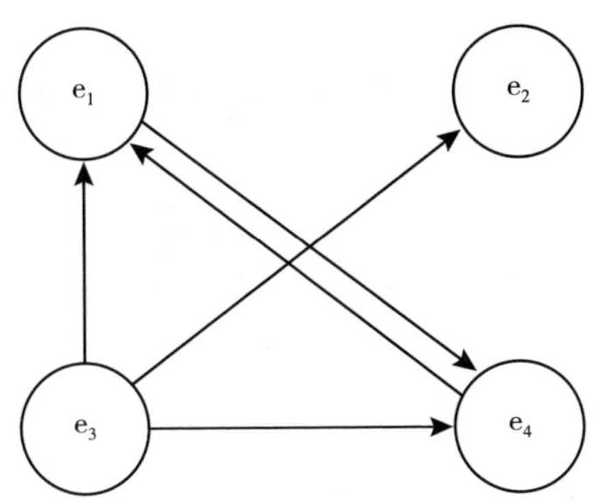

图 7　系统内部各元素的互相联系

再推下去，各元素内部又有不同状态（如有的车间机器多，有的车间技术强），状态由多维向量计值。每个维的运动即行为，行为是它在空间的轨迹，用函数模型计值。此外，控制论、信息论中各项因子和效果也都要计值。

目前用系统论研究中国历史的，除一些年代、人口数字外，都不计量，没有一个数学模型，这就失去了系统论的光辉。系统论方法中在数据不足时，也可不建立数学模型，先建立物理模型，作定性分析，但目的是为将来进入定量分析。在用系统论研究中国历史时，连物理模型也难建立。因而所谓相互关系、功能、结构等，还是一般概念，看不出方向、时序、质和量。在论各种力量时，只能用集中、分散、增强、减弱等来表示。

系统论方法既是计量，前面谈经济计量学方法的一些缺点它也都存在。

另外，系统论是不注意内部矛盾的，因为目前应用的都是人造系统（工程、计划、预测模型等），不去人为地制造矛盾。系统论模型中除按预定的输入变动外，其不稳、振荡都是来自外部干扰。控制论的主要目的就是消除不稳，使系统保持原有状态。这些都是不符合历史唯物主义研究原则的。

但我并不认为系统论方法不能用于研究历史。毛泽东说："应先作经济史、政治史、军事史、文化史几个部门的分析研究，然后才有可能作综合的研究。"① 我想，目前用大系统研究全社会历史的条件还不成熟，不如就一些经济史的专题，进行小系统研究，像系统工程那样，一项一项去做。因为经济史究竟还有点数据，有些从物理模型开始，还是可以的。系统论的方法也是在不断发展的。方法论的进步，比我们经济史的研究更快。例如现在我们说的还是"老三论"，而新三论——耗散结构论、协同论、突变论，已经出世了。

总　结

我以为，在经济史的研究中，就方法论来说，应当扩大眼界，博采众家之长。这包括三层意思：

——根据不同对象和现有条件，采用不同的研究方法；

——同一问题，用不同方法去求解，以期得到更完备的论证；

——用某种你最信任的方法，进行多题研究（这结果会形成一个学派）。

无论采用哪种方式，都要以文献学方法为基础，以历史唯物主义为指导。

中国经济史，直到今天，我们的研究还很不够。恩格斯说，要先认识事物，然后才可以认识它的过程。今天我们对历史上的许多事物还不清楚，或不很清楚，还需要一事一物、一个个专题进行研究。在这种定性研究中，传统的方法，文献学、考据学、考古学的方法，仍是第一要义。至于研究其发展变化，即动态的研究，也要以史料为基础，不能单靠逻辑思维或计算机给

① 《毛泽东选集》第3卷，人民出版社，1968，第802页。

出答案，即使给出，最好也要有文献学的证明。

每种研究方法实际都代表一种理论，或由某个学派产生的。对每种方法，都要从它的思想根源、理论根源上检验一下。这个检验的标准就是历史唯物主义。不过，方法虽与理论密切联系，仍有其独立性。黑格尔的历史观是唯心主义的，他用以研究历史的方法却是辩证法。当代西方的许多研究方法，或来源于对自然界的研究，或是从研究生产力出发的，都有其唯物主义的因素。但是用历史唯物主义去检查，又可发现其局限性和缺点。经常保持用历史唯物主义作指导，可使我们头脑清醒，在选择和运用方法上更能得心应手。

最后一点是无论何种方法，包括文献学方法和历史唯物主义，都在不断发展。

(1986 年 12 月在中国经济史学会成立大会上的讲话，原载《中国近代经济史研究资料》1987 年第 6 辑，同时载《轻工业经济研究》1987 第 7 期、《红旗·内部文稿》1987 年第 8 期)

谈谈经济史研究方法问题*

我们说经济史是一门交叉学科。其实没有这个学科。搞经济史的不是学历史出身，就是学经济出身。这就很自然地形成两个学派：学历史出身的注重史料考证，学经济出身的重视理论分析。这两种研究方法都好，可并行发展；两派比一派好，可互相促进。但就每个研究者说，不妨有自己的看法。

我是学经济出身的，毕业后还做了20多年经济工作，教书也是教经济。我早年研究经济史就主要用分析方法，喜欢计量分析。但到20世纪80年代，看法开始有改变。

首先感到计量分析的局限性。一个模型的变量有限，许多条件只能假定不变，这不符合历史。研究农业，灾荒不好计量，只能有灾是1，无灾是0。战争也是这样。1986年我在美国参加计量史学会议，那时福格尔还未获诺贝尔奖，但有些计量史家已转业，气氛低沉。把历史现象都作为函数关系，与实际不符。正如R. 索洛所说，不能“用时间变量代替历史思考”。历史是要下功夫思考的，不能用t推出来。

经济学理论也有很大局限性。当时通用新古典主义，勉强用于民国经济，不能用于明清。20世纪80年代流行合理预期论，民国也用不上；90年代流行博弈论，更难派用场。经济理论没有普遍性、永久性。我写了篇文章

* 本文是笔者于2004年6月8日在中国社会科学院经济研究所与有关学者讨论经济史研究方法问题时的发言和对有关问题的回答。

说：在经济史研究中，一切经济学理论都应视为方法；根据需要可以选用这种方法，也可选用那种方法，史无定法。

那时，法国年鉴学派和新制度学派的经济史都在中国流行起来。年鉴学派的整体观和结构主义都来自社会学，不是来自经济学。整体观接近中国史学，它与分析法的区别有如中医与西医。结构就是部分与整体的关系。经济兴衰不是线性必然，要看结构良窳。这都很高明。不过他们的研究方法太庞大了，布罗代尔可以一人担当，我们做不到，要分工合作。D. 诺斯的新制度学派是以新古典经济学为基础的，但他强调非经济因素，把国家论和意识形态引进经济史。这实际是中国史学传统，中国历史上是强政府与儒家，不过诺斯说他是取法马克思。总之，学习年鉴学派、新制度学派给我很大启发，至少，经济史不能就经济谈经济，制度、社会、思想都要研究。

可是，使我感触最深的是 J. 熊彼特。他在《经济分析史》开篇说，经济分析有三项基本功：历史、统计、理论。其中最重要的是历史。“如果一个人不掌握历史事实，不具备适当的历史感或历史经验，他就不可能理解任何时代（包括当前）的经济现象。”历史感、历史经验云云有点抽象，但它是真实历史知识的积累。发生一件大事，如伊拉克战争，有经验的史学家会立即作出判断，而政治家往往“当局者迷”。“七七”事变，清华大学南迁，陈寅恪赋诗云“读史早知今日事”，这就是历史感。

我在经济史研究中深感自己缺乏历史知识，没有历史观，就抄近道，读前人的“历史哲学”。从维柯到黑格尔、马克思，从汤因比到海德格尔、哈贝马斯。读了不少，但还都是别人的，不是自己的。要有历史修养，必须认真研究历史。而且要有古代史，因为要通古今之变。研究当代史的，也要有点古代史知识，至少是近代史，否则只能做“纪录片”。

我写过一篇文章，刊在《中国经济史研究》2001 年第 3 期，提出研究经济史的看法。我提出历史、经济发展、制度改革、社会变迁、文化思想五个方面。我觉得，经济史首先是史。每个历史时代都有它那个时代的经济。如战国时代，各国经济都要为战争服务。秦汉大统一，就有了《货殖列传》。这不是上层建筑决定论。历史是上层建筑与经济基础合一的整体。研究一个时代的经济要从整体入手，就是从历史入手。布罗代尔《15 至 18 世纪的物质文明、经济和资本主义》一书的第 1 卷就是整体论，它规定着第 2

卷经济和第 3 卷资本主义制度的“边界条件”。

经济史是研究一定历史时期的经济是怎样运行的，以及它运行的机制和效果。这里要用经济理论，但只能把理论作为方法，思维方法或分析方法。根据问题性质和史料选用不同方法。

任何经济都是在一定制度下运行的，否则就乱了。制度变迁通常是由于经济发展的需要。这和诺斯的看法不同，而是 J. R. 希克斯的观点，也是马克思（在《德意志意识形态》）的观点。历史上土地制度、赋役制度、租佃制度、雇工制度的变革都是这样。在重大的经济变动中，如由传统经济向现代经济的转变中，单是这些制度变迁不行，还要求有体制的变革，以至根本法（constitutional）的变革。

经济史本来是社会经济史，老一代经济史学家都研究社会。由于用经济分析方法，特别是计量学方法，把社会给丢了，要恢复过来。

经济发展、制度变革、社会变迁，在最高层次上都要受文化思想的制衡。我用制衡（conditioned），有二义：一方面，不合民族文化传统的东西（如人民公社）行不通。另一方面，文化思想又是改变传统的先导，这在历史上称为“启蒙”。诺斯把意识形态看成是非正式制度，马克思则看到它启蒙的一面。从管子起，历代都有启蒙思想，研究经济史要注意这些。

最后，谈一点史料考证。实证主义，我以为是研究经济史的基本方法，不可须臾或离。在西方，不断有反对实证主义的浪潮。第一次在 20 世纪初，以 B. 克罗齐、R. 柯林伍德为代表。他们实际上不反对而是很称赞考证史料，他们是反对孔德的实证主义哲学。第二次在 30 年代，以 E. 卡尔、C. 贝克尔为代表。他们也不反对考证方法，只是认为史家都有主观见解，对历史的认识是相对的。第三次是 50 年代美国逻辑实证主义者，他们根本否定史料考证，认为史料不可靠，只有用逻辑推理得出来的历史才是真实的。不过，逻辑实证主义的史学没有市场，热闹一阵渐被人遗忘了。

我以为应当承认历史认识有相对性。我常说历史研究是研究我们还不认识或认识不清楚的历史实践，如果已认识清楚就不要去研究了。但历史上总有认识不清楚的东西，已认识清楚的随着知识积累和时代进步又变得不清楚了，需要没完没了地再考证、再认识。

附 对相关问题的回答

问 统计分析与计量分析有什么差异？

答 统计分析是从统计资料中做出指数、权数、增长率、速率等变动的量。非常有用。凡能做变动分析的都要作。计量分析通常指建立模型，从方程中推导出来未知的量或率。但最常用的是回归方程和相关分析，实际仍属统计学。我以为模型法只适于单项研究，因为历史不是按模型发展的。计量分析最好是用于检验已有的定性分析，而不要用方程创造新的理论。

问 经济理论的局限性如何表现出来？

答 一是要补充理论忽略了的东西，如经济增长，要用历史学的方法补充非经济因素。一是时代局限性，如恩格斯说价值规律适用于15世纪以前，到16世纪就要用生产价格规律了，到19世纪（这不是恩格斯说的）就要用边际效益规律了。这指欧洲，中国19世纪还用价值规律。有些理论可以通用，如投入产出法，但具体到比如江南农业，还必须有附加条件。E. F. 赫克舍尔说历代经济都受供求规律支配，而实际上只在他研究的重商主义时代有效。

问 有学者认为，历史可能是史学家眼中的历史，不可能完全抛弃主观因素。

答 的确如此。19世纪西方史学家力图避免主观，追求“如实”反映客观，实际办不到。海德格尔首先提出“先见”的重要性，没有主观见解不能作出判断。哈贝马斯提出“交往理性”。正确的认识是主观与客观交流的结果。H. G. 伽达默尔的解释学认为，考证就是史家与文本（史料）的问答，或者今人与古人的对话。每次问答都扩大史家的视域，得出新的认识。这就是历史学的功夫。

（原载《中国经济史研究》2005年第1期）

史学方法和历史实证主义

一　史学方法

历史研究（不是写历史）是研究我们还不认识或认识不清楚的历史事物，如果已认识清楚就不要去研究了。历史有无限量的事物，认识不完。历史认识是相对的，已认识清楚的东西，随着知识增长和时代思潮的演进，又变得不清楚了，需要再认识。历史研究就是没完没了的再认识过程。

认识是思维与存在的统一，方法是思维的工具。历史研究的方法可分三个层次：一是世界观意义的方法，是从整体上指导我们研究的思维工具；二是认识论意义的方法，是解释、求证、推理的思维工具，其中又分逻辑思维和非逻辑思维两种；三是专业和技术研究方法，如社会学方法、经济学方法、计量学方法、比较研究法等。本文只谈一、二两个层次，不谈专业和技术方法。

（一）世界观意义的方法

世界是个无限多样性的整体，而我们要认识的都是有限的个别。此个别，对于我们已有的认识即知识来说是新的东西。我们认识它，不是像录像那样把它原样收入我们的知识夹（那是收集，不是认识），而是要理解它的原委，它在整体中的位置、关系和功能，有如发现一个岛屿等于重绘全幅地图。这样的认识，就必须先有一种观念上的整体理论作为思维工具，它为我们的研究提供观点、视野、思路（approach）以至假说。现代科学的发现都是先有假说，然后再去证实它。人类学家 B. K. 马林诺夫斯基在考察西太平洋某岛上人的文化时说，我们不是在写游记，而是“在描述他们，创造他们”，对于人类知识中还没有的这种新文化的创造，“完全依赖理论的激励”。①

就历史事物的认识来说，这种先有的理论就是历史观。历史观是一种世界观，在研究具体的历史（如中国经济史）时，它就变成一种方法，世界观意义的方法。恩格斯说：“马克思的整个世界观不是教义，而是方法。”②列宁说：“历史唯物主义……只企求指出唯一科学的说明历史的方法。”③ 这里“唯一”两字可略，因为作为思维方法，还有其他历史理论可以选用。司马迁的“究天人之际，通古今之变”就是一种很高明的历史观。因为人类的活动“一方面是自然关系，另一方面是社会关系”，我们要研究的就是“人和自然及人与人之间在历史上形成的关系”。④

（二）认识论意义的方法——逻辑思维

逻辑思维有归纳法、演绎法、证伪法。

归纳法是由个别、特殊推论出一般，其法创自 F. 培根。培根说观察事物要独立于理智，不受理论干扰。这在当时指排除神学的干扰，有积极意义；今天看就不对了。观察是有目的的活动，要靠理论来决定思路和取向。爱因斯坦说：“是理论决定我们能够观察到的东西，只有理论，即只有关于自然规律的知识，才能使我们从感觉印象推论出基本现象。”⑤ 基本现象指本质或一般。

培根又十分重视一般公理。他说：“从感性与特殊事物中把较低级的公理引申出来，然后不断地逐渐上升，最后才达到最普遍的公理。”⑥ 层层归

---

① B. K. 马林诺夫斯基：《西太平洋的航海者》，华夏出版社，2002，第 6、7 页。

② 《马克思恩格斯全集》第 39 卷，人民出版社，1972，第 406 页。

③ 《列宁选集》第 1 卷，人民出版社，1960，第 13 页。

④ 《马克思恩格斯选集》第 1 卷，人民出版社，1974，第 34、43 页。

⑤ 许良英、范岱年编译《爱因斯坦文集》第 1 卷，商务印书馆，1977，第 211 页。

⑥ F. 培根：《新工具》（1620），译文见北京大学哲学系编《十六—十八世纪西欧各国哲学》三联书店，1958，第 10 页。

纳能否得出最普遍的公理是可疑的。在自然界，最普遍的理论如广义相对论并不是靠归纳法得出。在历史学上，梁启超在1902年发表的《新史学》中说："历史者，叙述人群进化之现象而求得其公理之例者也。"后来他在1921年的《中国历史研究法》中就取消了"公理"之说，而在1926年修订该书时干脆抛弃了归纳法，他认为对历史整体性的认识"十有九要从直觉中得来"。[①]

历史研究因是从分散的、个别的史料入手，通常用归纳法。但归纳法有它本身缺点。D. 休谟早就指出，该法是建立在未来与过去相似的假设上，而"自然的途径会发生变化，过去不能成为将来的继续有的规则"。[②] 我们应当注意这一点。"述往事，思来者"，只是提供借鉴。

归纳逻辑最大的缺点是它所有的命题都是单称命题，积累同样的命题愈多，愈可信，但终非全面。20世纪逻辑实证主义兴起，提出用概率论来测定，这很好，但概率论难用于历史事物。不过有时可限定范围，如所论限于五个典型商埠，若五埠都发生银贵钱贱现象，则变成全称命题。

演绎法是由一般公理、定律推论出个别、特殊，结构严密。如欧几里得几何学，即从14条公理、定义演绎出来的。其定义如"一个点的等距离的轨迹就是圆"，既无懈可击，演绎出的整个体系也天衣无缝。但这也只限于数学，其他科学还是用归纳法得出定律、公理。到19世纪晚期，定律、公理已成系统，演绎法遂成为主要逻辑思维工具，并从自然科学向社会科学发展。但在历史学似属例外。

历史是"一次如此"的事情，原则上没有重复。历史是人类无计划创造的，并不根据什么公理。一治一乱，分久必合，确有之，但不能证明它就是定律。18世纪启蒙运动把自由、人道主义、进步论作为历史发展的总趋势，但在论证具体问题时，不能把它们作为演绎法的大前提。社会形态变迁也难作公理，无奴隶制者有之，无封建制者有之，超越"卡夫丁峡谷"者亦有之（如中国）。历史学可用演绎法中的"假言判断"法，其例是如果A是真，则B是真，但需慎用，因历史是已完成的事，不能随便假言。美国计量史学

① 梁启超：《中国历史研究法》，上海古籍出版社，2000，导读第8页，第1、138页。

② D. 休谟：《人类理解研究》，商务印书馆，1957，第13页。

(cliometrics)者用“反事实度量法”(counterfactual measurement),我不赞成。

1942 年美国逻辑实证主义者 C. G. 亨普尔发表《普遍规律在历史中的作用》,后继者踵起,形成一个用演绎逻辑解释历史的流派。其法是 1. 一组序列事件 C 发生的初始条件或边际条件;2. 一组有关这类事件的普遍规律。有此两者,便可对相关事件 E 做出准确解释。这里先行条件 C 相当于原因(cause),而 E 相当于结果(effect)。然而,问题在于找不到什么历史的普遍规律。无何,亨普尔说:“规律一词意味着它所提出的陈述实际上已能得到有关事实充分地证实了”,① 因而可以不言而喻。亨氏的追随者还有人提出可以“正常状态”作为历史的普遍规律。若此,则还不如清乾嘉学派所用“理断”法,考虑更为周到。

证伪法,始于奥籍英人 K. R. 波普尔。波氏 1945 年发表《历史主义贫困论》,将证伪逻辑用于历史。

波普尔的证伪逻辑是:任何理论都是一种猜想或假设,需用经验来验证。但不能用归纳法,因理论是全称命题,包含无限个对象,而经验是个别的。有限不能证明无限。归纳多少个正面经验都不能证明该理论是真,反之,只要一个反面证据,就可证明该理论是伪。没有证实的逻辑,只有证伪的逻辑。②

波普尔的历史学观点有:1. 不可能有整体意义的历史学,它“不能预告人类历史的未来行程”。③ 2. 历史没有客观规律。历史发展会有趋向,但“趋向并不是规律”。④ 3. 历史上相继出现的事物可能有因果关系,揭开因果关系要用逻辑实证法,即用初始条件和普遍规律来演绎。而所用普遍规律往往因为太普遍而被略去了。如说 G. 布鲁诺被烧死在火刑架上,其普遍规律是“人被火烧必死”,略去了。⑤

波普尔的证伪论是个发明。任何理论都需证伪,正如恩格斯所说:“今天被认为是合乎真理的认识都有它隐蔽着的,以后会显露出来的错误的方

---

① C. G. 亨普尔:《普遍规律在历史中的作用》,中译文见《史学理论》1987 年第 3 期。
② 卡尔·波普尔:《猜想与反驳:科学知识的增长》,《世界科学译刊》1980 年第 1 期。
③ 卡尔·波普尔:《历史主义贫困论》,何林等译,中国社会科学出版社,1998,第 2、72 页。
④ 卡尔·波普尔:《历史主义贫困论》,第 101 页。
⑤ 卡尔·波普尔:《历史主义贫困论》,第 126~127、129 页。

面。”[①] 但纠正错误不一定要全部否定它。波普尔的史学观点也有可取之处，但他否定整体史学是不对的。法国年鉴学派、特别是 F. 布罗代尔的整体论史学，是公认的治史的好方法，只是过于繁杂而已。波普尔的最大缺点是不该完全否定归纳法。他不仅否定归纳法，还否定文献资料。他把文献资料作为一种“文化产品”，它不反映物质世界，也不属于精神世界，“因此，资料不是理论的基础，也不是理论的保证，它们并不比我们任何理论或‘偏见’更可靠，如有区别，倒是更不可靠一些”。[②] 这恐怕是任何史学家都不会同意的。其实，历史实证主义离不开归纳法，历史上的证伪也需要归纳法。中国的考据学有“辨伪”一项，成绩斐然。阎若璩的《尚书古文疏证》考证古文尚书有 25 篇是伪书，有根有据，全用归纳法。康有为的《新学伪经考》谓东汉经书全是刘歆伪造，盖先有个刘歆投靠新莽取宠的概念，属演绎法，人多不尽信。

原来，逻辑实证主义和证伪主义都是以“科学哲学”旗号出现的。前者说，只有按“普遍规律”和“初始条件”推演出来的理论或陈述，才是科学的。后者说，只有经得起证伪检验的理论或陈述才是科学，不能证伪的如神学、美学不是科学。然而，1962 年，T. S. 库恩发表《科学革命的结构》，认为科学的发展是新旧范式（paradigm）的更替，这种更替是革命，“革命是世界观的转变”，新旧范式之间是“不可通约的”，没有逻辑关系。[③] 库恩是从科学史上总结出他的科学哲学的，被称为“历史学派”。1978 年，另一位历史主义者 I. 拉卡托斯发表《科学研究纲领方法论》。其纲领犹库恩的范式。一个纲领的核心部分是不能改变的，但它的辅助假设称“保护带”，则可以被证伪而修改。所有科学理论或纲领都是开放的，有向前或后退的变化，一种理论退化，让位给另一种，就是科学的进步。[④]

又一位历史主义的科学哲学家 D. K. 费耶阿本德发表《反对方法》(1975)，提出“认识论的无政府主义”，要求“无理性”“非逻辑”，废除固定方法，“什么都行”（anything goes）。费耶阿本德是后现代主义者，语

---

① 《马克思恩格斯选集》第 4 卷，人民出版社，1972，第 240 页。

② 卡尔·波普尔：《没有认识主体的认识论》，《世界科学译刊》1980 年第 2 期。

③ T. S. 库恩：《科学革命的结构》，上海科技出版社，1980，第 64、70 页。

④ I. 拉卡托斯：《科学研究纲领方法论》，中文摘译见《世界科学译刊》1980 年第 9 期。

出惊人。其实，他是主张多元方法论。从科学史来看，科学发展并非都是靠理性思维，许多发明来自偶然的直觉，神话、占星术、炼金术都对科学发展有贡献。理性的非理性的、逻辑的非逻辑的思维都可用，人们要认识大自然“就必须使用一切思想、一切方法，而不能仅仅使用其中的一部分”；这“也是人道主义的本质部分”，因为它破除思想被逻辑奴役的状态，恢复人的尊严。①

（三）认识论意义的方法——非逻辑思维

认识论中的非逻辑思维有辩证思维、形象思维、直观三种。

辩证思维中国也称辩证逻辑，实际不在逻辑学之内。辩证思维是中国特别擅长的思维方式，自老庄、易传以来，融入儒学，直到宋明理学，成为中国哲学的精华。辩证思维在历史哲学中有重要地位，可以说自然界和整个人类的历史都是辩证地发展的。辩证思维是一种高级的理性思维，它能解释逻辑思维不能解释的问题。但辩证思维缺乏工具性，一般不作方法论看待。黑格尔的辩证法虽有“正反合”“否定之否定”公式，亦非操作规程。小文是讲方法论，对辩证思维暂不置论。

形象思维具有强烈的启发、创作功能，主要用于文学、艺术领域。也见于史学，司马迁遨游半个中国，探禹穴，观仲尼庙堂，访楚汉战场，吊屈原自沉的汨罗江，走蒙恬长城，都是形象思维。形象思维一般也不作方法论讨论，故略。

直观思维是理性思维，在科学和人文科学中都很重要，一般属于方法论，其中又有“悟”和“直觉”两种形式。

悟或顿悟的认识，在宇宙观和哲学中非常重要，在东方哲学中，对世界的认识差不多都是从悟或顿悟开始的。悟的认识过程，至今还没有满意的解释。德国新康德主义学派把悟（Verstehen）与科学思维对立，悟是由人亲自参与事物，由内省、神入得出的第一人称的知识，科学是通过测算和试验得出的第三人称的知识。这并没能说明悟的能力的根源。朱熹把悟归之于

① R. K. Feyerabend, *Against Method: Outline of an Anarchistic Theory of Knowledge*, London, 1975, pp. 52, 306.

“今日格一物，明日格一物”，“一旦豁然贯通”。而事实上人的认识并没有这番功夫。倒是王守仁的“致良知”说比较接近，“念念致良知”就是悟。王守仁《咏良知》：“无声无臭独知时，此是乾坤万有基。抛却自家无尽藏，沿门持钵效贫儿。”后二句来自《传灯录》，是禅宗的顿悟法。又《示诸生》：“尔身各各自天真，不问求人更问人。但致良知成德业，谩从故纸费精神。”二诗道出悟的根源和方式（均见《王文成公全书》卷二〇）。

直觉是一种综合性、整体性的理性思维。笛卡尔认为直觉提供的东西是理性证明的基础和出发点，经“我思”成为“明晰确定”的知识便是真理。唯理主义者都尊重直觉，康德的先验论就是直觉。海德格尔的“操心”（Sorge）自称来自良知，即来自直觉。波普尔认为，科学理论非来自公理的演绎，亦非来自经验的归纳，而是来自科学家的直觉，即对问题提出猜测（假设），再用逻辑作证伪的检验。现代科学，如分子论、量子论、电磁场理论、宇宙大爆炸理论，都是先有直觉的假设，再设法逐步证实的。

现代科学把直觉解释为一种跳跃式的理性思维。一种新的理论需要在众多环节上进行测量和试验，有的环节目前还无法测量或试验。有丰富基本知识和经验的科学家，越过诸多细微环节，径自做出判断，这就是直觉。爱因斯坦非常重视直觉。他说：“我相信直觉和灵感”；理论上我们可以从普遍的基本定律推导出一个“世界体系”来，但是“要通向这些定律，没有逻辑的道路，只有通过那种以对经验共鸣的理解为依据的直觉，才能得到这些定律”。[①]

二　中国的实证主义史学

实证主义是研究历史的基本方法，不可须臾或离。这里所说实证主义完全指考据证实方法，不是 A. 孔德的实证主义哲学。孔德说他的“实证”（positive）一词有五个含义：真实、有用、不犹疑、精确和“否定之反义”。作为考证方法，我只取他第一个含义，即真实。但我完全拥护他的第五个含义，即“对每一种见解都更公正，更能宽容”，“坚持从历史角度去衡量不

① 许梁英、范岱年编译《爱因斯坦文集》第 1 卷，第 102 页。

同见解的各自影响，持续的条件以及衰落的缘由，决不能作任何绝对的否定”。[①] 这就是说，应当肯定自己而不否定前人。

我国史学自司马迁以来就是实证主义的，至清乾嘉出现精湛的考据学。考据学主要是考证史料。史料是认识历史的根据。傅斯年在北京大学讲《史学方法导论》说：“史学便是史料学。”他又在《历史语言研究所工作之旨趣》（1928）中说：“近代之历史学只是史料学”，“一分材料出一分货，十分材料出十分货，没有材料便不出货”。[②] 此论曾有非议，但傅氏先有一言：“史学不是著史。”著史是创作，还须有历史观、论点和评价。

史料并非史实。史实如何，我们无法知道，只能依靠史料去考证。所有史料（文献、文物、口碑）都是人为的，都不免失真、失误、夸大、隐讳以致伪造。而所有的考证都是相对的真实，需要发掘新的证据，发明新的方法，没完没了的再考证。乾嘉以来，中国的实证主义史学就经历了这一过程。

乾嘉考据学有训诂、校勘、类推、辨伪、辑佚诸法。前三法都是以归纳法为主，每字每事必广集例证，“类而辑之，比而察之”（崔述《考信录》），得出较真实的解释。胡适说：“他们所以能举例作证，正因为他们观察了一些个体的例证以后，脑中已有了一种假设的通则，然后用通则所包涵的例来证同类的例”，这等于从通则“演绎出来。故他们的方法是归纳和演绎同时并用的方法”（《清代学者的治学方法》，《胡适文存》卷二）。一般说“举例证”是危险的，因为“礼会生活现象极其复杂，随时都可以找到任何数量的例子或个别材料来证实任何一个观点”。[③] 不过清人的训诂、校勘、类推是在某字某事的狭小范围内收集尽量多的例证，比较可靠。他们也力戒“孤证”。

辨伪，以赵翼的《赵氏孤（儿）之妄》为例（《陔余丛考》卷五）。搜孤救孤故事见于《史记·赵世家》。赵翼考《左传》《国语》《史记·晋世家》皆记赵氏灭族及立赵武承嗣事，而未提及屠岸贾其人。又灭族及立嗣

① A. 孔德：《论实证精神》，黄建华译，商务印书馆，1996，第 30 页。

② 《傅斯年全集》第 2 卷，台北版。此处转引自王戎笙《论傅斯年》，《中国史研究》1994 年第 4 期。

③ 《列宁选集》第 2 卷，人民出版社，1972，第 733 页。

均在景公十七年（前583），无匿孤之时间。最后“以理断之”，其事乃伪。这即清儒“理断”法，这里的“理”是：景公政治清明，屠岸贾非正卿，不能专杀戮。

辑佚是一大功夫。秦火以后，历代均辑亡书。而乾嘉之辑佚常是有目的的查寻某人某事之零星记载，称钩沉，如人海捞针，实为难得。

乾嘉考据学原用于考经，后及于考史。钱大昕的《二十二史考异》、王鸣盛的《十七史商榷》较早。钱、王原治经，以考经法考史，但有一个优势。王在他书的序中说：“治经断不敢驳经，而史则虽子长、孟坚，苟有所失，无妨箴而砭之。”这是考史要义。稍晚，赵翼之《二十二史札记》则摆脱了考经旧规，分目作专题考证，而用归纳比较法。如一事分别见于纪传表志者，汇而考之；又一事见于各史书（尤其是同一代史书），比而考之。此法沿用至今。

五四运动以后，中国的实证主义史学进入辉煌的发展时代。其发展之由有二：一是新史料之大量涌现，一是新的考证方法迭起。

新史料之涌现主要有：1889年开始发现河南安阳小屯村之殷墟甲骨文，1928～1937年有计划地挖掘，得甲骨24830片。1900年始见的甘肃敦煌石窟藏卷，内容丰富，蔚然成为敦煌学。1908年英人斯坦因于敦煌附近、罗布淖尔、于阗获汉简、晋简，后人继有发掘。这三项均罗振玉、王国维首先考订整理成书，功莫大焉。又傅斯年主持中央研究院历史语言研究所，于1929年收购险被外国人劫取之清内阁大库档案八千余麻袋，编辑《明清史料》30册。此外，考古学发展，尤其1921年出土之仰韶文化遗存，1930年发现“北京人”化石，证实了中国史前史。

新的考证方法首先是西方史学方法之引进。当时西方占主流地位者为德国L. 兰克之史学，其方法论有E. 班海姆之《史学方法论》（1889）和朗格诺瓦与瑟诺博司合著之《史学原论》（1897）。前书分史料学、考证学、综合观察、词章叙述四部分，而综合观察在于判断“吾人可认识事实间之关系，以及其与演化上之整个及一般间之关系”，[①] 此正是乾嘉考据学不足之处。后一书强调史料鉴定。一是“分析史料内容所含，是为积极的命意释

① 伯伦汉：《史学方法论》，陈韬译，商务印书馆，1937，第183页。

文鉴定”；一是“分析史料当制成时之状况，是为消极鉴定。”① 二书之中译本发行较晚，但梁启超、傅斯年、陈寅恪均留学欧洲，必有所知。梁之《中国历史研究法》其体例几乎与班海姆书相同。

新考证方法主要还是中国史学家的创造。王国维创“二重证据法”，即以出土文物与文献材料对证。盖王氏于甲骨、金文、敦煌文书、汉晋简无所不精。陈寅恪在《王静安先生遗书序》中说：“一曰取地下之实物与纸上之遗文互相释证……二曰取异族之故书与吾国之旧籍互相补证……三曰取外来之观念与固有之材料互相参证……吾国他日文史考据之学，范围纵广，途径纵多，恐亦无以远出三类之外。”②

陈寅恪掌握古今中外语文十六七种，其运用史料之广最令人服膺，道藏、佛经、小说、野乘无不入史，而以“诗文证史”尤为人倾倒。他的考证不限于归纳法，而重推论，求得当时政治、社会、风俗、学术之状况。如蜀相韦庄《秦妇吟》一诗秘不示人。王国维考证，以其有“内库烧为锦绣灰，天街踏尽公卿骨”句，恐遭人怨。陈寅恪则辗转查知蜀建国之君即当时抗击黄巢之将领王建，故韦庄对此事讳莫如深，惧杀身之祸也。

陈垣研究目录学、年代学、史讳学，考证佛教及基督教之传播，收集道教碑文 1300 余通。尤精校勘之学，著《校勘学示例》，提出校勘四法：本校、他校、对校、理校。理校即清人理断法，本诸演绎。

胡适在《清代学者的治学方法》（《胡适文存》卷二）中总结清人考据方法，提出“大胆假设，小心求证”八个字，实为考据学基本原则。他说，治史不能墨守古训，“假设不大胆，不能有所发明”。假设是站在充分理由上的，但即使理由“很充分”，也还是假设，必须小心求证，才能“升上去变成一个真理”。真理云云，似不必咬定，因为日后有了新的证据，还可能修改。胡适在 1946 年说：“有几分证据说几分话，有五分证据只可说五分话，有十分证据才可说十分话。”③ 这是非常恰当的。

1923 年以顾颉刚为首，开展了一场异常热烈的古史讨论，汇集成《古

① 朗格诺瓦、瑟诺博司：《史学原论》，李思纯译，商务印书馆，1926，第 281 页。

② 陈寅恪：《金明馆丛稿二编》，三联书店，2001，第 247～248 页。

③ 胡适：《文史的引子》，《大公报》1946 年 10 月 16 日。转引自白寿彝《中国史学史论文集》，中华书局，1999，第 310 页。

史辨》七大册。讨论中顾颉刚提出“层累地造成的中国古史”的观点：“时代愈后，传说的古史期愈长”；“时代愈后，传说中的中心人物愈放愈大”。[①]这次大讨论虽无最后结论，但对古史做了一次大清理，也是考据学的一大展示。

20 世纪 30 年代以后，马克思主义史学兴起，史料学、考据学被用于证实马克思主义历史理论。侯外庐在其《中国古代社会史》（1947）的自序中说，他研究中国古代社会有三个步骤：第一是花费精力研究理论，得出答案；第二是谨守考据辨伪方法，订正史料；第三是将史料与社会发展规律统一成文。此即当时所称“理论学派”的治史方法。而王国维、胡适等老的实证主义者被称为“史料学派”。

新中国成立后，“史料学派”一度受到批判，20 世纪六七十年代考据学被视为“反动”。到 80 年代史学之风又大变，甚至有“回到乾嘉”之说。实际是中国的实证主义史学步入一个全新大发展时期。新史料、新观点涌现，新的著作蔚郁成林，此皆读者目睹，不论。

三　西方的实证主义史学

A. 孔德的实证哲学陆续发表于 19 世纪三四十年代，是一种科学的认识论。他提出，人类的思维或认识是从神学阶段经过形而上学阶段，发展为今天的实证阶段。实证精神是人们智慧成熟的科学的研究方法。它首先要求确定事物的真相，然后探求对象之间的恒定关系，即规律。他要求各种知识逻辑上的一致性，“认识一致是人类任何真正结合所必需的基础”，而实证主义“是造成认识广泛一致的实在的唯一源泉”。[②]他承认现在的归纳和演绎逻辑还不能为一切现象提供一个统一的普遍规律。在自然科学方面，“我们应该只寻求从总体上考虑的实证方法的统一，而不是企求真正科学上的统一”。但在人文科学方面，因为所考察的是“人与人或毋宁说与人类”的关系，“这样的知识倒反而明显自发地趋向于科学上与逻辑上的全面系

① 顾颉刚：《与钱玄同先生论古史书》，《古史辨》第 1 册中编，上海古籍出版社，1981，第 60 页。

② A. 孔德：《论实证精神》，第 19 页。

统化”。①

孔德的实证主义认识论，发表后即受到历史哲学家的批判。首先是德国W. 狄尔泰的诠释学。他认为自然科学是研究无个性单元构成的物理世界，它只能作为现象被人观察和认识，从中抽象出一般性的运动规律。历史学是研究过去的精神活动，甚少或没有一般性、规律性，不能用实证主义方法，只能通过“移情”（empathy），深入古人思想内部去体验本文（历史文献）的原意。19 世纪末 20 世纪初，批判实证主义者日多，主要有意大利的B. 克罗齐和英国的 B. R. 柯林伍德。

克罗齐认为历史学是艺术，不是科学，不能用实证主义方法去研究。我们可以考证历史史实，但历史学不是像编年史那样记述史实，而是通过直观的抽象和概念的判断了解历史的意义，而历史的意义就是哲学。他说：“精神的自我意识就是哲学，哲学就是它的历史，或者说，历史就是它的哲学。”而所谓哲学，必然是“永恒的现在的思想”，历史判断成为哲学，亦只有“历史被提升为关于永恒的现在的知识”才行。这就进入克罗齐的著名命题：“一切历史都是当代史。”他举例说，古希腊人已入墓近千年，到文艺复兴时代忽被当作历史研究起来，因为欧洲人经中世纪神学统治，精神上产生研究古希腊的兴趣。“只有现实生活中的兴趣才能使人研究过去的事实”，这就给过去一种“当代性”，这种当代性“是一切历史内在的特征”。②

柯林伍德的基本观点是：“历史的过程不是单纯事件的过程而是（人们）行动的过程”，人们的行动是由思想支配的，“历史学家所要寻求的正是这些思想过程。一切历史都是思想史。”他又认为，历史上的过去并未死亡，而是以某种方式溶入其后继者之中，就思想说尤其是这样。所以历史研究就是历史学家在自己心灵中“重演过去的思想”，“历史的知识是关于心灵在过去曾经做过什么事的知识，同时他也是在重做这件事；过去的永存性就活动在现在之中”。③ 柯氏说，他要同实证主义“进行不断的斗争”。首

① A. 孔德：《论实证精神》，第 17 页。

② B. 克罗齐：《历史学的理论和实际》，傅任敢译，商务印书馆，1982，第 2、4、43、249 页。

③ R. B. 柯林伍德：《历史的观念》，何兆武、张文杰译，商务印书馆，1997，第 302～303、307 页。

先，实证主义的先确定事实再探求规律的方法不适用于史学，因史学虽是科学，却是没有规律的。其次，柯氏认为文献和档案资料都是“权威”的“证词”，而“依赖权威们的证词”所作历史不过是“剪刀加糨糊”的历史。再则，他认为由归纳法或演绎法所得到的结论是一科“逻辑强制”，是不可取的。

不过，克罗齐和柯林伍德反对实证主义用于历史，但不否定考证史实，克罗齐说：“幸亏有了实证主义，历史著作才变得不那么幼稚，著作中的事实才变得较丰富。”① 柯林伍德很重视考据学，他说“一切历史学在某种程度上都是考据的”。他在1946年出版的《历史的观念》中有一长段讲如何对古代史料改错，辨伪、调换位置等，这实际就是几年前顾颉刚在《古史辨》中的功夫。他又讲“书面资料”要与“非书面资料（有字的陶瓷片等）”互相参证，② 这在十几年前王国维的“二重证据法”早已做了。

第二次世界大战后，在美国兴起历史相对主义之风，也是针对实证主义而来。这可以C. L. 贝克尔和E. N. 卡尔为代表。贝克尔是一位历史进步论者。他说有两种历史，“一种是一度发生的实实在在的一系列事件”，这种历史是不变的；“另一种是我们所有肯定的并且保持在记忆中的意识上的一系列事件”，它“是相对的，老是跟着知识的增加或精炼而变化的”。而实际上我们只有这第二种历史。“为了一切实用的宗旨，对我们和对目前一时来说，历史便是我们所知道的历史。”贝克尔还叮咛说：“从历史来看，作为一种变异过程，我们对人和人的世界的了解，显然只能是暂时的。因为从定义上来说，它是一种仍在进行而尚未完成的东西。”③ 这是历史认识相对论的又一含义。

E. N. 卡尔说：“相信历史事实的硬核客观地独立于历史学家的解释之外，这是一种可笑的谬论。”但卡尔并不否定历史事实，而且是尊重客观事实的。他说：“历史学家和历史事实是相互需要的。没有事实的历史学家是

① B. 克罗齐：《历史学的理论和实际》，第244页。

② R. B. 柯林伍德：《历史的观念》，第202、341～342、382页。

③ C. L. 贝克尔：《人人都是他自己的历史学家》，中译本载《现代西方历史学流派文选》，上海人民出版社，1982，第259～260、277页。

无根之木，是没有用处的；没有历史学家的事实则是一潭死水，毫无意义。”[①] 他还认为，历史需要解释才有意义。“解释这一因素渗入每一件历史事实之中”；“历史就是历史学家跟他的事实之间连续不断的相互作用的过程，是现在与过去之间的永无止境的问答交谈。”[②] 这就使他的方法论接近于当时最先进的海德格尔－伽达默尔的诠释学理论。

还有一点。自狄尔泰以来，都严格区分自然界与历史，西方历史学也把自然界置于历史研究之外。马克思曾严厉批判这种“把人对自然界的关系从历史中排出去”的历史观。[③] 卡尔则认为，历史与科学都是研究人与自然、人与人的相互关系，解答人类生存中的各种问题。因而，“历史学家与自然科学家在寻我解释这一根本目的上，在提出问题与回答问题这一根本问题上是团结一致的。”[④] 可见，卡尔的历史观已多少有了“究天人之际，通古今之变”的思想。

在从狄尔泰到贝克尔、卡尔一系列的批判下，兼以历史学由叙述式向分析式转换，实证主义在西方史学中逐渐淡化。但从上述介绍可以看出，各家批判主要是针对孔德的实证哲学，他们并不否定历史事实，也不否定对历史事实的考证。西方历史学并未离弃作为考证方法的实证主义，只是在应用上不像中国史学家那样认真和有效而已。

（原载《汪敬虞教授九十华诞纪念文集》，人民出版社，2007）

① 爱德华·霍列特·卡尔：《历史是什么?》，吴柱存译，商务印书馆，1981，第1、9页。

② 爱德华·霍列特·卡尔：《历史是什么?》，第18、28页。

③ 《马克思恩格斯选集》第1卷，第44页。

④ 爱德华·卡尔：《历史是什么?》，第92页。

多视角看历史：地域经济史研究的新方向（代序）

宋代经济有很大发展，主要得力于江南的开发，而评价不一。Angust Maddison 的评价偏高，李伯重教授有评论，我有同感。我很同意斯波义信教授的看法：江南的土地开发和农业生产，到明中叶才告成熟，而在城市化和商业方面，南宋已达到高峰。还有，手工业有大发展，这是本次会议所重视的。不过，我觉得最突出的还是在文化思想方面，宋代确实是个高峰。

文化与经济的关系，我不大同意经济基础论。特别是思想，它并不是与经济发展如影之随形；反之，我以为文化思想对经济和社会制度的发展起制衡作用。我用制衡（conditioned）有二义：一方面，不合民族文化传统的社会变革是行不通的，如“人民公社”；另一方面，文化思想的变革又常是社会经济变迁的先导，这在历史上称为“启蒙”。

宋代文化思想的发展集中表现在理学的兴起。我把宋明理学看成是传统儒学的理性化。原来儒学是以伦理道德（善、美）为主，秦汉后吸收了法家和道家的治国之“术”，但无完整的理论体系。到宋代，经周敦颐、张载、二程等人的发明和佛教的渗入，有了中国特色的宇宙观或本体论，有了实践意义的认识论，朱熹集其大成，完成哲学体系，有如西方的康德。故人称理学是儒学的哲学化。我称之为理性化，因为朱学系统的建立是从“致知穷理”（求真、主智主义）开始，达于至善，有如康德之知性到理性。同时兴起的陆九渊的心学和陈亮、叶适的事功之学也是这样。

同时，这要从长期以来观察，朱熹后一百年，朱学似已僵化无华，但整个思想界是活跃的。宋末到明初，不断有朱、陆合流的思潮，如吴澄、曹端，以至有兼采陈、叶者，如吕祖谦、宋濂。故明中叶王阳明理学的出现是个进步，并非偶然。王阳明的“致良知”说有解放思想和鼓舞心灵之效，随即有16世纪泰州学派、东林党人的反传统思潮，17世纪顾炎武、黄宗羲、王夫之和颜李学派等人的启蒙思潮。这样，才能看出宋明文化思想的理性主义实质。

但是，同西方相比，宋明理性主义的效果未免太软弱乏力了。欧洲从文艺复兴到笛卡尔、牛顿、休谟以至康德，其理性主义的确立要比朱熹理学晚五六百年。但在康德时代就掀起了轰轰烈烈的启蒙运动，导致近代科学的建立和发展、民族国家的形成和宪法化，到19世纪实现了社会的现代化。历史可定义现代化即理性化，或现代化是理性主义的产物。中国的理性主义则始终未能动摇封建社会的根柢，即就17世纪以“经世致用”相号召的启蒙思潮来说，它不也是在清人入主中原后旋踵烟消云散吗？儒学的理性化无功而退，退回到经学去了。这是什么原因呢？

在16世纪的中国，原来已有大商人资本和资本主义性质的手工厂出现，在赋税、租佃、雇工制度上都有进步性的变革，在社会结构、家族关系、社区活动和社会风气上都有一些新的现象或倾向，我以为这些都属于现代化的因素或萌芽。但是，到18世纪，这一切都陷于停滞，没有什么发展了。这是什么原因呢？

还有科学方面。李约瑟认为宋代理学基本上是科学的，曾使宋代科学技术达于世界高峰。而他更重视宋儒完成的有机的自然主义世界观，认为是一种很先进的科学思想。他说，在欧洲，笛卡尔—牛顿的机械论曾创造过辉煌业绩，但现在，到爱因斯坦时代就要向有机论转移了。“也许，最现代化的欧洲的自然科学理论基础，应该归功于庄周、周敦颐、朱熹等人。”

我想就科学问题多说几句，因为与本会议题略有关系。李约瑟所说的那种世界观，即我前面所说具有中国特色的本体论。自古中国对宇宙的看法就是一种“生成论”，天地万物都是自然生成的，“生生之谓易（变动）”。宋儒把它理性化：以理作为宇宙的本源，而一切现象都是由阴阳（犹正负）两种气辩证地形成的。理一分殊，产生万物。万物一理，故整体上自然界与人类社会能和谐一致，天人合一。对比之下，欧洲理性主义时代的自然观主要是“构成论"，即世界是由一种或几种要素构成的。按康德哲学，宇宙的本源是不可知的，理性所认知的是它的现象。这在科学上就是用分析方法（中国是整体思维）找出它的结构，以及各要素结合或分离（即运动）的规律，亦即笛卡尔-牛顿的机械论。又既然本源不可知（或本源与现象二元论），自然界与人类社会也就没有一致性的根据。培根早就提出“征服自然界”的号召，以后西方科学的发展都是与自然对抗的；科学与人文、道德分离，原本属于自然界的人反而与自然界异化。

在近代科学发展早期，西方这种机械论的分析方法是十分有效的，它得出许多原理、规律和公式，创造出工业革命等伟绩。但当科学进一步向高深层次发展，特别是相对论和量子力学出现后，思路就不同了。相对论要求整体思维，改变了机械的时空观。在量子场实验中，粒子“产生”“湮灭"成为不可避免的概念。接着宇宙大爆炸理论出来，整个世界有个成长过程。又有物质与反物质、熵与负熵的学说，都表明中国有机的辩证的宇宙观的合理性。另一方面，科学脱离人文、道德的道路也受到了攻击。弗兰克（P. Frank）要求科学弥补两者之空隙，达到人类与自然的和谐，爱因斯坦为他的书作序。萨顿（G. Sarton）提出“科学必须人性化”，要求建立“科学人文主义”，李约瑟说中国就是科学人文主义的发源地。普利高津（I. Prigogine）在创建耗散结构论时指出，这种开放系统（与外界交换能和信息）之由无序到有序的自组织现象是普遍存在的，它正在走向一种以中国“自发形成”“整体和谐”为理想的新的自然主义。协同学的创始人哈肯（H. Haken）说，中国的整体世界观乃是协同学的理论基础之一。

宋代已有先进的科学思想，何以中国未能建立近代科学？这个“李约瑟难题”1964年正式提出后已有几十种回答（他还写信征求过我的意见），其中最多是归之于中国封建社会制度的障碍。但这不解决问题，因为理性主义运动首先就是要变革社会制度，何以中国的理学无功而退？原来这个问题早就引人注意了。爱因斯坦在一封信中说，西方科学的发展得力于两事，即形式逻辑体系和实验方法，而“中国贤哲没有走上这两步”。后来费正清也把中国缺乏逻辑思维作为一项重要原因。近年来，杨振宁更是几次提出这个问题，1999年他在香港讲“中国文化与科学”，认为宋明理学的“理”原也包括寻找自然规律，但因缺乏演绎逻辑、推理的逻辑，没有成功。

的确，在中国哲学中辩证思维十分高明，西方比不上，而逻辑思维很糟糕，《墨经》绝唱后几无人过问。“格物致知”变成空话，是宋明理学一大弱点。所谓逻辑，原包括分析、实验的归纳逻辑，根据公理、定义、规律得出结论的演绎和推理逻辑。它不仅应用于自然科学，也应用于社会和人文科学。到20世纪50年代，人们将之称为“工具理性”。此词亦非新撰，原来亚里士多德的三段论逻辑即编入《工具篇》，培根的以实验、归纳逻辑为主的方法论著作题名为《新工具》。这时提出工具理性，是对“道德理性”而言的。因为西方物质文明高度发展，却造成环境破坏、道德沦丧。工具理性的含义是：这种理论能通过逻辑思维，设定一套程序或计划，有效地达到预期的目的，而不管这样做是否合乎伦理道德。像以利益最大化为原则的西方经济学，就是典型的工具理性。为谋取利益最大化，可以无限制地消耗有限的资源，并造成人与人之间的尔虞我诈。

其实，西方的理性大师原都是讲道德的。笛卡尔把道德看成是最高级的科学，因为它要以其他科学的全部知识为前提，达到完善的智慧。康德讲“良善意志”，它是“绝对命令”，能反映宇宙的本源即上帝的意志。亚当·斯密先写了《道德情操论》，然后发表《国富论》。但是，道德理性没有工具性，很难保证其效果，康德就把善良意志看成是“彼岸"的东西，今生很难得到。

宋明理学讲“格物穷理”，但只是讲怎样合乎天理、合乎人性，是讲道德理性，没有工具理性，结果变成了“存天理、灭人欲”的教条，只能靠“笃践履”来自律，或“致良知”以自悟。浙东事功学派是唯物论者，陈亮注意到总体要通过部分来实现，叶适提出世界由八种事物组成，有点构成论味道，但没有分析逻辑，因而他们提出的重商、致富等功利观点都缺乏工具性。其实，就理性化或现代化而言，唯心或唯物并不重要，这时的理性大师多属唯心论者。其后，重大的发现如量子力学、核能利用以及颇能立见成效的计划经济，都是先有思想，是“心想事成”的。

中国16、l7世纪的批判思潮和启蒙思潮，虽倡“实学”，却也缺乏工具性。我曾分析了好几位代表人物，他们都肯定了利、欲、私，不少人提出了自由、平等、博爱以至西方绝对没有的“民胞物与”的伟大思想，但唯独没有民主观念，只有民本观念。民主和科学是理性化的两大支柱，都是工具理性。立宪制、议会制、选举制都是民主的工具化；而民本属于德性，难以工具化。所以清人入主中原后，理性主义无功而返。到19世纪后期第二次启蒙运动，情况有所不同。因为这时主要是吸取西方的工具理性，也取得一些成果，即洋务运动、戊戌变法、辛亥革命。

西方的理性化或现代化，从工具理性看确实成绩辉煌，人都要遨游太空了；但从道德理性（价值理性）看，生态破坏，道德沦丧，世界充满侵略、欺诈和犯罪，离真善美更远了。这就不能不引起反思和批判。前面讲科学时已略涉及本体论方面的反思，现再稍补充认识论方面的思潮。

西方哲学接受希腊传统，一直十分强调主体与客体的对立，因而强调自我，重视认知，建立了形而上学的大厦。中国也有“形而上者谓之道，形而下者谓之器”的古训，但很不严格。宋儒说形而上的理实际是“微”，存在而不能感觉；能感觉的是形而下的现象，实际是理的“显”。理是根本，是“体”；象是派生的，是“用”。朱熹强调“体用一源，显微无间”，程颐说“道亦器，器亦道”，等于消解了形上形下的界限。王阳明“即体而言用在体，即用而言体在用”，主体、客体的分别也完全取消了。

20世纪初西方出现胡塞尔（E. Husserl）的现象学，首先向形而上学大厦进攻。他主张从对于现象的直观中还原出初始的经验世界，还原不是用逻辑推理，而是用意识所固有的“意向性”来活化对象，以认识事物本质。这就消除了传统的主客二元论，而接近于王阳明的“良知”中的“意”说，王说物乃“意之用”。继之，存在主义兴起，一代大师海德格尔（M. Heidegger）认为本质与现象都是存在，互为其根，本质是“遮蔽”，向现象“敞开”，犹如种子与树木。这就与中国“体用一源，显微无间”理论相仿。他又认为人与自然界不是主体与客体的关系，而是人“关心参与”（Sorge）自然的关系；而在人与人的关系中，这种关心参与又具有意向性和伦理价值。这颇接近于中国的“参赞化育”和仁学思想。仁（二人）学中的人没有主客关系，人人都是主体。

20世纪60年代，后现代主义大师哈贝马斯（J. Habermas）提出“交往理性”理论。他说在现代社会，“野蛮的工具理性”使人异化为物，失去自由，一切社会关系受金钱和权力支配。他要求恢复人与人之间的交往理性，通过诚意和协商重建自由社会，也就是以“主体间”的理性代替“自我”的主体理性。后现代主义者认为“自我”是形而上学的产物，是笛卡尔、黑格尔的“虚构”。伽达默尔（H-G Gadamer）的解释学认为理解不是主体对客体的认知（康德），“理解总是一种对话”，是主体间的交往。如解释历史不是重建过去，而是今人与古人（历史文献）“问答"，从交流中得到创新性见解。

（在“中国东南区域史第二次国际学术讨论会”的讲话，2001年8月14日，杭州。原载李伯重、周生春主编《江南的城市工业与地方文化》，清华大学出版社，2004，题目系编者所加）

全要素分析方法与中国经济史研究

1986年10月，美国商务部经济分析司的丹尼森（E. F. Denison）来到北京，在计委研究所演讲他研究美国经济增长的“全要素分析方法”。当时我就想这种方法能否用于中国经济史的研究。回来见到研究中国当代史的同志，他们说现在国家统计局虽已采用国民账户（SNA）核算体系，但所提供的数据还不能做出全要素分析，只能用索洛（R. M. Solow）的余值法求得技术进步对经济发展的贡献。又听参加投入产出试点区的同志说，较小区域的要素分析比较容易，但不少项目要靠估计。最近见到试图用全要素分析法研究近代荣家企业发展史的青年学者，认为有些要素凭老辈经营者的“经验数据”还是可取的。

丹尼森曾对不同时期美国经济的增长做过三次系统分析，又对欧洲八国和日本做过同样分析。我先将他对美国所作时间最长的一次分析的结果列表如下，再讨论它用于中国经济史研究的可行性。

表　1929～1982年美国经济增长的分析

单位：%

增长要素	对经济增长的贡献
(A)要素投入	1.90
劳动投入	1.34
资本投入	0.56

续表

增长要素	对经济增长的贡献
(B)技术进步	1.02
知识增进	0.66
资源配置改善	0.23
规模效益	0.26
其他	-0.13
国民收入增长(年率)	2.92

表中（A）要素投入指劳动和资本两种要素的投入量；（B）技术进步指这两种要素的生产率（劳动—产出比、资本—产出比）的变动。在20世纪初，要素投入量与要素生产率对经济增长的贡献约略相等，（A）（B）各占50%。以后技术进步的作用加大，到20世纪末，（B）约占70%，（A）约占30%。

古典经济学把劳动、土地、资本作为经济增长的三大要素，丹尼森等现代增长论者是分析企业（包括农业企业）生产，把土地并入资本要素，或假定土地投入不变。研究中国经济史就不能这样。鸦片战争前，中国的经济史主要就是土地制度史和土地利用史，直到今天，土地承包制还是重要问题，农业还没有企业化。因而必须建立一套土地要素的分析方法。这并不很难，因为土地投入（播种面积）和土地生产率（亩产）都是可以计量的，并有人研究过。

（A）中，资本投入、建筑、设备、存货等都是按金额计，只适当计入折旧就行了。劳动投入则需兼顾人力资本理论。丹尼森用了三个子目：(1) 就业量；(2) 就业者受教育程度；(3) 每周工时的变动和就业者年龄、性别的变动，本目对经济增长的贡献往往是负值。

（B）技术进步。丹尼森用了四个子目：(1) 知识增进，包括技术知识、管理知识、研发设计等。这项贡献最大，但却是无法计量的，只能用余值法，即在（B）的贡献中减除其他三目的贡献。(2) 资源配置改善。由于新古典经济学假定完全竞争，资源配置可由市场自动优化，这里的“改善”实指两件事：一是农业的剩余劳动力转入非农业劳动；二是非农业的不付酬的家庭劳动者和个体劳动者转入企业劳动；两事都提高生产率。(3) 规模效益，实指市场扩大，节约交易成本，包括企业内部的节约和企业外部的节约。这种节约对经济增长的贡献也是无法计量的，只好求助于“专家意见”或“经验推论”。(4) 其他，包括“立法环境”（国防、保安等）、人为环境（生态、罢工等）以及自然灾害等。这些都不能计量，不过丹尼森认为这些变动对经济增长的影响不大，可设定一个常值（负数），或免计。

丹尼森的全要素分析方法受到后起的结构主义经济学的挑战。结构主义对经济的发展否定了传统的线性增长模式，代之以结构变迁模式，而结构变迁是不能用传统的市场均衡理论来解释的。这在历史研究上就直接与以诺斯（D. C. North）为首的新制度经济史学冲突。新制度学派认为，储蓄与投资、人力资本以及技术改进、规模效益等都是经济增长的表现，而不是经济增长的原因，经济增长的根本原因在于制度变迁，即明确产权，改进组织结构。这种理论在我国颇受重视，因我国正在进行制度改革，特别是体制改革，希望从历史经验得到教益。诺斯还在他的新制度经济史中引进国家和意识形态两个要素。他说在历史上国家是经济增长的机制，也是人为的经济衰退的根源；意识形态是执行制度的节约手段，它可约束“搭便车”等行为。而在我国，国家不仅是制度的制定者和实施者，他还直接经营经济实体，至今都对整个经济的运行起主导作用。在中国，道德、伦理、义利观等，不仅对人们行为起约束作用，还是推动社会经济和谐发展的积极因素。

制度以及国家、意识形态属于上层建筑，它们对经济基础的作用是直接的，往往要经过相当长的时间才能显现，而且不可计量。不能纳入丹尼森模型。在新古典的市场均衡理论中，把制度看成是已定的、不变的存在，像地理环境、自然环境那样，排除在模型之外。这在静态或短时间分析中是可以的，而在历史研究、哪怕是当代史的研究中都不行，“全要素”分析必须在丹尼森的模型之外另立制度等专项。那么，怎样来分析这些不计量的制度要素呢？

我想，可以采用法国年鉴学派或布罗代尔（Fernand Braudel）的总体论史学方法。布氏的总体论是结构论，总体由部分（研究领域）组成，他的部分中就有国家史、文化史，有地理环境、自然环境。总体论的数学（哲学）命题是：“总体大于部分之和”，“总体即各部分关系之和”。历史研究就是研究各部分的关系及其变迁，尤其是各部分与总体的关系及其变迁。仿此，全要素分析就是分析要素与整个经济增长的关系及其变迁。

这种结构关系有因果关系、双向关系、辩证关系，错综复杂。研究它们要用逻辑思维，用归纳法、推理法，分析、综合，又都要有史料证实。逻辑分析能全面观察，分析层次，揭露实质。其实，那种计量模型并不是研究历史的好方法，它将复杂的社会关系都简化为函数关系，已属失真，又用时间变量代替历史思考，不能说明其来龙去脉。所以，在全要素分析中那些用丹尼森模型计量的部分，仍然要辅之以逻辑分析才比较完善。

（原载武建国、林文勋、吴晓亮主编《永久的思念——李埏教授逝世周年纪念文集》，云南大学出版社，2011，第3～5页）

国外研究中国经济史的学派和方法

20 世纪 60 年代以来，国外学者研究中国经济史颇盛，有不少新著。本文仅就作者所知，从研究方法方面将各学派的理论和实用情况作一简单介绍。

经济计量学派

经济计量学已有数十年历史，其用于历史研究，则系 20 世纪 60 年代在美国开始；用于对中国经济史的研究，尚属 70 年代之事，亦主要在美国。美国老一辈学者如费正清等，仍用正统史学方法。珀金斯（Dwight H. Perkins）1969 年出版的《中国农业发展史》有论计量法的阐释，但主要是用传统的统计学。再年青一代的学者则几乎都热衷于计量史学了。计量史学于 70 年代传入日本，并成立计量经济史研究会，但主要是研究德川时代的日本经济。用计量史学研究中国者，仅见清川雪彦关于中国棉纺织业的著作；唯著名宋史学者斯波义信，近年来亦从事计量研究。在欧洲，巴黎大学的中国研究中心、荷兰莱登大学的汉学研究所，均有学者研究中国经济史，也主要用传统的统计学方法。

经济计量学的基本方法是设定数学模型，从统计数据中找出参数，以求所需变量值。但在历史研究中常患统计数据不足。其研究中国经济史者，尚未见有真正的数学模型。埃尔文（Mark Elvin）1972 年提出晚清中国农业的

“高度平衡机括”（High-level Equilibrium Trap）理论，在汉学家中曾轰动一时。埃氏虽用投入产出法，但所设定者仅为一数理模型，并无参数。① 1984年许内曼（Ralph W. Huenemann）的《1876～1937 中国铁路经济》，用计量学论证铁路的经济收益，其法可简化如图 1。

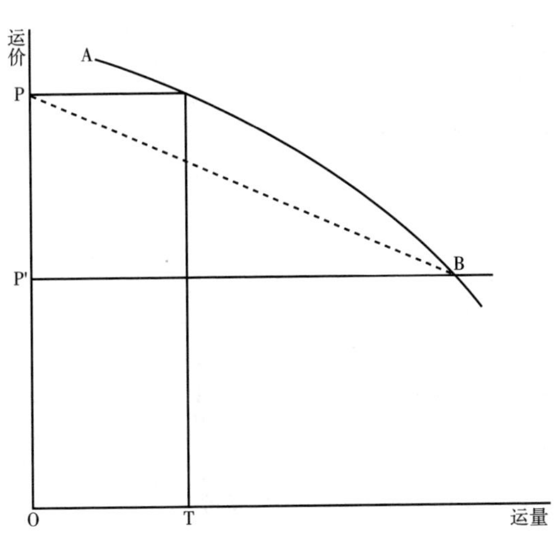

图 1　铁路的经济效益

图中 AB 为铁路运输边际成本，OT 为运输量，OP 为传统运输（大车、驮运、水运等）之运价，OP′为铁路运价，则铁路运输之收益为 PBP′，其值为 1/2（OP－OP′）OT。二三十年代大车、驮运之运价每吨公里自 0.08 元至 0.32 元不等，平均按 0.10 元计。1933 年国有铁路运价平均为每吨公里 0.02 元，运量为 28.96 亿吨公里。以此计算铁路运输之收益约为 1/2（0.10～0.02）2896＝1.16 亿元。

尚可举肯特大学王业键教授研究清代粮价之例，其法简如图 2。图 2A 指 1740～1830 年间（乾隆），粮食供给量由 R 增至 R′，但因大量白银进口，货币量由 M 增为 M′，故粮价由 P 升为 P′。图 2B 指 1850～1870 年间（咸丰、同治），因太平天国战争，粮食供应量由 R 略减至 R′，而货币量又由 M

① 参见吴承明、侯方《评外国学者对旧中国经济不发达原因的分析》，《经济学动态》1981 年第 9 期。

增至 M′，故粮价猛升。此模型亦无参数，但王业键收集了约 50 万件各州府的粮价报告，P 的值比较确定；又白银量已有不少研究，M 的值也比较清楚；故品粮食供应量没有数据，仍能论证。

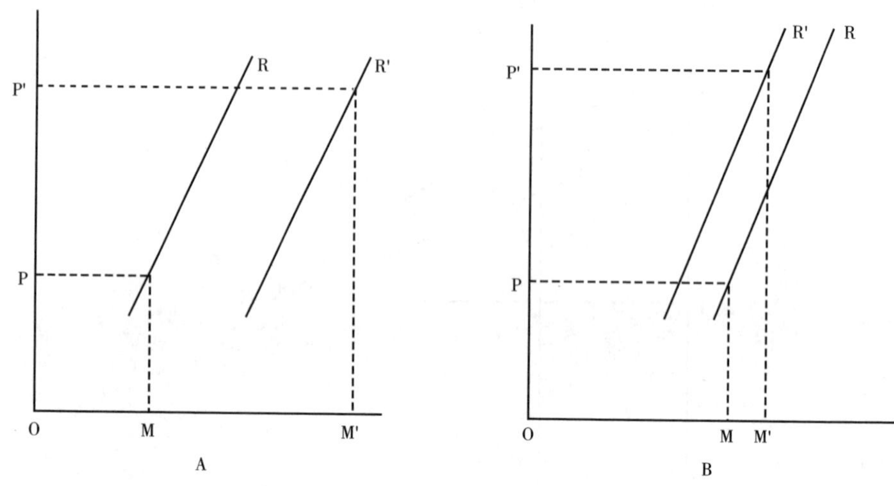

图 2 清代粮价

目前国外研究中国经济史者，使用最多的是连续变量的指数、长期趋势和发展速度等指标，这都属于统计学范围；只因历史上统计资料甚少，大都要采用直接间接方法估计，因而带有计量学味道。近年来更广泛应用最小二乘法作回归分析，通常用 R^2 表示。由于计算 R^2 须有各系列数字的标准差，因常用标准差研究经济系列的变量，较之指数、平均值更为精密。兹举一些简单事例。

郝若贝（Robert Hartwell）研究明代里甲制，各里的户数不一，因非农业人口不入里籍。如许州，文献有 7 个县的里数（系列 A）和这 7 个县的户数（系列 B），里户关系如图 3，两系列的 $R^2=0.99$，即非农业人口极少。广东 13 个县的里数与户数系列，$R^2=0.96$；山西西部 26 个县的里数与户数系列，$R^2=0.94$。

高鹏程（Thomas Gottschang）研究外贸量变动（系列 A）与铁路运输量变动（系列 B）的关系。1902～1931 年，在东北，几乎同涨同落，$R^2=0.95$，在华北则 R^2 小得多。这方法因又可作为因素之分析。如在东北，外贸变动因素中 95% 可由铁路运输显示出来，其他因素如灾荒、战争等均不

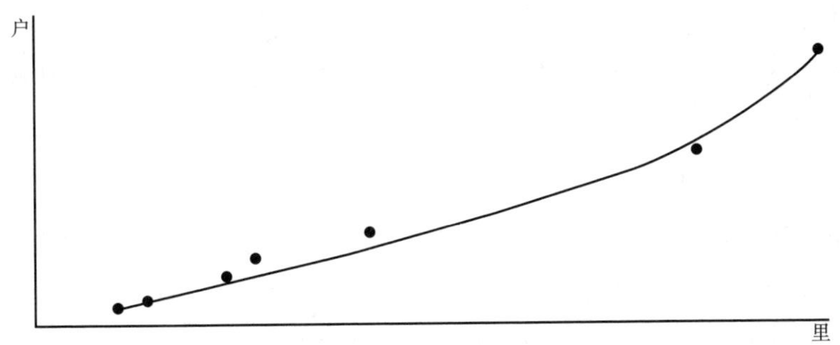

图 3　明代河南许州 7 个县的里户关系

重要了，华北则否。

罗斯基（Thomas Rawski）研究棉纺织业利润与投资之关系。他逐年估计 1913～1936 年华商纱厂之利润（系列 A），而以逐年纱锭数代表投资（系列 B），结果二者关系甚小，R^2 只有 0.15～0.17。盖纱厂利润多用于业外投资，甚少扩大再生产。他又用钢铁、水泥、机器之逐年消费量代表现代工业之回定资产投资（系列 C），结果 A 与 C 之 R^2 竟达 0.86～0.91。

R^2 又用来检验研究结果。如一种经济变动（系列 A）已找出其变动因素（系列 B），两者之 R^2 = 0.90，即表明 90% 的变动原因已被说明了。若 R^2 仅得 0.20，则表示只抓住次要因素，还有 80% 未被说明。进入研究之因素数经常少于实际存在之因素数，根据信息论原理，可以一定的公式将 R^2 值修订（放大），以显示效果。上述罗斯基用于固定资产投资者即修订值。唯此法学者有不同意见。

经济史现象多半表现为一定的量，并多是连续量，用计量学方法可以观察入微，并可区分主要因素与次要因素。但计量学用于历史有很大局限性。经济计量学需充分的统计数据，不能像研究自然现象那样可在实验室中用控制因素办法模拟环境进行计量。在研究现实经济和预测时尚可有一定的模拟，历史研究中则完全不能模拟，亦不能预测。美国史学家有用反拟研究法（counterfactual approach）者常受批评。且宏观模型在历史上几乎不可能，目前研究经济史者亦只限于部门或微观经济。

计量学派的研究对象只是生产力，不包括生产关系，这是违反历史唯物主义的。又计量学派一般只见量变，不见质变；追求历史的连续性，忽视以至否定突变，这也是违反历史唯物主义的。20 世纪 70 年代自托姆（René Thom）以来，已逐渐在数学上解决突变、质变问题，但是用拓扑学方法，尚难用于历史。

总之，经济计量学可用于研究经济史，但有很大局限性，从宏观上说，仍需依靠正统的定性研究。70 年代美国经济史学会主席海迪（Ralph Hidy）说："没有以往史学家所作的质的研究，计量史学家也会走入歧途。因为没有过去研究的成果，便很难设定近似事实的模型。"

区域经济和周期理论

这可说是 20 世纪 80 年代出现的最新学派，是把经济发展的空间与时间结合起来的研究方法。但分别说，区域经济和经济周期的理论却都是源远流长。区域论脱胎于古老的地缘政治学。1842 年冯图恩（J. H. Von Thünen）的《土地经济学与国民经济》首先从地理、地形上解释经济发展。20 世纪 40 年代美国出现传播论（Transition），接着出现区位论（Location），50 年代有洛施（August Löch）的《区位经济学》，地区经济的理论逐步形成。周期论可溯及熊彼特的创新论。1926 年康德拉捷夫提出大循环理论，1934 年熊彼特的《经济周期》即采用"康德拉捷夫周期"一词，又称长波论。他们都是讲资本主义。1960 年罗斯托发表《经济成长的阶段》，溯及前资本主义。经济周期（或阶段）的理论可谓完成。

将这两种理论用于研究中国经济史，当首推施坚雅（G. William Skinner）。他在 1965 ~ 1977 年研究晚清中国农村、城市、市场问题都是用区域经济理论，1980 年写《市场和地区经济结构与发展》则把周期理论结合进来，解释其发展变化。又郝若贝原研究宋史，后及唐、元，1967 年发表《中华帝国的经济周期》。也是在 1980 年，他写了一篇由宋到明的文章，把施坚雅的区域理论结合进来；1982 年完成《从宋到明中国人口、政治和社会的演变》，成为"空间与时间"研究方法的代表作。

其方法是将中国分为西北、华北、东北、长江上游、长江中游、长江下游、西南、东南、岭南九个大区，每大区都有独立发展经济的条件。每大区都有核心区 core 和边缘区 periphery，经济的发展一般是由核心区向边缘区推广。大区内和各大区间是由商品市场、劳动力转移、土地经营（跨地区地主）联系起来；主要是市场联系，有地方市场、集市、区域等八级市场，形成一种等级性联系（hierarchic system）。

各大区的经济发展都是周期性的。周期由四个阶段组成：（1）边区阶段（frontier settlement）；（2）大发展阶段；（3）衰落阶段；（4）平衡阶段。如西北区开发最早，唐开元后处于平衡状况，宋以后衰落。华北区的大发展在中唐，宋元丰以后衰落，明洪武后又大发展。岭南在唐代还是边区，宋开始大发展，南宋末衰落，西部甚至回到边区状态，明后期又大发展。故各区之发展不是同步的，而是封闭的（Autarkic）。一区发展时，边缘快于核心，衰落时，边缘也先衰落。选50个州府，在发展与衰落阶段，核心区（系列A）与边缘区（系列B）的 $R^2=0.90$；但在平衡阶段，R^2 值极小。

这种理论建立后，西方不少学者进行了地区经济史的专门研究，尤以研究长江中、下游者为多。研究结果对周期论产生不少怀疑，乃至有否定周期，只承认趋势者。又周期既成理论，应有其本身的规律（原来的大周期、长波论都与技术革命有关），但各家研究难见规律。

中国之大，研究全国多空论，分经济区研究是个好方法，较之按行政区为佳。核心—边缘理论，作为研究方法，亦颇有用。从时间说，历史发展绝非直线，总有盛衰，形成周期。尤其新技术革命以来，周期论受到重视。这是符合历史唯物主义的。然而，区域经济论是欧洲传统。欧洲自西罗马帝国灭亡即处于分裂状态，以迄于今。欧洲经济史历来是区域经济史。中国则很早就是统一的大帝国，田制、赋役、货币以及法律、科举、文化等基本上是统一的。区域经济论的非同步、封闭性等概念完全否定统一性，又否定上层建筑对经济的反作用，是违反历史唯物主义的。至于经济周期理论只涉及生产力，否认生产关系的变化，若是，则人类历史只是渔猎社会、农业社会、工业社会以至信息社会；奴隶制、封建制、资本主义制都没有了。这岂是经济史？

社会学派

社会学方法用于研究历史，是以一个国家或地区的社会结构、生活、文化以至精神状态等为考察对象，把人类学、民族学、民俗学、心理学等方法引入历史研究。其原意在避开资本主义、工业文明等影响，研究人类本来面目，故常选非开发地带。但第二次世界大战后，情况有变，领域扩大，注意各民族、地区的对比，因又称“空间史学”。

在20世纪30年代以前，西方对中国历史的认识长期受韦伯（Max Weber）的影响，即中国是个孔夫子和儒教国家，没有创造、竞争力量。其后的研究则以家族制度为中心，认为是阻碍中国经济发展的主要因素。兹以对绅士的研究为例。美国学者所谓绅士主要指上层，即欧洲所称elite。有人认为绅士阶层是个社会稳定因素，有人则从科举制度出发，提出它的流动性。第二次世界大战后，1979年出版贝蒂（Hilary J. Beattie）的著作，以桐城绅士家谱为主要资料，提出土地占有、经济特权、重视田产、轻商等论点。日本学者研究中国“乡绅”，则兼指下层的生员。在战前，主要是把乡绅作为政治的、社会的势力，有所谓“超历史的官民之媒介”的说法。第二次世界大战后，主流派见解是从封建生产关系上给乡绅“定位”，因出现田中正俊、重田德的“乡绅土地所有制”“乡绅支配论”等论点，认为封建后期，皇朝一部分权力让与了乡绅。

再举一例。日本石田浩研究华北、江苏、台湾农村，以村落为对象，并注意庙宇、祭祀、婚姻等问题，认为村落是中国农民的社会共同体，并由此形成水利共同体等。村落共同体概念在日本有传统，显然受亚细亚生产方式理论的影响。西欧学者，则多受二元经济论的影响，即亚洲国家除引进西方现代化经济外，又保留大量的传统经济。法国白吉尔（Marie-Claire Bergère）将旧中国分为“口岸中国”和“内地中国”进行研究，即属这种方法。1980年美国学者召开“中国粮荒史”讨论会；法国威尔（Pierre-Etienne Will）研究中国灾祸史，亦是社会学方法一例。

人口学亦属社会学范畴。中国历史上人口资料丰富，世所罕见。目前国外学者研究中国史者无不借助于人口资料。唯有用得过滥之感，往往以人口增减决定经济盛衰。如所谓核心—边缘，实际是由人口密度导出，所谓周期，也常是人口周期。

社会学方法领域广阔，大有可为，但亦有其局限和缺点。这种方法主要是静态分析，而经济史则变量大。又其研究对象多属上层建筑领域，且甚少涉及生产力，故只能作研究经济史的辅助方法，否则会倒因为果。例如从乡绅家族关系导出土地所有制，在方法论上即属欠妥。

结构学派

结构学派的中心思想是经济的发展不仅是生产力进步，还在于经济结构的合理化，否则产生结构危机。随着第三产业增大，结构学派又特别注意运输、贸易、金融、信息等服务行业，即所谓功能学说（Function theory），一国经济之发展，就看这些功能的效率如何。调整结构主要通过国家的计划和政策，因而政府的作用在结构学派中占重要地位，从此又产生混合经济结构的理论（有私人经济又有国家经济）。

在经济史上，结构学派把经济发展视为结构升级，注意分工和专业化。并主张利用本国地理、资源、人口素质等特点，形成不同结构的国民经济，非必走西方工业化的老路。

结构学派是个新学派，用于研究中国经济史者甚少。珀金斯的《中国农业发展史》曾论及明清农业生产结构的变化，这一点我们过去注意不够。不过西方学者，虽非必结构学派，近年来都很注意功能学说，特别是市场的作用。因有宋代发生“商业革命”的说法，把宋代经济的发展归功于市场。对明清史，如马若孟（Ramon Myers）对河北、山东农村的研究，伊夫林·罗斯基（Evelyn Rawski）对湖南、福建农村的研究，都强调了农产品的商品化，未免过分。近代史方面，不少人研究外贸、航运、铁路对中国经济的作用，近有梁（Ernest P. Liang）专论《铁路与中国农业发展》。而于银行、信用制度、通讯事业，则多数认为发展不足，没有发挥促进经济发展的功能作用。美国的诺斯（Douglas C. North）将这些功能的作用归结为运转成本（Transition Cost），国民经济的进步，要看能否降低运转成本。在旧中国，运转成本一直较高。

把历史上中国经济的发展或不发展归之于国家结构、政府政策，这种看法很普遍。在日本，学者的研究方法和中国学者差不多，注重田制、税制、律例、理财家等，并有中国土地制度史研究会、中国水利史研究会等组织。在西方，1972 年有白乐日（Etienne Balazs）的《中国的文明与官僚主义》

一书，研究了官工商业、重农抑商、科举制度等问题，并归结为绅士阶级与商人阶级的对立。但多数西方学者，认为中国封建社会的官经济并不占重要地位，赋役也不算重，专制并不厉害。封建政府对维持社会经济秩序还是较有效率的。这大约是与欧洲中世纪对比而言。至于近代，日本学者中岛太一、芝池靖夫、石岛纪之等对官僚资本都有专论，美国学者则对国民党政府的经济政策多有论述。

此外，国内学者尚有用系统论、控制论方法研究中国历史者，但我尚未见到国外学者用这种方法的著作。

余　论

1984 年秋，美国学术团体会议（ACSS）召开关于中国经济史的国际讨论会，我曾有段发言："从方法论说，有新老之别。新方法自有新的内容，以至扩展新的领域。但对研究历史来说，我不认为有什么方法是太老了，应予放弃。我们讲百家争鸣，是包括方法论的。司马迁至今仍是伟大的历史学家，其方法仍被采用。乾嘉学派在 20 世纪 50 年代曾被批判，但最近在许多问题上我们仍采用他们的方法，尤其鼓励一些青年学者，作些考据功夫。"

对国内史学界来说，我觉得在方法上是狭隘了一些，宜广开眼界，吸收各种方法，丰富研究的内容。但有三点看法：

第一，每种方法论实际都代表一种理论、一种学派，以至是产生于某种理论和学派。因此，对每种方法都要从其理论根源、思想根源上加以检验。这种检验的标准就是历史唯物主义。历史唯物主义是我们研究历史的指导思想和基本方法。

第二，方法论虽与理论、学派关系密切，但仍有其独立性一面。现在许多新方法，如计量学方法，以至系统论、控制论等，原来都是研究自然科学的方法，本身含有唯物的因素。区位论、阶段论或长波论，是从生产力出发，以技术革命为背景，也有其唯物的成分。这些方法，用历史唯物主义加以检验，了解其局限性和应用范围，即可应用。

第三，就中国经济史来说，直到今天，研究还是很不够的。恩格斯说过，要先研究事物，然后才能研究过程。今天我们对许多历史事物还不清楚，或不太清楚，需要一事一物地进行探讨。这种研究就是定性研究。在这方面，传统的历史方法、文献学的方法、考证的方法都是必要的。研究历史过程也是这样。我们的条件是：文献丰富，而数据不足；与其空论，不如务实。务实就是在史料上、在文献上、在考证上下功夫。

总之，我觉得新老方法不可偏废。在定性研究上，恐怕还是要以传统的方法为主。有了大体的定性研究，最好再作定量分析，以检验结论是否正确，或加以修正和补充。其他方法可作辅助方法，或用于专题研究。切忌故步自封，也不宜喜新厌旧。

（原载《经济学动态》1985 年第 2 期）

西方史学界关于近代中西比较研究的新思维

长期以来，西方学者把近代欧洲民族国家的形成和较早实现工业化归之于欧洲文化的特殊性和优越性，而认为明清时期的中国是处在停滞落后状态，鸦片战争以后中国发生的一些变化则是由西方文明的冲击引起的。这就是所谓“欧洲中心论”和“冲击—回应”模式。① 近二三十年，在美国兴起了一种反对欧洲中心论的思潮，在欧洲和日本也有响应，并渐形成巨流。其中主要的著作有：

1984 年美国卫斯理学院的 P. A. 柯文教授出版《在中国发现历史》,② 严厉批判了“冲击—回应”模式和把传统与现代完全对立起来的观点，认为人们夸大了帝国主义侵略的作用，鸦片战争后中国发生的变革主要是内部因素所致，要求从中国本身发现自己的近代史。

1997 年经合组织（OECD）发展中心的首席经济学家 A. 麦迪森教授发表《中国经济的长远未来》,③ 按购买力评价估计 1700 ~ 1820 年欧洲的 GDP

---

① “冲击—回应”模式（impact-response paradigm）首见于 Ssu-yu Teng（邓嗣禹）and John K. Fairbank（费正清）, *China's Response to the West: A Documentary Surveys, 1839 – 1923*, Harvard University Press, 1954。又见于多次再版、流传甚广的 Paul H. Slyde and Burton F. Beers, *The Far East: A History of the Western Impact and the Eastern Response, 1830 – 1965*, Englewood Cliffs, N. J. Prentice Hall, 4th. ed. 1966。

② Paul A. Cohen, *Discovering History in China, American Historical Writing on the Recent Chinese Past*, Columbia University Press, 1984. 中译本《在中国发现历史：中国中心观在美国的兴起》，林同奇译，中华书局，1989。

③ Angus Maddison, *Chinese Economic Performance in the Long Run.* 中译本《中国经济的长远未来》，楚序平、吴湘松译，新华出版社，1999。

增长了2.25倍，占世界GDP的比重由22.3%增为26.6%，同时期中国的GDP增长了2.76倍，占世界GDP的比重由23.1%增为32.4%，优于欧洲。这以后，中国的GDP大幅度下降，1952～1978年仅占世界GDP的5%。但改革开放以后迅速增长，可望于二三十年后超过欧洲。

1997年美国加利福尼亚大学王国斌教授出版《转变的中国——历史变迁与欧洲经验的局限》，① 从经济变化、国家形成、社会抗争三个方面对中国与欧洲作了比较研究。认为中国与欧洲的经济都是按照斯密型动力发展的，到1800年左右也都面临着马尔萨斯危机的制约。而这时由于美洲殖民地的开发和矿物资源的利用，西欧经济转向由城市工业型动力推动，中国就显然落后了。

1998年美国迈阿密大学的A.G.弗兰克教授出版《再现东方：亚洲时代的全球经济》，② 认为1800年以前世界经济的中心是在亚洲，尤其是中国。中国具有巨大的生产能力和出口竞争力，以致能吸收一半世界生产的白银。欧洲正是在亚洲进入周期性衰落之际，利用白银贸易，“爬上亚洲的肩膀”，成为世界经济中心的。而到今天，世界经济中心又有再现于东方之势。

2000年美国加利福尼亚大学的K.彭慕兰教授发表《大分流》，③ 认为1800年以前是个多元世界，只是19世纪欧洲工业化充分发展以后，一个占支配地位的西欧中心才有了实际意义。欧洲之首先实现工业化不是由于欧洲传统文化及制度上的优越性，而主要是两个颇具偶然性的因素造成的：一是英国的煤矿恰好位于经济核心区；一是美洲殖民地的发展，后者尤为重要。

这些著作在国外和中国都引起了热烈的讨论以至争辩，发表了大量论

---

① R. Bin Wong, *China Transformed: Historical Change and the Limits of European Experience*, Connell University Press, 1977. 中译本《转变的中国——历史变迁与欧洲经验的局限》，李伯重、连玲玲译，江苏人民出版社，1998。

② Andre Gunder Frank, *ReOrient: Global Economy in the Asian Age*, University of California Press, 1998. 中译本《白银资本——重视经济全球化中的东方》，刘北成译，中央编译出版社，2000。

③ Kenneth Pomeranz, *The Great Divergence: China, Europe, and the Making of the Modern World Economy*, Princenton University Press, 2000. 中译本《大分流：欧洲、中国和世界经济的发展》，史建云译，江苏人民出版社，2003。

述，形成一大高潮。所讨论的问题，目前尚难定论，本文只是对上述学者在研究中提出的历史观点和方法论作些评论，统名之曰新思维。

一 中心论问题

讨论中心论应区别两种含义：一是世界经济中心，一是所谓历史中心。在海运和贸易发达、各国经济交往频繁以后，最强大的国家或地区会形成一个世界经济中心，这是很自然的事情，是不能否定的。至于历史中心，说人类文化或文明历来都是由一个中心传播或主宰，乃是哲学上的一种虚构，自当摒弃。不过，我们所讨论的19世纪流行的“欧洲中心论”，不仅是指世界经济的中心，而且包含了西方历史中心和西方优越论的思想，因而是需要辨清的。

所谓历史中心论是一种文化一元论。它源于柏拉图，明确于基督教教义，经18世纪唯理学派论证，而完成于黑格尔的历史哲学。黑格尔认为人类历史乃是绝对精神即世界理性的逐步展开。它由东方民族经希腊、罗马民族，到日耳曼民族即普鲁士王国而完全实现。这些民族在地理上是多元的，但在历史上是一元的，因为只有他们是“世界历史民族”，他们的民族精神（文化）“具有绝对权力成为世界历史当前发展阶段的担当者”，而同时存在的“其他民族精神是无权的”，① 不能体现世界理性。这种历史或文化中心论曾受到多方面的批判。历史学家O. 斯宾格勒认为历史上各文明民族的文化是平行的，并且是等价的。民族间有文化交流，但不改变民族文化本质。“我们赞美一种外来的思想”，但“实际上是对这种外来思想的性质的改变”，② 然后予以吸收。这是有道理的，如中国吸收佛教思想改变成禅宗。A. J. 汤因比研究了古今21种民族的文明，也认为这些文明是同时代的和价值相等的，没有一个中心。他指出当代所称“西方中心”是由于“西方文明用它的经济制度之网笼罩了全世界”，于是错误地“又来了一个以西方为基础的政治统一”。③ 当代著名的政治思想家I. 柏林提出，各种文化是不可

① 黑格尔：《法哲学原理》，商务印书馆，1961，第354页。

② 斯宾格勒：《西方的没落》，商务印书馆，1963，第155页。

③ 汤因比：《历史研究》上册，上海人民出版社，1959，第51～52页。

通约的，没有一个共同的衡量标准，当然也没有一个中心。同样著名的S. P. 亨廷顿著《文明的冲突》，既是冲突，自无中心。反对派L. 米勒著《文明的共存》，同样没有一个中心了。后现代主义者认为世界本来是差异的、多样化的，先进和落后都有其存在的价值，乃至专门提出“非中心化”（decentering）的理论。历史学家M. 福柯就是非中心论的代表者。

19世纪流行的欧洲中心论应予适当批判，但为此又提出一个中国中心论则没有道理。柯文的《在中国发现历史》在译成中文版时加上了一个原本没有的副标题：“中国中心观在美国的兴起”，这是个误解。柯文的书以讲政治、文化和民间社会为主，只第三章讲经济。他探讨了近代中国发生的大事，如太平天国、戊戌变法、同治改良主义运动等，认为虽然受到外国思想影响，但从其动机和对象说都是国内的。他专门考察了龚自珍、王韬、魏源、梁启超，认为他们的改革思想的根源主要还是本土的。孙中山是受西方教育最多的，而黄兴则否，整个辛亥革命并不是“现代”战胜“传统”，而是中国社会本身的政权之争，绅士和民间社团是主要支持力量。洋务运动是受西方经济的冲击而来，但限于沿海城市，从广大内地和下层民众看，西方的冲击力是有限的。柯文著作的最后一章标题是“Toward a Chinese-centered History of China”，但不是“中国中心观”。他屡次提出要注意中国内部的能动因素，要以“中国为中心的思路”（Chinese-centered approach），找出中国自己的“故事线索”。在西方史学界中，这是一种新的历史观。我读到柯文的原书后，就写了一篇《早期中国近代化过程的内部和外部因素》。[①] 1987年在武汉召开的对外关系与中国近代化国际学术会议上，并以“内部和外部因素”作为议题之一。

弗兰克的《再现东方》是大声疾呼反对欧洲中心论的。同时他又构造了一个中国中心论。他主张从世界经济体系来研究中国与西方经济关系，这是个很好的观点。前此，已有两部用世界观点研究经济的三卷本巨著，即1981年F. 布罗代尔的《十五至十八世纪的物质文明、经济和资本主义》[②]

① 载吴承明著《市场·近代化·经济史论》，云南大学出版社，1996，第115～125页。

② 布罗代尔：《十五至十八世纪的物质文明、经济和资本主义》，三联书店，1996。但弗兰克批判的是1929年出版的第1卷 *Civilization and Capitalism, 15－18 Century*。

和 1989 年 I. 沃勒斯坦的《现代世界体系》,[①] 都很值得一读，虽然布氏对中国的论述不免误解。布罗代尔是讲资本主义世界，其中心由意大利城邦国家转移到荷兰共和国，又由荷兰转移到英国，再由英国转移到美国，这当然正确。沃勒斯坦是拉美学派，用中心—半边缘—边缘的理论说明欧洲与拉美等落后国家的不等价交换，也是有道理的。弗兰克原属拉美学派，曾盛赞沃氏著作，但在 1998 年的《再现东方》中他改变了主意，批判沃氏，认为 16～18 世纪中国是世界经济中心。不仅如此，他还提出丝绸之路，与人合写《五千年世界体系》，中国又变成为历史中心了。

就 16～18 世纪而言，中国经济繁荣也许领先于世界，至少不逊于欧洲。但认为中国是世界经济中心则缺乏实证。弗兰克的主要依据是欧洲用得自拉丁美洲的白银购买中国的茶、丝绸、瓷器等，以至 17、18 世纪世界生产的白银约有半数流入中国，因而他的书在出中文版时改称《白银资本》。这个论据是难以服人的。我曾对白银问题作过一些研究。[②] 据我看，弗氏对实际流入中国的白银估计偏高。并且，这时期中国吸纳的外国白银只是供国内货币和银饰之用，中国并未实行重商主义，流入的大量白银没有像欧洲那样引起物价革命，也没有大量转化为资本。还有，最大量的白银流入是在 18 世纪后期，占两个世纪流入总量的一半以上，而据弗氏说，这时亚洲经济已进入衰落，中国也面临着急剧的失序了。

二　中西比较研究

这个时期研究的主要问题是，为什么欧洲首先发生工业革命，进入现代化社会，而中国没有。回答这个问题，单批判欧洲中心论无济于事，还是要切切实实对中西经济作比较研究。麦迪森、王国斌、彭慕兰都是把重点放在比较研究上。

比较研究一般有两个方面：一是比较双方的人口、资源、生产水平、消费水平和生活状况，哪方更富裕些。一是制度性比较，即双方政府、经济组

① 沃勒斯坦：《现代世界体系》，高等教育出版社，1998。

② 吴承明：《中国的现代化：市场与社会》，三联书店，2001，第 230～233、275～287 页。

织、社会精英等的作用，哪方更先进些。这种比较的困难在于中西的文化和价值观不同，没有一个共同的评价标准，没有一个综合的指标。麦迪森的《中国经济的长远未来》是用 GDP 来衡量，这是个很好的客观标准。但在 18 世纪以前，无论中国或欧洲的 GDP 都无法精确计算，麦氏自己也说这只是 guestimate（美国俚语“瞎猜”）。事实上，他对宋代 GDP 的增长估价甚高，而对 1280～1820 年的估计则是以人均产值不变的假设为基础的，也就是明清经济停滞的观点。1947 年他的著作正式发行前，麦迪森曾来华讲述，我作为评论员之一，曾指出这一点。不过，他的著作主要是讲 1952 年以后、特别是改革开放以后中国的 GDP，那是无可非议的。

王国斌的《转变的中国——历史变迁与欧洲经验的局限》在比较研究的历史观和方法论上都有重大突破。过去，西方学者多半是以欧洲的经验为标准，考察中国缺少了什么，或者多了什么阻力，以致没有发生工业革命。这就把欧洲的经验作为一种普遍的模式，各国工业化过程都要走欧洲同一道路。王国斌批判了这种决定论或逻辑实证论的历史观，指出欧洲的工业革命正像发现新大陆（工业革命最重要的条件）一样，并不是历史的必然，毋宁是带有偶然性的事件。于是，他提出另一种比较研究的思路，即一方面以欧洲的经验来评价中国的历史，另方面以中国的经验来评价欧洲发生的事情。通过比较主体与客体的转换，创立新的历史观。[①] 这也就是从具体历史过程（而非抽象模式）的特殊性中找出普遍性的东西。

经过对中国和欧洲农业发展的比较研究（这是主要的），并 17 世纪中国农村工业和欧洲“原始工业化”的比较研究，王国斌得出双方有很多相似性的结论。而最根本的相似即双方的经济发展都是从属于斯密型动力，即通过市场实现分工和专业化推动经济缓慢增长。斯密型增长有个理论上的极限，即因人口增加而土地资源有限，终致陷入马尔萨斯危机。他认为，到 18 世纪中国和欧洲，尤其在双方的核心区即长江下游和英格兰，双方都已面临但并未达到马尔萨斯危机。而正在这时，欧洲因发现新大陆而扩大了资

① 这种比较方法是在《转变的中国》一书的中编“国家形成”中提出的，但在“导论”中他说“资本主义的发展和民族国家的形成”都适用。

源的基础，这远胜于中国开发边疆所能扩大的资源基础。同时欧洲空前地大量开发矿产能源，突破了对有机能源的限制，并导致工业机械化。于是，欧洲走向以城市工业或工业资本主义为经济发展的动力，与中国仍然保持斯密型动力的缓慢增长分道扬镳。可见，王国斌是以经济发展的动力为综合指标进行比较研究的。

在我受托为王国斌的《转变的中国》中文版作《序》的时候，[①] 他还没有增写该书的最后一章。在他重写的题名“比较史学与社会理论”的这一章里，他进一步发挥了比较史学不仅是比较异，而且要比较同，要由历史经验的特殊性去发现实际存在的普遍性的理论。这实际上是改造了新康德主义的历史观，解决了长期争论的历史有没有普遍规律的问题。

在这一章中，他还以专节提出“前瞻性分析”与“回顾性分析”相结合的研究方法。通常对历史事件的解释多是采取回顾性分析方法，即就已发生的事情，回溯其发生的条件和原因。这种分析法的好处是，人总是据其所处的时代回溯历史，每一时代的回溯都会给历史以新的意义。而这种方法的最大毛病是会出现目的论或先验论，把后来发生的事情当作必然的或“应当如此”的事情，认为工业革命是欧洲文化特殊性的结果就是这样来的。前瞻性分析是一种开放性思维，是在某一时间点上，例如18世纪中叶，根据当时环境，分析可能发生的各种情况，甚至找出最可能发生的事情；这样，对以后实际发生的事情（不一定是最可能发生的事情），都能给以历史的解释。历史本来是多样性的，多样之中富有共同性。前瞻性分析与回顾性分析相结合可以避免先验论的历史观，开拓思路，符合历史多样性的本来面貌，取得比较恰当的判断。

彭慕兰的《大分流》采用了王国斌的历史观点和比较研究方法，又有创新。他取材甚广，征引文献600多种，包括中国学者的最新论述。这时在美国，有两项反对欧洲中心论并对中国史提出崭新观点的著述引起了热烈讨论，即黄宗智的《中国经济史中的悖论现象与当前规范研究的危机》，[②] 李

① 这篇序曾以《中西历史比较研究的新思维》为题先发表于《读书》1998年第12期。

② 原载 *Modern China*, Vol. 17, No. 3, July 1991。中译本收入黄宗智文集《中国农村的过密化与现代化：规范认识危机及出路》，上海社会科学院出版社，1992。

中清、王丰的《人类四分之一：马尔萨斯神话与中国的现实》。[①] 彭慕兰赞同李中清等关于中国家庭早有控制生育的措施，18、19 世纪人民生活略优于欧洲的论点。他反对黄宗智关于明清经济是“没有发展的商品化”的论点，而取用黄关于江南经济“内卷化”的概念，在中西比较研究中十分注意生态制约问题。除一般考察外，彭慕兰把双方核心区，即中国的江南地区和欧洲的英国，作为比较研究的代表。认为 18 世纪，无论在人口、生产水平和消费水平方面，或在制度、资本积累和生产技术方面，双方虽各有短长，而总的看是旗鼓相当的。既然双方经济都是属于斯密型增长模式，市场起到制约作用，那么，哪方有更完整的自由竞争市场，便能更适应斯密型增长的要求，也就是市场成了综合指标。他大力考察了双方阻碍市场发育的因素，诸如政府干预、特权贸易、行会垄断、习俗限制等，并特别重视土地买卖和劳动力迁徙的量和自由度。结论是：江南比英国略有优势。

据他考察，由于人口增加和土地资源有限，到 18 世纪，英国和江南都面临着大体相等的生态制约，以致有不能持续发展或走向内卷化的危险。于此，他提出又一个比较指标，即看哪方更接近于新古典经济学原则。新古典的原则是，最佳经营方式是边际收益等于边际成本。更接近于这个原则，就意味着更有望于越过斯密极限或避免内卷化。于是他着重比较了 17 世纪欧洲的原始工业化地区（以纺织业为主）和江南的农民家庭纺织业，并为此作了成本和收益估算。他指出，江南小农并不是在边际收益递减下劳动，江南妇女的纺织劳动也并非是零机会成本。结论是：欧洲和江南都远未达到新古典主义劳动原则，但江南比较更接近一些。

那么，为什么英国首先实现工业化呢？如前所述，他主要归之于两项非历史必然性的原因：一是英国的煤矿恰临近工业区，一是美洲殖民地的开发。英国煤矿不仅有地理之便，而且矿区多水，用蒸汽机排水，使得这一新发明但昂贵的机器得以不断改进和推广。江南需从华北远地运煤，实际是加深了自身的生态失衡。并且华北矿区干燥，重在竖井通风，无须机器化。美洲殖民地为英国开辟了工业品市场和积累了资本，但这不是主要的，因江南

① 中英文本同时出版。中文本陈卫、姚远译，三联书店，2000。

也有广大的外围地区，可担当同样任务。主要的是美洲殖民地提供了大量的棉花、木材、玉米、烟草等土地生产品，使英国省出 2300 万英亩土地以供它用。这等于是把劳动密集化生产转移到海外，解除了自己的生态瓶颈，避开内卷化。江南则无此便利。

（原载《中国经济史研究》2003 年第 3 期）

中外历史上“天人”观和“主客”观的演变

——在“环境史视野与经济史研究”学术研讨会上的发言

会议资料丰富，又聆宏论，使我大开眼界，尚待学习消化。我于环境史无知，仅谈点历史观。近年来我研究历史观有三项内容：（1）人与自然的关系；（2）人与人的关系；（3）思维与存在的关系。最后一项属认识方法论，亦主体与客体问题。

前两项来自司马迁与马克思。马克思认为，历史应该包括人与自然、人与人关系的描述，他谴责西方史学（从近代史学之父兰克算起）抛弃了自然，造成历史与自然的对立。马克思在经济学上讲人与自然的“物质变换”，在哲学上讲人与自然的“同一”，“本质上是统一的”。但由于人被社会制度异化，与自然对立起来。要到共产主义，消除人的异化，复归统一。全部历史就是：自然经过改造，人道主义（指仁慈 humanize）了；人经过革命，舍弃利禄，自然主义了。这是人与自然、人与人之间“矛盾的真正解决”，也是“历史之谜”的解答。司马迁的“究天人之际，通古今之变”，完全符合马克思的历史观。

我认为，孔子、司马迁以来的历史观（世界观）都是天人相通的。孟子有“万物皆备于我”的说法，但注明是“求其在我者”，如仁义、天理，“求则得之”；若是“求其在外者”，如田地、财富、官爵，那就听天由命了。荀子有“参”与天地活动之说。《中庸》晚出，讲“赞天地之化育，则可以与天地参矣”，但这也是天人相通。到宋张载、程颢才正式提出天人合一。张载最精彩的话是“民吾同胞，物吾与也”（《西铭》）。所以如此，是因为“天地之塞，吾其体；天地之帅，吾其性”，在物质上和精神上，人都与物同体。程颢的名言是“浑然与物同体”（《识仁篇》）。到王阳明，更明确天人合一，“大人者，以天地万物为一体者也”（《大学问》）。

他们所说的天人合一都是人与物同体或一体。体即本质，犹马克思“本质上是统一的”。本质与现象，中国称体与用，或本与末；从方法论说，就是主体与客体。程颢说，“但得道在，不系今与后，己与人”；己与人就是主与客，都可得道。王阳明说：“即体而言用在体，即用而言体在用。”但宋明理学不是否定主与客的区别，而是把主与客处于同等的地位，反对以我为主。这来自禅学，禅宗纯属中国哲学。禅宗讲“主看主”，不是主看客。形象地说就是“一片月生海，几家人上楼”（《景德传灯录》），月生海是自然现象，与人上楼相关出现，但都是自主活动，是主与主的关系。

西方历史观，自哲学之父泰勒斯以来就强调主客对立，到康德，尤其是黑格尔，就变成以我为主的历史观，并提出历史中心论。第一次世界大战后，胡塞尔的现象学提出 Eidos，即直接认识事物本质。这种认识论是主客体在同一层次上出现，动摇了传统的主客对立。接着，存在主义兴起，海德格尔的诠释学、维特根斯坦的语言学，用时代“先见”或“语境”来解释历史文本（文献），消除了主体与客体的对立。海德格尔的学生迦达默尔的诠释学，把研究历史看作是今人与古人的对话，而且是“没有主人、没有目的、没有终结”的对话，这就更接近于中国主体关系的认识论了。到 20 世纪 80 年代，哈贝马斯提出“交往理性”论，包括人与“物理世界”即自然的交往，所有认识都是由相互交往得来，就完全是主与主的关系了。哈贝马斯说他的理论是“历史唯物主义的重建”。马克思没有明确的主客关系，但哈氏的理论与马克思的思维与存在同一性的论点是一致的。

（原载《中国经济史研究》2006 年第 1 期）

《大分流》对比较研究方法的贡献

长期以来，西方学者把近代早期欧洲民族国家的形成和较早实现工业化归之于西方文化的特殊性和优越性，而认为明清时期的中国是处在停滞落后状态，鸦片战争以后发生的变化则是西方的冲击引起的。此即所谓“西欧中心论”和“冲击—回应”范式。近二三十年，兴起了反对这种观点的思潮，并渐形成巨流。主要的有：1984 年美国卫斯理学院柯文教授的《在中国发现历史》，严厉批判了冲击—回应论和把现代与传统完全对立起来的观点，认为中国历史中也有走向现代化的积极因素。1977 年经合组织发展中心的首席经济学家 A. 麦迪森发表《中国经济的长远未来》，按购买力平价估计 1700 年到 1820 年欧洲的 GDP 增长了 2.25 倍，占世界 GDP 的比重由 22.3% 增为 26.6%；同时期中国的 GDP 增长了 2.76 倍，占世界的比重由 23.1% 增为 32.4%，优于欧洲。这以后，中国的 GDP 大幅度下降，而近 20 年来，又急剧增长。1997 年美国尔湾加州大学王国斌教授出版《转变的中国——历史变迁与欧洲经验的局限》，认为中国与欧洲的经济都是按照斯密型动力发展的，到 1800 年左右也都面临着马尔萨斯陷阱的制约。而这时由于美洲殖民地的开发和矿物能源的利用，西欧经济转向由城市工业型动力推动，中国就显然落后了。1998 年美国迈阿密大学 A. G. 弗兰克教授出版《再现东方：亚洲时代的全球经济》（中译名《白银资本》），认为 1500 ~ 1800 年世界经济中心是在亚洲，尤其是中国。这以后随着美洲开发和白银流动，世界经济中心转到西方，而到今天，又有再现于东方之势。

这些著作在国外和中国都引起了热烈的讨论以至争辩，并在中西比较上提出许多新的课题，发表的论文以百计。彭慕兰的《大分流》就是在这种情况下撰写的。他讨论了各家的论点，征引文献达600多种，包括四十余种中文资料和中国学者的最新论述，然后以新的论证方法提出许多创新性见解，应当说是研究中西比较史最值得通读的一本书。该书现由史建云女士译成中文版，并收入《海外中国研究丛书》（江苏人民出版社），即将发行。

《大分流》的基本观点是：1800年以前是一个多元的世界，没有一个经济中心；只是19世纪欧洲工业化充分发展以后，一个占支配地位的西欧中心才具有了实际意义。西欧之首先实现工业化不是由于欧洲传统文化及制度上的优越性，而主要是两个只有偶然性的因素造成的：一是英国的煤矿恰好位于经济核心区，一是美洲殖民地的开发，后者尤为重要。

作者详细考察了18世纪欧洲和东亚的人口、资源和劳动状况，市场和农业与手工业的生产力，居民消费水平和生活舒适性，认为双方大体是相同或相当的。就双方的核心区即欧洲的英格兰和中国的江南地区而论，江南似乎略有优势。作者又考察了双方的社会经济制度、法规以及资本积累、科学技术等，认为各有短长，而总的亦属相当，在效果上江南或略胜一筹。关于英国首先工业化的原因，作者指出，其煤矿不仅地理位置适宜，而且因矿区多水，使用蒸汽机排水，使得这一新近发明而价格昂贵的机器得以不断改进和推广。中国山西矿区干燥，重在竖井通风，无须机器化。至于美洲殖民地，固可为宗主国积累资本和开辟工业品市场，然江南亦有其广大的“外围”地区担当同样任务。重要的是美洲殖民地能提供大量的棉花、木材、烟、蔗糖等土地生产品，使英国省出了2300万英亩土地，并吸纳欧洲6000万移民，大大缓解了西欧的生态制约，江南则无此便利。

彭慕兰的这些论点，受到学者们热烈的赞扬，也受到了不少诘难。每项学术讨论都会有不同意见，这是很正常的。不过诘难中有一部分是由于研究问题的方法不同，而我认为，彭慕兰的最大贡献正是在方法论的创新上。他对方法论的贡献有两个：一是对中西研究中比较目标的创新，二是比较方法的创新。

通常我们是以生产水平和消费水平作为比较的目标。由于中西文化、习俗和价值观不同，这种比较难得共同的标准。麦迪森统一用GDP的增速来衡量，而18世纪的GDP，他自己也说只是guestimate（俚语“瞎猜”）。又，这种比较是一个时间点的静态比较，不能反映某个经济体系的实力和前景，并会因双方所处景气周期的相位不同而失衡。对此，彭慕兰提出了另一种目标。既然18世纪以前双方都是属于斯密型增长模式，即通过市场实现分工和专业化，推动经济增长，那么，哪一方据有更完整的自由竞争市场，便更能适应斯密型增长要求。他以极大的力量考察了双方阻碍市场发育的因素，诸如政府干预、特权垄断、行会和习俗限制等，并特别重视土地买卖和劳动力市场的自由程度。他认为江南略有优势的判断就是从这种比较中得来的。

斯密型增长有个理论上的“极限”，即因人口增加而土地资源有限，将会破坏生态平衡，造成生产的劳动密集化或内卷化，终致陷入马尔萨斯危机。因而彭慕兰十分重视生态问题。他强调美洲殖民地供给棉花、木材、食品等土地生产品的作用，即因这等于是欧洲把劳动密集化生产转移到海外，解除自己的生态瓶颈。而中国江南须从遥远地方取得能源，实际是加重了自身的生态失衡。彭慕兰估计，到18世纪后期，英国和江南都面临着大体相等的生态制约和走向内卷化的危险。于此，他提出又一个比较的目标，即看哪一方更接近于新古典主义经济学原则。新古典原则是最佳经营方式是边际收益等于边际成本。更接近于这个原则，就意味着更能避免或“跃过”内卷化，走向现代化生产。这主要是在欧洲17世纪的原始工业化地区和清代江南农民家内纺织业之间进行比较的，彭慕兰还为此做出成本和收益估算。他指出，江南小农并不是在边际收益递减下劳动，江南妇女的纺织劳动也并非是零机会成本。他的结论是：英国和江南都远未达到新古典主义劳动原则，但江南比较更接近一些。

以上是方法论中关于比较目标的创新，再看关于比较方法方面。这里，彭慕兰采取了中国与欧洲双向交互比较的方法和回溯分析与前瞻分析相结合的方法。这两种方法都是王国斌在比较中西政治史的研究中提出的，彭慕兰将它们用于经济史，并有实质性的发展。

历史比较研究是要找出双方发展过程中的“异”，又要找出“同”，对之做出评价。由于没有一个独立于双方的客观标准，一般是以西欧经济发展的道路为标准，这样，凡是偏离于西欧道路的即属异端，而不管双方之同。

这样做出的评价必有偏颇。新的双向比较方法则要求：一方面用欧洲的经验来评价中国的历史，另方面用中国的经验评价欧洲发生的事情，从“交互偏离”中做出比较（不是绝对）客观的评价。彭慕兰用这种方法评价19世纪欧洲的巨大发展即工业化，认为它并不是根本性的变革，而是历史的一种断裂，因为它并没有解除生态制约，反而加重了生态失衡，产生了日趋严重的可持续发展问题。反观迟到了一个多世纪的中国式的工业化，或许能够，至少是期望能够解决可持续发展问题。

人们对于历史的解释，通常是就已出现的重大事件回溯其所以发生的条件和动力，展现一种因果关系。这种回溯分析是必需的，因为历史就是重大事件的记录，例如工业革命，只能在它出现以后才能进行研究。但回溯分析是从结果推论原因，很容易陷入决定论或目的论。例如欧洲传统文化优越论，就是在回溯分析欧洲工业化这一巨大成就中形成的。彭慕兰还指出，所谓18世纪欧洲的“农业革命”，实际是从19世纪的农业大发展成果中推论出来的。为弥补这个缺点，应当将回溯分析与前瞻分析相结合。前瞻分析是指在重大事件开始的时间点上，设想几种可能发展的情况，是一种开放性思维，承认历史上常有的偶然性。例如17世纪欧洲的原始工业化，就当时的条件分析，它可能是城市大工业的先驱，而更有可能的是使本地区走向内卷化。这样，在对19世纪西欧巨大的工业化成果作回溯分析时，就有理由相信它主要是由两个非历史必然的原因造成的，即新大陆的发现和煤与蒸汽机的利用。

（原载《中国学术》2003年第1期）

资本主义工商业的社会主义改造是马克思主义在中国的胜利

党的十一届六中全会通过的《关于建国以来党的若干历史问题的决议》，深刻地总结了建国 32 年来社会主义革命和社会主义建设正、反两个方面的历史经验。这对于我国今后的社会主义现代化建设和各方面的工作，具有重大的指导意义。现就我国对资本主义工商业的社会主义改造问题，谈一些情况和认识，作为自己学习《决议》的体会。

我国资本主义工商业的社会主义改造实现了马克思、恩格斯、列宁关于工人阶级在一定条件下向资产阶级赎买的战略思想，发展了列宁关于在无产阶级专政下实行国家资本主义的政策思想，采取在生产关系的改造中团结、教育、改造资产阶级分子的方针，丰富了马克思主义关于过渡时期的理论。这一改造的完成是马克思主义在中国的胜利。

旧中国资本主义的发展水平

社会主义是资本主义的发展和否定。显然，一个国家没有一定的资本主义经济的发展，没有比较强大的无产阶级，也就不会有社会主义革命和国民经济的社会主义改造。

旧中国是一个半殖民地半封建社会，资本主义生产只是汪洋大海的个体农业和个体手工业生产中的一片孤岛。然而，它毕竟是在发展着。我们初步计算，有如表 1。

表1　旧中国资本主义发展的水平

年　份	近代工业在工农业总产值中所占比重（%）	近代工业和工场手工业在工农业总产值中所占比重（%）	近代交通运输业在交通运输业总收入中所占比重（%）
1920	4.9	10.8	45.6
1936	10.8	20.5	51.0
1949	17.0	23.1	—

注：近代工业指使用机器或机械动力生产的企业，包括矿业。近代交通运输业包括铁路、公路、轮船、航空、电信等。

直到解放前夕，资本主义生产还只占工农业总产值的20%左右，但是，它掌握了钢铁、机器等基础工业，煤、电力等主要能源，也掌握了全国金融体系、水陆运输主干、进出口贸易和大城市市场。资本主义控制着国家经济命脉。20世纪20年代起，中国无产阶级就登上政治舞台，负担起领导中国革命的重任。

旧中国资本主义生产关系虽然有了一定的发展，而其生产力的基础则十分薄弱。1949年解放后，全国近代化的生产设备只值人民币128亿元。就是说，旧中国自从建立近代工业，100年来，只积累下128亿元的固定资产。现在我国工业固定资产超过4000亿元，每年新投入的固定资产几百亿；对比之下，可见旧中国留给我们的家底是多么可怜了。然而，我国的社会主义建设和国民经济的现代化却必须在这个薄弱的基础上起步，这是历史决定的。

按照马克思主义政治经济学原理，社会主义是要以社会化大生产为基础，就是说要有高度发展的生产力，而中国革命恰恰是在生产力不发达的状况下取得胜利的。这就出现一个很大的矛盾。

解决这个矛盾，不是退回到资本主义去，也不是徘徊等待，而是依靠马克思主义，特别是列宁提出的过渡时期理论。列宁的过渡时期理论是以“极端落后的小资产阶级（特别是农民）的国家”俄国为根据的。结合中国历史实际，就是毛泽东同志1949年3月提出的、1953年6月中共中央政治局会议上制定的党在过渡时期的总路线。也就是“要在一个相当长的时期内，基本上实现国家工业化和对农业、手工业、资本主义工商业的社会主义改造”。这是一条发展近代化生产力和改造生产关系并举的路线，工业化是社会主义改造的物质基础，社会主义改造必须有利于生产力的发展。

我国的国家垄断资本

我国薄弱的资本主义经济有没有实行社会主义改造的可能呢?

我国资本主义经济的物质基础虽然很小，但它却非常集中。抗日战争前，主要集中于在中国的外资企业手中。我们初步估计如表2。

表2　1936年全国产业资本估计

业　别	投资额（亿元）	其中各部分所占比重（%）		
		外贸企业	官僚资本	民族资本
工矿业	42.96	68.0	4.8	27.2
交通运输业	39.14	89.8	6.0	4.2
合　计	82.10	78.4	5.4	16.2

注：投资额原则上指各类企业的资产净值，当年币值。

这种情况，到抗日战争后发生重大变化。占外国投资87%的日本投资，以及德国、意大利法西斯在中国的财产，转入了官僚资产阶级之手；连同国民党官营企业在战时的噬人而肥，官僚资本共占有工、矿、交通运输企业固定资产的80%左右，成为名副其实的国家垄断资本。

这种国家垄断资本按其性质说，已经是社会化大生产了，其主要部分（包括原来外国投资部分），在生产技术上也已有一定水平。列宁说："国家垄断资本主义是社会主义的最完备的物质准备，是社会主义的入口，是历史阶梯上的一级，从这一级就上升到叫作社会主义的那一级，没有任何中间级。"① 显然，在工人阶级取得政权后，如果对这部分资本主义还有什么犹疑，不立即把它改造成为社会主义经济，那才是咄咄怪事。

党和政府没收了全部官僚资本，经过民主改革和生产改革，建立起强大的国营经济。资本主义经济的社会主义改造也就完成了80%。国营工业的生产，在3年里增加了3倍，由1949年的37.3亿元增为1952年的151.2亿元。证明这件事做作对了，解放了生产力。

---

① 列宁：《大难临头，出路何在?》，《列宁选集》第3卷，人民出版社，1972，第164页。

我国的国家资本主义

对民族资本主义经济的改造，是通过国家资本主义道路逐步过渡。这就是十月革命后列宁提出，但未能实行的政策。列宁指出，在有千百万小生产存在的条件下，资本主义的发展是不可避免的，“既然我们还不能实现从小生产到社会主义的直接过渡”，就只有“努力把这一发展引上国家资本主义轨道”，用国家资本主义“作为小生产和社会主义之间的中间环节，作为提高生产力的手段、途径、方法和方式”。①

我国完满地实现了列宁的设想，并在实践中进一步明确了国家资本主义的性质，创造了各级国家资本主义形式，揭示了其发展的规律性。

第一步，是把盲目发展的、生产无政府性的自由资本主义改变成为国家管理下的、国营经济领导下的、工人群众监督下的资本主义，这也就是列宁所说的“我们能够加以限制、能够规定其活动范围”② 的国家资本主义了。这个任务于1952年完成。这期间，私营工业以每年增加一万家的速度发展着，三年间它们的生产总值增加了54.2%，如表3。

表3　1949～1952年私营工商业的发展

年　份	1949	1950	1951	1952
私营工业				
户数(万户)	12.30	13.30	14.76	14.96
职工(万人)	164.38	181.59	202.28	205.66
总产值(亿元)	68.28	72.78	101.18	105.26
私营商业				
户数(万户)		402.00	450.00	430.00
从业人员(万人)		662.00	740.00	676.00
零售营业额(亿元)		101.00	132.80	121.90

---

① 列宁：《论粮食税》，《列宁选集》第4卷，人民出版社，1972，第525、519、525页。

② 列宁：《俄共（布）第十一次代表大会——俄共（布）中央委员会的政治报告》，《列宁全集》第33卷，人民出版社，1957，第244页。

1953年起，开始有计划地把资本主义工商业纳入各种国家资本主义形式。

我国的国家资本主义是在社会主义经济领导下的、社会主义经济和资本主义经济在不同程度上的联系和合作。这种程度的不同，使它区分为初级形式、高级形式和最高形式。

国家资本主义的初级形式，可以私营工业接受国营经济的加工订货为代表。它是社会主义经济和资本主义经济在企业外部，或在流通过程的联系和合作。它使私营企业的生产纳入国家计划轨道，生产力得到发挥，并扩大了生产的社会化。加工订货的发展如表4。

表4　1949～1955年加工订货的发展

年　份	1949	1950	1951	1952	1953	1954	1955
全国私营工业总产值(亿元)	68.28	72.78	101.18	105.26	131.09	103.41	72.66
其中加工订货产值(亿元)	8.11	20.98	43.21	58.98	81.07	81.21	59.35
加工订货占总产值(%)	11.88	28.83	42.71	56.04	61.84	78.53	81.69

注：加工订货产值包括收购、统购、包销部分

1954年以后，由于许多私营企业逐步转入公私合营，故加工订货产值增长不多或有减少。如果扣除由私营转公私合营这一因素，1954年加工订货产值比1953年增加19.3%，1955年比1954年增加1%。

国家资本主义的高级形式是公私合营。它是社会主义经济成分在企业内部、在生产过程中同资本主义经济成分合作。企业的生产关系发生根本性变革，生产资料由私有变成公私共有，社会主义成分居于领导地位，企业的生产经营直接纳入国家计划。因此，它是整个社会主义改造中决定性的一步。

公私合营使企业的生产进一步社会化，并大大地解放了生产力。这可从表5中可比产值的逐年增长和工人劳动生产率的逐步提高得到证明。到1955年，公私合营工业的工人劳动生产率约比私营工业高1倍。在节约原材料和降低成本方面也很有成绩。从1950年到1955年，全国公私合营工业共获利润12.73亿元，从而能改进设备，扩大再生产（见表5）。

表 5　1949～1955 年公私合营工业的发展

年　份	1949	1950	1951	1952	1953	1954	1955
户数(户)	193	294	706	997	1036	1746	3193
职工(万人)	10.54	13.09	16.63	24.78	27.01	53.55	78.49
资本额(亿元)	1.30	2.40	3.28	5.37	6.93	14.00	18.75
总产值(亿元)	2.20	4.14	8.06	13.67	20.13	50.86	71.88
可比产值(亿元)	2.58	5.44	10.66	17.54	25.26	52.34	
可比产值比上一年总产值增加(%)	17.30	31.40	32.20	28.30	25.50	2.90	
每个工人平均产值(元)	4257	6553	9297	10880	13401	13358	

注：公私合营常由几家私营企业共同组成，故与表 3 不可比。可比产值 = 本年总产值 - 本年新合营户的产值。

1956 年的社会主义改造高潮中，完成了全部资本主义工商业的全行业公私合营，并实行了定息。

全行业公私合营和定息是我国国家资本主义的最高形式。在这种制度下，企业的全部生产资料由国家统一调配，私人投资已不再起职能资本的作用，资本家也不再以资本主的权力，而是以国家任命的工作人员的职权参与企业的经营管理。待定息停止，企业就成为完全的社会主义性质了。

改造速度问题

按照党在过渡时期的总路线，社会主义改造是要在一个相当长的时期内，当时设想是在 15 年（从 1953 年算起）或者更多一些时间内，基本实现。但是，由于 1956 年的改造高潮，3 年多就基本完成了。这就发生一个改造是否过速，以及作为改造方式，这种“高潮”的合理性问题。

我国国家资本主义的结构，本来体现着由低级到高级、由量变到质变这种前进中事物发展的规律性，自身有加速过程的作用。但其作用不是自发的，而是人们掌握客观经济规律、不断地处理和解决矛盾的结果。由加工订货向公私合营过渡，就是这样进行的。

这种过渡，是按照年度计划一户一户进行的，1954 年合营了 793 户，1955 年合营了 3091 户，数量都不大。但它们都是原来私营工业中的较大户，因而到 1955 年，公私合营工业的产值已占到合营户和未合营户总产值的 49.7%，而它们的资本额已占到合营户和未合营户资本总额的 69.8%。就是说在高潮前，就生产力说已有一半，就所有制说已有 70% 基本上改造了，高潮所解决的是剩下的 50% 与 30% 的问题。

这时候我们面临的最大困难，就是合营户和未合营户的矛盾。当时，一家工厂合营后，它第一年的产值平均要比合营前增大 30%，这就会使同行业中好几家未合营的小户在生产任务、原材料和销路上都陷入困境，以至出现资本家叫苦、发不出工人工资的事情。商业方面这种矛盾还更大些。为解决这个矛盾，中央在 1954 年下半年就提出"统筹兼顾，全面安排"的方针，1955 年上半年又提出"吃葡萄"的政策（即国营部门把对口的私营行业的生产经营按行业包下来），1955 年下半年就在上海和北京试行工业和商业的全行业公私合营。所以，全行业公私合营并不是高潮中群众运动的创造，而是上述经验的全面推广。

正因为如此，在高潮中急速完成的全行业公私合营，其直接经济效果并不算坏。公私合营工业的产值，比 1955 年这些企业的产值增加了 32%；公私合营商店、合作商店、合作小组的营业额，比 1955 年增加了 15%。当然，这里面有为了巩固改造成果、国家大力帮助的因素。

资本主义工商业的社会主义改造不是孤立进行的，它和个体经济尤其是农业的社会主义改造关系密切。列宁把国家资本主义作为小生产和社会主义之间的中间环节，因为以手工劳动为基础的农民个体经济的改造是比较难的。苏联的农业集体化比工业国有化晚十几年。我国情况则相反。1953 年我国有农业生产合作社 1.5 万多个，入社农户还不到总农户的 1%。1955 年夏，就有了 63 万多个社，这年下半年就开展了农村社会主义高潮，不少省市当年就实现了合作化。到 1956 年夏，全国入社农户已占总农户的 91.9%，农业合作化基本完成了。

我国人口绝大部分在农村，农村社会主义化了，城市就不能不加快赶上。一个社会主义国家，城市工商业已经社会主义化了，农村还保留着若干私人农业，这是可能的，也是历史上常见的。如果是农业已经社会主义化了，城市还保留着资本主义工商业，那几乎是不可想象的。1956 年的全行业公私合营高潮，实际是由农村的社会主义高潮促成的。回忆当时情景，每有农村消息传来，不仅负责工商业改造的部门和同志感到千钧重担，几十万私营工商业者也是如坐针毡。1956 年春天，从北京开始，资本主义工商业者纷纷集体提出公私合营申请书，这是完全可以理解的。

这次全行业公私合营高潮是以群众运动形式完成的。不过，当时从中央到地方各级党委和统战部门都抓得很紧，执行改造工作的国营工商部门、工商行政部门以及各级工会、工商业联合会、民主建国会等都是兢兢业业，全力以赴，这同后来的“大跃进”以及十年内乱中的大哄大上是不同的。

尽管如此，仍然应当说，1956 年的改造步子是快了一些，使全行业公私合营带有不成熟性，工作中有某些缺点。

首先，公私合营的面偏大了。1954 年，我国私营工业中有 79.1% 的户数是工场手工业，生产力水平较低，本不适于大量合营；私营商业中有 96.4% 的户数是小商小贩，1.6% 的户数雇工不满 2 人，只宜实行合作化或保留个体经营。当时自然是考虑到这些情况的，用多种方式改造，结果如表 6 和表 7。但总的看，合营的面还是偏大了一些，划归集体经济的和保留私营的都偏少了一些。当时，还有 48200 多户个体手工业户，根据他们自己的要求参加了合营，后来虽调整出去，但不够彻底。

表 6　1956 年私营工业的改造

	户数(千户)	职工(千人)	总产值(百万元)
1955 年底原有改造结果:	88.80	1310	7266
1. 实行公私合营的	64.23	1075	6545
2. 转入地方国营的	1.00	23	98
3. 划归手工业改造的	15.60	117	299
4. 转入公私合营商业及其他	7.10	81	295
5. 保留私营的	0.87	14	29

表 7　1958 年私营商业的改造

	户数(千户)	职工(千人)	资本额(百万元)
1955 年底原有改造结果:	2423	3138	841
1. 转入国营、供销社的	147	224	—
2. 实行公私合营的	401	877	601
3. 实行合作化的	1443	1723	184
4. 保留私营的	432	494	56

注：私营饮食业 757000 余户，私营服务业 327000 余户，改造方式与私营商业大体相同。

其次，合营后的经济改组有些过头了。经济组织必须适应生产力水平和市场需要，为此，全行业合营后中央立即提出推广专业协作和“大部不动，小部调整”的改组原则。但是，由于高潮的冲击，并没有完全贯彻这些原则。作为领导机构的专业公司是建立起来了，调整则偏重于“动”。据1957年6月统计，在高潮中合营的厂，进行合并的约占半数，实行联合管理的只占1/3。联合管理中，实行统一核算的又占半数，吃大锅饭，不利于发挥小厂的积极性。

然而，这些毛病的严重起来，乃是后来的“大跃进”造成的。“大跃进”中打破了公私合营和国营的界限，也打破了公私合营和集体经济的界限，囫囵吞枣，裁并改合。这样，由于合并过多，求大求全，造成生产单调，品种减少，商业网点不足，流通阻滞。许多小工业、小商业原来独立经营，在社会上有积极作用，改造后积极性降低了。这个问题，直到1980年，重新恢复和发展城镇集体经济，尊重城镇集体所有制企业的所有权，才得解决。

由于这种改组，大量的小业主、小手工业者、小商贩被卷入公私合营，或被当作“私方人员”，视同资产阶级，打乱了阶级界线，也损害了他们生产劳动的积极性。这个问题也是到1980年，才根据中央指示加以解决。

公私合营制度，原是适应我国资本主义经济比较落后的生产力状况而来的，原因它们不能直接向社会主义过渡。但是，全行业公私合营还不到两年，专业协作体制刚在建立，公私合营还没有充分发挥它的作用，就被“大跃进”打乱了。设想如果这种体制保留到停止定息（1966），情况可能更好。

关于赎买政策

一百多年前，马克思、恩格斯在《共产党宣言》中指出：当无产阶级取得国家政权的时候，就“将利用自己的政治统治，一步一步地夺取资产阶级的全部资本，把一切生产工具集中在国家即组织成为统治阶级的无产阶级手里，并且尽可能快地增加生产力的总量。”① 我们在社会主义改造中所

① 马克思、恩格斯：《共产党宣言》，《马克思恩格斯选集》第1卷，人民出版社，1972，第272页。

做的正是这件事情。

“剥夺剥夺者”是社会主义革命在经济方面的基本原则。但用什么方式进行，则主要决定于历史条件。恩格斯在《共产主义原理》中就提出过包括没收和赎买在内的多种可能方式。马克思还指出过，如果能用赎买来完成这一任务，对无产阶级来说将是“最便宜不过的事情”。[①] 他们没有提出在什么条件下赎买，因为他们还没遇到这种条件，“企图预先回答”，只是“制造空想”。[②]

俄国十月革命后，列宁提出把赎买和国家资本主义结合起来的政策，对那些肯接受国家资本主义的文明的资本家实行赎买，对那些为非作歹的不文明的资本家则要无情惩治。不过，列宁这一计划未能很好实现。

我国完满地实现了列宁的计划，并在实践中创造了各种赎买形式。这种赎买形式的发展，反映着不同阶段国家资本主义生产关系的变化，反映着剩余价值生产的逐步受到限制；同时，赎买作为一种制度，又反过来对国家资本主义的发展，对生产关系和对资产阶级分子的改造，发挥重要作用。

赎买不是一笔交易，不是单纯购买资本家的生产资料，而是无产阶级的一项坚定的阶级政策，或者说社会主义革命的一种战略方针；和目前一些国家实行国有化时给予补偿不同，我国赎买的实质是：无产者在为国家和人民的需要劳动生产时，也为资本家提供一份利润。

我国的赎买大体可分为两个阶段：在 1956 年全行业公私合营以前是采取分配利润的办法，典型的是 1953 年提出的“四马分肥”，其中资本家所得可占全部盈余的 25%；全行业公私合营以后，赎买采取定息的办法，即根据公私合营企业中的私营股额，发给固定的股息，一般是年息 5%，定息共发 10 年。

利润分配阶段的赎买情况如表 8。应该说明的是，我国私营企业中能审查年终结账的（所谓查账户）只是极少数，表 8 列各项只能是根据选点调查的粗略估计，这里不包括亏损户，在利润分配制度下，亏损户就谈不到赎买了。表 8 中业主所得一项，包括资本家的盈余分配收入，也包括资本家代

① 恩格斯：《法德农民问题》，《马克思恩格斯选集》第 4 卷，第 315 页。

② 恩格斯：《论住宅问题》，《马克思恩格斯选集》第 2 卷，第 545 页。

理人以及部分小业主的全部收入，由于许多企业会计不健全，尚难划分；不过，就所占百分比说，关系不大。按照这个百分比，6 年来业主所得大体有 14 亿元。

表 8　1950 ~ 1955 年私营企业利润分配估计

年　份	利润总额（亿元）	利润分配情况（%）			
		所得税	业主所得	其他分配项目	未分配部分
1950	8. 31	26. 53	31. 54	14. 42	27. 51
1951	16. 41	36. 50	24. 11	14. 32	25. 07
1952	7. 80	35. 28	28. 99	16. 17	19. 56
1953	16. 98	39. 87	16. 48	20. 78	22. 87
1954	7. 42	38. 01	19. 66	19. 06	23. 27
1955	4. 71	35. 27	21. 21	19. 82	23. 70
合　计	61. 63	36. 02	22. 87	17. 34	23. 77

注：包括私营工业、商业、饮食业、服务业。

这 6 年间公私合营企业私股股东所分得的股息、红利，共约 1 亿元。

全行业公私合营以后，定息的情况如表 9。不是所有定息都是 5%。不过，我们还是可按表 9 的私股总额，按 5% 和 10 年计，把定息总额估为 11. 5 亿元。

表 9　1956 年上半年度公私合营企业发放定息情况

业　别	实行定息的户数	私股金额（亿元）	私股比重（%）	1956 年上半年度应发股息（万元）
工　业	43687	17. 83	77. 27	4453. 5
商　业	97235	3. 53	15. 29	881. 0
饮食业	14408	0. 18	0. 80	44. 9
服务业	12741	0. 36	1. 57	91. 0
运输业	22828	0. 75	3. 24	174. 3
金融业	3	0. 42	1. 83	112. 9
合　计	190902	23. 07	100. 00	5757. 6

这三项合计，同资产阶级原来的资本大体相当。

此外，对资本家的赎买，还包括在职资本家在企业中领取的、高于国营同类工资水平的薪金。全行业公私合营后，保留了他们全部高薪。

总的看来，我们的赎买政策是合情合理的，资产阶级表示满意，对于推动改造发挥了巨大效果。“十年动乱”期间，原来工商业者的定息被扣发，他们的高薪被降低，1979 年中央决定，扣发的定息和工资一律补发，降低的高薪一律恢复，被查抄、冻结的存款一律发还，可谓“赎买到底”。

对资产阶级分子的改造

我国资本主义工商业的社会主义改造包括对资产阶级分子的改造，要求是使他们脱离剥削者的立场，逐步转变为社会主义社会的劳动者。

根据马克思主义关于存在和意识的辩证原理，毛泽东同志历来主张，为了发展革命事业，人人需要改造，而人是可以改造的。早在 1937 年，他在《实践论》中就说过：无产阶级和革命人民改造世界的斗争，包括“改造客观世界，也改造自己的主观世界”；“所谓被改造的客观世界，其中包括了一切反对改造的人们”。① 民主革命取得胜利后，他就在《论人民民主专政》和《关于正确处理人民内部矛盾的问题》等著作中，着重提出了改造资产阶级分子的问题。

我国民族资产阶级是一个在革命中具有两面性的阶级——有革命性的一面，又有妥协性的一面；他们同工人阶级之间的矛盾，属于人民内部的矛盾。对他们的改造，是采取民主的方法，即批评教育的方法。人们把党对他们的政策总结为团结、教育、改造。

对资产阶级分子的改造，是和对资本主义企业的改造结合进行的。我国通过国家资本主义改造企业的整个过程，不是把资本家排除在外，而是把他们置于这场变革之中，事实上许多具体改造工作就是他们自己做的。这就可以通过生产关系的变革，通过生产斗争和阶级斗争的实践，逐步改造他们的思想。也使得在所有制的变革中，减少阻力，增加助力。

我国民族资产阶级是旧中国的比较最有文化、拥有知识分子较多的一个阶级。因此，对资产阶级分子的改造，又是作为调动一切积极因素、利用他

① 毛泽东：《实践论》，《毛泽东选集》第 1 卷，人民出版社 1966 年横排本，第 272 ~ 273 页。

们的科学技术知识和经营管理经验的一项任务，同人事安排结合进行的。应当提到，在“十年动乱”中，随着企业由公私合营改为国营，原来的人事安排受到冲击，原来的工商业者多数被下放劳动或退职，连同他们的学习制度、竞赛和评比制度、医疗福利制度也被破坏，这不能不是改造事业中的一个损失。在“四人帮”倒台以后，才逐步加以纠正。

我国对资产阶级分子的改造，又是作为无产阶级改造世界、消灭阶级的伟大任务提出的。1949 年，当民主革命在全国取得胜利的时候，毛泽东同志就把改造被人民打倒了的反动统治阶级的成员作为彻底完成民主革命的任务，并指出：“这件工作做好了，中国的主要的剥削阶级——地主阶级和官僚资产阶级即垄断资产阶级，就最后的消灭了。”① 1957 年，在所有制的社会主义改造基本完成后，他又说：“我们一定要把他们消化掉，要把地主、资本家改造成为劳动者，这也是一条战略方针。消灭阶级，要很长的时间。”② 在团结中改造，通过消化剥削者消灭阶级，这就是我们的方针。

我国这样大规模、有计划地对剥削阶级分子进行改造，在历史上还是创举。它为无产阶级革命、为国际共产主义运动提供了新的经验，为马克思主义关于阶级消亡的理论做出了贡献。

现在，我们伟大的祖国（除台湾省外）已经消灭了封建剥削制度和资本主义剥削制度。作为阶级的地主阶级、富农阶级已经消灭，作为阶级的资本家阶级也已经消灭了。经过近 30 年的教育和斗争，他们中有劳动能力的绝大多数人已经改造成为社会主义社会中的劳动者，其余也绝大多数是拥护社会主义的爱国者了。这是马克思列宁主义、毛泽东思想的一个伟大胜利。

（原载《经济研究》1981 年第 7 期）

① 毛泽东：《论人民民主专政》，《毛泽东选集》第 4 卷，第 1414 页。

② 毛泽东：《在省市自治区党委书记会议上的讲话》，《毛泽东选集》第 5 卷，人民出版社，1977，第 342 页。